本丛书为

国家出版基金资助项目

全国教育科学规划教育部重点课题研究成果

国家重点图书出版规划项目

《日本侵华殖民教育史料》

编辑出版委员会

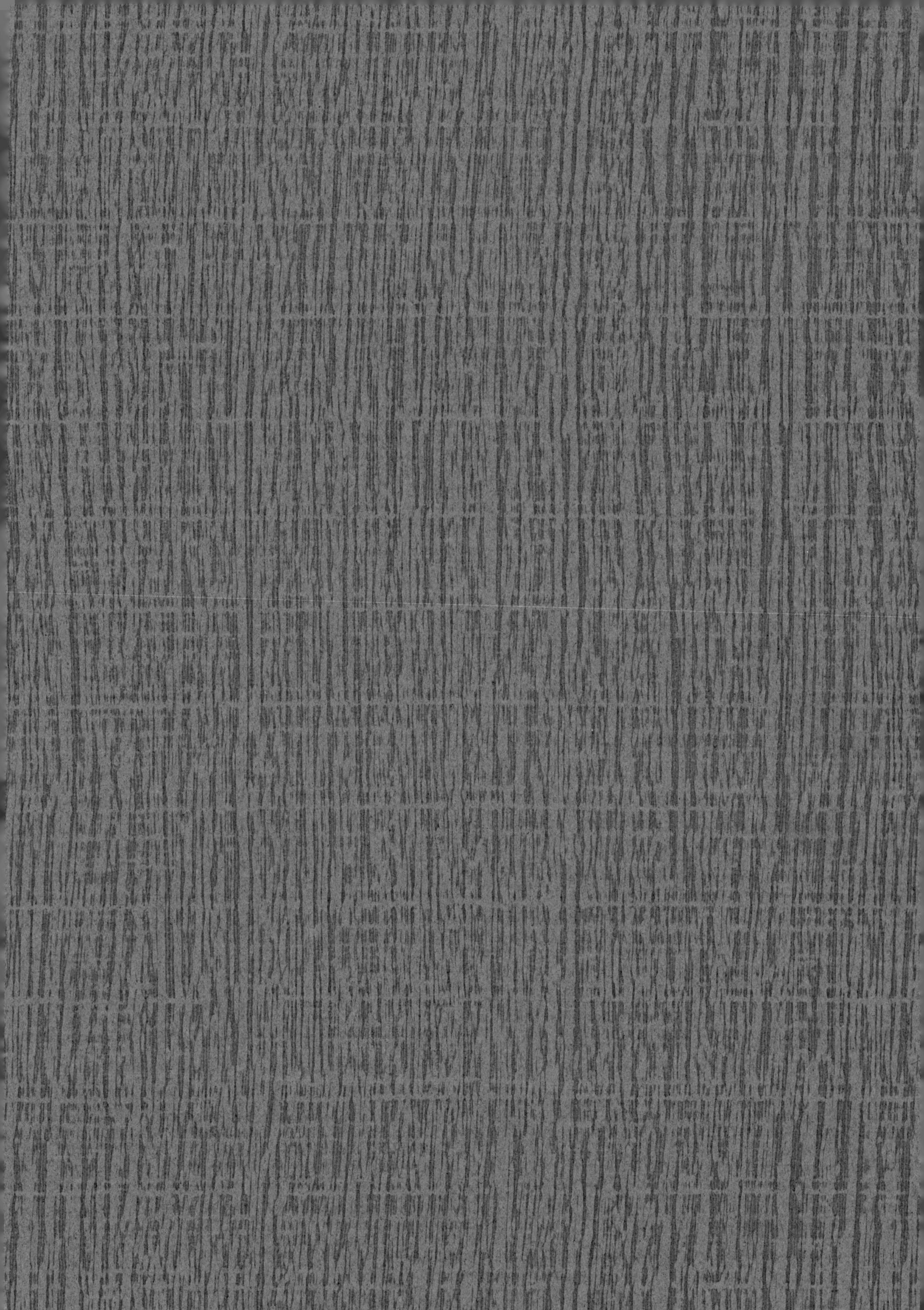

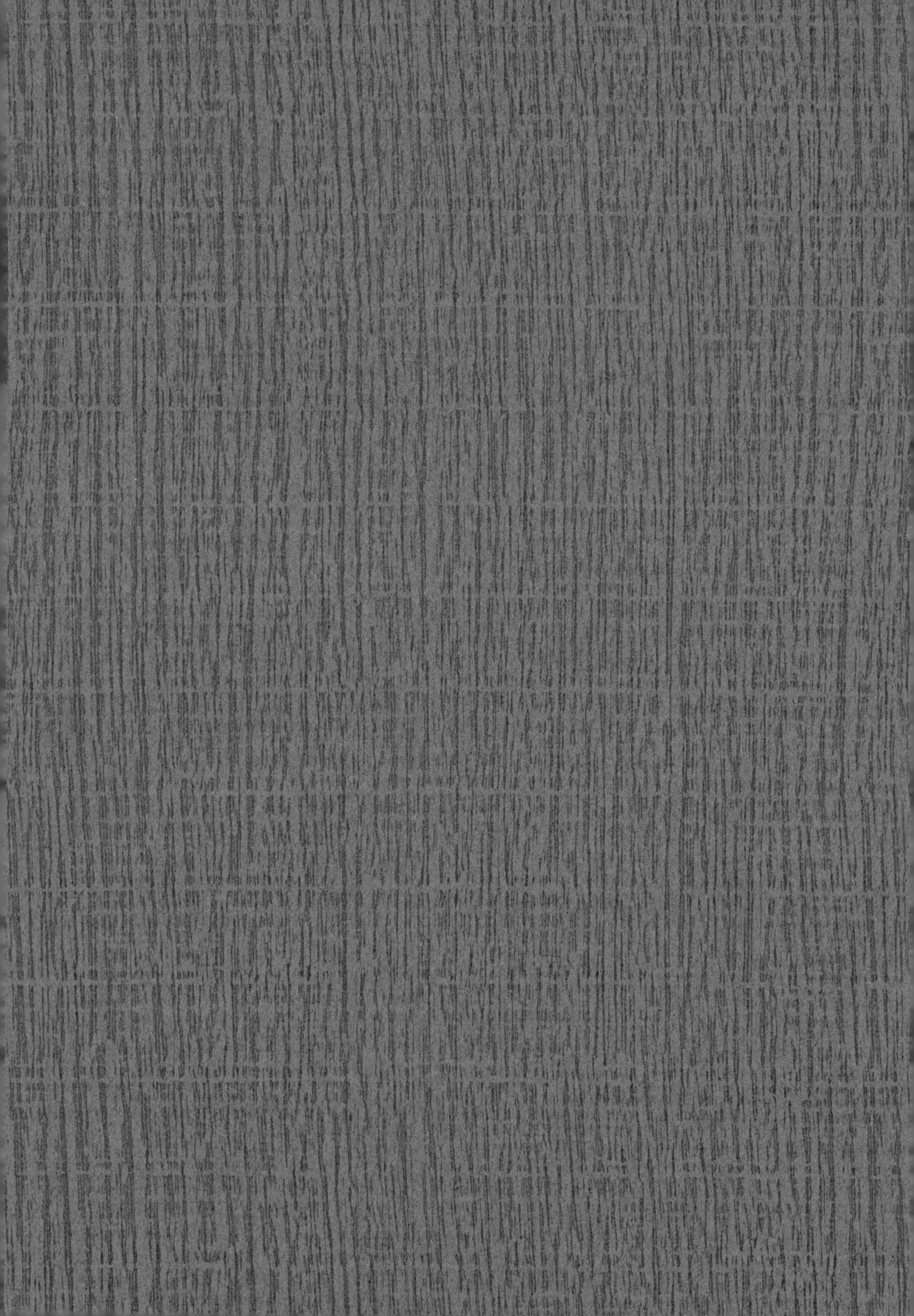

日本侵华殖民教育史料

第三卷

曹必宏　主编

人民教育出版社
·北京·

图书在版编目（CIP）数据

日本侵华殖民教育史料．第三卷/曹必宏主编．—北京：人民教育出版社，2016.6

ISBN 978-7-107-24391-2

Ⅰ．①日… Ⅱ．①曹… Ⅲ．①侵华事件—殖民统治—教育—教育史—史料—日本 Ⅳ．①G529.6②K265.606

中国版本图书馆 CIP 数据核字（2016）第 129638 号

人民教育出版社出版发行

网址：http://www.pep.com.cn

山东临沂新华印刷物流集团有限责任公司印装　全国新华书店经销

2016 年 6 月第 1 版　2016 年 6 月第 1 次印刷

开本：787 毫米 ×1 092 毫米　1/16　印张：49

字数：997 千字　印数：0 001 ~1 000 册

定价：149.00 元

联系地址：北京市海淀区中关村南大街 17 号院 1 号楼　邮编：100081

电话：010－58759215　电子邮箱：yzzlfk@pep.com.cn

出版说明

众所周知，日本帝国主义在中国进行的殖民教育和奴化教育是伴随着军事侵略、政治统治而产生和进行的，是其整个侵略政策的重要组成部分。这种教育侵略与军事占领、民族压迫、经济掠夺相比，更狡猾，更毒辣，更隐蔽，后果也更严重。对日本侵华教育历史的认识，决不仅仅是学术问题，更是一个重大的政治原则问题。

我社长期以来对国内外日本侵华教育史的研究极为关切。为了纪念中国人民抗日战争和世界反法西斯战争胜利60周年，弘扬不忘国耻、振兴中华的爱国主义精神，推动在全面、系统地搜集、整理日本侵华教育史料的基础上，对日本侵华殖民教育和奴化教育进行全方位的考察和深层次的理性思考，我社在2005年资助出版了由宋恩荣、余子侠主编的四卷本《日本侵华教育全史》（以下简称《全史》）。作为新中国第一套全面系统论述日本侵华教育历史的大型学术专著，《全史》在海内外产生了很大反响。《全史》相继荣获中国大学出版社图书奖首届优秀学术著作奖、教育部人文社会科学优秀成果奖和全国教育科学优秀成果奖等奖项，并先后入选新闻出版总署“经典中国国际出版工程”及国务院新闻办公室“中国图书对外推广计划”，获得相应项目资助。同时，我社还与日本明石书店签订了日文版版权输出协议。

在撰著《全史》之前和过程中，《全史》的作者广泛搜集了大量弥足珍贵的史料。为进一步推动日本侵华教育史研究，我社特约请《全史》作者将这些史料整理成册，汇编成四卷本《日本侵华殖民教育史料》（以下简称《史料》）。经由我社申报，《史料》被评定为“十一五”国家重点图书出版规划项目，后又被评为2014年度国家出版基金资助项目。《史料》分为四卷：第一卷为“东北卷”，第二卷为“华北卷”，第三卷为“华东、华中、华南卷”，第四卷为“台湾卷”。完成这项史料编辑出版工程，不仅仅是在学术方面作出一种历史的探究，让人们了解日本帝国主义对华进行教育侵略的事实，更重要的是通过编辑出版《史料》，立此存照，有利于中日两国人民以史为鉴，正视过去，面向未来，登高望远，有利于中日友好关系的发展建立在对历史正确反思的基础之上，阻止某些势力肆无忌惮地篡改历史。

《史料》的编辑出版工作或有不当，敬请广大读者不吝赐教。

谨以此书纪念中国人民抗日战争暨世界反法西斯战争胜利70周年。

人民教育出版社文化教育编辑室

2015年8月

总　　序

在人类历史长河中，一衣带水的中日两大民族，很早就在文化教育领域发生了一定的交往活动。仅从信史记载就可得知，东汉光武帝时期，在今日日本土地上的“倭奴国”即遣使前来中华“奉贡朝贺”。到西晋太康时期，日本的应神帝即让其皇太子接受儒学教育。自是而后，以儒家学说为主体的中华文化通过教育等途径传输到日本，并逐渐由宫廷扩延到民间，成为日本的重要教育内容。尤其到了隋唐时期，随着中日两国间的频繁交往，两大民族友好的教育交流形成了历史上第一个高潮。隋唐两朝约三百年的中日教育交流活动，让中华文化得到了广泛的传扬播衍。尽管唐末之后高潮不再，但教育领域的中日交往从未断流，即使进入近代社会门槛之前后，中日两大民族间教育交往活动仍然相当频繁。不仅“锁国”的江户时代，日本不少人物对由中国输往的种种书籍“热心阅读”，而且“开放”的明治初期，中国新版书籍何时被商船带归日本，仍为日本学者“急切盼待”。

站在较近的历史时段上看，中日两大民族几乎同时跨入近代社会的门槛，而且跨入的动因和方式也是共态同形——在西方殖民势力的欺逼下被迫进入新的世界体系的运行轨道。面对“数千年来未有之变局”，中日两国的社会转型力度和速度却出现了不同的变化：由于过沉的历史负重，中国在进入近代社会的行程中步履蹒跚，成为备受欺凌者；日本却因善于借石攻玉的传统迅即变革成功，而跻身资本世界的强国之林。于是风水轮回，昔日的“天朝上国”不得不转而“以日为师”，在中日之间教育交往的第二个高潮时期，大潮的走向反由日本涌往中国。在清末短短十余年间，中国在教育领域的变革竟形成一种全方位学习日本的态势。仅就其时两国之间教育交往的几条主要路径或渠道来看，显现的时代景观可谓旷古空前：为求新知而留学日本，中华学子有如过江之鲫；为兴新学而借材异域，日籍教师络绎来华；考察日本教育，中华衣冠不绝航路；译印日本书籍，中华书肆汗牛充栋。至于学制的设计、学堂的建置、教材的选编、教法的施为……率皆取法日本或通过日本来学习欧美各国。因此，详察历史实情，近代中国在新式教育的初步发展阶段，“同文比邻”的日本无疑起了导引先路的示范作用。

然而，令中日两大民族后世子孙遗憾的是，就在进入近代社会门槛之际，日本社会中某些非良性因素，在弱肉强食的国际环境中，产生了一种“失之东隅收之桑榆”的民族心理。这就是在幕府时代末期提出的“蓄养国力，割取易取的朝鲜和中国东北”，“收琉球”，

“取台湾”，“把失于美俄者取偿于中国和朝鲜”的立国应变之策。于是侵略扩张就成了日本进入资本主义世界运行轨道后的强国之路和发展之资。尤其中日甲午战争以降，日本的霸气愈足，野心愈大，而侵略扩张愈甚。由于东方世界的教育从来都以服务于国家政治为目标，因此举凡教育领域的立德立言只能以“国家利益”或“民族事业”为原则或标准，立功立业都离不开现时国家方针政策的规范或制约。基于这种教育服务并俯从于政治的恒定法则，日本在用武海外的同时，即开始谋划从教育上如何对邻国实行“先事而制其权”。因此，当中国“以日为师”借鉴日本经验来改革自己的教育时，日本通过向中国派遣教师和接收中国留学生，以便成为中国“智识上之母国”，以利获得中国“将来万种主权”。同时，考虑到如何真正做到“可无限量地扩张势力于大陆”，觉得还有必要直接在中国开办学校，以为“智”取中国之长策。于是有如绘制几何图案，自甲午战争以降，日本即由点而线而面地“绘制”在中国实行殖民奴化教育的发展蓝图。而这种教育实践蓝图的“绘制”，又是紧随着日本军事势力侵略扩张的战旗而逐步实现的！

自走上“耀皇威于海外”的侵略扩张道路后，在“兴亚”的幌子下，日本政府在进行“物质”灭亡中国的同时，一直在实行着以对华的教育作为其主要措施或手段的“精神”灭亡中国的策略。随着战旗所向，通过甲午战争迫使中国签下屈辱的《马关条约》，日本先是割占中国的领土台湾，很快即将台湾地区的学校教育纳入其殖民奴化教育范围之中。就在 1895 年 6 月占领台湾后，日本侵略者为统治和奴役我台湾地区人民，迅即建立军政最高机构“台湾总督府”，并设立教育行政机关学务部，开始了对台湾地区的殖民奴化教育体系的建构。自是而后的五十年间，日本据台的教育行政机构几经变更，最终成为“军事后援会”性质的组织；对其地的殖民奴化教育政策，也由最初的“渐进主义”而实行“内地延长主义”到“皇民化教育”；各级各类学校机构，无不成为迫使台湾地区人民成为日本帝国二等“皇民”而灌输“皇民意识”的奴化场所。因此，日本占据台湾的五十年，也即是日本全面殖民奴化台湾地区人民的五十年，日本于其时其地经营的“教育事业”，实质上无非是日本帝国实行“教育敕语”教育体制的一块海外“飞地”。

继甲午战争之后对台湾地区开始全面殖民奴化教育的经营，在“以教育为扶植势力之源”，“以支那为可取也则速取之，以支那为可教化也则速教化之”的殖民教育理念下，日本又借助日俄战争和第一次世界大战，先后在中国大陆的辽东半岛和山东半岛开始了设置学校、经营教育的行动。先是借助日俄战争，日本攫取到东北地区的一些权益。自 1905 年，即其侵占旅（顺）大（连）的第二年，日本在辽东半岛的殖民机构“关东州”民政署正式颁布《关东州公学堂规则》起，日本的侵略势力通过撤并或改建其地原有的中国人自己开办的学校，实现对该地区城乡教育阵地的全面控制。到 1914 年第一次世界大战爆发之际，通过十年经营所开办的以大连为“龙头”、沿南满铁路一线的殖民教育，已经成为日本人“攫得教育权之根据地”，从而打下后来尤其伪满时期在整个东北地区全面推行殖民奴化教育的历史基础。第一次世界大战的爆发，让日本再次获得在中国大陆侵占教育主权、扩充教育基地的机会。1914 年 11 月，日军占领我山东，对德国人原在山东攫取的权益，包括德人开办的学校，实行一揽子取替。以 1915 年 4 月在青岛创办第一青岛寻常高等小学校等教育机构为起点，日本又开始了在胶济路沿线地区的殖民奴化教育活动，并且在数年间就形成了以青岛为“龙头”的胶济铁路沿线的殖民奴化教育带。

除上述一面（整个台湾地区）两线（沿南满铁路一线和胶济铁路一线）殖民奴化教育的经营，近代以来日本人在中国其他地区也零星地开设学校教育机构，尤其在中国土地上日本居留民生活区内的点状设学，表明日本对借助教育来“建立侵略据点的重视”。这种点线面的结合，到“九一八”事变爆发，日本在中国的殖民奴化教育迅即蔓延至整个东北沦陷区——日本对华的殖民奴化教育覆盖着整个中国山海关以外的国土。及至伪满政权在日本军事侵略势力的扶植下粉墨登场，日本在我国东北地区的殖民奴化教育体制和秩序已经完全确立，形成了一个包括各级各类教育机构的庞大教育体系。为实现其“王道主义”的教育方针，贯彻其“民族协和”的“建国精神”，直至最终使东北成为“天照大神”子孙的“王道乐土”，日本开始了对广大中国东北地区人民长达十余年精神摧残和思想奴化的教育行动。

随其铁蹄踏关而进，日寇在东北地区施行的殖民奴化教育的种种伎俩，先是在冀东地区的二十二县，接着借发动“七七”事变挑起全面的侵华战争，相继上演于中国的华北、华东、华中、华南的广大地区。为了完整实现“全面亡华”的既定国策，日本军事侵略势力对中国实行“分而治之”的政策，先后在华北、华东、蒙疆等地区扶植出多个伪政权，并且利用这些伪政权来全面推行其殖民奴化教育政策。在日寇铁蹄所到之处，中国既有的教育事业在日本军事势力的烧、杀、抢、掠之下几至毁坏殆尽，随着各伪政权沐猴而冠，日本将铁蹄践踏到的地区相继纳入其实施殖民奴化教育的范围，建立起全面亡华的奴化教育体系。于是，既往日本人在中国大陆推行殖民奴化教育的布点、划线，在中日民族战争期间借助军事侵略而强行连缀起来。直到中国人民全面抗日战争胜利，包括台湾地区、东北地区在内的东部大半个中国，先后不同程度地受到了日本殖民奴化教育的侵略和污染。

鉴于近代以来日本对华的军事侵略和教育侵略，中国各相关地区受其殖民奴化教育的毒害程序有先有后、时间有长有短、创面轻重不一、程度深浅有别，是故我们在组织研究和编撰日本侵华殖民奴化教育的历史时，根据不同地区各自的特殊情形，并以该地区伪政权的登台表演作为各区域的地标，将日本侵华教育史分作四卷来进行研究：以伪满政权统治区域的殖民奴化教育为第一卷；以伪华北政权管领地区的殖民奴化教育为第二卷，其中附以同样位于今日地理概念上的华北地区的伪蒙疆政权的相关活动；以伪维新及后来汪伪政权所统治的华东、华中、华南地区的殖民奴化教育为第三卷；而将日本占据时间最长且其殖民奴化教育体系最具“日本特色”的台湾地区单列为第四卷。于 2005 年，正式出版了四卷本《日本侵华教育全史》（以下简称《全史》）。

在撰著《全史》之前和撰著过程中，我们广泛搜集了大量史料。这些史料若不整理成册公之于世，殊为可惜。在人民教育出版社的积极鼓励和大力支持下，我们又花费很多时日将相关史料整理成册，以供中日双方更多的研究者用作学研参考，并为中日两大民族后来者真切地了解历史真相保存资料。这套史料集经由人民教育出版社申报，被评定为“十一五”国家重点图书规划出版项目，后又入选国家出版基金资助项目。完成这项工程，不仅仅在于学术方面作出一种历史的交代，让人们“知道”历史上的中国曾有过这种外侵势力扶植经营的亡华教育，更重要的主旨在于立此存照，让中日两大民族后世子孙在企求世代友好的良愿下“记取”这种惨痛的历史教训——立下“前车之鉴”，这正是历史研究的功能或作用之一！

这种吃力并非就能讨好的工作，只能说是我们这个研究群体为时人和后人的深入研究尽己绵薄而已。能够将这四集史料辑印成册以献于方家，自然应当感谢人民教育出版社有关领导和编审人员的大力支持。同时要感谢中国第二历史档案馆及海内外其他档案、图书部门对有关史料的无私献助，没有他们的大力支持，这套史料集也难以成书。在史料的搜集过程中，编者们直接和间接地得到了很多单位和个人的帮助，同时也借取了诸多前人和今人的研究成果，限于篇幅难以一一罗列，我们在此谨以“学术为公”之心，一并表示真挚的谢忱，并求大家的宽谅！

余子侠

2015 年 8 月

凡　　例

一、本史料集所选资料，为保持历史档案文件原貌，凡原文中一些冠冕堂皇的话，诬蔑不实、谬误甚至反动之词，编者均全文照录，未加改动；但对少数文件中因内容重复及与主题无关者则酌予删节，并加注说明。资料出处，于文末注明。

二、所选史料一般以首次行文或发表的时间为序；凡原件已注明写作或发布时间者，则以写作或发布时间为序。

三、所选史料一般用原标题；原件无标题者，由编者根据文意另拟，并加注说明；有的篇目需加题解者，以 * 注明，置于页脚。

四、本史料集采用横排，凡竖排原件中涉及版式上的方位词上、下、左、右者，一仍其旧。

五、本史料集所选资料，原则上用简体字，但遇有可能引起歧义者，酌用繁体字、异体字。采用现行标点符号。

六、为了保持不同历史时期的语言文字风格，本史料集对以下文字均保留原貌："的""地""得"不分者，"他""它"不分者，"给予"写作"给与"者，"授予"写作"授与"者，"修炼"写作"修练"者，"磨炼"写作"磨练"者，"训诫"写作"训戒"者，"厉行"写作"励行"者，"联系"写作"连系"者，"联络"写作"连络"者，"身份"写作"身分"者，等等。

七、翻译名称，包括人名、地名、著作名、报刊名、组织机构名等，均保持原貌。若有必要改动时，则加注说明。

八、所选史料原注用〔1〕〔2〕等表示，置于原件篇末；编者所加注释用①②等表示，置于页脚，予以说明。

九、原件错、别字词加〔〕改正，多、衍字词加〖〗删除，失、缺字词加【】填补；原件如因破损漏缺或字迹不清者，用□代替，一□代替一字。

本卷前言

本书是《日本侵华殖民教育史料》之华东华中华南卷，主要辑录日本侵华时期日伪控制下上述沦陷区的教育方针与政策、教育行政机构、初等教育、中等教育（包括普通中学、师范、职业及日语学校）、高等教育、社会教育、留日教育、教育团体与组织、教育报告与统计，以及香港教育、反殖民奴化教育等相关史料，并将抗战时期中国教育损失概况作为附录。

编选本书的目的在于，全面真实地再现日伪统治时期，特别是伪维新政府和汪伪国民政府统治下的华东、华中、华南各地的教育状况，为教育科学和历史科学工作者研究日本侵华殖民教育史提供翔实可靠的第一手档案资料。

需要说明的是，本书所涉及的华东、华中、华南地区并非现今意义上的上述地区，而是特指抗战时期日伪直接统治下的江苏、浙江、安徽、湖北、广东、江西、淮海等省和上海、南京、厦门、武汉等特别市，以及日本统治下的香港、九龙地区，因此，资料的选辑基本以此为范围。

本书所选资料以中国第二历史档案馆所藏档案及公报、年鉴等原始文献为主，适当地选录由上海市档案馆、浙江省档案馆、广东省档案馆、福建省档案馆等编辑出版的相关史料汇编中的部分史料，并收录了少量当时的报刊资料。中国第二历史档案馆是国内集中典藏民国时期中央政府档案的国家级档案馆，收藏有1912—1949年各个历史时期档案近230万卷，其中涉及日伪统治时期教育的档案资料就达数万卷之多。本书所辑资料大多选自中国第二历史档案馆馆藏的伪维新政府行政院和教育部、汪伪国民政府、汪伪行政院、汪伪教育部、汪伪宣传部、国民政府教育部等全宗的档案，其中不少档案资料属首次正式公布，弥足珍贵。

为保持档案文件的原貌，本书所选的档案资料，一般按原文照录，少数文件因内容重复或与主题无关，则略加删节。

在编排体例上以专题为纲、年代为目，分篇分点，依年代顺序和内容主次进行编排。

在本书编选过程中，中国第二历史档案馆、上海市档案馆、浙江省档案馆、湖北省档案馆、武汉市档案馆、广东省档案馆、福建省档案馆等给予了大力支持，提供了许多相关档案资料；丛书主编宋恩荣、余子侠教授曾予多方的指导和支持；中国第二历史档案馆史料编辑部的李琴芳、陈宝珠两位副研究员在本书编选之初，做了大量细致的史料收集工作，史料编辑部、研究室、保管部等部门诸多同事都给予了支持和帮助；人民教育出版社文化教育室主任刘立德先生、本书责任编辑陆洋女士提出了许多宝贵意见，并为本书的编辑出版付出了辛勤的劳动，在此谨致谢忱！

由于编者水平有限，在选材、编辑等方面可能会存在很多不足之处，恳请方家不吝批评指正。

曹必宏

2015 年 8 月

目录

contents

第一编 教育方针政策

第二编 教育行政机构

第三编 初等教育

一、法令法规

二、小学教育概况

第四编 中等教育

一、法令法规

二、中等教育概况

第五编　高等教育

一、政策法令

二、“国立”大学

三、“省立”大学

四、私立大学

第六编 社会教育

一、法令法规

二、社会教育概况

第七编 留日教育

一、法令法规

二、留日学生的选派

第八编　教育团体和教育会议

一、“中国教育建设协会”

二、“中国社会教育学会”

三、“中国职业教育协进会”

四、“全国大学教授协会”

五、其他社会团体

六、教 育 会 议

第九编　教育报告与统计

一、伪维新政府、汪伪国民政府教育部工作报告

二、伪各省市教育概况

三、其他有关奴化教育报告

四、教育统计

第十编　反殖民奴化教育斗争

第十一编　香港教育

附录　战时中国教育损失概况

第一编

教育方针政策

关于“教育宗旨及实施方针”的广播演讲

（1938 年）

陈　群*

各位听众：

现在将维新政府所决定的教育宗旨及实施方针向大家说明，大家可以知道政府定此教育宗旨的意义，及今后办理教育的人可以有一目标。中华民国有五千年的文化，为世界文明最古国家，古代发明指南针、蚕丝、纺织等有为外国人采取研究者，而近世西洋各国科学发达突飞猛进，我国则故步自封，生产落后，人民生计困苦已极，以开化最早有数千年文化而且地大物博的国家，竟落人后，以至于此，原因何在？此实由于教育之不得当。而教育之不得当，则由于当国者没有确定教育宗旨，而不能切实奉行，甚至办学者阳奉阴违，鼓吹过激主义，使国家人民受空前的灾害。从前国民政府所公布之教育宗旨，在实施方面，无论社会教育与学校教育，无不加以特种设施、特种学科，鼓励排外心理，对于青年的立身处世、就职服务，应攻习之学识反无暇顾及，后亦自知错误，乃因袭中国古训“忠孝仁爱信义和平”之国民道德，妄自标新立异，号称新生活，不知我国古圣贤之言行，数千年来无不奉为典型，家喻户晓，妇孺皆知，即近代西洋各国的政制、法令、社会习尚，亦多有不谋而合者，更何新生活可言？按之实施方面，如守时、整洁、朴素等最轻而易举之小事，尚且不能实行，其他更可知了。蒋介石这样言行不符，徒然使心地洁白的学生、笃信古训的民众，反养成诈伪欺骗的恶习。教育如此设施，文化何能提高？生产何能增进？凡百庶政，受其影响，国家何能与世界各国随时代以俱进？其结果所至，竟以教育含有排外的意义，以致一般民众叫嚣盲从，弄到今日的悲惨。维新政府鉴于教育与国家人民关系密切重大，自应审慎决定教育宗旨，现在决定“维新政府之教育以恢宏中国固有之道德文化，广收世界之科学知识，养成理智精粹、体力强健之国民为宗旨”。

实施方针规定七条，即：

（一）大学教育应注重纯粹科学，提高研究对象，专门教育注重实用科学，养成专门知识技能，并切实陶融为国家社会服务之健全品格；

（二）普通教育根据我国历代圣贤之言行，以立国民道德之基础，并养成国民之生活技能，以增进其生产能力为主要目的；

（三）师范教育为国民教育之本，必须以最适宜之科学教育及最严格之身心训练，养成一般国民道德上学术上最健全之师资为主要之任务，应于可能范围内使其独立设置，并

* 陈群时任伪维新政府教育部部长。

宜尽量发展乡村师范教育；

（四）社会教育为学校教育之辅，必须使人民知亲仁善邻之道，并具备近代都市及农村生活之常识、家庭经济改善之方法、公民自治必备之资格、保护公共事业及森林园地之习惯、养老恤贫防灾互助之美德；

（五）男女教育机会平等，女子教育须注重陶冶健全之德性，保持母性之特质，以图建设良好之家庭生活及社会生活；

（六）各级学校及社会教育，应一体注重发展国民之体育，其目的在增进民族之体力，必须以锻炼强健之精神，养成服从规律之习惯为主要之任务；

（七）中国以农立国，必须推广农业教育，应由农业教育机关与实业界取得联络，凡农民生产方法之改进，农民技能之增高，农村组织与农民生活之改善，农业科学知识之普及，以及农民生产消费合作之技能，务须以全力谋其进行。

所以要如此规定，因有两个原则：

（一）是发扬东方固有文化，即恢复实行古圣贤的道德言行；

（二）是吸收世界各国的科学知识。

所谓发扬固有道德文化，并非抄古袭古书，敷陈演说，是将古圣贤的佳言懿行，躬行实践，不在形式方面的铺张扬厉；所谓吸收世界科学知识，并非作为学科中的点缀，须要博采广收，切实研究。至于所定实施方针，首须说明的，就是照明定的宗旨，实事求是，使各方面均能受到适当的教育：如大学教育注重纯粹科学，提高研究对象；中等教育培养国民道德养成、国民生活技能；女子教育自当与男子有均等机会，但必须要保持母性的特质；社会教育当使民众明了亲仁睦邻之道，具备近代生活的常识；我国以农立国，尤须推广农业教育，求生产方法的改进、农民技能的增高；等等。总之，教育的良窳，有关国家的盛衰，种何因得何果，现当革新之际，自当周密审慎决定方针，庶有共同一致之目标。对于以往教育不得不申述者，我国数年前朝野上下对于共产主义均所反对，故侦查缉捕，劳师征剿，历有年所，后竟容纳合作，一反故态，教育方面夹杂此项学说，学生头脑纯洁，多被其害。所以维新政府的教育，必须依公布的宗旨，不容夹杂危险学说，希望大家均能明了。今后教育宗旨，希望教育界人士遵照政府教育方针，群策群力，一致合作，东方文化的复兴、中国科学的发达，一定可以达到。

（伪）维新政府教育部公报处编：《教育公报》第1期附录，1939年1月1日。

在教员养成所的讲演

（1939 年）

吴维中 *

各位同学：

养成所办到如今已有一年之久，有三次学员毕业（特科两届、本科一届），毕业生共二百五十余人，都分派在各省市小学服务。在这一年之中，虽然不敢说是成功，根据各方面批评也有相当成绩。各位是第三届学员，毕业后也要到各省市去服务，诸位毕业后定是很兴奋的！敝人对于各位能来养成所受训的精神，很是钦羡。在政府方面，对于诸位的希望是很大的。敝人以教育部的立场、普通教育司长的地位，来简单地说几句话。讲的题目是“养成所毕业学员的责任与努力”。

各位要知道政府要办养成所的目的是什么呢？在《养成所规程》之第一条所规定的是适应环境之需要，养成优良之教师。但是，在这个目的里边有两个意义：一是培养优良之教师，对于智识能力技术欠缺的教师，加以训练，使之胜任，他方则对于智识能力技术较好的，设法充实，使之更为优良，增进服务效果；二是养成正确思想，在过去（事变前）受了偏邪和不正确思想的训练，实是似是而非及背反政纲的思想，所以现在政府施以正确之思想训练，第一注重智识技能的培养，第二注重精神训练。诸位大多数是现任教员，已有相当之学识与经验，虽然在养成所只受短短的半年训练，所得到的智识技能加以检查和应用小学校的学生，得到的效果定是很大了。各位“以学而变教”，要好好想想怎样运用自己之智识与擅长之技能。中国在事变以后，各地损失很大，教育方面也受得了很大的影响。据民国二十七年第二学期之统计，苏、浙、皖、南京、上海、杭州三省三市所有之公立及私立学校，共一千零九十一所，学生十八万七千零九十五人，在事变以前的学校数与学生数，当然不止此。现在有很多的学校未能恢复，有很多的学生没有学校可入。据教育部的报告：在事变前，中国失学儿童数的多在世界各国所未有，在事变后，失学儿童更加多。我们应该将这十八万多的儿童，格外加意保护，格外努力教育，是我们的天责。诸位要知道小学为国家之义务教育，一个国家义务教育能够普及成功，即能使生产发达，否则义务教育普及失败，生产自然落后。我国之政治不安，社会不宁，生产落后，也是因为教育未上轨道。今后政府方面定以整个的力量，将学校恢复扩充，使教员方能以全力教导儿童，诸位应以全副精神做恢复教育工作，做改造教育的先锋。养成所以先导之地位领导诸位，假使诸位有不尽职的，直接影响儿童之成功与失败，间接对养成所名誉也不好听，上负国家培养的希望，下则有负学生家长寄托之希望。希望各位互相合作，努力向前，致全

---

* 吴维中时任伪维新政府教育部普通教育司司长。

力于教育，上不负国家之希望，下则慰学生家长寄托之殷情。教育部希望诸位的目的很大，主张以严格来管理，订有《考核与监督办法》，已寄至各省市县区去，一定照所定之办法来做。他方，教育部为指示学员起见，另订《服务须知》分发，办法前天有公事寄到养成所，当局大概也发给诸位了罢。诸位详细看看，诸位对于教育部所定之各项要切实遵守，切实去做，所享之权利应以义务来换，应认真做事，不可敷衍推诿，同时各地教育行政机关之指导督促，也要诚意接受，命令要绝对服从，在同事方面更要互相合作，精神一贯，谋学校之发展，对学生家长要和气谦恭，所谓“取事得当”四字而已。最要紧的是诚实不欺，将来诸位做事也方便，能够得到多方的帮助，容易成功。假使不肯努力，遇事敷衍推诿，困难问题一定很多。诸位能照部订办法去做，教育部能够给诸位很大的助力，否则违背了部订办法，在教育部方面也无能为力了，希望各位自己当心。诸位是政府训练出之教师，希望诸位作改革教育的先锋，愿与诸位同勉之。附报告几样事情。

一、薪俸：各位薪俸的标准按学历、经历与在校的成绩而定。

二、诸位毕业后养成所发给服务证明书，各人带着证明书及履历书到派定之教育厅或教育局报到，报到后，教育厅或教育局方能分派职务。职务派定后必须按期到差，一星期内将服务报告表填写清楚，送交该校校长核阅盖印后，呈教育机关转呈教部备核。

三、诸位薪俸是由第四种交付金中支出，绝能按时发给，但是或者因周转过繁，致不能寄到时，教育部已令各省市县教育当局代垫。

关于其他事项，诸位只要详细看看分发办法与服务办法，即能了然。最后希望诸位遵守服务办法，努力向前。现今和平运动已经成熟，新中央政权不久即能树立，诸位应负责完成新中国的使命，促进新教育的成功，建设新中国之教育。

中国第二历史档案馆藏“伪维新政府教育部档案”

如何推行维新教育

（1939 年 2 月）

秦冕钧*

一、维新教育之意义

我国自清季兴办学校以来，其制度屡经变更，始仿日德，嗣效法美，已令办学者无所适从，至教育宗旨，宜有一定矣，而又复朝令暮改。清光绪三十二年宣示之教育宗旨，曰忠君、曰尊孔、曰尚公、曰尚实。至民国初元，变为注重道德教育，而以实利教育、军国民教育辅之，更列美感教育，以为可以完成其道德。民国四年，袁氏专政，宣示之教育宗

* 秦冕钧时任伪江苏省教育厅厅长。

旨，又变而为爱国、尚武、崇实、法孔孟、重自治、戒贪争、戒躁进。民国二十年，党政府修正通过之教育宗旨，又变为根据三民主义，以充实人民生活，扶植社会生存，发展国民生计，延续民族生命，以此为目的，务期民族独立、民权普遍、民生发展，以促进世界大同。综观三四十年间，教育宗旨，凡经四变，掌教育之枢机者，为德国之留学生，则揄扬德制之如何完备，为法国之留学生，则称说法制之如何健全，其余以此类推。不问国家之情形，不顾民族之性质，盲人瞎马，一意孤行，以一国至关重要之教育，为个人意识之试验，遂使办学者以剽窃皮毛，为趋时之对付，更不必专精研究，立百年树人之基。教育失败，人心思异，国本动摇，为祸至烈。夫一国有一国特殊之情形、特殊之性质，即一国应有一国特殊之教育，岂可贸然摹仿哉？庄周云：寿陵余子学步于邯郸，未得国步，又失其故行，直匍匐而归耳。我国办学，无独立创造之精神，而摹仿欧西，不幸类是。现在天命维新，一切从事改革，此种不明教育正义，随人俯仰之弊，应予以彻底之铲除。须知办理教育，务求与国情适合，我维新政府，对于过去教育症结之所在，已洞若观火，一面考量国势之强弱，民心之趋向，更顺应时代环境，几费斟酌，规定教育宗旨，注重实用科学，不尚玄理，以培养生产能力，求实业之开发，同时恢宏固有之道德文化，以为敷教之本，使数千年来立国之本，维持于不敝。不仅此也，又从而恢宏之，谨庠序之教，申之以孝悌之义，阐发圣贤之嘉言懿行，与夫礼乐刑政教化之具，涵濡群生，化育万物。诚以际此战乱之余，生机凋敝，秩序紊如［乱］，外来引诱，最易摇惑，非恢宏固有之道德文化，不足以正人心、排邪说、立国于天地之间，回复元气于消耗之后。往昔纪纲之失堕，士气之嚣张，实由于办理教育者，未能注意及此。今后设施，既有依据，庶几锻炼身心，足以养成高尚之人格，成为理智精粹、体格健全之国民，群起扶植社会，确立东亚巩固之基础。故我维新政府，肇造伊始，即明令颁布曰：以恢宏中国固有之道德文化，吸收世界之科学知识，养成理智精粹、体格健全之国民为教育宗旨。盖所以顺应时代之环境，体察国情民风，以确定维新教育之立场。就我国现在情形而论，洵非推行维新教育，不足于战乱之余，恢复社会之秩序，而有补于世道人心。至于欲图民生之充实，风气之转移，跻国家于富强隆盛之地位，更非借教育之力量不为功。维新教育之推行，其关系重大有如此。观其实施方针曰：大学教育，注重纯粹科学，提高研究对象；高等专门教育，注重实用科学，养成专门知识技能，并陶融为国家社会服务之健全体格；普通教育，须根据我国历代圣贤之言行，以立国民道德之基础，并培养国民之生活技能，以增进其生产能力，为主要目的。分别规定，至为明了，是维新教育之趋向，与夫精神之所在，已昭如日星矣。我苏为东南文物之区，教育事业，差负夙誉，尤应力图推进，以仰副我。

维新政府乐育人才之至意，从此正本清源，教育前途，或能日进有功也。

二、推行维新教育之方法

维新教育之意义既明，则今后如何发扬光大，巩固国本，全在推行者之能否合法。质言之，即国家之存亡兴衰，全在维新教育之能否发扬光大，推行之能否合法，全在负有此推行教育义务之同人，能否努力研究以为断。则是此后关键，已非教育宗旨问题，在根据教育宗旨，研究如何推行之方法。如果推行不尽力，不合法，则教育前途依然惨淡，国家危机，因以丛生。由是言之，其责任之艰巨，概可想见。冕钧不敏，谨择尤阐述其推行方法如左：

甲、上下一致，通力合作。教育事业，至为繁重，上下相维，至为密切，故办理教育，必须取得一致通力合作，始能有推进之希望。是以地方教育，必须教厅与学界同人，打成一片，双方融洽，其间无丝毫之隔膜，方能卓有成效。惟现值战乱之后，地方元气未苏，谣诼繁兴，人心未定，对于当前环境，未能深切认识，因此对于所任职务，难免不疑虑观望，影响于推行新教育之效力，殊非浅鲜。故今后对于学界同人，有或疑虑观望者，当先纯洁其思想，正确其观念，使之认清环境，判明事理，然后可以尽其职守，努力推行，使教厅所订各项规程章则办法，一一见诸实施，偶然发生障碍，亦可尽量敷陈，力谋排除。认明教育有成效，即学界同人之成功，亦即教厅之成功，教育失败，即学界同人之失败，亦即教厅之失败。休戚相关，利害一致。如此，由教厅推动下级行政机关，由下级行政机关推动学界全体。在学校方面，则推动校长，由校长推动教职员，而后启发及于学生，宣扬传遍家属。在社教方面，则推动馆长（或其他负责人员），由馆长推动职员，而后灌输于民众，普及于社会。诚能不分彼此，各尽其力，则学生日受蒸陶，自能潜移默化，日进有功。在民众久经训练，亦必去旧从新，渐入正轨。此后教育之发扬，中日关系之调整，国家前途之稳固，可指日而待矣。

乙、宽筹经费，充实质量。经费为事业之母。苟无经费，或虽有而为数无几，纵有周密之计划，推进之宏愿，而无米为炊，巧妇亦拙。故经费之有无与多寡，足以定事业之兴废与盈缩。教育为立国之本，所办事业，与时俱进。经费愈充足，事业愈发达。故办理教育，首需筹划经费。事变以还，教育款产，漫无稽考，亟宜设法整理，以规复原有之收入。为保障教费独立，增进事业效率计，应在省垣组织教育经费委员会，并设管理处。在各县教局制度虽经废除，应组织县教育经费委员会，负责管理，每年经费收入，究有若干，应有把握。庶几于支配出纳之中，事业可以渐求改进。查各地经此战乱之后，所有教育机关，大都停闭。一年以来，虽经设法恢复，较之战前，仅及十之三四，其数尚列入私立学校也。况级数未能充足，设备至为苟且，量之少，质之陋，诚有不忍言者。嗣后亟须充实，庶几能复旧观。故今后欲谋维新教育之推进，应速宽筹经费，以充实质量，尤应注意下列四点。

（一）订定设备最低标准。学校及社教机关最低设备标准，既经订定后，无论其为原有或新办者，一切物质设备，必须与规定之标准相符，庶几规模粗具，既有凭借，推进较易。

（二）订定事业推进步骤。即规定事业之进度，学校及社教机关，无论其为原有或新办者，应有逐步之推进。换言之，即至某一时期，至少应办某项事业，先行规定，以便按部就班，逐一做去。为考查工作效能计，并应详定进度表，就一种事业论，至某时期应完成某一部分，举办某一部分，如此详密预定，随时参考，收效自速。

（三）规定经费分配标准。事业之进行，与经费有密切之关系。前已言之，过去学校及社教机关，各项经费支配，未见公允，故应办事业不能依时推进，欲求质量之充实，经费应有适宜之支配，方使应办事业不致无形停顿。

（四）减经［轻］学生负担。推行教育，固需宽筹经费，以求质量之充实，而学生缴费，亦收入之一种，惟对于学生之负担，最宜注意。值此战乱之后，民力凋残，子弟入学，缴费过多，家长势必无力供应，影响于教育前途，极为重大。故今后宜酌量地方情形，减轻学生负担，使贫苦子弟，咸能得有求学之机会。

丙、整顿师资，提高待遇。教师为推行教育之中坚人物，负有宣扬文化、启迪民智、领导青年之责任。如果品格卑下，学识肤浅，殊不足以见信于社会而负此重任，值此维新教育实施之时，更不足以负此推行之责。滥竽充数，贻误教育，殊非浅鲜。故整顿师资，实为当前之急务。过去学界，师资限制不严，工商仕兵，杂厕其间，思想行动，腐化者有之，左倾者有之。教师如此，安能责以成效哉？因此学师范者，夤缘无门而失业；习工商者，汲引有人而获选。品节清介，感由夷之难行；学业荒疏，得子兰以幸进。教育为清高事业，现象若此，得不令人意沮而兴叹哉！故今后师资，当切实整顿，尤应注意下列三点。

（一）教师本身之修养。过去教师，对于本身之修养，类多未能注意，掌教数年，渐生厌倦之心，以致兴趣锐减，无心研讨，教授方法，陈陈相因，绝无改进，其落伍者，甚至性情偏激，流入歧趋。故整顿师资，必须注意教师之修养，务使品德端方，卓然自拔，学识经验，与时俱新，然后为人师表，庶可无忝厥职。

（二）励行教师登记及检定。整顿师资，必须励行教师登记及加以检定，师资始能澄清。登记及检定须规定，凡现任教师，均须登记，未登记者，不得充任。所有不合格教师，须先行检定合格，方得登记。依此进行，则现任教师，均为合格而已经登记者。幸进之风气既绝，教育之成效自增，推进维新教育，自是负责有人矣。

（三）提高待遇。提倡教师本身之修养，及励行登记检定，是促进教师之学养，使之能胜任而愉快。进一步言，如何能使之安心服务，不怀五日京兆之心，则惟有提高待遇而已。现在小学教师之俸给，菲薄极矣，每月所入，诚不足以供仰事俯畜之所需，贫困县份，且不能按月发放，牵罗补屋，苦费周章。故非酌量提高待遇，不能使彼安心供职。兹列其要点如下。

（1）整顿各县教育经费之收入，提高教师待遇，并保证按月发放。

（2）乡村教师之待遇，应与城市教师及模范小学教师，无分轩轾，受同等之待遇。

（3）对于成绩优良之教师，须加奖励，并保障其服务。

（4）实行年功加俸。果能如此，教师待遇既经提高，可以安心任职矣。

丁、明了趋势，努力学问。整顿师资，提高待遇，固足以增进教育效率，惟学生如不能专心学习，教师虽勤于启发，善诱循循，而其实际，仍不能收春风化雨之功。故推行维新教育，有赖于教师与学生之共同努力。过去教育，宗旨偏激，风气嚣张。为学生者，往往惑于邪说，不知安分勤学，甚至借端鼓动风潮，以为要挟当局之惯技，组织学生会，干涉校政，学业之增进，品性之陶镕，非所顾及。追怀往事，言之痛心。今后在维新教育立场上，应力矫此弊，尤应认清国家趋势，努力学问。兹分二点述之。

（一）明了趋势。国家自经此次事变，疮痍满目，凡百建设，破坏无遗。我维新政府既应运而生，当以保民养民为职责，发政施仁，以苏民困，设教兴学，以固邦基。对外由［尤］须中日亲善，共同防共，以求东亚永久之和平，同时实行经济提携，以谋开发蕴藏，利用技术，使两国得以共存共荣；对内抚辑流亡，救济工商，注意治安，严惩匪类，解倒悬之厄，登衽席之安。生聚教训，培养元气，无往不需要人才。故此后当局求才之急，必不同于寻常。凡有一长，无不罗而致之。所谓当今圣贤相逢，治具必张，拔去凶邪，登崇俊良，占小善者率以录，名一艺者无不庸，爬罗剔抉，刮垢磨光者，正此时也。我青年学生，既为国家柱石，责任重大，希望无穷，当洞悉此种趋势，预为之计，对于过去嚣张之习气，偏激之思想，皆须根本廓清，从此彻底觉悟，洗心革面，力图更生，遵照维新教育宗旨，注重实用科学之探讨，养成有用之人才，以备国家栋梁之选。而为之教师者，尤须尽力于科学知识之灌输。至于学生思想之训练、品格之陶镕，更不可不认真体会。对于防范共产思想，最宜注意者，有下列二点。

防止方面：

（1）订正教材，注重实用科学之灌输，并排除抗日言论，取缔过激之说素；

（2）介绍正当读物，多备书报杂志，借以广收知识，改正思想，并设法奖励，使之能自动阅读；

（3）组织学术研究会，开发我国固有之道德文化，养成高尚之人格；

（4）举行定期集会训话，临时个别训话；

（5）编辑壁报刊物，揭发共党罪恶；

（6）给予学生正当娱乐之机会，勿令生活过于枯寂，以致引起幻想。

纠正及惩戒方面：

（1）随时考查学生思想行动，如发觉有错误处，当先之以纠正，继之以指导；

（2）举行个别谈话，假以辞色，使之披露真相，借以观察其品性；

（3）设置信箱，奖励学生书面检举，先行劝导，劝导无效，施以惩戒。

（4）施行感化教育，务使自知其错误，以开发其悔悟之心。

如此，共产思想得能防止，则学生自能不越规矩，认清目标，安心向学矣。

（二）努力学问。事业之大小，视乎能力之强弱，有一分能力，办一分事业。学问愈博，斯能力愈强，而所办事业，亦愈广大。所谓非常之事，必待非常之人为之，非可侥幸成功也。我青年学生，既知今日国家之趋势，当思如何适应之，如何匡扶之，舍努力学问，求学识之深湛，无他道之可从。故在校求学时，必须专心学业，以植其根柢，庶将来足以膺非常之选，而负艰巨之责。如果放浪形骸，自甘堕落，不求上进，教育固无效果之可言，而国家亦徒费金钱，于人才毫无裨益。甚望今后之为学生者，能认清时代环境，趁此青年，努力学问，不受过激思想之迷惑，起而共负国家之重任。

戊、深入民间，改革思想。维新教育之宗旨，在能恢宏固有之道德文化，培养人民之生产能力，使之从事于正当生产。究竟如何始能达此目的，必先纯洁其思想，正确其观念，树立正当之目标，循序渐进，然后能排除邪说，安心服务。事变以还，赤焰飞腾，人民惑于谬误之宣传，几几乎罔知适从。意绪之不宁，何能从事于生产？甚至意气用事，抵死莫悟，断丧国家之元气，莫此为甚。故今后推行维新教育，必须教育人员，深入民间，以谋人民思想之改革，示以正当途径，俾能安居乐业，认清当前环境，不容徘徊观望。对于友邦，非惟不可再存抗日观念，且从而亲善之。于思想上既有正确之认识，庶几各安本分，各尽其力，各事其事，而东亚古国，气象为之一新。如何深入民间，改革民众之思想，兹分二点述之。

（一）注重社会教育，提高民众知识程度。我国一般民众之知识程度，大半在水准以下。此次事变，即由于认识不清，受人利用，以致相继陷于水深火热之中，而无以自拔。值此痛定思痛之时，亟宜提高其程度，一事之接触，在顷刻间，便能判明其利害。社会教育，既直接负启迪民智之责，尤应努力，以无负此使命。现在社教机关，虽竭力设法恢复，而为数尚少，应速将各县图书馆、通俗教育馆、公共体育场等普遍设置。灌输知识于民众，务使家喻而户晓，庶几环境得以认清，事理得以判明，不致为非作歹，扰乱治安，则地方可以宁静，万事可以就理。

（二）举行通俗演讲。社教人员，与民众最为接近，应定期或临时派员分区演讲，以阐明维新政府之宗旨及国家之现势，并纠正民众之思想行动，使之认识更生后之人生意识与夫应有之觉悟，免受外力之诱惑。同时，并可举行化装表演，开演电影，以及漫画文字各种之宣传，借以刺激其感觉，澄清其思想。旧染之污既去，可以成为更生后之新国民矣。

己、考查务严，处分从宽。维新教育之推行，各学校、各社教机关，既分任其责矣，将如何督促，使之逐一推进，对于学校成绩、社教成绩能日新月异而岁不同，是不可不有所考查也。教厅之对于各学校、各社教机关，各校长、馆长、场长等之对于所属教职员，其能否尽力职务，行动思想是否合于维新教育之宗旨，显著者固不容放过，即隐微者亦须留意探听，有关全体者，固当具明真相，即属个人者，亦必详悉原因，并非以察察为明。盖考查得实，始能加以纠正。譬之治病，必知其受病之所在，而后可施以对症之药。我纠正之，彼能憬然悔悟，痛改前非，则感激图报之心，人人之所应有，此后对于职务，当能尽力，以求有功。此考查之所以务严也。夫考查之道，本所以明是非，成绩优越者，既不能不奖励，而职务废弛，思想不合正轨者，亦不能不加以处分。加以处分之用意，本所以警戒之，使之能改过自新，若过于严厉，则使身受者几无悔改之余地，自新之路绝，偏激之变生，此非驭下以宽之道。故处分宜从宽，使之有所觉悟，有所感悔，使知为领袖者，并非漫不加察，虽至微细之事，亦各有所稽考。庶几于每日办事之时，有所警惕，不敢以敷衍了事，存偷懒自便之心，人人奋勉自励，则影响所及，学生亦自知努力，社会民众更莫不有所感动。无形之中，维新教育之推行，自能一日千里、日进有功也。

庚、负责须专，任职宜久。自来一事之成就，须有专注之精神，若兼营并顾，则思虑既分，力量又薄，精神有所不继，势必苟且以塞责。办事者如此，其不能有良好之成绩，概可知矣。故各学校各社教机关，所延聘之教职员，应以专任为原则。欲延聘专任之教职员，薪俸支配，必须使之能仰事俯畜，不虑不给。所以学校及社教机关，操用人之权者，当就事以定人数之多寡，万不可因人数之多，一分再分，以周旋势力，应酬交情，而诿谓我无可如何，于将来所办事业之成绩，不复加以考虑。至所用之人，当然以学行能力为标准，非以势力交情为进退也。我既用其人矣，其平日之办事如何，既有上述之严密考查，苟无大不是处，宜以久任为原则，不当随意更动，使办事者引以为虑，日觉不安，而分其心思。学校之教职员，得能久任，不独与学生家属久经联络，足以引起其信仰之心，即附近学校一带之居民，出入认识，亦深知其品行如何、学问如何，而感化于无形之间。社教机关之职员，得能久任，于区域内民众之情况，闾里之特殊状态，必能详悉而周知，应当如何矫正其差误，如何开发其知识，如何增进其生产力，必能较有把握，而民众亦以熟识信仰，易于听从。此就事业发展之方面而言，至于教职员自身，亦可安心从事，视学校机关仿佛家庭，民众学生皆我之父兄子弟诸姑姊妹，推诚相与，无纤毫之扞格，办事既易，方寸安定，而考虑精详，事事必求其实效，不肯存得过且过之心，甚或见异而思迁也。

三、结论

以上所述，对于推行维新教育，仅为比较切要者，其余详细之目，不胜枚举。吾人处此国家多难之秋，讲求中日亲善，以求确保东亚和平，经济提携，奠我国富强之基础，而尤以努力推行维新教育，为第一要着。教育足以移易人之思想，启迪人之知识，增进人之能力，借教育之力量，以谋和平之实现，我全国同胞之所企望者，尚希海内贤达，共体时艰，从事宣扬，实为幸甚。

伪江苏省教育厅，1939年2月。

中国国民党政纲*

（1939年8月30日）

甲、外　　交

一、本国家生存及主权独立之主旨，厉行睦邻政策，以奠定东亚永久和平。

二、联合非共产主义之有关各国，共同防制第三国际之阴谋。

三、尊重各友邦之合法权益，并调整其关系，增进其友谊。

四、本平等互惠之原则，与各友邦共商通商条约之修订。

五、为谋经济之恢复与资源之开发，欢迎各友邦资本及技术之合作。

六、以和平及外交方式收回租界，并修订其他有损中国主权独立之条约，取消领事裁判权。

乙、政　　治

七、召集国民大会，商讨建国之大计。

八、政府草拟宪法，交国民大会审议，由政府公布实施。

九、除共产分子外，人民之一切合法自由应予以充分保障。

十、本均权共治之原则，厘定地方制度。

十一、恢复治安，抚辑流亡，力谋人民之还乡及复业。

十二、实行以县为单位，扩大其行政机构，充实其行政经费，培植其自卫能力，以谋安定地方，推行建设。

十三、确定文官制度，登庸各方面行政人才。

丙、军　　事

十四、军队国家化，消灭个人及地方之系统。

十五、召集军事复员会议，解决军事复员、军队驻防及军事建设等问题。

十六、抚恤伤亡，擢叙功勋，并遣归被征发有职业之壮丁，助其复业。

十七、解散游击将士，助其复业，其志愿服兵役者，经甄别后分别编入国防军或地方保安队。

十八、厘定士官任用法，不分派系，登庸各方军事人才。

丁、经　　济

十九、整理币制，安定金融，尽量减少人民因币价低落所受之损失。

---

* 汪伪国民党第六次全代大会修正公布。

二十、厘定银行制度，使尽其扶助农工商业之任务，而不以社会金融供国家财政之牺牲。

二一、统制进出口贸易及外汇，力谋输出输入之均衡。

二二、发展公营产业，并充分保护及奖励私营企业。

二三、流畅农村金融，改良农业技术，便利农产运销，以谋农村之繁荣。

二四、力谋人民负担之平均及减轻，并注意人民生活之改善。

戊、教　育

二五、保持并发扬民族固有之文化及道德，同时尽量吸收适于国情之外国文化。

二六、铲除狭隘之排外思想，贯彻睦邻政策之精神。

二七、厉行纪律训练及科学研究，以养成健全公民及建国人才。

二八、改订教育制度，重编教材，以适应新中国建设。

汪伪宣传部编：《和平反共建国文献》第一辑《中国之部》，第45—47页。

决定以反共为基本政策*

（1939年8月30日）

查西方“共产主义”一语，渊源于希腊，本为伦理上之一种企求。及乎十九世纪上期，因工业革命而发生物质生活之差等，于是西欧学者有所谓社会主义之提倡。其最高尚之理想，与我国所谓“大同”相似。于是“社会主义”、“共产主义”两词，遂同为社会改革之呼声。至十九世纪中期以后，马克思以唯物史观号召当世，遂以“科学的社会主义”或“共产主义”，自别于其他社会改革之理想。故“社会主义”或“共产主义”一语，泛而言之，即等于我国所谓“大同”，并非专指马克思之共产主义而言也。总理民生主义第一讲，“民生主义即共产主义”一语，亦即泛指共产主义而言，决非谓民生主义即马克思之共产主义也。吾人细读下文，总理对于马克思之唯物史观，指谪驳正，极其精微。唯物史观，本为马克思共产主义之基石。总理对于唯物史观，既痛加驳斥，则对其所引出之结论（共产主义），自然不能赞同；故民生主义决非马克思之共产主义，自不待言。总理盖有见于马克思主义输入中国之危险，并有见于我国大同思想本可囊括西方一切所谓社会主义或共产主义之精髓，故以民生主义举示国人，一则所以恢复我国固有之大同思想，一则所以排拒马克思主义之侵入。“民生主义即共产主义”一语，不但不足以使民生主义与马克思主义相混淆，并可以使党员及一般人民足以认识民生主义与马克思主义确有根本不能相容之点。此本党立于三民主义之立场，在理论上不能不以坚决反对马克思一系之共产主

* 汪伪国民党第六次全代大会通过。

义为基本的政策之一目也。

至就事实而言，马克思主义以阶级斗争为社会革命之工具，以根本破坏现社会为其最大之鹄的。然证之现代极端工业化诸国，尚无此革命方式之必要，亦更无必须经过此残暴狠毒之破坏而社会始可以进步之理。最近数十年来，欧美日本诸国因其国家社会政策之进展，劳动阶级之生活已逐渐改良，阶级对抗之姿态已逐渐缓和。马克思之机械的进化论，已根本为历史事实所打破。所谓科学的社会主义，已自证为一种不科学之武断。近来各国共产党之势力，已日就消沉，其不适宜于现代社会之进化，概可想见。何况我国经济状况，尚在农业社会之阶段，其不适宜于共产主义，更无待言。此就国情而论，本党尤不得不以反共为根本政策之一目也。

更就中国共产党之实际政策而言，则其为害于国家及民族之生存，尤可痛恨。盖中国共产党，不过为第三国际之一分部，所谓第三国际，无论其表面上有若何之理论为掩饰，然其实际，不过为苏俄之一扩大的国际间谍机关耳。苏俄自身之建国纲领，已与马克思之共产主义，相去不知几万里；第三国际所谓世界革命之阴谋，又与苏俄自身之建国纲领，相去更不知几万里。故第三国际者，实一绝对无主义、无理论、无固定政策之国际间谍集团耳。其种种阴险狠毒之手段，诚不啻帝俄时代国际间谍之后身，且变本而加厉者。共产主义已不适宜于中国，吾人如以中国共产党为信仰共产主义之政党，行且为共产党所暗笑。所谓中国共产党者，一言以蔽之，苏俄所派遣于中国之一间谍机关或特务机关耳。根本无所谓主义，无所谓理论，无所谓政策。其心目中，无所谓国家，无所谓民族，更无所谓人类。忠实执行第三国际之命令，随时随地改变口号，欺惑民众，利用无智识而有野心之军阀或政客，此即中国共产党之政策也。共产党如成功，亦不足以言中国即实行共产主义，不过表示中国即为苏俄之一殖民地耳。本党自十六年开始清党以至于二十五年，十年之间，可谓苏俄间谍之消沉时期。及西安事变以后，蒋中正同志为所劫持，供其奔走，任其利用，若非至于亡国灭种而不能自已者。故今日共产党之危害中国国家及人民更非往前十年之可比。本党以三民主义，救亡图存，则对此专以灭亡国家及民族为目的之外国间谍集团，自有不共戴天之仇。本党全党党员无不愿牺牲生命以与国际间谍偕亡也。

《兴建》月刊第1卷第1号，1939年10月10日。

汪精卫答日记者问（节选）

（1940年1月19日）

汪精卫氏昨日（19日）在愚园路私邸，接见同盟通讯社同亚部长横田实氏，就将来新中央政府成立后之对内对外政策、中日国交调整根本方针以及其他当前之各重要问题，作如下之回答：

…………

（四）抗日教育之修正

问：新中央政府将如何教育中国民众，而新中央政府的教育方针如何？

答：余前年艳电最后一段，谓“确立中日永久和平，中国固因以善邻友好为教育方针，日本尤应令其国民放弃其侵华侮华之传统思想，而在教育上，确立亲华之方针”。两国教育问题，关系将来中日国交，至重且大，故两国对于教育协力，最为紧要。民国廿四年，余兼任外交部长之时，曾与有吉公使谈及此问题，而两人商量，“日本指摘中国教科书中之反日言辞，中国如发现日本教科书中有蔑视中国之点，亦指出之，以便互相努力，实行取缔”，有吉公使亦欣然表示同意，然未几，余在南京受伤，有吉公使亦辞职，两人意见协定未能实现，殊为遗憾。余将以如此根本观念，指导中国民众。

…………

《中华日报》，1940 年 1 月 21 日。

和平宣言

（1940 年 3 月 12 日）

汪精卫

“中日两国无论从何方面着想，均宜携手协力进行，共谋两国前途的发展”；“中日两国当为亚洲民族独立运动的原动力”。此为手创中华民国孙先生之言，同胞同志，皆当共喻。不幸中日两国关系，历年以来，未获调整，终至战祸勃发，扰攘连年。前岁十一月三日，日本近卫内阁发表声明，谓“日本所望于中国者，在能分担东亚新秩序建设之任务”，并于广播中申述其意旨，谓“日本之真正希望，不在中国之灭亡，而在中国之兴隆，不在征服中国，而在与中国协力”，并谓“日本认识中国之民族的热情，承认中国之完成其为独立国家，实有必要”。复于十二月二十二日发表声明，列举所望于中国者为善邻友好、共同防共、经济提携，并谓日本非但尊重中国之主权，且不吝进而考虑交还租界，废除中国完成其独立所必须之治外法权。日本政府有此声明以后，中国方面了然知抗战之不必继续，和平之必当恢复，尤了然知中日两国不仅当求消弭目前之战祸，且进而根本除去过去纠纷之原因，重新确立将来之亲善关系，于是和平运动渐次普及于全国。去年八月，中国国民党第六次全国代表大会宣言中，郑重宣布自今以后，易抗战建国之口号为和平建国，并郑重宣布以反共为和平建国之必要工作。且鉴于个人独裁之误国，宪政实施之不容再缓，复郑重宣布，务于最短期间，结束训政，开始宪政，使第五次全国代表大会所议决者，得见之实行。数月以来，与日本朝野披沥诚意，根据善邻友好、共同防共、经济提携之原则，使之为具体的实现，务期两方交受其益。复与国内各已成政权，各已成政党暨贤智之士，悉心讨论收拾时局之办法，以一致之决意，为共同之努力，由是有中央政治会议之组织，中央政府亦将缘是产生。自今以后，举国人民皆在此统一而有力之中央政府领导之下，对外调整邦交，对内实施宪政，扫除历年之纠争与战祸，而实现和平与幸福之新天地矣。关于对内实施宪政，吾人已订立适合时势之政纲与政策，务于最短期间完成此使命。关于对外调整邦交，吾人所厘定之各种具体方案，全部公开，固有所待，惟吾人敢负责为国民保证此等方案决不轶出近卫声明范围之外，且决不与其原则所抵触，于中国之独立生存无所危害，于第三国在中国之正当权益，不惟无所伤损，且可因中国之和平恢复而得所保障，遂其发达。且中国恢复和平之后，除与日本为经济提携外，并当依据建国方略之实业计划，容纳各国之技术与资本，以求完成中国之建设，致东亚之繁荣。是则和平运动非惟中国之利，亦世界各国之利也。抑有为国人言者，吾人之和平运动，当从切近方面与远大方面同时探讨。事变以来，北平故都、南京新都相继失守，天津、上海、青岛三特别市，绥远、察哈尔、河北、山东、山西、河南、江苏、安徽、浙江、江西、湖北、广东、广西十三省会以［依］次沦陷，将士死者数百万，人民直接间接死于乱亡者数千万，此真宇宙之奇变、神州之浩劫，明亡以来未有之祸也。抗战至今，两年有半，所失据点，未闻有一处恢复，徒使孑遗之人民，日即于沦胥，国民政府及中国国民党同人负咎深重，虽粉身碎骨，不足以对国家对人民。苟危亡尤有可救，则挺身任过，与日本停战言和，接受可以忍受之条件，以保存尚未耗尽之国力，收拾败残，重谋兴复，实为国民政府及中国国民党同人应有之责任。诚不可把持权势，胁迫民意，日日以抗战到底、最后胜利自欺欺人，使国土愈蹙，国力愈耗，终至于不可救药也。此就切近方面言之也。至于远大方面，则此次和平运动，不徒欲消弭目前之战争而已，必深求战争之原因，解除过去之症结，重新建立将来之正鹄，使中日两国得向于共存共荣之大道而携手前进。中日两国为东亚之柱石，两国相安，则东亚和平得所保障，而世界和平亦于以奠定其基础。是故，就切近方面言之，则救国家民族于将亡，吾人不可不忍辱负重，以从事和平运动；就远大方面言之，则致中日及东亚于复兴，吾人尤当积极努力以从事于和平运动。兆铭服务国民政府，为中国国民党之一人，过去心力交瘁，对于不幸之战事未能防止，及战事发生以后，又未能挽回，抚躬省疚，日夕不遑。去年以来，竭其忠诚，向重庆同人致其呼吁，乃未蒙听纳。惟兆铭默察今日全国人民皆希望和平，了无疑义，所怀疑者，惟和平之能否实现而已。用是不揣固陋，集合国民政府及中国国民党同人，并联合各已成政权、已成政党暨贤智之士，同心协力，以担负和平运动之责任，务使全国人民所希望之和平能一一实现。兹因中央政治会议组织询谋佥同，成立有期，爰以和平运动之真意及和平方案之要旨，昭告海内：自此以后，中央政府必以实心实力，谋和平方案之实现，以底和平运动于成功。所望全国同胞，咸喻此旨，同心同德，荷此艰世，并望重庆方面抛弃成见，立即停战，共谋和平，俾和平方案之实现，更能普遍而迅速。救亡复兴，实基于此，血诚耿耿，惟共鉴之。

《中华日报》，1940 年 3 月 13 日。

国民政府还都宣言

（1940 年 3 月 30 日）

国民政府根据中央政治会议之决议，还都南京。谨以诚敬，昭告海内：实现和平、实施宪政两大方针，为中央政治会议所郑重决议，国民政府当坚决执行之。所谓实现和平，在与日本共同努力，本于善邻友好、共同防共、经济提携之原则，以扫除过去之纠纷，确立将来之亲善关系。过去所采政策及法令，有违反此方针者必分别废止或修正之，务使主权之独立自由及行政之完整得以确保，并于经济上实现互惠平等之合作，以树立共存共荣之基础。中日两国，本义同兄弟，一旦不幸，致动干戈，自此次调整之后，永保和平，共安东亚。同时对于一切友邦，亦本此和平外交之方针，以讲信修睦、增进友好关系也。所谓实施宪政，中国国民党第五次及第六次全国代表大会宣言中已有明白之决定，全国贤智之士亦已一致赞同。当此战后，百废待举，端赖举国同胞，集中心力物力，勇往精进，以完成现代国家之建设。过去个人独裁，为全国人民精诚团结之障碍，必当革除。共产党挑拨阶级斗争，尤为国家民族之大敌，必当摧陷廓清，使无遗毒。至于各级民意机关之设立，地方自治之举办，以及国民大会之召集，宪法之制定颁布，皆当克期见诸实行，以慰海内人民之望。

以上实现和平、实施宪政，为国民政府所执行之最大方针，亦即国民政府所担负之最大任务。兹值国民政府还都之始，对于我阵亡之将士、殉难之人民及为和平运动而牺牲之诸先烈，谨致无限之哀悼与敬礼。国民政府所首当引为己责者，厥惟安抚战后之人民，使其生命财产自由，得受国家法律之保障，各安所业，以从事于经济产业之复兴，文化之发展。国民政府谨当率其僚属，以廉洁、勇敢、任劳任怨之精神，与我孑遗之人民同甘苦、共生死，以蕲致于国家民族之兴复也。其次则对于现在重庆及各地服役中之公务人员及一般将士开诚布告：凡属公务人员，自此布告以后，务必于最近期间，回京报到。对于此等报到人员，一经确实证明，概以原级原俸任用。其有怀抱忠诚，就其所处，苦心斡运，有所贡献者，尤当优予任用。凡属一般将士，自此布告以后，务必一体遵守，即日停战，以待后命。其非正规军队，散在各地担任游击者，亦务必遵命停止活动，听候点验收编，此为和平建国之始基所当共勉者也。

国民政府此次还都南京，为统一全国，使向于实现和平、实施宪政之大道勇猛前进。全国以内，只有此惟一的合法的中央政府。重庆方面如仍对内发布法令，对外国缔条约协定，皆当然无效。所望重庆方面，破除成见，亟谋收拾，共济艰难。至于事变以来，临时、维新等政府先后成立，为保全国脉，维持民命，致其心力，鞠躬尽瘁，劳苦备尝，兹以一致之同意统一于国民政府。对于其所办事项，当暂维现状，并当本于大政方针，迅速加以调整。自此以后，全国在统一的指导之下，同心同德，涤战后之疮痍，谋将来之发展，国家民族之复兴，东亚之和平，胥系于此，有厚望焉。

中华民国二十九年三月三十日

《中华日报》，1940年3月31日。

国民政府政纲

（1940年3月30日）

一、本善邻友好之方针，以和平外交，求中国主权行政之独立完整，以分担东亚永久和平及新秩序建设之责任。

二、尊重各友邦之正当权益，并调整其关系，增进其友谊。

三、联合各友邦共同防制共产国际之阴谋及一切扰乱和平之活动。

四、对于拥护和平建国之军队及各地游击队分别安辑，并建设国防军，划分军政军令大权，以打破军事独裁制度。

五、设立各级民意机关，网罗各界人才，集中全国公意，以养成民主政治。

六、召集国民大会，制定宪法，实施宪政。

七、欢迎各友邦资本与技术之合作，以谋战后经济之恢复及产业之发展。

八、振兴对外贸易，求国际收支之平衡，并重建中央银行，统一币制，以奠定金融之基础。

九、整理税则，减轻人民之负担，复兴农村，抚绥流亡，使其各安生理。

十、以反共和平建国为教育方针，并提高科学教育，扫除浮嚣空泛之学风。

中华民国二十九年三月三十日

汪伪宣传部编：《和平反共建国文献》第一辑《中国之部》，第141页。

国民政府改组还都后的文化政策

（1940年9月）

杨鸿烈*

近来常有许多外国的朋友问起笔者关于新中央政府的文化政策究竟是怎样，笔者因为不曾负有推行文化政策的责任，所以在这篇为解释释疑而做的文章里面虽然也有一部分是

* 杨鸿烈（1903—1977），云南晋宁人，1934—1937年留学于日本东京帝国大学研究院，1938年离日到香港，时任汪伪宣传部宣传事业司司长。

根据国民政府所发表的“政纲”，但大部分仍然掺入不少的个人的私见，关于这一点，笔者认为实在有在先特别声明的必要。

按所谓“文化”这一个名词，若笼统含混地加以解释，便是说凡是任何国家改善其所有文化事业的各项政策都是属于所谓“文化政策”的范围。不过什么是“文化”的正确的意义也很费研究，中国古代的《易经》一书里面有“贲卦”说：“文明以止，人文也。……观乎人文，以化成天下。”唐朝的经学家孔颖达所撰《周易正义》有说：“观乎人文以化成天下，言圣人观察人文，则诗书礼乐之谓，当法此教而化成天下也。”宋朝的理学家程伊川所撰《易传》也有说：“人文，人伦之伦序，观人文以教化天下，天下成其礼俗。”但以上两说都还嫌解释得不圆满完全，不如清朝的彭申甫所编辑的《易经传义解注辩正》所列举的具体明白，如说：“大而言之，则国家之礼乐制度，小而言之，即一身之车服，一家之宫室。”在西洋方面，“文化”一词系从十八世纪以来，德国人使用的最多，但在德语的kultur与英语的culture的意义不一样，据当时德国的希腊人文主义者的主张说，所谓希腊文化即所谓希腊主义的灵肉合一的文明，换句话说，即一方面以艺术为中心，创造学问、道德、宗教等精神文明，同时于他方面，又生活于现实主义、享乐主义等物质文明。因此之故，所谓德国的文化就不啻等于继承并且发展希腊主义。到了现在，一般历史学家以及人类学家对于“文化”一词的解释仍然以为即是“生活的样式”（life model），如什么衣食住行呀，政治呀，宗教呀，虽然各有其特殊的形式，但都可以包括在“文化”的范围里面。这样的诠释和中国彭申甫所说的“大而言之，则国家之礼乐制度，小而言之，即一身之车服，一家之宫室”的话也差不多了。

这样看，“文化”的意义，真是广泛无比，而所谓“文化政策”的一个名词也要将包罗所有一切生活的样式的对策了，这岂不如一部“二十四史”，将从何处说起？何况国民政府根本就是继承卢沟桥事变以前的法统，所有一切的礼乐制度、车服宫室以及其他的生活的样式都没有什么剧烈的改变。不过我们的话又说回来了，我们中国经过这一次的空前浩劫，全体国人痛定思痛，对于旧日那些和文化有密切关系的种种事业与措施，便都不能不从新一一地加以检讨和矫正，于是自然就会产生出许多匡时救弊的对策来。按国民政府政纲第十条有说：“以反共和平建国为教育方针，并提高科学教育，扫除浮嚣空泛之学风。”

张鲁山氏对于本条曾有解释，他以为一国的教育方针，与一国的立国精神，是不能相互违背的。换句话说，教育为立国精神所寄托，因为立国精神随时代而不同，所以教育方针，亦随之而不同。什么是中国现在的立国精神呢？简括地说，是反共和平建国。反共和平建国，在表面上看，好像是三件事，实则是一件事。盖我们为什么要反共和平建国呢？曰：为的是建国。我们为什么要和平呢？曰：为的是建国。我们在共产党尚未消灭与和平尚未实现之前，要以建国的精神，去消灭共产党并促和平早日的实现。迨共产党已经消灭及和平已经实现，我们更要根据建国大计，促中国走入于现代化的境地。我们可以说，反共和平，仅仅是一种手段，而建国乃是我们的目的；反共和平，仅仅是一种消极作用，而建国乃是一种积极作用；倘反共和平并不足以建国，则我们认为反共和平毋乃多事；又倘建国别有他道，并不需要反共和平，则我们认为反共和平，亦近于不急之需。正因建国必须反共和平，而反共和平，又为建国之初步基础，所以政纲上将反共和平建国，一并作为教育的方针。我们现在姑且根据消极的积极的两个意义来说：教育方针既确定在于反共，则凡各级学校的教科书上，含有阶级斗争，或有足以引起阶级斗争的一切思想，皆当全部删除，而使文化上的思想方面，趋于纯正，这种鉴定的工作，当然十分艰巨。又教育方针既确定在于和平，则凡各级学校的教科书上，含有民族国家间的仇恨，或足以引起将来的民族国家间的仇恨思想，亦当加以适当修正，俾使趋于公平。这种鉴定的工作，也很有相当的艰巨。即使这两步工作，完全做到了，亦只是消极作用。而积极的作用，乃在于建国。今日言及建国，最感觉困难的还是人才，我们固然也很知道，中国的人才不足，可以借用客卿，但每一件建设之中，所应用的根本主张，进行的方针，扩张的范围，应用的条件，岂能自己通通不管不懂，一切委托于外国专家之手吗？但所谓建国人才，须要怎样的标准呢？原来普通人才，大概分以下两种：一种是昔日所谓经济之才，一种是所谓专门家。经济之才乃担任大体的计划与行动的指挥的；专门家乃指拿了计划，奉着命令，运用着学术技能去实行的。我们现在所需的建国人才，当然也无非这两种。这两种人才的养成，固大部分靠着教育，但如一般学风，仍似以前的浮嚣空泛，不切实际，充其量不过多造几个剥削阶级的高等流氓而已，哪里能负起建国的责任呢？我们从远一点来说，当清朝末季谈维新的时代，所提出的口号是“中学为体，西学为用”。所谓中学，就是指的经国济民，拿现在的话来说，即是指的社会科学；所谓西学，那时只知道轮船枪炮一类东西的制造而已，拿现在的话来说，即是指的自然科学。这种浅薄无聊的论调，直到今日，还流行在社会上面，其实西学何尝不能为体？而中学经过相当整理之后，又何尝不能不可为用？正因为当时的教育界，不知科学两字的意义，其结果造成叫嚣浮华的风气，迄未稍减。我们拿社会科学来说，一般青年学生，懂得几个口号，看几本小册子，而自命为社会科学家者，正不乏人。这种现象，实令人替教育界悲观。孙中山先生曾说过：“革命以高深的学问为基础”，那么浅尝涉猎，道听途说，当然说不上高深学问，更非所谓科学。我们知道社会科学的专精，极为繁难，说到应用，更加不易，盖应用时除掉自己所专精的而外，还要参考其他，一面又要对准事实，去求得学历的效验。这种工作，哪是几本小册子所能找的呢？政纲上所谓提高科学教育，是叫教育界人士，痛洗小册子学问家的积习，切切实实地下一番治学功夫，然后才能负起建国的责任。至若自然科学，凡是从事自然科学的人们，试将孙中山先生所拟的实业计划，拿来一看，究竟够不够呢？如果不够的话，相差究有多远呢？兴言及此，不能不令我们愧汗！我们要知道，实业计划的实行，是应合于国家国民的需要，是有一定的进展的程序的，不宜有所等待延搁，而它的完成，又须要以目前世界科学所已造诣的尽善尽美为标准，倘若我们的知识不够，糊糊涂涂地乱谈建设，其结果是建设亡国，既无以对国家民族，亦失掉和平建国的立国精神。政纲上所谓提高科学教育，又是叫研究自然科学的人，处处要迎头赶上，且不但要为学问奋斗，更要在学问与社会之间奋斗，即在学问与国家之间奋斗，把过去冷冰冰的态度，一起把它矫正过来。如果教育界与学习社会科学及学习自然科学的人们，个个都以国家为思想，个个都以“学以致用”为信念，脚踏实地，实事求是，岂特反共和平可以实现，即和平建国的伟业，也不难在相当期内完成。

此外，如刘希平氏对于本条也有解释说：教育乃所以养成未来良善的公民，以及社会中各方面的领袖，其关系极巨，所以教育的良莠，直接会影响到国运的盛衰。中国过去日趋衰弱，也可以说是教育方针错误的结果，或竟可以说教育无方针所铸成的大错。自从废止科举，设立学校，所谓中国的教育，完全是在模拟西洋。至于这种教育对于中国究竟有什么用处？则教育的当局，以及被教育者，都是不知道。彼此苟且敷衍，教师对于学生可以不必负责，而学生也可以高谈无限制的自由，因此学风日趋浮嚣，所学都系空泛而不必讲究其实用。文法等科的学生，固不知所学为何事，甚至学习农工等实用技术的学生，毕业后也不知道到什么地方去找工作。结果只有中学毕业生教小学，大学毕业生教中学，留洋回国的学生则教大学，而成教育的独自一体。好像过去若干年中国的养蜂一样，大家只知道以蜂种化生蜂蜜，至于蜂的如何制蜜，以及蜜的销路如何，大家则都不知道，后来蜂种供过于求，养蜂的人只有一败涂地而后已。这颇足以说明中国教育的实况，走到社会中去，更足以影响整个社会，而造成不安。鉴于过去教育的失败，所以今后国民政府的教育政策，不得不与反共和平建国的国策打成一片。教育的目的，是要达成反共和平建国，而所养成的人才，也必须能负起反共和平建国的责任。这乃是忠诚谋国，应用切实苦干的精神，则往日浮嚣空泛的学风，不得不为之扫除。还有科学文明足以补充东方文明之缺点，而科学又系一切生产技术改进的基础，所以为健全东方文化，并求生产的发展，同时也不得不提高科学教育。

以上两种解释虽有详略的不同，但属于国民政府的文化政策的一种——教育政策的真实意义总算被他们解释得很为透彻明白的了。至于在行政的实施上，如教育部的修订各级学校的教科书，听说已经在很为短促的时间之中完成一部分的基础的工作，还有国立的中央大学亦已宣告复校，国民政府主席汪精卫于民国二十九年八月十一日并曾对中央大学职员训词，说道：

“此次中央大学复校，很不容易，我希望他能够恢复到战前的状况并迁回原址，但这件事恐怕一时还办不到，所以只好暂行在建邺路前中央政治学校旧址上课，将来全面和平实现，自然可以迁回。所以中央大学的发展，实与中日和平前途相呼应。……关于中大学生的训课，我想特别提出来说几句话，过去的大学生喜欢参加政治运动，把学校当作个人活动的场合，学生做了野心家的工具，他们看到好多人因为善于活动，便在政治上得到重要的地位，于是以为读书是没出息的，纷纷来干组织、做活动，这种错误的思想，实在是大学教育上的重大危机。我们要救国家，第一件要紧的事，便是纠正青年的思想和行动。我们要使每个大学生，不但有爱国之心，且有爱国之术。过去蔡孑民先生办理北大，专鼓励学生干革命行动，那时为了打倒北洋军阀，所以那种活动是合理的，现在我们已不需要那种活动，是要切切实实地去求知。孙先生所说：‘知难行易’，好多人发生误解，其实是不明白孙先生的本旨，原来孙先生觉得好多人在那里盲动，所以要人先求知，然后再动，才算合理，假使是不难的，我们又何必要由小学中学直到大学，经十数年的学习呢？目前我们训练学生最要紧的事，便是要使他们真知力行养成爱国救国的真实本领。绝对不许做盲目的政治行动或从事各种组织，尤其是共产党最善于利用学生做行动工具，学校必须严防。后期青年埋头读书认识了和平反共建国的真意义，养成和平建国的真本领，我想一二年之后，必有良好的成绩。此次中大招生，最好重质不重量，集中精力财力，训练有用人才，原不在求其多，而无当……”

这篇训词，不啻又替国民政府政纲第十条所说“扫除浮嚣空泛之学风”那一句做一个更为详细的解释。其余如汪主席在同年八月二十七日演讲的“纪念孔子的意义”一文有说：

“——所谓世界主义国际主义将东西洋文化比较结果，任意诬蔑儒教，诋毁先师，这种思想荒谬绝伦。世界上无论何种文化，皆是随时代以进步的，不责后人不肖，却责先民没有好好地留贻，真是荒谬绝伦。儒教说，‘过则无惮改’，说‘苟日新，日日新，又日新’，说‘道德’，没有一句不责人自新，勉人进步。而他们却说什么‘祖宗罪孽深重，不自陨灭，祸延子孙’，他们这种论调，自矜达观，其实不过献谀欧美，唾弃自己的国家民族。这种论调，猖獗起来，可以使一般青年皆忘恩负义，其结果断送国家民族于不恤，真可痛心。——国民政府为矫正这种思想，所以颁布纪念先师孔子诞辰办法，既不如耶教圣诞日之铺张扬厉，而又唤起中国民族的自觉着想，先师孔子教人之道德，其方法是日日新、又日新的，其原理却是万古不易。例如仁字，是人生最高尚最广大的道德，实行起来，积极方面，是己欲立而立人，己欲达而达人；消极方面，是己所不欲勿施于人，这岂不是万古不易的原理。至于导人以智慧，我们知道中国一切的典章制度，无不源于先师孔子，无先师孔子，便无所谓中国文化，我们于先师孔子诞辰举行纪念，一方面在道德上发生猛省，一方面在智慧上发生勇猛的决心。”

这样可见国民政府鉴于浅薄的欧美至上主义，在过去所发生的种种弊病而随处都在着眼于唤起中国民族的自省意识，这也是和以前大有不同。

笔者上面所述的也许还仅只限于教育事业方面，而最足以表现国民政府的文化政策的精神的，则尚有行政院里面增设“宣传”与“社会”两个专部的一事。汪主席于民国二十九年三月二十日曾在广播的演讲词中提到社会部从前叫作民众训练部，关于工人、农民、商人、学生、妇女各种民众的训练事情，现在都归社会部管辖。从前这两个部都是放在国民党中央党部里头，中央党部第一个部是组织部，第二个就是宣传部，第三个就是社会部，这两个部现在移来放在行政院里头，就是因为一方面来看宣传是很重要的，是要全国的人民了解政策，了解主义，不过那时候，人民已经有一点感觉不便当，譬如一个商会，因为民众训练的事情在党部，商会常常要同党部接头，同时还要向政府接头，大家就感觉到好像多一层隔阂，现在直接交给政府，还要便当，这是一个道理。还有一个道理就是现在国民党打算放弃一党专政，既然放弃一党专政，把这宣传部的大权，放在中央党部内，怎样可以表示不是一党专政呢？因为这样子，我们把宣传部，把社会部放在行政院里头，一方面免除两重政府的隔阂，一方面免除一党专政的嫌疑。这样可见国民政府所以在行政院里面增设“宣传”与“社会”两个专部，其目的亦即在强化反共和平建国的文化政策罢了。

以上所举的几桩很重要的事实，都是国民政府对本国所正在举办或施行的文化政策，至于对国外，则首先便与东邻日本谋文化上的密切合作。汪主席于民国二十九年七月二十八日出席中日文化协会成立大会曾亲致辞如下：

“……中日文化协会是中日两国有识之士所组合的，以强力的合作、远大的计划做长久的工作。我们要认定孙总理的大亚洲主义，以及日本东亚新秩序的建议，都要在这中日文化协会以最大的努力去实现。兄弟发出艳电响应近卫声明，以共同防共、经济提携、善邻友好三原则来谋中日永久和平，但这永久和平的实现，积极方面一定要在两国教育上树立强有力的团结，来完成这共同的理想。文化这个名词，就是文明开化，文明是物资方面，开化为精神方面，总称为文化。中国的文化在东亚、在世界上都有超脱的地位，而日本文化也有其特殊的地方，吸收中国及世界文化的精华，才有创造今日之璀璨文化。这一点我们应当特别注意。中日两国必须要结合起来，以谋东亚的文化发扬光大，这我们须十二分诚意认定目标去做。中日文化协会不是一个泛泛的协会，是有它的目的，要联合两国文化去实现大亚洲主义的。我们对于中日文化协会成立的今天，以十二分的热忱，祝其永久的发达。”

按中日文化协会创立之目的，即在沟通中日两国的文化，融合双方朝野人士的感情，并发扬东方文化以期实现彻底的善邻友好，而其所拟举办中日各种文化的事业，即以文学艺术讲座及演讲会的设置与举办，各种著作翻译刊物的反省，学术联合的研究，文化展览会的举办，图书的交换，图书馆、博物馆、美术馆等的设立及协助，留学生的互相派遣，语文的互相奖励，音乐、戏剧、美术、电影的互相介绍与研究，体育运动的共同发展，组织旅行视察团，互相观光考察，学者及艺术家的互相介绍与招待，东亚文化的研究及宣传等等，其设计的周密与规模的宏大，都是为中日两国自近代以来所空前没有的。

总而言之，国民政府自改组还都以来，虽不到一年，而所施行的文化政策的特色却是非常的质朴塌［踏］实，充满东亚民族自觉的意识，与以前浮嚣空泛狭隘排外的恶劣作风简直不可以同日而语、相提并论的。

《教育建设》第1卷第1期，1940年9月。

特种教育实施计划纲要草案*

（1941年7月3日）

甲、引　言

我国自古以农立国，农民数量占全国人口百分之八十以上，全国出产品百分之九十以上均属农产品，全国税收之主要来源亦均在农村，故农村实为我国经济与政治之中心，农村之兴衰，关系国家民族之兴衰至巨。惟时至今日，农村治安不能确立，农村经济更形破产，致农民生活日益艰难。加之事变以还，乡村教育大部停顿，文盲日增，民智日低，于是思想日趋驳杂。由于农村思想之驳杂，乃为“共匪”所乘，治安于以不宁，生计于以不给。由于治安之不宁，生计之不给，思想乃更驳杂，而更为“共匪”所利用，互为因果，遂造成今日破碎之农村。故欲完成和平反共建国之任务，达到复兴中国、复兴东亚之使命，应注全力于农民思想之澄清，农民生活之安定，与夫农村治安之确立，而施以教养卫兼顾之特种教育，授以生产及自卫之技能，宣传和平反共建国之理论，增强人民对于国民政府之信仰，方能获取“教育民众”、“训练民众”、“组织民众”、“保卫民众”之实效。

乙、宗　旨

以教养卫兼施之教育为原则，统一民众思想，促进农村生产，强化地方自卫，以完成清乡工作之使命。

丙、目　标

一、训练一般成人及儿童，使能彻底了解无底抗战之谬妄，及共产党之罪恶，并深切了解国策及世界大势，以期确立和平反共建国之信念，努力于复兴中国、复兴东亚之工作。

二、训练一般成人及儿童，使具生产的技能与自卫的力量，以期人民乐业、社会安宁。

三、本政教合一之精神，以学校为中心，推进地方自治事业。

四、力谋清乡区教育之推广，并努力于农村新事业之发展。

丁、实施步骤

一、训练师资

1. 特种教育委员会为养成特种教育优良师资起见，筹设特种教育师资训练班，招收合格学员，施以短期严格训练。

2. 学员受训期满，派往清乡区服务，负责推行特种教育。服务办法另订之。

---

* 由汪伪清乡委员会特种教育委员会拟定。

3. 关于特种师资训练班办法另订之。

二、编辑教材

1. 除公民训练及技能训练外，编纂建国课本（分成人用及儿童用两种）及补充读物。至其他参考图书，由特种教育委员会视地方实际情形，选定采用。

2. 特种教育教材之编选，应采渐进的启示：A. 以个人及家庭生活为中心，使逐渐对于社会问题有初步认识，并使认清以三民主义为解决一切问题之枢纽。B. 以国民政治常识为中心，对国家意义、国际地位及领袖言论有基本之了解。C. 以东方固有文化道德为中心，期使确立和平反共建国之信念，进而认识大亚洲主义。

3. 特种教育教材应以下列十二项为编纂中心：三民主义、领袖言论、大亚洲主义、清乡要义、地方自治、生产技能、史地大要、卫生常识、反共材料、农村副业、自卫常识、乡土教材。

4. 关于编辑详细计划另订之。

三、设置学校

1. 凡清乡军队势力已达到之县份，每县应设立建国中心民众学校若干所，为实施特种教育之动力机关。

2. 各乡区应采逐期增加办法，普设建国民众学校，达到每保一校为标准。

3. 在清乡地区之原有学校及社教机关，均应斟酌情形，施行特种教育。

4. 凡清乡军队势力已经达到，而建国民众学校尚未普遍设立之地区，各机关、各社团均应厉行识字运动及公民训练，并实施流动教育。

5. 以建国民众学校为中心，指导保甲长推行地方自治。

6. 关于建国民众学校之组织及实施计划另订之。

四、实施区域

第一期先就昆山、太仓、常熟、吴县、江阴、无锡、武进、丹阳、镇江、扬中等县实施。

中国第二历史档案馆藏“汪伪清乡委员会档案”

海南岛海军地区岛民教育整备纲要*

（1941 年 11 月 12 日）

第一　方　　针

鉴于海南岛民教育在帝国军事及政治上的重要性，同时以帝国国防为中心，达到真正提高日支合作、密切地区居民素质的目的。

---

* 由日本海南警备府颁布。

因此，我方应在占领地行政下逐渐强化对支那人教育行政权的把握，以清除其所谓抗日思想，进而能对我方军事经济建设诚心提供协助。

第二 要　领

一、岛民教育将根据岛民的实际生活情况，建设以皇国为中心的东亚共荣下的善良的岛民社会，以此引导其在本教育中获得福利。

二、目前应把重点置于初等教育而进行必要的整治。在初等教育中，暂时进行精神教育、日语教育及劳动教育。

三、小学修业年限为六年，根据情况暂以简易小学代替，修业年限可定为一年。

四、为把教育行政收归我方，当务之急是需谋求采取必要措施，在海南海军特务部设立有关行政方面的监督官厅，各地治安维持会（所在队长的协助指导□□□……）为具体实施者。

五、义务教育期限定为一年，治安维持会及儿童□□□……进行义务教育。但实施义务教育的时机□□□……。

第三　初等教育制度的暂行对策

为实现上述教育目的，要为各小学校配备日本人教员，设校长及副校长，在其指导监督下实施如下暂行教育措施：

（一）对按原有形式已开学的小学校，考虑到以后继承校长之位，应暂时设日本人教员为副校长。配备的日本人教员应按以下规定进行教学：

（1）讲授日语时特别要对其朗读、会话充分加以指导。

（2）指导音乐、游戏、体操等科目时，要注重教导儿童的礼仪法度，培养其开朗豁达的气度和团结精神。

（3）指导儿童劳动作业时，在确保学校内外整理清洁的前提下，要根据土地状况进行农耕劳动（包括饲养家禽家畜）。

（4）应注意通过儿童洞察其父兄的生活状况、思想动向。

（5）应注意加强与支那人教员的联系与协作。

（二）目前以日语教学形式开学的学校应与军方协商，把其变成短期小学，进行组织交接，以日本人教员为校长，其配备应按以下几点执行：

（1）短期小学根据地方民众生活水平应定为两年。

（2）学科科目为修身科（2——每周授课时数）、日语科（6）、数理科（3）、体操科（2）、艺能科（3）、劳动科（3）。

（3）目前尚不考虑儿童就学年龄，但以□□□……最合适。

（4）各学校科目教授要领另行通知。

（5）其他。

以上述所示各项为准。

（三）新设学校时，通过与军方密切联系，根据土地状况设立短期小学或普通小学，但需经海军部总监认可。

第四 教科书及其他教具的处理

教科书及其他教具尚不完备，为保证教育质量，需尽快加以配备，目前应努力通过以下应急措施逐步完善：

（1）日语教科书

《日语捷径》 卷一 1年（台湾总督府发行）

同 卷二 2年（同）

《新国语教本》 卷一 3年（台湾教育会发行）

同 卷二 4年（同）

分配时根据儿童学习进度适当选择取舍。

（2）其他科目的教科书属于暂用教材，应根据特务部的指示进行准备和讲授。

（3）支那语教科书在另有指示前，遵照广东治安维持会命令行事。

（4）挂图、乐器、其他教具、作业用具等由学校负责。

（5）农耕劳动所需土地由政府或治安维持会负责。

第五 社会教育措施

各小学校根据其土地情况，利用夜间□□□……，为达此目的，应将重点置于：

（一）日语教育。就本岛民众而言，应力求使其尽快学会日语，通过日语了解日本、日本人及日本的文化，进而树立东亚共荣观念，以此通过把日语作为东亚通用语言来统一东亚人的精神。

（二）修养教育。本岛自古以来也盛行儒教，有崇尚礼仪的传统。应先就本岛民众日常生活中所必需的礼法进行指导，从形象教育上升到精神教育，培养其恭敬和感恩之念，此乃初等教育中特别重视修养教育的原因所在。

（三）劳动教育。一是基于民族性，二是热带酷热的影响，故本岛民众大概有恶劳之风。然而为使海南岛不辱其军事及经济使命，必须大幅度提高岛民的劳动能力，此乃初等教育中重视劳动教育之根源所在。

□□□……

（一）受事变影响而关闭的小学□□□……根据制度规定复课，其中设多少科□□□……（主要在海口、琼山等北部四县所能看到）。

（二）事变中同时废除旧的小学制度，为对应民众教育热而开设日语学校，教授日语、简单歌曲及指导行为举止（主要在海军警备区能看到）。

三、海南岛初等教育重点

海南岛初等教育的重点就是使岛民能够协助东亚共荣□□□……工作，培养教化岛民对帝国所谋求的军事、经济建设工作衷心提供协作，即尊奉帝国为东亚盟主，在其统率下建成东亚人的东亚。民众得以安居乐业，为建设乐土真心奉献温柔的精神和强健的体力，磨炼岛民意志，这就是教育的本意。

广东省档案馆编：《日军侵略广东档案史料选编》，中国档案出版社，2005 年。

宣传部附送新国民运动推进计划呈

（1942 年 1 月 16 日）

窃查新国民运动意义至为重大，本部已拟具推进计划，经中央宣传会议第十次会议修正通过。除首都方面由本部及教育部、社运会会同负责实施，各省、市政府并已分别咨令查照办理在案，所有华北方面，拟请由钧院转咨华北政务委员会参酌办理。理合检呈计划两份，仰祈俯赐核转，实为公便。

谨呈

行政院院长汪

附呈新国民运动推动计划两份

宣传部部长　林柏生

中华民国三十一年一月十六日

全国新国民运动推进计划

一、本运动之推动分下列三个时期

1. 第一期　为普遍宣传，务使一般国民了解何以要做新国民之意义。

2. 第二期　本期为实际训练，选择各学校、各机关团体优秀分子为集体训练，使接受如何做成一新国民。

3. 第三期　本期为推广期，由经受训练分子扩充普遍于一般民众。

二、第一期工作计划

1. 由教部通令全国学校，以新国民运动纲要列为公民特别课程之一，宣传部编纂新国民运动纲要讲授大纲，颁由各地宣传教育机关派员分赴各校讲演。

2. 全国各报通讯社撰发论文、新闻，由各报发起征集关于新国民运动之意见，注重各人提出对于国民过去缺点劣点之反省。

3. 印发新国民运动纲要小册。

4. 制贴标语、横额。标语横额定“厉行新国民运动”、“实现大东亚解放”二种。

5. 举行演讲、歌剧、演奏。

6. 举行万众签誓：

A. 印制签书册（另附誓词）；

B. 派员先行到各校巡回演讲，散发传单及新国民运动纲要小册，并动员各当地学生分散所属行政区划劝签，随时将参加签书人姓名披露。

7. 悬奖征求新国民运动徽、歌曲、剧本。

8. 广播。

本期工作由各当地宣传、社会、教育机关会同办理，二月一日开始，以全月之时间全部实施完成。

第二期、第三期工作计划另行订定之。

附誓词全文

誓 词

余誓以至诚接受最高领袖之指导，服膺三民主义，厉行新国民运动，完成中国革命，实现东亚解放，尽忠竭力，贡献一切于国家。增进生产，节约消费，知识科学化，行动纪律化，不掠美，不诿过，不贪污，不渎职，务使政治修明，弊绝风清，措国基于永固，致世界之和平。如有违背誓言，愿受一切制裁。此誓。

中华民国 年 月 日

中国第二历史档案馆藏“汪伪行政院档案”

江苏省教育厅处理第三国系教会学校办法要纲

（1942年2月23日）

一、第三国系教会学校在中国存在之意义，为文化侵略之工具，为培植次殖民地政治、经济、文化、社会各方面代理人之场合。观于近百年来第三国利用教会学校深入中国乡村，以及数十年来教会学校出身之人物在中国成为领导势力，造成依存英美之普遍思想，卒致引起此次不幸之中日事变此一事实，不难想见第三国系教会学校存在之严重性。因此，在大东亚战争展开胜利形势之际，对于在中国境内第三国系教会学校应予以彻底打击、根本改造，不仅消极地消灭其文化侵略之作用，而且必须积极地造就为建设新中国、建设东亚新秩序而努力之人物，以使在下一代之中国，起决定作用，此乃无疑义者。

二、彻底打击、根本改造之步骤：

（一）日方为紧急措置第三国系教会学校，暂时将第三国系教会学校交教育厅接管。

教育厅于接管后，即就整个内容根据客观需要予以整备、合并或废止，以消灭原来各自为政种种浪费之现象，而使能循合理化发展。

（二）整备、合并或废止后存在之学校，即分成“省立”或“县立”。“省立”与“县立”之划分以中等学校及其所属小学为“省立”，以小学为“县立”。此项划分之标准，盖为基于行政与指导之方便。“省立”由教育厅直接领导，“县立”由吴县教育局直接领导，而由教育厅间接领导。

（三）上述二项步骤，以三月二日为开始，必须于三月十五日办理完竣。

三、经此步骤后，彻底打击、根本改造已在形式上、机构上确立其初步。循此初步，依据如下之方针求其实施：

（一）以和平反共建国之最高国策为教育之最高方针。

（二）特别强调大东亚战争之意义，肃清依存英美之思想，同时渗入清乡地区之教育精神，以适应当前之工作。

（三）解除宗教之毒化宣传，根绝与教会之潜在关系。

（四）力求教职员思想之健全、素质之改进。

（五）要求社会人士之协助，欢迎教会关系份子之转向。

（六）行政系统根据教育厅对原有省立与县立学校同样办理。

（七）训导教育方面之实施，完全根据教育部及教育厅规定法令办理。

（八）经济方面采用征收学费办法，专以“自给自足”为原则。经费不足时，依照其情况，讲求补给办法。

（九）因经费或其他实际迫不得已之情形，经认可后，容许保持若干特殊，暂缓依照一般省立县立学校之标准办理。如教职员之待遇、资格，以及学生之程度、事务之机构等。

四、根据上述方针具体之实施方法，重要者列举如下：

（一）严格执行精神训练，如举行各种集会，以改造学生之思想。

（二）小学废止英语课目，中学英语课目每周时间，依照其他省立中学规定。切实纠正以英语为中心之传统，加聘日语教师，增授日语课目。

（三）废止宗教课目，撤除原有宗教设备。

（四）一律采用国定教科书。

（五）原有教职员之工作，予以适宜之调整，如有不服从者，即予开除，其或有重大反动者，予以严厉之处分。

（六）工作调整后，利用休闲时间予以再教育，如举办讲习会、训练班、参观周等，以强化其意志与工作。

（七）各校可组织“校务策进会”（假称），其任务为建议改进办法，协助学校之发展。其人选，由教育厅于下列各种关系中决定之：（1）旧校董会之开明人士；（2）旧同学会之愿为母校尽力者；（3）学生家属；（4）有名之教育家；（5）与学校有深长之历史关系者；（6）中日各机关有关人员。“校务策进会”之性能所不同于校董会者，有重要者，校董会为主权机关，有行政权力，而“校务策进会”仅为从旁翼赞成，“校务策进会”之动机，在吸引社会之赞助与关系人员之协力。

五、教育厅为担当此艰巨工作，对内应设置一委员会，以处理种种特有之事务工作，并请求推进工作之计划。

六、同时，我人以为第三国系教会学校过去对于苏州人士之印象极为深刻，即一般对于教会学校教管设备之完善、毕业生出路之有办法，迷信其深。如事变后，苏州若干教会学校迁沪后，因子弟求学关系举家迁沪者，颇不乏人。因此，我人在此历史性工作之前，我人必须扩大我人之宣传工作，争取社会之同情谅解，以减少工作之阻力，获得一致之拥护，而收事半功倍之效。此为我人应特别重视者。

七、抑有进者，事变以后，苏州各有名教会学校大都奉命迁往上海租界内复校，如（1）东吴大学设于虞洽乡路慕尔堂；（2）晏成、慧灵两中学，设福州路外滩通商银行大楼，改称浸会联合中学；（3）桃坞中学设于南京路慈淑大楼。上述各校校长教员，悉系旧人，仪器、图书、校籍、簿据固有一部分于事变之际散佚，但大部分则被转辗带入租界保存。而原在苏州之学生，亦大部分被吸收至上海。目前残留于苏州者，仅为第三国系教会不能忘情于苏州之结果。即第三国系教会虽移其重心于上海，但犹不肯放弃苏州，于是嗾使少数教士卷土重来，利用一辈次要之中国牧师，进行复校，或称私塾，或称补习学社，或以私立中等学校名义，吸收一部分不能离去苏州之学生。一二年来，虽有若干成就，然较之上海，则相差远甚。现在上海局势已随大东亚战争而变迁，此将原在苏州迁沪复校之教会学校，日方如何处理，不得而知。然当处理苏州现存教会学校时，我人以为实有要求将所有迁沪各校，勒令返归苏州接受我人处理之必要。其理由有二：第一，人才与设备集中。因现在苏州各教会学校除建筑物外，设备方面，大都简陋，人才方面，亦感缺乏，而若干原在教会学校方面有资望者，多逗留沪上，抱观望态度，一旦学校返归苏州，彼等或可决心再为桑梓服务。人才设备经此集中后，在今后改进途中，自更可顺利。第二，切合上海方面疏散人口之现行政策。因学校之返归苏州，大多数过去被吸赴沪之学生或及其家族，可相率归来。此一要求，我人以为极属必要，惟事务极为纷繁，或可作渐进之准备，而以实现之期，属之于下一学期。

八、最后，我人应重言声明者，处理第三国系教会学校，以尊重日方之指导意见，并接受其最大之协助为绝对原则，同时根据中华民国教育部一切法令及省政府之领导办理。本要纲之内容虽以苏州为对象，但其精神适用于江苏全省，我人希望在苏州办有成效时，即行实现于江苏全省。

民国三十一年二月二十三日

中国第二历史档案馆藏“汪伪教育部档案”

国民政府抄发以大亚洲主义及党义为公民教育主要内容提案及建议的训令

（1943年2月20日）

国民政府训令　字第八七号

令

行政院

据本府文官处签呈称：准中央执行委员会秘书厅秘函字第一〇六一号公函开："案奉中央执行委员会第五次全体会议决议案内开：'周委员化人提，规定"大亚洲主义"为学校课程，以养成东亚解放之正确观念案；两路特别党部建议，拟请以党义列为全国学校必修科案。以上两案，经教育组审查，提出审查意见办法，修正为"以三民主义、大亚洲主义、领袖言论、新国民运动纲要为公民教育主要内容"，送国民政府转饬教育、宣传两部办理，决议照审查意见通过。'等因，记录在卷。相应检同两案原文各一份，录案函达贵处，至希查照转陈核办。"等由，理合签请鉴核。等情。据此，合行抄发原附各件，令仰该院转饬教育、宣传两部办理。此令。

计抄发原附抄提案及建议各一份

主　　席　汪兆铭
兼行政院院长　汪兆铭
教育部部长　李圣五
宣传部部长　林柏生
中华民国三十二年二月二十日

抄原附抄提案

案由　规定"大亚洲主义"为学校课程，以养成东亚解放之正确观念案。

理由　总理遗教中以大亚洲主义为最后主张，此一理论经二十二年之湮没，始为事实证明其为真理。和平理论固以大亚洲主义为理论根干，即大东亚战争亦为大亚洲主义之实践，现在智识阶层虽已明白，中国之自由独立须求于东亚解放之中，然一般国民及学生犹未能普遍了解。为发扬总理遗教，培养东亚解放之正确观念及协力大东亚战争起见，拟请规定大亚洲主义为各级学校必修课程。

办法　（一）由国民政府明令规定大亚洲主义为各级学校必修课程。

（二）由教育部、宣传部编定大亚洲主义专书及课本，颁发全国各级学校习读。

提案人　周化人

抄原附抄建议

案由　拟请以党义列为全国学校必修科案。

理由　本党之主义，原为总理毕生革命，积四十年之经验，昭示吾党后死同志之遗训，凡我国人，允宜拳拳服膺，遵行勿怠。事变以前，政府重视本党通令全国学校以党义列为必修科，用以阐发幽微，心体力行，不独为总理伟大人格所感召，抑且足以继总理未竟之遗志，发扬光大，完成国民革命。奉行以来，成效卓著。事变以还，格于环境，致使本党之主义久遭漠视，除少数党员以深切研究外，几有不知党义为何物，似此废弛党务、漫不经心，实非本党同志之始料所及。值兹和建已至拓展阶段，新国民运动推行之际，加强党务，实属刻不容缓。且以本党三民主义，原为惟一救国之主义，与和平反共国策原为一贯，必须揭扬真谛，深入民间，使民众不为邪说所眩惑，且学生为国家之中坚，将来服务社会，为国努力，尤应训练其思想，坚强意志，使有深切之认识。况青年脑力简单，如不彻底加以灌输，认识主义，一旦为邪说所蒙蔽，妄不知返，则影响国家前途尤大。为此，拟请以党义列为全国学校必修科，庶使全国学子，知所凭式，本党主义发扬光大。

办法　（一）由中央转咨国府，令饬教育部通令全国学校，以党义为必修科。

（二）由中央党史史料编纂委员会编订党义课本，供给全国学校采用。

（三）全国学校党员教师，应由本党党员经各省市主管教育机关考试及格后，方得担任。

建议者　两路特别党部

中国第二历史档案馆藏“汪伪国民政府系统档案”

战时文化宣传政策基本纲要*

（1943年6月10日）

第一　方　针

国民政府战时文化宣传政策之基本方针，在动员文化宣传之总力，担负大东亚战争中文化战、思想战之任务，与友邦日本及东亚各国尽其至善至大之协力，期一面促进大东亚战争之完遂，一面力谋中国文化之重建与发展，及东亚文化之融合与创造，进而贡献于新秩序之世界文化。

为贯彻上述基本方针，首须激扬举国一致之战时意识，根据国情，适应战时需要，从事于体制之创立，力量之集中，思想之清厘，观念之肃整，与科学技术之发展。

第二　要　领

一、认定大东亚战争之完遂为一切东亚理想实现之前提，国家集团主义为东亚新秩序

---

* 由汪伪国民政府公布。

建设之准则，中国文化为东亚文化之一环，应把握中日文化之实体，发扬东亚文化，巩固东亚轴心，完遂战争之使命。

要目：

（一）国父遗教、三民主义及其重点大亚洲主义，为兴复中华、保卫东亚之最高指导原理，领袖言论为国父遗教之阐扬与发展，应普遍此认识，并纠正国际共产主义及其他曲解误解之不正确观念。

（二）中国与日本为生死与共，中日在东亚为共存共荣，其间共同之命运有不容逆转之自然关系，应普遍此认识，并纠正英美及渝共挑拨中伤之不正确观念。

（三）东亚联盟四大纲要："政治独立，经济提携，军事同盟，文化沟通"，为团结东亚民族，保障东亚和平之纯正理念，应普遍此认识，并纠正英美及其他企图破坏者所散播之不正确观念。

（四）中国对英美宣战，与友邦日本合力完遂大东亚战争，无论在军事上、经济上均具有必胜之把握，应使国民彻底认识国府参战与友邦协力之意义，并策励国民总力参战之精神与努力。

二、清算英美侵略主义之罪恶，扫除英美个人自由主义之毒素思想，消灭依赖英、美之卑劣心理，提高国民打倒英美侵略主义之敌忾情绪。

要目：

（一）揭发英美宰割世界，分割东亚，侵略中国，侵略印度，侵略南洋，侵略菲律宾之史实，激发国民之反英美思想。

（二）实现共存主义，排除侵略主义。

（三）发扬道义精神，排除功利思想。

（四）实现全体主义，排除个人自由主义。

（五）实现民主集权主义，打倒虚伪的民主政治。

三、防止国际共产主义之扰乱，扫除阶级斗争之毒素思想，发扬中国固有之民族伦理观念。

要目：

（一）揭发共产主义扰乱社会、煽动战争之阴谋。

（二）提倡协力精神，排除煽动阶级斗争及挑拨人类仇恨之好乱心理。

（三）提倡建设性与诱导式之文化，铲除破坏性与暴露式之文化。

四、养成勤劳的、积极的、向上的、自肃的人生观，革除享乐的、颓废的、虚无的、放任的末流习气，以实践的责任心，协力战时体制之完成，增强国家战斗之总力。

要目：

（一）人生以服务为目的，过去一切争夺贪图之不良风气，应予以匡导。

（二）勤劳为增进民力、充实国力之本源，过去一切享受苟安之不良习惯，应予以匡导。

（三）个人不能离国家民族而独存，过去一切放任清谈旁观漠视之不良态度，应予以匡导。

（四）奸淫邪盗伦常变故为社会罪恶，过去藉词渲染迎合听闻之记述，不啻助长社会罪恶，于国家元气损害至大，应予以匡导。

（五）负责任，重实行，勇猛精进，刻苦耐劳，为战时国民行动之不二准则，国家总力之发挥，国民生活之改善，悉系于此，应予以倡导。

五、统合国家民族共同意志，发挥全体之创造能力，复兴固有文化，吸收外来文化，并纠正盲目复古，盲目崇外排外之错误思想，以强化中国文化之基干。

要目：

（一）建立全体主义文化，纠正自由主义之错误观念。

（二）确立文化事业之公的性格，排除私有与纯营利之观念。

（三）不忘本，不泥古。

（四）以创造的进步的文化，代替占有的自满的文化。

六、普及科学教育，掖助科学研究，改进科学技术，奖励科学发明。

要目：

（一）以发展中国实业、协力东亚共荣圈建设之成功，并蕲致中国为其中强力之重要构成分子为目标，掖助科学研究，改进科学技术，奖励科学发明。

（二）以确立科学技术总力为方针，在国家统一计划之下，集中并培养科学人才，动员并增进技术能力。

（三）扫除玄虚妄诞之观念，普及科学知识，提倡科学精神，特别注重青年之科学教育与技术训练。

七、集中文化人才，团结文化力量，调整文化事业，确立文化宣传总力体制。

要目：

（一）所有文化方面之人力、物力及各种事业机构，均应为合理之调整与编配，统合于全国唯一的综合组织之下，以共同的努力，谋计划的发展。

（二）以此机构为政府与人民之共同组织，一方面协助政府推行国策，一方面统一民意，沟通民情，革除过去政府与人民对立之错误观念。

（三）以此机构统合各种文化事业及其从业者，规定其应有之职责，予以合法之权益及保障，革除过去组织散漫、意见分歧、利害冲突之积弊。

（四）认定此机构及其所统属之事业为国家公有事业，非个人营利之结合。

第三　实　　施

一、充实强化现有关于出版、新闻、著述、广播、电影、戏剧、美术、音乐各部门之机构，其有未足以担负事业推进之健全机构者，分别组成协会，采统一主义。俟各协会组织完备之后，组织统一性、单一性之总会（假定名称为“中国文化总会”），将各种协会隶属于总会之下，以谋文化宣传体制之整备。

二、调整充实强化现有各种检查机构，务求机构简素，事权统一，责任分明，联系紧密，由有关各机关派出检查人员，会同实施图书、新闻、杂志、电影、戏剧、唱片、歌曲、广播等有关文化宣传作品之严格审查及检查，采积极指导方针，不仅在消极方面删除违反国策之文字，尤应在积极方面指导符合国策之思想。

三、实施各国在华出版物之登记与检查，严厉取缔敌性新闻电讯，以谋宣传力量之统一。

四、强化中央电讯社，使能执行其对内对外唯一全国性质新闻电讯机关之各项特权。

五、强化中国广播事业建设协会，严厉取缔敌性广播，并谋对外宣传之积极与强化。

六、强化电影事业，对制作、发行及戏院三方面之经营，速谋统筹办法之实施，以收调节集中之效。

七、整理报纸，除重要地点外，采一地一报政策，在重要地点有设立一报以上之必要者，亦应分别确立其特质，各遂其发展。

八、整理杂志，除地方性质外，其属于全国性质者，采一事一刊政策。培养及指导现有之中央导报，使成为全国公务人员必读之刊物，加深公务人员对政府施策及时局动向之认识。

九、调整强化印刷事业，以便利出版事业之推进。

十、强化制纸事业，以供应出版事业之需要。

十一、筹集文化基金、科学奖励金，扶助文化事业之发展及科学智识之普及与深造。

中国第二历史档案馆藏“汪伪宣传部档案”

财政部、教育部关于拨款补助清寒优秀学生办法的会呈

（1943年5月20日）

财政部
教育部 原会呈①

案奉钧院院字第三五号训令，为国民政府令准中央执行委员会秘书厅录送五中全会决议案内，樊委员仲云提请由国库酌拨款项于各级学校，设优秀学生免费名额，以津助青年有为学生一案，抄发原提案，令仰会同议具拨款办法，呈复核办，等因，并抄发原提案一

① 院长报告：据财政教育两部会呈，为遵令会同拟具关于五中全会决议由国库酌拨款项，于各级学校设优秀生免费名额一案办法及概算书等件，请签核等情到院，经将办法第三条第二款“新生插班生入学考试成绩在七十分以上”，应修改在八十分以上。

份。奉此，遵经指派代表开会共同商讨，认为原提案所谓免费，系指免除一切学膳杂费而言。然各级学校收费数目各有不同，而膳费一项，更因地因时而异，故由国库拨款于各级学校设免费学额，殊多窒碍难行之处。惟查本教育部原订有补助清寒学生办法，呈奉钧院备案有案，为变通办理起见，似可重行拟订办法，将补助名额增加，暨将补助费数目酌予提高，一切申请手续，仍照向例办理，以利施行。其补助范围，则限于中央直辖之公私立学校，所需用费由国库按月拨支。一面令行各省市仿此办法，对于所属公私立学校清寒优秀学生，予以有效之补助，庶几与提案原意不悖，而于施行上仍可收普遍救济之效。至以上由中央拨发之补助费暂行试办以后，如有需要增加时，再由本两部会商酌办。所有补助名额，经会商决定大学壹百名（原为叁拾名）、中学为陆拾名（原为高中伍拾名）、小学为贰拾名（原无），每月补助费数目为大学生每名陆拾元（原为贰拾至叁拾元），中学生每名伍拾元（原为贰拾元），小学生每名贰拾元（原无），另行拟订补助办法，会请自本年七月份起施行，并将原有补助清寒学生办法同时废止，等语。记录在卷。兹经本教育部拟具补助清寒优秀学生办法六条，拟即由本年七月份起，由本教育部公布施行，同时将原订补助清寒学生办法废止。至以上补助费核计每月共需玖仟肆佰元，并拟由本财政部自本年七月份起专款核拨，俾资应用，是否有当？理合缮具补助办法申请表式等，及支出概算书，一并备文会呈，仰祈钧院鉴核示遵。再，本件由本教育部主稿，合并陈明。

谨呈

行政院院长汪

计附呈教育部补助清寒优秀学生办法一份、支出概算书五份

财政部部长　周佛海

教育部部长　李圣五

三十二年五月二十日

教育部补助清寒优秀学生办法

一、补助名额暂定为大学生一百名，中学生六十名，小学生二十名。

二、补助费数目暂定为大学生每名每月六十元，中学生每名每月五十元，小学生每名每月二十元，一律以六个月为限。

三、凡国立各级学校及曾经立案之私立专科以上学校在校学生，具备左列两项资格者，皆得申请补助：

（一）家境确系清寒。

（二）最近一学期学业成绩在八十分以上，操行列甲等。如系新生、插班生，入学考试成绩在七十五分以上，并经原校负责证明操行确系优良。

四、上学期以九月、下学期以二月为申请期，申请学生务须备具左列各件，呈由肄业学校于期限内汇案，径送本部听候审查：

（一）申请书。

（二）履历书。

（三）家庭状况表。

（四）学校所出清寒证明书（新生、插班生得由原毕业或肄业学校负责证明）。

（五）学校所出最近一学期学业及操行成绩单（新生、插班生应缴入学考试成绩单及原毕业或肄业学校所出上学期操行成绩单）。

五、申请学生经取录后，由本部通知其肄业学校转知应给补助费，由本部按月拨交其肄业学校转发。

六、本部设清寒优秀学生补助审查委员会之组织如左：

（一）设委员五人，秘书一人，由部长就本部职员中指派兼任，并指定委员一人为主席。

（二）本会于每年十月及三月中开会，由主席召集之，议决事项由主席呈报部长核夺施行。

（三）本会不直接对外收发公文，如有查询事项，由本部高等教育司行之。

（四）委员秘书皆为无给职。

附申请书、履历书、家庭状况表、清寒证明书格式（略）

中国第二历史档案馆藏“汪伪行政院档案”

最高国防会议秘书处为通过恢复上海各级学校学生国民教育大纲致国民政府公函

（1943年10月25日）

最高国防会议秘书处公函　高秘字第407号

案准上海特别市政府、新国民运动促进委员会及教育部会函，为遵照最高国防会议决议，拟具恢复上海各级学校学生国民教育办法大纲，请转陈鉴核，等由。当经陈奉主席提交最高国防会议三十二年十月二十一日第三零次会议讨论，决议：“通过，送国民政府转饬遵照。”等因，记录在卷。相应录案抄同原函及附件，函请查照转陈，令饬遵照为荷。

此致

国民政府文官处

附送抄件二份

秘书长　周佛海

抄上海特别市政府、新国民运动促进委员会、国民政府行政院教育部原函

案准贵处高秘字第三四五号公函内开：“案奉主席交下最高国防会议三十二年八月二

十六日第二五次会议讨论事项第三案：'主席交议：拟恢复上海各级学校学生国民教育请公决案！决议：交教育部、新国民运动促进委员会、上海特别市政府会同拟具办法呈核'，等因，记录在卷。除分函外，相应录案函达，即请查照会同办理见复为荷。"等由。准此，查上海特别市区内教育，向由中央及地方主管机关督促改进，循序发展，即就旧租界区域言，仅前工部局及前公董局所设立之学校，非我国政府所能过问，其他各级公私立学校，一向亦均遵照中央教育法令办理，胥受主管教育机关之指导监督。惟自事变以后，旧租界内，我国教育行政之推进，颇多阻碍。国府还都伊始，本教育部即力谋沪市全区教育权之恢复。逮大东亚战争发生后，更于去年二月间呈准行政院设置驻沪办事处，一面固谋整个上海区域教育事业之便于处理，一面尤着重于旧租界内教育之改进。同时本市政府亦成立上海特别市教育委员会，积极整理特区内各中小学校，于是教育始渐趋入正轨。洎乎本年一月九日，我国宣布参战，本教育部比即通饬各省市县，将英美系学校分别接收整理。而自八月一日收回租界后，该区域内原有学校之接管，以及各级学校学生思想训练诸问题，尤关重要，当经本教育部以普字第二五一〇号咨请上海特别市政府转饬教育局处，将接管租界学校情形并妥拟整顿计划呈核在案。同时本市政府亦正在规划一切，着手办理之中。准函前由，复经本教育部召集关系机关代表于九月七日在京开会商讨，即席决议依据（一）三民主义为中华民国教育之根本原则，（二）民国三十二年一月九日国民政府对英美宣战布告，（三）新国民运动纲要，（四）青少年团总章，拟具"恢复上海各级学校学生国民教育办法大纲"九项，相应检同上项大纲会衔函复，即希查照转陈主席鉴核示遵为荷。

此致

最高国防会议秘书处

附送大纲一份

市　长　陈公博

秘书长　林柏生

部　长　李圣五

中华民国三十二年十月二十五日

恢复上海各级学校学生国民教育办法大纲

一、切实注意各级学校公民训练及训育实施：（一）小学公民训练应依照教育部二十九年十月二日公布之小学公民训练标准切实施行，（二）中等学校训育应依照教育部二十九年十月二日公布之中学训育方针实施办法大纲切实施行，（三）大学各学院或独立学院暨各种专科学校各科一年级，依照大学规程第八条及专科学校规程第八条之规定，应列党义为基本课目。

二、审查登记大学、独立学院、专科学校及中等学校训育主任、党义教师及公民教员，应根据：（一）审查党义教师资格暂行条例第十一条，（二）审查党义教师资格委员会组织通则第二条，（三）修正中等学校训育主任、公民教员资格审查条例，（四）修正中等学校训育主任、公民教员资格审查委员会组织条例，（五）修正中等学校训育主任、公民教员登记规则，（六）修正中等学校训育主任、公民教员工作大纲，（七）修正中等学校训育主任、公民教员工作成绩考核办法办理。

三、通饬各级学校举行周会仪式，依照教育部三十年一月八日公布之各省市各级学校举行周会办法办理，每月九日并遵照国府第五三号训令，举行参战纪念日纪念仪式。

四、通饬各级学校励行新国民运动，并令遵照教育部三十一年五月十五日公布之各级学校推行新国民运动实施方案，切实办理。

五、各级学校应依照青少年团各项章则及教程纲要，限期组织青少年团校团部，切实实施青少年训练。

六、各级学校教学科目及每周教学时数，应遵照部颁规定办理（教育部二十九年八月九日以秘字第一三三零号通令施行）。

七、依照职业教育各项法令，积极推行生产教育，协助大东亚战争。

八、初中及小学教科书应一律采用国定课本。

九、各级私立学校事变前已立案者，应依限期登记，未立案者，应依限期办理立案手续（根据部颁《私立学校规程》办理）。

中华民国三十二年十月二十五日

中国第二历史档案馆藏“汪伪教育部档案”

战时社会教育实施纲要*

（1943年11月30日）

本部为适应战时体制加强民众参战意识起见，特制定战时社会教育实施纲要。

一、关于一般社教方面者

（一）各省市教育厅局应督促各县市积极增设民众教育馆及农民教育馆，以期实行一区一馆办法。

（二）各级学校应按照部颁《公私立中小学校兼办社会教育暂行办法》，切实兼办社教事业，各级教育行政机关应按照部颁《公私立中小学校兼办社会教育奖惩办法》，切实考核。

（三）各级教育行政机关对于现有社会教育经费应设法增加，俾实施战时社会教育。

二、关于生计教育方面者

（一）应切实指导关于战时主要农工业增加生产之知识及技能。

---

* 由汪伪教育部公布。

（二）奖励垦荒，提倡节约消费及生产合作等运动，以充实物资。

（三）战时国民经济及代替日常生活必需品之研究。

（四）提倡储蓄及献金报国等运动，以巩国防基金。

（五）职业补习教育应注重战时技术工业及食粮增产之指导与训练。

三、关于语文教育方面者

（一）应尽量利用保甲制度，每保举办民众学校至少一所，以期扫除文盲。

（二）各民众学校课本内容应以战时教材为中心。

（三）提高国民知识水准，注重科学常识之灌输。

（四）尽量搜集有关战时常识等图书杂志，特辟阅览室，以增进民众战时知识。

（五）尽量搜集敌性国侵略材料，制成统计图表，巡回展览。

（六）切实取缔不良民众读物，以正肃民众思想。

（七）举办巡回宣传队，利用文字画片或影片等，灌输战时常识。

四、关于健康教育方面者

（一）切实推行国民体育，以增进民众健康。

（二）提倡各种体育上之竞赛或团体会操，以增进民众体力及团体观念。

（三）举办战时民众救护队，训练救护及急救等知能。

（四）励行禁烟、拒毒等运动。

（五）提倡公共卫生运动及各种防疫设施。

五、关于公民教育方面者

（一）应切实励行新国民运动，以促进国民精神总动员。

（二）积极办理青少年团训练事宜。

（三）运用保甲制度，推广自卫自治运动。

（四）举行政治及时事等各种演讲会，使民众认识国家战时体制之概要，及国民应尽之责任。

（五）提倡公共劳动服务，以养成民众刻苦耐劳之习惯。

六、关于休闲教育方面者

（一）改良习俗，禁止不良娱乐及消遣。

（二）劝导民众利用休闲时间从事增产及协力其他各项参战活动。

（三）提倡生活简单化，减低一切生活上之物质享受。

（四）利用民众茶园及公共场所，宣扬国策及各种战时常识。

七、关于家事教育方面者

（一）注重战时妇孺训练，及灌输各项战时救护知能。

（二）改良家庭中一切繁文缛节，以资节约。

（三）提倡园艺、蚕桑、养蜂以及家禽家畜之饲养、水产养殖等农村副业，以期增加生产。

（四）组织婴儿幸福研究会、家事研究会等团体。

八、附则

（一）各省市教育厅局应根据本纲要订定实施办法，令饬各社教机关实施，并呈部备案。

（二）各级社教机关除继续办理正常社教事业外，应切实推行战时社会教育，各级教育行政机关并应严加督促，励行考核。

（三）实施战时社会教育，应由各社教机关于事前与当地各主管机关及有关团体密切联络，通力合作，期收宏效。

（四）本纲要由教育部呈请行政院核准后公布施行。

汪伪《国民政府公报》第578号

行政院关于抄发民众政治指导纲要训令

（1944年9月8日）

行政院训令　院字第6958号

令

上海特别市政府

案奉国民政府第九五六号训令内开：据本府文官处签呈称：准最高国防会议秘书处高秘字第六四六号公函开：案准新国民运动促进委员会本年八月廿一日总字第六五四号公函：为拟订民众政治指导纲要草案，请转陈鉴核，等由。当经陈奉主席提交最高国防会议三十三年八月二十六日第五四次会议讨论，决议通过，送国民政府通饬遵照，记录在卷。相应录案抄附原函及上项纲要一并函达，至希查照转陈通饬遵照，等由，理合签请鉴核。等情。据此，自应照办，除分令外，合行抄发民众政治指导纲要暨原附送抄件各一份，令仰该院遵照并转饬所属一体遵照。此令。等因。并抄发民众政治指导纲要一份暨新国民运动促进委员会原函一件到院。奉此，除分令外，合行抄发原件，一并令仰该府遵照并转饬所属一体遵照。此令。

计抄发原民众政治指导纲要一份暨新国民运动促进委员会原函一件（新国民运动促进委员会原函略）

中华民国三十三年九月初八日发

民众政治指导纲要草案

甲、指导方法

一、民众政治指导之主管机关，在中央为新国民运动促进委员会，在省及特别市为新国民运动促进委员会省及特别市分会，在县、市为新国民运动促进委员会县、市支会。

二、新国民运动促进委员会及各地分支会实施民众政治指导工作，应由原有主管组训部分负责办理。

三、各地民众政治指导应配合当地区坊保甲实施，并与当地保甲委员会密切联系。

四、民众政治指导应充分运用人民团体，激励其自发的活动，从事新国民运动之组训工作。

五、全国人民团体除依法分别性质由各主管机关管辖外，应将组织情形呈送当地新运机关备查。

六、各地民众大会之举行，以当地新运机关为主体，会同当地保甲委员会及其他有关机关及团体负责办理。

七、新国民运动促进委员会及各地分、支会为推行民众政治指导工作，得分别组织各界民众新国民运动实践团。其组织通则另定之。

八、新国民运动促进委员会及各地分、支会对各界民众有直接实施训练之权责，但以不妨碍民众职业工作为原则。

九、新国民运动促进委员会及各地分、支会实施民众政治指导，应深切体察各阶层民众之舆情及其意识，并深切注意各阶层民众之苦痛及其需要，善为诱导，共谋合理解决，以期集中民意，充实民力。

乙、指导要点

一、指导民众奉行国父遗教。

二、指导民众加强拥护政府、服从领袖之信念。

三、指导民众遵行国策。

四、指导民众认识中日同盟条约及大东亚共同宣言。

五、指导民众加强大东亚战争必胜之信念。

六、指导民众了解盟邦日本。

七、指导民众厉行新国民运动。

八、指导民众对社会、对国家、对东亚发挥自发的精神与实践的责任心。

九、指导民众实践战时生活。

十、指导民众肃正思想。

十一、指导民众增加生产。

十二、指导民众协力强化治安工作。

上海市档案馆编：《日伪上海市政府》，中国档案出版社，1986年。

第二编

教育行政机构

教育部首都补习教育推行委员会规则

（1940 年 5 月）

第一条　教育部为增进首都补习教育推行效率起见，设首都补习教育推行委员会（以下简称“本委员会”）。

第二条　本委员会以委员七人至九人组织之，其人选由教育部长就左列人员中聘任或派充之：

一、民众教育专家一人或二人；

二、南京特别市党部教育委员会代表一人；

三、南京特别市政府、南京特别市教育局代表各二人；

四、社会教育司司长、主管科科长。

第三条　本委员会设主任委员一人，处理日常事务，由教育部社会教育司司长充任之。

本委员会设秘书一人，由教育部部长指派之。

第四条　本委员会之职务如左：

一、规划首都补习教育之推广；

二、规划首都补习教育经费之增筹；

三、规划首都补习教育教材之编配；

四、视导首都补习教育及考查成绩；

五、研究关于实施首都补习教育之各项问题。

第五条　本委员会决议事项送请教育部长核定施行。

第六条　本委员会事务由教育部主管司职员兼办之。

第七条　本委员会每月举行委员会议一次，由主任委员召集之，开会时由主任委员主席。

第八条　本委员会委员为无给职，因公费用得实用实支。

第九条　本规则自公布日施行。

中国第二历史档案馆藏“汪伪教育部档案”

教育部组织法

（1940 年 7 月 6 日）

第一条　教育部管理全国学术及教育行政事宜。

第二条　教育部对于各地方最高级行政长官执行本部主管事务有指示监督之责。

第三条　教育部就主管事务对于各地方最高级行政长官之命令或处分认为有违背法令或逾越权限者，得提经行政院会议议决后，停止或撤销之。

第四条　教育部置左列各司：

一、总务司；

二、高等教育司；

三、普通教育司；

四、社会教育司；

五、边疆教育司。

第五条　教育部经行政院会议及立法院之议决，得增置裁并各司及其他机关。教育部于必要时，经行政院会议议决，得置各委员会。

第六条　总务司掌左列事项：

一、关于收发、分配、撰拟、缮校、保管文件事项；

二、关于公布部令事项；

三、关于典守印信事项；

四、关于本部职员任免奖惩之记录事项；

五、关于编制报告事项；

六、关于编印公报及发行事项；

七、关于本部官产官物之保管事项；

八、关于本部经费之出纳事项；

九、关于本部庶务及其他不属各司事项。

第七条　高等教育司掌左列事项：

一、关于大学教育及专门教育事项；

二、关于国外留学事项；

三、关于各种学术机关之指导事项；

四、关于学位授予事项；

五、其他高等教育事项。

第八条　普通教育司掌左列事项：

一、关于中等教育、小学教育、幼稚教育事项；

二、关于师范教育事项；

三、关于职业教育事项；

四、关于地方教育机关之设立及变更事项；

五、其他普通教育事项。

第九条　社会教育司掌左列事项：

一、关于民众教育及识字运动事项；

二、关于补习教育事项；

三、关于低能及残废者之教育事项；

四、关于美化教育事项；

五、关于公共体育事项；

六、关于图书及保存文献事项；

七、其他社会教育事项。

第十条　边疆教育司掌左列事项：

一、关于蒙藏地方教育之调查事项；

二、关于蒙藏地方各种教育事业之兴办事项；

三、关于蒙藏教育师资之培养事项；

四、关于蒙藏子弟入学之奖励事项；

五、关于蒙藏教育经费之计划事项；

六、其他边疆教育事项。

第十一条　学校所用标本仪器及其他教育用品，由教育部审查核定，其办法由教育部定之。

第十二条　教育部置大学委员会，议决全国教育及学术上重要事项，其组织另定之。

第十三条　教育部置华侨教育设计委员会，掌理关于华侨教育设计事项，其组织另定之。

第十四条　教育部置编审委员会，掌理关于各种学校之图书编辑及审定事项，其组织另定之。

第十五条　教育部部长综理部务，监督所属职员及各机关。

第十六条　教育部设政务次长、常务次长各一人，辅助部长处理部务。

第十七条　教育部设秘书四人至六人，分掌部务会议及长官交办事务。

第十八条　教育部设参事四人至六人，撰拟审核关于本部之法案命令。

第十九条　教育部设司长五人，分掌各司事务。

第二十条　教育部设督学六人至十人，视察及指导全国教育事宜。

第二十一条　教育部设专员若干人，承长官之命办理指定事务。

第二十二条　教育部设科长、科员各若干人，承长官之命分掌各科事务。

第二十三条　教育部部长，特任；次长、参事、司长及秘书二人、督学四人、专员二人、编审二人，简任；其余秘书、督学、专员、编审、科长，荐任；科员，委任或荐任。

第二十四条　教育部设会计主任一人、统计主任一人，办理岁计、会计、统计事项，受教育部部长之指挥监督，并依国民政府主计处组织法之规定，直接对主计处负责。

会计室、统计室需用佐理人员，由教育部及主计处就本法所定荐任、委任人员及雇员中会同决定之。

第二十五条　教育部因事务上之必要，得酌用雇员。

第二十六条　教育部处务规程以部令定之。

第二十七条　本法自公布日施行。

汪伪《国民政府公报》第44号

安徽省教育厅呈送修正恢复各县教育局办法及各县教育局暂行规程

（1940年11月4日）

案奉安徽省政府秘字第一八七号训令内开："案查接管卷内前据该厅呈送安徽省恢复各县教育局办法暨县教育局暂行规程，请予提会决议，咨部备案。等情，到府。当经咨部备案在案。"兹准教育部秘字第三三一三号咨开："案准贵省政府咨字第二一四号咨送安徽省恢复各县教育局办法暨县教育局暂行规程各一份，请查照备案，等由。准此，经加审查，大致尚合，惟文字方面尚须略加修改（详另单）。至教育局之恢复，似宜斟酌各县经济情况，分别缓急，应于必要地方先行恢复成立，其次可暂缓设局。准咨前由，相应咨复，即希查照，并转饬教育厅办理具报为荷。"等由。计附修改办法暨规程详单一纸。准此，合行抄发原件，令仰该厅遵照办理，并将办法暨规程按照修正各项缮具清本呈府备查。此令。等因。计抄发修改办法暨规程详单一纸。奉此，自应遵办，除按照指示各点，逐项修正，印发各县遵照并分呈安徽省政府鉴核备查外，理合检同修正办法暨规程各一份，具文呈送，仰祈鉴核备查！

谨呈

教育部长赵

附呈修正安徽省恢复各县教育局办法暨各县教育局暂行规程各一份

安徽省政府委员兼教育厅厅长　钱慰宗

中华民国二十九年十一月四日

安徽省县教育局暂行规程

二十九年十月教育部修正

一、本规程依据恢复各县教育局办法第七条订定之。

二、县教育局设局长一人，受教育厅之管辖暨县政府之监督指挥，办理全县教育事宜。

三、县教育局分设三课：

（一）总务课，（二）学校教育课，（三）社会教育课。

社会教育课在事务较简之县份，得并在总务课办理。

（甲）总务课掌理事项如左：

1. 关于文书之收发撰拟、缮校及印信、卷宗图书之保管事项；

2. 关于学校之建筑及设备事项；

3. 关于全县教育经费之出纳、稽核及预决算事项；

4. 关于教育统计调查及刊物编辑事项；

5. 关于庶务会计事项；

6. 关于不属其他各课事项。

（乙）学校教育课掌理事项如左：

1. 关于初等教员事项；

2. 关于县立中学事项；

3. 关于职业教育事项；

4. 关于师资培养训练及进修事项；

5. 关于学龄儿童调查及就学事项；

6. 关于私塾取缔及改良事项；

7. 关于学区划分及学校设立事项；

8. 关于其他学校教育事项。

（丙）社会教育课掌理事项如左：

1. 关于补习教育事项；

2. 关于推行识字运动事项；

3. 关于公共体育事项；

4. 关于博物馆、科学教育馆、民众教育馆及图书馆等事项；

5. 关于改良风化及民众娱乐事项；

6. 关于学术团体文化事业事项；

7. 关于特殊教育事项；

8. 关于其他社会教育事项。

四、县教育局设督学一人至二人；各课设主任一人，秉承局长掌理主管事务；课员一人至二人，分办本课事务。主任得由局长或县督学兼任，并得以一课员兼任两课以上事务。

五、县教育局为拟缮写文件及办理其他事务，得用办事员及书记二人至三人。

六、全县市乡应由教育局酌划学区，每区设教育委员一人，受县教育局长之监督指导，办理本学区教育事务。

七、区教育委员由县教育局长就师范学校或中学毕业生，曾任小学教员一年以上者，呈报教育厅核准委任之。

八、县立小学校长由县教育局长保荐三人，呈报教育厅核定委任之；初级小学校长由县教育局长委任之，但须呈厅备案。

九、县教育局长有督促县督学考察学务并报告之责，其报告应于每学期终，呈厅查核。

十、每学年终，县教育局长应将该县全年教育经过情形及下学年教育计划编为教育年报，呈教育厅查核。

十一、县教育局长有筹划县教育经费及保管清理教育财产之职责。

十二、县教育局长应时常率同县督学及区教育委员赴各区召集小学教师及塾师，宣讲和平反共建国之要义、教育要旨，并指导教学方面应行改进之点，每次讲演要目及讲演情形须报告教育厅备查。

十三、县教育局经费由县教育经费项下开支。

十四、县教育局长不得兼任其他有给职务。

十五、县教育局办事细则由局长拟定，呈报教育厅核准备案。

十六、本规程呈奉安徽省政府核准施行，并呈报教育部备案。

修正安徽省恢复各县教育局办法

二十九年十月教育部修正

一、本办法遵照各省市教育行政会议议决案暨教育部训令订定之。

二、就已恢复之县份，参酌各县财政及教育情形，分别缓急，次第恢复县教育局，掌理全县学校教育及民众教育馆、图书馆、博物馆、公共体育场、民众乐园、儿童乐园等事项及其他文化社会事业。

三、凡已恢复之各县备具左列条件之一者，得由该县呈请恢复县教育局：

（一）每年教育经费收入在伍万元以上者；

（二）各校学生总数达肆千人以上者；

（三）各校学级总数在一百级以上者。

四、县教育局长由教育厅遴选合格人员委任，并呈请省政府转咨教育部备案。

五、县教育局长须品格健全，思想纯正，且合于下列资格之一者：

（一）大学教育科教育学院或师范大学毕业、曾任教育职务一年以上者；

（二）高等师范学校或专科师范学校毕业、曾任教育职务二年以上者；

（三）师范学校本科或高中师范科毕业、曾任教育职务三年以上，而著有成绩者；

（四）专科以上学校毕业、曾任教育职务三年以上而著有成绩者；

（五）曾在省或直辖市教育行政机关任委任职务五年以上，而确有教育行政经验者。

六、县教育局长俸给每月自八十元起至一百四十元，以县份之大小，事务之繁简核定之。

七、县教育局规程另订之。

八、本办法呈奉省政府核准施行，呈报教育部备案。

中国第二历史档案馆藏“汪伪教育部档案”

安徽省政府教育厅办事细则

（1940年11月）

第一条　本细则依照省政府组织法第二十条之规定订定之。

第二条　本厅设厅长一人，简任，承主席之命综理全厅事务，指导监督所属职员及所辖各机关。

第三条　本厅为处理事务上之需要，特设下列各科室：

（一）秘书室；

（二）第一科；

（三）第二科；

（四）第三科；

（五）第四科；

（六）督学室；

（七）技术室；

（八）编审室。

第四条　秘书室执掌如左：

（一）关于厅长交办事项；

（二）关于省府会议提案之备办及本厅会议之纪录事项；

（三）关于重要文件之撰拟及保管事项；

（四）关于文件之分配事项；

（五）关于各科室所拟文稿之审核事项；

（六）关于单行法规之拟订及每月行政报告之汇编事项。

第五条　第一科分设四股，办理左列事项：

第一股分掌职务如左：

一、关于文件之收发及文稿之撰拟事项；

二、关于文件之缮校及管理档案事项；

三、关于典守印信事项；

四、关于工作报告之编制事项。

第二股分掌职务如左：

一、关于款项之出纳、账目之登记事项；

二、关于预算决算之编造事项；

三、关于直辖校局场所馆院经费之规定、领发及稽核事项。

第三股分掌职务如左：

一、关于公用物品之购置、支配及保管事项；

二、关于出版刊物之发行事项；

三、关于公役工作之管理及指导事项；

四、关于本厅消防及卫生事项；

五、关于普通交际事项。

第四股分掌职务如左：

一、关于直辖校局场所馆院钤记之核发、捐资兴学、请奖之审核等事项；

二、关于直辖及所属校局场所馆院补助费之规定支配及审核等事项；

三、关于本厅教育款产之调查、整理、征收、保管等事项；

四、关于本厅职员及直辖各机关人员之任充、升降、考核、奖惩及请假等事项。

第六条　第二科分设四股办理左列事项：

第一股分掌职务如左：

一、关于省立专科学校、独立学院及大学之筹设事项；

二、关于公私立专科以上学校之管理及审核事项；

三、关于公私立专科以上学校教职员资格之审核及登记事项；

四、关于公私立专科以上学校学生入学、转学、辍学、退学、毕业之登记及毕业试验之审查暨监督等事项；

五、关于留学外国学生之选派管理及补助等事项；

六、关于专门以上人才之登记及文化事业之考核事项。

第二股分掌职务如左：

一、关于中等学校之筹设事项；

二、关于公私立中等学校之文案、编制、课程暨管理事项；

三、关于公私立中等学校教职员资格之审核及登记事项；

四、关于公私立中等学校学生入学、转学、辍学、毕业之登记及毕业试验之审查与监督等事项。

第三股分掌职务如左：

一、关于小学教育及简易小学之筹设事项；

二、关于公私立小学、幼稚园立案、编制、课程暨管理事项；

三、关于公私立小学校等学生入学、转学、辍学、毕业之登记、毕业试验之审查及监督等事项；

四、关于私塾之登记、管理、改良及取缔等事项。

第四股分掌职务如左：

一、关于师范学校及乡村师范之筹设事项；

二、关于师范学校教职员资格之审核及登记事项；

三、关于师资之培植及训练等事项；

四、关于公私立师范学校学生入学、辍学、毕业之登记及毕业试验之审查与监督等事项。

第七条　第三科分设三股，办理左列事项：

第一股分掌职务如左：

一、关于民众教育馆之筹设及管理事项；

二、关于民众图书馆之筹设及办理事项；

三、关于民众学校之筹设及管理事项；

四、关于其他民众教育推广事项。

第二股分掌职务如左：

一、关于公共体育场及游泳场所之筹设、改进及管理等事项；

二、关于电影教育之推进、通俗讲演之改良及民众娱乐之设施等事项；

三、关于家庭之访问及联络事项；

四、关于其他有益于民众生活之文艺教育及休闲教育事项。

第三股分掌职务如左：

一、关于特种学校之筹设改良及编制课程等事项；

二、关于残废及低能儿童之智力测验、生活训练、体格锻炼等事项；

三、关于残废低能民众之补习教育及休闲教育之设计事项。

第八条　第四科分设三股办理左列事项：

第一股分掌职务如左：

一、关于农业职业学校之筹设、管理、改良及编制课程等事项；

二、关于工业职业学校之筹设、管理、改良及编制课程等事项；

三、关于商业职业学校之筹设、管理、改良及编制课程等事项；

四、关于各种职业学校毕业生之成绩考核及职业介绍事项。

第二股分掌职务如左：

一、关于青年学校之筹设、管理、改良及编制课程事项；

二、关于青年学校学生之成绩考查及发给证件等事项；

三、关于青年学校毕业生之职业介绍事项；

四、关于青年学校毕业生就业后之考查事项。

第三股分掌职务如左：

一、关于家事学校之筹设、管理、改良及课程编制事项；

二、关于家庭生活之分析、研究及指导事项。

三、关于家庭经济之调查、设计及指导事项；

四、关于家庭职业之研究、改良及指导事项。

第九条　督学室职掌如左：

（一）关于全省学务之调查、视察及指导等事项；

（二）关于教育方案之规划及审核等事项；

（三）关于建议教育兴革等事项。

第十条　技术室职掌如左：

（一）关于一切学校工程之设计事项；

（二）关于教育研究测验、调查、统计等事项；

（三）关于编制各种图表事项；

（四）关于仪器教具改良等事项。

第十一条　编审室职掌如左：

（一）关于书籍刊物之出版编审事项；

（二）关于图书刊物表册之搜集保管事项。

第十二条　秘书室设秘书三人，以一人为主任秘书，均荐任，承厅长之命分掌该室事务。

第十三条　各科设科长一人，荐任，承厅长之命掌理各该科事务，并得视事务繁简分股办事，各科室设主任科员、科员、办事员若干人，均委任，分别秉承秘书科长之命助理各该科室内各项事务。

第十四条　督学室设督学二人至四人，荐任，承厅长之命分掌该室事务。

第十五条　技术室设技士一人至二人，必要时得设专员若干人，荐任或委任，承厅长之命掌理该室事务。

第十六条　编审室设编审若干人，承厅长之命掌理该室事务。

第十七条　本厅设缮校室，隶属第一科，得雇用书记若干人，分司缮校文件事务。

第十八条　厅长谕示及通传文件，由秘书室缮入通知簿，送各科室分别传观盖章。

第十九条　厅长因公外出，得以职权之全部或一部指定秘书或科长代行之。

第二十条　到厅文件，由收发员拆封、摘由、编号、填明月日、登簿送由秘书室，按其性质分配于各主管科室签注意见，再送主任秘书阅核，转呈厅长核阅批示，发还各主管科室承办。

第二十一条　凡收到文电封面书明密件或亲启字样者，由收发员登簿注明到厅日期，将原封送呈厅长开拆。

第二十二条　到厅文件附有物品银钱者，收发员须于收文簿上注明数量，分别先交第一科庶务员或会计员盖章收存。

第二十三条　各主管科室收到分送之文件，须于送文簿上加盖戳记，以便查考。

第二十四条　各科室办理文件，除有特殊情形外，须随到随办，不得积压，对于存查文件应即送档卷室归档，并须于到文簿上加盖已办存查戳记，以便查考。

第二十五条　凡互相关联之文件，应检送关系各科室，会同签注意见，呈送厅长核阅后，交还关系较重之科室拟办，再送交其他科室会签呈判。

第二十六条　各科室文件拟就后，由拟稿员签名盖章，经各该主管科长核阅盖章，转送秘书室复核，送呈厅长判行。

第二十七条　凡经判行稿件交到主管科室，应即转发缮校室缮校，再送用印，并于文件后面加盖校对监印员名戳后（仅适用平行下行文件），送由收发员登记封发，原稿送档卷室归档。

第二十八条　本厅各职员对于一切文件及承办事务，在未经厅长核准公布以前，均不得泄露，违者以失职论。

第二十九条　一切文稿非经厅长判行或指定之秘书科长代行，不得缮签用印。

第三十条　凡应在公报或报章发表之文件，由主管科长于稿件上加盖送登公报或宣传戳记，抄送秘书室负责办理。

第三十一条　归档文件由各科室随时送交管卷员整理编列号数，并将种类、卷数、案由、附件等项记入卷宗簿归档，由管卷员负责保管。

第三十二条　凡调阅文卷，由调卷人在调卷单上开具案由、署名盖章后，交管卷员随时检送，一俟办毕，即行归还，将原单收回。

第三十三条　各科室应于每周将本科室工作报告列表送秘书室，转呈厅长核阅。

第三十四条　本厅会计事项应于每月由会计人员将收支情形填具报告表，送请厅长核阅。

第三十五条　本厅每日办公时间遵照省政府之规定，但遇必要时得随时提早或延长之。

第三十六条　本厅各职员应每日按照规定时间到厅办公，并须于签到簿上亲自签名，不得迟到早退。

第三十七条　本厅各科室均须派员轮流值星、值日、值夜，其规则另订之。

第三十八条　本厅职员如有因事或因病请假者，须依照请假规则办理，其规则另定之。

第三十九条　本厅休假依照国民政府及省政府之规定办理之。

第四十条　本厅得举行厅务会议，其出席人员为厅长、主任秘书、秘书、科长、督学，由厅长召集之，技士、专员及主任科员亦得列席。凡出席会议者，均得提出议案，惟须将议案及理由先行送呈厅长核阅后，油印分发各员，俾资研究，但临时动议者，不在此限。

第四十一条　本细则如有未尽事宜，得随时由厅长提出，省政府委员会会议修正之。

第四十二条　本细则经省政府委员会议决通过后公布施行。

中国第二历史档案馆藏“汪伪教育部档案”

教育部为设立教育部驻沪办事处致行政院呈

（1942年1月28日）

教育部原呈

查上海一区，学校荟萃，教育事务，极为繁重。惟以前租界内之教育行政，不受中国官厅之指导监督，致成特殊情形，不容过问，现情势变更，为期租界内教育事务之联络推进，暨其他临时发生事件之处理便利起见，拟予设置教育部驻沪办事处。兹谨拟具该办事处组织规程草案，暨临时经常各费概算，呈候鉴核示遵。

谨呈

行政院院长汪

计呈组织规程草案一份、临时经常费概算书各三份、薪饷加成支出概算书三份

教育部部长　李圣五

中华民国三十一年一月二十八日

教育部驻沪办事处组织规程

第一条　教育部为谋上海区域教育事业之便于处理起见，特设教育部驻沪办事处。

第二条　本处职掌如左：

一、关于国有学产之调查、保管及整顿事项；

二、关于有关教育工作之联络及推进事项；

三、关于教育事业之改进及建议计划事项；

四、关于教育部交办事项；

五、关于临时发生案件之调查处理事项；

六、关于教育部部长咨询事项。

第三条　本处设处长一人，承教育部部长之命，综理一切处务，并指挥监督所属职员。

第四条　本处设秘书二人、办事员若干人，递承长官之命，分掌职务，必要时得呈请教育部调派人员到本处服务，并得分科办事。

第五条　本处处长，简任；秘书二人，荐任；办事员，委任。

第六条　本处得酌用雇员。

第七条　本规程自公布日施行。

教育部驻沪办事处支出概算书

经常门　中华民国三十一年　月份起					
科目	金额				备考
	款	项	目	节	
第一款　本机关经费	五〇〇〇				月支计算
第一项　俸给费		二五〇〇			
第一目　俸薪			二一六〇		
第一节　简任官俸				六〇〇	处长一人，月支如上数
第二节　荐任官俸				七〇〇	秘书二人，月支三六〇元者一人，三四〇元者一人，合支如上数
第三节　委任官俸				六八〇	办事员四人，月支一八〇元者二人，月支一六〇元者二人，合支如上数
第四节　雇员薪				一八〇	雇员二人，月各支九〇元，合支如上数
第二目　饷项工资			三四〇		
第一节　饷项				六〇	卫士一名，月支如上数
第二节　工资				二八〇	车夫一名，月支八〇元，工役四人，月各支五〇元，合支如上数
第二项　办公费		一八七〇			
第一目　文具			二八〇		
第一节　纸张				一〇〇	
第二节　笔墨				五〇	
第三节　簿籍				八〇	
第四节　杂品				五〇	
第二目　邮电			一三〇		
第一节　邮费				五〇	
第二节　电费				八〇	电报电话等
第三目　消耗			六〇〇		
第一节　灯火				二〇〇	电灯电力费等
第二节　茶水				一五〇	自来水茶叶等
第三节　薪炭				二五〇	

续表

经常门　中华民国三十一年　月份起					
科目	金额				备考
	款	项	目	节	
第四目　租赋			六〇〇		
第一节　房屋				六〇〇	
第五目　修缮			一〇〇		
第一节　房屋				五〇	
第二节　车辆				五〇	
第六目　杂支			一六〇		
第一节　报纸				五〇	
第二节　杂费				一一〇	
第三项　特别费		六三〇			
第一目　特别办公费			六〇〇		
第一节　特别办公费				六〇〇	处长一人，月支如上数
第二目　其他			三〇		
第一节　临时办公费				三〇	

教育部驻沪办事处俸给加成支出概算书

经常门　中华民国三十一年　月份起					
科目	金额				
	款	项	目	节	
第一款　本机关员役俸给加成经费	一六二〇				月支计算
第一项　加成费		一六二〇			
第一目　俸薪加成费			一三四八		
第一节　简任官加成费				二四〇	一员，月支六〇〇元
第二节　荐任官加成费				四二〇	二人，月支三六〇元者一人，三四〇元者一人
第三节　委任官加成费				五四四	四人，月支一八〇元二人，一六〇元者二人
第四节　雇员加成费				一四四	二人，月各支九〇元
第二目　工饷加成费			二七二		
第一节　饷项加成费				四八	一名，月支六〇元
第二节　工资加成费				二二四	五名，月支八〇元者一名，五〇元者四名

教育部驻沪办事处临时费支出概算书

临时门　中华民国三十一年　月份起				
科目	金额			
	款	项	目	
第一款　本机关临时费	一五〇〇〇			
第一项　购置费		八〇〇〇		
第一目　家具			四五〇〇	购置办公桌椅卷橱及其他家具
第二目　文具			一五〇〇	购置办公应用各项文具
第三目　车辆			一〇〇〇	购置交通脚踏车一辆
第四目　什件			一〇〇〇	购置其他另［零］星什件
第二项　修缮费		五〇〇〇		
第一目　修缮费			三五〇〇	修理装置办公房舍
第二目　其他			一五〇〇	
第三项　杂费		二〇〇〇		
第一目　杂费			一五〇〇	开办时一切另［零］星什支
第二目　其他			五〇〇	

中国第二历史档案馆藏“汪伪行政院档案”

陈公博关于组织伪上海特别市教育委员会电及伪教育委员会呈

（1942年1—3月）

1. 陈公博电（1月6日）

（衔略）租界学校日方将交市府办理。本府拟成立一教育委员会，弟兼主任，其余委员除教育局长为当然委员外，拟请教育、宣传两部及社运会各派一人参加，恳即转告指定人选，俾早日成立。并请顺致主席为感。陈公博。鱼。

2. 陈公博致汪精卫电（2月21日）

汪主席钧鉴：关于上海学校，日方已通知国府接管。请即分别命令教育部及上海教育委员会办理，以便着手为感。陈公博叩。马。

3. 教育委员会呈（3 月 16 日）

查本市为整理特区范围教育起见，依上海特别市政府组织规则第六十八条之规定，设置上海特别市教育委员会，业于一月三十一日组织成立，开始办公。兹将组织规程、委员名单，备文具报，仰祈鉴核备案。

谨呈

上海特别市市长陈

计呈上海特别市教育委员会规程、委员名单

兼上海特别市教育委员会委员长　陈公博（印）

中华民国三十一年三月十六日

上海特别市教育委员会规程

第一条　上海特别市为整理特区教育起见，依上海特别市政府组织规则第六十八条之规定，置上海特别市教育委员会（以下简称“本会”）处理之。

第二条　本市特区中小各级学校之教育行政事务统筹［受］本委员会之指挥、监督。

第三条　本会设委员长一人，综理本会事务，监督所属机关及职员。

第四条　本会设委员四人，由委员长聘任之。

第五条　本会设干事三人至五人，事务员若干人，承委员长之命办理一切事务。

第六条　本会职权如左：

一、关于各项章则之拟订、审核事项；

二、关于各种教育之计划、推行事项；

三、关于各级学校之立案审核事项；

四、关于各级学校预决算之编审事项；

五、关于各级学校校规严肃、学风整饬之取缔事项；

六、关于教育部委办事项；

七、关于委员长交议事项；

八、其他重要事项。

本会会议规则另订之。

第七条　本会暂设两组，其职掌如左：

第一组

一、关于撰拟缮校文稿、编纂统计报告及收发保管的文卷事项；

二、关于典收印信事项；

三、关于本会及所属各机关预决算之编审事项；

四、关于会计及庶务事项；

五、其他不属各组事项。

第二组

一、关于国、部、省、市立中小学之调查、取缔及指导事项；

二、关于公私立中小学之登记及立案事项；

三、关于省、市立师范教育之调查、推进事项；

四、关于公私立各种职业教育之调查、指导及立案事项；

五、关于各种补习教育之调查、指导及立案事项；

六、关于教育馆、图书馆、体育场等之调查、统计及指导事项；

七、关于幼稚教育事项；

八、其他教育事项。

第八条　本会各组设组长一人，组员若干人，于必要时得分股办事，其办事细则另定之。

第九条　本会得设视察员三人至五人，办理各级学校之视察事项。

第十条　本会职员由委员长就市府及有关各机关调用之，遇必要时得设专任职员。

第十一条　本规程如有未尽事宜，得有本会随时提请修正之。

第十二条　本规程自公布日施行。

谨将上海特别市教育委员会委员名单开呈鉴核：

委员长　陈公博　上海特别市市长

委　员　顾继武　社运会上海办事处处长

严恩柞　教育部高等教育司长

梅嵩南　宣传部简任编纂

林炯庵　上海特别市教育局局长

中国第二历史档案馆藏“汪伪国民政府档案”

修正教育部组织法

（1943年9月17日）

民国三十二年九月十七日立法院第八十七次会议修正通过

第一条　教育部管理全国学术及教育行政事宜。

第二条　教育部对于各地方最高级行政长官执行本部主管事务，有指示监督之责。

第三条　教育部就主管事务，对于各地方最高级行政长官之命令或处分认为有违背法令或逾越权限者，得提经行政院会议议决后，停止或撤销之。

第四条　教育部置左列各司：

一、总务司；

二、高等教育司；

三、普通教育司；

四、社会教育司；

五、边疆教育司。

第五条　教育部经行政院会议及立法院之议决，得增置裁并各司及其他机关。

教育部于必要时，经行政院会议议决，得置各委员会。

第六条　总务司掌左列事项：

一、关于收发、分配、撰拟及保管文件事项；

二、关于公布部令事项；

三、关于典守印信事项；

四、关于本部职员任免奖惩之记录事项；

五、关于编制报告事项；

六、关于编印公报及发行事项；

七、关于本部官产官物之保管事项；

八、关于本部经费之出纳事项；

九、关于本部庶务及其他不属各司事项。

第七条　高等教育司掌左列事项：

一、关于大学教育及专门教育事项；

二、关于国外留学事项；

三、关于各种学术机关之指导事项；

四、关于学位授予事项；

五、其他高等教育事项。

第八条　普通教育司掌左列事项：

一、关于中等教育、小学教育、幼稚教育事项；

二、关于师范教育事项；

三、关于职业教育事项；

四、关于地方教育机关之设立及变更事项；

五、其他普通教育事项。

第九条　社会教育司掌左列事项：

一、关于民众教育及识字运动事项；

二、关于补习教育事项；

三、关于低能及残废者之教育事项；

四、关于美化教育事项；

五、关于公共体育事项；

六、关于图书及保存文献事项；

七、其他社会教育事项。

第十条　边疆教育司掌左列事项：

一、关于蒙藏地方教育调查事项；

二、关于蒙藏地方各种教育事业之兴办事项；

三、关于蒙藏教育师资之培养事项；

四、关于蒙藏子弟入学之奖励事项；

五、关于蒙藏教育经费之计划事项；

六、其他边疆教育事项。

第十一条　学校所用标本仪器及其他教育用品，由教育部审查核定，其办法由教育部定之。

第十二条　教育部置编审委员会，设编审八人至十二人，掌理关于各种学校之图书编辑及审定事项，其组织另定之。

第十三条　教育部置大学教育委员会，议决全国教育及学术上重要事项，其组织另定之。

第十四条　教育部置华侨教育设计委员会，掌理关于华侨教育设计事项，其组织另定之。

第十五条　教育部部长综理部务，监督所属职员及各机关。

第十六条　教育部设次长一人，辅佐部长处理部务。

第十七条　教育部得设咨询委员三人至五人，以备咨询及建议。

第十八条　教育部设秘书四人至六人，分掌部务会议及长官交办事项。

第十九条　教育部设参事四人至六人，撰拟审核关于本部法案命令。

第二十条　教育部设司长五人，分掌各司事务。

第二十一条　教育部设督学六人至十人，视察及指导全国教育事宜。

第二十二条　教育部设科长十二人至十五人，科员八十人至一百人，办事员十人至二十人，承长官之命办理各科事务。

第二十三条　教育部得设专员六人至十人，承长官之命，办理指定事务。

第二十四条　教育部部长，特任；次长、咨询委员、参事、司长及秘书二人、督学四人、专员二人、编审二人，简任；其余秘书、督学、编审、科长、专员及科员二十人至三十人，荐任；其余科员及办事员，委任。

第二十五条　教育部设会计主任一人、统计主任一人，办理岁计、会计、统计事务，受本部部长之指挥监督，并依国民政府主计处组织法之规定，直接对主计处负责。

会计室及统计室需用佐理人员，由教育部及主计处就本法所定荐任、委任人员及雇员中会同决定之。

第二十六条 教育部因事务上之必要，得酌用雇员。

第二十七条 教育部处务规程以部令定之。

第二十八条 本法自公布日施行。

中国第二历史档案馆藏“汪伪国民政府档案”

汪伪政府现任及退任教育长官名录

（1944年）

职别	现任	退任
中央政治委员会教育专门委员会主任委员	焦莹	黎世蘅
中央政治委员会教育专门委员会副主任委员	陈端志	刘云
中央政治委员会教育专门委员会专任委员	许震 张子嘉 严恩柞 高雪汀 詹哲尊 魏诚斋	王钟骐
中央政治委员会教育专门委员会兼任委员	张一声 沈绂 赵霜峰 张石之 刘万选 伍培之 邝挺生	严恩柞 古泳今
中央政治委员会教育专门委员会秘书	唐行毅	聂云
教育部部长	李圣五	赵正平
教育部次长	赵润丰	樊仲云 王敏中 薛典曾 戴英夫 刘仰山 杨为桢
教育部高等教育司司长	朱钰	钱慰宗 严恩柞
教育部普通教育司司长	薛荫曾	徐季敦 沈绂
教育部社会教育司司长	王一方	严恩柞 赵如珩
华北教育总署督办	王谟	汤尔和 周作人 苏体仁
华北教育总署署长		方宗鳌 文元模 张心沛 王录勋
江苏省教育厅长	袁殊	秦冕钧 张仲寰
淮海省教育厅长	曾广炎	
浙江省教育厅长	徐季敦	江磐
安徽省教育厅长	严恩柞	谢学霖 钱慰宗

续表

职别	现任	退任
广东省教育厅长	林汝珩	
湖北省教育厅长	黄大中	徐慎五　何庭流　黄实光
江西省教育厅长	赵宝芝	
河北省教育厅长	孙今善	
河南省教育厅长	孙晶清	边壮猷
山东省教育厅长	俞康德	郝书暄
山西省教育厅长	王骧	赵济武　裴涧泉
南京特别市教育局长	杨正宇	杨九鸣　徐公美
上海特别市教育局长	林炯庵	
北京特别市教育局长	孙世庆	王养怡
天津特别市教育局长	何庆元	
青岛特别市教育局长	尹援一	陈命凡
厦门市教育局长	陈见园	
广州市社会局长	陈嘉霭	
汕头市社会局长	陈立恒	
汉口市教育局长	萧治平	高伯勋
杭州市社会局长	翁龢	

《申报年鉴》，申报社，1944 年，第 968 页。

第三编

初等教育

一、法令法规

小学法*

（1938年）

第一条　小学应遵照中华民国维新政府教育宗旨及其实施方针，以发展儿童之身心，培养国民之道德基础及生活所必须之基本知识技能。

第二条　小学修业年限六年，前四年为初级小学，后二年为高级小学。初级小学得视地方情形单独设立。

第三条　小学由市县或所属各地设立之，其有特殊情形者，得由省或直隶于中央机关之市设立之。

私人或团体亦得设立小学，其规程由教育部另定之。

第四条　小学由市或县设立者，为市立或县立小学；由所属各地设立者，为该地公立小学；由两地以上合设者，为各该地联合公立小学；由私人或团体设立者，为私立小学。

第五条　师范学校或中学校附设之小学，为某师范学校附属小学或某中学校附属小学。

第六条　小学之设立、变更及停办，在省行政区域内者，除省立小学外，应经该〖管〗市县教育行政机关核准，呈报教育厅备案；在直隶中央机关之市区域内者，应经该市教育行政机关核准。

第七条　小学学级用单式编制，但有特殊情形者，得用复式编制。在初级小学，并得用二部或单级编制。

第八条　小学之教学科目及课程标准，由教育部定之，高级小学应视地方情形，设置简易职业科目。

第九条　小学教科图书应采用教育部编辑或审定者，前项编辑或审定，并应注重各地方乡土教材。

第十条　小学得附设幼稚园。

第十一条　小学设校长一人，综理校务。

省立或直隶于中央机关之市立小学校长，由教育厅或市教育行政机关遴选合格人员任用之。

---

* 由伪维新政府教育部公布。

市县立或所属各地公立小学校长，由市县教育行政机关选荐合格人员，呈请市县政府任用之，并呈报教育厅备案。

第十二条 小学教员由校长聘请合格人员充任，如合格人员有不敷时，得聘任具有相当资格者充之，均应呈报主管教育行政机关备案。

小学教员之检定、任用、保障各规程，由教育部定之。

第十三条 小学校长教员均应为专任校长，并应担任本校教课。

第十四条 小学得单独或联合设校医或看护，其有六学级以上者，得酌设事务员。

第十五条 初级或高级小学学生修业期满，成绩及格，由学校给予毕业证书。

第十六条 小学不收学费，但视地方情形，呈请主管教育行政机关核准，酌量征收之。

学生无力缴纳学费者，小学校长得酌量情形，免除其学费之一部或全部。

第十七条 小学规程由教育部定之。

第十八条 本法自公布日施行。

伪维新政府《政府公报》第 35 号

小学暂行规程*

(1938 年 12 月 26 日)

第一章 总 纲

第一条 本规程根据暂行小学法第十七条之规定订定之。

第二条 小学为施行国民义务教育之场所，其实施方针根据暂行小学法第一条之规定。

第三条 小学儿童在学年龄之标准为六足岁至十二足岁，修业年限六年。

第四条 为推行义务教育起见，各地并得设简易小学及短期小学，简易小学及短期小学规程由教育部另定之。

第五条 小学学年、学期及休假日期依照教育部所定之学校学年、学期及休假日期规程办理。

第二章 设置及管理

第六条 各市县为推广设立小学并便于管理起见，应视地方情形划分为若干学区。每一学区内设教育委员若干人，计划小学教育之普及及发展，其规程另定之。

---

* 由伪维新政府教育部公布。

第七条　师范学校及训练师资之高等学校及高等专门以上学校所附设之小学，除供师范学校学生实习外，其性质与单设之小学同。

第八条　各省市或训练师资之高等学校及高等专门以上学校为试验教育而设之小学称某某实验小学。

第九条　省立小学以所在地名名之，市县以下公立小学以区域较小之地名为校名，一地有立别及校名相同之小学时，得以数字之顺序别之，私立小学应采用专有名称，不得以地名为校名。

第十条　小学由各级教育行政机关分别管辖之，其范围如左：

（一）省立小学、省立实验小学及省立师范学校及中学之附属小学，由省教育厅管辖。

（二）市立小学、市立实验小学、市立师范学校及中学之附属小学及市内私立小学，由市教育行政机关管辖。

（三）县及所属各地之公立私立小学由县教育行政机关管辖。

教育行政机关以外各机关所特设之小学，由所在地主管教育行政机关监督指导之。

第十一条　小学应于每学期开始后一个月内，将全校组织概况、学级编制、教职员名册、儿童名册等呈报主管教育行政机关备案。

第十二条　省立小学及国立高等学校及高等专门以上学校之附属小学与实验小学，应于每学期开始后一个月内，将本学期儿童名册、上学期毕业儿童名册等报告所在地市县教育行政机关存查。

第十三条　实验小学应将实验计划及结果，按年呈报主管教育行政机关转呈教育部。

第十四条　私立小学之设置，除依据暂行小学法及本规程之规定外，并应遵照私立学校暂行规程办理。

第三章　经　　费

第十五条　小学开办费，其校舍建筑及设备两项应为六与四或七与三之比。

第十六条　小学经费支配应以如左之百分比为原则：

教职员俸金约百分之七十；

图书、仪器、运动器具、教具等设备费及卫生费约百分之十五，实验、文具、水电、薪炭等消耗费约百分之九；

旅行保险等特别费约百分之三；

预备费约百分之三。

前项预备费非经教育行政机关核准不得动用。

第十七条　小学经费标准由各省市教育行政机关订定，呈请教育部备案施行。

第十八条　小学经费之开支，应力求撙节核实，其公开审核等办法，由各省市教育行政机关订定，呈报教育部核准施行。

第四章　编　　制

第十九条　小学学级应于儿童入学时，依其年龄、智力等分别编制。

第二十条　小学学级编制依暂行小学法第七条之规定，其学额每学级每组以四十人为标准。

第二十一条　初级小学之二部编制，视学校情形，得分半日制或间时制。

第五章　课　　程

第二十二条　小学教学科目及每周教学时间列表如左：

<table>
<tr><th rowspan="2" colspan="3">初级或高级 年级 分钟 科目</th><th colspan="4">初级</th><th colspan="2">高级</th></tr>
<tr><th>一年级</th><th>二年级</th><th>三年级</th><th>四年级</th><th>五年级</th><th>六年级</th></tr>
<tr><td colspan="3">修身</td><td>六〇</td><td>六〇</td><td>六〇</td><td>六〇</td><td>六〇</td><td>六〇</td></tr>
<tr><td colspan="3">体育</td><td>一二〇</td><td>一二〇</td><td>一八〇</td><td>一八〇</td><td>一八〇</td><td>一八〇</td></tr>
<tr><td colspan="3">国语</td><td>四二〇</td><td>四二〇</td><td>四二〇</td><td>四二〇</td><td>四二〇</td><td>四二〇</td></tr>
<tr><td colspan="3">日语</td><td></td><td></td><td></td><td></td><td>一八〇</td><td>一八〇</td></tr>
<tr><td>历史</td><td rowspan="2">社会</td><td rowspan="4">常识</td><td rowspan="4">一五〇</td><td rowspan="4">一五〇</td><td rowspan="4">一八〇</td><td rowspan="4">一八〇</td><td>六〇</td><td>六〇</td></tr>
<tr><td>地理</td><td>六〇</td><td>六〇</td></tr>
<tr><td colspan="2">自然</td><td>九〇</td><td>九〇</td></tr>
<tr><td colspan="2">卫生</td><td>三〇</td><td>三〇</td></tr>
<tr><td colspan="3">算术</td><td>六〇</td><td>一五〇</td><td>一八〇</td><td>二一〇</td><td>一八〇</td><td>一八〇</td></tr>
<tr><td colspan="3">劳作</td><td>九〇</td><td>九〇</td><td>九〇</td><td>九〇</td><td>六〇</td><td>六〇</td></tr>
<tr><td colspan="3">美术</td><td>六〇</td><td>六〇</td><td>六〇</td><td>六〇</td><td>六〇</td><td>六〇</td></tr>
<tr><td colspan="3">音乐</td><td>六〇</td><td>六〇</td><td>九〇</td><td>九〇</td><td>六〇</td><td>六〇</td></tr>
<tr><td colspan="3">总计</td><td>一〇二〇</td><td>一一一〇</td><td>一二六〇</td><td>一二九〇</td><td>一四四〇</td><td>一四四〇</td></tr>
</table>

一、修身与其他科目不同，重在平时修养，表内所列为每周授课两节之时间。

二、初级常识科包括社会、自然及卫生。

三、高级社会科得分为历史、地理二科，时间支配：历史六十分钟，地理六十分钟。

四、初级四年级起算术科加教珠算。

五、总时间各校得依地方情形每周减少三十或六十分钟。

六、时间支配以三十分钟或六十分钟为一节，其三十分钟者实授二十五分钟，其六十分钟者实授四十五分钟。

七、初级小学以不设外国语（英语或日语）为原则，但参酌地方情形，认为需要者，得增设之。

第二十三条　小学课程应依照教育部规定之课程标准。

第二十四条　各地方乡土教材，由学校或当地主管教育行政机关编辑，呈请上级教育行政机关审定之。

第二十五条　小学教材要目，属于全国通用部分，由教育部依照课程标准之规定另订之，属于地方特殊部分，由各省市主管教育行政机关订定，呈请教育部备案施行。

第二十六条　实验小学为便利教育起见，得将各科教材组织为联合之各个单元，不分科目，总合教学，但须另编要目，呈请主管教育行政机关备案。

第六章　训　　育

第二十七条　小学训育应以陶冶儿童品性、授以公民智识为中心，由教员利用儿童课内外各种活动并联络其家庭及本地公共机关加以积极之指导。

第二十八条　小学为训练儿童身体生活应作种种集团活动，并得指导儿童组织简单易行之自治团体。

第二十九条　小学为便利个别训育起见，得施行训导团制，小学教员均负直接训育儿童之责任。

第三十条　小学为增进教训效率起见，应随时联络儿童家长，讨论关于训育等之实际问题。

第三十一条　小学儿童不得施以体罚。

第七章　设　　备

第三十二条　小学校址应择便于儿童通学之地点，并须有善良之环境。

第三十三条　小学校舍建筑应质朴坚固，适于教学、管理及卫生。

第三十四条　小学应有运动场、工场或农场，校园其面积均须足敷应用。

第三十五条　小学儿童所用桌椅宜适合儿童身长之比例。

第三十六条　小学应参照学校卫生设施方案，力求充实关于卫生及运动之设备。

第三十七条　小学关于图书、仪器、教具等设备应力求充实。

第三十八条　小学应备有关于教学、训育等各种重要簿籍图表。

第三十九条　小学设备标准由教育部另定之。

第八章　成绩考查

第四十条　小学儿童学业成绩考查，除平时考查外，并分别举行临时试验、学期试验、毕业试验。

第四十一条　临时试验由教员于每月月终举行之，每学期内至少须举行三次。

第四十二条　学期试验由教员于学期终举行之。

第四十三条　毕业试验由小学校长会同各科教员于修业期满时举行之。

第四十四条　小学儿童学业成绩计算方法、体育考查方法及儿童升级留级办法，由省市教育行政机关订定，呈请教育部核准备案。

第四十五条　小学儿童之操行成绩以其品性及平时之言行为标准。

第九章　入学及毕业

第四十六条　小学儿童入学年龄为六足岁，但有特别情形者，得展缓至九足岁。

第四十七条　小学各学级遇有缺额，在每学期开学后一个月内，应随时收受插班生。

第四十八条　小学儿童因身体或家庭之特殊情形，得请求休学。

第四十九条　小学儿童因身体或家庭之特殊情形，学校调查属实者，得准予转学或退学。

第五十条　小学儿童修业期满，试验成绩及格，依照暂行小学法第十五条之规定，由学校给予毕业证书。

第十章　学费及其他费用

第五十一条　小学不收学费，但得视地方情形，依照暂行小学法第十六条之规定，呈请主管教育行政机关核准，酌量征收之，惟对于贫寒儿童应免征学费。

第五十二条　小学不得以收学费免费为编制学级标准。

第五十三条　小学必需之学用品等，得由学校发给，或由学校或地方教育行政机关组织消费合作社，以极低廉之价格售诸儿童。

第五十四条　小学不得向儿童征收任何费用。

第十一章　教　职　员

第五十五条　小学设校长一人，每学级设级任教员一人，并得酌量情形添设专科教员，但平均每两学级之教员人数应以三人为度。

第五十六条　小学应单独或联合设校医或看护，其有六学级以上者，得酌设事务员，但须呈请主管教育行政机关核准。

第五十七条　小学教职员应在学校或学校所在之区域内居住。

第五十八条　小学校长综理全校事务，除担任教学外，并指导教职员分掌校务及教训事项。

第五十九条　小学教员须经审查或检定合格领得教育部所发证书者，方得充任。

第六十条　凡经审查或检定合格之教员服务二年以上具有成绩者，得为小学校长。

第六十一条　小学教员由校长依暂行小学法第十二条之规定，于学年开始一月前聘任之，初聘以一学年为原则，以后续聘任期为二学年，聘定后应即呈报主管教育行政机关备案，遇有不合格者，主管教育行政机关得令更聘。

第六十二条　小学因地方特殊关系无从延聘已经审查或检定合格之教员时，得以具有审查小学教员资格规程及小学教员检定规程中规定资格之一者，为代用教员，但应呈请主管教育行政机关核准。

已经审查或检定合格之教员服务未满二年者，遇该地方合格校长不敷任用时，得任为代理校长。

第六十三条　已经审查或检定合格之小学教员得声请主管教育行政机关予以登记，前项登记之声请，主管教育行政机关不得拒绝。

第六十四条　经登记之小学教员，主管教育行政机关应于每学年开始两个月前公布其姓名、学历、经历一次，但遇人数过多时，得分期公布之。

小学聘请教员除因特殊情形经由主管教育行政机关许可者外，应以登记公布者为限。

第六十五条　小学教员由校长聘定后，中途如有自请退职情事，须商请校长同意或得有替人后，方得离校。

第六十六条　小学教职员俸金以月计者，每年作十二个月计算。

小学教职员俸给规则及养老金、恤金办法由教育部规定之。

第六十七条　小学教职员在校时间每日八小时。

第六十八条　小学女教职员在生产时期内应予以六个星期之休息，其代理人之俸金应由学校呈请主管教育行政机关另行支给。

第六十九条　小学教职员不随校长或主管教育行政人员之更迭为进退，非有左列情形之一者不得解职：

（一）违犯刑法证据确凿者；

（二）行为不检或有不良嗜好者；

（三）任意旷废职务者；

（四）成绩不良者；

（五）身体残废或有疾病不能任事者。

第七十条　小学教员非有第六十九条各款情形之一而被解职者，得声叙理由，呈请主管教育行政机关查明纠正。

第七十一条　小学教员因故解职后，应由校长声叙理由，呈报主管教育行政机关存案备查。

第七十二条　小学教员进修确有成绩者，应予加俸或其他奖励，其进修及奖励办法由各省市教育行政机关订定，呈请教育部核准施行。

第七十三条　幼稚园主任及教员之任用待遇及保障适用本章各条之规定。

第十二章　辅导研究

第七十四条　小学教员应参加本校及本地关于教育研究之组织，研究儿童生活所表现之事实及教训方法。

第七十五条　小学有教员五人以上者，应组织教育研究会，研究改进校务及教学训育等事项，以本校全体教员为会员，每月至少开会一次，以校长为主席。

第七十六条　小学在一学区内，应联合组织本区小学教育研究会，研究改进本区小学教育，以学区内全体小学教育及本区教育委员为会员，每两个月至少开会一次，以主管教育行政机关所指定之本区小学校长或教育委员为主席。

第七十七条　小学在直隶中央机关之市或市县内，应联合组织全市或全县小学教育研究会，研究改进本地方小学教育，以主管教育行政机关所指定之各学区小学代表等为会员，每半年至少开会一次，以市县教育行政长官或督学为主席。

第七十八条　小学在五市县至七市县内，应组织省分区小学教育研究会，研究改进本省分区小学教育，以省教育厅所指定之各市县小学代表为会员，每年至少开会一次，以省立师范学校校长或附属小学校长或省立小学校长或省督学为主席。

第七十九条　各省厅组织全省小学教育研究会，研究改进全省小学教育，以省教育厅所指定之省分区小学代表及省教育厅厅长、主管科长、督学等为会员，每两年至少开会一次，以省教育厅厅长或其代表为主席。

第八十条　教育部得召集全国各省市代表及初等教育主管人员开全国小学教育研究会，研究改进全国初等教育规程，于召集该项研究会时另定之。

第八十一条　各省得由省教育厅指定省分区内之省立小学或省立师范学校附属小学为该省分区之模范小学，各市县教育行政机关得指定各学区内之一小学为模范小学。

前项模范小学应充分以研究所得，供给该省分区或该学区内之小学参考实施。

第八十二条　幼稚园主任及教员及与小学教育有关系之教育人员，均得参加小学教育之研究。

第八十三条　各种小学教育研究会应由各级教育行政机关负辅导之责。

第八十四条　省市以下小学教育研究会组织规程由省市教育行政机关订定，呈请教育部备案。

第十三章　附　　则

第八十五条　本规程于必要时得由教育部修改之。

第八十六条　本规程自公布日施行。

伪维新政府《政府公报》第 34 号

学校学年学期及休假日期暂行规程*

（1938年12月29日）

第一条　各级学校以每年八月一日为学年之始，翌年七月三十一日为学年之终。

第二条　一学年分为两学期，以八月一日至翌年一月三十一日为第一学期，二月一日至七月三十一日为第二学期。

第三条　各级学校每学期除第四条甲种休假日期外，开学期内之日数，依左列之规定：

专门以上学校第一学期一百三十六日，第二学期一百三十八日（闰年一百三十九日）。

中等学校第一学期一百四十三日，第二学期一百四十五日（闰年一百四十六日）。

小学第一学期一百四十六日，第二学期一百四十八日（闰年一百四十九日）。

第四条　各级学校每年休假日依左列之规定：

甲、例假：

（一）暑假　专门以上学校以七十日为限（起六月二十三日讫八月三十一日）；

中等学校以五十六日为限（起六月三十日讫八月二十四日）；

小学以五十日为限（起七月三日讫八月二十一日）。

（二）元旦　各级学校一律定为一日（一月一日）。

（三）寒假　各级学校一律定为十四日（起一月十八日讫一月三十一日）。

（四）春节　各级学校一律定为三日（起阴历正月初一讫正月初三日）。

（五）夏节　各级学校一律定为一日（阴历五月初五日）。

（六）秋节　各级学校一律定为一日（阴历八月十五日）。

（七）冬至　各级学校一律定为一日（照阴历推算）。

乙、纪念假：

（一）孔子诞生纪念日（阴历八月二十七日）；

（二）国庆纪念日（十月十日）；

（三）政府联合纪念日（九月二十二日）；

（四）中华民国维新政府成立纪念日（三月二十八日）。

右列纪念日，各级学校均应休假一日。

第五条　各地方特殊纪念日应休假者，呈由各省教育厅或中央直辖市各市教育局核定，并呈报教育部备案。

第六条　各级学校本校纪念日休假一日。

---

* 由伪维新政府教育部公布。

第七条　除星期日及第四、第五、第六各条各种休假日期外，不得任意休假，各种集会应于星期日举行。

第八条　专门以上学校之学校历，应于每年开始两个月以前，由各该学校根据本规程编制，并分别径送或转报教育部核定。中等以下学校历，应于学年开始两个月以前，由各该省教育厅或中央直辖市各市教育局根据本规程制定颁布，并呈报教育部备案。

国立或私立专门以上学校附设之中等以下学校及维新政府各机关在各省或中央直辖市各市所设立之中等以下学校，应遵用所在地之教育厅或教育局所制定颁布之学校校历，各省省立中等以下学校或各省省立专门以上学校附设之中等以下学校之在中央直辖各市境内者同。

第九条　暑假休假日期之起讫，乡村小学之有特殊形式者，得按照各该所在地农业状况酌量移动（如提早或改迟之），并得将假期分为数节，作间隔之休假（如分别放春假、麦假、秋收假等，而减少暑假日期），惟休假日期之总数不得超过五十日之限制，并须经各该省教育厅或中央直辖市各市教育局之核准。

第十条　寒暑假日期之起讫，在严寒酷暑之省市境内，按照当地情形酌量变更。

前条休假日期总数不得超过第四条甲款（一）、（三）两目之规定，并须由各该省教育厅或中央直辖市各市教育局呈请教育部核准。

第十一条　本规程自公布日施行。

伪维新政府《政府公报》第 35 号

伪维新政府最高顾问原田熊吉抄送中小学日语教师任用规则的照会*

（1939 年 5 月 7 日）

中支特政第三四六号

兹鉴于建设东亚新秩序，两国国民均属东亚协同体之构成分子，为促进强化双方之协同团结起见，对于彼此国语互相通晓，至关紧要，所有中、小学校亟应课以日语教育。至任用教师及招聘日本人为教师，应依据另纸所载中小学日语教师任用规则办理，特此照会。

烦请查照

维新政府行政院长

维新政府最高顾问
陆军少将　原田熊吉

昭和十四年五月七日

* 原题为“关于中小学任用日语教师之件”，现标题为编者所加。

中小学日语教师任用规则

一、小学日语教师除特定学校（模范小学及主要都市特定学校等），以任用中国人为原则。

二、中学及其同等以上学校日语教师，中日两国人一体任用。

三、小学、中学及其同等以上学校日语教师，如须招聘日本人时，其人选应由最高顾问审查选定之后，推荐于行政院长。学校校长应按其结果，并依照名次顺序，向行政院长呈请聘用之。

行政院长应与最高顾问协议之后，对于所属学校、职位、薪俸等予以决定，再行核准委任之。

四、小学、中学及其同等以上学校日本人教师之监督，属于省、市、县者，由特务机关长【任之】，属于其他者，由教育部首席顾问任之。所需经费，原则上虽应归各该所属省、市、县及部等担负，但目前得暂由维新政府补助之。

五、招聘日本人教师所需经费，应由维新政府补助者，得列入顾问部预算内，由顾问部支给之。

六、日本人教师解聘时，其应行手续与招聘时同。

备考：临时教员养成所应设日语专修班，以养成小学中国人日语教员。

中国第二历史档案馆藏“汪伪行政院档案”

模范小学暂行办法大纲*

（1939年5月30日）

第一条　为实验研究小学训导方法指导地方小学改进起见，各省市县厅设立模范小学。

第二条　模范小学由省市县教育行政机关设立之，每县至少先设一校，陆续扩充每乡或每区设一校。

第三条　模范小学之开办经常各费，应由主管教育行政机关依照实际需要，宽筹用款，按期发给。

第四条　模范小学学级应采用单式复式单级及二部等编制，并附设幼稚园。

第五条　模范小学为研究教学训导之改进意见，应设各科研究会。

第六条　模范小学应设校务会议、教务会议、训育会议、事务会议。

---

* 由伪维新政府教育部公布。

第七条　模范小学应设经济稽核委员会、体育委员会、招生委员会、升学就业指导委员会。

第八条　模范小学各科课程应照规定标准，按期教学，必须使儿童对全部学科深切了解，并指导儿童阅读参考书籍。

第九条　模范小学之训育，应照教育宗旨，制定合于儿童之条目，由全校教职员以身作则，领导儿童，无论校内校外，均能实践履行。

第十条　模范小学校址，应择环境优良，便于儿童通学之地点。

第十一条　模范小学校舍，凡教学、作业、阅书、运动、休息及办公、进膳等所，需房舍场地，均应具备，并须足敷应用。

第十二条　模范小学关于图书、仪器、教具及卫生、运动等设备，凡在教学、实验、参考、阅览、练习时所需要者，均应置备，不得仅以书本教学。

第十三条　模范小学应视地方情形，酌设实业实习场所，培养儿童生活必须之基本知识技能。

第十四条　模范小学除呈经主管教育行政机关核准，得酌收低额学费外，不收其他费用，儿童必需之学品，或由学校发给，或由学校组织消费合作社，以极低廉之价格售与儿童。

第十五条　模范小学校长，须遴选旧制师范学校本科以上之师范学校毕业曾任小学校长三年以上著有成绩者，任用之。

第十六条　模范小学教员，由校长遴选旧制师范学校本科以上之师范学校毕业，曾任小学教员五年以上具有成绩者，聘任之。

第十七条　模范小学校长教员之待遇，得比照同地普通小学校长教员酌量提高。

第十八条　模范小学学生操行成绩之优劣，为校长教员考绩之一。

第十九条　主办模范小学之教育行政机关，应每月至少一次派员到校视察指导，对行政、教学、训育等项有详细之纪录，并督率全校教员，集会研究改进教学训育方法。

省立模范小学如不设于省教育行政机关所在地，得委托学校所在地之教育行政机关派员视察指导，仍将视导记录按期转送省教育行政机关核明存案。

第二十条　模范小学应接待其他小学教职员之参观，并负解答、询问及指导之责。

第二十一条　本办法大纲未规定事项，均照暂行《小学法》《小学暂行规程》办理。

第二十二条　本办法大纲自公布日施行。

伪维新政府《政府公报》第59号

短期小学暂行规程*

（1939 年 5 月 30 日）

第一条　本规程依据《小学暂行规程》第四条之规定订定之。

第二条　短期小学由各市（特别市及普通市）县区乡镇设立之。

私人或团体亦得设立短期小学，但须遵照本规程及《私立学校暂行规程》之规定办理。

第三条　缺乏小学地方或无力受普通教育之清寒儿童较多区域，应优先开办短期小学。

第四条　短期小学独立设置，并得附设于普通小学及其他学校或公共机关内。

第五条　短期小学应受距离最近之模范小学或办理完善之普通小学之指导，并利用其设备。

第六条　短期小学招收九足岁至十二足岁之儿童。

第七条　短期小学不收学费，所有书籍用品概由学校供给。

第八条　短期小学修业年限二年，但地方有特殊情形时，得呈经主管教育行政机关核准后改为一年。

第九条　每一短期小学以同时招收学生二班为原则，每班学生以五十人为限，其编制采用半日二部制，分上下午教学，教室敷用者或采用全日二部制间时教学。

第十条　短期小学每班每日授课三小时或四小时，每小时以四十五分钟计算，课程为修身、国语、算术、常识、体育五种，每周授课时数如左表，其标准另定之。

修身	国语	算术	常识	体育
每周六十分钟	每周十二小时	每周一百五十分钟	每周九十分钟	每周六十分钟

第十一条　短期小学之教员以每两班设一人为原则，不满三班者，除校长外不设教员。

第十二条　附设于普通小学及其他学校内之短期小学，其教员应聘专任人员，有特殊情形时，得利用原校教员。

第十三条　附设于普通小学及其他学校内之短期小学，应尽量利用原校仪器、标本、图书等教具。

第十四条　本规程自公布日施行。

伪维新政府《政府公报》第 59 号

* 由伪维新政府教育部公布。

简易小学暂行规程*

（1939年5月30日）

第一条　本规程依据《小学暂行规程》第四条订定之。

第二条　简易小学由各市（特别市及普通市）县乡镇设立之。

私人或团体亦得设立简易小学，但须遵照本规程及《私立学校暂行规程》办理。

第三条　简易小学应就缺乏小学地方或无力受普通小学教育之清寒儿童较多区域设立之。

第四条　简易小学学生在学年龄之标准为九足岁至十三足岁。

第五条　简易小学修业年限四年。

第六条　简易小学每班名额为五十人。

第七条　简易小学之编制，除单式编制、复式编制外，视校舍情形、学生人数，并得采用半日二部制，上下午轮流入学，或全日二部制间时教学。

第八条　简易小学之教学科目及每周教学时数如左表，其课程标准另定之。

第九条　简易小学得视地方情形酌放农忙假，但所缺授课日数应缩减暑假或寒假补足之。

第十条　简易小学不收学费，所有书籍用品由学校供给，或组织消费合作社以极低廉之价格售诸学生。

第十一条　简易小学二部制学级之教员以每两班设一人为原则。

第十二条　简易小学得借用公共场所为校舍。

第十三条　简易小学应于开学前按照当地学龄儿童名册，会同地方行政机关劝导失学儿童入学。

第十四条　本规程未规定事项，得参照《小学暂行规程》办理。

第十五条　本规程自公布日施行。

年级 分钟 科目	一年级	二年级	三年级	四年级
修身	60	60	60	60
国语	480	480	540	540
算术	180	180	210	210
常识	150	150	180	180
体育	150	150	180	180

* 由伪维新政府教育部公布。

续表

分钟 年级 / 科目	一年级	二年级	三年级	四年级
劳作	60	60		
美术	60	60		
音乐	60	60		
简易职业科目			180	210
总计	1 200	1 200	1 350	1 380

说明：

一、常识科包括自然、卫生、历史、地理。

二、简易职业科目得视地方需要，就农工商各业酌量选设。

三、三年级起算术科加教珠算。

四、总时数各校得依地方情形每周减少三十分钟或六十分钟。

五、时间支配以三十分钟一节为原则，视科目性质得分别延长至四十五分钟或六十分钟。

伪维新政府《政府公报》第59号

小学教职员俸给暂行规程*

（1939年6月10日）

第一条　本规则依据《小学暂行规程》第六十六条订定之。

第二条　省市县立及区乡镇公立小学教职员之俸给，依照本规则支给之。

第三条　教职员俸给分为三等，每一市县适用何等，由省市主管教育行政机关查照各该市县人民生活程度，分别核定，汇案呈报教育部备案。三等俸给分级表规定如左：

一

二　等表（另抄）

三

第四条　校长教职员应领俸给，依照其学历资格规定如左：

一、旧制师范大学、大学教育学院或教育科系毕业，经审查合格初任者，支第七级俸。

二、旧制高等师范学校或专科师范学校毕业，经审查合格初任者，支第八级俸。

三、旧制专科学校（除专科师范学校毕业）或大学（除教育学院或教育科系外）毕业，经检定合格初任者，支第九级俸。

---

* 由伪维新政府教育部公布。

四、旧制高级中学师范科、特别师范科或师范学校毕业，经审查合格初任者，支第十级俸。

五、旧制中等学校（除师范学校外）毕业，经检定合格初任者，支第十一级俸。

六、旧制二年以上师范讲习科、简易师范科、简易师范学校毕业，曾任小学教员三年以上，经检定合格初任者，支第十二级俸。

七、代理校长、准教员，照规定降一级支俸；代用教员照规定降二级支俸。

第五条　满六学级之小学，呈经主管教育行政机关核准，得设事务员兼书记一人，以后每增六学级，均得呈请添事务员或书记一人。

第六条　事务员初任者，支第九级俸；书记初任者，支第十级俸。

第七条　校长、级任教员、助教员、事务员、书记均为专任职，不得在校外兼任任何有给职务。

第八条　省市立实验小学、模范小学校长、教员俸给，得比照同区域普通小学校长教员俸给提高二级。

第九条　校长教员在一校继续服务，或经主管教育行政机关核准调用他校者，以在一校继续服务论。每满三年，成绩优良，经主管教育行政机关查明确有档案可稽者，得进一级支俸，但进级支俸至第一级为止。

第十条　事务员、书记在一校继续服务满三年，成绩确属优良者，得进一级支俸。事务员至第一级为止，书记至第四级为止。

第十一条　已得年功加俸之校长教职员，服务时期中断，或成绩不良，应停止其已得年功加俸之全部或一部。

第十二条　满六学级之小学校长，得进一级支俸，以后每递增六学级时，得类推进级至第一级为止。

第十三条　校长教员之任课时数规定如左：

甲、校长任课时数

一、单级小学教员由校长全部担任。

二、设二学级以上之小学校长，每周须兼任教课八一〇分钟，以后每增设一学级，校长得酌减授课时数每周九〇分钟，但至少应任教课三六〇分钟。

乙、教员任课时数

一、级任教员及专科教员，每人每周均以小学一年级每周授课时数（一〇二〇分钟）为标准。

二、专科教员兼任教课时数，每周在一校不得少于三六〇分钟，在二校以上至多不得超得［过］一〇一分钟。专科教员教课时数不足时，其俸给应以教课时数，照规定俸给比例支给。

三、助教员辅助校长，或级任教员处理校务或级务。

第十四条　各校主任之设置及支俸进级标准规定如左：

一、满四学级之小学得设教导主任，由级任教员兼任，不另支薪，但得酌减授课时数每周一二〇分钟。

二、满六学级之小学，得设教务主任、训育主任各一人，由级任教员兼任，不另支薪，但得酌减授课时数每周一二〇分钟，至满十二学级时，除酌减授课时数每周三〇〇分钟外，并得进一级支俸。

三、满十八学级之小学，得设教务主任、训育主任、事务主任各一人，由级任教员兼任，不另支薪，除酌减授课时数每周三〇〇分钟外，并进一级支俸。以后每周增六学级，得递减授课时数每周一二〇分钟，但各主任至少每人每周应担任四八〇分钟。

第十五条　县区乡镇小学如以专科教员授课时数不多，不易聘请兼任教员时，得照左表规定学级数与校长教员人数之标准，核计俸给数目，但须先行呈经省市教育行政机关核准。

学级数 / 人数 / 职别	1	2	3	4	5	6	7	8	9	10	11	12	13	14	15	16	17	18
校长	1	1	1	1	1	1	1	1	1	1	1	1	1	1	1	1	1	1
得设级任教员	1	2	3	4	5	6	7	8	9	10	11	12	13	14	15	16	17	18
得设专科教员			(1)		(1)	1	1	1	1 (1)	2	2	3	3	3	3	3 (1)	4	4 (1)
得设助教员		1	(1) 或	1	(1) 或	1	1	1	(1) 或	1	1	1	1	1	1	(1) 或	1	(1) 或
共计人数	1	3	4	6	7	9	10	11	12	14	15	17	18	19	20	21	23	24

第十六条　多级小学，每学级学生平均出席数高级不足二十五人、初级不足三十人，单级小学学生平均出席数不足三十人，各该级教员或校长降一级支俸，或限期充实学额，裁并学级学校。

第十七条　区乡镇小学，如依地方习惯供给校长教员膳食者，其俸给得照俸级表规定数减低一级，但须呈上级教育行政机关核准。

第十八条　市县立幼稚园主任教育之俸给，得参照本规则支给之。

第十九条　本规则如有未尽事宜，得随时修订之。

第二十条　本规则自民国二十九年二月施行。

一等

俸额 级别 / 职别	第一级	第二级	第三级	第四级	第五级	第六级	第七级	第八级	第九级	第十级	第十一级	第十二级
高级校长	110	106	102	98	94	90	86	82	78	74	70	66
初级校长	106	102	98	94	90	86	82	78	74	70	66	62
高级级任教员	106	102	98	94	90	86	82	78	74	70	66	62
初级级任教员	102	98	94	90	86	82	78	74	70	66	62	58
高初级专科教员	98	94	90	86	82	78	74	70	66	62	58	54
高初级助教员	94	90	86	82	78	74	70	66	62	58	54	50
事务员、书记	64	60	56	52	48	44	40	36	32	28		

说明：

一、本表各级数目系正式之小学校长、教员、事务员、书记准用之。

二、代理校长、准教员应照本表规定数目降一级支俸，代用教员应照本表规定数目降二级支俸。

如高级校长第十二级俸六六元，代理高级校长降一级为六二元，余类推。

高级级任教员第十二级俸六二元，准高级级任教员降一级为五八元，余类推。

初级级任教员第十二级俸五八元，代用初级级任教员降二级为五〇元，余类推。

三、本表每级进级数一律为四元。

二等

俸额 级别 / 职别	第一级	第二级	第三级	第四级	第五级	第六级	第七级	第八级	第九级	第十级	第十一级	第十二级
高级校长	100	96	92	88	84	80	76	72	68	64	60	56
初级校长	96	92	88	84	80	76	72	68	64	60	56	52
高级级任教员	96	92	88	84	80	76	72	68	64	60	56	52
初级级任教员	92	88	84	80	76	72	68	64	60	56	52	48
高初级专科教员	88	84	80	76	72	68	64	60	56	52	48	44
高初级助教员	84	80	76	72	68	64	60	56	52	48	44	40
事务员、书记	60	56	52	48	44	40	36	32	28	24		

说明：

一、本表各级数目系正式之小学校长、教员、事务员、书记准用之。

二、代理校长、准教员应照本表规定数目降一级支俸，代用教员应照本表规定数目降二级支俸。

如高级校长第十二级俸五六元，代理高级校长降一级，为五二元，余类推。

高级级任教员第十二级俸五二元，准高级级任教员降一级，为四八元，余类推。

初级级任教员第十二级俸四八元，代用初级级任教员降二级，为四〇元，余类推。

三、本表每级进级数一律为四元。

三等

俸额 级别 / 职别	第一级	第二级	第三级	第四级	第五级	第六级	第七级	第八级	第九级	第十级	第十一级	第十二级
高级校长	90	86	82	78	74	70	66	62	58	54	50	46
初级校长	86	82	78	74	70	66	62	58	54	50	46	42
高级级任教员	86	82	78	74	70	66	62	58	54	50	46	42
初级级任教员	82	78	74	70	66	62	58	54	50	46	42	38
高初级专科教员	78	74	70	66	62	58	54	50	46	42	38	34
高初级助教员	74	70	66	62	58	54	50	46	42	38	34	30
事务员、书记	56	52	48	44	40	36	32	28	24	20		

说明：

一、本表各级数目系正式之小学校长、教员、书记准用之。

二、代理校长、准教员应照本规定数目降一级支俸，代用教员应照本表规定数目降二级支俸。

如高级校长第十二级俸四六元，代理高级校长降一级，为四二元，余类推。

高级级任教员第十二级俸四二元，准高级级任教员降一级，为三八元，余类推。

初级级任教员第十二级俸三八元，代用初级级任教员降二级，为三〇元，余类推。

三、本表每级进级数一律为四元。

伪维新政府《政府公报》第 59 号

小学准教员检定暂行规程*

（1939 年 6 月 23 日）

第一条　凡具有本规程规定资格愿为小学准教员者，应遵照本规程请求检定。

第二条　小学准教员之检定，由教育部办理，检定合格者，由部发给小学准教育检定合格证书。

请求检定人数过多时，得委派省市教育行政机关办理，惟证书仍由教育部核发，其委派办法临时定之。

第三条　小学准教员之检定，分无试验检定与试验检定两种。无试验检定审查其各项证书文件决定之。试验检定除审查其各项证明文件外，并加以试验。

第四条　试验检定每年举行一次，无试验检定，每学期开始前举行，某［其］日期临时公告之。

---

* 由伪维新政府教育部公布。

第五条　小学准教员检定得酌量情形，分区举行。

第六条　具有左列资格之一，愿任小学准教员者，得受无试验检定。

一、旧制专科学校（除专科师范学校外）或大学（除教育学院或教育科系外）毕业，曾充小学教员一年以上，或曾在当地教育行政机关，或旧制师范大学、教育学院师范、学校等所办之暑期学校补习教育功课满一暑期者。

二、旧制中等校（除师范学校外）毕业，曾充小学教员二年以上，或曾在上述暑期学校补习满二暑期者。

三、二年以上之旧制师范讲习科或简易师范学校简易师范科毕业，曾充小学教员三年以上，或曾在上述暑期学校补习满三暑期者。

四、曾充小学教员五年以上，经教育行政机关认为确有成绩，或曾在上述暑期学校补习满四暑期者。

五、曾充小学教员五年以上，有关于小学教育之专著发表，经主管教育行政机关认为确有价值者。

第七条　具有左列资格之一，愿任小学准教员者，得受试验检定：

一、旧制中等学校（除师范学校外）毕业者。

二、旧制师范学校或高级中学修业一年，并充小学教员三年以上者。

三、旧制师范讲习科简易师范学校或简易师范科毕业者。

四、曾任小学教员四年以上者。

第八条　请求检定时须呈缴左列各件：

一、小学准教员检定表一张（向教育部领取表纸逐项填明）；

二、最近脱帽正面半身二寸相片三张（每张背面书明姓名，内一张自行粘贴检定表上）；

三、毕业证书或修业证书；

四、服务证明书；

五、教育行政机关所给予关于教育训育等成绩之评语，或关于小学教育著作或暑期学校补习证明书；

六、体格检验书一张（须公立医院或已经卫生机关登记注册之医院、或医师最近检验者）。

右列三、四、五三项检定揭晓后发还。

第九条　试验检定分笔试及口试或实习。

第十条　小学准级任教员之试验科目为修身、国语、算术、自然、卫生、历史、地理、教育概论、小学教学法，但初级小学准级任教员之试验，得照上列科目酌量减低其程度。

第十一条　小学准专科教员之试验科目，除请求试验之某种专科（如音乐、体育、美术、劳作等）须试验外，并试验教育概论及受试验科目教学法。

第十二条 受准级任教员试验检定者，以各科目平均分数满六十分者为合格。

第十三条 受准专科教员试验检定者，以受试验科目平均分数满六十分者为合格。

第十四条 试验之结果，笔试分数占十分之八，口试实习分数占十分之二。

第十五条 检定合格者得为小学准教员，再经教育部训练后，方得为小学教员。

第十六条 检定合格之准教员有效期间，自发给小学准教员检定合格证书之日起，定为三年。在检定有效期间，教学成绩优良，经省市教育行政机关呈报有案，或服务期间，在暑期学校得有成绩证明书者，期满后，经教育部训练及格，得为小学教员。其成绩不良者，在合格证书期满后，须重受检定。

第十七条 检定合格之准教员名单，由教育部分别抄发各省市教育行政机关，转令各小学选聘。

第十八条 本规程于必要时教育部得修改之。

第十九条 本规程自公布日施行。

伪维新政府《政府公报》第 61 号

审查小学准教员资格暂行规程*

（1939 年 6 月 23 日）

第一条 凡具有本规程规定资格，愿为小学准教员者，应遵照本规程请求，审查资格。

第二条 审查小学准教员资格，由教育部办理。审查合格者，由部发给小学准教员审查合格证书。

请求审查资格人数过多时，得委派省市教育行政机关办理，惟证书仍由教育部核发，其委派办法临时定之。

第三条 审查小学准教员资格，以每学期举行一次为原则，每届审查日期，由教育部核定公告之。

第四条 凡有左列资格之一愿任小学准教员者，得遵照本规程请求审查资格：

一、旧制师范大学或大学教育学院教育科系毕业者；

二、旧制高等师范学校或专科师范学校毕业者；

三、旧制师范学校本科或高级中学师范科或特别师范科毕业者。

第五条 请求审查资格，须检齐左列各件，送呈教育部审查：

---

* 由伪维新政府教育部公布。

一、小学准教员资格审查表一张（向教育部领取表纸逐项填明）；

二、最近脱帽正面半身二寸相片三张（每张背面书明姓名，内一张自行粘贴审查表上）；

三、毕业证书；

四、服务证明书；

五、体格检验书一张（须公立医院或已经卫生机关登记注册之医院或医师最近检验者）。

右列三、四两项审查揭晓后发还。

第六条　审查小学准教员资格，遇有必要时，得招致请求审查者举行口试或其他试验。

第七条　审查合格者得为小学准教员，再经教育部训练合格后，方得为小学教员。

第八条　审查合格之小学准教员，在非教育机关继续服务近二年以上者，其所领之审查合格证书作为无效。

第九条　审查合格之小学准教员，每学期应缮具工作报告书，送由校长经呈或转呈省市教育行政机关汇制总表，转呈教育部备核递转之校长或机关，均应附具考核意见，其服务成绩平庸逾三年以上者，所领之审查合格证书作为无效。

第十条　审查合格之小学准教员名单，由教育部分别抄发各省市教育行政机关，转令各小学选聘。

第十一条　本规程于必要时教育部得修改之。

第十二条　本规程自公布日施行。

伪维新政府《政府公报》第 61 号

教育部补助省市立小学校经费暂行办法*

（1939 年 6 月 29 日）

第一条　教育部为促进小学教育，提高教员待遇，拨款补助成绩优良之省市县立小学。

本办法所指之小学，凡模范小学、普通小学均属之。模范小学之新设者，如确系经费不足，亦得酌予补助。

第二条　补助费指定补助教职员薪俸之用。

第三条　省市教育行政机关于学期开始前，查明上学期成绩优良之省市县立小学，将

---

* 由伪维新政府教育部公布。

校名、校址、校长履历、学级、编制、学生人数、教务、训育、设备状况、经费情形，缮具详表，呈送教育部备核。新设之模范小学如需补助，应同时缮具详细计划，呈部审核。

第四条　教育部于学期开始后，派员视察省市教育行政机关，呈报之成绩优良小学或新设之模范小学，汇集视察报告，评判成绩，核定补助。

第五条　每次核定之补助资费以一学期为限，如成绩卓著，经视察属实者，得继续补助之。

第六条　主管教育行政机关对于受部款补助之小学，应负考查办学、成绩辅导、研究改进、审核经费用途之全责，并应指定专责人员办理上列事项。

第七条　主管教育行政机关视察受补助之小学每学期至少二次，并将每次视察报告汇制总表，每校加具按语，送呈或转呈教育部备核。

第八条　教育部派员视察已受补助之小学，如办理不善，应停发或减发补助费。

第九条　受部款补助之小学，应每月编具支出计算书，连同各项单据，按照程序呈由省市教育行政机关审核无误后，汇制总表，于次月二十日以前呈送到部，以凭核发次月补助费。

第十条　本办法于必要时得修订之。

第十一条　本办法自公布日施行。

伪维新政府《政府公报》第62号

各省市县区推广小学教育办法*

（1939年11月17日）

一、各省市县区教育行政机关应注意推广小学教育，督促失学儿童入学并设法扩充小学儿童学额。

前项所称之区，系指特别市之所属各区而言。

前项所称之失学儿童，凡已届学龄尚未入学及因故辍学之儿童，均属之。

二、各省市县区教育行政机关推广小学教育，除依本办法所订外，应参照城市小学暨乡村小学扩充学额办法之规定办理。

三、现有小学每一教室儿童名额均应达于四十人之标准，如因环境需要，得酌量增加儿童名额，初级每一教室扩充至六十人，高级每一教室扩充至五十人。

四、现有小学儿童名额之容纳不足者，应督令充实之。其不敷容纳者，并须酌量增设学校或学级。

---

* 由伪维新政府教育部公布。

五、各省市县区主管教育行政机关，依照法定手续，呈经主管政府核准，得收用官荒或收买民地作为建设小学之基础。

六、各省市县区主管教育行政机关，得呈请主管政府，劝令建筑大宗房屋之私人或团体，依照小学校舍建筑最低限度标准，建筑小学校舍，以便公私立小学赁用。

校舍建筑最低限度标准内由各省市教育行政机关拟订，会同工务机关呈请主管政府核定后，汇送教育部备案。

前项私人或团体建筑，以每满六十户建筑小学校舍一教室为原则。

七、小学生校舍如不敷用，而又不及或无力建筑时，得商借庙宇、公所、宗祠之余屋供用。

八、各省市县区主管教育行政机关，应参照左列各项办法，宽筹兴办小学教育之经费：

甲、整理现有及规复旧有教育经费；

乙、遵守或减缩本机关行政费；

丙、呈请主管政府拨发的款；

丁、整理原有教育款产；

戊、审视儿童家庭能力酌收学费；

己、其他。

九、现有小学儿童名额不足之学级，应督促酌量采用复式或二部编制幼稚园及一二年级，于必要时，并得采用上下午半日学校制，以期多收入学儿童。

十、二所以上学校校舍邻近而名额不足均无法扩充者，应予以合并学校或学级。

十一、现有小学儿童，应由主管教育行政机关划分学区儿童住址与学校校址，以使能就近入学为原则。

十二、小学招生，得由主管教育行政机关会同小学校长教员，组织招生委员会，指示办理招收新生事宜。

十三、各省市县区主管教育行政机关，应与关系机关或团体协商调查失学儿童办法，并切实督促进行。

十四、现有管辖区域内之公私立中学，应鼓励其节省费用，附设小学。

十五、劝导并奖励私人及农工商业慈善等团体组合认捐学款，兴办私立小学。

十六、现有管辖区域内之私塾，其设塾影响于小学招生时，应勒令停闭之。

十七、整理管辖区域内私塾，训练塾师，并改良私塾为代用小学。

十八、各省市教育行政机关应缜密规划全省市小学教育之推广事宜，并督促所属主管教育行政机关，就地方发展状况及改造趋势，拟订推广小学教育办法及具体计划，切实审核后，汇呈教育部备案。

伪维新政府《政府公报》第82号

城市小学扩充儿童学额办法*

（1939年11月17日）

一、城市小学每一教室儿童名额须依照规定达四十人之标准，其名额不足者，应设法补足之。

二、城市小学如因环境需要，得酌量增收儿童名额，初级每一教室扩充至六十人，高级每一教室扩充至五十人。

三、城市小学校长教员应劝导附近人民迅送失学儿童入学，并与地方自治团体协力进行。

前项所称之失学儿童，凡已届学龄尚未入学及因故辍学迄未继续入学之儿童，均属之。

四、城市小学得由校长商请校外热心教育人士为本校义务招生委员，调查本校附近失学儿童，并督促其入学。

五、城市小学附近设立之私塾影响于学校招生时，得由校长呈请主管教育行政机关勒令停闭之。

六、二所以上之城市小学校舍邻近而学额均无法补足者，主管教育行政机关得酌量合并学校或学级。

七、学生纳费之城市小学，为减轻人民负担及其子女易于入学起见，应多设免费学额，并得由主管教育行政机关酌给书籍用品，以供清寒儿童借用。

八、城市小学儿童名额不足之学级，应酌量采用复式或二部编制，其幼稚园及一、二年级，如属环境需要，呈经主管教育行政机关核准，并得酌量采用上下午半日学校制，以期多收入学儿童。

九、城市小学于招收新生时，得于正取之外，定有备取名额，在开学两个月内，并有正取生缺额时，应随时递补。

十、城市小学在学期开始后未逾半学期时，各级如有缺额，遇有报考插班者，仍应酌量收录。

十一、地方教育行政机关应随时查核城市小学扩充儿童学额之办理情形，并列为校长教员考绩之一。

十二、地方教育行政机关应依照本办法之规定，拟具各该地方城市小学儿童扩充办法及详细计划，呈请主管教育行政机关核准，并汇报教育部备案。

伪维新政府《政府公报》第82号

---

* 由伪维新政府教育部公布。

乡村小学扩充儿童学额办法*

（1939年11月17日）

一、乡村小学每一教室儿童名额须依照规定达于四十人之标准，其名额不足者，应设法补充之。

二、乡村小学如因环境需要，得酌量增收儿童名额，初级每一教室扩充至六十人，高级每一教室扩充至五十人。

三、乡村小学校长教员应劝导附近人民迅送失学儿童入学，并与地方自治团体协力进行。

前项所称之失学儿童，凡已届学龄尚未入学及因故辍学迄未继续入学之儿童，均属之。

四、乡村小学为应付特殊环境起见，得由校长商请校外热心教育人士为本校义务招生委员，调查学校四周一公里内之失学儿童，并督促其入学。

五、乡村小学学额不足时，其附近一公里内不得另设招收八足岁以上儿童之私塾，其有设塾影响于学校招生时，得由校长呈请主管教育行政机关勒令停闭之。

六、二所以上之乡村小学校舍邻近而学额均无法补足者，主管教育行政机关得酌量合并学校或学级。

七、乡村小学得减缩暑假或年假日期酌放农忙假，其时期由各地方教育行政机关规定之，呈请主管教育行政机关核准，汇报教育部备案。

八、学生纳费之乡村小学，为减轻人民负担，使其子女易于入学起见，应多设免费学额，并得由主管教育行政机关酌给书籍用品，或购办书籍用品，以供清寒儿童借用。

九、乡村初级小学四周二公里内无高级小学设立时，得酌设补习班，招收十岁以上失学儿童入学补习。补习班之设置、招生、教学、科目等项，得由地方教育行政机关参照小学暂行规程拟订之，呈请主管教育行政机关核准，汇报教育部备案。

十、乡村小学儿童名额不足之学级，应酌量采用复式或二部编制，其一二年级如属环境需要，经主管教育行政机关核准，并得酌量采用上下午半日学校制，以期多收入学儿童。

十一、地方教育行政机关应随时查核乡村小学扩充儿童学额之办理情形，并列为校长教员考绩事项之一。

十二、地方教育行政机关，应依照本办法之规定，拟具各该地方乡村小学扩充儿童学

* 由伪维新政府教育部公布。

额办法及详细计划，呈请主管教育行政机关核准，并汇报教育部备案。

伪维新政府《政府公报》第 82 号

调查失学儿童办法*

（1939 年 11 月 17 日）

一、各省市县区主管教育行政机关，应依本办法之规定，将管辖区内之失学儿童数目调查清楚。

前项所称之区，系指特别市之所属各区而言。

前项所称之失学儿童，凡已届学龄尚未入学及因故辍学迄未继续入学之儿童，均属之。

二、失学儿童之调查，以每一小学区为单位。

三、省市教育行政机关应切实规划各省市失学儿童之调查事宜，督促并指示所属主管教育行政机关负责办理之。

四、各县区主管教育行政机关，应督饬小学区之教育委员，协同小学教职员，负责办理失学儿童之调查事宜。

五、失学儿童之调查，各县区地方行政长官、警察局长、区长、乡镇长、保甲长及其他关系机关团体等，均应协助进行。

六、失学儿童之调查遇必要时，得由警察局派警按户晓谕，以利进行。

七、各小学区调查失学儿童完成，应即造具表册，报告教育委员，教育委员应将各小学区调查之结果统计清楚，造具表册，报告主管教育行政机关审核。主管教育行政机关得派员赴各小学区抽查，如遇调查不实时，应严令复查。

八、各县区主管教育行政机关办理调查全县区失学儿童完成，应即统计清楚，造具表册，汇报省市教育行政机关审核，省市教育行政机关得派员赴各县区抽查，如遇调查不实时，应严令复查。

九、各省市办理全省市调查失学儿童完成，应即统计清楚，造具表册，汇报教育部备核。

十、调查失学儿童所需之经费，均自行筹措，呈请上级机关备核。

十一、各地方办理失学儿童，应在事先充分宣传，使民众深切了解，以免发生阻力。

十二、调查学龄儿童，如发现有鼓煽阻碍地方主管机关，应依法严予惩处。

十三、调查失学儿童之表式，由教育部另定之。

十四、各省市县区主管教育行政机关应拟订办理调查失学儿童办法及具体计划，依序

* 由伪维新政府教育部公布。

呈请主管教育行政机关核准，汇转教育部备案。

伪维新政府《政府公报》第 82 号

汪伪教育部抄送小学日语课程调整原则及过渡办法呈

（1940 年 8 月 10 日）

案奉钧院行字第四五七号训令密示：关于中小学校加授日语核议经过详情，着即遵照办理等因，并抄发《关于日语课程调整之意见》八条。奉此，就中所有关于小学校日语课程调整原则及过渡办法部分，当即分别令饬各地教育行政机关，转饬各都市小学及乡村小学遵办。除分咨、令各省市政府暨各省市教育厅局外，理合抄呈小学校日语课程调整原则及过渡办法一份，呈请鉴核，并乞令饬华北政务委员会教育总署转饬各地教育行政机关暨各都市小学及乡村小学一体遵照办理，实为公便。

谨呈

行政院院长汪

附呈小学日语课程调整原则及过渡办法一份

教育部部长　赵正平

中华民国二十九年八月十日

小学日语课程调整原则及过渡办法

（节录中小学日语课程调整之意见）

一、原则

小学课程，无论初级、高级，本无外国语之规定，仅少数大都市因其实际需要，间有在高小加授外国语（大抵系英语）者，今可于小学课程表中附加说明一条如下：

“外国语以不教授为原则，但于都市区域，依实际需要，高年级（即五、六年级）得加授外国语（日语或其他外国语）。”（此项原则可公开发表。）

二、过渡办法

现在各小学，如事实上已列有日语课程者，应按照上述原则即行更正，如确有困难一时未易改正者，得暂采用左列过渡办法：

（一）都市小学

甲、原五年级已授日语者，本学期升入六年级，得继续之。

乙、原四年级已授日语者，本学期升入五年级，得继续之。

丙、原三年级已授日语者，本学期升入四年级，明年升入五年级，均准暂得继续。

丁、原二年级及一年级，本学期升级后，亦不得加授日语，须俟递升至五年级时，如实际需要，始得加授。

戊、原三、四年级并无加授日语者，不得再行加授。

己、原五、六年级并无加授日语者，加授与否应依实际需要而定。

以上办法，在使现在已授日语者，得于升级之后继续授至毕业为止。其他本学期升级后，在四年级以下者，如原未授日语，则非俟升至五、六年级不得加授，并须符合“实际需要”之规定。如此三年之后，大都市小学高年级可依实际需要而授日语，低年级不授。此后一依部章办理。

（二）乡村小学

甲、原五年级已授日语者，本学期升入六年级，得继续之。

乙、原四年级已授日语者，本学期升入五年级，得继续之。

丙、原三年级已授日语者，本学期升入四年级，明年升入五年级，均准暂得继续。

丁、原二年级及一年级，此后递升至三、四、五、六年级，均不加授日语。

戊、原三、四、五、六年级，并无加授日语者，不得再行加授。

以上办法，在使现在已授日语者，得按其升级，继续授至毕业为止。至于本学期升级后在四年级以下者，则虽递升至五、六年级，亦不加授日语。如此则三年之后，乡村小学日语课程可以告一段落。此后一依部章办理。（此项调整过渡办法，以不公开发表为宜。）

中国第二历史档案馆藏“汪伪行政院档案”

推行上海市小学界和运实施方案*

（1940年）

甲、基本原则

一、坚定和平反共建国必成的信念，并切实奉行。

二、恪遵南京国民政府暨教育部之一切法规。

三、协力谋本市小学教育界之精神团结。

四、发扬“和平”运动，完成救国救难之任务。

五、加强“和平”中心教育，以实现和平总动员。

乙、实施大纲

A. 行政方面

一、彻底遵行南京国民政府教育部颁行之通令暨本市教育界和平团体之决议。

---

* 由伪上海市教育局制定。

二、改进本市小学教育运动，切实谋本校之改进。
三、校长教师和衷共济，全力谋行政效率之提高。
四、校长得鼓励或领导教师参加本市教育界和平团体之活动。
五、设法减轻儿童入学负担，使受业儿童数量增加。
六、组织教育情报网，潜伏恶势力务必设法铲除，阴谋破坏之捣乱分子更要积极肃清。
七、尽量节省学校行政开支及教师儿童课业用品之消耗。
八、设法使教师待遇改善，生活安定。
九、校长教师共同参加课余进修活动，以调剂身心，增进教学之效能。
十、校长教师协力谋战后社会教育之复兴。
十一、全校同人共同在物质生活上互助协谋消费合作之推行。
B. 教学方面
一、采用部审富有时代性之各科教科书。
二、运用各种新教学方法促进教学效率。
三、增编补充教材，以补充教科书之不足。
四、指导儿童在课外加多学习，并使其自动阅读富有和平与科学思想的新读物。
五、增添时事教学，使儿童对于现社会有充分的认识。
六、尽可能运用“弹性升调”，使天才提拔，低能造就，以补救班级制之缺憾。
七、尽力谋教学与训育合一，使儿童在整个生活上学习。
八、增充教学设备，布置教学环境，以启发儿童学习兴趣。
C. 训育方面
一、恪守和平之言论与部定之训练目标，确定训育方针。
二、采取活泼与多变化的训练方式，以增进训育效率。
三、改善儿童自治组织活动，提高儿童组织能力与服务兴趣，并纠正儿童谬误思想。
四、经常采取集体和分组方式，加紧训练。
五、举行“德行”“健康”“学艺”“服务”的各种竞赛，与教学打成一片。
六、尽量指导儿童干部辅助学校训育工作之开展。
七、采取“积极鼓励”“环境诱导”“团体浸润”方法，以谋儿童顽劣因素之减少。
八、指导儿童参加各种适当的社会活动。

丙、实施要目

A. 行政方面
一、切实遵行南京国民政府教育部颁布之通令。
（一）将报章杂志刊载南京国民政府及教育部有关教育之通令剪贴保存。
（二）将上述通令随时提至全体教职员研究会讨论，规定具体办法遵照施行。

（三）将上述通令在所属团体内及联合邻近学校共同商讨，务期一致执行。

二、力谋全校同人之彻底合作。

（一）定期举行校务会议，商讨重要校务，解决实施方案。

（二）定期举行研究会议，以谋教育修养之增进。

（三）校长应经常征询教员对于行政及训教上应行改进之意见。

三、实行与家长作密切联络。

（一）教员于课余分赴各学生家庭访问，使学生家长明了目前之教育宗旨及家长应有之责任。

（二）每学期借用恳亲会、成绩展览会或家长座谈会等各种方式招待家长，以宣扬战后教育之内容，明了和平之真谛。

（三）经常向家长说明目前政府一切政策与报告各种重要消息。

四、推行社会教育之工作。

（一）利用本校空余教室开办义务班，教育失学儿童。

（二）校门外设置公共阅报处。

（三）组织剧团歌咏队等，利用适当时机公开表演，使和平真义深入民间。

（四）辅助合作事业之推广。

五、努力课余进修。

（一）经常举行各种学术研究会。

（二）指定款项购买各种新出书报杂志。

（三）注意集体讨论及自我批评工作。

B. 教学方面

一、编辑补充教材。

（一）补充教材的内容须适合目前和平反共的需要，并同时须顾及上海目前的客观环境。

（二）补充教材的来源如下：1. 各校富有时代性的教材及儿童作品；2. 合于和平需要的材料。

（三）补充教材的组织应采用单元编制，使各科互相联络，并使儿童有自学可能。

（四）补充教材除正文外，须附“问题”“作业”“测验材料”，使教、学、做打成一片。

二、指导儿童在课外阅读各种新读物。

（一）选择课外读物应依照下列标准：1. 适合目前和平需要而没有消极悲观倾向的；2. 当有现实性，没有空想色彩的；3. 富有社会性，没有自私自利色彩的。

（二）尽可能充实学校图书馆，使儿童充分获得阅书机会。

（三）选择课外读物，应尽可能和课内读物取得联络。

（四）教师指导儿童阅书时，应先扼要介绍各书内容。

三、增添时事教学。

（一）时事教学应以和平反共为中心。

（二）时事教学应以儿童生活为出发点，其教材应在儿童可能了解的范围之内。

（三）时事教学应和社会常识各科尽量联络。

（四）每天第一课上课时报告时事。

（五）低年级时事教学开始时，应用听故事方式，使儿童知道时事的大概情形。

（六）中级时事教学，应在每周常识科教学时间内，抽出若干时间实施。

（七）高级时事教学，应在每周社会科教学时间内，抽出若干时间实施。

（八）每月举行时事测验、时事演讲各一次。

四、推行生产教育。

（一）应以培养儿童生产救国的意识，增进儿童生产知能为目标。

（二）锻炼儿童劳动刻苦的习惯。

（三）改善各校劳作科教学内容，以养成儿童生产技能。

（四）指导儿童制造各项简易的日用品。

（五）尽量利用机会，使儿童为学校社会服务。

C. 训育方面

一、举行精神谈话。

（一）每周规定时间，集合全校儿童，举行集体训话。

（二）每级每晨上课前规定十分钟为分级精神谈话时间。

（三）精神谈话材料如下：

1. 阐发三民主义及目前和平反共建国的宗旨；

2. 讲述时事问题；

3. 讲述身心修养问题；

4. 处理偶发事项。

二、举行中心训练。

（一）选定德目，如整洁、勤勉、服务、敏捷、和平等，举行中心训练。

（二）训导周举行时，须有具体办法，事后须有严密考查。

（三）每种训练须选择适当时间举行，更须注意实践。

三、举行各项竞赛。

（一）视实际情形决定竞赛项目，如演说竞赛等。

（二）各项竞赛前先订定办法，确定比赛标准，切实执行。

（三）奖励方法可用名誉奖、实物奖二种。

四、实行儿童自治工作须注意下列原则：

（一）要从实际生活需要出发；

（二）要先有具体工作，再有总的组织；

（三）要简单而不复杂；

（四）要适合各校实际环境；

（五）要启发儿童自动性，教师处于辅导地位；

（六）利用适当时间，令儿童参加社会服务工作；

（七）举行救火救灾及防毒之基本训练。

上海市档案馆藏档案

汉口特别市立短期小学暂行办法

（1941 年 5 月）

第一条　汉口特别市政府教育局（以下简称“本局”）为救济失学儿童，并谋教育普及起见，特遵照部颁《实施义务教育暂行办法大纲及实施细则》之规定，开办短期小学。

第二条　短期小学在二十九年度（1940 年）下学期先筹设五所，暂定为一年制。

第三条　短期小学以招收十足岁至十六足岁之贫苦失学儿童为主，必要时得酌收少数之成年人。

第四条　短期小学不收学费，所有学生课本及课业用品概由学校免费供给。

第五条　短期小学每所暂办两班，收容学生 40 名至 50 名，采二部编制，每日分上下午轮流教学或全日间时教学。

第六条　短期小学课程及每周教学时数支配如左：

科目	每日教学节数	每节教学分数	每周教学分数	备考
国语	2	40	480	包括作文习字
算术	1	30	180	珠算每周应占二节
常识	1	30	180	
公民训练	1	10	60	遵照教育部二十四年颁布短小公民训练标准，每日实施训练十分钟
体育	1	10	60	
合计	6	120	960	

说明：

（一）半日二部制，分儿童上下午两班，其教学节数与时间，上下午同。

（二）全日间时二部制，分儿童为两班，全日在校，两班相互时间教学。其节数时间均与上表同，唯一班授课时，一班应同时支配自习或课外作业。

（三）各科课本在教育部未编定以前，暂以前维新政府教育部所编初小国语、算术、常识三种代用，并由教师随时补充适当教材。

第七条　短期小学以儿童修足一年课程（至少须上课 270 日），考查成绩及格者，得由学校发给学业成绩证明书以曾受义务教育论。

第八条　短期小学教员以每两班设置一人为原则，其每月经费支配标准另定之。

第九条　短期小学校舍，得利用原有庙宇祠观及其他公共场所，其设备标准由本局另定之。

第十条　短期小学开学前，应由教员会同当地警察局及保甲，调查附近失学儿童，负责督令入学，并取具保证书，非有特殊情形经学校核准后不得中途退学。

第十一条　短期小学应按月将工作情形编造报告书呈送本局审核。

第十二条　短期小学办理，凡为本办法所未规定者，悉遵部定办法行之。

第十三条　本办法自呈奉市长核准之日施行。

《汉口特别市市政公报》，1941 年 5 月。

修正学校职教员养老金及恤金条例*

（1945 年 2 月 27 日）

第一条　学校职教员（以下简称“教员”）领受养老金及恤金，依本条例之规定行之。

第二条　凡连续服务十年以上之职教员，年近六十，自请退职或由学校请其退养者，得领养老金；或年未满六十，而身体衰弱、不胜任务者，亦得领养老金，但以不任其他职务者为限。

第三条　职教员如因公受伤，以致残废，不胜任务时，虽未满前条之年限，亦得领养老金，但以不任其他职务者为限。

第四条　职教员养老金给予标准如左：

一、职员及专任教员之养老金依左表行之。

二、兼任教员之养老金，照最后三年内年俸平均数之百分之三十。

职员及专任教员养老年金表

最后月俸 / 养老年金 / 在职年数	二百元以上	百五十元以上二百元未满	百二十元以上百五十元未满	百元以上百二十元未满	八十元以上百元未满	六十元以上八十元未满	四十五元以上六十元未满	三十元以上四十五元未满	二十元以上三十元未满	二十元未满
十五年未满	九〇〇〇	七三五〇	六四八〇	五九四〇	五四〇〇	四六二〇	三八一〇	二九六〇	二一〇〇	一八〇〇

---

* 由汪伪教育部颁布。

续表

养老年金 在职年数 \ 最后月俸	二百元以上	百五十元以上二百元未满	百二十元以上百五十元未满	百元以上百二十元未满	八十元以上百元未满	六十元以上八十元未满	四十五元以上六十元未满	三十元以上四十五元未满	二十元以上三十元未满	二十元未满
十五年以上二十年未满	一〇五〇〇	八四〇〇	七二九〇	六六〇〇	五九四〇	五〇四〇	四一三〇	三一九〇	二二五〇	一九二〇
二十年以上	一二〇〇〇	九四五〇	八一〇〇	七二六〇	六四八〇	五四六〇	四四五〇	三四二〇	二四〇〇	二〇四〇

第五条　凡连续服务十年以上之职教员，如因第三条之规定而退职时，其养老金照左列标准给之：

一、职员及专任教员之养老金，除依养老年金表外，照最后年俸给予百分之十。

二、兼任教员之养老金，照最后三年内年俸平均数之百分之三十。

第六条　养老金之支给，由退职之翌日起至死亡日止。

第七条　职教员如有左列情事之一者得领恤金：

一、连续服务五年以上者死亡时；

二、连续服务十年以上者死亡时；

三、连续服务十五年以上者死亡时；

四、因公致死亡时；

五、因公受伤或受病致死亡时。

第八条　恤金给予标准如左：

一、职员及专任教员之在第七条第一项者，照最后年俸之半数；第二项照最后年俸之额数；第三第四第五项者，照最后年俸之倍数。

二、兼任教员在第七条第一项者，照最后三年内年俸平均数之百分之三十；第二项者，百分之四十；第三项者，百分之五十；第四项者，照最后三年内年俸之平均数。

第九条　服务年数之计算，以连续在国立或省立或市县区立学校者为限。

第十条　承领恤金者，应依照死亡者之遗嘱为准，无遗嘱时，由法定继承人具领之。

第十一条　国立学校遇有应发之养老金或恤金，由国库支给；省立学校由省支给；市县区立学校由市县区教育经费支给。

第十二条　私立学校遇有应发之养老金、恤金，由各该校察度经费情形，酌量支给之。

第十三条　各校请领养老金或恤金，应由本人或其法定继承人开具履历事实及请领金额，经由该校校长呈请主管教育行政机关核给之。

第十四条　各校校长请领养老金或恤金，应由本人或法定继承人经由该校继任或代理校长，参照第十三条程序办理。

第十五条　本条例公布以前，各职员服务年数得照追计，但以有确据者为限。

第十六条　得领养老金或恤金之职教员，以在职者为限，但领养老金未满二年而死亡者，或经核准给予养老金未达发给之期而死亡者，得给予第八条所定恤金之半额。

第十七条　本条例自公布日施行。

汪伪《国民政府公报》第 764 号

上海特别市私立中小学校征收学生费用暨教职员待遇暂行办法

（1945 年 7 月 3 日）

一、上海特别市私立中小学校、幼稚园暨其同等学校（以下简称“各校”）自三十四年度起（即自三十四年八月起）征收学生费用暨付给教职员薪金，概照本办法办理之。

二、各校每学期征收学生费用之数额，应斟酌上一学期收费情形及各该校多数学生家庭经济状况，暂准由校长商承校董会决定，并订定分期缴费办法，呈报市教育局（以下简称本局）备案。

三、各校征收学费应遵照教育部令，不得收取食米或以食米折款作为学费，倘有不遵照上项部令，经本局查明属实者，当呈请市政府予以惩处。

四、各校校董会应切实负责筹划经费，不得纯以学费收入为各该校全部之经常费用。

五、各校对于家境清寒学生及教育文化界服务人员或委任职以下公务人员之子弟，应遵照教育部令，设置免费学额。上项免费学额自三十四年度起，中等学校不得少于全校学生数百分之十五，小学不得少于全校学生数百分之二十。

六、各中等学校如设有试验或实习科目及图书体育等设备者，得酌按实际需要征收适当之费用，惟不得移作别用。

七、幼稚园及小学附设之幼稚园，得酌收点心费，其数额视供给点心之质量订定之。

八、各中等学校得视事实上之需要酌收讲义费。

九、各校寄宿寄膳学生之膳费宿费，得酌按实际情形征收之，惟应组织膳食委员会负责办理。

十、各校不得向学生征收教职员生活补助费或用其他类似名目征募。

十一、各校付给专任教职员薪金，每学期应以六个足月计算。

十二、各校教职员薪金之支配至少应占全部经常费百分之七十，并应按月发放，不得借故拖延。

十三、各校于每学期第三学月终了前，应将各级免费学生姓名、年级、人数及收费支配情形，分别造册，呈报本局，以便汇报市政府转咨教育部查核。

十四、各校应参照部颁中小学规程之规定，每学期由校长转知专任教员，公推三人至五人组织经费稽核委员会，由委员轮流充当主席，负责审核收支账目，每月开会一次，并将委员名单于开学后一个月内，呈报本局备查。

十五、本暂行办法如有未尽事宜，得随时呈请修正之。

十六、本暂行办法自呈奉上海特别市政府核准施行，并转咨教育部备案。

上海市档案馆藏档案

二、小学教育概况

伪上海市大道政府招聘小学校长及教员有关文件

（1938年1—3月）

1. 第一科呈（1月29日）

签呈者：案奉钧长前次教育会议须于戊寅年一月内筹备小学五十处一律开学。兹事体大，时间急迫，除以拟具小学教员登记表奉呈核定付印外，兹又拟具招聘小学教员及校长文一件，请转饬庶务处送交各报登载。是否有当，统希核夺施行，实为公便。

此上

市长苏

职第一科科长　庞宏省　谨呈（印）

［中国］丁丑年十二月二十八日

登报文附呈（略）

2. 大道政府布告（2月15日）

上海市大道政府招聘小学教员及校长布告第十五号

战事发生以来，数十万子弟同时失学。先哲云：十年树木，百年树人。此种问题，非常严重。本政府有鉴于斯，不惜重资，到处建设市立学校，务使学龄儿童，不论男女，均有书可读。小学办齐后，即推行中学、大学。除由本政府教育科积极进行外，特此布告招聘师资。有热心小学教育，愿担任教师及校长者，希即来本府教育科（浦东东昌路市范里二十八号）登记；或在本市组织私立小学者，亦可来府接洽，酌予津贴。自戊寅年一月十六日起开始登记，至廿五日截止。定于十月一日一律开学。望勿交臂失之。

中国戊寅年正月十六布告

3. 教育科呈（3月10日）

查我国各省市小学教员之聘用，多由各小学校长自行聘定后呈报教育行政主管机关备案，意在赋予小学校长以用人之权，借便合作整治校务，法至良善。惟查本市各小学草创伊始，各新任校长办学经验如何，是否人人努力职守，尚待考核。又以本市战乱初平，欲大量物色思想纯正之优良教师，亦非易事。故今后各小学教员之聘用，似不宜即授各校长全权办理。职科负有督导全市教育事宜之责，对今后市立小学教员之聘用，拟暂由属科就登记合格之教员中择优派往各校任事，同时令由各该校长补具聘书送各该教员收执；或由各该校长介绍教员，经职科核准后，亦得自行聘用，借收督导学校行政之效。所有拟具市立小学聘用教员暂行办法缘由，理合备文，呈请核示遵行。

谨呈

市长苏

教育科科长　庞宏省（印）

中国戊寅年月初九/十日

上海市档案馆编：《日伪上海市政府》，中国档案出版社，1986 年。

伪上海市大道政府教育科关于拟具教材编审委员会暂行规则呈及大道政府令

（1938 年 2—3 月）

1. 教育科呈（2 月 28 日）

为拟具《小学教材编审委员会暂行规则草案》仰祈鉴核施行由。

查本市各小学瞬将次第开学，各科应用课本或教材坊间出品虽多，或则思想庞杂，或则不合教育原理，仍少适当教材可资应用。属科职责所在，自应从事编审，以应实际需要。惟兹事体大，必须物色专门人才司理编审事宜，方足以尽全功。用特拟具《小学教材编审委员会暂行规则》十二条，仰祈鉴核发布施行，实为公便。又，编审委员会五人，拟以三人为专任职，以二人为兼任职，合并呈明。

谨呈

上海市大道政府市长苏

附小学教材编审委员会暂行规则草案一份

教育科科长　庞宏省（印）

中国戊寅年正/二月廿九/廿八日

2. 大道政府公布令（3 月 18 日）

全衔公布令　字第 1 号

兹制定《上海市大道政府学校教材编审委员会暂行组织规则》公布之。此令。

市长　苏□□

中国戊寅年二/三月日（大道政府印）

上海市大道政府学校教材编审委员会暂行组织规则

（一）本会直接隶属上海市大道政府。

（二）本会以委员五人组织之，以教育科科长为该会主席委员，其他委员由科长遴选，呈请市长委派之。

（三）本会经办下列各项事务：

——关于学校教材编纂事项；

——关于学校教材出版事项；

——关于学校教材大纲之编纂事项；

——关于学校课本之编纂事项；

——关于测验材料之编制事项；

——关于学校教育上必要图书之编纂事项；

——关于学校教材大纲之审查事项；

——关于学校课本之审查事项；

——关于测验材料之审查事项；

——关于其他著作品之审查事项；

——关于各学校自选教材之审查事项；

——关于稿件之整理、付印、校对事项；

——关于出版物之编号事项；

——关于出版物之保存事项；

——关于出版物之发行、分配及交换事项。

（四）本会下设三股，分掌第三条所规定之事务。每股设股长一人，由该会主席指派委员兼任之。

（五）本会所属各股，其工作之划分，应由该会主席支配之。

（六）本会得雇用审查编译员，但须由该会呈请市长核准委任之。

（七）本会应由该会主席负责召集开会。

（八）本会组织法自市长核准后即日施行。

上海市档案馆编：《日伪上海市政府》，中国档案出版社，1986 年。

伪上海市大道政府教育科关于印发各校教职员注意事项呈

（1938 年 3 月 9 日）

窃查职科自奉钧府命令筹办本市教育事宜以来，即先创办小学九所，各校均于阴历二月一日开学。惟念各校草创伊始，对于课程、课本、编级及作息时间诸项问题，既不能遵照旧政府法规依例办理，亦未便听由各校随意施行，致失统一督导之效。用特对于上述问题，参照各国教育规程及本市实际状况，暂为规定注意事项，令发各校试用，待将来本市教育法规渐次编制订定公布后再为修订，以求完善。所有印发各小学注意事项理合具文呈送二份，仰祈鉴核备案，实为公便。

谨呈

市长苏

附呈印发各小学校关于课程课本编级等注意事项二份

教育科科长　庞宏省（印）

中国戊寅年二/三月初八/九日

各校职教员注意事项（第一次）

A. 关于编级者

1. 各小学学生年龄，以招收六岁以上、十六岁以下之失学儿童为准。

2. 各小学得按照学生程度设低年级、中年级、高年级三种年级。上项低、中、高年级学生约相当于前市立小学一至六年级学生之程度。

3. 每校至少须招足学生一百名方能开学。其有因学生人数不足或地方环境需要而招收幼稚生者，得附设幼稚级。

4. 每校每一学级学生（即每一教室）不得超过三种年级，人数不得超过百名。

5. 各小学各年级学生编级时以学生国、算两科程度为准。

B. 关于课程、课本者

1. 各学科每周教学时间暂照下列之规定办理（日课表暂用钟点制，每节上课 45 分钟）：

年级 科目	低年级	中年级	高年级
修身	2	2	2
国文	10	10	10
算术	3	5	5
常识	2	3	3
日语	3	3	3
劳作	1	1	1
体育	2	2	2

续表

科目＼年级	低年级	中年级	高年级
音乐	2	2	2
园艺	0	0	1
家事	0	（1）	（1）
合计	25	28（29）	29（30）

注：一、括弧内系表示女生上课节数。

二、中、高年级每周须授珠算二次。

三、修身科每周二节，分配于每日晨会时上课。

四、幼稚级之教学时间与低年级同，该级课程为识字、算术、故事、唱游等，各科每周教学时间暂由各校自行排定。

2. 小学各年级国文课本暂用下列各书：

男生
- 低年级《百家姓》。
- 中年级《千家文》。
- 高年级《三字经》。

女生　低、中、高年级一律用《女儿经》。

幼稚级男女生识字一律用《幼稚读本》。

3. 修身科暂不用课本，由本科编印教学大纲发交各校应用。在未编就印发前，由各校讲授先哲立身齐家格言或德目。

4. 算术科暂不用课本，由本科编印教学大纲发交各校应用。在未编就印发前，由各校自行按照学生程度讲授。

5. 常识科由本科编印课本分发各校学生应用。在未印发前，各校得自选教材讲授。

6. 体育、音乐教材暂由各校选用。但音乐教材不得选授下列各种歌曲：

甲、有碍中日邦交者；

乙、有碍风化者。

7. 日语科用指定之课本。

8. 劳作、家事、园艺等科教材暂由教师自得选用。

C. 关于作息时间者

1. 各小学作息时间暂依下表之规定：

8：20—8：50 晨会及清洁检查

9：00—9：45 第一节

10：00—10：45 第二节

11：00—11：45 第三节

12：00—午膳

1：30—1：50 自修

2：00—2：45 第四节

3：00—3：45 第五节

4：00—散学

2. 低年级、幼稚级应于下午课程完毕时提早放学。

3. 各年级星期六下午全体放学半日。

4. 各年级每周得于课外举行周会一次，时间不得超过六十分钟。

教育科制

1938.2

上海市档案馆编：《日伪上海市政府》，中国档案出版社，1986年。

伪上海市大道政府教育科关于监视办学人员呈及大道政府训令

（1938年3月）

1. 教育科呈（3月9日）

查职科筹办市立小学，自经钧府督导办理以来，第一期各小学计九校，业于阴历二月一日开学，近正积极筹划创设第二期小学事宜。各市乡热心教育人士颇多闻风兴起，欲于地方兴办小学，或来职科声请，或自愿为发起人劝导招生，此种服务精神固堪嘉许。惟以本埠为各种人士杂居之所，迩来战争初平，嗣后兴办学校日增，深恐有不良分子借机混入市区，表面扬言办学，其实意存捣乱，如不妨［防］患于未然，则将来遗祸教育建设事业至深且巨。窃念职科职责所在，自应对办学人员事先详为调查，犹恐耳目或有不周之处，理合呈请钧府密令侦缉总队并转饬所属，嗣后无论何处何校，有人发起办学或劝导招生者，经职科视学员报与所在地侦缉分队后，即便由该侦缉队指定人员与职科视学员协商，共同注意其行动，倘有发现形迹可疑或有反动倾向者，希即报与职科视学员转报核办，以重教育而策安全。所有呈请密令侦缉总队并转饬所属协助注意办学人员行动缘由，理合具呈，仰祈迅赐鉴核指令示遵，实为公便。

谨呈

市长苏

教育科科长　庞宏省（印）

2. 大道政府训令（3 月 10 日）

训令第 106 号

令

警察局

案据本府教育科科长庞宏省呈称：（略）等情。据此。查该科长所呈各节，系为作育人才、防止反动起见，非由该队协助，难收实效。除指令外，合亟令仰该局长即便遵照，转侦缉总队督率各该分队指定干练人员妥为协助，毋稍疏玩，是为至要。仍饬将办理情形随时呈由该局转报本府备查。此令。

市长　苏

中国戊寅年二三月九十日（大道政府印）

上海市档案馆编：《日伪上海市政府》，中国档案出版社，1986 年。

伪上海市大道政府教育科关于私立学校办理登记呈及大道政府布告

（1938 年 3 月）

1. 教育科呈（3 月 8 日）

查自本政府分期设立大道小学以来，各地闻风兴起，设立私校者如雨后春笋，此种现象殊堪欣慰。惟是本政府改良庶政，人民一时或未周知，而学校教育关系最大，不得不予检查监督，以重要政。兹拟请令饬警察局转饬所属各分局切实调查，凡新近以及嗣后所设之私立学校均须令其具呈来科报告，办理登记手续，毋得延迟。是否有当，理合签请鉴核示遵。

谨呈

市长苏

教育科科长　庞宏省（印）

中华民国戊寅年三月八日

2. 大道政府布告（3 月 22 日）

上海市大道政府布告第十八号

为布告事。照得儿童教育，关系国本。兹查本市自战事敉平，各区先后开放以来，人民相率回归故居者日见其众，而原有小学大都停办，以致失学儿童数目激增，自应设法开学以资救济。业经本府统盘计划，酌量各地情形，分期筹设市立学校，以期教育普及，养成美德，而树立新中国本位教育之始基。惟本市幅员辽阔，儿童众多，其有私人或法人欲依本府教育方针，于适当地点创设小学，以与市立学校相辅而行者，应即赴本局教育科申请登记，自可予督导协助；如有已设小学或私塾招生授课者，统限于四月卅日前来府登记。倘故意延宕，逾期不来府申请者，即当严予取缔封闭，以资整顿。除制定本市私立小学校登记暂行办法大纲公布施行外，合行抄附办法，布告周知。此布。

计附上海市私立小学校登记暂行办法一件

市长　苏

上海市私立小学校登记暂行办法

1. 凡私人或私法人在本市区设立之小学校为私立小学校，外国人及宗教团体设立之学校均属之。

2. 本市私立小学校须经本政府教育科之许可方准设立。其登记手续暂由本政府教育科订定施行。

3. 本市私立小学之组织、课程及其他一切事项均应依照本政府教育方针及所颁教育法令办理，并须接受本政府教育科之监督与指导。

4. 本市私立小学办理不善或违背法令时，本政府教育科得撤销其登记或解散之。其成绩优良者，得酌给补助费用。

5. 本市私立小学之变更及停办亦须经本政府教育科之许可。

6. 本办法自公布之日施行。

上海市档案馆编：《日伪上海市政府》，中国档案出版社 1986 年版。

伪上海市大道政府教育科关于报告第二期小学开学情形呈

（1938 年 4 月 14 日）

窃职科为推进初等教育，筹备市立第二期小学，前经拟就经费预算呈准钧座指令施行。又，为训练小学教师彻底明了钧府指导精神起见，复经呈准于上月二十八日举行第二届小学教员讲习会。各在案。查职科自筹备第一期小学九校开学后，本市各区地方人士多感儿童失学，苦于无法救济，既见市立第一期小学成立，不独救济失学，兼可安定社会秩序，纷纷来科继续恢复市立小学。职科为审慎筹备计，历经先后派员分往浦东、陆行、高行、杨思、洋泾及法华、市中心、沪南等区考察当地社会情形，酌与日本指导员、地方士绅联合进行，积极筹备，业于公历一九三八年四月一日成立市立第二期小学陆行大道第二小学等三十九校。是日各校一律分别举行开学典礼，由职科派员个别前往视导，计实到学生七千余名，颇极一时之盛。理合开具市立第二期小学成立日期一览表，备文呈请鉴核备案。又，各校校长履历单拟另行缮就呈报，合并呈明。

谨呈

秘书长任（任保安印）

市长苏

附呈市立第二期小学三十九校成立日期一览表一份（略）

教育科科长　庞宏省（印）

三/四月十四日

上海市档案馆编：《日伪上海市政府》，中国档案出版社，1986 年。

伪上海市大道政府教育科关于拟定纪念日学校放假日期呈

（1938 年 4 月 27 日）

窃查学校凡属星期日以外之特殊放假，可使学生发生事实上之感想及历史上之纪念，诚具有莫大之意义焉。职长有鉴于此，当经拟定本学期市立小学放假日期，并于时节放假日（如立夏、端午节等）及旧历朔望日，由科抽调各小学教职员前往本市著名小学及日本小学校参观，以广见闻而增学识。且当此中日提携、共谋确立东亚和平之际，吾人对于大日本天长节及海军纪念日更有同表庆祝之必要，故均列为放假日期。除分函各小学校知照外，理合检同放假日期一览表一份，备文签请钧长鉴核备案。

谨呈

秘书长任

市长苏

附呈送本学期市立小学放假日期一览表一份

教育科科长　庞宏省（印）

戊寅年三/四月二十八日①

公历一九三八年春季学期市立小学放假日期一览表

日期	曜日	放假事由	备注
四月二十九日	金	大日本天长节	纪念办法另行通知
四月三十日	土	阴历四月初一	

① 日期有误。按原件收文日期为四月二十七日。

续表

日期	曜日	放假事由	备注
五月六日	金	立夏（阴历四月初七日）	
五月十四日	土	阴历四月半	
五月二十三日	月	太阳节（阴历四月二十四日）	纪念办法另行通知
五月二十七日	金	大日本海军纪念日	
五月二十九日	日	阴历五月初一日	
六月二日	木	端午节	
六月十二日	日	阴历五月半	
六月二十二日	水	夏至（阴历五月二十五日）	
六月二十八日	火	阴历六月初一日	

注：1. 凡阴历朔望及时节放假日（如立夏、端午节等），由本科抽调各小学教职员前往本市著名小学参观，以增学识而广见闻。

2. 本学期暑假日期以后另行通知。

大道政府教育科制

中国戊寅年三/四月二十三日

上海市档案馆编：《日伪上海市政府》，中国档案出版社，1986年。

伪上海市政督办公署教育科关于采用教科书情形呈

（1938年5月3日）

为签呈事。案奉前市政府训令第二三二号开：为令遵事。案查本府教育科所办各学校开学迄已多日，各该校现在所用之各学科教科书究竟采用何种，或自行编辑，未据呈报，是否适当，本府无由稽考。合亟令仰该科即便遵照，将所属各学校现用之各学科教科书，以及自行编辑之本一并迅速汇呈备查，仰即遵照。此令。等因。奉此，窃查关于各学校各科用书，前经备文连同小学校职教员注意事项两纸，呈奉前市政府第三〇一号指令准予备案在卷。现在各校国语科除照表内所列之各书诵读外，预计不足应用，故嘱由教材编审委员会审定大众书局出版之《文范》自第一册至第八册，将其中欠妥各课审查删去，制表分发各校，函饬采购使用，以资补充。修身科则以各书局既乏适当课本，自编出版更属时间不及，因特制定小学修身科教学大纲，通饬参照施教。至其他常识、算术等各科，悉依小学校职教员注意事项规定原则办理。奉令前因，理合备文呈明，检同小学校职教员注意事项两纸暨小学修身科教学大纲两纸，《文范》中应予删去各课简表一纸，一并送请鉴核存查，实为公便。

谨呈

督办上海市政苏

附呈小学校职教员注意事项二纸（略）、小学修身科教学大纲二纸、《文范》应予删去各课简表一纸

科长　庞宏省（印）

中华民国二十七年五月三日

小学修身科教学大纲

第一、目标

修身一科，以注重个人修养为原则，并注重社会生活的状态与相互的关系，使儿童对于公民观念及责任有明了的认识，确定目标如下：

（一）关于体格方面：

养成整洁卫生习惯，及快乐活泼精神。

（二）关于德性方面：

养成孝、悌、忠、信美德，及仁、义、礼、智良能。

（三）关于经济方面：

养成节俭勤劳习惯，及生产合作知能。

（四）关于政治方面：

养成奉公守法观念，及社会国家同情。

第二、时间支配

每学期每周教学时间概定为六十分钟，共六学年。每学期分配教材，低年级十八则，中、高年级二十则，每周可授一则，剩余时间或作讨论，或补充临时教材皆可。

第三、教学纲目

教学次序先个人，次家庭，再次社会国家，分为十二阶段，每一段为一学期。分列纲目及则数如下：

第一段：第一学年第一学期

整洁三、卫生四、守规五、礼貌三、公益二、爱国一。

第二段：第一学年第二学期

整洁五、卫生二、快乐二、礼貌二、仁爱二、勤俭二、守规三。

第三段：第二学年第一学期

整洁二、卫生三、礼貌三、勤劳二、公益一、守规三、仁爱一。

第四段：第二学年第二学期

整洁二、卫生三、节俭二、勤劳一、孝悌二、忠诚三、仁慈一、礼貌二、爱国一、智

慧一。

第五段：第三学年第一学期

整洁二、卫生二、活泼二、尚义一、礼貌二、公益一、守规三、友爱二、智慧二、勤勉一、社会一、爱国一。

第六段：第三学年第二学期

整洁二、卫生一、快乐一、劳动三、仁孝二、知义四、公益二、守规二、礼貌二。

第七段：第四学年第一学期

卫生三、快乐一、勤劳三、节俭三、节制二、进取二、忠恕一、笃实三、守规一、爱国一。

第八段：第四学年第二学期

卫生二、快乐一、进取二、谦德三、诚实二、仁爱一、礼貌二、明智二、服务二、合作二、节制一。

第九段：第五学年第一学期

卫生二、活泼一、整饬一、节制二、诚实二、仁慈二、礼貌二、劳动一、节俭二、生产三、互助一、爱国一。

第十段：第五学年第二学期

卫生一、生产二、节制二、勤勉二、诚实一、进取一、智能一、负责一、互助一、尚义二、仁慈一、公正一、礼貌二、劳动一、爱国一。

第十一段：第六学年第一学期

卫生一、活泼一、生产一、合作一、节制一、公正一、谦恕二、互助一、奉公一、行义二、勇敢一、劳动一、守法一、同情一、爱国一、社会一。

第十二段：第六学年第二学期

节制二、明义四、忍耐二、谦和二、勇敢二、尚义二、进取一、合作一、守法一、爱国一、社会一、生产一。

（说明）

（一）以上各段所列教学纲目，在本市学校教材编审委员会所编之教科书未完竣前，暂由各校自选相当教材用之。

（二）各学期纲目次序，教者可酌量变通活用。

兹将《文范》中应予删去各课列表如左：

（一）初级小学用第六册二〇《念佛》。

（二）初级小学用第七册七《夏威》。

（三）初级小学用第八册六《堪舆家》。

（四）初级小学用第八册十七《五四运动》。

（五）高级小学用第一册十二《救国》。

（六）高级小学用第四册十九《上海商人互助协会致某某军电》。

上海市档案馆编：《日伪上海市政府》，中国档案出版社，1986 年。

伪上海市政督办公署关于劝导儿童入学布告

（1938 年 8 月 30 日）

全衔布告　教字第 11 号

为布告事。比岁以来，吾国教育事业竞趋欧化，不务实际。战事西移后，沪地学校骤告停顿，尤以本市人民之儿童均已失学，本督办惄焉心忧。惟念忝为本市长官，应负抚辑灾黎之责；又念培养国本必先注重教育。值此疮痍未复、民生困穷之际，十口之家，自谋温饱之不暇，将以何办而培植于儿童，哀我孑遗，可胜浩叹。用是整顿财政，酌提经费若干，指为教育专款，任何公务不准移挪。并责成司教人员妥筹办法，期于广设学校，导之先河。且顾及社会艰难，生计疲弱，读书无力，愿与心违。一念乐土归来，则辗然喜；一念书香不继，则愁然悲。洞悉此情，乃决计一律免费分发书籍，不取分文，务使为家长者得以安心，为学生者因以肄业，循循善诱，后效方多。凡我市民，其各晓然本督办兴学之诚与劝学之实，互相敦劝，各立家箴，视学校如家庭，教儿童犹子弟。蒸蒸日上，感召天和，将见户户弦歌，英才辈出。特此布告一体周知，曷兴乎来，毋负厚望。此布。

督办　苏□□

中华民国二十七年八月　日（督办公署印）

上海市档案馆编：《日伪上海市政府》，中国档案出版社，1986 年。

伪上海市政督办公署教育科关于报送志愿教师登记办法呈

（1938 年 9 月 24 日）

呈为呈复事。案奉钧署指令第三零八七号内开：为指令事。呈件均悉。据送整理公共体育场计划书，现值市库支绌之际，尚无举办之必要。查本署对于此案，注意于志愿教师之登记，以期选拔真材而示本督办极力维护教育之至意。兹将计划书随令发还，仰即遵照前令，另拟志愿教师登记办法呈候察夺。此令。等因。奉此，除整理公共体育场计划遵令从缓举办外，理合草拟志愿教师登记办法二份，缮呈钧座，敬祈鉴核示遵。

谨呈

督办苏

附呈志愿教师登记办法二份

督办上海市政公署教育科科长　徐韫知（印）

中华民国二十七年九月二十四日

志愿教师登记办法

窃属科成立以来，数月于兹，先后开办市立小学业有六十余所，各地有志教育人士纷至沓来，请求任用。审核登记事项虽经严密办理，难免遗珠之憾。兹为罗致菁材起见，拟举办志愿教师登记，考其经历，量其才能，使彻底明了现代教育方针及服膺大道主义皆得录用，不使向隅。兹特订定其应有信条及办法如下：

甲、应有信条

（一）愿在大道主义下推行现代教育。

（二）愿竭其精神，励行中日亲善并推广文化事业。

（三）愿在市立学校中本牺牲精神忠实服务。

（四）愿受主管教育行政人员督促及指导。

（五）愿遵守本署公布之一切规程。

（六）愿遵守市立学校之定章。

乙、登记办法

（一）设立志愿教师登记处。

（二）设立师资审查委员会。

（三）各志愿教师应亲自携带二寸半照片二纸及证明文件，到科申请登记。

丙、登记时及登记后应行之注意

（一）对于志愿教师登记时，应注意其言论及行动。

（二）任用时当考验其学识、技能，分别委派相当职务。

上海市档案馆编：《日伪上海市政府》，中国档案出版社，1986年。

伪上海市政督办公署关于批准施行小学暂行规程指令

（1938年10月4日）

（全衔）指令　字第3388号

令

教育科

呈一件为遵令缮正小学暂行规程请求复核公布施行由。

为指令事。呈件均悉。据送缮正小学暂行规程，准予备案施行。又查来呈，该科长漏盖私章，殊为不合，嗣后务须注意，并仰知照。此令。件存。

督办　苏□□

中华民国二十七年九月日（督办公署印）

督办上海市政公署小学暂行规程

二十七年八月

第一章　总　　纲

第一条　本市区内各小学，在小学规程未经维新政府教育部正式颁布之前，悉依本规程之规定。

第二条　小学为施行国民义务教育之场所，须实施下列各项之训练：

1. 灌输儿童大道精神。
2. 养成儿童崇德观念。
3. 培育儿童健康体格。
4. 陶冶儿童良好品性。
5. 发展儿童审美兴趣。
6. 增进儿童生活知能。
7. 训练儿童劳动习惯。
8. 启发儿童科学思想。

第三条　小学收受学龄儿童，修业年限六年。在教育未普及前，修业四年即作为义务教育终了。

第四条　小学分为两级。前四年为初级小学，得单独设立。后二年为高级小学，须与初级小学合并设立。

第五条　本市为推行义务教育起见，除上述小学外，得就管辖区内另设简易小学与短期小学。

简易小学招收不能入初级小学之学龄儿童，其修业期限以授课时间折算至少二千八百小时。

短期小学招收十足岁至十六足岁之年长失学儿童，其修业年限为一年，以授课时间折算至少五百四十小时。

简易小学及短期小学得视所在地的需要设立之。

（略）

上海市档案馆编：《日伪上海市政府》，中国档案出版社，1986 年。

伪上海市教育局关于举行小学教员思想测验呈

（1939年3—5月）

1. 3月4日呈

呈为具报遵照部令举行小学教员思想测验日期并拟定取缔办法请求鉴核备案事。案奉教育部甲字一〇六号训令内开：为训令事。案准浙江省政府第一四号咨开：为咨请事。案据浙江省教育厅呈称：呈为小学教员思想关系重要，举办全省测验检同试题及标准答案，仰祈鉴核转咨教育部通饬各省市一体施行事。窃查我国自党政府盗窃政柄即施行所谓党化教育，西安事变以后更宣传赤化，鼓吹排外。意志薄弱者，多为愚惑；头脑简单者，更受蒙蔽。而小学教员以所负使命之重大，尤为该党所注意，受其流毒最深。查小学教员担任蒙养儿童，其一言一动均能影响未来，国民党政府十年恶化之结果已造成空前之惨劫。现时政治维新，涤除百弊，讵能容过激之徒滥膺小学师表，再贻误我邦国。厅长深知师资重要，任用失当，隐患至深。故对于小学教员人选一再严饬所属审慎选择，必须品学兼优而思想纯正者始准充任，一方复认真考核，借冀邪说异端不得再肆荼毒。只是现任小学教员多数皆未受训练，彼辈久闻荒谬之宣传，现时对于维新教育之主旨是否确已认识，对于共产主义之错误是否真有觉悟，均觉难以定断，此实不容忽视者。厅长为彻底明了真况起见，特拟定思想测验试题及标准答案，令饬各县县公署、自治会召集全体小学教员举行测验，具报成绩，以便依据事实筹划补救。查各省市小学教员未受训练情形亦与浙江相同，此种测验办理极易而收效甚大，似应请钧府转咨教育部通饬一体举行，借明实情而利救济。除俟各县测验成绩汇集齐全拟定补救办法再行呈报外，理合谨将举办小学教员思想测验暨应由各省市一体举行各缘由，检同试题及标准答案、积分统计表，一并具文呈请钧长鉴核俯准转咨教育部通饬各省市教育机关一体举行，实为公便。等情。附呈小学教员思想测验试题及标准答案、积分统计表各十份。据此，查该厅拟举行小学教员思想测验，借明实情而利救济，尚属可行。除指令并抽存原件各二份备查外，相应检同小学教员思想测验试题及标准答案、积分统计表各八份，咨请贵部查照转行各省市教育机关一体举行。至纫公谊，至为重要。该厅所拟测验小学教员思想办法用意妥善，应予采行。除分别咨令并咨复外，合行检发原小学教员思想测验试题及标准答案、积分统计表，令仰该局长遵照转饬所属一体定期举行。此令。等因。奉此，当由职局另拟试题，定期本月十一日在浦东办事处举行，并规定测验方式及概要四项，以资取缔思想不纯正之教员，其有于此次测验落选者，拟即一律撤换。除分令所属学校教员一体如期参加外，理合将举行思想测验日期备文呈报，敬乞鉴核准予备案，实为公便。

谨呈

市长傅

附开小学教职员思想测验方式及概要四项：

（一）思想测验方法分选择、是非、填充、问答四种。

（二）思想测验计分以每种壹百分计算。四种四百分为优等，最低四种合计共满壹百分为录取标准。

（三）四种合计不满壹百分标准数者落选，应即取消教员资格。

（四）不来应试者，以自愿放弃教职员资格论。

上海特别市教育局
局长　陈修夫（局长印）
中华民国二十八年三月四日

2. 5月17日呈

呈为呈报举行小学教员思想测验并造具测验成绩清册及绩分统计表仰鉴核备查事。窃职局此次奉部令举行小学教员思想测验，前经拟具测验概要四项，并将举行日期备文呈报在案。查当日报到应试小学教员，除极少数因特殊情形先经呈准给假未及参与外，计现任男女教员实到应试者共四百零九名，此外，非现任教员临时声请参加应试者共十六名。测验地点本定职局浦东办事处，旋以人员过多，不敷容纳，经改假市立浦东第一小学校，共分编四教室。考试由职局第二科科长张骏岳主试，测验时间规定自上午十时三十分起至十二时止。兹各该员试卷业已分别评阅完竣，计现任教员及格者共四百零四名，未及格者共五名，非现任教员及格者共十六名。理合将各该员测验成绩缮造清册，并填统计表，连同原拟思想及智力测验空白试卷各一份，备文呈送，仰祈鉴核备查。再，此次未及格各现任教员，本拟依据前拟测验概要第三项之规定，立予撤职；第念该员等平时品性尚佳，教学勤勉，思想亦称纯正，此次所以未能及格，仅系智力一项欠缺修养，兹拟姑予留职，一面令饬努力自修，一面责成视学员勤加考核，以观后效，俟本学期结束后再定撤留。是否有当，并乞指令祗遵，实为公便。

谨呈

市长傅

计呈送成绩清册统计表（略）、空白试卷各一份

上海特别市教育局
局长　陈修夫（局长印）
中华民国二十八年五月十七日

上海特别市小学教员思想及智力测验

（一）选择法

1. 今后中国教育应注重（1）欧美教育（2）√①道德教育（3）党化教育。

---

① 此处的符号，原文件是用铅笔添加的，下同。

2. 党政权失败之原因是（1）联英抗俄（2）√联俄抗日（3）联美抗日。

3. 日本现与中国战争是（1）侵略中国土地（2）扶助中国更生（3）√永奠东亚和平。

4. 此次中日事变的因素是（1）人民发愤（2）√共党阴谋（3）政府已定国策。

5. 信仰孔孟学说是否可以（1）√铲除邪说（2）结合人心（3）巩固国基。

6. 现在东亚文化协议会长是（1）张伯苓（2）沈尹默（3）√汤尔和。

7. 西洋民治国近有声援吾国之象征是（1）√想得权利（2）联合抗日（3）巩固民治集团。

8. 日本青年团是（1）√军集团体（2）修养集团（3）左倾组织。

9. 弗朗哥将军是（1）意大利人（2）德意志人（3）√西班牙人。

10. 但泽自由市是（1）新近设定的（2）√欧战后设定的（3）德意志设定的。

11. 中国这次抗战是（1）做英国的牺牲品（2）√做苏俄的傀儡（3）政府的意志。

（共二十五题，以下略）

（二）是非法

1. 中国是农立国，根本没有资本家，应当试行共产制。

2. 过去排日抗日的思想是错误的。

3. 东亚共存共苹［荣］的理想是中日两国的企图。

4. 提倡道德教育是不适用于现在的。

5. 大亚细亚主义是应该提倡的。

6. 忠孝仁爱不可矫正现代人思想的。

7. 过去教育重实际不重形式的。

8. 现在中国人心理是希望东亚和平的。

9. 现在所施教育是重知识不重道德。

10. 奠定东亚和平是可以防止白种人侵略。

11. 西洋民治国的声援我国是真心的。

12. 现在党政府远交近攻的政策是不错误的。

13. 承认西班牙国民军政府是应该的。

（共二十五题，以下略）

（三）填充法

1. 沟通中日文化，就是使（　）可以增进。

2. 小学教育应并重（　）四种。

3. 维新政府教育宗旨存恢宏（　）。

4. 这次的战争是党政府（　）原故。

5. 我们要讲悌道，才能不至（　）。

6. 现在政治上应走的途径是（　）。

7. （　）三国是订立防共协定。

8. 树立东亚和平，现在该做（　）的工作。

9. 我们要杜绝钻营奔走，应该要讲（　）。

10. （　）是党政权没落的先兆。

11. 近来我国道德的沦亡是（　）缘故。

12. 苏俄的援助中国是要推行（　）。

（共二十五题，以下略）

（四）问答法

1. 在现在的环境下校长应具备若干条件方为合格?①

2. 训练现在小学生的标准有几点?

3. 奖励儿童有哪几种适当方法?

4. 党治下的教育界现在受有何种痛苦?

5. 用什么方法使民众思想走上反共救国的途径?

6. 容共抗日与反共亲日两者熟利?

7. 中日两国沟通文化始于何时?

8. 在新政权统治下应灌输何种中心思想?

9. 偏重欧化教育有什么害处?

10. 做教员以身作则的要点有几?

11. 中国固有的道德为什么没落的?

12. 教会设立的学校他的意志是怎样?

（共二十五题，以下略）

上海市档案馆编：《日伪上海市政府》，中国档案出版社，1986 年。

伪维新政府教育部为请财政部转函天津海关对由日运津之小学教科书免验放行以省时日函

（1939 年 12 月 4 日）

函

财政部

编审会呈为新民印书馆在日本所印教科书四百万册将运到天津希查照免验放行由。

二十八年十二月四日

---

① 原件中每个答题后面均有供答题用的 1.2.3. 等顺序号，从略。

径启者：

案据本部直辖编审会呈称：兹据新民印书馆声称，现在日本东京所印明年春季应用之小学教科书四百万册，约装八千箱，已由日本陆续装船运往天津，因备明春开学之用，亟待分发各省市，拟请钧部转函天津海关，准予免验放行以省时日。等情，前来。查所称尚属实情，相应函请查照转饬免验放行为荷。

此致

财政部

汪伪国民政府教育部《教育公报》第 19 期

浙江省立模范小学学校概况

（1940 年）

一、校史

本小学校址，最初为棠文书院正蒙义塾。至前清光绪卅二年改为钱塘县立高等小学堂。辛亥光复，改编为杭县县立第二高等小学校。民国十二年八月，与县立第九国民小学校合并，编为杭县县立第二小学校。十六年八月，由杭州市政府接办，乃编为杭州市立城区第二小学。二十年二月，改以地名名校为市立佑圣观巷小学。历史悠久，设备亦较完备，在籍儿童有五百余人，学级有十一级。惜廿六年秋，事变，学校无形停顿，致校具散佚，校舍损坏，所留者惟两只水泥浴缸和柱栋而已。二十八年冬，维新政府教育部分期补助浙省模范小学开办费，经省教育厅鸠工兴修，二十九年二月乃创设今校。

二、在籍儿童

在籍儿童共计三百零二人，编作单式六学级，均春季始业，其概况列表如左：

年龄统计

年龄	6	7	8	9	10	11	12	13	14	15	16	合计
人数	7	16	28	36	30	29	42	48	37	17	12	302
百分比	2.31%	5.28%	9.27%	11.92%	9.93%	9.60%	13.96%	15.89%	12.25%	5.62%	3.97%	100%

籍贯统计

市县	人数	百分比
杭市	207	68.54%
邓县	10	3.31%
绍兴	29	9.12%

续表

市县	人数	百分比
海宁	2	0.66%
吴兴	6	2.00%
加［嘉］兴	3	0.99%
余姚	2	0.66%
金华	3	0.99%
余杭	3	0.99%
诸暨	1	0.33%
上海	11	3.64%
南京	1	0.33%
江苏	7	2.31%
福建	2	0.66%
河北	5	1.66%
安徽	5	1.66%
广东	2	0.66%
江西	3	0.99%

儿童数统计①

年级	学生数			百分比
	男	女	合计	
一	35	17	52	17.2%
二	37	16	53	17.5%
三	28	24	52	17.2%
四	29	11	50	1.34%
五	37	13	50	1.34%
六	26	19	45	1.13%
合计	202	100	302	100%
附记	每级平均数 50 人			

① 表格中数据不符，原档如此。

家长职业统计

职别	人数	百分比
商	159	52.65%
政	42	13.91%
农	33	10.93%
其他	33	10.93%
学	20	6.63%
警	8	2.64%
医	4	1.32%
工	3	0.99%

三、教师（略）

教员状况简明表

<table>
<tr><td rowspan="2">性别</td><td>男</td><td>7人</td></tr>
<tr><td>女</td><td>4人</td></tr>
<tr><td rowspan="4">年龄</td><td>40—50岁</td><td>3人</td></tr>
<tr><td>30—39岁</td><td>5人</td></tr>
<tr><td>25—29岁</td><td>2人</td></tr>
<tr><td>20—24岁</td><td>1人</td></tr>
<tr><td rowspan="5">资格</td><td>师范本科毕业</td><td>7人</td></tr>
<tr><td>幼稚师范科毕业</td><td>1人</td></tr>
<tr><td>专科师范毕业</td><td>1人</td></tr>
<tr><td>专门学校毕业</td><td>1人</td></tr>
<tr><td>中学毕业检定及格</td><td>1人</td></tr>
<tr><td rowspan="5">经历</td><td>服务20年以上</td><td>3人</td></tr>
<tr><td>服务15年以上</td><td>3人</td></tr>
<tr><td>服务10年以上</td><td>1人</td></tr>
<tr><td>服务5年以上</td><td>2人</td></tr>
<tr><td>未满五年</td><td>1人</td></tr>
<tr><td>附注</td><td colspan="2">校长亦列入统计
职员一人未列入</td></tr>
</table>

四、行政组织

本校各部设主任一人，各股股员由各教职员分任，为增高行政效率起见，主张竭力减少会议次数、种类。又课前会议，改作周前谈话会，每周始举行一次，其他如教、训、总三部合并在校务会议时讨论，不另集会，其常会每月举行一次。（研究会议稽核委员会同。）

五、经费

本小学经常费一部分由省厅拨给，一部分由教育部拨给补助费。学用品由校代办，其征费如左：中高级——二元，低级——一元半，学期终了结算，盈还亏找。

二十八年度第二学期经常费预算表

项目		预算数	百分比
俸薪		3 132.00	74.6%弱
工饷		270.00	6.4%强
校务费	设备	180.00	4.3%弱
	办公	420.00	10%
	修缮	48.00	1.1%强
	房租	150.00	3.6%弱
总额		4 200.00	100%

六、教务部

教材：国语、日语、算术、常识（高级分历史、地理、自然）均采用维新政府教育部暂行本，另加自编教材补充，其余如音乐、体育、美术、劳作等科教材，均自编或选编。

簿籍：有周记、作文、笔记、大字、小字等数种，均依年级而拟定一种形式印发。

教材进度：拟订教材纲要，交各担任教师，在学期开始时根据中心教学，逐周预定填写，并将实施后概况随时记录。

教法：各级各科均采用普通教学法，惟中高级取自学辅导方式，低级取设计精神。

补充教材：教学上遇有适当环境，需要补充整个教材时，先由教务部订定纲要，分交各担任教师编订，经编审委员会审查修正施行，再整个布置环境教学。单元完了，举行测验统计，以资结束，录成报告。至于各科零篇之补充教材，由各教师随时编订，交教务部备查，印发教学。

校外教学：尽量利用自然环境，实施校外教学，使儿童能实地观察，实地调查，对于社会有相当认识而能适应之，作改选之预备，其实施办法如左：

1. 参观工厂及各机关会所。
2. 举行远足会、郊游会。
3. 采集标本，研究自然。

4. 校外讲演及表演。

5. 参加校外集会。

6. 调查社会现状。

批改符号：（略）

成绩考查：本学期分编级测验、诊断测验、时事测验，其方式由校务会议议决规定。

1. 编级测验：在开学前时举行，即为新生入学之编级测验。

2. 诊断测验：每学期举行初、中、终三期。日期在第八、十五、廿三周，测验题材自学期始起，亦作为儿童升降级之依据。

3. 时事测验：本学期举行三次，日期在第六、十三、十九周，诊断儿童留心时事之程度。

4. 学期测验：即以最后次诊断测验为准。

5. 毕业测验：初级——以初级全部课程为准。高级——以高级全部课程为准。在课程修习期满时定期举行。

〔附〕每次测验完毕，令儿童传阅，共同讨论内容，测验卷交教务部保管。

成绩评判：记分用常态分配法，须制成统计表，公布在教室内。

各科竞赛：每学期举行各科竞赛，其次数与科目，视环境需要，分别在校务计划中排订之，本学期举行大字、速写、自然实验、美术等科竞赛，由各级推选代表比赛之，其优良者，分给个人奖与团体奖。

儿童发表：

1. 各级教室，悬挂儿童书面成绩。

2. 举行半月刊——内容分文艺、新闻、美术、通信，由儿童自由投稿，一经登载，酌给奖品，每月出版二次。

3. 表演会、讲演会——在周会时举行。

〔附〕各项活动另订有办法。

学籍调查：印有学籍表，每学期于开学后一月内，发交各级任导师调查填载（旧生发给查询表，有更正者更正之），由学籍股主持，并交统计股统计籍贯、年龄、环境等。

请假办法：教师请假——订有请假及代课暂行办法。

儿童请假——印有请假单，在开学时，发交家长保存，遇有请假事宜，应由家长签字盖章，填单，交级任先生核查。假满后，再由级任先生填写，交还家长，以昭郑重。但请假时间不得超过一学期三分之一。

招收新生：先由校务会议，根据各级报告决定年级及名额，再组织招生委员会，办理招生事宜。

七、训育部

目标：养成勤俭、劳动、整洁、健康的习惯，礼义、廉耻的观念，爱国爱群的思想，生产合作的知能，以发扬中国固有道德，完成健全国民。

训导方法：

（一）本小学确定几项原则，为实施方针：

甲、训育组织，以儿童生活需要为出发点，而以现今社会环境为背景。

乙、尽量利用机会，造成建设的环境，使儿童从活动中养成道德行为。

丙、训育条文，务求简单明了，使儿童易讽诵，易记忆，且力求具体化，易于考查。

丁、多用间接方法，少用直接方法。因直接的命令服从，不如间接的启诱，才是永久而有效。

（二）中心训练：根据实际情形，依照公训标准，规定中心训练条目，全体师生共同在条目下活动，训练时间长短不规定，至相当效果时便结束。本学期本校初行开办，儿童来自他方，故先以常规训练为中心（一、秩序，二、礼貌，三、整洁，四、勤劳）。

（三）中心活动：每一个中心训练，定一个中心活动，使儿童有活动的机会，充分发表。本学期秩序训练，有紧急集合活动；礼貌训练，有级际交谊会、洋囡囡生日、请客活动等活动；整洁训练，有大扫除等活动。

（四）三项活动比赛：常规训练，为儿童必须养成，且随时随地须做到。本校定秩序（分教室秩序、集会秩序）、整洁、勤勉三项，各制定表格而比赛之，引起儿童兴趣，其考查者由校长、训育主任、级任导师及担任该课教师和值日教师以一周为单位。将所载成绩，由训育部分别合并统计，同时三项均属优胜者称为模范级。

（五）选举模范儿童：鼓励儿童向善，每学期选举一次，并拟定标准八项——身体健全、学业优长、整洁卫生、活泼和蔼、服务努力、诚实公正、爱护公物、严守纪律，在开学后公布，并由级导师详细解释，使儿童个个明白，在学期结束前一个月中，利用周会活动举行选举，并开会祝贺，留影纪念。

（六）集体训练：

甲、朝会——在美好的晨景中，空气清新，集合全校儿童，举行精神训练和体格训练，使其作一日工作之准备。精神训练有养性歌、精神讲话，和足以兴奋儿童情绪的报告，月曜朝会，并举行三项比赛给奖式。体格训练有早操，并配以优美的音乐。

乙、午会——由值日导师主持儿童暂别式，并报告简单的偶发事项。

丙、晚会——一天功课完毕，全校师生，相聚一堂，举行告别式并作简单训话，唱晚会歌。

丁、周会——在星期六下午，为儿童集会活动机会，其活动计划，由训教二部，在学期开始时编排之。本学期周会活动有："集会制度"、"区民代表大会"、"区坊公所职员就职宣誓礼"、"讲演会"（以秩序为中心）、"表演会"（分低、中、高三组，分别举行）、"洋囡囡生日"、"请客活动"、"卫生演讲"、"远足会"、"大扫除"、"自然实验"、"郊游会"、"各科笔记展览会"、"劳动服务"、"小音乐会"、"选举模范儿童"等。

（七）个别训练：根据儿童个性之缺陷，由导师分别加以训练。所用方法，或个别谈话，或访问家庭，或注意其行动等。随时随机采用。

（八）班级训练：每晨修身科由级任导师根据中心训练条目训练十分钟，其条目由训育部排定，在周前谈话会通知。

（九）特殊儿童训练：

甲、品性、学业、天资等，均超过一般儿童者，便考察其特长，一方面通知家属，一方面约定自修作业，多与服务机会，设法升级等，以满足其求知。

乙、品性、学业、天资等，均低劣于一般儿童者，由级任导师考察其行为动向，家庭影响及身体缺陷，一方面通知家长注意，一方面设法使其发展所长，介绍益友，酌减工作，试作领袖，解决其困难，习作艺术，唱柔和曲子等方法去促进。

（十）健康训练：体格健康，有关于全民族的兴衰，欲使全民族健康，必须从儿童入手。故训练当普遍，绝对不造成几个选手夺得几个锦标为满足，其第一阶段如左：

甲、装置轻机械，训练儿童个个能做，养成永久练习性。

乙、封闭教室，强迫课外运动。

丙、每学期开始和结束时，举行体格检查一次，列表比较。

丁、装置卫生设备，调查儿童营养。

戊、辟设浴室，强迫不整洁儿童沐浴。

己、清洁饮料，采用自来水。

训导组织——浙江省立模范小学自治实验区

学校是社会的雏形，故本小学训导组织为自治实验区，试行保甲制，与现今环境打成一片。其组织法略述于左：

编制：每一儿童为一单位，简称户（与原意似不适合，但为切合实际情形起见，姑以户名之），五户为甲，设甲长一人，处置本甲事务。三甲为保，设保长一人，处理本保事宜。三保为一坊，设坊长一人，处理本坊事宜。联合六坊为一区，设区长一人，处置全区事务。

每一学级成立一坊，其坊名由最低年级而起，顺次以一、二、三等数字编定，每坊编余之户，而人数在三人以上，得另设一甲；不满三人，得分别并入邻近之甲。每级人数已满三保，而所余人数可编为三甲以上者，得另设一保（合四保为一坊）。其不满二甲，得并入邻近之保中。

保、甲长由本保甲各户推选，须经级任导师同意，坊长及干事由本坊选举。区长及股主任，由区民代表大会选举，并须得校务会议同意而圈定。

坊务会议，每周开会一次，由坊长主席，级任导师列席。

区务会议，每月开会一次，区长为主席，各导师均列席，必要时得开临时会议。

其详细办法，另见学生自治实验区组织大纲。

附组织系统表（略）

品性考查：印有导师观察记载表、儿童反省记载表，由导师儿童分别在条目下记载，以资考查。

家庭联络：联络家庭，明了儿童家庭环境及状况；公开学校各种设施和活动，使家属了解学校情形，而使学校家庭训教一致，打成一片。其方法如左：

1. 邀请家属参观——分期邀请家属来校参观。

2. 个别访问——每学期由各级任导师利用假日，约定儿童分别访问。其有特殊情形者，得随时访问。

3. 通函报告——在校状况，特别情形，休课放假，各项报告等，随时分函通告。

4. 邀请谈话——儿童遇有特殊情形或偶发事项者，用书面或口头邀请来校谈话。

5. 家庭座谈会——每学期终了，邀请全校儿童家属，举行座谈会。必要时得分段分级举行。

6. 成绩展览会——每学期举行一次，陈列平日成绩，邀请参观。

7. 各种游艺会——每学期举行一次。

各项活动：

1. 课外活动：一天工作，精神疲劳，当予以正常的娱乐，以调剂之。又可锻炼体格，陶养性情。每天定期支配三十分钟（在功课完毕）师生共同活动。

（甲）室内：阅书组、积木组、音乐组、弈棋组、乒乓组、艺术组、话剧组。

（乙）室外：篮球组、田赛组、径赛组、园艺组、杂耍组（毽子、跳绳、投环等）。

2. 自治活动：儿童自治，重理论而不重实习，是毫无意义的。所以要注重事业的活动，由儿童自己进行，教师居辅导地位，从能适应社会之需要，而养成良好自治习惯和技能。本校活动组织有：

（甲）消费合作社，（乙）巡察团，（丙）公断所，（丁）半月刊社，（戊）小图书馆，（己）小医院，（庚）卫生稽查队。

惩奖方法：

以名誉奖为主，分口头报告、奖状、奖牌、留影、享受特别权利等，间副以物质奖品。

惩之方法，以其受精神痛苦为主。暂分离群、剥夺公权、警告、反省、停学、转学（变换环境）、试读。

八、总务部

文书股收发文件手续（略）

事务股承办事项手续（略）

卫生股诊治手续（略）

动用经常费手续（略）

九、研究部

（一）研究部分研究组、实验组。

（二）研究会议每学期三次，由研究部主任召集，各教师均须出席研究。

（三）将研究结果交有关各部各科教师分期实验，将实验结果，用书面报告研究部，或呈报教育机关备查。

（四）研究范围：“各科教学”、“训育实际问题”、“儿童健康问题”、“儿童环境问题”以及“主管教育机关交下研究问题”等。本学期研究中心为“书法教学的捷径”“如何指导低级儿童有自治活动能力”“中心训练信条，如何促成儿童实践，养成习惯”等。

（五）在每学期第一次研究会议，收集各项实际问题，拟定研究计划，分推各教员组织小组委员会，分别定期研究，限期完毕，再交研究会议审查修正，分发实验。

（六）教师进修，由研究部组织读书会、郊游会、外国语言会，以及举行演示教学、参观团等。

（七）推广教育：本校在门房辟设民众阅报处，置备沪杭各报，利用两壁，装置长凳，上挂民众教育图表，便俾阅报民众休息警惕。又附设民众问字处，民众代笔处，以利市民。

十、辅导部

本小学因初开办，且未奉教育厅明令辅导，故工作暂缓进行。

十一、附二十八年度第二学期校务计划要点

（甲）教务方面：

1. 订正各科笔记批改符号。

2. 订正儿童作业簿籍，附粘成绩记载表。

3. 举行学科竞赛——“自然实验”、“美术”、“书法”。

4. 举办儿童半月刊。

5. 实行早自修。

6. 举行校外教学。

7. 充实各科教具。

8. 多备教师参考用书。

9. 组织教师进修团。

（乙）训育方面：

1. 采取中心训练方式，并实行中心活动。

2. 统一常规训练。

3. 制定好学生表。

4. 施行三项比赛。

5. 实施体格检查。

6. 试行保甲制。

7. 举行家庭访问。

8. 举行恳亲会。

(丙) 总务方面：

1. 定时和不定时训练校工。

2. 修筑浴室。

3. 兴筑沙坑。

4. 装置表演台。

5. 点缀校景。

6. 开设小医院、家事室、劳作室。

7. 装置自来水。

(丁) 推广教育

举办民众阅报处、问字处、代笔处。

十二、校舍（略）

中国第二历史档案馆藏“汪伪教育部档案”

伪汉口市政府1941年实施义务教育概况

(1941年)

第一目　简易小学

本府为推进义务教育，救济贫苦失学儿童起见，遵照实施义务教育大纲暨实施细则之规定，于二十九年度（1940年）下学期起，在本市平民区及近郊设立简易小学五所，招收六足岁至十三岁之贫苦失学儿童。每所暂设二学级，采用半日二部制，设校长兼教员一人，负教管责任，主要学科为公民、训练、国语、常识、算术、体育等科，学生书籍及课业用品，均由学校免费供给。现各校均已开学，学生甚踊跃。

第二目　短期小学

本府为救济失学儿童并谋义教普及起见，遵照部颁实施义务教育暂行办法大纲及实施细则之规定，于本年春开办短期小学五所，定为一年制，以招收十足岁至十六足岁之贫苦失学儿童为主，必要时得酌收少数之成年人，不收学费，所有学生课本及课业用品，概由学校免费供给。每所办两班，教员一人，分上下午轮流教学，或全日间时教学，课程为国语、算术、常识、公民训练、体育等科。现各校均已开学正式上课，如将来办有成效，即行分期逐渐推广。

第三目 私　塾

本府以改良私塾为推进义务教育重要工作，积极整顿全市私塾，以符规定。进行程序，分为举行私塾调查、召集塾师谈话、举行私塾登记三项步骤，并订定汉口市私塾登记办法暨汉口市私塾注意事项颁布遵守。二十九年度（1940 年）上学期，调查完毕，即于二十九年（1940 年）十一月九日，三十年（1941 年）一月十一日，两次召集全市私塾塾师 214 人听取训话，借以指导改良，二十九年度（1940 年）下学期开学。本府免费发给全市私塾学生各科教科书，约计二万五千余册，以利教学而示体恤。至私塾登记，则拟于本学期内举办完毕。

第四目 取缔连环图画

本市各书店书摊，年来多有发售或租阅一种连环图画者，考是项图画内容，非怪诞不经，即秽亵不堪，一般儿童，知识幼稚，无不受其诱惑，几于人手一卷，废寝忘餐，甚至多数青年男女，亦每借作茶余酒后消遣资料，以至养成种种不良习惯，荒谬思想，贻害社会，实非浅鲜。经拟定取缔办法，由警教两局会衔布告，限期于二十九年（1940）年十月底一律禁绝。旋据经营此项图画之商人代表刘玉山等，以限期短促，呈请展缓期限，以便从容设法另图生计等情前来，经核属实，展限至二十九年（1940 年）十二月底为止。迨本年元月，限期已届，原订取缔办法亟应执行，由教局召集该代表等谈话，将取缔意义及办法详细解释，予以开导后，同时通令所属各校馆一律查禁，并联络学生家长绝对禁止儿童阅览。

《汉口特别市二周年纪念特刊》，1941 年。

汪伪教育部关于承印“国定”中小学教科书事致汪伪行政院呈

（1941 年）

案据华中印书局股份有限公司专务董事今井治吉请愿局书略称：“承印国家小学教科书，于去年七月起印刷，上学期已将指定之小学教科书二百九十万八千册印竣，其代价为二十六万八千余元，已全部送交三通书局经售。据三通书局报告如下：一、销售实数，八十七万五百余册，其印刷代价约为七万三千余元——已从三通书局收回；二、免费配给（政府负担部分）：约四十万册，印刷代价约三万五千元；三、余存书：约一百六十八万三千余册，印刷代价约为十六万元；四、本学期小学校教科书指定之再版册数，已印成九十四万余册，送交三通书局，其印刷代价约为九万元；五、指定之中学校教科书二十种，约四十万册，最近即可印成，其印刷代价，约为十八万五千余元；六、以上印刷总价，共为五十四万三千余元，公司已收回者，只有前列三通书局销售实数之七万三千余元；七、未收回之余数，四十七万余元。当公司承印之初，系借款三十万，作为资金，至本年一月底，已届归还时期，现已在延期中。如此情形，资金已不能流通，营业将无法继续，拟请将前述（二）配给部分三万五千元、（三）余存书十六万元、（四）本学期指定再版部分九万元，暂归政府购置将该款付下。日后将销售实数款项收回，归还政府。”等情前来。据此，查各级学校教科用书需求甚殷，旧有坊间各种课本，本都不能适用，即前维新政府编印之各种课本，以其学制变更，内容及形式方面，亦颇多必须增损处，为尊崇政纲，奉行国策起见，自应另编适合环境之国定课本，以供各级学校应用。乃经本部于慎重商议之余，决由编审委员会从事编辑，于上年暑假期间，即将小学国定课本，全部编竣。当交由华中印书局承印，并由三通书局特约经销，规定将以前之免费发给改为略收印费，径交华中，以轻国库负担，一面并通令各省市小学校，自二十九年度第一学期开始，一律遵用国定课本，其已采用其他课本者，为减轻学子负担起见，准许免费交换国定课本，以一趋向，而免歧异在案。

综核该华中印书局请求垫发之数，计免费配给部分印刷代价三万五千元。余存书印刷代价十六万元，本学期再版印刷代价九万元，为数确属甚巨，但其中除免费配给部分三万五千元外，其余只能作为垫款，将来售得之书价，悉数可以归垫，为体恤商艰、顾念政府信用起见，似应如所请，且按商家习惯，定货交清，即须如数付款，今该华中书局已迟延半年之久，再三口头声请，方始具书请愿，堪称例外通融，政府似应特予体恤。至此项请求，应否提会通过，拟由钧院赐予核准，令行财政部照拨之处，本部未敢擅拟，据请前情，理合具文，呈请仰祈鉴核训示只遵，实为公便！

谨呈

行政院院长汪

教育部长 赵正平

附注：1941 年 3 月 4 日汪伪行政院第 49 次会议秘密决议：“免费配给部分，三万五千元及其余垫款，均在四月份预备费项下拨付。”

中国第二历史档案馆藏“汪伪行政院档案”

伪上海特别市教育委员会关于强制推行“国定教科书”训令

（1942 年 3 月）

训令 会字第 3 号

令

特区各初级中学、小学

案查特区中小学校，犹多激励抗战情绪，值此和建奠定之时，此种现象殊违政府之主旨。本会职司特区教育，碍难睹此畸形情态，素非采用现行国定课本，兹特着各该校长，迅速调整国民政府教育部所编之国定教科书，毋稍因循，仰即遵照办理具报。此令。

委员长　陈□□

中华民国卅一年三月　日（上海特别市教育委员会印）

上海市档案馆编：《日本帝国主义侵略上海罪行史料汇编》，上海人民出版社，1997 年。

汉口特别市立各小学 1942 年暑期实习办法

（1942 年 6 月 26 日）

一、本局为促进学业起见，特在暑假期间指定各小学设立补习班。

二、各校三上、三下学生，其成绩列丙等以下者，合设一班，复式教学，其四、五、六年级各就原有人数整班补习，但学生不满二十五名者，即将其班次合并成为复式教学。

三、依第二项之规定，十二班以上之学校，得设七班；十班者得设四班；八班者得设三班；六班者得设二班；四班者得设一班。

四、十二班以上之学校，其同程度之中高年级学生达两班以上者，其实习班得照规定予以增加。十班以下，其班次不完者，酌予裁减；其班次原系复式者，仍照原编制上课，不必分开。

五、各校于上课一周内，即将班次、编制、学生名额及担任教员，造册报局，经派员视察核定之。

六、实习期限为五周，自 7 月 6 日起至 8 月 8 日止。

七、在补习期间，各校应注重集团早操，以期学生体力日趋健全。

八、各校利用广播时间，举行精神会话，以期学生对于时局有彻底之认识（设有收音机之学校，度其地位大小，指定学生静听广播；其未设者由职教员轮流讲演）。

九、每日上午各校补习班上课三次，依夏令作息时间表举行之，例假照规定办理。

十、补习科目，每周初级国语六次，作文二次，算术六次（自四年级起授珠算二次），常识四次，合为十八次。高级国语六次，作文二次，算术四次，自然、历史、地理各二次，合为十八次。

十一、各补习班由原有教师原有教材编订实施程序，择要讲习，其天姿优秀无须补习之学生，由教师另给补充材料，予以分团学习。

十二、各补习班期间高年级每生应有作文、周记各四篇，算术练习四十题，地理、历史、自然各二十题。初级每生应有作文、周记各四篇，算术常识练习三十题。

十三、补习教师以原担任科目教师为主体，其人位不敷分配时，由校长就全体教员中酌量支配之。

十四、各校于实习科目外，尤注重课外活动，以吃苦耐劳之精神，养成学生服务社会，贡献国家之优美特性。

十五、各校于补习时间外，每周由各校长酌派学生，对于蓖麻负保护与灌溉之责。

十六、补习期满，各校应举行成绩考查，造册报核，其本季期考不及格之学生，经补习及格，准予升级。其期考及实习成绩均能达九十分以上者，照升级办法准予越级升学，其仍不及格者留级，但身体健全及服务勤劳者，得酌量提升之。

十七、低年级学生免除补习，中高年级加入补习学生免除暑期作业，其三年级未加入补习之学生，由各校另订作业项目，函请家长督促自修之。

十八、担任补习各老师不另支薪。

十九、本暑假期间，特别注重补习教育，由局派员随时考查，作为各校长成绩考查之一。

二十、本办法自呈奉市长核准后实行。

《汉口特别市市政公报》，1942 年 6 月。

中日语言学校设中华区分校

（1942 年 9 月 3 日）

本报讯　中日文化协会武汉分会，附设中日语言补习学校，兹为求普及起见，特在中华区新安市场上首三皇殿市立第二十二小学内，设立第一分校。所有筹备经过及招考各情，已迭志本报。兹闻该分校为便利后来求学者计，仍暂准予报名，随到随考。据云缺额现已不多，如有志学习者，均可从速前往报名，请求入学云。

《武汉报》，1942 年 9 月 3 日。

第四编

中等教育

一、法令法规

师范学校法*

（1938 年）

第一条　师范学校应遵照中华民国维新政府教育宗旨及实施方针，以严格之身心训练养成小学之健全师资。

第二条　师范学校得附设特别师范科。

第三条　师范学校修业年限五年，特别师范科修业年限二年。

第四条　师范学校由省或直隶中央机关之市设立之。

第五条　师范学校由省或市设立者，为省立市立师范学校。

第六条　师范学校之设立、变更及停办，应由省市教育行政机关核准，转呈教育部备案。

第七条　师范学校及其特别师范科之教学科目及课程标准、实习规程由教育部定之。

第八条　师范学校及其特别师范科之教科图书应采用教育部编辑或审定者。

第九条　师范学校应设附属小学及幼稚园。

第十条　师范学校设立校长一人，总理校务。省立师范学校由教育厅提出合格人员，经省政府核准任用之。直隶中央机关之市立师范学校，由市教育行政机关选荐合格人员，呈请市政府核准任用，除应担任本校教课外，不得兼任他职。

前项师范学校校长之任用，均应由省市教育行政机关按期汇案，呈请教育部备案。

第十一条　师范学校教员由校长聘任之，应为专任，但有特别情形者，得聘兼任教员，其人数不得超过教员总数四分之一。师范学校职员由校长任用之。均应呈请主管教育行政机关备案。

第十二条　师范学校校长、教员之任用规程由教育部定之。

第十三条　师范学校入学资格须曾在公立或已立案之私立高级小学毕业，特别师范科入学资格须曾在公立或已立案之私立中学毕业，均应经入学试验及格。

第十四条　师范学校及其特别师范科学生修业期满，实习完后经会考成绩及格者，由学校省教育厅或市教育局给予毕业证书。

第十五条　师范学校及其特别师范科均不征收学费。

---

* 由伪维新政府教育部公布。

第十六条　师范学校规程及师范学校毕业生服务规程由教育部定之。

第十七条　本法自公布日施行。

伪维新政府《政府公报》第31号

旧制中等学校高初级三年级第二学期学生甄别试验暂行办法

（1939年6月8日）

一、各省教育厅各特别市教育局为证明事变时应届毕业之旧制中等学校高初级三年级学生学历，得于二十八年暑期举办甄别试验一次。

二、参与甄别试验以左列学生为限：

甲、公立及前已立案之私立旧制中等学校，高初级三年级第二学期肄业期满，因事变而未经毕业考试或已经毕业考试而未得毕业证书之学生。

乙、公立及前已立案之私立旧制中等学校，高初级三年级第二学期中因事变而辍学之学生。

三、报名参与甄别试验应呈缴左列各文件：

甲、报名表二张；

乙、原校高级或初级各学期之成绩报告单；

丙、二寸相片四张（每张背面书明姓名，以两张自粘报名表上）。

原校成绩报告单如已遗失，应自请原校校长或原校教员二人以上出具证明书。

四、甄别试验由教育厅或特别市教育局组织委员会办理之。

五、甄别试验委员会应将报名者之资料详细审查，如所缴文件认为不能证明其资格，而又无从查询者，应不与考试。

六、试验科目规定如左：

甲、旧制高级中等学校：公民、国文、外国语、数学、物理、化学、生物、历史、地理。

乙、旧制初级中等学校：公民、国文、外国语、数学、物理、化学、生物、历史、地理。

七、试验成绩核算办法，以在校各科成绩（即如每学期各科成绩之平均数）估十分之六，甄别试验各科成绩估十分之四，合并计算之，均以百分法计算，并以六十分为及格标准。

八、试验日期及地点由省教育厅教育局决定公布之。

九、各科试题由委员会加倍预拟，密送厅长局长圈定，其试卷并加弥封。

十、甄别试验及格者，由省教育厅或市教育局发给甄别试验及格证明书，不及格者，发给分别插入新制中等学校相当年级肄业证明书。

十一、各省市教育厅局办理甄别试验，应将委员履历表、试验日期、地点先期报部备核，试验完毕后，并将应试学生之报名表一份及成绩册呈部备案。

十二、本办法于二十八年六月公布施行，二十八年度第一学期开学后废止之。

伪维新政府《政府公报》第59号

教育部补助省市立中学校经费暂行办法*

（1939年6月29日）

第一条　各省市税收未整理完竣以前，如恢复或新设中等学校确系经费不足，或已恢复之中等学校充实设备经费缺少，得呈请教育部补助之。

第二条　各省市请补助中等学校经费，应将学校之编制、设备、经费、概算及本省市能自筹的款若干，缮具详细计划，呈部核定。

第三条　教育部核定补助费后，该校编制、设备、经费概算及本省市自筹的款数目均不得变更。

第四条　受部款补助之中等学校如变更编制、减少设备，应先呈部候核，否则停发或减发补助费。

第五条　指定补助某校之经费不得移作他校或他种用途。

第六条　主管教育行政机关对于受部款补助之中等学校，应负查察辅导之全责，每学期视察至少二次，并将每次各校视察报告汇制总表，每校加具按语，呈送教育部备核。

受部款补助之中等学校，如不在省市教育行政机关所在地，得委托就近市县教育行政机关负责帮同视察。

第七条　受部款补助之中等学校，如办理不善，应停发补助费，并勒令改进。

第八条　中等学校受部款补助之时期内，应将每月支出计算书连同各项单据，呈由省市教育行政机关审核后，于次月十五日以前转呈到部，以凭核发次月补助费。

第九条　省市教育行政机关应于学期开始时，将受部款补助之中等学校之组织编制表、教职员履历表、学生名册及各项章程规则，呈部备核，学期终了后，将各级学生之成绩表呈部备案。

第十条　本办法自公布日施行。

伪维新政府《政府公报》第62号

* 由伪维新政府教育部公布。

中学暂行规程*

（1939 年 8 月 24 日）

第一章　总　　纲

第一条　本规程根据《暂行中学法》第十六条之规定订定之。

第二条　中学依照《暂行中学法》第一条之规定，严格训练青年之身心，培养健全之国民，并使习得实业上之知识与技能。

第三条　中学学生在学年龄之标准为十二足岁至十七足岁，修业年限为五年。

第四条　实业中学以就农、工、商及其他实业中单独设置一业为原则，但经主管教育行政机关之特别核准，得合设数业。

第五条　实业中学得视地方需要附设实业补习班或实业补习学校。

第二章　设置及管理

第六条　省或特别市立中学之设立变更及停办，应先由省或特别市教育行政机关拟具计划或理由，呈报教育部核准后办理。

县立及联合中学之设立变更及停办，应先由主管教育行政机关开具计划或理由，呈报省教育厅核准后办理，并由厅报部备案。

私立中学之设立变更及停办，应依照私立学校暂行规程所规定程序，将计划或理由呈报省市教育行政机关核准后办理，并转报教育部备案。中学之设立变更及停办不依照前项规定程序办理者，上级教育行政机关得撤销之。

专门以上学校附属中学之设置及管理，适用本条各项之规定。

第七条　省立中学以所在地地名名之，市县立中学径称某某市县立中学，一地有立别相同之中学时，得以数字之顺序别之，或以区域较小之地名为校名，联合中学称某某县联立中学，私立中学应采用专有名称，不得径以地名为校名。

第八条　实业中学校名除遵照前条规定外，并应标明实业名称，如某某省市县立某业中学，合设数业者，称某某省市县立实业中学。

第九条　中学应于每学期开始后一个月内，开具下列各项送呈或转呈各该省市主管教育行政机关备案：

（一）本学期新生、各级插班生、复学生、休学生、退学生及各级学生名册；

（二）本学期校长、教职员学历、职务、俸给、专任或兼任事项，去职教职员姓名及去职原因；

---

* 由伪维新政府教育部公布。

（三）本学期经费预算；

（四）本学期学则、校舍及设备之变更事项；

（五）前学期各级学生学业成绩表；

（六）前学期决算或收支项目、实习出品数量及销售状况等；

（七）毕业生之升学或服务状况。

前项第二款事项应由省或特别市教育行政机关汇报教育部，其第一、三、四、五、六、七各款事项并应造简表送部。

第十条　中学每届办理毕业，应于期前二个月造具本届毕业学生履历及历年各项成绩表，径呈或转呈省或特别市教育行政机关核准后，举行毕业考试或参加毕业会考。

第十一条　中学每届办理毕业，应于期后一个月内造具毕业生毕业成绩表，径呈或转呈省或特别市教育行政机关转报教育部备案。

第十二条　中学每学期应由省或特别市教育行政机关派遣督学视察指导，至少二次，并将其视察及建议事项，于视察完毕一个月内，呈报教育部备案。

第三章　经　　费

第十三条　省或特别市立中学之开办经常临时各费由省市款支给之，县立或联合中学经费由县或联合各县县款支给之，私立中学经费由其校董会支给之。

第十四条　实业中学之开办费须以能具有相当建筑物及充分设备为原则，其标准另定之。

第十五条　县立中学如确因地方贫瘠及成绩优良得受省款补助，实业中学之补助标准得较高于普通中学之补助标准，私立中学除确属成绩优良外，不得受公款补助。

实业中学补助费之用途，以供给指定之实业设备及实业学科教员俸给为限。

第十六条　公款补助县立私立中学之标准，由省或特别市教育行政机关规定，呈报教育部备案。

第十七条　普通中学经常费之支配俸给至多不得超过百分之七十，设备费至少应占百分之二十，办公费至多不得超过百分之十，其预算款式另定之。

第十八条　实业中学第三年级起，每一年级之每年经常费应参照当地省立普通中学相当年级，各以增加百分之五十为原则。

第十九条　实业中学每年须有实习材料费，其款额视实业性质定之，如学校已有营业收入时，得减去实习材料费一部或全部。

第二十条　实业中学学生实习或营业所得之盈余，应列入预算之内。

第二十一条　中学经费之开支应力求撙节核实，并须将全部收支情形由经费稽核委员会为公开及缜密之审核，其审核办法由省或特别市教育行政机关订定，呈报教育部核准施行。

第四章 编 制

第二十二条 中学学生依课程进度分为一年级、二年级、三年级、四年级及五年级。

第二十三条 普通中学每学级学生以五十人为度，实业中学每学级学生人数得视实习设备之容量而定，但以四十人为度。

第二十四条 中学各学科除体育得采用其他分组方法教学外，均不得合班教学；实业中学之实习及练习学科，得视教学便利合班上课。

第二十五条 中学学生以男女分校或分班为原则。

第二十六条 新开办之中学第一年不得招收二年级以上学生，第二年不得招收三年级以上学生，第三年级不得招收四年级以上学生，第四年不得招收五年级学生，但呈经主管教育行政机关核准者，不在此限。

第五章 课 程

第二十七条 中学之教学科目分为甲、乙、丙、丁、戊五种。

甲种用于男子普通中学

必修科：修身、公民、体育、国文、日语、第二外国语、历史、地理、数学、理科、劳作、图画、音乐。

选修科：教育实业。

乙种用于女子普通中学

必修科：修身、公民、体育、国文、日语、历史、地理、数学、理科、家政、手工、图画、音乐。

选修科：教育实业、第二外国语。

丙种用于农业中学

必修科：修身、公民、体育、国文、日语、历史、地理、数学、理科、图画、音乐、实业（理论及实习）。

选修科：第二外国语。

丁种用于工业中学

必修科：修身、公民、体育、国文、日语、第二外国语、历史、地理、数学、理科、图画、音乐、实业（理论及实习）。

戊种用于商业中学

必修科：修身、公民、体育、国文、日语、第二外国语、历史、地理、数学、理科、图画、音乐、实业（理论及实习）。

第二外国语为英、德、法、意四种语言中任选一种。

第二十八条 需要蒙、回、藏语或其他外国语之特殊地方所设立中学，其教学科目得减去图画及音乐。

第二十九条　实业中学之设立应适合地方需要，并须先将设置之某业及设备状况呈报教育部核准。

第三十条　中学课程标准另定之。

第三十一条　中学教科书须采用教育部编辑或审定者，教员自编之教材须适合部定课程标准，并须于每学期开始前将全部教材送呈主管教育行政机关审核，转报教育部备案。

第三十二条　各科教学应活用教本，采用地方性及临时补充之，教材并须注重实验及实习。

中学除外国语外，一律采用中文本教科书，不得用外国文书籍。

中学教员一律用国语为教授用语，但教授外国语时得用外国语教授之。

第三十三条　实业中学实习时，须依照预定工作方案次第实施，并记录实习经过，其实习方式分左列三种：

（一）个别实习　如划区耕种、点件制作等。

（二）分组实习　如同级或异级学生分组合作。

（三）共同实习　如同级或异级学生合作。

第三十四条　实业中学实习教员之应用练习，应以正确精细含有商品代价为主，但须避免过度之重复。

第三十五条　实业中学每次实习时间以继续二小时或三小时为度，实习时教员应实际参加工作及指导。

第三十六条　实业中学应就每级学生修业时间最后之暑假举行，假期作业将平时所学习之各种技术方法为最有效之总练习。

第三十七条　教员对于学生性情应注意考察，并须启发其观察思考之能力及自动研究之精神。

第三十八条　中学最后年级学生得利用假期为参观旅行，但不得妨碍课业时间或练习时间，其费用由学生自行担负。

第六章　训　　育

第三十九条　中学训育应遵照中华民国维新政府教育宗旨及其实施方针所规定。

第四十条　中学学生除劳作科作业外，凡校内整理、清理、清洁、消防及学校附近之修路、造林、水利、卫生、识字运动等项，皆须分配担任。

第四十一条　中学校长及全体教员均负训育责任，须以身作则，采用团体训练及个别训练，指导学生一切课内课外之活动。

第四十二条　中学每一学级设级任一人，择该级一专任教员任之，掌理各该级之训育及管理事项。

第四十三条　校长及专任教员均以住宿校内为原则，与学生共同生活。

第四十四条　中学学生宿舍须有教员住宿，负管理之责。

第四十五条　中学学生应照学生制服规程规定，一律穿着制服。

第四十六条　中学学生旷课及怠于自修或劳动作业等情，应于操行成绩内减算。

第四十七条　中学之训育标准另定之。

第四十八条　中学学生训育管理及奖惩办法由各省或特别市教育行政机关规定大纲，呈报教育部核定施行。各中学于其学则内，根据是项大纲订定详细规则，呈请主管教育行政机关核定施行。

第七章　设　　备

第四十九条　中学校址须具有相当之面积，且其环境须适合道德及卫生条件。

第五十条　实业中学校址除遵照前条规定外，并宜择适宜于所设学科之地点。

（一）农业中学应设农村。

（二）工业中学应设在有是项工业可资发展及改良之地方，或富有是项工业之原料可供制造、或有是项工厂、或供实习之地方。

（三）商业中学应设在商业较繁盛之都市。

第五十一条　中学应备左列各重要场所：

（一）会堂；

（二）普通课堂；

（三）特别课室（物理、化学、生理卫生、植物、动物、矿物、图画、音乐等教学用）；

（四）实验室；

（五）工场（依照所设实业科目设置）、农场、合作社商店或家事实习室（视所设实业科目或劳作科种类及学校环境备一种或数种）；

（六）运动场（如属可能，应备体育馆）；

（七）图书馆或图书室；

（八）仪器、药品、标本、图表室；

（九）体育器械室；

（十）自习室；

（十一）学生成绩陈列室；

（十二）货样及成绩陈列室；

（十三）营业室及货品室（实业中学应设备）；

（十四）课外活动作业室；

（十五）办公室（职员同室办公并不得占用校内优良屋宇）；

（十六）学生寝室；

（十七）教职员寝室（如属可能，应备教职员住宅）；

（十八）膳堂；

（十九）浴室；

（二十）储藏室；

（二十一）校园；

（二十二）其他。

第五十二条　中学校舍之建筑须坚固、朴实、适用，实业中学并须有充分实习场所。

第五十三条　实业中学之实习场所应视环境及实际情形由学校自设农场、商店或与同性质之农场、工厂、商店联络合作。

第五十四条　中学各科教学之仪器、药品、标本、图表、机械器件等须具备足敷各科教学之用，更应有消防设备，实业中学并须有工作模型等。

第五十五条　中学图书馆之图书须足供教员及学生参考阅览之用，其常供学生参考者，尤须备具多数复本。

第五十六条　中学应具备左列各表簿：

（一）关于中学之法令统计等项；

（二）学则（包含学校一切章程、规则、办法等）；

（三）各年级课程表、每学期各班每周教学时间表、各班学科用图书一览表；

（四）教职员履历表、担任学科及教学时间表、教学进度预计簿、教学进度记录簿；

（五）学生学籍簿、出席簿、请假簿、操行考查簿、奖惩登记簿、教学成绩表、身体检查表；

（六）图书目录，仪器、标本、器械、药品目录；

（七）产品登记簿、产品销售登记簿；

（八）财产目录；

（九）预算表、决算表、各项会计表簿；

（十）学校日记簿、各级日记簿；

（十一）各项会议记录；

（十二）其他。

第五十七条　中学设备标准另定之。

第八章　成绩及考查

第五十八条　中学学生成绩分学业、操行及体育三项。

第五十九条　考查学业成绩分左列四种：

（一）日常考查；

（二）临时试验；

（三）学期考试；

（四）毕业考试或毕业会考。

第六十条　日常考查之方式如左，各科依其性质酌用之：

（一）口头问答；

（二）演习练习；

（三）实验实习；

（四）读书报告；

（五）作文；

（六）测验；

（七）调查采集报告；

（八）其他工作报告；

（九）劳动作业。

第六十一条　临时试验由各科教员随时于教学时间内举行，不得预先通告学生，每学期每科至少举行二次以上。

第六十二条　学期考试于学期终各科教学完毕时，就一学期内所习课程考试之，考前得停课一日至二日，备学生复习。

第六十三条　毕业考试于五学年修满后，就其所习全部课程考试之，考试前得停课三日至四日，备学生复习。

第六十四条　各科日常考查成绩与临时试验成绩合为各科平时成绩，日常考查成绩在平时成绩内占三分之二，临时试验成绩占三分之一。

第六十五条　各科平时成绩与学期考试成绩合为各科学期成绩，平时成绩在学期成绩内占五分之三，学期考试成绩占五分之二。

第六十六条　每学生各科学期成绩之平均为该生之学期成绩，每学生一、二两学期学期成绩之平均为该生之学年成绩。

第六十七条　每学生各学年成绩平均与其毕业考试成绩合为该生之毕业成绩，各学年成绩平均在毕业成绩内占五分之三，毕业考试成绩占五分之二。

第六十八条　实业中学实业学科之实习得免除试验，其成绩即以平时成绩累积计算之。

第六十九条　学生操行体育或实习成绩不及格者，不得进级或毕业。

第七十条　每学期各科缺席时数达该科教学总时数三之一以上之学生，不得参与该科之学期考试。

第七十一条　无学期成绩之学科或成绩不及格之学科在三科以上之学生，或仅二科无学期成绩或不及格，但其科目为下列各科中之任何二科之学生，均应留级一学期，连续留级以二次为限，如本校无相当学级，可发给转学证书。

（一）男子普通中学为国文、日语、数学、理科；

（二）女子普通中学为国文、日语、数学、理科、家政；

（三）农业中学为国文、日语、数学、理科及农业主要科二科；

（四）工业中学为国文、日语、数学、理科及工业主要科二科；

（五）商业中学为国文、日语、第二外国语、数学、理科及商业主要科二科。

第七十二条　无学期成绩之学科或成绩不及格之学科仅有一科之学生，或虽有二科无学期成绩或不及格，但其科目非如前条所规定者之学生，均应令于次学期仍随原学级复读，一面设法补习，各该科目经补行学期考试成绩及格后，准予正式进级，如仍不及格，应于次学年仍留原年级肄业。但此项补考以二次为限，连续留级亦以二次为限，如仍不得进级，发给修业证书，令其退学。

第七十三条　毕业考试成绩内不及格学科在三科以上或仅二科不及格，但其科目为下列各科中之任何二科之学生，均应令留级一学年。（有春季始业班级之学校得留级一学期。）但此项留级以二次为限，如仍不能毕业，发给修业证书，令其退学。

（一）男子普通中学为国文、日语、数学、理科；

（二）女子普通中学为国文、日语、数学、理科、家政；

（三）农业中学为国文、日语、数学、理科及农业主要科二科；

（四）工业中学为国文、日语、数学、理科及工业主要科二科；

（五）商业中学为国文、日语、第二外国语、数学、理科及商业主要科二科。

第七十四条　毕业考试成绩内有一科不及格或虽有二科不及格，但其科目非如前条所规定者之学生，均应令补行考试二次，如仍不能及格，应照前条办法办理。

第七十五条　操行及体育成绩考查办法另定之。

第七十六条　学业成绩计算方法由各省或特别市教育行政机关规定，呈报教育部核准施行。各中学为实验教育起见，得于主管教育行政机关规定计算方法外，采用其他方法，但须经转呈教育部核准施行。

第九章　学年学期

第七十七条　学年度始于八月一日，终于次年七月三十一日。

第七十八条　一学年分为两学期，自八月一日至次年一月三十一日为第一学期或上学期，自二月一日至七月三十一日为第二学期或下学期。春季始业之学级以本学年第二学期为上学期，下学年第一学期为下学期。各省厅指定地点适当之省立中学数校兼办春季始业学级。

第七十九条　中学之休假日期另定之。

第八十条　中学除法令规定之休假日期外，不得休假，每星期六下午并不得停止授课。

第十章　入学、转学、休学、复学、退学及毕业

第八十一条　中学入学资格为小学毕业或具有同等学力者，均须经入学试验及格。

中学收受同等学力新生之比额至多不得超过录取总额百分之二十五，应由各省或特别市教育行政机关斟酌地方情形自行规定，呈报教育部备案。

第八十二条　中学学生于学期或学年终了考试成绩及格，如必须转学他校或有第七十一条规定情形，得请求学校发给转学证书。

第八十三条　中学第二学期以上之学级，如有缺额，得于学期或学年开始前收受插班生。此项插班生须有其他中学科目相同学期衔接之转学证书或成绩单，仍须经编级试验及格。

第八十四条　中学学生因身体或家庭之特殊情形，得请求休学一学期或一学年。

第八十五条　休学期满之学生得请求复学编入与原学期或学年衔接之学级肄业。

第八十六条　中学学生因身体或家庭之特殊情形，经保证人证明确属理由正当者，得请求学校准予退学。

第八十七条　经学校开除学籍之学生不得发给转学证书及修业证书。

第八十八条　学生修业年限期满毕业成绩及格或经会考成绩及格者，准予毕业，由学校给予毕业证书。

第十一章　纳费及待遇

第八十九条　中学征收学生费用种类如下：

（一）学费；

（二）图书费；

（三）体育费；

（四）实习材料费（实业中学）。

前项图书费专为添购图书馆学生必需参考之图书，体育费专为供给学生运动、远足、旅行及卫生消耗，实习材料费专为供给学生实习消耗，均不得移作别用。

第九十条　私立中学备有宿舍者，对寄宿之学生得酌收寄宿费。

第九十一条　省市县立中学所征收之学费，应于每学期中造具清册，专案呈报主管教育行政机关，分别解缴国省市县金库。图书费、体育费、实习材料费应分别造具收支清单，于每学期中公布之，并造具清册连同单据粘存簿专案报销。

第九十二条　私立中学所征收之学费、寄宿费，为其全部收入之一部分，统收统支。图书费、体育费、实习材料费应分别造具收支清单，于每学期中公布之，并造具清册连同

单据粘存簿专案报销。

第九十三条　中学学生用书及劳作科或家政科之工作材料，应由学生自备，或由学校或所在地教育行政机关组织学生消费合作社廉价发售，如由学校代办时，应按实价向学生征收。

第九十四条　中学学生制服如由学校代办时，应按实价向学生征收。

中学学生膳食如由学校代办，应核实征收。

第九十五条　各省市中学征收第八十九条所规定各种用费之实数，应由各省市教育行政机关视地方生活程度，分别酌量规定，呈报教育部备案。

但每一学期征收该条规定各费之总数，在生活程度较高地方与生活程度较低地方各不得超过下列标准：

生活程度较高地方　十二元

生活程度较低地方　八元

以上所规定之总数内图书费及体育费约共占四分之一，实业中学得另收实习材料费，每学期不得过六元，国立专门以上学校之附属中学征收学生费用应依照所在地之省或特别市教育行政机关规定中学征收费用标准办理。

第九十六条　县立中学征收各费由县教育行政机关酌量规定，但不得超过主管省教育厅之规定标准。

第九十七条　各地私立中学征收各费至多不得超过省市县主管教育行政机关规定省市县立中学征收各费之一倍。

第九十八条　私立中学如征收寄宿费，在生活程度较高地方每学期至多不得超过八元，生活程度较低地方每学期至多不得超过四元。

第九十九条　私立中学寄宿学生中途退学者，其所缴宿舍费应酌量退还。

第一〇〇条　中学除照规定征费外，不得征收任何费用。

第一〇一条　中学应设置奖学金额，省市县立中学之奖学金额由省市县教育行政机关规定办法，分别送呈或转呈教育部备案；私立中学之奖学金额，由各校自行规定，转呈教育部备案。

第十二章　教职员及学校行政

第一〇二条　中学设校长一人，综理校务，并须担任教学，不得另支俸给。

第一〇三条　省市县立中学各科教员，由校长于学年开始前二月或学期开始前一月开具年级、科目、授课时数及员额清单，送呈或转呈省或特别市教育行政机关委任之。

私立中学教职员由校长聘任之，但须呈请主管教育行政机关核准备案，遇有不合格人员应令原校更聘。

第一〇四条　教员之初聘任期以一学年为原则，以后续聘任期为二学年。

第一〇五条　中学各学科均应委聘专任教员，如一学科之教学时数不足委聘一专任教员时，得与性质相近之学科时数合并委聘专任教员，但如事实上确有困难情形，得委聘兼任教员，但以限于音乐、图书、劳作等科为原则，专任教员不得在校外兼任何职务。

第一〇六条　中学之兼任教员人数不得超过全体教员人数四分之一。

第一〇七条　中学专任教员每周教学时数为十六至二十二小时，实业中学担任实习学科者应为二十四至二十八小时。

兼任主任及训育职务之专任教员，其每周教学时数得予酌减，但不得少于规定最低限度三分之二，并不得另支俸给。

第一〇八条　专任及兼任教员均应轮值指导学生自习。

第一〇九条　中学设教导主任一人，协助校长处理教务、训育事项，必要时经主管教育行政机关之核准，得设教务、训育主任各一人，协助校长分别处理教务、训育事项，并得设事务主任一人，掌理教务及训育以外之事物。

第一一〇条　实业中学之兼设数业者，得照所设各业设主任若干人、实习主任若干人。

第一一一条　中学设校医一人，会计一人，图书馆仪器、药品、标本及图表管理员若干人，并得视学级之多寡酌设事务员及书记若干人。

第一一二条　中学各主任皆由专任教员兼任，校医由校长聘任，其余职员由校长任用，均应呈报省或特别市教育行政机关备案。

省或特别市立中学会计由省或特别市教育行政机关指派充任。

第一一三条　中学设置左列委员会：

（一）训育指导委员会，由校长、主任、专任教员及校医组织之，以校长为主席，负一切指导学生之责，每月开会一次。

（二）经费稽核委员会，由专任教员公推三人至五人组织之，委员轮流充当主席，负审核收支账目及实习出品销售状况之责，每月开会一次。

（三）职业指导推广委员会，由校长、主任及实习学科教员组织之，以校长为主席，负指导毕业生及推广职业知能之责，每学期开会一次或二次。

第一一四条　中学举行左列四项会议：

（一）校务会议　以校长、全体教员、校医及会计组织之，校长为主席，讨论全校一切改革事项，每学期开会一次或二次。

（二）教务会议　以校长及全体教员组织之，校长为主席，校长缺席时，教导主任或教务主任为主席，讨论一切教学实习及图书设备购置事项，每月开会一次或二次。

（三）训育会议　以校长、各主任、各级任及校医组织之，校长为主席，校长缺席时，教导主任或训育主任为主席，讨论一切训育及管理事项，每月开会一次或二次。

（四）事务会议　以校长、各主任及全体职员组织之，校长为主席，校长缺席时，事务主任为主席，讨论一切事务进行事项，每月开会一次或二次。

第一一五条　中学校长须品格健全、才学优长，且合于下列规定资格之一者：

甲、普通中学

（一）国内外师范大学、大学、教育学院教育科系毕业，或其他院系毕业而曾习教育学科二十学分，均经于毕业后从事教育职务二年以上，著有成绩者。

（二）国内外大学本科、高等师范本科或专修科毕业后，从事教育职务三年以上，著有成绩者。

（三）国内外专科学校或专门学校本科毕业后，从事教育职务四年以上，著有成绩者。

（四）曾任国立大学文理、或教育学院、或教育科系教授，或专任讲师一年以上者。

（五）曾任省及特别市教育行政机关高级职务二年以上，著有成绩者。

（六）曾任旧制初级中学校长三年以上，著有成绩者。

乙、实业中学

（一）国内外大学毕业后，曾任公私立专门以上学校教员二年以上，著有成绩者。

（二）国内外大学毕业后，曾任规模较大实业机关高级职务二年以上，著有成绩者。

（三）国内外专科学校专门学校或高等师范专修科毕业后，从事实业教育三年以上，著有成绩者。

（四）具有专门技能或热心实业教育，曾任公私立专门以上学校教员四年以上，或实业机关高级职务三年以上，著有成绩者。

第一一六条　有左列情形之一者，不得任用为中学校长：

（一）违犯刑法证据确凿者；

（二）曾任公务员交代未清者；

（三）曾任校长或教育行政职务、实业机关职务，成绩平庸者；

（四）患精神病或身有痼疾不能任事者；

（五）行为不检或有不良嗜好者。

第一一七条　中学教员须品格健全，对于所任教科确有专长学识，且合于下列规定资格之一者：

甲、普通中学及实业中学普通学科教员

（一）国内外师范大学毕业者。

（二）国内外大学本科、高等师范本科或专修科毕业后，有一年以上之教学经验者。

（三）国内外专科学校或专门学校本科毕业后，有二年以上之教学经验者。

（四）有价值之专门著述发表者。

（五）具有精练技能者（专适用于劳作科教员）。

乙、实业中学实业学科教员

（一）实业教育师资训练机关毕业后，从事实业教育一年以上，或有一年以上之实业经验者。

（二）国内外大学专科学校、专门学校或高等师范专修科毕业后，从事实业教育一年以上或有二年以上之实业经验者。

（三）有专门之实业技能，曾任实业机关需用专门学识之职务四年以上，著有成绩者。

第一一八条　有左列情形之一者，不得任用为中学教员：

（一）违犯刑法证据确凿者；

（二）教学训导成绩不良者；

（三）旷废职务者；

（四）怠于训育及校务者；

（五）患精神病或身有痼疾不能任事者；

（六）行为不检或有不良嗜好者。

第一一九条　各省及特别市教育行政机关应为中学教员力谋进修便利订定办法，呈请教育部核准施行。

第一二〇条　各省及特别市教育行政机关应随时派遣实业中学教员分往各地实业机关参观或实习。

第一二一条　中学教员之检定任用及保障另以规程定之。

第一二二条　省市县立中学教员俸给等级表、年功加俸办法由各主管教育行政机关规定，径呈或转呈教育部核准施行。

私立中学参照各省市县立中学情形，于其校章中规定之。

前项教员俸给等级表之最低应参照地方情形，以确能维持适当生活为标准。

第一二三条　中学女教职员在生产时期内应予以六个星期之休息假，其代理人之俸给应由学校呈请主管教育行政机关另行支给。

第一二四条　中学校长视专任教员进三级至五级支俸，由本学校长呈请主管教育行政机关或校董会定之。

第一二五条　中学教职员养老金及恤金办法由教育部另定之。

第十三章　附　　则

第一二六条　本规程得由教育部于必要时修改之。

第一二七条　本规程于公布日施行。

（甲）五年制男子普通中学暂行教学科目及各学年每周各科教学时数表草案

学科	学年 学期 学时数	第一学年		第二学年		第三学年		第四学年		第五学年		备注
		第一学期	第二学期	第一学期	第二学期	第一学期	第二学期	第一学期	第二学期	第一学期	第二学期	
必修科目	修身	一	一	一	一	一	一	一	一	一	一	
	公民							二	二	二	二	
	体育	四	四	四	四	四	四	三	三	三	三	
	国文	六	六	六	六	六	六	五	五	五	五	
	日语	五	五	五	五	五	五	四	四	四	四	
	第二外国语	三	三	三	三	三	三	三	三	三	三	
	历史	二	二	二	二	二	二	二	二	二	二	
	地理	二	二	二	二	二	二	二	二	二	二	
	数学	三	三	三	三	四	四	四	四	四	四	
	理科	三	三	三	三	四	四	四	四	四	四	
	劳作	一	一	一	一	二	二	二	二	二	二	
	图画	一	一	一	一	一	一	一	一	一	一	
	音乐	一	一	一	一							
每周必修科目总时数		三二	三二	三二	三二	三四	三四	三三	三三	三三	三三	
选修科目	教育							二	二	二	二	
	实业							二	二	二	二	

附注：1. 第二外国语为英、德、法、意四国语言选授一种。

2. 选修科目得选修一种或竟不选。

（乙）五年制女子普通中学暂行教学科目及各学年每周各科教学时数表草案（缺）

（丙）五年制农业中学暂行教学科目及各学年每周各科教学时数表草案

学科	学年 学期 学时数	第一学年		第二学年		第三学年		第四学年		第五学年		备注
		第一学期	第二学期	第一学期	第二学期	第一学期	第二学期	第一学期	第二学期	第一学期	第二学期	
必修科目	修身	一	一	一	一	一	一	一	一	一	一	
	公民							二	二	二	二	
	体育	三	三	三	三	三	三	二	二	二	二	
	国文	四	四	四	四	四	四	三	三	三	三	
	日语	四	四	四	四	四	四	三	三	三	三	

续表

学科 \ 学时数 \ 学年学期		第一学年		第二学年		第三学年		第四学年		第五学年		备注
		第一学期	第二学期	第一学期	第二学期	第一学期	第二学期	第一学期	第二学期	第一学期	第二学期	
必修科目	历史	二	二	二	二	二	二					
	地理	二	二	二	二	二	二					
	数学	三	三	三	三	二	二	二	二	二	二	
	理科	三	三	三	三	二	二	二	二	二	二	
	图画	一	一	一	一							
	音乐	一	一	一	一							
	实业 理论	六	六	六	六	六	六	一二	一二	一二	一二	
	实业 实习					六	六	六	六	六	六	
每周必修科目总时数		三〇	三〇	三〇	三〇	三二	三二	三三	三三	三三	三三	
选修科目	第二外国语	三	三	三	三	三	三	三	三	三	三	

附注：1. 第二外国语为英、德、法、意四种语言选授一种。

2. 选修科目亦得不选，但如选修，应自第一学年起。

（丁）五年制工业中学暂行教学科目及各学年每周各科教学时数表草案

学科 \ 学时数 \ 学年学期		第一学年		第二学年		第三学年		第四学年		第五学年		备注
		第一学期	第二学期	第一学期	第二学期	第一学期	第二学期	第一学期	第二学期	第一学期	第二学期	
必修科目	修身	一	一	一	一	一	一	一	一	一	一	
	公民							二	二	二	二	
	体育	三	三	三	三	三	三	二	二	二	二	
	国文	四	四	四	四	四	四	三	三	三	三	
	日语	四	四	四	四	四	四	三	三	三	三	
	第二外国语	三	三	三	三	三	三	三	三	三	三	
	历史	二	二	二	二	二	二					
	地理	二	二	二	二	二	二					
	数学	四	四	四	四	四	四	三	三	三	三	
	理科	三	三	三	三	三	三	三	三	三	三	

续表

学科＼时数＼学年学期			第一学年第一学期	第一学年第二学期	第二学年第一学期	第二学年第二学期	第三学年第一学期	第三学年第二学期	第四学年第一学期	第四学年第二学期	第五学年第一学期	第五学年第二学期	备注
必修科目	图画		一	一	一	一							
	音乐		一	一	一	一							
	实业	理论	六	六	六	六	六	六	一二	一二	一二	一二	
		实习					四	四	四	四	四	四	
每周必修科目总时数			三四	三四	三四	三四	三四	三四	三六	三六	三六	三六	

附注：第二外国语为英、德、法、意四国语言选授一种。

（戊）五年制商业中学暂行教学科目及各学年每周各科教学时数表草案

学科＼时数＼学年学期			第一学年第一学期	第一学年第二学期	第二学年第一学期	第二学年第二学期	第三学年第一学期	第三学年第二学期	第四学年第一学期	第四学年第二学期	第五学年第一学期	第五学年第二学期	备注
必修科目	修身		一	一	一	一	一	一	一	一	一	一	
	公民								二	二	二	二	
	体育		三	三	三	三	三	三	三	三	三	三	
	国文		四	四	四	四	四	四	三	三	三	三	
	日语		五	五	五	五	五	五	四	四	四	四	
	第二外国语		四	四	四	四	四	四	四	四	四	四	
	历史		二	二	二	二	二	二					
	地理		二	二	二	二	二	二					
	数学		三	三	三	三	二	二	二	二	二	二	
	理科		四	四	四	四							
	图画		一	一	一	一							
	音乐		一	一	一	一							
	实业	理论	三	三	三	三	六	六	一二	一二	一二	一二	
		实习					四	四	四	四	四	四	
每周必修科目总时数			三三	三三	三三	三三	三三	三三	三五	三五	三五	三五	

附注：第二外国语为英、德、法、意四国语言选授一种。

伪维新政府《政府公报》第71号

私立学校暂行规程*

（1939 年 10 月 24 日）

第一章　总　　则

第一条　本规程所称私立学校谓私人或团体在中国境内所设立教育中国人之学校。

第二条　私立学校除政府特许及另有规定者外，应遵照本规程办理。

第三条　私立学校之开办、变更及停办，须经主管教育行政机关之核准。

第四条　前条所称主管教育行政机关，在私立大学及其同等学校为教育部，在私立中学及其同等学校（私立大学之附属中学同）为省及特别市教育行政机关，在私立小学及其同等学校（私立中学以上学校之附属小学同）为特别市普通市及县区教育行政机关。

第五条　私立学校之设立应经主管教育行政机关立案，并受其监督及指导。其组织课程及其他一切事项均须遵照现行教育法令办理。

第六条　私人或团体设立学校时，应有确定之收入，足以维持其学校。

第七条　私立学校不得设分校。

第八条　私立大学非经教育部之核准不得设附属中学或附属小学。

第九条　外国人或其组织之团体不得在中国境内设立教育中国儿童之小学及培养小学师资之学校。

第十条　私立学校校长均应专任，不得兼任其他职务。外国人设立之私立学校须以中国人充校长或院长。

第十一条　私立学校不得施以宗教上之教育或举行宗教上之仪式。

第十二条　私立学校校长、院长或教职员，如主管教育行政机关认为不适当时，得令其解职。

第十三条　私立学校有左列情形之一，主管教育行政机关得撤销其立案或令其停办：

一、违反法令者；

二、败坏风化或扰乱治安者；

三、开办二年尚未声请立案者；

四、停课至六个月以上者；

五、办理不善者；

六、违背主管教育行政机关之命令者。

第十四条　私立学校之名称应明确标示其学校之种类，不得以省市县区等之地名为校名，并须冠以“私立”二字。

---

* 由伪维新政府教育部公布。

第十五条　主管教育行政机关认私人或团体所办理者为教育事业时，得以其主旨通告关系者，令其遵照本规程之规定办理。

第十六条　受前条通告，不遵照第五条办理立案手续，或关于学校之变更、停办、违背第三条之规定，或依照第十三条令其解散而不遵办之私立学校，均应予以行政处分。

第十七条　教育部为施行本规程，得发必要之命令。

第二章　校　董　会

第十八条　校董会为设立私立学校之代表，负该校经济上之完全责任。第二任校董由设立者聘请相当人员组织之，设立者为当然校董，但其人数过多时，得互推一人至三人为当然校董。

第十九条　校董会校董名额不得过十五人，应互选一人为董事长。

第二十条　校董会之组织职权及校董之任期改选方法应于校董会章程中规定之。

第二十一条　校董会之校董应由设立者聘请曾经研究教育或办理教育者充任，但有特殊情形时，亦得聘请其他人员充任，其名额不得超过校董全额之半数。

现任主管教育行政机关及其直接上级教育行政机关人员不得兼任校董。

有特别情形时，得以外国人充任校董，但名额至多不得过三分之一，其董事长须由中国人充任。

第二十二条　校董会之立案应开具左列各事项，呈请主管教育行政机关核准：

一、名称；

二、目的；

三、事务所所在地；

四、资产资金或其他收入之详细项目及其确实之凭证；

五、校董会章程；

六、校董之姓名、年龄、籍贯、职业及住址。

立案后，如第三、第四、第六各项有变更时，须于一个月内呈报主管教育行政机关备案。

第二十三条　校董会呈请立案时，在私立大学，校董会应呈由该管省或特别市教育行政机关转呈教育部核办；在私立中学，校董会应呈由该管普通市或县区教育行政机关转呈省或特别市教育行政机关或径呈该管特别市教育行政机关核办；在私立小学，校董会应呈请该管特别市普通市或县区教育行政机关核办。其各机关转呈上级机关时，须切实调查前条所列各事项，开具意见，以备审核。

第二十四条　已核准立案之私立中学校董会，应由该管省或特别市教育行政机关转呈教育部备案。已核准立案之私立小学校董会，应由该管普通市或县区教育行政机关转呈省或特别市教育行政机关备案。

第二十五条　私立大学之附属中学及私立中学以上学校之附属小学应另设校董会，其呈请立案备案手续与普通私立中学及小学同。

第二十六条　校董会之职权以左列各项为原则，但因特别情形经主管教育行政机关核准者，不在此限：

一、关于学校财务，校董会应负之责任如左：

（一）经费之筹划；

（二）预算及决算之审核；

（三）财务之保管；

（四）财务之监察；

（五）其他财务事项。

二、关于学校行政：

由校董会选任校长或院长负完全责任，校董会不得直接参与学校行政。

校董会选任之校长或院长，应得主管教育行政机关之认可，始得就任。

校长或院长辞职时，或主管教育行政机关认为不适当时，校董会得随时改选之。

校董会如发生纠纷以致停顿时，主管教育行政机关得令其限期改组，遇必要时，得径由主管教育行政机关改组之。

第二十七条　校董会须于每学年终结后一个月内，详开左列事项连同财产项目分别径报或转报主管教育行政机关备案：

一、学校校务状况；

二、前年度所办重要事项；

三、前年度收支金额及项目；

四、校长教职员履历表；

五、学生一览表。

第二十八条　主管教育行政机关每年须查核校董会之财务及事务状况，于必要时得随时查核之。

第二十九条　私立学校停办时，校董会应于十日内呈请主管教育行政机关派员会同清理其财产，清理了结时，由清理人呈报主管教育行政机关备案。

第三十条　私立学校及其财产不得收归公有，但学校停办校董会失其存在时，主管教育行政机关经上级教育行政机关之核准，得适宜处理之。

第三十一条　关于校董会债权债务诸事项发生轇輵时，应归法院处理。

第三十二条　校董会自身之解散，应由校董会议决，呈经主管教育行政机关许可。

第三章　私立大学

第三十三条　私立大学及其同等学校之设立，应遵照左列规定程序办理：

一、呈请核准开办应于校董会立案后行之，凡非经主管教育行政机关核准开办者，不得招收学生。呈请核准开办时，应开具左列各事项，连同全校平面图及说明书送呈查核：

（一）学校名称（如有外国文名称者亦应列入）及其种类；

（二）学校所在地；

（三）校地及校舍情形；

（四）各种章程规则；

（五）经费之来源及经常临时各费之预算表；

（六）组织编制及课程；

（七）教科书及参考书目录；

（八）图书馆之图书目录及实验室之仪器、标本目录及其价格；

（九）校长或院长及教职员之履历表。

二、呈请立案时，应开具左列各事项送呈查核：

（一）开办后之经过情形；

（二）前项第四款至第九款各事项；

（三）学生一览表；

（四）训育实施情形。

第三十四条　私立大学及其同等学校呈请核准开办及呈请立案时，应由该校校董会备具呈文及附属书类，呈由该管省或特别市教育行政机关转呈教育部核办，转呈时对于前条所列各事项，均须切实调查，开具意见，以备审核。

第三十五条　私立大学及其同等学校之立案须具有左列各项：

一、呈报事项查明确实者；

二、对于现行教育法令切实遵守，并严厉执行学校章则者；

三、教职员确系合格胜任，而专任教员占全数三分之二以上者；

四、学生入学资格适合规定，且在校学生成绩优良者；

五、已具备大学之必要设备者；

六、资产或资金之租息连同其他确定收入足以维持其每年经常费者。

第四章　私立中学及小学

第三十六条　私立中学及其同等学校暨私立小学及其同等学校之设立，应遵照左列规定程序办理：

一、呈请核准开办应于校董会立案后行之，凡非经主管教育行政机关核准开办者，不得招收学生。呈请核准开办时，应开具左列各事项，连同全校平面图及说明书送呈查核：

（一）学校名称（如有外国文名称者亦应列入）及其种类；

（二）学校所在地；

（三）校地及校舍情形；

（四）各种规则章程；

（五）经费之来源及经常临时各费之预算表；

（六）组织编制及课程；

（七）教科书及参考书目录；

（八）关于图书、仪器、标本、校具及运动、卫生之各种设备及其价值；

（九）校长及教职员履历表。

二、呈请立案时，应开具左列各事项送呈查核：

（一）开办后之经过情形；

（二）前项第四款至第九款各事项；

（三）学生一览表；

（四）训育实施情形。

第三十七条　私立中学及其同等学校呈请核准开办及呈请立案时，应由该校校董会备具呈文及附属书类，呈由该管普通市或县区教育行政机关转呈省或特别市教育行政机关或径呈该管特别市教育行政机关核办，转呈时对于前条所列各事项均须切实调查，开具意见，以备审核。

私立小学及其同等学校呈请核准开办及呈请立案时，应由该校校董会备具呈文及附属书类，呈请该管特别市普通市或县区教育行政机关核办。

第三十八条　私立中学及其同等学校之立案须具有左列各项：

一、呈报事项查明确实者；

二、对于现行教育法令切实遵守，并严厉执行学校章则者；

三、教职员之名额、资格及职务分掌均合于中学规程所规定者；

四、学生入学资格适合规定，且在校学生成绩优良者；

五、已具备中学之必要设备者；

六、资产或资金之租息连同其他确定收入足以维持其每年经常费者。

第三十九条　私立小学及其同等学校之立案须具有左列各项：

一、呈报事项查明确实者；

二、对于现行教育法令切实遵守，并严厉执行学校章则者；

三、教职员之名额、资格及职务分掌均合于小学规程所规定者；

四、学生入学资格及职务分掌均合于小学规程所规定者；

五、已具备小学必要之设备者；

六、资助产或资助金之租息连同其他收入足以维持其每年经常费者。

第四十条　已核准立案之私立中学及其同等学校，应由省或特别市教育行政机关转呈教育部备案；已核准立案之私立小学及其同等学校，应由普通市或县区教育行政机关转呈省或特别市教育行政机关备案。核准备案后，其立案手续方为完成。

第四十一条　私立大学之附属中学及私立中学以上学校之附属小学，其呈请核准开办及呈请立案备案之手续与普通私立中学及私立小学同。

第五章　附　　则

第四十二条　不依照本规程完成立案手续之私立学校，其肄业生与毕业生不得与已完成立案手续之私立学校学生受同等待遇。

第四十三条　本规程自公布之日施行。

伪维新政府《政府公报》第 79 号

修正暂行中学法*

（1940 年 1 月）

第一条　中学应遵照中华民国维新政府教育宗旨及其实施方针，继续小学之基础训练，以发展青年身心，培养健全国民，为研究较高学术之预备，或授以实业上之知识与技能。

第二条　本法称中学者为普通中学及实业中学。

第三条　实业中学之设立以单科为原则，但有特别情形者得设数科。

第四条　实业中学得以当地之需要附设实业补习班。

第五条　中学修业年限均定为五年，但本法颁布前已肄业中学尚未毕业者，仍照旧法。

第六条　中学遇有必要时，得为五年毕业之学生设补习科一年。

第七条　中学由省或特别市设立之，但按照地方情形，有设立中学之需要而无妨碍小学教育之设施者，得由县市设立之。

第八条　中学由省市或县设立者，为省立市立或县立中学，由两县以上合设者为某某县联立中学，由私人或团体设立者为私立中学。

第九条　中学之设立、变更及停办，由省或特别市设立者，应由省或特别市教育行政机关呈请教育部备案；由普通市或县或私人团体设立者，应由省或特别市教育行政机关核准转呈教育部备案。

第十条　中学之教学科目及课程标准由教育部定之。

第十一条　中学教科用书应适用教育部编辑或审定者。

第十二条　中学设校长一人，综理校务。省立中学由教育厅提出合格人员，经省政府

---

* 由伪维新政府教育部公布。

核准任用之；特别市立中学由市教育局提出合格人员，呈请市政府核准任用之；普通市立或县立中学由普通市或县政府提出合格人员，呈请教育厅核准任用之。除担任本校教课外，不得兼任他职。

前项中学校长之任用，均应由省或特别市教育行政机关按期汇案，呈请教育部备案。私立中学校长之任用，按照私立学校暂行规程办理。

第十三条　省市县立中学教员由主管教育行政机关委任之，其职员由校长任用之，均应呈请主管教育行政机关核准备案。

私立中学教职员由校长聘任之，但须呈请主管教育行政机关核准备案。

第十四条　中学校长及教员之任用规程由教育部定之。

第十五条　中学入学资格，须曾在公立或已立案之私立小学毕业或具有同等学力者。

第十六条　中学学生修业期满，实习完后，成绩及格，由学校给予毕业证书。

第十七条　中学补习科学生修业期满，实习完后，成绩及格，由学校给予补习科毕业证书。

第十八条　中学规程由教育部定之。

第十九条　本法自公布日施行。

伪维新政府《政府公报》第89号

伪南京市政府为呈送“南京市立中学暨小学教职员任用暂行规划”致汪伪教育部咨及复咨

（1940年8月）

1. 南京市政府咨（8月3日）

南京市政府咨　教字第1018号

案据本府教育局呈称：“窃查二十九年度第一学期行将开始，关于各级学校教职员之任用，亟应有所规定，俾资遵循，兹谨订定本市市立中学暨小学教职员任用暂行规则各一种，拟请核咨教育部备案，以便施行。理合检同该项规则各一种，备文呈请鉴核示遵。”等情，并附呈南京市立中学暨小学教职员任用暂行规则各一种到府。查核所订暂行规则两种，大致尚合，相应检同是项规则，一并咨请贵部查核备案。

此咨

教育部

附呈南京市立中学暨小学教职员任用暂行规则各一份

市长　蔡培

中华民国二十九年八月三日

南京市立小学教职员任用暂行规则

第一条　本局为使市立各小学任用教职员有所遵循起见，特订定本规则。

第二条　凡本市市立小学教职员之任用，除另有规定外，均依照本规则办理。

第三条　凡具有左列资格之一者，得聘为市立小学级任教员：

一、曾经本市小学级任教员登记合格者；

二、曾经本市初级小学级任教员登记合格，服务满二年以上者；

三、曾在教育部教员养成所特科毕业者；

四、曾在教育部教员养成所本科毕业，服务满二年以上者。

第四条　凡具有左列资格之一者，得聘为市立初级小学及短期小学级任教员：

一、具有前条各项资格之一者；

二、曾经本市初级小学级任教员登记合格者；

三、曾在教育部教员养成所本科毕业者；

四、曾经本市登记合格之代用级任教员晋升为正教员者；

五、曾充本市初级小学试用级任教员，因成绩优良晋升为正教员者。

第五条　凡具有左列资格之一者，得聘为市立小学专科教员：

一、具有第三条第三、四两项资格之一者；

二、具有第四条第三项之资格者；

三、曾经本市专科教员登记合格者；

四、曾充本市小学试用专科教员，因成绩优良晋升为正教员者。

第六条　凡具有左列资格之一者得聘为助教员：

一、曾经本市小学助教员登记合格者；

二、曾经教育局核准为市立小学试用教员者。

第七条　兼司会计之事务员，须有初级中学毕业同等学历，曾习会计簿记或曾任会计职满二年以上，经本局审查合格者。

第八条　各级小学教员之聘任期限规定如左：

一、新聘之教员第一次以一学期为限，第二次以一年为限，如不在学年开始，聘约期限应仍为一学期。

二、续聘之教员第一次以一年为限，第二次以一年或二年为限，以后至多仍为二年。

第九条　续聘教员之聘书，应于寒暑假开始二星期内呈送教育局，新聘教员之聘书应于开学前两星期送呈教育局，经教育局核定后加盖钢印方能生效。

第十条　市立初级小学、短期小学校长，应于开学前两星期将全校教职员姓名、登记类别、担任职务、教学年级及科目、每周授课分钟、拟定薪金数目详细列表呈由教育局审核后决定之。

第十一条　小学教员于应聘后，聘约期内双方不得无故解约，中途如有自请退职者，须商得校长同意后，有合格人员替代后方得离校。

第十二条　小学教员聘约期满时，如校长不予续聘，应于一月前通知。

第十三条　登记合格之教员或教员养成所毕业学员，如在开学前两星期内尚未有服务地点者，得请求介绍，由教育局就未呈送聘书之学校支配，介绍之各校应遵令聘请，但教员如不愿应聘时，不再予以介绍。

第十四条　校长聘请教员，如至开学时无登记合格之教员应聘，呈准教育局后，聘请未经登记之教员，此项教员应于下届举行登记时补行登记手续。

第十五条　各校兼司会计之事务员，于审查合格后，应于一星期内觅具殷实铺保，填具保证书。

第十六条　本规则如有未尽事宜，得随时呈请修改之。

第十七条　本规则呈经市政府核准并转咨教育部备案后公布施行。

南京市立中等学校教职员任用暂行规则

第一条　本规则根据教育部颁中学师范及职业学校规程有关教职员任用各条之规定订定之。

第二条　凡市立中等学校教职员之任用，除遵照部颁法令外，均依本规则办理。

第三条　中等学校分初级中学、高级中学（合设初高二级者称中学）、师范学校、初级职业学校及高级职业学校（合设初高二级者称职业学校），其教职员分校长、教员及职员。

中等学校之教务训育事务等主任及级任导师，均由专任教员兼任。

第四条　中等学校教职员以品学优良合于左列各项之资格者为合格：

一、初级中学　须具有部颁修正中学规程第一百十一条或一百十条之资格。

二、高级中学　须具有部颁修正中学规程第一百十条或修正师范学校规程第一百十二条之资格。

三、师范学校　须具有部颁修正师范学校规程第一百十二条之资格。

四、初级职业学校须合于左列各项资格之一：

1. 合于部颁修正职业学校规程第九十三条之规定者；
2. 经初级职业学校职业学科师资登记检定合格者；
3. 初级职业学校职业学科师资训练机关毕业者。

普通学科教员依照初级中学教员资格之规定。

五、高级职业学校须合于左列各项资格之一：

1. 合于部颁修正职业学校规程第九十二条之规定者；
2. 经高级职业学校职业学科登记检定合格者；
3. 高级职业学校毕业。

普通学科教员依照中学教员资格之规定。

第五条　中等学校校医及专任事务人员与书记等，得不适用前条各项之规定，但校医须有相当之学历及经验，并经卫生行政机关核准登记；会计员、教务员、训育员、图书仪器标本管理员，须具有高级中学毕业程度或有各该项事务上之经验者方为合格。

第六条　中等学校拟聘教员，具有各中等学校无试验检定或职业学科师资登记之资格，而尚未经规定手续，应先将证件呈局，受无试验检定或履行职业学科师资登记。

第七条　依照部颁中学及师范学校教员检定暂行规程及各省市职业学校职业学科师资登记检定及训练办法大纲，凡应受试验检定之教员，由教育局定期举行考试，考试及格者发给检定及格证书。

第八条　凡教职员资格之审查检定及考试事宜，均由教育局指派，或聘请委员若干人组织委员会处理之。

第九条　中等学校校长聘请新任教职员应将聘约连同存根相片及各项证件，于开学二周前呈送教育局审查合格，加盖教育局钢印后，方生效力。

第十条　中等学校教职员聘约初聘以一学年为一期，期满得继续聘任，续聘任期为二学年，但不在学年度开始时，续聘教职员应为一学期为一期。

第十一条　中等学校教职员应将聘约连同存根于寒暑假开始二周前呈送教育局查核，加盖教育局钢印后方生效力。

第十二条　中等学校教职员在聘约期内双方不得随意解约，期满后如不续聘或不愿续任，应各于一个月前通知。

第十三条　在同校内连续服务五年以上，或曾受嘉奖之教职员，如因故不予续聘，应先由校长呈经教育局核准。

第十四条　中等学校会计员除由校长及事务主任负监督之责，如有疏忽应连带负责外，并得令其觅取殷实保证，保证书式另定之。

第十五条　本规则经本政府核准，并咨准教育部备案后公布施行。

2. 教育部咨（8月30日）

案准贵市政府教学第一〇一八号咨开：“案据本府教育局呈称：‘窃查二十九年度第一学期叙至备文呈请鉴核示遵。’等情，并附呈南京市立中学暨小学教职员任用暂行规则各一种到府。查核所订暂行规则两种，大致尚合，相应检同是项规则，一并咨请贵部查核备案。”等由。准此，查所订暂行规则两种核与中小学规程，尚无不合，除备案外，相应咨复，即希查明为荷。

此咨

南京市政府

部长　赵□□

中华民国二十九年八月三十日

中国第二历史档案馆藏“汪伪教育部档案”

汪伪立法院为通过修正师范学校法致汪伪国民政府呈

(1940年9月12日)

案准中央政治委员会秘书厅本年八月三日中政秘字第四一二号函开：

“查二十九年八月一日中央政治委员会第十六次会议讨论事项第三案行政院提：‘本院第十七次会议通过修正师范学校法及职业学校法，请核议案。’当经决议：‘交立法院审议。’除记录在卷，并分函行政院查照外，相应抄附修正师范学校法及职业学校法各一份及行政院原送审查意见一份，函请查照办理见复为荷。”等由，并抄附修正师范学校法及职业学校法各一份暨行政院原送审查意见一份。准此，经将师范学校法饬由本院法制委员会审查去后，旋据审查报告称：“奉交审查修正师范学校法草案一案，遵于八月十五日召开本委员会第六次会议，并函准教育部派普通教育司司长徐季敦、参事施景崧列席。经将原案提出，逐条讨论，佥以行政院原送审查意见，以原案第四条与第五条意义重复，将第四条予以删除，并加‘国立师范学校’一节，以为全国师范之模范，并示中央重视师范教育之本旨，似均无不可，其他原有各条，尤属施行有年，尚少窒碍，与国民政府政纲及现实情况亦无不合之处。讨论结果，予以修正通过。唯澄宇以为第六条实习规程一项，若任教育部自由规定，似嫌失之宽泛，拟于本条增加一项：‘前项学生实习期间，最少应占全部修学年限六分之一。’因鉴于过去师范教育与普通中学教育无甚特殊，即因对于实习方面不甚注意，复查德国对于国民学校师资之训练，特别规定于联邦宪法，足见其对于师范教育之重视，德国小学师资训练依一九二四年经教育部大学校及专业团体之协议，定为四年，首三年为大学研究，末一年为教学实际之训练，同时在大学肄业期间，提出一部分时间，供实际训练之用。此种训练又于一九二七年决定：一、在大学附设之学校从事观察及各种教育的与心理的试验；二、学校实习共有三个学期，每个学生至少须有六十四小时，在各种学校依照周密计划之程序，从事实习工作；三、学校助理期即于学校休假期中，任各人自择教师下全日参加工作，从事试教。由上以观，德国对于师资注重实习。为复兴吾国计，理当革新，不能放任，由教育部自由规定，因部定可以随时因人事而变更，使增加一项在法律上严格规定，则一方面表见立法之精神，而他方面亦使教育政策有一贯之效能。至是否应为增加审查，少数赞成，未获通过，当时曾征询教育部列席代表意见，谓实习期间已预有规定，约占全部修学时间六分之一，不过将来有无影响，应否以法律规定，系成一问题。似此情形，教育部代表亦认为有研究之必要，究竟应否于立法方面规定，以昭重视，因审查时未获通过，用将上项意见一并附陈，连同修正师范学校法修正案一份，呈候鉴核，提出大会公决。”等情，并附修正师范学校法修正案前来，当经提交本年八月二十日及九月三日本院第十六次及第十七次会议议决“照审查意见修正通过”等语记录在卷。除函复中央政治委员会秘书厅查照转陈并将审议职业学校法经过情形另案呈报外，理合将审议修正通过师范学校法经过情形，缮同该法全文一份，备文呈请鉴核公布施行。

谨呈

国民政府代理主席汪

附呈修正师范学校法一份

立法院院长　陈公博

中华民国二十九年九月十二日

修正师范学校法

二十九年九月三日立法院第十七次会议修正通过

第一条　师范学校应遵照中华民国教育宗旨及其实施方针，以严格之身心训练养成小学之健全师资。

第二条　师范学校得附设特别师范科、幼稚师范科。

第三条　师范学校修业年限三年，特别师范科修业年限一年，幼稚师范科修业年限二年或三年。

第四条　师范学校由教育部、省或直隶于行政院之市设立之，但依地方之需要，亦得由县市设立或两县以上联合设立之。

第五条　师范学校由教育部、省、市或县设立者，为国立、省立、市立或县立师范学校；由两县以上联合设立者，为某某县联立师范学校。

第六条　师范学校之设立、变更及停办，其系国立者，应由教育部呈请行政院核准；由省或直隶于行政院之市设立者，应由省市教育行政机关呈请教育部备案；由县市设立者，呈由省教育厅核准转呈教育部备案。

第七条　师范学校及其特别师范科、幼稚师范科之教学科目及课程标准、实习规程，由教育部定之，师范学校应视地方需要，分别设置职业科目。

第八条　师范学校及其特别师范科、幼稚师范科之教科图书，应采用教育部编辑或审定者。

第九条　师范学校得设附属小学，其附设幼稚师范科者，并得设幼稚园。

第十条　师范学校设校长一人，综理校务。国立师范学校由教育部遴选合格人员任用之；省立师范学校，由教育厅遴选合格人员，经省政府委员会议通过后任用之；直隶于行政院之市市立师范学校，由市教育行政机关选荐合格人员，呈请市政府核准任用之；县市立师范学校，由县市政府选荐合格人员，呈请教育厅核准任用。除应担任本校教课外，不得兼任他职。

前项师范学校校长之任用，除国立者应呈请行政院备案外，均应由省市教育行政机关按期汇案，呈请教育部备案。

第十一条　师范学校教员由校长聘任之，应为专任，但有特别情形者，得聘请兼任教员，其人数不得超过教员总数四分之一；师范学校职员由校长任用之，均应呈请主管教育行政机关备案。

第十二条　师范学校校长、教员之任用规程由教育部定之。

第十三条　师范学校及其幼稚师范科入学资格，须曾在公立或已立案之私立初级中学毕业；特别师范科入学资格，须曾在公立或已立案之私立高级中学或高级职业学校毕业，均应经入学试验及格。

第十四条　师范学校及其特别师范科、幼稚师范科学生，修业期满，实习完竣，成绩及格，由学校给予毕业证书。

第十五条　师范学校及其特别师范科、幼稚师范科均不征收学费。

第十六条　师范学校规程及师范学校毕业生服务规程，由教育部定之。

第十七条　本法自公布日施行。

中国第二历史档案馆藏“汪伪国民政府档案”

职业学校法*

（1940年9月19日）

第一条　职业学校应遵照中华民国教育宗旨及其实施方针，以培养青年生活之知识与生产之技能。

第二条　职业学校分为初级职业学校、高级职业学校。

第三条　职业学校之设立以单科为原则，但有特别情形时，得设数科。

第四条　初级职业学校招收小学毕业生或从事职业而具有相当程度者，修业年限一年至三年。

高级职业学校招收初级中学毕业生或具有相当程度者，其修业年限为三年；招收小学毕业生或具有相当程度者，其修业年限五年或六年。

职业学校招收学生均应经入学试验及格。

第五条　职业学校得酌量情形，附设各种职业补习班。

第六条　职业学校按所设科别称高级或初级某科职业学校；其兼设二科以上者，称高级或初级职业学校；合设两级者，称职业学校。

第七条　职业学校由教育部、省或直隶于行政院之市设立之，但依地方之需要，得由县设立或联合两县以上设立之，私人或团体亦得设立职业学校。

第八条　职业学校由教育部、省、市或县设立者，为国立、省立、市立或县立职业学

* 由汪伪教育部修正公布。

校；由两县以上联合设立者，为某某县联立职业学校；由私人或团体设立者，为私立职业学校。

第九条　职业学校之设立、变更或停办，其系国立者，应由教育部呈请行政院核准；其由省或直隶于行政院之市设立者，应由省市教育行政机关呈请教育部备案；其余呈由市教育行政机关核准，转呈教育部备案。

第十条　各级职业学校之教学科目、设备标准、课程标准及实习规程，由教育部定之。

第十一条　职业学校设校长一人，综理校务。国立职业学校由教育部遴选合格人员任用之；省立职业学校由教育厅遴选合格人员，经省政府委员会议通过后任用之；直隶于行政院之市市立职业学校，由市教育行政机关选荐合格人员，呈请市政府核准任用之；县市立职业学校，由县市政府选荐合格人员，呈请教育厅核准任用，均不得兼职。

前项职业学校校长之任用，除国立者应呈请行政院备案外，均应由省市教育行政机关按期汇案，呈请教育部备案。

私立职业学校校长由校董会遴选合格人员聘任之，并应呈请主管教育行政机关备案。

第十二条　职业学校教员由校长聘任之，应为专任，但有特别情形者，得聘请兼任教员。职业学校职员由校长任用之，均应呈请主管教育行政机关备案。

第十三条　职业学校校长教员之任用规程，由教育部定之。

第十四条　职业学校学生修业期满，实习完竣，成绩及格，由学校给予毕业证书。

第十五条　职业学校不得征收学费，但私立职业学校呈经主管机关核准者，不在此限。

第十六条　职业学校规程由教育部定之。

第十七条　本法自公布日施行。

汪伪《国民政府公报》第76号

二、中等教育概况

江苏省省县私立中等学校校长会议报告

（1940年12月12日）

一、会议章则

第一条　本厅为欲明了本省各中等学校对于和平反共建国教育之训教实施状况，并谋中等教育之改进起见，特召集本省省县私立中等学校校长会议（以下称“本会议”）。

第二条　本会议以左列人员组织之：

甲、出席人员

（1）教育厅厅长；

（2）教育厅秘书主任，第一、四两科科长、督学；

（3）本省省县私立中等学校校长；

（4）厅长特别指派之出席人员。

乙、列席人员

（1）本省各补习学社社长；

（2）厅长特别指派之列席人员。

第三条　本会议设主席一人，由教育厅厅长任之；副主席二人，由秘书主任及第一科科长任之。

主席因事缺席时，副主席代行其职务。

第四条　本会议在教育厅举行。

第五条　本会议开会日期定十月二十八、二十九两日。

第六条　本会议议事范围以教育厅交议案及各会员提议案为限。

第七条　本会议取讨论形式，各案讨论之结果，由厅长核定施行。

第八条　本会议设干事若干人，由主席派定分掌总务、文书、招待等事宜。

第九条　本办法由本厅厅务会议议决施行。

附会议日程

十月二十八日（星期一）

上午九时至十一时　开幕式

下午二时至五时　分组审查提案

十月二十九日（星期二）

上午九时至十一时　大会

下午二时至四时　闭幕式

二、出席人员

出席长官及来宾：省政府高主席、教育部沈司长、建设厅季厅长、社运苏分会科长谢雪僧、特务机关长代表主任森大辅。

出席会员：主席张厅长，副主席张仰高、顾天赞，本厅第二科科长徐锡璜，第四科科长朱懋功，秘书彭世芳，督学杜鹏举、吕玉书，省立苏州中学校长代表彭会煜，省立苏州女子中学校长郑宽广，省立常州中学校长潘祖述，省立太仓中校长钱星揆，省立无锡高级工业职业学校校长严亦和，省立镇江师范学校校长王士亨，省立扬州中学校长张同庆，省立女子蚕桑职业学校校长张绍武，吴县县立初级中学校长吴逸人，丹徒县立初级中学校长吴涤楼，丹徒县立初级商科职业学校校长项祝民，武进县立初级中学校长何其焯，常熟县立初级中学校长张郁文，江阴县立初级中学校长何家麟，无锡县立女子初级中学校长代表龚景文，丹阳县立初级中学校长薛焕新，昆山县立初级中学筹备员俞钟珽，金坛县立初级中学校长杨勉旃，靖江县立初级中学校长陆灼然，无锡县立初级中学校长朱恬持，常熟私立民德中学校长沈焜，吴县私立崇范中学校长胡道成，吴县私立育英女子中学校长张建初，无锡私立正风中学校长卫机平，无锡私立道南中学校长顾启荣，无锡私立圣德中学校长宪朴，武进私立潜化初级中学校长谢祖尚，吴县私立安定初级商科职业学校校长杨龙保。

列席会员：吴县私立振声补习学社社长刘铁棋、崇实补习学社社长顾欣伯、乐群补习学社社长马毅伯、诚一补习学社社长张履安、维摩国学补习馆馆长徐维摩、武进私立芳征补习学社社长程远甫、正行补习学社社长钱栗孟、群英补习学社教导主任蒋达、无锡私立国本补习学社社长赵雪咏。

三、大会职员

主席　张厅长

副主席　张秘书　顾天赞

总务组组长　张秘书兼

事务　盛书宪　王翼之

交际　彭秘书

议事组组长　顾科长兼

议事　张泽伟　叶凤池　李亚仁

文书　赵培基　刘雨农　施树仁　吴乐平　孙赞元

四、会议记录

（一）十月二十八日上午开幕式纪事

1. 开会

2. 全体肃立

3. 向国旗行最敬礼

4. 主席报告

主席致开幕辞

本省为东南富庶之区，人文荟萃之地，在事变以前，经费充裕，人才辈出，故各级教育，颇具成绩；即以中等学校而论，战前有一百八十余校，无论物质建设及精神训练，都有可观。不幸事变发生，本省首当其冲，积年累月的成绩，遭受巨大的损失，现经尽力恢复，最近亦仅有三十余校，不及战前五分之一，至教员人数不及战前七分之一，经费支出不及战前六分之一，但可以欣慰的，即是就学学生总数已达战前四分之一，颇合以最少经费办最大事业的经济原则；同时亦可反映出青年求知欲望的殷切和信仰和平建国教育的坚决。因此我们办理中等教育的人员，更当加倍在本位上努力，一面不要使青年失望，一面为国家多培植一部分中坚分子。须知和平建国的命脉，系于教育，中等教育培植之青年，系社会各阶层中的中坚分子，再进一步则可以训练专门人才，所以中等教育又为各级教育之中坚，主管一校行政的领袖，其所负的责任，愈觉重大。故对于推进校务，改进教学，固应力戒敷衍，实事求是，以求切合于时代需要；而尤属紧要的，系训导方面，因为中学学生正当青年时期，血气方刚，意志活动，管理训练最感困难，如果指导不得其宜，非但贻误青年，抑且违背国家作育人才的至意。尤其在此时期主办中等学校，如何统一青年复杂思想，纳入正轨，这是一件最困难而必须设法善导的事；其他如经费有限，物质设备不充，师资星散，人才罗致不易，也是极端不易解决的困难。本厅因这种种关系，特地召集本省省县私立各中等学校校长暨各补习学社社长，举行这次会议，一方听取各校报告办理困难情形，一方详细讨论今后改进途径，意义非常重大。至于各方提案，尤希各组缜密加以审查，再交大会决定。总期会议以后，名实相副，不致“议而不决”“决而不行”，这是本厅所殷望的紧要的一点。再今日要附带说明的，就是本厅对于中等教育的三种计划。本厅自改组到现在，仅及四月，本人接任之初，即以推进中等教育为行政目标之一。推进计划：第一增加数量，全省现有中等学校，不过三十余所，入学学生未能恢复战前的数量，可见希望就学而缺乏入学机会的青年甚多，故拟规划经费，增加校数，以顾全回籍及失学青年的学业；第二物质建设，战后经济困难，物质方面较前相差甚远，但经高主席及财政厅方面竭力设法，本学期教育经费增加已多，在目前生活高压之下，欲使各校同人，安心服务，待遇必须提高，至各校校舍、校具、图书、仪器等项，大都因陋就简，亦拟力求充实；第三精神训练，现在中学学生应具和平建国的精神，故决定实施思想、体格、科学、职业四大训练，庶可造成切合实用的中坚分子，以免再蹈往昔浮嚣空泛之覆辙。以上三项，尤盼到会诸君深切明了，作为讨论提案的参与【者】，本厅虽站在行政立场，然为整个中等教育前途计，凡属应行建设、应行改进、应行实施各项，各当与诸位打成一片，以图恢复战前的成绩，而教育的建设，庶几可望循序渐进哩。

5. 长官训词

高主席训词

事变以来，去年因受战事影响，远离乡井，艰苦备尝；物质上之损失，已难估计，而精神上之痛楚，尤为重大。复兴工作，首在教育，教育如何改进，责在吾人。青年人思想及发育，均在强烈变化之中，担任中等教育之职者，当知所负责任之重大，应将“和平反共建国”之意义，灌输诱导，并以之为中心思想，躬行实践，矢志不渝；且所学者，尤应切合环境，或于职业方面，有能安身立命之处，则其收效尤宏，赵部长主张生产教育即以此故。进而言之，则职业教育，不仅侧重于生产之技术，尤其侧重生产化之道德，务以“学以致用”为职业教育中心思想，则其为用尤广。至于我国教育事业，夙称发达，周代乡遂，均有学校；至前汉又盛行经师，蔚为制度；后汉之时，学生负笈游学，不远千里，如定远侯班超，因此而得以成其功业；汉明帝时，已由经师制度变为自由游学制度，务以听讲为主；东晋士夫，竞尚清谈，求学功夫，虽见低减，而周处受经于陆机陆云，卒能为国捐躯；宋太学生陈东上书，遂开学生干政之风；明时诚社复社之士，砥砺气节。书院讲学制度盛行于宋，迄清末叶不废，此皆见于史传，班班可考。故中国教育之优良，自昔即为世界各国之冠。诸君应知教育不仅为终身事业，亦且为兴趣事业，如能得全省青年而教育之，使成英才，各能学以致用，则苏省三千万之同胞，固感觉莫大愉快，而江苏教育，亦足为全国之模楷矣。

沈司长训词

江苏以往教育之地位，确为全国教育之领导，全国各省，莫不唯江苏之马首是瞻；即以今之所谓新四川教育比拟之，其相差程度，至少尚在十年以上。江苏教育以往成绩，所以能冠全国者，盖有二因：（一）办学者遵守法令，与（二）努力苦干，尤能以人格感化为前提，且上下一致，向前迈进，此为苏省教育真精神之表见。事变以后，破坏甚大，青年思想，极感烦闷，倘能领导有方，当不难纳于正轨。惟教与训两事，均极重要，故在此环境之下，与其多说，不如多做，使其不暇旁骛，而求学效力自见。戴次长有云：“今后教育应切实注意者，为正确之思想，牺牲之精神，高尚之人格，广博之知识。”此四者非常重要，应以身作则领导青年，务达人格感化之目的。现在苏省教育，颇见朝气蓬勃，然欲恢复以前真精神，不仅依赖行政当局，尚须上下一致努力实行，方不失其居于全国教育领导之地位。

6. 来宾致辞

森主任大辅致辞

诸位校长在和平反共建国旗帜之下，共同努力，兹有两点，贡献给诸位校长：（一）何以非反共不足以建国？因共产党欲把中国五千年之文化历史，破坏无遗；故欲保存中国古代之文化，非扑灭共产不可。（二）何以非和平不足以建国？因日本与中国战争已达三年之久，两国间生命财产文化之损失，均甚巨大；在此时期，两国实有和平之必要。将此切实告诫青年，领导青年，走入正当之途径，是在各位于中等学校校长会议之后之努力。希望由建设新中国，进而建设新东亚。

季厅长致辞

学校为社会之中心，中学又为学校之中心，并且为大学之基础，地位最为重要。记得以前一位教育家说过："教育者之责任，非常重大；或谓小学不过为中学之预备，但是中学教育者不负责任，以为中学不过为专门大学之预备。中学成绩不良，因小学教育之基础不佳；而专门大学教育者更不肯负责任，以为大学地位虽高，其基础则仍视中等学校之教育如何"云云。此种互相推诿，不负责任之非难不为无因。反过来说，办教育者，不论是小学、中学、大学，应当各个人都负起责任来努力去做，其意义重大可知。至于鄙人所以以中学为学校教育之中心者，因为中学有中学的宗旨，虽与大学小学有互相联系的关系，而精神上仍有其独立之地位。吾苏中等教育，很有相当历史，事变后困难虽多，而过去之精神仍在，应当本此精神，力求改进，现虽处于困难环境之中，但应当从困难中，想出改进与发展的方法，切实去做，则其成绩，益当斐然可观。

谢科长雪僧致辞

我们人类，因为生存的环境与地理的不同，力求取生存资源关系，往往引起了不息的纷争。我国现在处于生死存亡的时候，一般有志青年，感觉到烦闷、失望，自属当然。但从汪先生领导和平建国运动以后，我们明了我国当有可以复兴的机会，当把破碎的国家重复建设起来的机会，而社会上的有识之士更因此而感觉到复兴中国，须以教育建设为根本办法。

在事变以前：1. 中国的教育制度是盲从的，以为美国的教育办法好，就跟着美国走，以为德国的教育办法好，就跟着德国走，没有中心，更不合现实的需要。就中学教育言，造成了毕业即失业的现象，而学校里毕业一批人，社会上便多了一批分利者。2. 教育缺乏尊严与纪律，将以前的教育状态，下严格的批评，即就上海说：A. 学校太滥，不论一条小巷或一间小楼，很容易发现有一块中学或小学的学校招牌，至于这学校的制度如何、办理及成绩如何，校外都是无从问闻的。B. 办学者太滥，为教育而办学校的固多，但是以办学谋利，亦属不少，办学者简直视办学如经商，以学校为营业之机关。C. 师资太滥，要在这些学校中，找到一个有相当资格与相当历史之教师，极不容易，但往往发现研究数理化学的人，竟担任国文教师，等等，这一种滥竽充数的师资，更充分表现了"所学非所用"与"所用非所学"的现象。D. 招生太滥，有很多的学校，他们招生不以学生的程度为标准，但求学生数量多，撑棚场面，但因招生太滥的关系，这个学校就永没好成绩可以表现。E. 升降太滥，在一个学期或学年交替之际，虽然学生的程度的高低，与成绩之优劣，迥不相侔，但也一律地给他们敷衍过去，为迁就学生及其家属。

以上几点，对于教育的尊严与纪律，实有相当的恶劣影响，不啻残害我们的青年、民族和国家，所以今后应当创建新的教育确定动向。

关于教育之动向，本人有二点贡献：一、不要迷恋过去之残骸，更不应以不痛不痒的态度去办教育，经过了这次非常事变，与毁灭人类文明的斗争，应当有一种切实的觉悟。而教育最大的工程，就是要承继过去人类的历史，并开展人类未来的文明，希望教育领袖将此责任担负起来。二、我们办理教育，应顾全社会实际的需要，不再以装点门面的手法去残害青年思想，摧毁人类文明，应努力地去创建新的教育、新的生命。

7. 中学校长代表郑宽广答词

各位长官及各位来宾训示周详，同人等万分感激，谨当诚意接受，作为今后从事中等教育之方针。一俟会议闭幕，同人等各自返校，决本以前办理苏省教育之精神，努力苦干，以期达到和平反共建国之目的，而不负诸位长官殷殷敦勉之至意。

（二）十月二十八日下午各校长报告

省立苏州女子中学：本校现在校舍，系借用振华女学。原有校舍，亟盼早日收回。又女校应注重家政，今因限于经费，设备阙如，拟请厅方予以行政及经济上之协助。

省立太仓中学：本校现有学生七学级，计高中两级，初中五级。校舍及设备均勉敷应用，惟高中学生人数不足，其原因：（一）因现在社会经济力量薄弱，家长不克负担高中学生费用，初中毕业之子弟，都令就业。（二）因中大先修班招生，多数学生均往投考而获录取。上述两种情形其补救办法，亦有两点：（一）下年度拟斟酌社会需要，改普通科为职业科；（二）请求中大下年度停止招考先修班，以免紊乱学制系统。

省立扬州中学：本校地居江北，投考学生尚称踊跃。此次高中学生工科人数多于普通科，足证社会倾向职业教育。惟本校开创伊始，一切设备，均付阙如，对于工科不可不备之仪器，尚未购备，实习一事，无从着手，现闻厅方有统购各省校仪器之议，深盼早日购就，分拨各校应用。

省立常州中学：本校校舍，系借用原有私校，校内设备，亦甚欠缺，切盼厅方予以最大之协助，使基础日趋稳固，设备渐见充实。

省立无锡高级工业职业学校：本校为江苏省唯一之工业学校，创办虽不久，而金工织工均已开始初步之实习；惟因房屋缺少，暂假礼堂为工厂，实多不便。

省立镇江师范学校：本省师范学校，现仅本校一所。此次招生普通科师范生未能足额，其最大原因，即为小学教员待遇太低，师范毕业生实原在校读书，尚获一饱，倘出外服务，则倾其薪给不足当啖饭之资，因此青年视师范为畏途，而裹足不前。

省立浒墅关女子蚕桑职业学校：本校最近成立，十月招生复校，本月十五日上课。当事变初定，学校未开，由绍武保管；在保管期间，代建厅制造原种等工作，计生产费所入约七万元；此次复校，修缮设备等费，多能自力解决。奉厅座委绍武为校长，嗣后更当努力从事生产，以期恢复原有状况。不过生产事业，消长盈虚，有时间性，对于厅方规定之会计手续，应请予以变通办理。

吴县县立初级中学：本校组织及实施情形，均详载本校概况中。今后所希望者，为充实原有设备，因县立中学苦于设备简陋，故办学成绩，逊于省校。本校在简陋之设备下，仍努力苦干，希望官厅在可能范围内，予以相当之援助。

常熟县立初级中学：本校学生尚称发达，教师资历亦合，且均肯努力教学；惟校舍不敷，经济支绌，致未能突飞猛进。

吴江县立初级中学：校长代理吴江县中，甫经一月，对于校务悉已调整；惟学生宿舍，离校太远，管理上不无困难。

武进县立初级中学：本校校舍，借女师旧址，与实验小学同在一处，颇感不便；故两校校舍，须设法分开。又本校经临两费，亦感不能按月发给之苦。

无锡县立初级中学：本校学生数甚多，各级有人满之患；惟经费方面，已感不敷，今后不能再减，寄宿设备，尤须设法扩充。

无锡县立女子初级中学：本校计有学生五学级，校舍设备尚敷用。复校经费约六千元，详细概况，已于概况表中呈厅核阅矣。理科实验，为研究科学必不可少者，拟请于民众教育馆中，扩充一理科实验室，以应需要。

丹徒县立初级中学：本校校址，为旧女蚕校之一部分，其另一部分为友邦借用，办一小学在内，两校分用，均感不敷，拟请厅方设法收回，俾有能运动及休息之场所。

丹徒县立初级商科职业学校：本校校址似嫌偏僻，寄宿生亦不少，高年级学生稍稍学得商业知识，往往不待毕业，即投考职业机关服务。

江都县立初级中学：本校内部安定，经费亦能按月领到，惟设备缺乏，学生程度不齐，拟力图改进以收训教合一之实效。

江阴县立初级中学：本校招生时，新生投考踊跃，惟经费每多积欠，设备亦不完全，致办事方面，发生诸多困难。

青浦县立初级中学：本校困难焦点，为经费不敷，办公费尤感不足。

无锡私立圣德中学：办理公立学校者，希望对于私立学校勿存歧视，使官厅友邦发生怀疑。又私立学校之教员待遇太薄，虽有优良教师，每不能久安于位。希望官厅予以补助，俾可促进教育效率。又私立学校经济力量单薄，校具购备，非常困难，官厅派员视察时，希望予以深切之谅解，科学设备私校购置尤难，倘能多设公共理科实验所，则裨益教学，实非浅鲜。

吴县私立崇范中学：本校现有学生五百二十人，在此过渡时期，招收新生及插级生，大都来自各补习学社者，请厅方予以通融。

无锡私立道南中学：私立学校，因经济困难，教员多具苦干精神，而校董方面，协办尤多，是以本校成绩差堪自慰，厅方倘能予以鼓励，则效率当更大矣。

吴县私立崇实补习学社：事变以来，学校悉皆停办，维新政府时代，虽有中学之设立，然为数甚少，于是私人结合创设补习学社，以救济失学青年，本社之创设，即其一例。本社现有学生三百九十七人，分高中两级，初中四级，课程与普通中学相同，自国府还都，张厅长莅位，各补习学社，迭奉厅令改为私立中学，本社已着手准备。惟限于校址及基金之筹措，不得不稽延时日，官厅对于立案手续，倘能略予通融，则本社之改办私立中学自可早日实现也。

（三）十月二十八日下午分组审查会（略）

（四）十月二十九日上午大会决议案

1. 初中应否筹酌设春季始业班案

理由：各县小学为适应当地需要，有兼开春季始业高级班者，全省合计为数非少，似宜酌设春季始业班，以应社会需要。

办法：由厅指定地点较为适中之学校，自本年年度春季学期起增设初一春季始业班，是否有当，敬请公决。

决议：根据廿六年以前部颁法令，以办理秋季始业为原则，目前可依各地环境情形酌量办理。

2. 高中应否酌设职业选修科目案

理由：高中虽以升学为主旨，但事实上不能升学者亦所在多有，为兼谋此等学生出路之便利起见，似宜于第三学年酌设职业科目，俾可选习，借应将来所需，是否有当，敬请公决。

决议：二年级以上可酌设职业选修科。

3. 为学校改进起见，拟请省厅训令各县局科切实注意省督学视察报告并严令遵照办理案

决议：请原提议人补具意见，呈厅办理。

4. 凡属公立中学校教职员待遇标准理宜同等敬请公决案

说明：（1）尊师重道本无问古今，致饩酬劳应不分厚薄。兹查县立中学教职员之薪额与省市所立者相较，多寡悬殊，就其资格、任务、工作与学校等级而论，彼此固皆相同，而独于酬报之薪金，故分轩轾，一若服务于省市县所立之学校，亦如行政系统之有上下尊卑，显分阶级，将使通才硕学之良师，群思改就省市中学之聘，而不愿久蛰于县立中学矣。其为县中用者，大抵皆中等以下之师资，则其所以阻碍教育前途者，决非浅鲜，而为县中校长于用人一端，更有才难之叹。方今政局演变，法统重光，县中教职员同负和平反共之使命，以陶冶青年之品性，辟邪说，指正道，其责任相同，其待遇亦应一律变通旧例，消泯畛域，庶几省市县教育效能不致有偏颇之弊。（2）苜蓿生涯本极清苦，今县中教

职员之薪给大概犹是事变前之标准，而百物价格五六倍于昔生活水准，继长增高，挹彼注兹，不敷甚巨。天职司训教日切，内顾之忧，其不克热心任事也，乃势所必然，而改途易辙，薄教育事业而不为者，亦必日见其多。因是，县教育之发展其势更难。为今之计，亟宜提高县中教职员待遇，以安生活而贵成效。(3) 本年十月十七日报载，教育部鉴于百物昂贵，生活程度日高，通令各省市县增加小学教师薪给，并订加薪办法，以归一律。足见教部体恤寒畯，曲如人意，振兴教育，久握要枢。佳音传来，群情欣慰。惟县立中学隶属相同，教职员待遇亦极菲薄，今受米珠薪桂之压迫，度日维艰，固无异于小学教师。语曰仁人之言其利甚薄，愿省县当局善体教部广厦庇士之仁心，推恩所属，令将各县县中教职员薪额酌予增加，以免向隅，而昭公允。

决议：以各县经济能力，力求同等待遇为原则。

5. 年功加俸本属通例，今宜率由旧章以资奖励，敬请公决案

说明：东西各国之人士，佥以教育为终身事业。盖其国家所以奖励教师之方，无微不至，不论大中小学校，一视同仁，故凡服务于学校中者，率皆乐此不疲，累岁积功，益多贡献，学术文化之所以与时俱进者，端赖于此。且既能久居其位，其人必为胜任愉快之良师，有功则奖，懦夫思奋，所谓重赏之下必有勇夫，办学亦然。今国策扬櫫赞和平教育，注重反共，欲使良材咸乐为用，以收百年树人之效，莫如援照成例，恢复年功加俸之制，庶几为校效力之教职员，皆勤于所事，不致见异思迁，而教育之效率，因以增高，未始非培植人才之妙用也。

决议：照专任教员待遇办理，本案撤销。

6. 请恢复国文改卷费以示注重国粹案

理由：自经上学期删除国文改卷费后，各校国文虽照常批改，而义务与权利未见平衡，积久恐人情疲怠，于学生练习作文方面，必生极大之影响。

决议：原案通过。

7. 请教育厅通饬各县举办教育失业人员登记案

理由：事变后各县教育事业骤形停顿，失业教育人员为数非鲜，现在地方秩序逐渐恢复，省县学校亦渐复旧观，然而为事择人，尚苦难于罗致而失业者，当此生活昂贵之候，亦往往呼吁无门，欲谋一位置而不可得，似应由本会议决呈请教育厅，通饬各县举办教育失业人员登记一次，庶几谋事者与需用人才者两得其便。

办法：由教育厅通饬各县县政府或教育局，规定自即日举办登记，以两个月为期，尽本年底结束，呈报教育厅汇核，其有夙著成绩经验丰富者，尽先录用，至现任之资格未合、学力未充者，须一律调省受训后再行派回服务。

决议：呈厅办理。

8. 请求教育部恢复高等师范学校培养中学师资案

理由：自高等师范停办以来，中学师资端赖各大学供给，但大学毕业生学术深邃者有

之，深明教育者有之，其兼善并美者不啻凤毛麟角，且师资训练有异于大学教育，非设专校不足以尽其能事，爰拟呈请教育部恢复高等师范旧制培养中学师资，以增教育效率。

办法：呈请教育厅转呈教育部，请求恢复。

决议：请教厅转呈教部，请求恢复师范大学或教育学院。

9. 筹设江北师范学校造就师范生以应需要案

理由：查事变前，本省师范学校及乡村师范学校，江南北不下十余所，现在江南已经设立镇师一所，江北尚付阙如，各县小学逐年扩充，原有教师辗转流离，师资缺乏确为目前一大问题，是以完全师范生之造就、代用师范生之训练，均属刻不容缓，此应请筹设江北师范之理由一也。江北各县渐渐繁荣，小学校数几可恢复二十六年以前之旧观，每届毕业学生之数逐有增加，因各人兴趣及环境之不同，未便强使趋于中学之一途，似宜分别训练，以宏造就，而免偏颇，况江北风气闭塞，关于和平运动之真谛，尤非有基本之训导，不足以纠正今后国民之思想，此应请筹设江北师范之理由二也。至于设校地点，则以交通便利关系，暂在扬州为宜，是否有当，拟请公决。

决议：建议教厅逐步恢复原有师范学校。

10. 请收回原有校舍以利校务案

说明：本校在民国十六年于西仓前地处特建校舍一所，事变后完好无恙，旋为绥靖司令部所借用，去年本校开办即拟收回，未能如愿，而本校暂设于书院弄前思文小学校址，全部房屋不及西仓前十分之一，不特屋宇褊小，教室不敷，即厨房、宿舍、膳堂等必须有者，亦均无着，现虽租借邻近胡姓祠堂加以修葺，暂为应用，然湫隘简陋，不适于用，转瞬期限届满，终非久长之计，拟请省厅将原有县立初中校舍设法收回，庶屋归旧主，而校务亦得渐次恢复旧观矣，是否有当，提请公决。

决议：呈请办理。

11. 各省校消防设备尚付阙如应如何筹设案

理由：学校地方辽阔，人数众多，向有消防设备之设施，事变以还，大都散逸，似应亟谋恢复。

办法：事变前，各省校皆保有火险，但每年学校所付保险费为数甚巨，现拟就各校经济情形之可能范围内购置小型邦浦，至少须置备灭火机数具，以防万一，一面训练学生常作消防演习。

决议：建议教厅酌给临时费。

12. 各省校理化实验设备因经济关系未能完善应如何补救案

理由：现值百物昂贵之际，理化仪器药品之价格涨风更甚，各校欲恢复事变前之原有理化设备，当非短时间所能办到，学生实验又遂因设备之不完善而因陋就简，殊非所宜。

办法：拟在各都市筹设公共实验室一所，供各省校学生实验之用，以节公帑而利教育。实验室所在地之私立学校借用时，则每次须纳消耗费若干，其办法另订之。

决议：(1) 建议教厅通令各县普遍设公共实验室；(2) 当地各校原有理化仪器得互相交换借用。

13. 私立补习学社之训教设施，应完全依照私立中学规程办理，并限于三十年度一律改为私立中学，正式办理立案手续案

理由：查各补习学社之设立，原为一时权宜之计，其组织及训教设施大都仿照私立中学办法，以改私立中学并非难事，前经本厅令饬改办有案，兹自三十年度起，是项补习学社应一律改办私立中学，正式办理立案手续，是否有当，提付公决。

办法：(1) 自三十年度起凡未备案之私立补习学社一律停闭；(2) 自三十年度起凡已备案之私立补习学社一律改为私立中学，正式办理立案手续；(3) 自三十年度起不准再有补习学社开设。

决议：(1) 学科完全之补习学社依照功令办理；(2) 专科补习社得单独设法。

14. 初级中学之设双轨者，须尽量扩充女生学额，且能以分班教学为原则案

理由：查男女心性体质在中学时期既不相同，而能力及需要亦显然有别，如概一炉熔冶，强之使同，必有扞格不入之患，非但不合教育原理，抑且不能切合实际之需要，为补救此种缺陷计，在初中方面有设双轨者，不妨尽量扩充女生学额，而使男女分班教学，使各受适宜之训练，以确立其基础，至若女生未能扩充成级者，自应同级上课，遇有女生特殊课程及劳作等课，再行分组教授，庶使两方面各有裨益，是否有当，敬请公决。

决议：原案通过。

15. 中等学校学生参加社会团体拟请加以制限案

理由：中等学校学生思想单纯，意志薄弱，对于参加各种社会团体似觉能力不足，拟请加以限止，俾利训教。

决议：除学校当局奉行上级机关指定参加之社会活动外，不得参加其他社会活动。

16. 中等学校图书馆应如何设法充实以利教学案

理由：自经兵燹，各中等学校遭受损失殊巨，而以图书馆之设备恢复更难，虽经当局之努力，然限于经费，终未能充实，似应于经济可能范围内充实图书内容，以利教学。

决议：建议教厅通令各县尽量扩充各校图书设备，并由厅规定各种课外读物。

17. 各县尚未恢复之省立教育机关房屋，除驻有友军者外，拟请所在地各中学就近负责代为保管，或设法利用，以便易于恢复案

理由：事变以还，本省省立教育机关经已次第恢复者，计有苏中等八校，及苏州图书馆、无锡民教馆、苏州体育场等，其余大都驻有友军，或竟空闭无人保管，以致房屋毁坏不堪应用，对于教育复兴前途窒碍殊多，兹拟先事着手调查其损坏情形，交由所在地各中学负责保管，或竟设法利用，是否有当，交付公决。

办法：关于各省县教育机关之现在状况，拟先由厅方饬县切实查复，然后指定由所在地之某中学负责保管或借用之。

决议：原案通过。

18. 厅颁省立各教育机关校舍校基及图书仪器标本校具管理办法，应切实遵办具报以重公产案

理由：查各省立教育机关之校舍、校基、校具及图书、仪器、标本等，前经本厅颁发管理办法后，能遵办具报者固多，而视为具文置之不顾者亦属不少，应速依照规定办法切实遵造册报，以重公产，当否？交付公决。

办法：校舍、校基、校具之损坏及图书、仪器、标本之添置，应于学年度开始时由主管人员造报清册，以资考核，如有迁延不报者，该校校长应负全责。

决议：原案通过。

19. 应否组织中等教育研究会提请讨论案

理由：窃为便于磋讨教学方针，联络教学人员感情起见。

办法：拟请组织中等学校教育研究会，兹拟具组织大概如后。(1) 宗旨：磋讨教学方针，联络感情；(2) 组织：以县为单位，各该县之教育行政主管长官为会长，全县之各公私立中等学校全体教职员为会员；(3) 会议：每月定期举行常会一次，倘有特别事故，得举行临时会议。

决议：建议教厅令饬各县办理。

20. 拟请组织中等教育考察团东渡考察以资借镜案

理由：日本教育推进甚速，一切设施在在可供吾人取法，吾国中等教育虽办理有年，然较之彼邦，仍有望洋兴叹之慨，今后自应取彼之长补吾之短，故东渡考察实为目前亟切之事，此理由一也。江苏地处海滨，与日本隔海相望，彼邦文物，吾江苏教育界实负有介绍之责，因此尤有东渡考察之必要，此理由二也。和平建国，首在睦邻，吾教育界责任负有提倡之责，东渡考察既可以观摩教育，又可以作敦睦邦交之一助，此理由三也。

办法：(1) 组织：由各中等学校校长或教导主任组织之，省县立中学每校一人，私立学校得自愿加入，不限人数；(2) 时期：明年（民国三十年）三月初出发，来回三星期；(3) 经费：省校由省方补助，县校由县方补助，私立学校自费，或酌予补助。综上所述，是否有当，敢请公决。

决议：建议教厅斟酌办理。

21. 请规定现任中等学校教职员为中国教育建设协会江苏分会当然会员案

理由：中等学校教职员，其本身人格之修养、学问之高尚在为作育人才之表率，服务教育之责任关系重大，不团结则精神散漫，意见分歧，故必使之隶属于教育建设协会江苏分会之下，养成完全优秀之教职员，是否有当，敬请公决。

决议：原案通过。

22. 拟请教厅指定人员订定各校自然科学最低限度设备标准以利教育案

理由：查学校经此事变，所有自然科学设备荡焉无存，平时教学仅借书本或讲义，学

生所得影像殊嫌肤浅，亟应充实内容，以宏教育。

办法：各校自然科学设备暂分物理、化学、生物三种，每种由厅指定二人拟订最低标准，呈厅核定后，统筹购置分配各校应用，是否有当，敬请公决。

决议：依照以前教育部颁发之最低标准办理。

23. 开放现在各省校自然科学设备，以供就地各中等学校应用案

理由：各县私立中等学校事变后设备毁损无余，三年来各地先后复校者固甚多，而内容充实设备完美者十无一二，尤以自然科学为甚，现在省立中等学校设备虽亦简陋，然或尚略胜于县私立中等学校，似应将现在省校自然科学设备供诸本地各县私立中等学校，以利学子。

办法：依照公共理科实验室办法，消耗品由实验学校负担，仪器公用，如有损坏时，照值赔偿，由厅指定人员草拟章则，呈准后施行，是否有当，敬请公决。

决议：照第十二案议决办法办理。

24. 统一全省中等学校教材及进度，以便行政当局考成案

理由：迩坊间课本尽已废止，国定课本未奉颁行，各校教材类由担任教师自编讲义，因之取材既难尽同，分量亦不一律，将来行政当局实施考成，定多窒碍，爰拟：

办法：（1）呈请教育厅转呈教育部，请求从速编印各学年第二学期各科国定课本，以便遵用；（2）在国定课本未颁行前，为解除各校用书困难，似应分科推定各校编写稿本，呈厅审核代印分发各校应用，以期统一；（3）课本既定，请教育厅订定进度表，分令各校遵照。

决议：俟国定课本发行后，重编教学进度表。

25. 初中学生应如何实施职业训练案

理由：查初中学生所受者为普通教育，毕业后其进行之途，虽不一致，而以原就职业者为多数，在校时如能以相当训练，将来出就职业，自为社会所欢迎，惟训练实施方法应如何规定，以期尽善，应请公议决定。

决议：原案通过。

26. 各中等学校应慎选师资以重教学案

理由：查中学教师资历之良否与学生学业有直接之影响，教师学识丰富，经验甚深，则学生课业之进步必能非常迅速，反之，教师资历不足，讲解含糊，学生亦勉事敷衍，不加玩索，结果学生程度低劣，毕业后对于所习学科仍是一知半解，影响前程殊匪浅鲜。故各中等学校校长在聘请教员时，对于教员之资历有慎重选择之必要，特拟慎选师资办法，交付公决。

办法：①聘请教员时，须切实遵照规定资历详细审核，凡资历浅薄而从事请托干求者，一律不予徇私滥用；②凡新聘教员，其任期以学期为原则，如在任期内发现某教员教学不力或学识欠缺者，应于学期终了时，从速设法更换，毋稍因循。

决议：本案撤销。

27. 各中等学校应注重生产教育尽量扩充劳作教材案

理由：查近数年来，因受战事影响，民生凋敝，府库空虚，亟宜趁此和平开始、法统重光之时，特别注重生产教育，以资救济中等学校，本有劳作一科，应即尽量扩充其教材，务使制作之品切于实用，在可能范围内方求自制自给。

办法：（1）先从校内文具、仪器、桌椅、什物比较简易者入手，以求一校之自足自给，然后推而及于家庭应用之器物，同时养成学生可以独立制造之能力；（2）鼓励学生于应有之课作外自由制造，以期增加其兴趣，发展其特长；（3）充分购备理化土木等工艺书籍，以供学生之参考。以上各点是否有当，应请公决。

决议：原案通过。

28. 中学劳作科应男女分授以期切合实际需要案

理由：查劳作一科，向因男女同级之故，致其教材率以男生之课程标准为主，对于女生之能力及需要未免忽略，此种矫揉造作，不但牵强无益，且于教育上、事实上均不相宜，亟应分级教授，俾各有其应习之课程，以期切合男女两方实际之需要，是否有当，应请公决。

决议：原案通过。

29. 中学应摘选适合时代之经文为国文补充读物以树立学生国文根底案

理由：我国自五四运动以还，中小学校国文一科大都注重语体文，而忽视文言文，用字造句处处效颦欧西，对于我国固有之经籍则视为陈腐，讥为落伍，不屑一顾，因此学生国文程度日趋窳下，往往大学毕业而举笔仍是格格不吐，甚且别字连篇，可胜浩叹。欲除斯弊，中学课程应语文并重，并且国文教师摘选适合时代之经文为补充读物，借以树立学生国文之根底，当否？交付公决。

办法：（1）初中一二年级，国文选读《孟子》，初中三年级选读《论语》，高中一二年级选读《左传》《礼记》，高中三年级选读《尚书》《诗经》，每周均至少于国文课程钟点内列入一小时，由教师详为讲解后，令学生熟读背诵；（2）摘录经文成语（为日常应用文字所常见者），令学生抄入笔记簿，使之牢牢记忆，随时引用。

决议：原案通过。

30. 各中等学校之体育科除原有田径及球类等课外运动外，应普遍添设国术一门案

理由：日本对于国粹“武士道”力加提倡，而得国富民强之效，反顾我国，国粹“国术”大都不加注意，任其埋没，殊为可惜，故各校应添设国术一门，以资倡导，是否有当，提付公决。

办法：（1）各校须一律自二十九年第二学期起聘请国术指导员，规定时间，督促学生习练国术；（2）规定国术成绩为体育成绩之一部分。

决议：原案通过。

31. 各中等学校每学期举行联合运动会一次，由苏、锡、常、镇四区省立中学轮流召集案

理由：查田径球类各项运动之进步在于平时互相比赛、互相观摩，现在各地状况大都恢

复常态，苏、锡、常、镇四区中等学校林立，各校应于每学期举行联合运动会一次，以收联络观摩之效，且以唤起民众注重体育之观念，此乃为不容待缓之事，是否有当，提请公决。

办法：自二十九年第二学期起，由苏中、锡工、常中、镇师四校每学期轮流召集举行各中等学校联合运动会一次，会场及组织等由上述四校负责筹划，呈厅核定。

决议：原案通过。

32. 组织中小学课程研究委员会以期课程衔接案

理由：查中小学课程衔接问题殊关重要，小学毕业程度每与中学入学试验程度不相为谋，非特小学学生应付入学试验发生困难，抑且于入学后中学教学方面深感不便，拟请组织中小学课程研究委员会，以期课程衔接而谋教学实效。

决议：原案通过。

33. 拟请规定中学训育方针及实施办法大纲草案报告表

理由：（1）奉令试验结果应行呈报，似宜订定表式，通饬遵行，以资便利而昭划一；（2）各校训练中心分期更换，每苦于无整个方案以资遵循，即不免颠倒重复、闭门造车之处，如能拟订具体善法，则易收事半功倍之效。

办法：遵照部颁《中学训育方针及实施办法大纲草案》拟订报告表式，敬请公决。（附表）

江苏省立中学试行中学训育方针及实施办法大纲草案报告表

<table>
<tr><td rowspan="12">训育组织</td><td>校长姓名</td><td></td><td colspan="3">级任导师会议</td></tr>
<tr><td>教导主任姓名</td><td></td><td>次数</td><td>中心工作</td><td>试行结果</td></tr>
<tr><td>教务主任姓名</td><td></td><td></td><td></td><td></td></tr>
<tr><td>训育主任姓名</td><td></td><td></td><td></td><td></td></tr>
<tr><td rowspan="4">级任导师姓名</td><td></td><td></td><td></td><td></td></tr>
<tr><td></td><td></td><td></td><td></td></tr>
<tr><td></td><td></td><td></td><td></td></tr>
<tr><td></td><td></td><td></td><td></td></tr>
<tr><td>事务主任姓名</td><td></td><td></td><td></td><td></td></tr>
<tr><td>公民教师姓名</td><td></td><td></td><td></td><td></td></tr>
<tr><td>童军教练姓名</td><td></td><td></td><td></td><td></td></tr>
<tr><td>校医姓名</td><td></td><td></td><td></td><td></td></tr>
</table>

<table>
<tr><td rowspan="5">训育实施</td><td colspan="2">健康训练</td><td colspan="2">公民训练</td></tr>
<tr><td>定期事项</td><td>不定期事项</td><td>定期事项</td><td>不定期事项</td></tr>
<tr><td colspan="2">知能训练</td><td colspan="2">休闲训练</td></tr>
<tr><td>定期事项</td><td>不定期事项</td><td>定期事项</td><td>不定期事项</td></tr>
<tr><td></td><td></td><td></td><td></td></tr>
</table>

续表

<table>
<tr><td rowspan="3">办法</td><td colspan="2">服务训练</td><td colspan="3" rowspan="2">考查及奖惩</td></tr>
<tr><td>定期事项</td><td>不定期事项</td></tr>
<tr><td></td><td></td><td></td><td></td><td></td></tr>
<tr><td rowspan="3">适合训育方针</td><td rowspan="2">重要事项</td><td rowspan="2">合于训育原则</td><td colspan="3">合于训育方针</td></tr>
<tr><td>共同目标</td><td>初中目标</td><td>高中目标</td></tr>
<tr><td></td><td></td><td></td><td></td><td></td></tr>
<tr><td rowspan="2">试行后之意见</td><td>对于训育方针</td><td>对于训育组织</td><td>对于训育实施</td><td>对于考查及奖惩</td><td></td></tr>
<tr><td></td><td></td><td></td><td></td><td></td></tr>
<tr><td>备注</td><td colspan="5"></td></tr>
</table>

决议：训育方针已奉教部颁发，所有原提案人报告表请由厅修正分发各校填报。

34．如何训练中学生思想纯洁言论正确案

理由：查近来各学校学生对于文字写作及举止言动时有越轨之处，致妨碍邦交纠纷迭起，影响所及，至深且巨。在此思想庞杂、动荡不定之时，究用何种最有效之方法指导纠正、纳入正轨，应请公决。

办法：（1）随时随地考查学生之思想行动，如发现有错误处立即纠正；（2）举行个别谈话，观察学生之品性；（3）级任导师须一律与学生共饮食，同起居，若家人父子，然则于学生之个性始得深切研究，而施以适当之训导；（4）购置思想纯正之书报杂志，鼓励学生自动阅读，以涵养其德性；（5）举行定期集团训话；（6）敦请名人演讲；（7）规定各种正当娱乐，使学生课余得正当活动，不作其他幻想；（8）定期访问各学生家庭。

决议：除照本厅提出办法六条（一至六），请厅令各校切实训练外，再加七、八两项办法一并施行。

35．本省各中等学校禁止男生蓄发女生烫发而尚朴实案

理由：查中等学校训练学生当以活泼、健康、整齐、清洁、刻苦、耐劳为主，乃事变以还，男女学生趋向浮华，而于蓄发一端更可概见，拟请通令本省各中等学校禁止男生蓄发、女生烫发，切实执行，以节靡费而挽颓风。

决议：请厅方通饬各校切实执行。

36．各中等学校校长应负劝告召集离乡中学生返里就学案

理由：此次中日事变，各地民众纷纷避难他乡，现在国府还都，一切政治渐入常轨，地方秩序已告安宁，然而避难民众大都仍未全归故里，尤以青年学生之逗留沪上者为多，

沪地五方杂处，社会情形恶劣，学校校舍逼窄，设备不全，物价昂贵，消费巨大，加之人品不一，良莠难分，一切过激荒诞之言论思想，在在足以熏染学生纯洁之头脑，各中等学校校长身负教育重任，对于劝告招集离乡中学生返里就学，实为当前之急务。

办法：由校长直接通知在沪各亲友或通知本校学生，凡有亲朋或旧同学避难留沪未返者，速邮书劝告，促其返里就学。

决议：请教育厅令饬各校校长尽力设法劝告。

37. 请充实设备以利教学案

理由：各中等学校设备事变后荡然无存，开办时又因限于经费未能购置，如仪器、标本，体育、劳作等一切关于教学上之用具殊不完全，教学每感困难，亟应充实内容，以利教学。

办法：请省厅筹拨巨款，分发各校，充实设备。

决议：甲、请教厅呈部拨款充实各校设备；乙、请教厅拨款充实各校设备；丙、请教厅饬各县政府教育局拨款充实各校设备。

38. 拟请提高中等学校教职员之待遇以期增进教学效能案

理由：事变以还，物价倍增，而中等学校教职员之待遇仍照战前标准，生活自不能安定，影响于教学效能綦重，况战后复兴困难万分，诸凡提高学生程度、整顿学风竭全力犹恐不及，生活且不安，何以收专一之效，亟应提高待遇，以安定其生活。

办法：（1）请按照现在生活程度重新订定待遇标准；（2）比照邮局工作人员米贴办法酌给津贴。

决议：请教厅按照现在生活程度重新订定待遇标准。

39. 各县立中学设备及经费应求确定标准俾资遵式案

理由：各县立中学设备究应有如何之范围方达最低限度之标准，嗣后逐步扩充，似均须有详密规划，以利进行，又中学经费亦宜规定科目及支配标准，以求均衡并资遵式。

办法：请教厅参酌本省情形规定一标准。

决议：甲、由教厅订定各县立中等学校最低限度设备标准；乙、由教厅参酌本省情形，以学级数为单位，规定一标准经费数，通饬各县一体遵行。

40. 厅颁省立教育机关会议规程应请切实遵办以重功令案

理由：查省立各教育机关在统一制度下，用科学方法管理其经费，俾行政方面得以严密考核，前经本厅制定会计规程，通令遵办在案，惟查各机关学校无多，未能悉照规程办理，以致预算决算之稽核参差不齐，困难丛生，应即切实遵办，以重功令，是否有当，交付公决。

办法：由厅通令各省立教育机关切实遵照办理，有不合者发还重编。

决议：请教厅通令各省立教育机关一体遵行。

41. 中等学校经常费拟请按月提前发放案

理由：教员素称清苦，际此生活程度高涨之时，日给且不暇，时有青黄不接之虞，学校方面为推进教学效能，自不能不多方设法筹措，且物价高涨后，学校之添建修理在在需用现款，以校长一人之力，东支西绌，何以应付，因提议各校经常费拟请按月提前发放，以利进行。

办法：请教厅咨财厅按月提前发放。

决议：请教厅呈省府饬财厅于每月中旬发放各该月教育经费。

42. 拟请增加补助私立学校经费是否可行提请公决案

理由：窃查私立学校经费来源困难，又未便昧增学费收入而重学生家长负担，是以办理每多阻碍，且私立学校为补助公立学校之不足，名义虽不同而办理之事业则一也。

办法：拟请教育厅对于私立学校严予督导，时加视察，设有办理而有相当成绩者，特准予以增加补助之奖励，俾得尽量扩充而利教育。

决议：请教厅于部款内拨助成绩优良之私立学校。

43. 教育经费独立应如何实行案

理由：查教费独立，吾苏素著成效。事变以后，地方行政组织未臻完备，各项收入未能照征，以致教费无从确定，更无独立可言。国府还都，一切渐入正轨，各县教育财政已先后设局，各项岁收自经董财厅长整顿以来日见旺盛，教育已有把握，独立渐具端倪。

办法：（1）凡已设教育及财政两局之县，即令恢复独立，嗣后如遇增设教育财政两局之县，随时予以独立；（2）为确保独立起见，凡旧收各项（事变前项目）按照既定成数提充教费，新收各项参照旧收提成教育专捐专税，其仍在征收者，悉数拨充教费，其停征者，应即回复；（3）代征机关应与教育当局五日一算，一日一结，扫数拨交教育当局保管备用；（4）各县学产由县政府督同教育局切实整顿，悉数充作教费；（5）各项教育交付金应由县政府尽数拨给教育局保管支配应用；（6）教育经费独立后，如遇不敷时，县政府财政局应设法增筹补足之；（7）省教育经费请省政府规定新收应提成数，连同财政厅代征专捐专税及旧收应提成数，按期扫数拨交教育厅，以充教费之用，其有不足，由省政府财政厅核拨之。

决议：原案通过。

44. 充实学校设备以利教育敬请公决案

理由：事变后，黉舍为墟，图书覆瓿，若此现象比比皆然，虽各县中学首继小学而兴复，惟设备阙如，大率因陋就简，讲学理而少实验，盖至今犹然，长此因循，教学俱为减色，兹应先择要端添设图书馆、理化实习室、体育馆等，使教学两方俱得扩充其知识技能，以增体用兼赅之效。

附注：现在各县行政经费类皆短绌，此项设备费拟请厅方准将学期各校所收学费悉数充作各该校购置建设之用，如有寄宿生者，可将宿费一并移作补充设备之资。

决议：照第三十七案议决办法办理。

（五）十月二十九日下午闭幕式纪事

1. 全体肃立

2. 向国旗行最敬礼

3. 主席致闭幕词

本会在极短的时期中，讨论行政、教学、训育、教费四大类提案，共计四十余件，两日来承高主席亲临训示，教育部沈司长暨友邦特务机关代表以及来宾的指导，非常感谢！尤宜对于参加本会的省县立各中学校长及各补习学社社长的饱满精神和讨论兴趣，感觉得十分愉快，今日乘在闭幕机会，再向诸君说几句话。

事变以后，本省中等教育在质、量两方面，比较往昔，相差远甚，闭会时已经说过。本省已往的教育成绩，既为全国之冠，我们不忍让昔日的令誉湮没下去，尤应当将恢复的责任担负起来。这次会议，系集合全省各中等学校学社领袖的智慧和经费，精神团结，相聚一堂，共同计议今后实施的具体方案，以谋解决各校困难，并推动实际方面新计划。各方面提出的问题，无不适应当前的需要，洞中肯綮，不独攸关几十所中等学校前途的进展，且影响到全省数十万青年的学业。我们聚精会神探求所得到的结论，万不可视为纸上谈兵形式上的空话，必须躬行实践，身体力行，始不负这次会议的使命。各项提案，属于行政方面的，本厅自当在可能范围内，尽力施行；属于各校本身的，亦希望诸君回校以后，积极照办。务使三年以来未能举行而在今年举行的本届校长会议，成为推进和平建国教育的嚆矢，并发挥伟大的动力，以求达到复兴本省教育的目的。预计明年举行第二届会议时，各校的困难问题，都已完全解决且更有较为美满的报告和发现，这是诸君在今日所应同具的决心，也是本厅极恳切的厚望。

4. 教育部沈司长训词

本人此次参加苏省中等学校校长会议，极为愉快。昨闻各校长报告，困难问题虽多，但能以全力赴之，一切均可迎刃而解。事变迄今，已逾三载，近来沪上学生数已见减少，可知内地学生数已渐增加。苏北因学校解散，停办者多，致有不少学生无书可读；即一般教师，亦均在观望踌躇之间。在行政上及教育上，应如何设法纠正思想，使一般教师及学生，能早日归来，亦为一大问题。中等学校为教育之中坚部分，惟盼各位校长一致努力，成绩自见，江苏教育前途发展，正无涯涘焉。

5. 森大辅先生日本最近指导的教育思想讲词

十月二十八日在江苏省中等学校校长会议席上，拟就上述标题，作简单报告，因事未克践约，对于诸位先生，万分遗憾，兹特借“江苏教育”之一角，略述最近日本教育思想之梗概，以赎失约之罪于万一，原来如愚之学问肤浅，所述本不足供参考，不过同为东亚民族之一员，对于诸位先生现正殚毕生之精力，努力于新中国之建设，或可作他山之助。以下所述者，为目前日本实现之新体制运动其中一部分，所谓教育新体制，即在大政翼赞会中，担任教育部分之各指导员之见解，在教育上应根据何种方针指导全国教育界，实为一重要问题，尚祈阅者一读则幸甚。

在讲述教育新体制之前，必先说明国家新体制之意义。所谓国家新体制，即建设强有力的国防国家之谓也。欲建设强有力的国防国家，必先使国家机构，十分健全，在政治方面，万民翼赞，在经济方面，受国家之统制，先公后私，先国后家，自下至上，均受大政翼赞会之支配，脉络一贯，上下意见沟通，恰如确立一坚硬之骨干；万民均视国家之政策为趋向，并须觉悟自己之任务，不计个人之利益，全以国家为前提，虽以身殉，亦所不惜。所有一切经济的活动，全须着目于国家的利害，不计个人之利益，所谓超越个人，而献身于国家；即经济机构，亦本此精神，改变原有组织。如斯万民之行动，一心一德，全与国家之利害相关联，指导者直接指挥民众，使全国之人力财力，敏捷的活动，为国家所利用，毫无迂缓隔阂之弊，向实行国策之途迈进，是即日本最近盛唱之新体制。至于物质的资源，人才供给，即生产与分配，当然与国防问题有密切关系，必须详细调查并顾及将来遭遇之状况，善为运用，预定正确绵密之计划。

国家在实行新体制运动时，在预定之计划下进行。教育方面应根据何种原理及思想，指导一般民众及学生，最低限度，须一反从前观念，即以教育视为学校内之问题，仅限于先生与学生间一种审美的物品，与社会完全隔离；当视教育为神圣事业，并非空虚的精神主义、表面的形式主义。盖政治本身，即为一种教育，或有人疑曰，政治是否即教育，一视政治之良窳以为衡，不良的政治，不具教育的意义，即非新政治也。

国家所定之方策及内容，须晓示一般国民，不但使之觉悟或信仰而已，必以万民翼赞为主旨，使全体国民，均能受强力的统制经济及计划经济之支配，此即新体制之使国民全体理解国家方策者。盖大东亚共荣圈之确立，为历史的必然性，同时遵守皇祖皇宗之遗训，使人人有此觉悟，若日本臣民无此确定的信念，政治到底不能圆满运用。

日本最近教育，对于此点，竭全力以赴之，用以唤起国民坚强而纯粹的觉悟，然后可以圆满地运用国策，故谓教育所负国家之责任居半数，亦非过言。因此教育不但为学校的问题，实为政治问题。

盖教育并非秉诸先天以为满足，必须受后天之熏陶，其后天的熏陶，政治是也。教育即潜伏于政治之内部；换言之，教育者，可使国策逐渐实现，由企划而成事实，所谓国策企划化也。

以上各点观察教育，则教育宗旨与国家政策有密切之关系。即教育当顺应国家之趋向，使计划逐渐实现；同时当实现国策之际，教育先备宜完人事条件担当任务；国民不但须具强固而纯粹的觉悟，必须担当一部分，又为授与一部分之有权者。所当商榷者，各人应具何等知识及技能？知识技能之种类及程度，以何种最适合？可具此等知识技能人的数量如何？均属须加研究之问题。

教育须经相当之时间，故教育计划，须经数年或数十年之研究，方可确立其基础。如斯教育计划之确立，须视将来之国势希望进展至若何程度而定。审察将来之国势，然后二次编成全教育之机构。关于将来之国势，不仅审察日本国内之情势，须高瞻远瞩，从建设大东亚共荣圈方面观察，因欲建设大东亚共荣圈，则对于国防上、政治上、经济上、文化上等各方面，须精密考察，综合计划；而综合的计划逐渐实现，必须准备人事的条件，根据职能及国势，确定教育计划。

教育计划既确定，于是学校方面，须与职场（如工场、商场、银行、官衙等）互相联络，学生既修习学术，同时习得之技能，对于国家应有何种贡献、应尽何种任务，使人人有自觉心及信念；毕业后虽服务职场，常与学校保持密切之联络，劳力于技术学术之向上。学校方面，力图毕业生研究之便利，特规定一种组织，便学术的研究与在职场内实际的研究，二者不致偏废，相得益彰；有生气的教育，发扬进展，可以立待。

看透大东亚共荣圈（包含日本内）将来之职能形势，当彻底根本地改革教育制度，学校与职场，打成一片，造就统一的职能教育的形势，可断言也。

以上所述者，为简单的教育观，即现代日本处无指导地位教育家之教育观也，不才如愚，文笔未能达意，日本将来必依据此教育观而实施指导，毫无疑义。然现在日本之教育制度，暂仍其旧，仍依照明治大正资本主义时代之方针，对于教育采取自由主义，不可不根本改革。例如青年学校义务制之问题，试略述如左：

初等教育，应施以国民基础教育，然实际则未见名实相副；故欲完成国民之教育，不得不期待青年教育，此高调在多年前早已成唱。现在青年学校之义务制，已有法律规定，但究其实际，仅等于小学校之补习学校之程度耳。从新教育见地论，青年教育应具完成国民教育之任务，为大众中等教育制度；然职业的技术之修习，关乎国防训练、国家社会之进展上，所需要之积极的精神及态度之养成，均为训练之重要纲目。

然实际与理想，往往相去甚远，国家新体制之发展，同时表面上之优秀人士，其现实与理想应亦相离甚远，此不关于青年教育问题，实关于一般的教育制度问题。欲挽救此弊，非殚毕生之精力不可，即就吾人想象的范围以内，已有许多困难，不可不尽相当牺牲以克服此困难。既踏入建设世界新秩序之途径，教育制度之应如何确定，实足以左右国势而使国策能否实现。

6. 校长代表答词（省立扬州中学校长张同庆）

今日为中学校长会议闭幕之日，张厅长及沈司长语重心长，勖勉良多，自当在厅方各长官领导之下，努力苦干，务期各有成绩表见，以副厚望。本人兹以十二分之诚意，代表全省中等学校校长，向各长官竭致敬诚。

7. 闭幕

附录

江苏省省县私立中等学校概况统计总表①

二十九年十月第一科调制

项目 校别	校数	级数			学生数			教职员数			每月经常费	每生占费数
		初中	高中	合计	男	女	合计	男	女	合计		
省立	8	30	19	49	1 367	614	1 981	196	42	238	三一，六二〇元	月占 一五.九七元 年占 一九一.六四元
县立	16	77	3	80	2 924	1 336	4 260	302	43	345	二四，五〇九元	月占 五.七五三元 年占 六九.〇三六元
私立	10	45	9	54	1 762	963	2 725	159	22	181	一〇，七三八元	月占 三.九四〇元 年占 四七.二八〇元
总计	34	152	31	183	6 053	2 913	8 966	657	107	764	六六，八六七元	

江苏省省县私立中等学校概况统计表（略）

中国第二历史档案馆藏“汪伪教育部档案”

武汉市中等学校教职员教学时数及待遇暂行标准

（1941 年 2 月 19 日）

本报讯　省教育局中学科兹拟订中等学校教职员每周教学时数及待遇暂行标准，已分饬市立男女两中学转饬知照矣。兹将该项标准探录于后。

市立中等学校教职员每周教学时数及待遇暂行标准

三十年（1941 年）元月重订

甲、市立男女中学

一、高中普通科专任教员，每周教学时数为 16 至 18 小时，但［担］任国文、外国语、数学三科者，每周为 14 至 16 小时，薪俸从 140 元起叙。

二、高中级任教员，每周教学时数为 12 小时，薪俸从 150 元起叙，但兼初中教学者

① 表格中数据有误，原档如此。

应从 140 元起叙。

三、高、初中兼课之专任教员，每周教学时数为 18 小时（合于初中专任最低限度及高中专任最高限度），薪俸 140 元起叙。

四、初中专任教员，每周教学时数为 18 至 20 小时，但［担］任国文、外国语、数学三科者，每周为 16 至 18 小时，薪俸从 130 元起叙。

五、初中级任教员，每周教学时数须担足 16 小时，薪俸从 130 元起叙。

六、训育员须兼任教学，所兼时数得另支薪，其总额不得超过专任教员待遇。

七、校长每周教学时数，均属 4 至 6 小时。

八、主任每周教学时数，均属 6 至 8 小时。

九、初中兼任教员待遇，每月每小时以 6 元计，但［担］任国文、外国语、数学三科者，每月每小时以 7 元计算，高中普通科每月每小时以 9 元计算，专科每月每小时以 12 元计算。

乙、市立高级职业学校，教学时间及待遇与高中相同，惟专科教员每周教学时数，应与高中国文、外国语、数学教员相同。

丙、日籍教员与讲师，每周教学时数及待遇，另行规定。

《武汉报》，1941 年 2 月 19 日。

伪上海市教育局关于收回租界教育权之意见

（1941 年 6 月 3 日）

查事变以前，凡在上海境内设立各级学校，不分租界与非租界，概受中国政府当地教育主管机关（即市教育局）之监督，并须呈请核准备案。事变后，上海租界人口激增，房屋求过于供。所谓学校者，仅租屋两幢即可设立，编制完备之中小学所有操场及运动器具并其他设备，泰半一无所有。如此因陋就简，不特有碍中国国民之健康，更且违背教部现行法令。整顿之法，惟有将租界教育权立予收回，务使恢复战前状态。兹将办法略陈如左：

事变前租界教育之实况

一、以二十五年度统计，中等学校一五三校，高等学校三四校，有特建或相当之校舍、校地、固定之基金、完善之设备。其私立者，均依照规程，呈由教育局转请教育部备案，受教育局之监督。外人设立者，其校长由中国人充任之。非经核准备案者，不得附设小学。

二、小学部分，以二十五年度统计，全市计一〇四〇校。两租界私立小学经核准立案者占十分之八。其最低限度，应有相当之校地、校舍及应具之设备，其基金足以维持其常年经费者。

其他大学、独立学院及专科以上之学校甚多。因上海为我国通商巨埠，冠盖云集，侨民众多，教育事业之发达辄冠全国，历来人才辈出，足应各界之需求。推其人才之所以杰出，全赖教育之培植，而教育之所以发达，胥由当局之监督与合法之指导也。

事变后，政局涣散，上海形成无政府状态。惟以租界关系，一般人咸认为安乐窝，各地流亡纷纷迁沪，即向设内地之各级学校亦移向租界，人口激增。于是投机学阀应运而生，租房两幢，中小学编制俱全，设备简单，教职员资历可想。聚数十百人于斗室之中，空气恶浊，光线暗晦，学生之有碍卫生健康，均所弗顾，教学之是否合于法令，无从究诘，若辈借教育为名，收渔利之实。

尤有高标市教育局立案作为幌子，或假借无国籍名义以广招徕，采用偏激教材，麻醉青年思想，若辈标奇立异，自命不凡，为虎作伥，居心叵测，破坏东亚和平，捣乱整个教育。青年意志薄弱，易涉遐思，若不亟谋纠正，贻害大局，实匪浅鲜。纠正之法，当从整顿租界教育做起。

整顿租界教育之步骤及本局现在之要求

一、国府还都后，各级课本业经国民政府教育部颁行，并指定三通书局经售，通告在案。兹查两租界各级学校教科书籍仍采用商务、中华、世界、北新等书局出版之抗日课本，内容狂悖，扰乱和平，殊属不合。应请租界当局协助上海市教育局，勒令各校于卅年度第一学期（即下半年）开始采用三通书局出版之国定课本，以资一律。如违抗功令者，勒令停办。

二、二十五年以前之教育局档案及廿六年份社会局第五科（教育部分）之档案，由前教育部驻沪办事处主任蒋建白保管，地点虽无从探悉，但工部局自必明了。现在国府还都，凡百政治已趋常轨，除土地局及财政局档案全部收回外，我教育局全部档案应请交涉交还，以便按图索骥。

三、两租界内所有教育款产，请协助收回保管。

四、在本局档案未收回前，请向两租界当局协商，将所有设立各该租界内之公私立各级学校详细查明报夺，或会同本局调查，以资统计而利整顿租界教育。

五、如在战前经市教育局或社会局立案及教育部备案之私立学校，应将证明文件呈验，经本局查明确无顶冒情事后准予登记，并掣给证书，以资证明。

六、未经立案或备案之私立学校，应请各该当局协助，令饬各校依照私立学校暂行规程，备具手续，限期向本局申请立案。

七、私立学校开办一年以上未经立案，或已经立案之私立学校，查有偏激教材及不遵照现行法令者，应会同本局勒令停办。

现在本市各级学校已有统计，独两租界内学校漫无统计，因此无从整顿。拟请据理力争，以期达到收回租界教育权之目的。

提案人　上海特别市教育局

上海市档案馆编：《日伪上海市政府》，中国档案出版社，1986 年。

伪上海特别市政府为调查租界学校情况与领事团往来函

（1941年7月）

1. 市府函（7月1日）

径启者：

查事变以前凡在上海境内无论租界与华界设立之各级学校，均须受中国政府主管教育机关（即市教育局）之监督，并呈请核准备案。事变后，租界人口激增，房屋求过于供。所设学校者，仅租屋一二幢即行设立，其设备方面因陋就简，有碍学生之健康；且所施课程语多偏激，贻害青年，【麻醉青年，提倡抗战。】殊属有违现行法令，实有从速整顿之必要。拟请贵领事团允予协助，俾便派员着手调查，施行整理。相应函达，请烦查照见复为荷。

此致

领事团领袖领事雪尔先生

市长　陈□□

中华民国　年　月　日（市府印）

2. 领袖领事复函（7月26日）

径复者：

接准贵府七月一日来函关于监督上海租界设立学校事，已转知工部局。据复，正在考虑中，且谓暑假期后当将意见示知，等由。相应函复查照为荷。

此致

上海特别市政府市长陈

雪尔　启

七、二十六

3. 宣传部哿电（12月20日）

各分社急转各省市政府鉴：东亚民族解放运动宣传一案，曾于皓日电请改名“东亚解放大会”在案。兹再经决定改名“大东亚解放大会”，并于宣传周计划注意事项中添列：严禁个人的排英美行动，及不参加东亚解放运动者就是东亚叛逆者两项。希查照饬令注意。宣传部。哿。

计抄发东亚民族解放运动宣传周计划一份（略）

中华民国三十年十二月十九日发（市府印）

上海市档案馆编：《日伪上海市政府》，中国档案出版社，1986年。

汉口特别市公私立中等学校教职员服务细则

（1941 年 7 月 15 日）

第一章 总 则

第一条 本细则参酌部颁国立中等学校级任导师服务细则、教职员服务规约及本市情形订定之。

第二条 凡本市公私立中等学校教职员之职掌与任务，悉应遵守本细则办理之。

第三条 教职员应拥护和平建国之国策。

第四条 教职员应敦品励行，为学生之表率。

第五条 教职员应受主管机关之指导，谋地方教育之改进。

第六条 教职员不得在学期中途借故辞职。

第七条 专任教员及职员不得兼任校外一切有给职务。

第八条 教职员须出席校内举行一切仪式或集会。

第九条 教员须严守教学时间，不得迟到早退。

第十条 专任教员及职员存［在］课余及例假须轮值办公，寒暑假期内，职员以不离校为原则。

第十一条 专任教员及职员应于开学前到校，行休业式后离校。

第十二条 教职员如因事请假，须依照本局颁布市立各级学校教职员请假单行规则办理。

第二章 职 务

第十三条 教务主任之职务

一、秉承校长召集教务会议，实施其议决事项。

二、支配全校课程，编制教务上一切应用表册，并统计全校教学状况，在职业学校暨教员训练所，应筹划一切实习事项。

三、协助校长考查各教员工作之成绩。

四、协商各教员改进所任各科教学之方法或实习方案。

五、商承校长主持考试委员会事务。

六、协助校长处理学生入学、休学、升级、降级各事务，并谋教训合一。

七、综察比较各级各科教学或实习之成绩，以资改进。

八、协助校长计划全校图书、仪器、标本或实习场所及材料用具之设备。

九、承办校长及各种委员会委托之事项。

十、处理其他关于全校教务事项。

第十四条 训育主任之职务

一、秉承校长召集训育会议，实施其议决事项。
二、统一全校训育方法，在职业学校应着重勤劳习惯及实习场所之管理。
三、编制训育上所有应用表册。
四、商承校长处理学生升降级、惩戒、斥退各事项，并谋教训合一。
五、考查记录学生之操行，报告校长及学生家庭。
六、综查比较各级学生之操行，谋训练方法之改进。
七、办理学生身心检查事项。
八、考查学生课外活动，以验训育之效能。
九、承办校长及各种委员会委托之事项。
十、处理其他关于全校训育事项。
第十五条　级任教员之职务
一、主持全级级务并谋其改进与发展。
二、考查本级教学进度，在职业学校暨教员训练所，应编定实习程序。
三、主持本级训育，考查本级学生身心之发展及个性之陶冶。
四、注意本级学生课内课外之学习程度及活动事项，加以指导或纠正。
五、考查并统计本级学生学业及操行之优劣，报告教训各主任。
六、考查并统计本级学生之出席及缺席。
七、指导本级学生参加各种比赛及级际联谊等事项。
八、指导本级学生之自治活动，并处理学生间偶发事项。
九、协商训教各主任，处理本级学生入学、休学、升级、留级、严戒及斥退各事项。
十、综查比较本级各科教学或实习之成绩，以资改进。
十一、承办校长、各主任及各种委员会委托事项。
十二、处理其他关于本级级务事项。
第十六条　科任教员之职务
一、对于所任学科负教学或实习方面之全责。
二、注意改进所任科目之教学方法或实习方案。
三、编制所任科目之教学或实习细目。
四、考查学生课内课外之学习过程加以指导。
五、考查学生之学业或实习成绩，报告级任及教务主任。
六、计划所任学科上应用之图书、仪器、标本、实习材料及用具等物。
七、考查学生对所任科目与他科成绩之比较，以研究其个性。
八、在授课或实习时间内负管理本班学生之全责。
九、检阅改正学生笔记及各种练习簿。
十、除星期六外，每晚轮流督率学生自修并解释疑难。

十一、在教员训练所暨职业学校实习时，教员应实际参加工作及指导。

十二、承办校长及各主任、级任委托事项。

附　　则

第十七条　本细则自呈奉核准之日施行。

《汉口特别市市政公报》，1941年7月。

汪伪教育部关于中学训育方针及实施办法大纲草案等件拟订核签有关文件

（1941年7—8月）

1. 教育部呈（7月29日）

案查本部前因感觉过去之中小学训育办法已不适用于现在，特于去年九月召开全国中小学训育实施委员会，关于中学训育方面曾订定训育方针及实施办法大纲草案一种，决定先由各省市中学试行，当经本部依照会议决议，抄录全案，通令各省市及国立各中学于民国二十九年度内切实试行，并将试行结果情形报部备核，以凭审定在案。兹据各该省市及国立各中等学校先后呈报试行结果到部，经逐一审核，关于草案各项条目，多数认为尚称适合，试行结果，颇著成效。是原订草案，其精神与实质尚能适应现代中学训育之要求，而并无缺乏妥善之处。现值三十年度第一学期行将开学，为使全国各中学实施训育有所遵循起见，拟将是项草案正式公布施行，一面令饬各省市厅局于本学期试行小学公民训练标准草案，以利训育。是否有当，理合检同原订中学训育方针及实施办法大纲草案，及小学公民训练标准草案各一份，备文呈请鉴核示遵。再查上年会议时与现在环境微有不同，拟将中学原草案训育方针第一条修正为“训练学生反共睦邻思想，并深切了解国父遗教及和平建国国策”，小学原草案目标第四项修正为“关于公民的政治训练，养成奉公守法的观念，爱国爱群的思想，并了解国父遗教及和平建国之策”。合并呈请核示。

谨呈

行政院院长汪

附呈中学训育方针及实施办法大纲草案一份、小学公民训练标准草案一份（略）

教育部部长　赵正平

中华民国三十年七月二十九日

中学训育方针及实施办法大纲草案

训育方针

（一）训育原则

1. 训练学生反共睦邻思想、和平建国途径。

2. 施行“训练合一”，全体教师共负训育责任。

3. 励行师生共同生活，注重积极指导，实施人格感化。

(二) 训育目标

甲、高初中共同的目标

1. 养成忠孝仁爱信义和平之德性。

2. 养成创造建设好学精研之兴趣。

3. 养成安分务本坚忍不挠之意志。

4. 养成快乐奋勉勇于进取之情绪。

5. 养成严守秩序服从纪律之生活。

6. 养成活泼健康整齐清洁之习惯。

7. 养成娴习礼貌敬友乐群之态度。

8. 养成推己及人祛私爱物之观念。

9. 养成节俭朴实刻苦耐劳之精神。

10. 养成互助合作知行合一之能力。

乙、初中重要的目标

1. 灌输具备公民之条件。

2. 培养从事职业之技能。

丙、高中重要的目标

1. 准备从事升学之知能。

2. 培植专门职业之基础。

(三) 训育组织

1. 中等学校施行“训教合一”。在校长之下设教导主任一人，以专责成。六学级以上之中学，经主管教育行政机关之核准，得设教务、训育主任各一人，协助校长分别处理教务、训育事宜。

2. 各级设级任导师一人，普通导师若干人，协助教导主任及训育主任励行师生共同生活，并负积极指导及感化之责。

3. 由校长、教导主任、训育主任及各级级任导师组织训导委员会，讨论训导事宜，开会时得请事务主任、公民教师、童子军教练及校医列席。

训育实施办法

(一) 健康训练

1. 规定各项卫生及运动规约，指导学生遵守。

2. 每学期至少举行体格检查一次，并矫治身体缺陷。

3. 设立医药室及调养室，并按期种痘，注射防疫针。

4. 检查全校各处清洁，并定期举行教室、寝室及全体大扫除。

5. 定期举行整洁及健康比赛。

6. 举行早操、课外运动、级际运动比赛，及远足、爬山、骑驾等各种练习。

7. 严禁阅览淫秽书籍，并注意性教育之指导。

8. 定期举行运动会、同乐会等。

9. 指导学生改进家庭清洁卫生事项。

10. 参加社会上各种卫生运动。

11. 其他。

（二）公民训练

1. 规定各项生活规约，指导学生遵守。

2. 每周举行周会一次，讲述和平反共建国要义，报告国内外政治概况，或举行精神讲话。

3. 各级组织级会，由级任导师指导。

4. 全校组织级联合会，由教导主任及训育主任会同有关导师指导。

5. 每日举行升旗、降旗礼。

6. 规定每周训练德目，指导实践。

7. 举行级别谈话及个别谈话。

8. 全校学生一律穿着制服（男、女生并严禁蓄、烫发）。

9. 励行节约运动。

10. 举行礼仪指导及练习。

11. 其他。

（三）知能训练

1. 组织各学科研究会，由各学科教员担任指导。

2. 定期举行各学科比赛。

3. 组织参观团，利用假期参观各种文化机关。

4. 举行标本采集。

5. 定期举行演讲会、辩论会及各种论文征集。

6. 定期举行各科成绩展览会。

7. 办理升学及就业指导。

8. 其他。

（四）休闲训练

1. 布置整洁优美之环境。

2. 举行游艺会、音乐会、美术展览会等。

3. 组织摄影、音乐、戏剧、书画等研究会。

4. 举行弈棋比赛。

5. 提倡考古、游览等活动。

6. 其他。

（五）服务训练

1. 举行劳动服务。

2. 协助家事操作。

3. 利用假期举行社会服务。

4. 轮值扫除教室、寝室及其他场所。

5. 指导设立民众学校，推行识字运动。

6. 办理消费合作社。

7. 举行社会调查与访问。

8. 其他。

附注：考查及奖惩办法，由各省市教育行政机关规定大纲，呈报教育部核定施行。各中学于其学则内根据是项大纲订定详细规则，呈请主管教育行政机关核定施行。

2. 行政院程步川签注（8月14日）

中学训育方针及实施办法大纲草案审查意见

程步川签注

（一）训育方针（一）训育原则第二条，原案条文："施行'训练合一'，全体教师共负训育责任"，拟改为"施行'训教合一'，全体教师共负训育责任"。

（理由）"训教合一"乃教育上专名词，故拟修正如上文。

（二）训育方针（二）训育目标乙项第一条，原案条文"灌输具备公民之条件"，拟改为"灌输健全公民之条件"。

（理由）原文"具备公民之条件"意义欠明，故修正如上文。

（三）训育方针（二）训育目标丙项，原案条文："1. 准备从事升学之知能。2. 培植专门职业之基础。"拟改为："1. 准备社会服务之知能。2. 培植普通职业之基础。"

（理由）在原理上讲，中学有其目的，并非专为升学而设；在事实讲，据统计报告，升学者仅占十分之二、三，"从事升学"四字，于原理和事实上均不适当。中学与职校有别，虽云着重职业指导，但充其量不过普通之陶冶而已，尚谈不到专门训练。故拟修正如上文。

（四）训育方针（三）训育组织第三条，原案条文"由校长、教导主任、训育主任及各级级任导师组织训导委员会，讨论训导事宜。开会时……"，拟改为"由校长、教导主任、训育主任以及全体教师组织训导委员会，……"。

（理由）本大纲于训育原则上有"全体教师共负训育责任"之规定，训导委员会应由全体教师共同参加，故拟修正如上文。

（五）训育实施办法（二）公民训练第二条，原案条文：“每周举行周会一次，讲述和平反共建国要义，报告国内外政治概况，或举行精神讲话”，拟修改为“每周举行周会一次，讲述国父遗教及和平反共建国理论，报告……”。

（理由）查本院准文官处函，为苏省党部建议，各级学校公民训练应以三民主义及国父遗教为中心一案，原拟办法：“（一）周会时讲国父遗教”。准此，故拟修正如上文。

（六）训育实施办法（三）知能训练第四条，原案条文：“举行标本采集”，拟改为“举行标本采集及仪器制作”。

（理由）关于物理上之简单仪器，中学学生不难制作，其在教育上之效能与采集标本相等，故拟修正如上文。

中国第二历史档案馆藏“汪伪行政院档案”

汪伪教育部关于严查学校中抗日思想之咨文

（1941年8月12日）

教育部咨　　秘字第五四九二号

案据中国教育建设协会理事长戴英夫呈称：窃自和平运动发轫以后，全国民众群起参加，惟共产党及盲目抗战分子，犹图负隅挣扎，以上海租界为特殊势力存在之地，凭借外人势力，作种种破坏和平之阴谋，教育事业亦其一端。最近上海租界上，仍有多数学校，散播违反国策之毒素思想，使纯洁青年受其诱惑，言念及此，殊堪痛恨。似应从速采取有效办法，整理租界教育，对公立学校予以接收；私立学校令饬办理立案备案手续，并予以严密之监督辅导；各迁沪教会学校，应令其迁回原址上课；对于反动学校，应克日严密取缔，庶几学风整饬，国本完固。本会于上月间，举行第一届年会，曾一致决议呈请钧部从速整理，并记录在案。理合录案备文呈请鉴核，俯赐转呈行政院分别办理，并乞指令祗遵。等情。据此。相应咨请查照，即希指派负责人员并督同教育局筹拟办法，协助本部办理为荷。

此咨

上海特别市政府

部长赵正平

中华民国三十年八月十二日

上海市档案馆编：《日本帝国主义侵略上海罪行史料汇编》，上海人民出版社，1997年。

伪上海特别市教育局呈送收回租界教育权及整理上海租界教育办法

（1941 年 11 月 10 日）

案奉钧府沪字第 12842 号训令略开：据市民徐秉贞呈请迅速取缔上海租界不良学校，免误子弟，等情。合行抄发原呈，令仰该局查核具复凭夺。此令。等因，附抄发原呈一件。奉此，查职局前曾拟订收回租界教育权及整理上海租界教育办法，送请钧府外事室查照办理在案。奉令前因，理合抄同该办法具文呈复，仰祈鉴核。

谨呈

市长陈

附呈收回租界教育权及整理租界教育办法一份

上海特别市教育局代理局长 林炯庵（印）

中华民国三十年十一月十日

附件：

兹拟订收回租界教育权及整理上海租界教育办法如左：

一、组织租界教育接管委员会，由教育部、市政府、市教育局、工务局、上海特务机关及其他有关各局会分别指派人员组织之，负责交涉，以达到接管为目的（委员会组织规程另订之）。

二、根据工部局前移交我土地局档案暨接收特区法院成例交涉接收前市社会局第五科（教育部分）于事变前寄存之档案（查该项档案由前教育部驻沪办事处主任兼工部局职员蒋建白、后为陈宝骅保管）。

三、调查统计两租界教育官产，请公共租界现任华人教育处负责人陈选善、法租界华人教育处负责人沈百英移送各级学校、地址、总数调查表及教育官产册籍。

四、划分各级学校管辖权，凡大学及专科学校，前为国立者，仍归教育部管辖；凡市立各中小学及社会教育，仍收归市办；私立学校、短期实习学校，饬令重行办理登记立案手续，俾便督导，以期教育符合法令。

五、调整国定课本，以期肃治背谬教材，取缔反动学校。

六、疏散内地迁沪各校、各教会学校，前因事变时，暂迁两租界者，仍饬迁回原址，以免麇集一隅，影响不良。

上海市档案馆编：《日本帝国主义侵略上海罪行史料汇编》，上海人民出版社，1997 年。

林炯庵关于附送整理特区教育意见书呈

（1942年1月10日）

谨签呈者：

查本月七日钧长召集各关系机关谈话，讨论整理特区问题，决定由各机关分别拟具书面意见呈府参考。兹拟就整理特区教育意见书一份，理合签请鉴核。

谨呈

市长陈

附呈整理特区教育意见书一份

职　林炯庵　谨呈（教育局长印）

一月十日

整理特区教育意见书

上海特别市教育局

查三十年十二月八日大东亚战争爆发，同时，友军进驻本市公共租界，一向为英美势力所盘踞、渝方分子所潜伏之特区，情势因之大变，各种事业均待整理。惟如何举措乃整个问题，须俟中央之指示。本局除于十二月十五日发表告特区教育界同人书一文，略示立场，并计划如何负起应负之责任外，未有任何动作。本年一月七日陈市长召集本市有关各机关茶会，讨论整理特区问题，决定由各机关分别拟具计划，由市府转外交部核议后转请中央核示，以便决定整个方针及办法。兹将本局整理特区教育计划条述如后：

一、市立中小学校仍归市办

查特区共有市立中学五校：立德中学（前新陆师范）、怀久中学（前务本女中）、江东中学（前洋泾中学）、和衷中学（前吴淞中学）、东群中学（前敬业中学）。市立小学七校（外有三校早已停办）：和安、飞虹（现改文昌）、育德、培本、树基（现改天后宫小学）、比德、比华，均须即予接收，仍归市办，各校经费呈由市府筹拨（附特区市立中等学校及小学校每月经常费支出概算表各一〈略〉）。

二、国立学校及大学仍归中央直辖

查特区国立学校计有国立大学二校：交通大学、暨南大学；独立学院二校：上海商学院、上海医学院；专科学校一校：上海音乐专科学校；及其他公私立大学，仍须按照以往办法，收归中央直辖，以清权限。惟届兹整理伊始，关于调查接收等事项，本局以地理关系，自应遵照中央指示尽力协助。

三、迁沪省立县立各校限期迁回或改组

查特区迁沪省立中等学校计有上海中学等十三校，迁沪县立中学计有淞沪中学等四校。既经整顿，市区以内自不应再有省立县立学校存在。前项学校统限于本年暑假前迁回原地，设有事实之困难不能迁回，则须加以改组，或收为市办，或予以合并，或改为私立，或径使停办，如何处理，则视各校成绩及本局经费为标准。

四、私立中小学办理登记立案手续

查特区私立中小学校为数至多，短期内颇难整理就绪，办理登记立案手续，确为首要。凡前已经立案各校须将立案证件呈验无讹后仍准立案，未经立案各校均须按照本局私校登记办法办理登记手续。

五、工部局补助各校津贴仍请继续办理

查工部局补助各校津贴年约三百万元。是项津贴如经停止，特区教育必致大受影响。仍须由政府直接向工部局办理交涉，请其继续补助，以维现状而利进行。

六、公立职业学校收归市办

查特区市立职业学校以中华职业学校为最著。该校战前设在南市陆家浜，校舍至今尚存（现为市立二中校址，暂时被警察局借用）。战后已并为第四中华职业补习学校继续上课，校址在爱多亚路浦东大厦三楼，目前共有学生二千六百九十四人。其次为大公职业补习学校，校址在圆明园路一三三号，目前学生约三百人。以上两校设备最为完善，所有标本、器械等物闻皆寄存别处。拟即与该两校负责人设法接洽，收归市办。所需经费呈府核拨或移用教部所存本局余款（两校经费概算另拟）。

七、查明公私立社教机关分别接收或办理登记手续

查特区公私立社教机关为数甚多，均须即速查明。前为市立者仍旧市立，私立者应再补行登记手续。

八、办理教育工作人员登记

查特区教育向为渝方所胁持，各工作人员难免良莠不齐。为齐一步调、严防反动起见，统限来局办理登记手续，发给证明书后方准继续任职，否则概不录用。

九、换用国定教科书

查特区各校一向采用旧式课本，接收以后自须即日改用国定教科书。已由本局呈奉教育部令饬就近向华中印书局负责接洽办理，下学期当可一律改换。

以上九点均为荦荦大者，至各琐细问题，当再一本中央方针逐步整理，兹不赘述。

上海市档案馆编：《日伪上海市政府》，中国档案出版社，1986年。

广东日语学校概况

（1942年5月）

第一节　接办概况

本省自经事变以来，友军各兵团（部队）常在驻防地点设立简单日语学校。逮三十年

九月间，本府接办广东陆军特务机关通牒，将各该学校移交中国方面管理，并订定应行注意事项：（一）将经营主体移归省政府，惟教育机构仍维持原状，由日本军派出教官。（二）全部经费由中国方面负担。（三）学校所在地及校舍等，如中国方面认为必要时，可与日本军协商后移转或变更之。（四）修学期限定为三个月至六个月，但每期至少三个月，如有必要时得延长之，以期统一。（五）所用教科书，如中国方面无特别之计划，宜将现在所用者继续使用。（六）日语学校与中国教育组织系统原无［较］紊乱，仍须彻底使其与小学校、中学校、大学等之必修科之日语科目，无直接关联。（七）日语学校之教育，如中国方面认为有未尽适当时，可将意见商请特务机关修改之，旋由本府令饬广东教育厅遵照办理。嗣据广东教育厅订定接收办法：（一）所有接收各日语学校，一律冠以所在地名为校名，例如在南海县唐溪乡之日语学校，则称为“南海县属唐溪日语学校”。（二）所有接收各日语学校经费，一律由省政府补助，该项补助费分别交由各县转发。（三）所有接收各日语学校一律受本厅监督，并受各市县教育局（或社会局）管理。（四）各市县对于接收日语学校应即从速办理，并依期十月底一律接收完竣等四项，连同日本军经营日语学校调查表，分饬各市县遵照办理，并迅速查明，如有友军各兵团（部队）所设日语学校，列表报告，以备查核。

第二节　补助经费及各校配置概况

友军各兵团（部队）所设日语学校移交中国方面管理，所需经费须由中国方面负担，业经本府核定每月拨付补助经费军票二千七百一十元，以资补助。旋据广东省教育厅拟定日语学校经费审核原则：（一）书籍费：学生每人二十钱［元］。（二）杂费：每校二十元，但班数较多者得增加之。（三）经费：各校经费凡在特务机关调查表列有数者均以该数为准，其在调查表未列经费之校，概照上述标准。（四）职员津贴：凡属校长、名誉校长、教务主任一律义务职，不支薪津。（五）教员津贴：教员以义务职为原则，如因环境关系须要聘请人员充任时，其津贴概在三十元以下。当即核准照办，并饬根据所拟原则，详为审核，结果各市县日语学校经费，每月需军票四千八百六十元四角，除经每月拨付军票二千七百一十元外，尚不敷军票二千一百五十元四角，复经本府核准如数补拨，按月发由广东省教育厅统筹分配。

至广东省教育厅接收友军各兵团（部队）所设日语学校，原为订定调查表分发各市县先行详细调查，以便审查核发经费。结果由各市县接收者计共一百零二校①，内由［有］广州市五校、南海县廿三校、番禺县廿八校、东莞县六校、增城县十二校、三水县二校、从化县三校、花县五校、新会县二校、潮安县四校、澄海县二校、宝安县十一校。其每月补助各市县经费计广州市三百七十元、南海县九百七十三元、番禺县一千三百八十九元六

① 与表格中数据不符，原档如此。

角、东莞县三百一十八元、增城县三百三十四元六角、三水县一百一十元、从化县八十一元、花县一百一十四元、新会县三百八十元、潮安县二百七十八元八角、澄海县一百八十元、宝安县三百三十一元四角，合计四千八百六十元四角。兹将各市县日语学校、教职员数学生数统计表附列于后。

附列各市县日语学校教职员数学生数统计表。

各市县日语学校教职员数学生数统计表①

市县别	班数	校数	教职员数	学生数	备　考
广州市	14	5	未详	681	社会局送来概况表只载教员由部队官兵担任，无一定员额
南海县	42	23	未详	1 580	特务机关调查表及该县呈报概况表均无员额开列
番禺县	51	28	81	2 277	
东莞县	8	6	18	393	
增城县	12	12	未详	473	特务机关调查表及该县呈报概况表均无员额开列
三水县	5	2	5	255	
从化县	3	3	3	156	
花县	5	5	未详	222	特务机关调查表及该县呈报预算书均无员额开列
新会县	5	2	10	275	
潮安县	13	4	17	611	
澄海县	3	2	6	150	
宝安县	20	11	22	711	
合　计	181	103	162	6 368	

（伪）广东省政府秘书处编：《广东省政概况》，1942 年 5 月。

汉口特别市公私立中等学校各科教学研究会组织方法

（1942 年 6 月 26 日）

一、依据中学科目分别组织各科教学研究会其组别办法

① 表格中数据有误，原档如此。

1. 国文史地组（市一女中担任组织）
2. 生物卫生组（江汉中学担任组织）
3. 数理化组（市一中担任组织）
4. 外国语组（市二中担任组织）
5. 艺术组（市师范担任组织，包括美劳音乐）
6. 体育组（市高职担任组织，包括童子军教练）
7. 教育组（市师范担任组织）
8. 职业组（市高职担任组织）

二、各科教学研究会，以各中等学校原担任教员为当然会员，但教育及职业两组除师范及高职两校之原担任教员均应分别加入外，其他各中学教务主任亦应参加出席。

上述各中学暂以市师范、高职、一中、二中、一女中及私立江汉中学、圣若瑟女中等校为必须参加之单位。

三、每学期至少须于开学前及学期中开会二次，本年下季暂定举行二次（会期列下），必要时得随时通知召集之：

组别	第一次会期	第二次会期
国文史地组	7月13日（星期一）	10月5日（星期一）
生物卫生组	7月15日（星期三）	10月7日（星期三）
数理化组	7月17日（星期五）	10月9日（星期五）
外国语组	7月20日（星期一）	10月12日（星期一）
艺术组	7月22日（星期三）	10月14日（星期三）
体育组	7月24日（星期五）	10月16日（星期五）
教育组	7月27日（星期一）	10月19日（星期一）
职业组	7月29日（星期三）	10月21日（星期三）

每届会期除本届派员参加指导外，应由担任组织之学校于三日前分别通知本组各会员届时出席在该校开会（时间均自下午三时起）。

四、各中学校长于接到本局命令后，应即将举办研究会要旨转知该校教员遵照参加，并将本校各教员担任学科开具名单于6月30日以前送交各担任组织之学校。

五、主办学校应具备会员名册，依照各校所送名单登记注册，并须于各校名单收齐后三日内造具总册，呈局备查。

《汉口特别市市政公报》，1942年6月。

伪汉口特别市政府为中等以上学校以“友邦”语言为必修科目案致教育局令

（1942年8月24日）

汉口特别市政府指令　府二字第11089号

令

教育局局长高伯勋

呈一件奉部令为准中日文化协会函录第一次全国代表大会决议案，中等以上学校以友邦语言为必修科一案，可否转行乞核示由。呈悉，准予照办，仰即转饬所属各中学校一体遵照。此令。

市长　张仁蠡

中华民国三十一年八月二十四日

附原呈：

案奉教育部普字第2226号训令内开：案准中日文化协会学字第四零号公函开：案查三十一年（1942年）四月二十二日本会第一次全国代表大会讨论事项第一、第八两项《普及中日语言案》《拟请实行普及中日语言案》，当经大会决议照审查意见通过，拟由本会建议教育部，并经由日本大使馆建议文部省，在中等以上学校各以友邦语言为必修科。又第十九项，拟请注意搜集中日互相认识国情教材案，亦经决议照案通过。以上三案复经本部第二十七次常务理事会议决议，由本会建议教育部，并经由日本大使馆建议文部省，在中等以上学校各以友邦语言为必修科，并请设法搜集中日互相认识国情教材记录在卷。本会鉴于欲谋文化沟通须从普及语言入手，欲达亲善提携必须互相认识国情，用特录案，函请查照办理，并希见复为荷，等由。准此，查本部二十九年（1940年）八月九日颁行之中小学及师范学校各学期每周各科教学及自习时数表，对于日语一科，即经规定为高、初级各中学必修科目。惟师范学校系仅以造就小学师资为目的，始将日、英语两科列为选修科目。至关于搜集中日互相认识国情教材以促进中日文化交流一节，查本部此次修订初中日语教科书，即为初中必修科唯一教材，并经中日两国关系方面互相推敲，自可认为与中日两国国情吻合。兹准前由，除函复并分行外，合行令仰该局长遵照并转饬所属中等以上学校一体遵照。此令。等因。奉此，可否转行，理合呈请鉴核示遵。

谨呈

市长张

教育局局长　高伯勋

中华民国三十一年八月十五日

《汉口特别市政府公报》，1942年8月。

汉口特别市立中等学校联合招生简章

（1942 年 8 月）

一、科别及名额

甲、师范本科一上新生 34 名（市师范招收）

乙、小学师资训练班学员 31 名（市师范招收，修业期一年）

丙、高级商科一上新生 40 名（市高职招收）

丁、普通科高一上男生 80 名（市一中招收 40 名，市二中招收 40 名）

戊、普通科高一上女生 40 名（市一女中招收）

己、普通科初一上男生 160 名（市高职招收 40 名，市一中招收 40 名，市二中招收 80 名）

庚、普通科初一上女生 120 名（市一女中招收 40 名，市二女中招收 80 名）

二、投考资格

投考师范本科一上、高级商科一上及普通科高一上者，以初中毕业，年龄在十五岁以上、十八岁以下者为限。投考初中一上者，以高小毕业，年龄在十二岁以上、十五岁以下者为限。

三、报名手续

1. 缴纳证件（毕业证书及修业证明书或成绩单）。

2. 缴纳本人最近一寸脱帽半身相片二张（取否概不退还）。

四、报名日期

自 8 月 6 日起至 8 月 12 日止（时间上午九时至十二时止，下午二时至九时止）。

五、报名地点

师范本科一上小学师资训练班、高级商科一上及普通科高一上男生均在市立高级职业学校报名。初中一上男生均在市立第一中学报名。高初中女生均在市立第一女子中学报名。

六、试验科目

普通科高一上分国文、日语、英语、数学、史地、理化六项（师范本科一上及高级商科一上均同）。初中一上分国文、算学、常识三项。小学师资训练班分国文、数学、史地、理化四项。

七、试验日期

定于 8 月 17、18 日两天考试完竣，时间均自上午八时起。

八、试验地点

初中一上男生在特二区三教街市立第一小学举行，师范本科一上、小学师资训练班、高级商科一上、普通科高一上男女生、初一上女生均在市立第一女子中学举行。

九、纳费

每学期应缴纳学费日金六元，书籍、制服、膳宿等费另详各校规定（师范学校学生学费免收并供给制服、膳宿，但在学期内除因特别事故呈经校长准予退学外，其因品行不良致开除学籍或自动退学者，须赔偿其所受补助费用之全部或一部分）。

十、附则

简章至报名处取阅，函索附邮票八分即寄。

各校校址：

市立师范学校在特一区汉景街，市立高级职业学校在模范区静安里，市立第一中学在中山路山陕里，市立第二中学在后花楼洪益巷，市立第一女子中学在特二区四民街，市立第二女子中学在中华区汉正街循道小学旧址。

《汉口特别市市政公报》，1942 年 8 月。

伪上海市教育委员会中教股关于中学史地课本暂用讲义替代呈文

（1942 年 10 月 6 日）

奉交拟具中学史地课本办法一案。正遵办间，并准教育局转阅有关本案之教育部训令一件，该令开：以国定小学、初中教科书均已印成配给，惟初中教科书内尚缺少公民、中外史、地等三种，现正着手付印，开学时，不及发行，应仍由各学校编印讲义，暂代课本。等因。遵此，职股对于本案之意见，拟即令饬特区各中学，仍按照上学期办法，责成公民、史、地之科专任教员妥编讲义，暂代课本之用，静候此项国定教科书出版后，再行购置遵用，以利施教。当否之处，敬祈示遵。

谨呈

组长梅

转呈

秘书赵

委员长陈

中教股干事　陈酉生　谨签（印）

十月六日

批：

如拟。陈公博（印）十、七①

上海市档案馆编：《日本帝国主义侵略上海罪行史料汇编》，上海人民出版社，1997 年。

---

① 此系原件批示。

伪汉口特别市政府公布之各校馆应行注意事项

（1943 年 4 月）

一、各校应密切注意家庭连［联］络，多举行恳亲会，使家庭教育与学校教育一元化。

二、各校馆对于新国民运动应切实推行，尤应于各学科内加入新国民运动之教材。

三、每月八日、九日两种纪念仪式应切实举行。

四、关于青少年队一切事宜，应遵照部颁纲要切实训练。

五、兴亚室内容应随时改进，力求充实。

六、校馆长须以最大努力推行一切颁布之法令。

七、升降旗及早操，全体教职员均应参加。

八、各校教学研究会须按期举行讨论各学科教学实际问题。

九、校长须督促职教员训练学生要纪律化，养成无任［论］在校内校外俱守纪律，尤其参加任何集会时，校长或主任（训教指导）须出席指导。

十、训练学生重在以身作则，诚恳诱导。对于顽劣学生，尤须循循善诱，多方感化，绝对不可苛以体罚。

十一、各校须组织校友会，以连［联］络情感，砥砺品学。

十二、各种考试，学校必备试卷，卷纸不可太劣，试毕应装订成册，以备考查。

十三、各校长对于教职员要切实严密考查。

十四、校内外各部要整齐清洁。

十五、卫生检查应按月切实严密考查。

十六、各教室学生座次应力求合理。

十七、男教员宜着短服，以国民服为最好；女教员服装宜朴素，不许涂脂抹粉、奇装异服，更不得烫发或着高跟鞋，俾符功令。

十八、教员、学生、校工饮食多感不便，学校应随时供给饮料，并代办伙食。

十九、男生不得蓄发，须剃光头；女生一律童装式，蓄发。

二十、中等学校在可能范围内，应设理发室及浴室。

二十一、标语不可太深，应择适合实际之简易辞句，使儿童明白易行。

《汉口特别市政府公报》，1943 年 4 月。

汪伪教育部关于“国定”中小学教科书提价事的训令

（1943年6月28日）

教育部训令　编字第一九六四号

令

各省市教育厅局

各普通市政府

案查本部前据华中印书局呈，以国定教科书各项印刷材料飞涨，工资叠增，原定价不敷成本，恳准临时改订定价，提高三成，等情，当经本部缜密调查各教科书印刷材料成本及工资增高现状，详加研究，为顾念学生负担兼免商民亏蚀起见，曾经一再考虑，决定按照上期国定中小学各教科书原价准予增加二成，于本年秋季起实行。批饬知照在案。兹复据该书局呈送改订国定中小学教科书定价表暨新旧定价对照表各一份到部，经审核无误，惟查原送定价表所列初中日语第六册，因改订课本内容，页数未定，故未列定价，除批饬该书局于该书页数确定后，仍应按照上项计算标准，改订定价，补报候核。并分令外，合行检抄国定中小学教科书改订定价表一份，令仰该□长知照并转饬所属各学校一体知照。此令。

附抄发国定中小学教科书改订定价表一份（略）

部长　李圣五

汪伪《国民政府公报》第511号

汪伪教育部关于高中学校入学考试须认真严密事的训令

（1943年8月1日）

教育部训令　普字第二三一二号

令

省市教育厅局

各普通市政府

国立各学校

查学校之有入学试验，乃以各地初中级学校毕业生人数众多，而高中级学校学额有限，致未能尽量容纳，势不得不采用竞争试验方式，比较成绩之优劣，以定取舍之标准。惟主其事者，必须关防严密，不徇私情，而各地教育当局，亦当慎加督察，毋稍疏忽，庶可精确考验，甄拔真才。近闻偶有少数学校，对于前项入学试验，不甚认真，风声所播，物议纷然！似此办事疏忽，非特有碍校风，抑且贻误青年，整饬纪纲，自非由各地教育当局，及各校院长，严加督察不可。此后学校招考学生，务须关防严密，认真将事，不得稍涉松懈，甚或徇情，以重考选。除分令外，合行令仰转饬遵照。此令。

部长　李圣五

汪伪《国民政府公报》第533号

汪伪最高国防会议秘书处为恢复上海各级学校学生国民教育与市府等来往函

（1943年8—10月）

1. 最高国防会议秘书处（8月27日）

案奉主席交下最高国防会议三十二年八月二十六日第二五次会议讨论事项第三案。主席交议：拟恢复上海各级学校学生国民教育请公决案。决议：交教育部、新国民运动促进委员会、上海特别市政府会同拟具办法呈核，等因，记录在卷。除分函外，相应录案函达，即请查照会同办理，见复为荷。

此致

上海特别市政府

秘书长　周佛海

中华民国三十二年八月二十七日（处印）

2. 市府等复函（10月18日）

上海特别市政府

新国民运动促进委员会公函　　普字第二九九一号

国民政府行政院教育部

案准贵处高秘字第三四五号公函内开：案奉主席交下最高国防会议三十二年八月二十六日第二五次会议讨论事项第三项。主席交议：拟恢复上海各级学校学生国民教育请公决案。决议：交教育部、新国民运动促进委员会、上海特别市政府会同拟具办法呈核，等因，记录在卷。除分函外，相应录案函达，即请查照会同办理，见复为荷，等由。准此。查上海特别市市区内教育向由中央及地方主管机关督促改进，循序发展。即就旧租界区域言，仅前工部局及前公董局所设立之学校非我国政府所能过问，其他各级公私立学校一向亦均遵照中央教育法令办理，胥受主管教育机关之指导、监督。惟自事变以后，旧租界内我国教育行政之推进，颇多阻碍。国府还都伊始，本教育部即力谋沪市全区教育权之恢复，逮大东亚战争发生后，更于去年二月间呈准行政院设置驻沪办事处，一面固谋整个上海区域教育事业之便于处理，一面尤着重于旧租界内教育之改进。同时，本市政府亦成立上海特别市教育委员会，积极整理特区内各中小学校。于是教育始渐趋入正轨。洎乎本年一月九日，我国宣布参战，本教育部此即通饬各省、市、县将英美系学校分别接收整理。而自八月一日收回租界后，该区域内原有学校之接管，以及各级学生思想训练诸问题，尤关重要。当经本教育部以普字第二五一〇号咨请上海特别市政府转饬教育局处将接管租界学校情形，并妥拟整顿计划呈核在案。同时，本市政府亦正在规划一切，着手办理之中。准函前由，复经本教育部召集关系机关代表，于九月七日在京开会商讨，即席决议：依据（一）三民主义为中华民国教育之根本原则，（二）民国三十二年一月九日国民政府对英美宣战布告，（三）新国民运动纲要，（四）青少年团总章，拟具恢复上海各级学校学生国民教育办法大纲九项。相应检同上项大纲会衔函复，即希查照陈主席鉴核示遵为荷。

此致

最高国防会议秘书处

附送大纲一份

市长　陈公博

秘书长　林柏生

部长　李圣五

中华民国三十二年十月十八日

恢复上海各级学校学生国民教育办法大纲

一、切实注意各级学校公民训练及训育实施：（一）小学公民训练应依照教育部二十九年十月十日公布之《小学公民训练标准》切实施行。（二）中等学校训育应依照教育部二十九年十月二日公布之《中学训育方针实施办法大纲》切实施行。（三）大学各学院或独立学院暨各种专科学校各科一年级，依照《大学规程》第八条及《专科学校规程》第八条之规定，应列党义为基本课目。

二、审查登记大学、独立学院、专科学校及中等学校训育主任、党义教师及公民教育[员]，应根据：（一）审查党义教师资格暂行条例第十一条；（二）审查党义教师资格委员会组织通则第二条；（三）修正中等学校训育主任、公民教员资格审查条例；（四）修正中等学校训育主任、公民教员资格审查委员会组织条例；（五）修正中等学校训育主任、公民教员登记规则；（六）修正中等学校训育主任、公民教员工作大纲；（七）修正中等学校训育主任、公民教员工作成绩考核办法办理。

三、通饬各级学校举行周会仪式，依照教育部三十年一月八日公布之各省市各级学校举行周会办法办理。每月九日并遵照国府等五三号训令，举行参战纪念日纪念仪式。

四、通饬各级学校励行新国民运动，并令遵照教育部三十一年一月十五日公布之各级学校推行新国民运动实施方案切实办理。

五、各级学校应依照青少年团各项章则及教程纲要，限期组织青少年团校团部，切实实施青少年训练。

六、各级学校教学科目及每周教学时数应遵照部颁规定办理（教育部二十九年八月九日以秘字第一三三零号通令施行）。

七、依照职业教育各项法令，积极推行生产教育，协助大东亚战争。

八、初中及小学教科书应一律采用国定课本。

九、各级私立学校事变前已立案者，应依限期登记；未立案者，应依限期办理立案手续（根据部颁《私立学校规程》办理）。

3. 最高国防会议秘书处函（10 月 25 日）

案准贵府会同新国民运动促进委员会及教育部函，为遵照最高国防会议决议，拟具恢复上海各级学校学生国民教育办法大纲请转陈鉴核，等由。当经陈奉主席提交最高国防会议三十二年十月二十一日第三零次会议讨论。决议：通过。送国民政府转饬遵照，等因，记录在卷。除函请国民政府文官处转陈令饬遵照暨分函外，相应录案函复，至希查照为荷。

此致

上海特别市政府

秘书长　周佛海

中华民国三十二年十月二十五日（处印）

上海市档案馆编：《日伪上海市政府》，中国档案出版社，1986 年。

日本在华所经营的学校①

（1943 年 9 月）

学校名称	地址	校长姓名	成立年月	备　考
新民学院	北平	王揖唐	民国二十七年一月	
日语学校	北平、上海、南京、汉口			
建国大学	长春	副校长日人	民国二十七年五月	校长由伪满国务总理兼任，实权操之日人
大同学院	长春	副校长日人	民国三十一年	
自强学院	上海闸北	袁　殊	民国三十一年一月	原为日本创办之维新学院，至三十年改称

① 节录自《敌方在华经营之文化事业》，标题系本书编者所加。

续表

学校名称	地址	校长姓名	成立年月	备　考
共荣学院	厦门			
日语讲习所	厦门			正式成立者二十一所，均为日人办设
日语讲习班	厦门〔广州〕			日人在广州所办之日语校，班为百余
维新日语学校	广州			
日语专修学校	香港南湾十一号	刘传能	民国三十一年一月	奉日寇命令办理，学生二百余人
教员讲习所	澳门	长屋（日人）	民国三十一年	长屋系伪督部文教课课长
私立敏存职业学校	广州中华中路	原田武子		

中国第二历史档案馆藏“国民政府教育部档案”

伪上海市教育局关于成立日文教育研究所呈

（1945年5—6月）

1. 5月25日呈

窃查市立第一、二两日语补习学校以往办理成绩欠佳，业经先后予停办在案。近以事实上之需要，拟另设上海特别市日文教育研究所一所，集合中日籍日语教师，共谋日文教育之推行与教学方法之改进。至所需经费，暂不须另行筹措，即就该两校原有经费，月计拾贰万贰仟捌佰贰拾肆元，悉数拨充；并以四月份经费作为该所筹备费用。惟事关变更附属机关之组织，职局未敢擅专，理合备文声叙缘由，并检具简章草案一式两份，一并呈请鉴核，并乞指令祗遵。

谨呈

市长周

附呈上海特别市日文教育研究所简章草案一式两份

上海特别市教育局

局长　戴英夫（局长印）

中华民国三十四年五月二十五日

上海特别市日文教育研究所简章草案

第一条 本所名为“上海特别市日文研究所”。

第二条 本所之设立，在使本市中日籍日文教员及一般有志研究日文之人士共图研究日文教育之推行与改进为宗旨。

第三条 本所推行之事业如左：

1. 关于建议日文教育之推行与改进；
2. 关于日文教育对象关系之调查与研究；
3. 关于日文教育方法之改善与试行；
4. 征集日文教材，编订适合现时需要之教本及其补充读物；
5. 对于从事日文教学者成绩之调查，并施以适当之奖励与指导；
6. 组织日文讲习会、研究会等，俾谋其进展；
7. 试办实验日文夜校，将研究所得之结果予以实验；
8. 编辑关于日文教育研究所得之报告及其他刊物。

第四条 本所之组织如左：

1. 本所设所长一人，处理所内一切事务，由市教育局局长兼任。
2. 设评议员若干人，商讨所内一切事业之推行与计划。
3. 设专任研究员若干人，研究日文教材之采择与教学方法之改进。
4. 设总干事一人至三人，秉承所长意旨办理所内一切事务。
5. 本所为推进各种事业起见，得聘请各种专门人才，组织专门研究委员会。
6. 本所得聘请顾问，以备咨询。

第五条 本所经费之来源如左：

1. 市教育局拨充经常费；
2. 本所各种事业之收入；
3. 特种捐款；
4. 中日两国政府之临时补助金。

第六条 本简章如有未尽事宜，得由市教育局随时修正之。

第七条 本简章自呈奉市府核准之日施行。

2. 6月10日呈

案据上海日文教育研究所兼所长戴英夫呈称：窃查属所业经筹备就绪，于三十四年五月二十七日下午三时，假康乐酒家举行成立典礼。除属所筹备人员及本市公私立中小学全体华籍、日籍日语教师出席外，尚有长官及来宾方面，到有市教育局戴局长及友邦日本大使馆高山调查官等六十余人。于三时半开会，首经所长报告筹备经过情形，继请周市长代表教育局戴局长训词，嗣由高山调查官代表土田公使致辞，旋即讨论通过所章，末由各校中日教师发表意见，并由属所略备茶点，及摄影后散会。理合将经过情形备文呈报，仰祈鉴核备查，并请颁发属所印信，以资信守，实为公便。等情。据此，理合备文转呈，仰祈鉴核备查，并请颁发该所印信，以便转给祗领。

　　谨呈

市长周

上海特别市教育局

局长　戴英夫（局长印）

中华民国三十四年六月十日

上海市档案馆编：《日伪上海市政府》，中国档案出版社，1986 年。

第五编

高等教育

一、政策法令

大学法*

（1938年）

第一条　大学应遵照中华民国维新政府教育宗旨及其实施方针，以研究高深学术，养成专门人才为目的。

第二条　国立大学由教育部审察全国各地情形设立之。

第三条　由省政府设立者为省立大学，由市政府设立者为市立大学，由私人或私法人设立者为私立大学。

前项大学之设立、变更及停办，须经教育部核准。

第四条　大学得分文、理、法、教育、农、工、商、医各学院。

第五条　凡具备三学院以上者，始得称为大学，否则称为某某学院。

第六条　大学各学院及独立学院得附设研究科及专修科。

第七条　大学各学院或独立学院各科得分若干学系。

第八条　凡毕业于各学院者得入研究科。

第九条　大学为谋各研究科间之联络协调，得设研究院。

第十条　大学有特别必要经教育部核准者，得设立三年制之预科。

第十一条　大学预科之设备编制，准用高等学校各规定。

第十二条　大学预科之新生人数，以不超过该大学每年应收之人数为度。

第十三条　大学及大学预科之学则，在法令范围内，由该学校自定之，但须呈请教育部立案。

第十四条　大学设校长一人，综理校务。国立大学校长由维新政府任命之，省市立大学校长由省市政府分别呈请维新政府任命之。

第十五条　独立学院设院长一人，综理院务。国立者，由教育部聘任之；省立市立者，由省市政府荐请教育部聘任之。

第十六条　大学各学院各设院长一人，综理院务，由校长聘任之。独立学院各科各设主任一人，综理各科教务，由院长聘任之。

---

* 由伪维新政府教育部公布。

第十七条　大学各科系各设主任一人，综理各科系教务，由院长商请校长聘任之。

第十八条　第十五条至十七条所设校长、院长及主任，均不得兼任其他官职。

第十九条　大学各学院教员分教授、副教授、讲师、助教四种，由院长商请校长聘任之。

第二十条　大学得聘兼任教员，但其总数不得超过全体教员二分之一。

第二十一条　大学设校务会议，由全体教授、副教授所选出之代表若干人及校长、各学院院长、各科系主任组织之，以校长为主席。前项会议，校长得延聘专家列席，但其人数不得超过全体人数五分之一。

第二十二条　校务会议审议左列各项：

一、大学预科；

二、大学学院之设立及废止；

三、大学科程；

四、大学内部各规则；

五、关于学生试验事项；

六、关于学生训育事项；

七、校长交议事项。

第二十三条　校务会议得设各项委员会。

第二十四条　大学各学院设院务会议，以院长、科系主任及事务主任组织之，院长为主席，计划本院学术、设备事项，审议本院一切进行事宜。各科系得设科系教务会议，以科系主任及本科系教授、副教授、讲师组织之，以科系主任为主席，计划各科系学术、设备事项。

第二十五条　大学职员及事务员由校长任用之。

第二十六条　大学及各学院入学资格，须曾在大学预科及省市县立或已立案之私立高等学校或同等学校毕业，经入学试验合格者。

第二十七条　大学修业年限，医学院四年，余均三年。

第二十八条　大学学生修业期满，考核成绩及格，由大学发给毕业证书，得称为某科学士。

第二十九条　本法第三条第二项、第十二条、第十三条、第十七条至二十条、第二十四条至第二十八条，独立学院准用之。

第三十条　私立大学或私立独立学院校董会之组织及职权，由教育部定之。

第三十一条　大学或独立学院之规程由教育部定之。

第三十二条　本法自公布日施行。

伪维新政府《政府公报》第31号

专门学校法*

（1938 年）

第一条　专门学校应遵照中华民国维新政府教育宗旨及其实施方针，以教授高等学术技艺，养成专门人才为宗旨。

第二条　国立专门学校由教育部审察国内各地情形设立之。

第三条　专门学校由省政府或市政府设立者，为省立或市立专门学校；由私人或私法人设立者，为私立专门学校。前项专门学校之设立、变更及停办，须经教育部核准。

第四条　专门学校设校长一人，综理校务。国立专门学校校长由教育部聘任之，省立或市立专门学校校长，由省市政府荐请教育部聘任之。

第五条　专门学校设校务会议，其规则由学校自定，呈请教育部核准。

第六条　专门学校教员分专任、兼任两种，由校长聘任之。但兼任教员总数不得超过全体教员三分之一。

第七条　专门学校职员及事务员由校长任用之。

第八条　专门学校入学资格，须曾在省市县立或已立案之私立中学毕业，或具有同等学力，经入学试验及格者。

第九条　专门学校修业年限，医科五年，余均四年。

第十条　专门学校有必要时，得设预科、专修科及研究科，并得附设中学校，但须经教育部核准。

第十一条　专门学校学生修业期满，考试及格，由校长给予毕业证书。

第十二条　私立专门学校校董会之组织及职权，由教育部定之。

第十三条　专门学校之规程由教育部定之。

第十四条　本法自公布之日施行。

伪维新政府《政府公报》第 31 号

高等学校法**

（1938 年）

第一条　高等学校应遵照中华民国维新政府教育宗旨及其实施方针，以完成高等普通教育为目的，尤应注意于充实国民道德。

---

* 由伪维新政府教育部公布。

** 由伪维新政府教育部公布。

第二条　高等学校由教育部审察国内各地情形设立之。

第三条　高等学校由省政府或市政府设立者，为省立或市立高等学校；由私人或私法人设立者，为私立高等学校。前项高等学校之设立、变更及停办，须经教育部核准。

第四条　高等学校得分为文、理两科。

第五条　高等学校之修业年限三年。

第六条　高等学校有特别必要时，得设立预科。

第七条　高等学校之预科规程，由教育部定之。

第八条　高等学校之入学资格，以中学校或该校预科毕业及有相当学力并经试验及格者充之。

第九条　高等学校设校长一人，综理校务。国立高等学校校长由教育部聘任之，省立或市立高等学校校长由省市政府荐请教育部聘任之。

第十条　高等学校设校务会议，其规则由学校自定，呈请教育部核准。

第十一条　高等学校教员由校长聘用之，职员及事务员由校长任用之。

第十二条　高等学校教员分专任、兼任两种，但兼任教员总数不得超过全体教员三分之一。专任教员应常川驻校，以备学生质疑请益。

第十三条　高等学校学生修业期满，考试及格，由学校给予毕业证书。

第十四条　高等学校之规程由教育部定之。

第十五条　本法自公布日施行。

伪维新政府《政府公报》第31号

大学教授月俸等级表*

（1939年）

国内大学教授依下列资格定其薪给：

（甲）出身学校

（一）著名外国大学毕业　每月一五〇元

（二）普通外国大学毕业　每月一二〇元

（三）著名国立大学毕业　每月一三〇元

（四）普通国立大学毕业　每月一〇〇元

（五）著名私立大学毕业　每月九〇元

（六）普通私立大学毕业　每月六〇元

---

* 由伪维新政府教育部公布。

（乙）学位

（一）外国博士　每月二〇〇元

（二）外国硕士　每月一五〇元

（三）外国学士　学月一〇〇元

（四）中国学士　每月五〇元

（丙）著作（属于理科者如下，属于农工医三科者八折计算之，其他五折计算之）

（一）著名译著在六百页以上者　每册一〇〇元；

（二）著名译著在四百页以上者　每册六〇元；

（三）著名译著在三百页以上者　每册五〇元；

（四）著名译著在二百页以上者　每册四〇元；

（五）著名译著在二百页以下者　每册二〇元；

（六）长篇创作曾登各国杂志，每篇在一百页以上者　一〇〇元；

（七）长篇创作曾登各国杂志，每篇在八十页以上者　六〇元；

（八）长篇创作曾登各国杂志，每篇在六十页以上者　四〇元；

（九）长篇创作曾登各国杂志，每篇在四十页以上者　三〇元；

（十）长篇创作曾登各国杂志，每篇在二十页以上者　二〇元；

（十一）长篇创作曾登各国杂志，每篇在二十页以下者　一〇元。

（丁）经历　属于理工农医四科者如下，其他五折计算之。

（一）曾任著名国立大学教授　每年三〇元

（二）曾任普通国立大学教授　每年二〇元

（三）曾任著名私立大学教授　每年一五元

（四）曾任普通私立大学教授　每年一〇元

附注：（一）曾任讲师者，依前项所定薪给七折计算之；（二）曾任助教者，依前项所定薪给五折计算之。

附注：大学教授最高薪额定为一千元（如曾在著名外国大学毕业，得有博士学位，有著名译著在六百页以上，有长篇创作曾登各国杂志、每篇在一百页以上，曾任著名国立大学教授十五年者），最低为一一〇元（如在普通私立大学毕业，得有中国学士学位者）。

伪维新政府《政府公报》第41号

伪上海特别市政府关于接收"国立"暨南大学的文件

（1942年4月）

1. 上海市政府致日本宪兵队等函（4月7日）

准教育部通知：定于本月九日上午九时，至小沙渡路①康脑脱路②口接收国立暨南大学，即烦转知有关方面，等由。准此。相应函请贵部队［局］查照，并转知该地域宪兵分队（管捕房）知照为荷。

此致

上海日本宪兵队本部纳见少将阁下

公共租界工部局总务局长寺冈先生

市长　陈□□

中华民国三十一年四月　日（市府印）

2. 上海市政府训令（4月9日）

上海特别市政府训令　沪市三字第4759号

令

教育委员会

案准教育部高字第九百十四号咨开：案据本部驻沪办事处兼代处长严恩柞呈称：查国立暨南大学自太平洋战争爆发以后即加入重庆在浙东由何炳松主办之东南联合大学，沪校方面初则变象维持，继以经济问题及告停办。关于处理上海各大学之计划与办法，前由职拟具提案，提至上海市教育委员会第四次委员会议，业经议决：暨南大学由本会接收等语在案。查本部原拟在沪筹设新国立大学一所，暨南大学本系国立，其在沪之校产等拟由本部会同上海市教育委员会接收后备作将来新国立大学之用。是否有当，理合备文呈请鉴核示遵。等情。据此，应准照办。除令饬该处长就近会同上海市教育委员会前往接收具报外，相应咨请查照，并转饬上海市教育委员会遵照办理。等由。准此。合行令仰该会遵照办理具报。此令。

市长　陈公博

中华民国三十一年四月九日（市府印）

上海市档案馆编：《日伪上海市政府》，中国档案出版社，1986年。

---

① 即今西康路。

② 即今康定路。

汪伪教育部关于答复日使馆提出整理上海高等教育计划致伪上海市政府往来文件咨

（1942年9月8日）

九月七日准外交部褚部长函，以接日本大使馆送到上海高等教育处理计划一件，嘱审核签注意见，俾资答复，等由，并附送原计划译文一件到部。本日复准褚部长交阅该部拟定答案，略以：（甲）原有上海各国立院校应各予继续发展；（乙）国立上海大学可准予陆续增设法学院、商学院等语。本部甚表同意。惟查本案事关处理上海方面学校计划，且原计划案内列及设置上海市立男子、女子师范两校一案，均有征询贵市府意见之必要。除各私立大学合并案须与各该校商洽进行，并各教会大学停办后，各该校学生及中国籍教职员应由国立或私立大学收容，以免学生失学、教职员失业外，相应抄附原处理计划案译文及外交部答案各一件，咨请察照，并加注意见复为荷。

此咨

上海特别市市长陈

附抄上海高等教育学校处理计划案译文一件、外交部答案一件

部长　李圣五

中华民国三十一年九月八日（部印）

照抄外交部函送上海高等教育学校处理计划案译文（略）

上海市档案馆编：《日伪上海市政府》，中国档案出版社，1986年。

日伪当局关于兼并取消上海高校计划的有关函件

（1942年9月8—25日）

1. 李圣五函（9月8日）

重行先生部长勋鉴：七日晚接奉手书，并附日本大使馆处理上海高等教育计划，诵悉种切。今晨又承面交贵部拟定答案，将上海原有各国立院校仍各继续发展，国立上海大学可准予陆续增设法学院、商学院及其他各项，本部甚表赞同。惟第五项关于设置市立男女师范两校一案，与上海特别市政府有关，拟由本部咨商上海市政府得复后，当再奉告。各私立大学合并案，自须与各该校商洽进行。至于各教会大学停办后，所有学生及中国籍之教职员，似应由国立或私立大学收容，以免学生失学，教职员失业。鄙见如呈，即希酌夺办理，至为感荷。专此奉复，祗颂勋祺。

弟　李圣五　拜启

九月八日

2. 褚民谊函（9月9日）

公博吾兄市长勋鉴：本月七日，接日大使馆交来整理上海高等教育计划方案一件，除译转教育部李部长得有复书，并由弟与日高公使洽商，制定答复方案，呈奉主席阅可。兹特将原案译文及外【交】部复案并李部长复书一并抄呈，至希惠察。大使馆意以后关于沪上大学整理事，在京则由外交部担负承转，在申则由吾兄分任其劳。附此奉闻，余不一一。专此，祇颂勋安。

附抄件三种①，共十页。

褚民谊　启

九月九日

附件一：上海高等教育学校处理计划案

（上海现地案由南京日本大使馆转来）

一、方针

1. 将上海之国立大学统合为一校。

2. 英美系大学一律停办。

3. 私立各大学整理合并。

二、要领

1. 拟以上海大学为国立大学决定扩充之，现有农学院之外，扩充商学院（与国立商学院合并之），并设立法学院（为新添设者），该商法两学院之校舍拟借用工部局立学校校舍或将暨南大学旧校舍加以修理而充用之。国立大学除上海大学以外，决不另再设置。以上诸项应同国民政府协议决定之。

2. 设置上海市立男子师范学院及女子师范学院，以中华学艺社（现南洋大学使用中）为男子师范学院之校舍，以中西女塾为女子师范学院之校舍。

3. 私立大学

（1）将圣约翰、南洋、大夏、光华、复旦诸大学统一合并之，另行设置法商学院、文学院、理工学院、医学院。拟以所废止之圣约翰大学之校舍充为统一合并大学之校舍，并组织董事会经营之，不得采用英美人教授。

（2）准许私立大同大学独立经营，且仍使用现在之校舍，应设置法商学院、文学院、理工学院。

（3）关于未向国民政府申请许可以及不合规定之其他私立专门学校，应取缔而加以整理之。

（4）关于音乐、美术、体育等学校，应于可能范围以内由官方公方经营之。

---

① 仅录附件一、二，附件三重复，编者删去。

附件二

（一）国立上海大学以外，至少尚宜有一国立大学。国立上海大学为中日两国合办，故应另有一纯粹中国国立大学，此大学包括交通大学、商学院、音乐院及将来之医学院。

（二）赞成。

（三）赞成。

（四）上海大学依其组织法可以扩充，增设法学院及商学院，校址可择适当者采用之。

（五）上海市立男子师范学院、女子师范学院之设置完全属于上海市政府。

（六）大同大学依其规模及组织，可同意为独立大学。

（七）南洋即交通，已恢复国立，其他如圣约翰、大夏、光华、复旦等私立大学，合并为一大学，并拟以所废止之圣约翰校舍作为合并后大学之校舍，另组校董会管理之，此点极表赞同，但必须先与各该校负责人说明合并理由，用和平方法、圆融手腕，予以指导，以获良好之结果。至于其他未向国府申请许可以及不合规定之私立专门学校，自应取缔或加以整理。

（八）音乐已有国立，至于美术、体育等校，于可能范围内由国府或市府筹设之，各校所用之外籍教授，自当拒用英美人。

上海市档案馆编：《日本帝国主义侵略上海罪行史料汇编》，上海人民出版社，1997年。

二、"国立"大学

（一）"中央大学"

汪伪教育部为拟具"国立"中央大学复校筹备委员会规程及支出预算请公决案致伪行政院呈

（1940年4月）

拟具国立中央大学复校筹备委员会规程及支出预算请公决案。

窃查本部拟恢复国立中央大学一案，业经提请钧院第二次会议决议，南京大学筹备委员会撤销，另组中央大学复校筹备委员会，其组织规程由教育部拟具，提出下次会议记录在卷。兹以中央大学为最高学府，复校工作至为艰巨，自应早日成立国立中央大学复校筹备委员会，以利进行，爰拟就该委员会规程及经费支出预算书各一份，谨请钧院提会。是否有当，敬候公决。

国立中央大学复校筹备委员会规程

第一条　本委员会定名为国立中央大学复校筹备委员会，筹办国立中央大学之复校事宜。

第二条　国立中央大学复校筹备委员会（简称"本会"）由委员九人至十一人组织之，除教育部部长、次长及主管司长为当然委员外，其余由部长聘任之。

第三条　本会设委员长一人由部长兼任，副委员长二人由次长兼任；委员长综理一切会务，副委员长襄助委员长办理会务。

第四条　本会委员分为专任委员、兼任委员二种，均由部长聘任。专任委员为有给职，兼任委员不支薪俸，但得酌给办公费。

第五条　本会办理左列各事项：

（一）关于筹集国立中央大学之经费事项；

（二）关于交涉接收国立中央大学原有校址及校产事项；

（三）关于租赁及修理校舍、添置校具及其他教育上之设备事项；

（四）关于接收或计划国立中央大学之附属机关事项；

（五）关于在校长未到任以前其他重要事项。

第六条　本会设秘书长一人，由教育部部员兼任，秘书一人至二人。秘书处下设文书主任、事务主任、会计主任、设计主任各一人，及办事员、书记各若干人，分掌各项事宜。

第七条　本会地点设于首都。

第八条　本会经费由会拟具预算书函请教育部转呈行政院饬拨之。

第九条　每星期开常会一次，遇必要时得临时召集之。

第十条　本会俟中央大学正式成立后即行撤销。

第十一条　本规程有未尽事宜，得随时议决呈请修正之。

第十二条　本规程自呈奉行政院核准之日施行。

国立中央大学复校筹备委员会经费支出预算书

临　时　门

款项目节	科目	金额	备考
第一款	中央大学复校筹备委员会经费	五四，八五〇．〇〇元	复校筹备期间五个月应支各费。
第一项	俸给	二六，二五〇．〇〇	
第一目	薪俸	二四，七〇〇．〇〇	
第一节	委员薪俸	七，五〇〇．〇〇	专任委员三人，月各支五百元，五个月合计七千五百元。
第二节	秘书长及秘书薪俸	四，〇〇〇．〇〇	秘书长一人由部员兼任，不支薪，秘书二人，月各支四百元，合计四千元。
第三节	主任薪俸	六，〇〇〇．〇〇	主任四人，月各支四百元，合计六千元。①
第四节	职员薪俸	七，二〇〇．〇〇	办事员及书记共十二人，平均每人月支一百二十元，合计七千二百元。
第二目	工资	一，五五〇．〇〇	
第一节	包车夫工资	三，〇〇．〇〇	包车夫二人，月各支三十元，合计三百元。
第二节	工役工资	一，二五〇．〇〇	工役十人，平均每人每月支二十五元，合计一千二百五十元。
第二项	办公费	八，六〇〇．〇〇	
第一目	文具	二五〇．〇〇	笔墨纸张等费，月平均五十元。
第二目	邮电	三五〇．〇〇	邮票、电报、电话等费，月平均七十元，合计三百五十元。
第三目	消耗	七〇〇．〇〇	招考期内各项消耗二百元，电灯月平均二十元，自来水二十元，薪炭三十元，其他三十元，合计七百元。

① 应为“八千元”，原档如此。

续表

款项目节	科目	金额	备考
第四目	印刷	七五〇.〇〇	试卷六百元，其他月平均三十元，合计七百五十元。
第五目	租赋	二五〇.〇〇	房租月支五十元，合计二百五十元。
第六目	修缮	五五〇.〇〇	装置电灯、电话三百元，其他修缮月平均五十元，合计五百五十元。
第七目	旅运费	二，〇五〇.〇〇	北平招生旅费四百元，上海三百元，广州八百元，汉口三百元，其他每月旅运费平均五十元，合计二千〇五十元。
第八目	杂支	三，七〇〇.〇〇	考生伙食贴费一千元，招生广告费二千元，考期内各项杂用二百元，其他杂费月平均一百元，合计三千七百元。
第三项	购置费	六，一五〇.〇〇	
第一目	器具	四，三五〇.〇〇	
第一节	办公桌椅	九〇〇.〇〇	每套含一书桌、一转椅，列支三十元，应备三十套，合计九百元。
第二节	柜橱	二〇〇.〇〇	约计二百元。
第三节	会客室桌椅	二〇〇.〇〇	约计二百元。
第四节	卧室桌椅	一五〇.〇〇	约计一百五十元。
第五节	床铺	一五〇.〇〇	单人铁床十架，每架十五元，合计一百五十元。
第六节	其他家具	二〇〇.〇〇	约计二百元。
第七节	办公桌器皿	三〇〇.〇〇	每套含玻璃板一方、墨壶、印泥、茶杯、叫人铃、水盂笔架各一只，约估十元，三十套合计三百元。
第八节	电扇	四〇〇.〇〇	八架，每架五十元，合计四百元。
第九节	挂钟	一五〇.〇〇	三架，每架五十元，合计一百五十元。
第十节	打字机	一六，〇〇.〇〇	中英文各一架，约计一千六百元。
第十一节	其他器皿	一〇〇.〇〇	如痰盂、烟碟等，约计一百元。
第二目	舟车	一，三〇〇.〇〇	
第一节	人力车	一，二〇〇.〇〇	二辆，每辆六百元。
第二节	脚踏车	一〇〇.〇〇	一辆，约需一百元。
第三目	图书	五〇〇.〇〇	各项参考用图书，约计五百元。
第四项	特别费	八，八五〇.〇〇	

续表

款项目节	科目	金额	备考
第一目	特别办公费	二，二五〇.〇〇	秘书长一人，兼任委员八人，均属兼任职，月各支特别办公费五十元，合计二千二百五十元。
第二目	酬应费	四〇〇.〇〇	在沪、平等四处招生，托当地教育机关帮同办理，应各宴客一二次，各列支一百元，共列四百元。
第三目	学生盘川津贴费	五，八〇〇.〇〇	预计在北平招生一百人，每人津贴盘川二十元，广州八十人，每人四十元，汉口四十人，每人十元，上海四十人，每人五元，合计五千八百元。
第四目	汇兑	二〇〇.〇〇	本预算应行汇往沪、平各地之款不下一万二三千元，约需汇水、亏耗等费二百元。
第五目	医药费	二〇〇.〇〇	学生来京长途跋涉又值盛暑，须预备些必要药品，约需二百元。
第六目	预备费	五〇〇〇.〇〇	

附注：关于大学校宿舍之修缮及图书、仪器、校具之应补充各费，俟收回校址经查点后，再分别估计编造预算书。

中国第二历史档案馆藏“汪伪行政院档案”

中央大学招考男女生简章

（1940 年）

本校沿革

教育为立国之本，大学教育，尤为改进文化事业之枢干，而国立中央大学，更有肩负整理全国教育，发展东亚文化，开辟世界智源之重任！忆自成立以来，已逾十五寒暑，其间几经改组，历尽艰难，始克有今日之地位。兹者国府还都，中大亦得以复校，因记其沿革于次，以供关心本大学者览焉。

国立中央大学，成立于民国十六年四月，国民革命军北伐抵京，国民政府教育行政委员会，即苦心经营，合并前国立东南大学、河海工科大学、上海商科大学、江苏法政大学、江苏医科大学、南京工业专门学校、苏州工业专门学校、南京农业学校、上海商业专门学校等九校，成立第四中山大学，由张乃燕先生任校长。十七年三月，依照大学委员会议决，改名江苏大学，同年五月又议决改名中央大学，本校名称，遂以确定。

本校成立之初，设自然科学、社会科学、文学、哲学、教育、农、工、商、医九学院。总名为大学本部，以示与管理大学区、教育行政院有别。十七年八月，改自然科学院为理学院，社会科学院为法学院，并将哲学院改为一系，归入文学院，计共文、理、法、教育、农、工、商、医八学院。此其大概情形也。

十九年十二月，张乃燕氏因政务冗繁，不克兼顾，恳请辞职，乃由朱家骅先生继任。未几，朱氏亦以教育部长政务繁忙，又令委段锡朋氏代理校务。至二十三年春，始正式任命罗家伦氏为本校校长。二十四年秋，商、医二学院，均先后改称为国立上海商学院及国立上海医学院，脱离本校而独立。

二十六年七月，中日事变，南京沦陷，本校亦随国府西移。二十九年四月，国府始还都南京，教育部长赵正平氏，鉴于中央大学有重在首都恢复之必要，爰于二十九年四月，提请国民政府行政院通过设立国立中央大学复校筹备委员会，由赵氏兼任委员长，教育部次长樊仲云、戴英夫二氏任副委员长，钱慰宗氏任秘书长，并罗聘专家为筹备委员，苦心孤诣，周详策划，使全国最高学府之光芒，得重射于首都，亦盛事也。

一、学额

（甲）大学本科

本大学现设文、理、工、农、法、商、医、药、教育等九学院，每学院拟招一年级新生各五十名，共计四百五十名。

（乙）专修科

本大学为培植优良师资并为训练农业生产干部人材起见，在本大学教育学院设师专科，在农学院设农专科，肄业年限各为二年，期满后考查成绩及格，给予毕业证书。其有志转入本科继续求学者，须得各该院院长之同意，插入相当年级肄业。本届招收新生各五十名，共计一百名。

（丙）先修班

本大学为救济五年制中学毕业生就学起见，本年度暂设先修班，内分文、实两科，修业期限一年，经考试及格，得升入本大学一年级肄业。本届拟招收文科新生二百名，实科新生三百五十名，共计五百五十名。

二、资格

（甲）应考大学本科学生须具下列资格：（一）凡公立或已立案之私立高级中学校毕业者；（二）凡其他与高级中学同等程度学校毕业者；（三）凡有同等学力者、或五年制中学毕业成绩特优者（录取额占百分之十）。

（乙）应考专修科学生之资格与大学本科同。

（丙）应考先修班学生须具下列资格：（一）凡五年制中学毕业者；（二）凡在公立或已立案私立高级中学肄业满二年者；（三）具有同等学力者。

三、试验科目

（甲）学科

（一）文、法、商、教育各学院一年级应试科目
（子）国文
（1）作文
（2）国学常识
（丑）外国文（日文或英文）
（1）作文
（2）翻译
（寅）数学（代数、几何、三角）
（卯）中外史地
（辰）自然科学（物理化学生物任择一科）
（二）理、工、农、医、药各学院一年级应试科目
（子）国文
（1）作文
（2）语文互译
（丑）外国文（日文或英文）
（1）作文
（2）翻译
（寅）数学
（1）几何（包括平面、立体）
（2）三角
（3）高等代数
（4）解析几何
（卯）自然科目
（1）物理
（2）化学
（3）生物
注：上列三科任择二科，惟应考医、药、农三学院者，生物〖学〗为必试科目。
（辰）中外史地
（三）专修科（应试科目师专科与教育学院同，农专科与农学院同）
（四）先修班文科应试科目
（子）国文
（1）作文
（2）语文
（丑）外国文（日文或英文）

（1）作文

（2）翻译

（寅）数学（代数、几何）

（卯）中外史地

（辰）自然科学测验

（五）先修班实科应试科目

（子）国文

（1）作文

（2）语文互译

（丑）外国文（日文或英文）

（1）作文

（2）翻译

（寅）数学

（1）平面几何

（2）三角

（3）高等代数

（卯）自然科学

（1）物理

（2）化学

（3）生物

注：上列三科任择二科。

（辰）史地

（乙）体格检查

（丙）口试

四、投考手续

（甲）应考大学本科及考修科一年级学生，须呈验高中毕业文凭，或其他同等学力证明文件外，并应缴最近二寸半身相片三张，亲赴本大学指定报名处所填写报名单及领取准考证。

（乙）应考先修班学生须呈验五年制中学毕业证书，或其他同等学力证明文件外，其余手续与应考本科生同。

（丙）应考生如因路途遥远，不能亲自到本大学报名处所报名者，得用通信报名方法，将应缴各件于七月十五日前挂号函寄南京国府路二八二号本大学报名处，由本校寄给报名单及准考证，惟报名单由考生填就后，须于考期前寄回本校。

（丁）应考生须缴纳报名费壹元。（注：应考生所缴报名费及相片无论录取与否概不发还。）

五、报名日期

自即日起至七月十五日截止。来会报名者，请在每日上午九时至十二时、下午二时至五时本会办公时间内。

六、考试日期

自八月一日起至三日止，每日上午八时至十二时，下午一时至五时。

七、报名地点

南京国府路二八二号中央大学复校筹备委员会报名处。

八、考试地点

（甲）南京　国府路二八二号

（乙）上海

（丙）苏州

（丁）杭州

（戊）北平

注：上海、苏州、杭州、北平等处考试地点另行通告。

九、揭晓

录取新生除登报揭晓外，并另函通知。

十、注册日期

（甲）九月三日至七日，为新生入学注册期间，如有重大事故，不能到校办理注册手续者，须得本大学之许可，否则取消入学资格。

（乙）新生入学时，须缴最近二寸半身相片六张，并同保证人随带图章来校，填写保证书。

十一、纳费

各学院及专修科、先修班学生，除缴纳膳费每月八元（作五个月计算，计四十元）外，其余学费宿费，一概免收。

十二、附注

（甲）考试日程在考期前另行公布。

（乙）应考生须自备通行证及防疫证，借免途中阻滞。

（丙）凡公立或已立案之私立高级中学毕业生名列前三名者，得由各该校长之保荐，经当地教育行政机关证明，而经本大学招生委员会审查认可后，得免试入学，惟先期向本大学报名处登记。

（丁）本大学设有各种奖励办法，凡学生成绩优异，经本大学核准者，得享受下列规定之奖励。

（一）名誉奖　凡品行优秀，学业超群之学生，至学期终了由学校颁发奖状、奖章等，以示鼓励，其详细办法另订之。

（二）奖金　凡学业成绩合于下列标准者得享受规定之奖金（惟复校后第一学期之奖金以入学试验为标准）：

（子）凡第一学期成绩总平均在九十分以上者，得享受第二学期奖金八十元；

（丑）凡第一学期成绩总平均在八十分以上者，得享受第二学期奖金六十元。

（戊）本大学设有各种优待办法，凡清寒学生学业成绩及格，操行列入乙等以上，经本大学核准者，得请求下列规定之优待。

（下略）

汪伪国民政府教育部《教育公报》第6期附录

中央大学入学须知

（1940年9月）

国立中央大学入学须知　樊校长谈“办学方针”

节录各报中央社稿

中大此次复校，名虽“复”校，实等创校，因为经过了战事，什么都给毁坏了，所以要在短时期内，招生开学，事功之困难艰巨，当可想见。初时，深恐交通不便，环境困难，学生不多，然而此次招生结果，报名投考者达三千余人，惟因限于校舍及经费，录取人数只能有五分之一约六百余人。然中大复校，目的在救济失学青年，并转移一般思想及社会风气，故凡前在高中毕业或肄业，有证书及教育机关确实证明者，得请求免试入学为试读生，同等学力者亦可前来应试，华侨子弟及外国学生苟有确实证明，亦得通融入学为特别生。

中大此次学生考试成绩，似不能十分满意，因为三年余的战事使一般学生的功课大半荒落，尤其是数理方面，所以此次录取标准，同时也为救济青年失学起见，比较从宽。照例一般学校对于入学考试，甚为严厉，而入学以后则取放任主义，不加督责，以致学生毕业以后，终鲜成绩，此种办法，殊不合理。中大以后，拟一反此道，即入学之时，不妨稍宽，俾青年有志者，得有求学之机会。但入学以后，必须严加管束，使之专心学业，倘学生考试，不能及格，便得留级重读，甚至退学。

中大此次所取学生为先修班一班及大学本科一年级一班，着重在基本的训练，故所开学程，亦以共同必修居其多数，入学以后，拟以能力分组分班教授。规定人文学院之学生，必须国文、英文、日文之成绩能在甲组及格；入理学院者，亦必须于数理诸课成绩能及格于甲组，盖若在一年级时不将基本功课有确实的把握，以后功课加重，便难有攻读的机会了。过去办学，好高骛远，失之空虚，为今之计，惟有力矫此弊，汪主席对于中大所以特别提出“真知力行”四字作为校训，实有很深的意义。

入学手续

甲、报到

一、学生来校后如有行李，须将行李存放门房内，凭录取证（特别生、试读生、旁听生凭入学证）至训育课签名报到。

二、经训育课在录取证（或入学证）上盖章后，方得至会计课缴费。

乙、缴费

一、学生凭训育课业经盖章之录取证（或入学证），至会计课缴费。

二、缴清应缴各费后，住读生须再至训育课办理搬入宿舍手续，通学生至训育课缴纳二寸半身相片二张后，可径至注册课办理选课注册手续。

三、应缴各费可参看左列“学生纳费一览表”。

学生纳费一览表

（二十九年度上学期）

<table>
<tr><th>费别</th><th>正式生</th><th colspan="2">试读生
旁听生
特别生</th><th>附注</th></tr>
<tr><td>学费</td><td>免收</td><td colspan="2">免收</td><td></td></tr>
<tr><td>杂费</td><td>免收</td><td colspan="2">免收</td><td></td></tr>
<tr><td>宿费</td><td>免收</td><td colspan="2">不供住宿</td><td>试读生、旁听生、特别生以不供给住宿为原则，如请求寄宿须经校长批准，但须缴纳水电费二十元（每学期），女生可交费后径行寄宿。</td></tr>
<tr><td rowspan="2">膳费</td><td rowspan="2">58.50 元</td><td>全膳</td><td>90.00 元</td><td rowspan="2">本学期膳费假定每月 20 元，正式生除由校方每月津贴 7 元外，按四个半月计，共缴 58 元 5 角，其余各种学生因校方不给津贴，共应缴 90 元。（此项费用将来不足补交，有余发还。）</td></tr>
<tr><td>半膳</td><td>42.00 元</td></tr>
<tr><td rowspan="4">预偿费</td><td>先修班文科</td><td colspan="2">4.00 元</td><td rowspan="4">此项费用每学期结算一次，不足补交，有余发还。</td></tr>
<tr><td>先修班实科</td><td colspan="2">6.00 元</td></tr>
<tr><td>大学部文、法、商、教育各院及师专</td><td colspan="2">6.00 元</td></tr>
<tr><td>大学部理、工、农、医、药各院及农专</td><td colspan="2">8.00 元</td></tr>
</table>

续表

<table>
<tr><td rowspan="2">实验费</td><td>先修班实科</td><td>物理实验 4.00 元
化学实验 6.00 元
共 10.00 元</td><td>先修班因各种学程均系必修故，共交十元。</td></tr>
<tr><td>大学部、理、工、农、医、药及农专科</td><td>物理实验 5.00 元
生物实验 5.00 元
化学实验 10.00 元</td><td>大学部按所选学程交费，例如只选化学，则只交十元，若兼选物理，则须交十五元，三门全选，须交二十元是也。</td></tr>
<tr><td rowspan="2">制服费</td><td>男生</td><td>40.00 元</td><td rowspan="2">不足补交，有余发还。</td></tr>
<tr><td>女生</td><td>20.00 元</td></tr>
<tr><td>书籍文具</td><td colspan="2">均自理</td><td>自预偿费以下各项，无论何种学生，所缴数目均同。</td></tr>
</table>

丙、寄宿

一、学生缴清各费后，凭录取证（或入学证）及缴费收据，至训育课请领住读证。

二、随缴二寸半身相片二张，并须依照训育课所订“住读生寄宿手续”及“行李检查办法”之各项规定，经训育课认可后，始准搬入宿舍。

三、学生搬入宿舍后，须遵守训育课所定之一切规则。

四、“住读生寄宿手续”、“行李检查办法”及“用膳、沐浴、整容办法”，另行规定，附录于后：

（一）住读生寄宿手续

1. 住读生凭录取证进校，应将行李先行暂存门房。

2. 到会计课缴清各费，掣取收据。

3. 凭录取证及缴费收据，向训育课领取住读证，并随缴二寸半身相片二张。

4. 取得住读证后，方可将行李移至训育课请求检查。

5. 行李贴有查讫证者，始准搬入宿舍行李房。

6. 宿舍寝室铺位，均各编有号数，非经训育课特许，不得擅予变更或自动对调。

7. 行李除必用被服外，如衣箱网篮等俱须存放于行李房。

8. 行李房锁匙存于训育课，必须会同训育员方能开启。

（二）行李检查办法

1. 不论男女生行李，一律须受训育课检查。

2. 学生进校，将行李暂存门房后，向训育课签名报到，然后至会计课缴费。

3. 凭缴费收据，至训育课请领住读证。

4. 请领住读证后，方可将行李移至训育课请求检查。

5. 如查出有反动书籍与其他违禁品，除没收外，并予以相当处分。

6. 贴有查讫证，方可将行李搬进寝室。

7. 凡箱笼等类，须一律存置行李储藏室，不得携入寝室内。

（三）用膳、沐浴、整容办法

本校膳食时间暂行规定：早膳第一批上午六时，第二批六时半；午膳第一批中午十二时，第二批十二时半；晚膳第一批下午六时，第二批六时半；逾时不候，其分批办法及膳堂规则，另行规定之。

本校设有浴室及整容室，除整容室随时开放外，沐浴时间规定星期一、三、五下午四时至七时，开放热水，学生可按时就近整容沐浴，不得借辞外出。

丁、注册

一、住读生于遵章搬入宿舍后，通学生于缴清应缴各费后，可至注册课办理注册手续。

二、学生凭录取证及缴费收据在办理注册时，须依照后列“选课注册暂行规则”之规定手续办理，尤宜注意该项暂行规则第四条第一项之各款规定。

三、填写志愿书及保证书时，字迹务须清晰。

四、填写注册证时，各学院学生须依据后列“各学院一年级共同必修学程表”及“本院必修学程表”，各专修科学生须依据“各该专修科必修学程表”，先修班学生依据“先修班文实两科共同必修学程表”及“先修班文实两科各该科必修学程表”，将所选之学程用钢笔详细填入，不得任意涂改，或随意更换。

五、所选课程须经各院院长及教务主任、注册课长之核准，如有疑问，可随时面询。

六、选课注册时，必须应用之各项表格式样如左：

（一）各项应用表格式样（略）

（二）选课注册暂行规则

第一条　学生按照本大学所规定之注册日期，亲自到校选课注册。

第二条　学生至开学后二星期尚未到校办理注册者，本大学得取消其学籍。

第三条　学生对于本大学所规定之共同必修学程及本院必修学程，应依照准开学程表次序修习之。

第四条　学生注册应依下列规定手续办理：1. 向教务处注册课呈缴新生录取证，特别生、试读生、旁听生呈缴入学证及缴费收据，换取注册证；2. 凭注册证领取入学志愿书、保证书及准开学程表；3. 依据准开学程表，将自己所修习之学程详细填入注册证，送请所属学院院长及注册课长指导并核准签盖；4. 持已经签盖之注册证，连同填就之入学志愿书、保证书及二寸半身正面相片六张至注册课换取上课证及课程时间表。

第五条　学生须于上课后六日内得改选学程，但以一次为限。

第六条　学生改选学程应向注册课领取改选证，将加入及退选学程逐一填就，送请各该学院院长及注册课长核准签盖。

第七条　学生逾改选期后不得加入或退选学程，如半途擅行退选者，作旷课论，而在本学期之学程总平均分数时，仍将该学程加入并计。

第八条　本规程经校长、副校长核准后施行之。

甲、各学院学程编制说明

一、本大学各学院，其学程编制分下列二种：甲、共同必修学程；乙、本院必修学程。

二、甲种学程每周授课时数占每周授课总时数暂定百分之七十，乙种学程每周授课时数占每周授课总时数暂定百分之三十。

三、本大学各学院学生每一学年须习满五十四学分，但不得超过六十学分之学程。

四、本大学各学院学生每周上课时数，以三十小时为原则，其分配如下：

星期一　四小时（除授课在上午二小时、下午二小时，共四小时外，余二小时举行纪念周或精神讲话。）

星期二　六小时

星期三　六小时

星期四　六小时（上午授课四小时，下午二小时为实习时间。）

星期五　六小时

星期六　二小时（上午余二小时备补课用，下午休假或作理、工、农、医、药各院学生实习时间。）

五、本大学各学院授课时间，规定上午自八时起至十二时止，下午自二时起至四时止。

六、凡称共同必修学程，将各学院学生合并分组上课，每组暂定五十人至六十人。

七、各学程教本由该学程教授拟定。

（一）各学院一年级共同必修学程表

学程号数	名称	每时周数	学期学分	学年学分	说明
○○一	基本国文	3	3	6	作文每两周作一次，在教室内交卷。
○○二	基本英文	3	3	6	同上。
○○三	基本日文	3	3	6	中日语文互译每周一小时，或二周作一次，由教授自定。
○○四	中国通史	3	3	6	
○○五	论理学	2	2	4	文、法、商、教四院学生必须选习，理、工、农、医、药五院学生得选习本院学程替代。

续表

学程号数	名称	每时周数	学期学分	学年学分	说明
〇〇六	数学	3	3	6	文、法、商、教四院学生任择一种，理、工、农三院学生任择二种，惟医、药两院学生务须全部选习，而农学院学生生物学为必选学程。
〇〇七	物理	3	3	6	
〇〇八	化学	3	3	6	
〇〇九	生物学	3	3	6	
〇一〇	社会学	3	3	6	各院学生任择一种，但法学院学生须选习二种。
〇一一	经济学	3	3	6	
〇一二	政治学	3	3	6	
〇一三	体育	1	1	2	
〇一四	精神讲话	1			每周星期一第一小时举行。

（二）各学院本院必修学程表

学院	学程号数	学科	每周授课时数	每周实习时数	学期学分	学年学分	备注
文	一〇一	文学概论	3		3	6	
	一〇二	哲学概论	3		3	6	
法	〇一〇	法学通论	3		3	6	
	〇一〇	社会学	3		3	6	
	〇一一	经济学	3		3	6	选习任择二门
	〇一二	政治学	3		3	6	
商	一〇一	商业算术	3		3	6	
	一〇二	簿记	3		3	6	
教育	一〇一	教育通论	3		3	6	
	一〇二	心理学	3		3	6	
理	一〇一	微积分	4		3	6	
	一〇二	高等数学	3		3		一学期
工	理一〇一	微积分	4		3	6	
	一〇二	机械画	1	2	2	4	
	一〇三	投影几何	1	2	2	4	
	理一〇二	高等数学	3		3		一学期
农	一〇一	农业概论	3		3	6	
	一〇二	林业概论	3		3	6	

乙、各专修科必修学程表

专修科	学程号数	学科	每周授课时数	学期学分	学年学分	备注
师范	〇〇一	基本国文	3	3	6	
	〇〇二	基本英文	3	3	6	
	〇〇三	基本日文	3	3	6	
	〇〇四	中国通史	3	3	6	
	〇一〇	体育	1	1	2	
	教一〇一	教育通论	3	3	6	
	教一〇二	心理学	3	3	6	
	师〇一	教育行政	3	3	6	
	师〇二	中国教育史	3	3		一学期
	师〇三	乡村教育	2	2		一学期
农业	〇〇一	基本国文	3	3	6	
	〇〇二	基本英文	3	3	6	
	〇〇三	基本日文	3	3	6	
	〇〇四	中国通史	3	3	6	
	农〇一	土壤学	2	2	4	
	〇〇九	生物学	3	3	6	
	农〇二	作物学	3	3	6	
	农〇三	畜牧学	3	3	6	
	农〇四	园艺学	3	3	6	
	〇一三	体育	1	1	2	

丙、先修班文实两科学程编制说明

一、凡本大学先修班文科实科学生，其修业年限规定一学年。

二、凡学生在学年内修毕规定学分六十四学分之学程，经考试及格，文科学生得升入本大学文、法、商、教四学院及师专科，实科学生得升入本大学理、工、农、医、药五学院及农专科肄业。

三、先修班学程分共同必修、本科必修二种，共同必修学程为文科实科共同修习学程，本科必修学程，为本科必须修习学程。

四、共同必修学程占全年学程百分之六十，本科必修学程占全年学程百分之四十。

五、先修班授课时数以三十二小时为原则，其时间与大学本科同。

六、共同必修学程由二科学生合并分组听讲，每组人数暂定四十人至五十人。

（一）先修班文实两科共同必修学程表

学程号数	名称	每周时数	学期学分	学年学分	教材	说明
一	国文	3	3	6	正续古文辞类纂。	
二	作文	1	1	2		每两周作文一次，教室内交卷。
三	英文	3	3	6	用开明活页英文选为读本，而辅以文法一小时。	
四	英作文	1	1	2		同上。
五	日文	3	3	6	文法读本同时讲授。	
六	中日语文互译	1	1	2		同上。
七	世界史	2	2	4	用樊仲云译《简明世界史》（商务）。	
八	世界地理	2	2	4	用张其昀著《*International Geography*》（商务）。	
九	社会科学概论	3	3	6	用讲义，由担任教授自编。	
十	自然科学概论	4	4	8	同上。	
十一	体育	1	1	2		
十二	精神讲演	1				每周星期一第一小时举行。

（二）先修班文科必修学程表

学程号数	名称	每周时数	学期分学	学年学分	教材	说明
十五	国学概论	3	3	6	教材由教授自编。	
十六	中国近百年史	2	2	4	用邢鹏举著《中国近百年史》（世界）。	
十七	青年心理	2	2	4	教材由教授自编。	

（三）先修班实科必修学程表

学程号数	名称	每周时数	学期学分	学年学分	教材	说明
二十一	物理	4	3	6	用 *Black* 和 *Davis* 著《*New Practical Physics*》陈岳生译（商务）	每周授课三小时，实习一小时。
二十二	化学	4	3	6	用 *Black* 和 *Connat* 著《实用化学》（商务）	物理化学任择一种。
二十三	大代数	3	3	6	用范氏大代数原本。	
二十四	解析几何	3	3	6	用《*Smith And Gale Elements of Analytic Geometry*》	任择一种。

各种规则

一、宿舍规则

（一）住读生须领取住读证，方得入舍，其寝室及榻住，均预为排定，不得擅自更动。

（二）男生不得入女生宿舍，女生亦不得入男生宿舍。

（三）寝室内须保持整洁，被褥铺叠亦须整齐，箱笼等类一律移置行李储藏室。

（四）凡住读生，非经训育课准许者，一律不得外宿。

（五）宿舍内不得烹饪及聚食。

（六）通学生不得任意出入宿舍。

（七）室内不得留宿亲友。

（八）熄灯后起身前，不得任意谈笑。

（九）熄灯后不得私自燃烛。

（十）鸣起身钟后一律起身，鸣寝钟后一律就寝。

（十一）冬日不得带入引火取暖之物。

（十二）宿舍内禁止喧扰及其他不规则之行为。

（十三）学生在宿舍内，不得携带贵重物件，其零用银钱满五元以上者，应寄存会计课，取具收据。

（十四）宿舍内不得带违禁书籍及其他违禁品。

（十五）不论男女生每人须购白色被单一条（由学校代办），以资整齐。

（十六）各室设正副室长各一人，由训育课派定，其职务如左：

1. 传达训育课与同学意见。

2. 维持宿舍规则。

3. 留意本室风纪。

4. 促进本室整洁。

5. 支配本室值日生并督察其勤惰。

6. 报告患病同学于训育课。

7. 遇损坏公物事件，随时报告训育员。

8. 副室长助理正室长，处理本室事务，遇正室长缺席时，代理其职务。

（十七）寝室值日生之职务如左：

1. 司本室洒扫拂拭与启闭窗户事项。

2. 安置用具，注意清洁卫生。

3. 管理值日钥匙。

二、通学生管理规则

（一）本校学生以住读为原则，通学者须由家长详叙理由，申请校长核准之（试读生、旁听生、特别生除外）。

（二）通学生另备通学证，以便学校及家长双方考验其勤惰。

（三）除例假外，须逐日到校，不得旷课。

（四）入校时应将名牌送交训育课，出校时移至门房。

（五）自备车辆须放在指定处所。

（六）午膳自理。

（七）不得随意出入住读生宿舍。

（八）训育课规定每月派员访问家长一次，并备表记录。

（九）通学生无故缺席满三日以上者，训育课当通知其家长。

（十）纪念日或其他例假如遇学校集会时，通学生须一律参加，如无故缺席，作旷课论。

（十一）学校附近通学生得参加早操或晚间教室自修，但须向训育课请求核准。

（十二）每日须于早晨八时前进校，下午五时课毕后离校，不得无故迟到或早退。

三、请假规则

（一）学生因病因事不得已缺席时，无论在校出校均须向训育课请假。

（二）住读生欲于星期六或例假日回家住宿者，须由家长具函盖章，向训育课声明，请求特许，否则不得在外住宿。

（三）学生除星期六午后及例假外，无故不得请假外出。

（四）通学生请假一日以上者，须先由家长来函送交训育课，如系病假须呈验医师之证明文件。

（五）凡住读生回家住宿，须领取归宿证，回校时应由家长盖章至训育课销假。

（六）学生请临时假时，须持请假单交与门房，假满时须领回原单，向训育课销假。

（七）请假期满如不能销假，可说明理由，再行续假，否则作旷课论。

（八）学生如遇父母丧事，得请假半月至一月，不扣学分。

（九）学生每学期请假不得逾本学期授课日数四分之一，多则以停学论。

四、奖惩规则

（一）本校为鼓励学生善行、防止犯过起见，得斟酌备形予以奖励或惩罚。

（二）合于左例标准之一者，应分别予以奖励：

1. 一学期不迟到、不早退、不缺席者。

2. 课外作业有特殊成绩者。

3. 学期学业成绩总平均在甲等以上者。

4. 学期操行成绩经师长及训育课会同评定在甲等以上者。

5. 热心服务，著有劳绩者。

（三）奖励分左列各项，得分别轻重斟酌办理之：

1. 奖词。

2. 奖状。

3. 奖旗。

4. 贷金。

5. 留影。

（四）不遵守下列各项情形之一者，即予惩罚：

1. 不守校规者。

2. 有不良行为或不良嗜好者。

3. 不服从训导者。

4. 无故缺席者。

5. 损害公物者。

6. 引诱他人作不良行为者。

（五）惩罚分下列各项，得分别轻重斟酌办理之：

1. 训诫。

2. 警告。

3. 记过。

4. 停学。

5. 开除学籍。

（六）凡操行分数不及格者，虽学业列入甲等，亦不得升级或毕业。

（七）本规则呈由训育主任转呈校长核准施行之。

五、旁听生暂行规则

第一条　本大学为救济志愿入学学生起见，特设旁听生学额若干名。

第二条　凡本大学备取学生除经本大学依入学试验成绩传补为正式生外，均得自行请求为旁听生，惟须经各该院长及校长之准许。

第三条　旁听生应在本大学注册期间终了后一星期内，向本大学教务处登记入学。

第四条　旁听生入学之注册手续，与本大学正式生完全相同。

第五条　旁听生在学年结束时所习学程均能及格，并经各该学院院长认可者，得呈请校长核准改为正式生。

第六条　旁听生非经本大学许可不得住宿校内。

第七条　旁听生入学应缴各费，须于开学前一次付清。

第八条　旁听生之膳宿须完全自理，如请求本大学为之代办者，应向庶务课接洽并将所需费用一次付清。

第九条　旁听生入学后应绝对遵守校规，如有违犯，其惩戒办法与正式生同。

第十条　本规程经校长、副校长核准后施行之。

六、试读生暂行规则

第一条　本大学为奖励各省市优秀学生起见，特设试读生学额若干名。

第二条　凡公立或已立案之高级中学毕业生名列前三名者，得由该校长之保荐及当地教育行政机关证明，经本大学审查认可者，得免试为本大学试读生。

第三条　试读生须在本大学所规定之招生时期内向本校声请登记，经教务处呈请本大学校长核准后免试入学。

第四条　如第三条请求免试学生自行办理报名手续，而经本大学签发准考证者不得请求免试入学。

第五条　试读生入学之注册手续与本大学正式生完全相同。

第六条　试读生经本大学连续二次小考后，其所习各学程之考绩平均在六十分以上而为各该学院院长认可者，得呈请校长核准改为正式生。

第七条　试读生修习学程，其于本大学所规定之各学院入学试验科目未经选习或经选习而考绩不及格者，仍须经过各该科目之特种检定考试。

第八条　试读生非经本大学之许可不得住宿校内。

第九条　试读生入学应缴各费，须于开学前一次缴清。

第十条　试读生之膳宿须完全自理，如请求本大学为之代办者，应向庶务课接洽，并将所需费用一次缴清。

第十一条　试读生入学后应绝对遵守校规，如有违犯，其惩戒办法与正式生相同。

第十二条　本规程经校长、副校长核准后施行之。

七、特别生暂行规则

第一条　本大学为优待外国学生、侨胞子弟及选习专门学科之学生起见，特设特别生学额若干名。

第二条　凡请求为本大学特别生者，非具下列各项资格之一：

甲、外国学生志愿入本大学者，但须呈验其本国使馆领馆所签发之身份证明书及高级中学或与高级中学同等程度之毕业证书。

乙、侨胞子弟志愿入本大学者，但须呈验其所肄业学校之分数单、修业证书或毕业证书。

丙、有志研究专门学科者，须经政府机关主管长官或已登记之学术团体之保荐。

第三条 特别生请求入学，须于本大学所规定之招生时期内，向本校登记，学期中途不得请求入学。

第四条 特别生入学须经特种检定试验合格后方许注册，其手续与本大学正式生同，外籍特别生之保证人应为中国籍人民。

第五条 特别生经本大学学年考试各科均能及格，得由各院长转呈校长核准后改为正式生。

第六条 特别生非经本大学许可不得住宿校内。

第七条 特别生入学应缴各费，须以中国国币计算。

第八条 特别生之膳宿须完全自理，如请求本校为之代办者，应向庶务课接洽，并将所需费用一次缴清。

第九条 特别生入学后应绝对遵守校规，如有违犯，其惩戒办法与正式生同。

第十条 特别生在校品学兼优，经各该院院长认可者，得呈请校长给予特种奖励，其办法另订之。

第十一条 本规则经校长、副校长核准后施行之。

八、工读生暂行规则

第一条 本大学为救济贫寒青年自求深造起见，设工读生学额若干名，但不得超过总学额数百分之一。

第二条 凡本大学正式生确系家境清寒，经调查属实各科成绩均在七十分以上者，得请求各该院院长审核认可，转呈校长核准后为本大学工读学生。

第三条 凡请求工读已经核准之大学生，得免缴膳宿及实验各费（余费照），并于学期终了时，由本大学予以定额之补助金，其金额按月计算，每月以国币十元为度。

第四条 工读学生课余服务，其工作与时间之支配，由本大学秘书处规定之，不得自请更改，否则取消其工读生名额。

第五条 工读学生如工作成绩过劣或有品行学业欠佳情事，得随时停止其工读生资格，并停给补助金。

第六条 工读学生拟于下一学期继续工读者，须于学期开始前一星期内填就工读学生请求书，送呈各该院院长审核认可，转呈校长批示。

第七条 本规则有未尽事宜得随时修正之。

第八条 本规则经校长、副校长核准后施行之。

工读学生请求书（略）

附录

本书之辑，期使学生明了入学时之简单手续，并略窥训教之大概，惟本校复校伊始，诸待策进，而本书之出，又急不容缓，故遗漏讹误之处，在所难免，此则有俟于将来之改编订正矣。

出版课启

国立中央大学出版课编印

中国第二历史档案馆藏“汪伪教育部档案”

中大聘定重要教授

（1941年8月10日）

国立中央大学各学院，自下学期起分系授课，并招收各院一年级新生及二年级各系编级生，该校刻正积极整理内部，充实设备，除在毗连之南京卫生事务所旧址添建教室大楼一幢外，并由上海定购大批仪器，以应需要，新生报名投考者极为踊跃，至该校下学期各学院院长大部仍旧，各系主任亦已聘定，均系国内知名学者，预料下学期开学后，定有优良成绩，今将各系主任姓名分志于后：

文史系主任刘诗孙（曾任辅仁大学及北平女子师范学院教授），外国语文系主任杨为桢（英国爱丁堡大学文学士，曾任国立东北大学文学院院长、国立暨南大学教授），数理系主任吴咏怀（曾任金陵大学教授），化学系主任赵会隆（法国巴黎大学毕业，曾任中法大学教授，建设委员会北平分会主任，水利造卤厂工程师，农矿部技正），土木工程系主任人选未定，暂由金院长兼代，法律系主任康焕栋（日本法政大学毕业，曾任湖南浙江各法院推事检察官，上海法学院、持志大学、大夏大学等校教授），商学系主任王雨生（曾任暨南大学、大夏大学教授，财政专门委员会委员，立法院委员），政经系主任唐有櫟（法国都鲁斯大学毕业，曾任本校教务主任），教育系主任朱光溥（清华大学研究院毕业，曾任大夏大学教授），心理系主任吴图南（国立北京大学毕业，曾任北京师范大学教授，西北联合大学教授兼教务长，西北工学院教授兼训导长，立法院立法委员），师范专修科主任纪国宣（国立北平师范大学毕业曾任本校教授兼总务主任），生物学系主任缪端生（日本京都帝大理学士，曾任北平师范学院教授兼生物主任）。

又该校教务主任唐有櫟，因转任政经系主任，原职已改聘黎国昌君继任，黎君系法国巴黎大学理学士，专攻生物学，历任中山大学、暨南大学等教授，并曾在中大任教职，夙著声誉，接替斯职，极称得人也。

《教育建设》第2卷第5期

中央大学校史及各学院四年来之经过

（1944 年 6 月）

校　史

溯本校奠基，实始于逊清之三江师范，继即更名两江师范。至民国初年，复改组而成南京高等师范及东南大学。迨国民革命军北伐，奠都金陵，更由第四中山大学、江苏大学，蜕嬗演变而为国立中央大学，本校始告正式成立焉。事变时，学校随政府西迁，继而国府还都，又赖当局之扶植，于民国二十九年五月复校，迄今正复四年矣。兹更分述如次：

（一）三江师范及两江师范时期——清光绪二十八年，张之洞移督两江，创立三江师范学堂，聘由长沙杨锡侯任监督，设理化、农学、博物、历史、舆地、手工、图画诸科目，实为吾华师范学校之嚆矢。时并设有速成科、最速成科及附属中学、附属小学等，规制堪称粗具。至光绪三十一年，江督周馥以总督之称两江，遂改名两江师范，而规制内容，则无所更易。

（二）南京高等师范及东南大学时期——民国三年八月，江苏巡按使韩国钧，委江谦任校长，就前两江师范学堂房舍，筹设南京高等师范学校。四年一月，聘郭秉文为教务主任，即于同年九月十日，举行开学式。迨民国八年九月，江校长因病辞职，由郭秉文继任校长。九年四月九日，高师教务会议，有筹设国立大学案，遂另组委员会；由张謇、蒋梦麟、蔡元培等，会同校长郭秉文，拟具计划，向教育部正式陈请，同年十二月六日教育部任郭秉文兼充国立东南大学筹备员，设立筹备处，积极进行。至十年八月，国立东南大学正式上课，校长仍由郭秉文兼充。民国十二年，始将南京高等师范并入东南大学。

（三）本校确立时期——民国十六年四月，国民革命军底定江浙，奠都金陵，六月九日，中央以教育为立国之基，故于戎马倥偬之际，颁布大学区制，拟先自江浙两省试行，遂筹建首都大学，任命张乃燕为校长，继以前东南大学、河海工程大学、江苏法政大学、江苏医科大学、南京工业专门学校、上海商业专门学校、南京农业学校等，合并而成国立第四中山大学。至民国十七年三月，依大学委员会之决议，又更名江苏大学，同年五月又议改名国立中央大学，而吾全国最高学府遂以确立。时校中设有自然科学、社会科学、文学、哲学、教育、农、工、商、医九学院，总名为大学本部。十七年八月，改自然科学院为理学院，社会科学院为法学院，并将哲学分为一系，归入文学院，计共文、理、法、教育、农、工、商、医八学院。十九年十二月，张乃燕辞职，由朱家骅继任，旋朱氏升任教育部长，以政务繁忙，令委段锡朋氏代理校务，至民国二十三年春，始正式任命罗家伦为校长。二十四年秋，商、医两学院，先后独立，改称国立上海商学院及国立上海医学院。

（四）本校复校时期——民国二十六年七月，因事变，本校随国府西迁。二十九年三月，国府还都，教育部长赵正平氏，首倡恢复本校，次月即提请国民政府行政院通过，设立复校筹备委员会。同年七月十二日，国民政府任命樊仲云为校长，钱慰宗为副校长。嗣钱氏辞职，副校长一席，遂不复设。三十二年五月，樊校长辞职，由教育部长李圣五氏暂行兼代，竭力整顿，嗣李部长因政务繁忙，于同年十月，委由陈柱氏长校。三十三年一月，陈氏辞职，复任命陈昌祖氏继任校长，务期物质精神诸方面，均得恢复事变前之状态，校中现有文、法商、教育、理工、农、医六学院，及艺术、农业两专修科，并附设实验中小学校。

本校校址则自清光绪二十八年三江师范时期，至事变前止，均在成贤街北极阁原址，二十九年复校时，乃迁至建邺路旧中央政治学校原址，三十一年复迁至原金陵大学校舍，而建邺路房屋，则改充附属实验中小学校校舍焉。

本校各学院四年来之经过

文学院

民国二十九年四月，复校伊始，即成立本院，聘杨正宇氏为院长，招有大学一年级新生一班，及先修班文科两班，暂未分系。三十年秋，始于二年级分设文史系与外语系，并改聘陈柱先生为院长，刘诗孙先生为文史系主任，杨为桢先生为外语系主任。三十一年秋，更分文史系二三年级为文组与史组。三十二年一月，刘诗孙先生辞职，遗缺由朱建新先生继任，对课程之调整，力求扼要，期收事半功倍之效。外语系暂以英文为主，日文为必修科，德文、法文及拉丁文则列为选科。课程之编制，为适合学生之程度及新时代之要求，故极简单而切实。杨为桢先生于三十一年八月间升任教育部次长，遗职改聘严士弘先生继任，以迄于今。三十二年秋，前院长陈柱先生转任浙江大学校长，因改聘本院教授龙沐勋先生为院长，接事以来，对院务推进，不遗余力。今年二月，就原有文史系之文组与史组，分中国文学系与历史学系，聘钱仲联先生为中国文学系主任，龙院长自兼历史系主任，外语系则改称为外国文学系，仍由严主任主持，课程之刷新，人事之调整，仍在逐步改进中，今后设施，必将日臻完备云。

法商学院

本院于民国二十九年秋季复校之初，原分法学、商学两院，由前校长樊仲云先生兼任法学院院长，前文学院院长王钟麒先生兼任商学院院长。嗣因王钟麒先生升任教导长，商学院院长乃亦归樊校长兼任。该学期开学后，计有一年级新生法学院八〇人、商学院五七人，共一三七人。迨三十年度开始，以人力物力两感困难，两院功课又多相关，乃将法学、商学两院合并为法商学院，除一年级新生仍分甲乙两组外，二年级开始分为政经、法律、商学三系，并聘由胡道维先生为本院院长，后又续聘康焕栋先生为法律系主任，王雨生先生为商学系主任，原教务主任唐有檏先生为政经系主任，第二学期唐有檏先生辞职，政经系主任改由胡院长兼任。

三十一年度本校迁址后，本院除原分三系外，三年级生并开始分组，计政经系分政治、经济两组，商学系分银行、会计两组，兼聘由郎依山先生为政经系主任。

本年度上学期郎依山先生辞职，政经系主任仍由胡院长兼代。下学期政经系分为政治、经济两系，由奚树基先生任政治系主任，胡院长兼任经济系主任，并聘请狄侃先生为法律系主任，郭瑞璋先生暂代商学系主任。

现本院分设政治、经济、法律、商学四系，商学系又分设银行、会计两组，全院学生共三九九人，毕业班计政治系一〇人、经济系二〇人、法律系二六人、商学系二七人，共八三人。

教育学院

本校于民国二十九年四月复校，沿旧制，成立教育学院。当时由副校长钱慰宗先生兼任院长，招一年级新生一班，及师范专修科一班，中分行政及史地两组。旋钱副校长辞职，由樊校长仲云兼院务。至三十年四月，即聘杨正宇及萧恩承两先生先后长院，而朱光溥先生任教育学系主任，纪国宣先生任师范专修科主任。暨因萧院长与朱主任，于卅一年又复辞职，乃改聘吴康先生继任院长，兼教育学系主任。嗣师范专修科于第一届毕业后，即告停办，而增设艺术专修科，分音乐、美术两组，聘由钱万选先生主任之。迨卅二年夏，樊校长辞职，由教育部长李圣五兼掌校务。时教育学院吴院长亦同时辞职，即由李校长聘龙沐勋先生继任，而黄曝寰先生为教育学系主任。嗣龙院长调掌文学院，遂聘黄曝寰先生为本院院长，兼教育学系主任。卅二年九月，李兼校长辞职，由陈柱先生掌校。本年二月，陈校长辞职，由陈昌祖先生继任，而本院院长及艺专科主任，则一仍其旧，惟教育学系主任则聘由张季信先生担任。

本院于复校之第一学期，学生总数为七十三人。迨三十二年度学期开始，则本院学生总数为八十四人，其间男生占四十四，女生占四十。各级实数，则教育学系一年级正式生为七人，旁听生一人，寄读生二人；二年级正式生八人，旁听生及寄读生各一人；三年级正式生二十人；四年级正式生三十人；艺术专修科一年级正式生八人，旁听生九人；二年级正式生十五人，旁听生二人。

本年度寒假开始，本院续招新生，计艺专科录取十七人，教育学系三年级录取一人，一年级学生录取三人，全院共有男生五十人，女生四十三人，学生总数则为九十三人。

至本院之教授讲师，则因历年学生渐多，人事递迁，年有增加及更易。其间除东西洋留学者外，均系国内教育专家及当时知名之士，并自本学期始，聘有友邦教授多位，分任讲座，除院长及系科主任外，有教授二十余人，讲师三人，助教三人。至课程则亦年有增损，最近除公共必修科之基本国文、日文及中国学术思想史、社会学、日本近世儒学史外，例如教育系中教育心理、教育概论、教育视导、三民主义与教育，则由张季信、赵庸通余文伟等教授担任，师范教育、社会教育、职业教育、比较教育，则由徐公美、邵鸣九、饶祥等教授担任，体育之理论与实际及教育心理讲座，则由友邦佐佐木先生及樽崎博士讲授。

本院当复校之初，系在建邺路旧中央政治学校内，与其他各院同时恢复，院舍尚足敷用。至图书仪器等设备，则逐渐添置，教室办公室亦渐扩充。旋因师范专修科至最后一学期，例须实习，乃添设附属中小学。嗣各院学生日增，校舍不敷容纳，乃迁至天津路旧金陵大学内，将原校校址专办附中及小学，而本院之办公室及教室等，则与文学、法、商等学院同处于北大楼，虽非单独院舍，亦已足敷应用。院内并设有教育研究室，搜集国内外教育方面之专门书籍及图表杂志，专供本院学生参考之用，至艺专科设备，关于仪器、标本、模型、乐器等，亦应有尽有。

本院之教学方针，乃遵依本校校训“真知力行”实地做去，并曾行导师制，利用课余时间，随时召集受指导之学生，举行全体谈话及个别谈话，俾得于学生之家庭状况及德智体群四育之进展，益为明了，而随时更予以考询及指导。并另订学生调查表，对学业品行之状况，逐项填载，为施教之根据。最近则遵照校章，男生积极注重军训，女生则练习看护，以适合战时体制下之需要，而对行将毕业之各级学生，则注重实习与参观。故于去年间，曾先后赴苏沪及本京各机关学校实地观摩，一面则谋学生毕业后之出路，由校方及本院为各生介绍。又以事变后体育事业之停顿，及国内原有体育人材之星散，现拟于最近期内，恢复体育系，并拟将艺专科修业年限酌予延长，以宏造就。至其余之教育行政学系及教育社会学系，亦拟陆续恢复。

本院教育学系及艺专科本届毕业生共有四十一人（毕业生表另列），为各机关及学校预先争聘者，已有多起，其余各生，现正由校方学生事业委员会向各学校及机关介绍，以完成学以致用之使命焉。

理工学院

本院于民国廿九年复校时恢复，于兹四载，于经营设施，艰辛备尝。原于复校之初，分设理工两院，各招新生一班，继以性质相近，为管理便利计，乃并为一院，更名理工学院。当时投考学生人数甚多，未便完全录取，为顾及青年失学之苦痛计，乃增设先修班两班，一年毕业后，方得直升本院，以资补救，草创之始，于实验设备，颇感阙如，旋就当时需要，先成立物理化学两实验室及金工厂一所，逐步采购仪器、药品及机械，分别供学生实习应用。迨第二学年开始，始分数理、化工、土木三学系，各设系主任一人，主持系务。至第三学年，因班次逐年增多，教室不敷应用，药品仪器，倍感缺乏，幸本校迁入前金陵大学校址，本院亦同时迁入前金陵大学科学馆，得借用金大所遗留之仪器及药品，然大都残缺不全，或毁坏失效，嗣经长时间之整顿与修理，方勉强足供普通实验之用。至于高深之物理化学实验，其仪器与药品，仍须设法增购补充耳。

本院院长初为金其武先生，继为徐仁铣博士，今为崔九卿先生。四年之中，尤以第四学年，办理最为艰苦，以学生多而班次备，系别增而课程繁，致物资益形缺乏，实验愈感不易。而人才之支配，亦每觉不敷。幸经先后各院长之尽力经营，及学校当局之加意维护，得以稳渡难关。近本院又以适应学生之旨趣及需要计，改数理系为物理电工系，且先后于物电系成立热学实验室、无线电实验室、电学实验室、光学实验室、机械实验室、电池室等，至电机实习室，现正积极计划中。化工系亦成立天秤室、无机化学实验室、有机化学实验室、定性分析实验定量分析实验室、工业化学实验室、药物化学实验室、食物化学实验室。土木系则备各种测量仪器，尚得勉强供应该系学生之实习。本院现拟从事研究各种生产问题，并愿为国家社会服务，俾不负政府当局提倡增产之盛意。最近更计划改物电系为机电系，以应战时体制之需要，业已就绪，期于下学期施行。苟本院经费充足，设备增多，则将来发展，可有望焉。

农学院

本院具悠久历史，远基于前南京高等师范之农业专修科，递更国立东南大学农科，至民国十六年度始，改组为第四中山大学农学院，嗣于十七年二月间改为江苏大学农学院，又于同年五月间改为国立中央大学农学院，就本京三牌楼校门口前江苏省立第一农业学校旧址为院址，面积约三百余亩，其规模之宏大，设备之完善，为全国高等农业教育首屈一指之农学院。惜因此次事变，所有建筑大都付诸劫灰，各项设备亦均荡然无存，其幸残留之房屋，均为友军部队借用。自我国府还都后，筹备复校，经三月之久，始于二十九年八月间正式恢复，成立现中央大学。本院遂附于本大学而居六院之一焉。

本院自复校以来，迄今四载，维当时虽名为复校，实无异于创设。复以经费、设备、教学等各种关系，于草率初创时期，权宜组织，暂设本科及农业专修科各一级；旋于第二年度起，即分设农学、生物两系，渐谋扩充；至三十三年二月，因学生人数增加，又将农学系分为农艺、园艺、农业经济三系，连生物系共为四系。至现有组织，除设置院长一人，总理院务外，并设置系主任四人，专任教授十人，兼任讲师六七人，主理各系教务，院务员一人，助教四人，助理员四人，分别襄掌各项事务。其他如事务、会计、编辑、文书等项，则均归本校教务处、秘书处统筹办理。至两科之教学研究等各种事业进展，则均由校务会议公决施行。此本院组织之梗概也。关于事业方面，则农业本科定四年毕业，以养成农艺、园艺、农业经济及生物等各科专门人才。附设农业专修科定二年毕业，注重农学实际工作，及培养农业干部人材为宗旨，并为增强各学生实际起见，爰在学科及实验外，更注重于实习，实行田间劳动服务。本校自民国三十一年八月接收前金陵大学农学院以后，对于农学、生物两系，增加设备，充实殊多。而对于接收金大原有附近汉口路及胡家菜园等农场，更足供本院各学生就近实习场地之用。内容行见充实，裨益匪浅。回溯本院自复校以还，农业专修科，曾于民国三十一年七月举行第一届毕业，计毕业学生十有八人，值此战时自给体制之下，农业人才为社会所急切需要。故该届毕业同学，均承各地农事机关争先聘用，学校亦与有荣焉。

医学院

民国廿九年秋，本院随复校而恢复。惟原有设备，自经沧桑，竟付阙如。斯时于惨淡经营之下，招一年生一班，聘由罗广森先生为院长。三十年为学生实习便利计，移入中央医院授课，嗣因校舍迁至天津路，乃随而迁入今址。嗣于三十一年冬，罗院长离职，由樊校长兼代。学生已增至三班。三十二年四月，聘陶炽孙先生掌院。八月末，陶院长又他往，乃由黎教务长国昌暂行兼代。十月聘由蒋鹍先生来掌院务，斯时学生已增至四班。三十三年一月聘问缵曾先生任院长，不三月又离校，乃由陈校长兼代。斯四年来之大概情况也。

至于本院一切设备，尚欠完备。上学期承友邦同文书院捐助日金八十万元，协助本院购备仪器，今已由友邦大使馆及军部援助，向各方购求中；自下学期起，务使本院具有医院设备，俾学生实地观摩焉。

《国立中央大学复校第一届毕业纪念刊》，1944 年 6 月。

中央大学概况（节选）

（1945 年 6 月）

教务处史实

自廿九年秋季复校之初，教务处与训育处同隶于教导长之下，与秘书、总务两处同隶于秘书长之下，遥遥相对。教导长为教务最高主管者，教务处设教务主任，为教务直接负责人，处之下设注册课、出版课、图书课，附有图书馆。至卅年六月底，教导长一职撤销，教务处与训育处同直属于校长，教务专由教务主任主持，而教务处仅设注册、出版两课，原有图书课取消，图书馆独立，直隶校长之下。乃不数月，图书馆又改归教务处直辖。及卅一年秋，图书馆仍然改归校长直辖，教务处下，亦分设注册、出版两课。及卅二年春，出版课始改为教务课，时在樊仲云校长任内事也。

自卅二年夏，将训育处并入教务处，教务主任改称教务长。处内分设注册课、教务课、辅导课、体育课及图书馆，时在李圣五部长兼校长任内事也。

自卅二年冬，辅导课及体育课又离开教务处，而恢复训育处，即以上述两课组成之，时在陈柱校长任内事也。

自卅三年春，今校长陈昌祖先生莅校后，图书馆又从教务处分出，直属校长，而教务处辖下只有注册课及教务课。是年秋，教务课更归并于注册课。入冬后，图书馆又改隶于教务处，于是处内直辖一课一馆，至今未有变更。

以上为组织的沿革，至人事上亦不少变更，兹略举如下：自廿九年复校至卅年六月，教导长为王钟麒先生，教务主任为唐有樑先生。自卅年七月至今，所有教务主任及教务长职务均由黎国昌先生蝉联充任。

注册课长一职自廿九年秋至卅年夏，由蔡雪香先生担任。卅年秋至卅二年夏，由郝增先生担任。卅三年秋至今，由李蕴冰秘书兼任。

出版课长一职，自廿九年秋至卅年夏，由金万扶先生担任。卅年秋改由叶炳若先生担任。及卅二年春，改出版课为教务课，其课长一职，即由叶炳若先生蝉联。入是年秋至去年夏，本课未并入注册课以前，其课长一职由洪绍桓先生担任。

至图书课主任及图书馆长，自廿九年秋至卅三年冬，均由罗凤翔先生担任。自此至今，则由附校主任纪国宣先生兼任馆长。

至于教务处之职责与业务，每因组织变更而有转移。今以限于篇幅，姑从简略。

文学院之过去与将来

自民国二十九年夏，本校筹备恢复，即仍旧制，首设本院，聘王钟麟先生为院长，秋季开学，王氏转任教导长，乃改由教育学院院长杨正宇兼任。初招大学一年级一班，先修班文科两班，暂不分系，亦徒学院之名而已。三十年秋，始分设文史系与外语系，并改聘陈柱先生为院长，刘诗孙先生为文史系主任，杨为桢先生为外语系主任，课程订定，略具规模。三十一年秋，更分文史系二、三年级为文组与史组。三十二年一月，刘诗孙先生辞职，遗缺由朱建新先生继任，对课程复稍有调整。外语系暂以英文为主，日文为必修，德文、法文及拉丁文则为选科，课程及教授人才，皆颇切实。杨为桢先生于三十一年八月，调任教育部次长，遗缺改聘严士弘先生继任，以迄于今。三十二年秋，陈柱先生转任浙江大学校长，李兼校长圣五先生，因改聘本院教授龙沐勋先生为院长，对院务之改进，不遗余力。三十三年春季，就原有文史系之文组与史组，分设中国文学系与历史学系，聘钱仲联先生为中国文学系主任，龙院长自兼历史系主任。此一年中，本校三易校长，致一切兴革，未能按预定步骤实施。三十三年秋，始将全院课程重加调整，并于图书馆楼下，别辟研究室，提出校藏及龙院长私人所藏图书之一部分，借供全院同学之课外参考。改聘原任教授李长傅先生为历史系主任，并兼聘专家吕贞白、杨鸿烈诸先生为教授，于是阵容一新，研究学术之风，骤然大盛，课外后常举行座谈会，师生间情感亦极融洽云。曾举行文史联席会议，决议案见诸实行者，计有：（一）各学院一、二年级共同必修作文考绩；（二）文史两系学生，在各组导师指导之下，作专书研究；（三）充实研究室设备等项。学生间对于诗歌之兴趣，亦极浓厚，结有苔岑诗社，推龙院长及钱主任及吕教授为正副社长，院外同学加入唱和者亦复不少焉。本年春季，李主任因病乞假还乡，历史系系务暂由吕教授兼代。外国文学系曾一度停止招生，至本届毕业止，遽行中断，现正筹议恢复中。此本院五年来之经过史实，虽逐步改进，略有可观，而以种种关系，未能遽臻完美，发扬光大，正有待于全院师生之共同努力也。

国立各大学，对于文学院课程之编配，互有出入，要以罗致专家担任教授，为能成独特之研究风气。本院今后之设施，拟本实事求是之精神，认清时代之需要，不好高骛远，不拘泥盲从，对国文、历史二系学生，除因材设教，冀成若干专门学者外，一般课程之编制与进度之督促，务以培植文史根基、锻炼表现技能为主，借得养成社会上之应用人才与中等学校之良好师资，庶几挽回年来一般国文程度低落之颓风，而奠定民族复兴之柱础焉。至于外国文学系之规复，亦拟以切于实用为主，而养成翻译专才，借以介绍世界知识，沟通中西文化，实为建设新中国之根本要图。然培养此项人才，必须兼顾中外。从事各种文字之锻炼，中文系与外文系互相联系，尤为当务之急。吾人悬此鹄的，以谋院务之革新，庶几旧学新知，一炉共冶，于国家民族稍有贡献，或亦有识之士所共赞许乎？

法商学院

民国二十九年秋，汪先主席恢复本校之初，即设立法学、商学二院，由前校长樊仲云先生兼任法学院院长，前文学院院长王钟麒先生兼任商学院院长。嗣因王钟麒先生改任教导长，商学院院长乃亦归樊校长兼任。该学期开学后，计有一年级新生法学院八〇人，商学院五七人，共一三七人。

三十年度，法学、商学二院合并为法商学院，除一年级新生仍分甲乙两组外，二年级开始分为政经、法律、商学三系，并聘胡道维先生为本院院长，后又聘康焕栋先生为法律系主任，王雨生先生为商学系主任，原教务主任唐有樑先生为政经系主任。第二学期，唐有樑先生辞职，政经系主任改由胡院长兼任。

三十一年度本校迁址后，本院除原分三系外，三年级生并开始分组，计政经系分政治、经济两组，商学系分银行、会计两组，并聘郎依山先生为政经系主任。

三十二年上学期，郎依山先生辞职，政经系主任乃由胡院长兼代。下学期，政经系分为政治、经济二系，由奚树基先生任政治系主任，胡院长兼任经济系主任，并聘请狄侃先生为法律系主任，郭瑞璋先生暂代商学系主任。本年度上学期，政治、经济二系合并，仍称政经系，并聘黄邦桢先生任法商学院院长，兼商学系主任，甄洪铭先生任政经系主任，至法律系主任，则仍聘狄侃先生续任。下学期，院长仍由黄先生担任，法律系主任仍由狄先生担任，政经系主任由黄院长暂兼，拟新聘之商学系主任因故未能如期到校，暂由校委法律系主任狄侃先生兼代。现时本院分设政经、法律、商学三系，商学系分设银行、会计两组。全院学生共二九七人（内正式生二七九人、寄读生一二人、旁听生六人）。毕业班计政经系二八人，法律系一五人，商学系二六人，共六九人。

本院下年度改进计划，正由有关各方详密商讨中，不日呈由校方核定施行。

教育学院

本校于民国二十九年四月复校，本院亦随即恢复，由副校长钱慰宗先生兼任院长，招有教育系一年级生及师范专修科生各一班（师专科分行政及史地两组）。旋钱副校长辞职，院务由樊校长兼理。三十年四月，先后聘请杨正宇及萧恩承两先生为院长，又聘朱光溥先生为教育系主任，纪国宣先生为师范专修科主任。三十一年，萧院长与朱主任相继辞职，乃改聘吴康先生继任院长兼教育系主任。师范专修科于第一届学生毕业后即行停办，增设艺术专修科，分美术、音乐两组，聘由钱万选先生为主任。三十二年春，樊校长辞职，教育部部长李圣五氏兼长本校。本院吴院长同时辞职，乃聘龙沐勋先生继任，并聘黄曝寰先生为教育系主任。嗣龙院长调任文学院院长，遂聘黄曝寰先生为院长，兼教育系主任。三十二年九月，李兼校长辞职，由陈柱先生掌校。三十三年二月，陈先生辞职，陈昌祖先生继任校长，本院院长及艺术专修科主任一仍其旧，惟教育系主任则改聘张季信先生担任。去年夏，本院增设艺术系，另招新生一班，分美术、音乐两组。艺术专修科第一届学生毕业后，如愿继续深造者，可插入该系三年级，但不再予以艺术专修科学生待遇。至于该科一年级学生，于三十三年度开始时，升入艺术系二年级，校方为体恤起见，仍给予艺术专修科学生待遇。艺术系主任现仍为钱万选先生。

本院于复校之初，学生总数为七十三人。迨三十二年度开始时，学生总数为八十四人。本年度有学生八十二人，计男生三十四人，女生四十八人，共分配为教育系一年级十六人，二年级十一人，三年级九人，四年级十八人；艺术系一年级十一人，二年级十二人，三年级五人。

本院教员因学生渐多，年有增加及更动。三十二年度夏，为沟通中日文化起见，特聘日籍教授数名，分任讲座。本院现有教员三十三人，计教育系教授九人，副教授四人，讲师三人，助教一人；艺术系教授五人，副教授三人，讲师七人，助教一人。各教员概系精学之士，复谆谆善诱，热心教导，故本院学生获益匪浅。

本校教育方针，一本校训"真知力行"，课程之编排循序渐进，务切实用。教育系学生须修满一百五十学分（计共同必修课程五十学分，主系必修课程八十二学分，选修或辅系课程十八学分），艺术系学生须修满一百五十七学分（计共同必修课程四十七学分，主系必修课程九十二学分，选修或辅系课程十八学分），并于第四学年作论文一篇，经本校毕业论文审查委员会审查通过始得毕业。本院为提倡集体研究教育科学起见，特督促教育系全体学生组织教育研究会。教育事业尤重实践，本院为使教育系四年级学生获得教育上之经验起见，于四年级第一学期举行教育实习，全班学生分为教学与行政两组，轮流实习。本院且有教育参观团之组织，曾先后赴苏沪及本京教育机关及优良中小学校参观，借资观摩，而符实际。

本院对于学生品性之陶冶尤为重视。院长及系主任常利用课余时间，随时召集学生，举行精神讲话或个别谈话，并印制学生调查表一种，将各生之学业品行及家庭状况逐项填载，借作指导之根据焉。

本院当复校之初，院址系在建邺路前中央政治学校内。迄三十一年八月，本校以各院学生日增，原址不敷应用，乃迁至鼓楼前金陵大学旧址。本院办公室及教室现与文学、法商两学院同处于北大楼，虽足敷用，但美术及音乐两组须有专用教室，俾便教学，经多方设法，辟北大楼四楼为西画教室，小礼拜堂为音乐教室，并于图书馆内设有教育研究室，搜集国内外教育专门书籍及图表杂志，以备学生参考之用，又艺术系设备，如钢琴、标本、模型以及各种仪器尚称完备。

本院教育系及艺术专修科第一届毕业生，共有四十一人。本届毕业生计教育系十八人，艺术专修科十二人，多数已谋得相当职位。

本院去秋原有添设体育系之计划，卒以投考学生过少，未能实现。下年度起，仍拟开设，并拟将教育行政学系、教育社会学系陆续恢复，倘经费充裕，并拟添办心理试验仪器，以便成立心理研究室。

理工学院五年来之经过与将来之计划

本院自民国廿九年复校时恢复以来，至今已五载有余，其间备经艰阻，遍受辛难，终因历任校长之尽力支持，已往各院长之惨淡经营，以及诸同仁之热心合作与诸同学之爱护，乃得稍获成就，虽未能尽善尽美，不足以自矜，而既往所有事实与今后进行计划，想为关怀本院者所愿闻，兹仅分述其梗概，愿共识之。

最初复校时，原分设理、工二学院，经分别招生，旋因化简学校机构，遂将二院并为一院，名之曰理工学院，分为数理、化工、土木三系。其后因适应实施需要，乃扩充数理系为数理电工系，继又易名物理电工系，自三十三年度起复将该系辟为二系，称机械电工系，并保留原有之数理系，与化工、土木共为四系，每系设主任一人，主持系务。本院院长最初为金其武先生，三十二年春，金院长辞职，由徐仁铣先生继任，暑假后，徐院长卧病，院务由崔九卿先生代理，十二月间，徐院长病故，乃由崔九卿先生继任院长，迄至今日，已一年有半矣。

设备方面，当初因匆匆草创，一时难以完备，仅购到土木系测量等仪器，勉强可用，至于数理、化工二系之仪器及药品等，则大部阙如。自迁入现校址后，得备用前金陵大学遗存之仪器及药品，始略有办法，惟该项目遗存仪器多残缺不全，虽经屡次修补整理，至今仍不完全，仅其中一小部分可实用，所遗药品则时有消耗，常用者不久告罄。同时自欧洲大战爆发后，运输不便，物品缺乏，货价猛涨，动辄累万，而学校以经费所限，诚难充分添购，况其中更有无从购买者，于是仍感困难。幸自现任陈校长到校以来，排除阻碍，筹出巨款，且加以适当指示，俾能添购大批化学药品及机电系切需之电机，于是奠定初步之基础，故目前虽非十足充实，大致尚可无问题。

院内职员，初仅有助理员二人，主持并保管金木工实习工厂及化工系仪器，院务则由院长嘱交助教办理。其后班级增多，事务日形复杂，各助教之本位工作，亦趋于繁重，对于院务，势难兼顾，乃呈准校方，添聘院务员一人，协助院长办理院务，而同时将助理员裁减一人，全校助教逐渐增至九人，皆异常勤勉。至于教授之延聘，因受事变影响，人才大感缺乏，复以待遇关系，实难罗致征聘。班级较少时，尚不见严重，至班级渐增后，所学亦日致深奥，教授问题遂大感困难，而于土木系教授尤甚，盖多数人材，咸倾向于交通、建设等事业，教授事业则罕有问津，虽经学校竭力向各方物色，仍不能解决此问题，于是不得已常有停授或延期开班之课程。民国三十三年春，现任陈校长接事后，本大公无私之精神，锐意改进整理，学校声誉日佳，经费亦较前充裕，教职员待遇屡次提高，又确定聘请教授之责任，于是教授问题乃得逐步解决。本学期开始时，诸教授皆能及期来校，实已往未有之好现象。

理工学院同学，即志于理工，自必求切于实用，况各系课程严紧，同学除按时注意听讲外，又须参考多种书籍并作实验习题，故同学大部守分努力，而课余时间又有各种学会之组织，时常邀请校内外著名教授、学者讲演，其会员则于课余之暇，彼此讨论研究，集各人所获心得，编述为特刊壁报，此外又多实地练习及服务公众，充分发挥理工学院同学之精神。第一届毕业同学五十余人，皆由校方介绍职业，一年以来，服务成绩极佳。本届毕业同学仍为五十余人，大部堪称优秀，征之既往之例，职业上想亦无问题。

既往事实，已如上述，将来更拟取法国内外办理最完善之诸大学，各方面重加调整并予扩充。数理、化工二系课程虽多偏重于理论，而实为各种科学之基础。近代任何发明与改进皆有赖于此，自不能废弛，且应再事发展，或更将数理系分作数学组与物理组，将化工系分为理论化学组及应用化学组。机电人才为近代所殷切需要，故机电系不可忽视，或将再分为机械组与电工组。此外，建筑人才战后必极端需要，故土木人才亦当积极培养。机电系设备亟待充实，现有之金木工实习工厂，拟分为金工厂、木工厂，金工厂以能制造及修理简单机械与金属器具为原则，木工厂除协同制造机械外，须兼造日常应用之木器。厂内工作由同学分别担负，以外又可创设小规模纺织实习工厂，亦由同学主持之。土木系应添置水利实验室、材料实验室、混凝土实验室，及各种建筑模型，以培养技能卓越之建筑工程师。化工系则计划购置物理化学等仪器，并整批购买足供数年实验用之化学药品，既较为经济，又免临时缺乏之虞，可能时更预定开辟煤气厂、小型酒精工厂及化妆品工厂。

目前，中国工业较之他国相去太远。理工学院同学宜居于提倡领导地位，使中国工业逐渐发展，此本院同学之旨趣与任务。本院决本斯旨，培养训练是项人才，使其能达成此任务。此本院将来计划之概况也。

农学院概况

本院创设及今，已廿余年，远肇于前南京高等师范之农业专修科，嗣递嬗变迁，校名屡易，迄民国十七年，始改今名国立中央大学农学院。其时院址在三牌楼，惟事变后，已毁坏殆尽。自我国府还都，中大复校，本院亦即成立，以建邺路旧中央政治学校为院址。卅一年九月，始迁入今金大旧址。

复校后，初由陆锡君先生主院政，本科仅有农学、生物两系，另设农业专修科，冀在短期间内，能养成专门技术人才，本科定四年毕业，专修科二年毕业，去年夏卒业者，有第一届本科生及第二届专修科生，专修科随即停办。

三十三年春，因学生人数增加、志趣不同，分农学系为农艺、园艺、农业经济三系，连原有之生物系，共为四系。去年夏，陆院长因事去职，院务暂请农艺系主任陈兆骝先生代理。今年春，改聘沈寿铨先生主持院务，经力谋改进，各种设施乃渐臻完备。

本院所属农场，前仅胡家菜园一处，地面狭小，不足应用。乃首先收回汉口路南北两园，专供园艺之用，而以原有之胡家菜园，供农艺之用，两场皆分实习、标本及研究实验三区。实习区供学生田间实习之用。标本区栽培各种作物，供学生见习，现在胡家菜园农场种有马铃薯、落花生、芝麻、赤豆、绿豆、青大豆、高粱、玉米、棉花、陆稻、洋麻、胡麻、蓖麻、粟、烟草、稗等作物。汉口路农场则种有各种蔬菜及各种花卉。研究实验区除以一部分供毕业论文学生之利用外，余供教员作研究之用。

教员所作试验研究已在进行者，计有棉花品种比较试验，棉花之激发处理，小麦之杂交育种，在同深度下测定小麦地中茎之长短对于抗寒、抗旱之关系及蚕豆人为交配之技术的研究等项；即拟举行者，有棉花、水稻品种之光照处理，水稻、粟之大量去势方法之试验，绿枝扦插发根促进法之研究，甘薯生长现象与生理作用关系之研究，数种植物碱类对于秋播蔬菜类生长影响之初步研究，促进鸡之健康及增加产卵之研究等项。

课程方面，过去因受人才之限制，各系学课之设置，难免迁就人事。关于此点，自本学期起，必要者则添加，不妥者则予以调整。添加者如田间技术、农产物价论、农业统计、土地经济学、农业经济讨论及林学大意等课，以求充实；调整者如育种问题。以宗正雄氏迄未到校，改由院长自任，使不致形同虚设，农产制造与畜牧学分聘专家担任，但此后尚有郑重审订之必要，务期能达于完善。又本院复校以来，业已五载，然林学系迄未成立，实深遗憾。按提倡林学，养成高级林业技术人才，以振兴林业，为建国大政之一，今后尚拟努力促其实现。

农学注重实习，最与真知力行之训相符。平时除各课原有之实习外，自本学期起，一年级生每周另添农场实习四小时。又本院规定，各系学生在学期间，至少须受一次暑期实习之训练，方准毕业。去年暑假，因得行政院农业增产策进会拨款补助，规模尤大，盖一以锻炼实地操作、刻苦耐劳之精神，一以辅助农忙时之增产工作；手脑并用，理论实验，打成一片，参加各生，莫不精神奋发，踊跃从事，成绩至为良好。今夏暑期实习正在计划援例举行。

本院第一届本科毕业者，共十七名，内农学系十三名、生物系四名。农业专修科第一届毕业者十八名，第二届十名。今年第二届本科毕业者共三十六名，内农艺系九名、园艺系九名、农业经济系十五名、生物系三名。至于三十三年度下学期各系学生，计农艺系三十二名、园艺系十一名、农业经济系十八名、生物系九名，一年级不分系共三十二名。除本届毕业人数外，总计在校有一〇二名。

医学院院史

本院于民国廿九年秋随复校而恢复，初分设医、药二院，聘罗广霖先生长医学院，叶秉衡先生长药学院，招一年生各一班。嗣于第二学期以药学院学生过少，乃裁并归入医学院。三十年为学生实习便利计，二年级生移入中央医院上课，一年生仍在建邺路本校。二年级开始，授医学基本课目，如胚胎、组织、解剖等，乃聘得友邦柿木爱文教授担任组织解剖课目。于三十一年冬，罗院长离职，由樊校长兼代，院址随校舍迁至天津路今址，学生已增至三班。斯时聘请梅田、杉江、今堀教授，分任细菌、生物化学、病理学等课目，同时建造解剖实习室、尸体储藏室等工程，精具规模，但其他实习设备为物质及运输所限，仪器、药品二感阙如，幸得友邦各教授之协力，得借用同仁会医院及南京防疫处，实习细菌、病理等课目。三十二年四月，聘陶炽孙先生长院，八月末，陶院长又他往，乃由黎教务长国昌暂行兼代；十月聘蒋鹍先生来长院务，斯时学生已增至四班。佐川先生、红林先生先后来校，教授生理、病理。三十三年一月，聘问缵曾先生任院长，不三月又离校，乃由陈校长兼代；同年七月，聘徐开先生为院长，学生已增至五班矣，而四五年级应有临床实习，得卫生署长陆润之先生之协助，四五年级移入中央医院上课，及临床实习。三十四年四月，徐院长因病辞职，五月聘黄济先生长院务，五年生于本年度毕业。至于本院一切设备，向欠完备，历年惨淡经营，煞费苦心，终未臻医学院之条件。斯五年来之大概情形也。

当三十三年时，承友邦同文书院捐助日金八十万元，协助本院设备购置之用。今由友邦大使馆及军部援助之下，向各方购求之仪器物品，逐渐运达，现校当局尽力擘划，求谋充实，务使具有医学院之设备，俾学生实地观摩焉。

训育委员会之今昔

本校于民国二十九年实行恢复，其行政组织计分总务、秘书、教务、训育四处，而以秘书、教导两长分别统率之，训育属于教导方面。是年七月，由樊校长聘毕静谦先生为训育主任，下设训育、体育、医药三课，分别聘定李成云、张则平、马瑞图三先生为课长。甫一月，毕先生去职，由李成云先生继任主任，自兼训育课长。同年冬，张则平先生去职，由张金鉴先生继任体育课长。不久，教导、秘书两长同时裁撤。三十一年暑假，校舍由建邺路迁至天津路，增设舍务主任，由李成云先生负责，训育处改聘范贤本先生继任，另聘朱世照先生任训育课长，而划医药课归总务处。是年夏，樊校长辞职，由李教育部长暂兼校长，改订全校行政系统为总务、教务两部分，分设总务长及教务长，聘黎国昌先生为教务长。训育归并于教务处，下设辅导课，聘程步川先生为课长。是年十月，李兼校长辞职，陈柱先生继长本校，复设群育处，聘张一烈先生为主任，下设辅导、体育两课，仍由程步川、张金鉴两先生分任课长。三十三年一月，陈柱先生辞职，陈昌祖先生继任校长，恢复训育处，实行军事管理，派韩文炳先生为训育长，下设辅导、体育两课，分派杨廉杰、张金鉴两先生为课长。同时组织训育委员会，专司立法、审议等事宜；聘各学院院长及教授为委员，而由文学院院长龙沐勋先生、法商学院院长胡道维先生、教授纪国宣先生任常务委员，轮流主持会务。是年夏，韩训育长去职，改派潘泽元先生继任。秋季开学，辅导课长杨廉杰去职，改派陈建业先生继任。同时撤销体育课，改设训育课，派卢汉民先生为课长。学期终了，潘训育长辞职，撤销训育处；本训教合一之旨，重订训育委员会组织规程，分聘各学院院长、教务长、秘书长及教授一人为委员，由龙院长兼任主任委员。原有辅导、训育两课，直属于委员会，仍由陈建业、卢汉民两先生分任课长，并就所有职掌分为生活指导、舍务、体育、军训四组，各设组长一人，分司其事。本校训育制度，于此为一大改革云。

自本会改组以来，即主实施感化教育，借以启发学生自治精神，养成良好学风，期作复兴中国之中坚分子，订有训育实施纲要：（一）身为表率，以促起学生之自觉精神。（二）因势利导，以扶植学生之向上精神。（三）循名责实，以养成学生之律己精神。（四）提携匡辅，以启发学生之互助精神。（五）严明赏罚，以昭示学校对学生之公证。（六）先劝后惩，以昭示学校对学生之诚恳。（七）体察周至，以昭示学校对学生之关切。（八）执简驭繁，以诱导学生对学校之爱护。爰本此旨，逐步力行，会内同仁，咸相协助，虽为期尚短，成效未彰，而和洽感情，师生一体，亦骎骎有其德日新之势焉。

昔贤有藏、修、游、息之说，而德、智、体三育，务须平均发展，乃能养成健全之国民，以为复兴民族之基础，精诚团结，尤为心理建设之要图。本校五年以来，集南北各地优秀青年于此，从事各种专门学术之研究，虽连天烽火，而弦诵不休，造就专才，储为国用，其对民族前途影响之大，何待赘言。惟在此大时代中，必须唤配青年之自觉，抱定坚忍不拔之意向，凝结所有散沙为一体，乃能应付环境，日进光明。而措手之方，厥在相感以诚，化除隔阂，先求师生间之互信，进而谋各方面之刷新，缺点发现，随即纠正，庶几朝气蓬勃，以归于至善至美之境焉。本会同人深感责任之重大，将继此在陈校长领导之下不断努力，对同学间生活之改进，宿舍之调整，研究团体之倡导，游息场所之布置，并在积极筹划中。深冀我全校师生同心协力，借以发扬校誉，争取光荣璀璨之前途也。

《国立中央大学复校第二届暨医学院第一届毕业纪念刊》，1945 年 6 月。

（二）“上海大学”

汪伪行政院第五次会议审议筹设上海大学经过情形

（1940 年 4 月 30 日）

上海为文化活动重心，自还都以后，文化界重要人士大都莅京，上海不免空虚，且租界学校林立，为推动本部政令，自应在上海设立一国立大学，以树立文化基点，并便对原有各大学统筹办法，拟请先由本部就上海适当地点设立一国立上海大学筹备委员会。其筹备事宜亦由本部部次长并酌聘上海各大学教授共同办理。至筹备经费在前南京大学筹备处划出一部分作为中央大学及国立图书馆筹备经费外，其余作为筹备国立上海大学经费。惟在草创之际，工作艰巨，需费必多，故虽尽量撙节，亦比中央大学筹备经费稍有增加。是否有当，谨候公决。

国立上海大学筹备委员会规程

第一条 本委员会定名为国立上海大学筹备委员会，筹备创立国立上海大学一切事宜。

第二条 国立上海大学筹备委员会（简称“本会”）由委员九人至十一人组织之，除教育部部长、次长及主管司长为当然委员外，其余由部长聘任之。

第三条 本会设委员长一人，副委员长两人，由部次长兼任。委员长综理一切会务。副委员长襄助委员长办理会务。

第四条 本会委员分为专任委员、兼任委员二种，均由部长聘任，专任委员为有给职，兼任委员不支薪俸，但得酌给办公费。

第五条 本会办理左列各事项：

一、关于筹集国立上海大学之经费事项；

二、关于交涉接收上海国立大学原有校址及校产事项；

三、关于租赁及修理校舍、添置校具及其他教育上之设备事项；

四、关于接收或计划上海国立大学之附属机关；

五、关于在校长未到任以前其他重要事项。

第六条 本会设秘书长一人，由教育部部员兼任，秘书一人至二人。秘书处下设文书主任、会计主任、设计主任各一人，及干事、办事员、书记各若干人，分掌各项事宜。

第七条 本会地点暂设上海。

第八条 本会经费由会拟具预算书，函请教育部呈行政院饬拨之。

第九条 每星期开常会一次，遇必要时得临时召集之。

第十条 本会俟国立上海大学正式成立后即行撤销。

第十一条 本规程有未尽事宜，得随时议决呈请修改之。

第十二条 本规程自呈奉行政院核准之日施行。

筹设上海大学审查会纪［记］录

甲、讨论经过提要

（一）财政部代表意见

目下政府财政支绌，上海大学筹备费倘在前政府核定之南京大学经费项下移用一部分，似已有着落，但以后经常费用尚须设法筹措。总之，一切经费均须视收入方面能否达到一千六百万元之预算目的而定，可否暂缓筹设。

（二）教育部代表意见

A. 关于经常费一项，事实上即以中央大学方面划出开支，盖中央大学本拟设八学院，现在拟以四学院分隶于上海大学，是二校而等于一校也。至院系设立地点，可视物质环境与思想背景而定，如关于农业方面者设在南京，则战前原有中大农院校产尚可应用，关于社会科学方面者则设在上海，似较相宜。

目前筹设困难问题全在房屋之修理，暨南大学原有校舍颇可应用，且查该校舍已由友军于去年交还，教部接管，应设法利用而便保管，惟须加以修理方可应用。其费用可采用逐步修理方法，并尽量节省其他开支，如筹备委员只聘请专家三人，其余以兼任为原则，以节公帑。

B. 关于筹设上海大学对于和平运动及教部政令推进助力甚大，应急切进行筹备，至于经费确为重要问题，但现在如不筹备，则下学期无法开学，应请财政部筹一妥法，在筹设时期并须请社会部协助办理，借便应付当地环境。

按南京大学筹备经费项下，现在事实上即以该项费用分为三部分之用：（一）国立图书馆、（二）中央大学、（三）上海大学。故上大之经费，似有相当之根据矣。

（三）社会部代表意见

在原则上海大学急需筹设，因我中央政府在沪埠尚无一正式大学，且近闻上海原有各大学下学期皆有迁移离沪之说，是以上海大学之设立，似有急切之需要。至于经费，一面务请财政部筹划，另一面可否用其他方法筹募之。

乙、审查结果

1. 上海大学筹备预算由教部提回另拟，并由教育部赵部长提请行政院会议通过，设立原则。

预算改编原则如下：

一、修理费　在五六两月进行修理，至少需费用五万元。

二、筹备费　七八两个月起，每月约需四五万元。

三、设备费　列入筹备费项下。

四、经常费　八月份开始，原则以中央大学经费分一半为上海大学之用。

2. 正式上课日期预定至迟二十九年九月底。

（附注：1940 年 4 月 30 日汪伪行政院第 5 次会议决议：照审查意见通过。）

中国第二历史档案馆藏“汪伪行政院档案”

汪伪行政院为通过上海大学组织大纲及校董会规程致汪伪国民政府呈

（1941年9月12日）

案查前据教育部赵前部长呈请克日筹办国立上海大学，以便容纳多数升学学生，等情，经予提出本院第七十次会议，决议："（一）国立上海大学即日筹办，并饬拟具详细计划及经临各费概算呈报核定。（二）特许国立上海大学设置校董会，其职权限于管理财产。"等由，经饬据赵前部长拟具国立上海大学组织大纲、校董会规程、经常费支出概算书，提经本院第七十四次会议，决议："交李部长圣五、陈部长群、梅部长思平会同审查，由李部长召集，并邀国立上海大学赵校长列席。"等由，复经饬据李部长等拟具审查意见，提经本院第七十六次会议，决议："组织大纲、校董会规程均照审查意见通过，经常费自九月份起照拨，并呈报中央政治委员会。"等由，各记录在卷。除呈报及令饬教育、财政两部遵照外，理合录案并抄同上项依照审查意见通过之国立上海大学组织大纲及校董会规程，具文呈请鉴核备案，实为公便。

谨呈

国民政府主席汪

附抄呈国立上海大学组织大纲及校董会规程各一份

兼行政院院长　汪兆铭

中华民国三十年九月十二日

国立上海大学组织大纲

第一条　本大学定名为国立上海大学。

第二条　本大学遵照国民政府行政院之特许设置校董会，管理本大学财产，其规程另定之。

第三条　本大学设置农、法、商三学院，其学系另定之。

第四条　本大学之入学资格，以公立或已立案之私立高级中学毕业生及具有同等以上之学力，经本校入学考试及格者。

第五条　学生之修业年限，各学院定为四年，但依必要设置之专修科，其期间另定之。

第六条　本大学设校长一人，综理校务。校长由国民政府任命之。

第七条　本大学设秘书处，置秘书长一人，由校长聘任之，管理文书、编纂、庶务等事务。

第八条　本大学设教务、训育、会计三处，各置主任一人，均由校长聘任之。

第九条　本大学各学院置院长一人，由校长于教授中选聘之，承校长之命，掌理各学院之教务。

第十条 本大学各学系各设主任一人，承院长之命，办理各该系教务，由院长商请校长于教授中聘任之。

第十一条 本大学农学院设农场长、林场长各一人，由院长商请校长于教授中聘任之。

第十二条 本大学各学院教员分教授、副教授、讲师、助教四种，由院长商请校长聘任之。

第十三条 本大学职员及事务员，由校长任用之。

第十四条 本大学校务会议规则及院务会议规则，教职员任用规程、服务规程，各学院办事细则，秘书、教务、训育、会计各处办事细则，另定之。

第十五条 本大学于必要时得设置各种委员会，委员由校长指派之。

第十六条 本大纲自公布之日施行。

国立上海大学校董会规程

第一条 本大学依据本大学组织大纲第二条之规定设置校董会。

第二条 校董会置董事十一人，由教育部聘任之。

第三条 校董会置董事长一人，由教育部就董事中指定之，常务董事三人，由董事互选之。

第四条 本大学校长为当然董事。

第五条 校董会之职权如左：一、经费之筹划；二、预算及决算之审核；三、校产之保管；四、财务之监察；五、其他财务事项。

第六条 董事任期三年，但得连任。

第七条 校长关于左列事项应报告校董会：一、关于会计收支状况；二、关于财产管理事项。

第八条 校董会每学年开会一次，由董事长召集之，如有特别事故，经董事三人以上之提议，董事长应召集临时会议。

第九条 常务董事每月开会一次，由董事长召集之。

第十条 校董会之议事细则另订之。

第十一条 本规程自公布之日施行。

中国第二历史档案馆藏“汪伪国民政府档案”

汪伪教育部、财政部为充实上海大学农学院设备请求国库拨付经费致汪伪行政院呈

（1942 年 11 月 23 日）

窃查本教育部现据国立上海大学呈，略称：“窃职校农学院尤应注重实际之实验及实

习，始可体验其学理及技术研究上之心得，此非必须有充实之设备不为功。去年九月创立伊始，未曾请拨临时费，对于一切设备，除平时以经常费购置一部分简单仪器外，其他设备，毫无基础。前曾造送三十一年临时费概算，请求拨款为充实设备之用，当承咨商财政部以国库支绌，指令暂从缓议，等因。嗣经中日教授迭次会商，择其急切需要者，如各科实验室以及农场上各项之营缮，编具计划概算，估计需法币壹百万元。复经日方教授以教授资格向日方陈说，但日方大使馆及兴亚院文化负责人屡语校长，谓校为国立，必须先由我国库担任，若干不足之数，再由日方协助。即经商陈财部请予拨助，日方闻讯，随即慨助日金拾叁万元，交由财部转交此项捐款到校。遂招集常务校董会议，决议：'第一期临时设备及农场营缮费，依据目前最急要标准，共需法币壹百万元，现除日方兴亚院赞助日金拾叁万元，约合法币柒拾贰万余元外，拟请教育部商请财政部拨发拾万元，其余不足之拾捌万元，拟即在经常费中节余支用。'等语，理合附呈计划概算，仰祈鉴核。"并据呈明此项充实设备，业经次第进行，且其中重要仪器等件，已在上海、东京分别订购，势难中止。各等情，附呈计划概算五份到部。据此，查该校前以开创伊始，关于农场上以及化学实验室各项建筑设备等用费，须待巨款办理，编造临时费概算呈经本教育部转商本财政部拨发，当以库藏支绌，应暂缓议，咨复转饬遵照在案。现该校充实农学院设备等项用费，既经日方慨捐巨款，其不足之数，请由国库拨发拾万元，并就经常费节余项下支用拾捌万元之处，事属切要，似应照准。除该校动用何年度经费节余，俟据复到另行呈报外，理合检同原计划概算书，备文会呈，仰祈鉴核示遵。

谨呈

行政院院长汪

计附呈国立上海大学农学院计划概算书三份

财政部部长　周佛海

教育部部长　李圣五

三十一年十一月二十三日

国立上海大学农学院充实学生实验实习设备及农场建物计划概算书

夫农学的学科，虽在教室中已有学理的教授，然同时并须加以实际的实验及实习，始可体验其研究或技术上之心得，此尽人所知，毋庸赘述。本学院开办伊始，为便于教授研究上之必要，应有实验室之建设，例如研究及实验室之设备、农场之扩充及设施等，固为应重而不容缓之事，然此中以学生实验实习所须之设施农场管理处及贮藏室尤比其他之设备为最重而最不可缓，今拟实验及实习室名称、学生名额、时间分配表及充实学生最低设备经费表附列于后。

附：甲、实验及实习室名称、学生名额、时间分配表。

乙、概算总分表。

甲、实验及实习室名称学生名额时间分配表

实验实习室名称	学生名额	实验实习科目	每周次数（星期）
一、生物学实习室	五〇	植物、动物、作物、生理、病理、园艺等	六
二、化学实验室	五〇	化学、分析化学	三
三、农业工学物理气象台实验室	五〇	测量物理、气象观测	二
四、农业经济实验室	五〇	经济、农业经营、农政、农村社会学	五
五、林学实验室	五〇	林政、经理、测树	三
六、农学实验室	二〇	作物、畜产、农学等	四
七、农业化学实验室	一五	农产制造、林产制造	三
八、农场	五〇	农场实习	一〇
九、林场	二〇	育苗造林实习	二

附注　（一）实验实习次数根据学生上课时间表摘出；（二）同一实验室拟轮流实验实习各科目。

乙、实验及实习室设备费概算总表

名目	金额
瓦斯、水道、电力设备费	九九，六八〇
温室及铅丝网等设备费	一五七，六四〇
生物学实验室设备费	一四一，五六八
化学实验室设备费	一〇〇，一二八
农业、工学、物理、气象设备费	五五，四六八
林学实验实习设备费	二六，七四〇
农业经济实习设备费	一九，〇九六
农学实验设备费	七七，九五二
农林化学实验设备费	六一，六二八
农场实习设备费	四四，一〇〇
农场营缮费	二一六，〇〇〇
合计	一，〇〇〇，〇〇〇

（**附注**　汪伪行政院第139次会议讨论决议：通过，并呈报中央政治委员会备案。）

中国第二历史档案馆藏“汪伪行政院档案”

（三）“浙江大学”

汪伪行政院第一六七次会议讨论恢复浙江大学记录

（1943 年 6 月 22 日）

院长交议关于前据浙江省政府呈请恢复浙江大学一案，先后饬据教育、财政两部拟具意见前来，比经饬据本院秘书处缄准浙江省府同意并签具意见，请公决案。

决议：恢复浙江大学，所有筹备事宜交由教育部办理。关于经费，照教育部原呈核定该大学开办费陆拾万元，每月经常费贰拾万【元】，加成在外，开办费由中央负担，经常费由中央负担十分之二，浙省府负担十分之八，并呈报中央政治委员会备案。

中国第二历史档案馆藏“汪伪行政院档案”

筹设浙江大学

（1944 年）

浙江省政府前曾呈请行政院恢复浙江大学，经三十二年六月二十三日行政院一六七次会议通过，恢复浙江大学，所有筹备事宜，交由教育部办理。开办费六十万元由中央负担，经常费每月二十万元，加成在外，由中央负担十分之二，浙省府负担十分之八。同年七月中旬，正式成立筹备委员会，以浙江省长傅式说兼主任委员，教育厅长徐季敦副之。八月下旬，任命陈柱为校长。九月下旬，调任钱慰宗为校长。十月十一日正式上课。该校分文法、理工、农学、医学四院。但至三十三年五月二十三日，行政院会议议决停办。

《申报年鉴》，申报社，1944 年，第 943 页。

（四）其他

汪伪教育部为“国立”音乐院经费事致汪伪行政院呈

（1942 年 6 月 5 日）

查上海国立音乐专修学校，自本年六月一日起已由本部接收管理。惟该校原有校舍在上海市中心区，事变后已为友军占用，而目前校舍逼窄破旧，不堪使用，亟应另租新屋。至内部设备，亦须酌量扩充，以壮观瞻。理合编具经、临两费支出概算，呈请俯赐核准，俾利进行。再该校原名国立音乐院，嗣改为国立音乐专修学校，查与私立各专修学校名称略同，易滋淆混，并拟准予仍用国立音乐院原名，以明系统。可否之处，并请鉴核示遵。

谨呈

行政院院长汪

附呈国立音乐院经、临两费支出概算书各一份

教育部部长　李圣五

三十一年六月五日

国立音乐院经常费支出概算书

民国三十一年度

科目		半年概算数/元	每月概算数/元	备考
第一款	本院经常费	一三二,〇〇〇	二二,〇〇〇	
第一项	俸给费	八四,〇〇〇	一四,〇〇〇	包括教职员俸薪及警役工饷等
第二项	办公费	二四,〇〇〇	四,〇〇〇	
第三项	学术研究费	一八,〇〇〇	三,〇〇〇	包括图书、仪器、学术奖金等
第四项	特别费	六,〇〇〇	一,〇〇〇	包括特别办公费及临时办公费等

附注　（一）本院经常费俟奉核定，再行依照规定科目，详细编造预算分配表呈核；（二）本院教职员、工役等提高加成费、公费生津贴及学生膳食补助费，容另详细编造概算呈请核拨。

国立音乐院临时费支出概算书

临时门　中华民国三十一年度

科目		金额/元			备考
		款	项	目	
第一款	本院临时费	五〇,〇〇〇			
第一项	校舍费		三〇,〇〇〇		
第一目	修缮费			二五,〇〇〇	
第二目	搬运费			五,〇〇〇	
第二项	购置设备费		二〇,〇〇〇		
第一目	乐器			一〇,〇〇〇	
第二目	仪器			三,〇〇〇	
第三目	器具			五,〇〇〇	
第四目	图书			一,五〇〇	
第五目	其他			五〇〇	

（**附注**　1942年6月9日汪伪行政院第115次会议决议：准予仍用国立音乐院原名，关于经费照案通过。）

中国第二历史档案馆藏“汪伪行政院档案”

汪伪教育部为报送上海“国立”商学院经费概算事致汪伪行政院呈

（1942 年 6 月 15 日）

查上海国立商学院，为以前中央大学学院之一，但属独立学院性质。原有院址设在江湾，事变被毁，遂迁在上海愚园路四十号，继续开学。大东亚战事发生后，该校迄未停顿，现该校负责人请求本部接收管理。本部当准如所请，经于六月十三日派员前往接收，并将该校职员、学生名册、财产目录及经费概算书携带到部。查该校现在校舍破旧，亟应修葺，并须添租新屋，俾资应用，理合编具经、临两费概算，备文呈送，仰祈鉴核，并请准自本年六月份起拨发，实为公便。

谨呈

行政院院长汪

附呈上海国立商学院经、临两费支出概算书各四份

教育部部长　李圣五

三十一年六月十五日

国立上海商学院经常费支出概算书

中华民国三十一年度

科目	半年度概算数/元	每月概算数/元	备注
第一款　本机关经费	二七〇,九〇〇	四五,一五〇	
第一项　俸给费	一六〇,二〇〇	二六,七〇〇	
第一目　俸薪	一三七,二八〇	二二,八八〇	
第二目　饷项工资	二二,九二〇	三,八二〇	
第二项　办公费	三〇,六〇〇	五,一〇〇	
第一目　文具	二,一〇〇	三五〇	
第二目　邮电	一,二〇〇	二〇〇	
第三目　消耗	一,五〇〇	二五〇	
第四目　印刷	三,六〇〇	六〇〇	
第五目　租赋	一一,四〇〇	一,九〇〇	
第六目　修缮	三,〇〇〇	五〇〇	
第七目　旅运费	五,四〇〇	九〇〇	
第八目　杂支	二,四〇〇	四〇〇	

续表

科目	半年度概算数/元	每月概算数/元	备注
第三项　购置费	六,〇〇〇	一,〇〇〇	
第一目　器具	六,〇〇〇	一,〇〇〇	
第四项　学术研究费	六三,〇〇〇	一〇,五〇〇	
第一目　实习费	三,〇〇〇	五〇〇	
第二目　讲义印刷费	七,二〇〇	一,二〇〇	
第三目　图书	五二,八〇〇	八,八〇〇	
第五项　特别费	一一,一〇〇	一,八五〇	
第一目　特别办公费	七,八〇〇	一,三〇〇	院长一人月支五〇〇元，教务主任、税务主任、训导主任及会计专修科主任各一人，月各支二〇〇元。
第二目　其他	三,三〇〇	五五〇	保甲用费、车照、会费、捐费及其他特种用费。

附注　（一）本院经常费俟奉核定，再行依照规定科目，详细编造预算分配表呈核；（二）本院教职员及工役提高加成费等，应另详细编造概算呈请核拨。

国立上海商学院临时费支出概算书

临时门　中华民国三十一年度

科　目	金　额			备　考
	款　项　目			
第一款　本院临时费	五〇,〇〇〇元			
第一项　校舍费		三〇,〇〇〇元		
第一目　修缮费			二五,〇〇〇元	
第二目　搬运费			五,〇〇〇	
第二项　购置设备费		二〇,〇〇〇		
第一目　器具			八,〇〇〇	
第二目　车辆			五,〇〇〇	
第三目　图书			五,〇〇〇	
第四目　其他			二,〇〇〇	

中国第二历史档案馆藏“汪伪行政院档案”

汪伪教育部为私立南洋大学请求恢复“国立”交通大学原名及拨发经费事致汪伪行政院呈

（1942年8月13日）

教育部原呈

据私立南洋大学代理校长张迁金呈称：“呈为呈请私立南洋大学恢复国立交通大学事。窃自八•一三事变以来，国立机关在租界内应付困难，遂于民国三十年设立校董会，沿用最初南洋大学名义，筹集经费，继续维持。现国府已还旧都，国家教育大部专司其事，本校自应仍归国立。内部组织共分理学院、工学院、管理学院三院，每院各分三系，每系再分若干门。另有中国文学、外国文学两系，外国文学系包括英、德、法、俄、日五国文学。工学院因学生众多，原分电机工程学院、机械工程学院、土木工程学院，连同其他两院，共为五院。民国二十四年秋，本校改隶前教育部，遂将电机、机械、土木三工程学院改名，简称工学院，实仍于五学院之规模也，学生人数约有七百五十人，教员一百四十人，职员六十七人，工役六十六人。因念下学期开学日近，招考新生亟待进行，敬请先行批准，所有应呈各项文件，当于最短时间补递。”等情，并附呈经费预算表及概况等件到部。据查该校原名南洋公学，自逊清开办以来，约有五十年之历史，嗣经改为大学，民国十八年重定名为国立交通大学，一切经费悉由国库负担。迨自八•一三事变，该校以设在租界以内，应付困难，复于二十年秋设立校董会，沿用原有南洋大学名义筹集经费，继续维持，未曾中断。该校以下学期招考新生事宜，亟待进行，呈请仍归国立，并恢复国立交通大学原名，尚无不合，拟请钧院转呈主席先行核准恢复。至该校所需经费及职教员、工役提高加成费，据原呈数目每月共需贰拾柒万零肆元，并请俯赐提出院议核发，以资维持。是否有当，理合造具该校本年下半年经常费支出概算书，呈候鉴核施行。

谨呈

行政院院长汪

计附呈国立交通大学三十一年下半年经常费支出概算书四份

教育部部长　李圣五

三十一年八月十三日

国立上海商学院临时费支出概算书

临时门　中华民国三十一年度

科目	每月概算数/元	备注
第一款　本机关经费	二七〇,〇〇四	本院经费每月为二二〇,〇六〇元，提高加成费每月为四九,九四四元，合如上数。

续表

科目	每月概算数/元	备注
第一项　俸给费	一三七,五四四	
第一目　教职员薪	八〇,六〇〇	
第二目　工役工资	七,〇〇〇	
第三目　教职员工役提高加成费	四九,九四四	
第二项　办公费	一九,七〇〇	
第一目　文具	一,〇〇〇	
第二目　邮电	四〇〇	
第三目　消耗	四,〇〇〇	
第四目　印刷	八〇〇	
第五目　租赋	五,〇〇〇	
第六目　修缮	五〇〇	
第七目　旅运费	一,〇〇〇	
第八目　杂支	七,〇〇〇	
第三项　购置费	三,〇〇〇	
第一目　器具	二,七五〇	
第二目　服装	二五〇	
第四项　学术研究费	三七,三〇〇	
第一目　实习费	一七,〇〇〇	
第二目　讲义印刷	三,八〇〇	
第三目　体育费	五〇〇	
第四目　研究调查补查费	一,〇〇〇	
第五目　图书	五,〇〇〇	
第六目　仪器标本	九,〇〇〇	
第七目　体育设备	一,〇〇〇	
第五项　特别费	七二,四六〇	
第一目　特别办公费	一八,六六〇	
第二目　教育员图书研究费	四五,四〇〇	
第二目　其他	八,四〇〇	工役饮食津贴等用

注：本院经费俟奉核定，再行依照规定格式详细编造预算分配表呈核。

（**附注**　1942年8月18日，汪伪行政院第124次会议讨论决议：(一) 准予恢复国立交通大学原名；(二) 经常费核定为每月二十万元，加成在外，着重编经常费支出概算呈院备案。）

中国第二历史档案馆藏“汪伪行政院档案”

汪伪教育部为报送“国立”上海医学院请求接收及经费概算事致汪伪行政院呈

（1942年9月7日）

案据国立上海医学院院务维持会主席乐文照呈称：“窃查职院自创办迄今，历时十有余载，毕业学生达三百人，一切教学设施粗具规模。惟事变以还，除有一部分教职员及学生西迁外，而留沪学生为数甚众，一旦停顿，殊深可惜。爰经继续维持，历经艰难，未尝间断。兹查上海国立大学及各学院均经先后呈准接收，其证政府爱护教育之至意。职院为以前国立学院之一，自应呈请俯准接收，俾资维持。除各项清册、财产目录等件另案造报外，理合编具职院经、临各费支出概算书，呈请转呈行政院核拨，实为公便。”等情，并附呈经、临两费支出概算书各一份。据此。查该院在民国二十六年以前，为一国立独立学院，造就医学人才，成绩甚著。事变后，因留沪学生甚众，即经设法继续维持，未尝间断，兹据呈请接收，似应照准。又查该院自事变以还，因经费困难，一切仪器设备及房屋修缮等项，未能随时办理，亟待拨款应用。至该院每月经常费，据原编概算，共需玖万壹千肆百伍拾元，尚属需要。理合造具经临两费支出概算，备文呈请鉴核示遵。

谨呈

行政院院长汪

计附呈国立上海医学院经临两费支出概算书各五份

教育部部长　李圣五

三十一年九月七日

国立上海医学院经常费支出概算书

民国三十一年度八月至十二月份

科目		每月概算数/元	备注
第一款	本机关经费	九一，四五〇	
第一项	俸给费	三九，三〇〇	
第一目	俸薪	三四，三〇〇	
第二目	工饷	五，〇〇〇	
第二项	办公费	一四，二五〇	
第一目	文具	三，〇〇〇	
第二目	邮电	五〇〇	
第三目	消耗	二，五〇〇	
第四目	印刷	一，五〇〇	

续表

科目		每月概算数/元	备注
第五目	租赋	二，五〇〇	
第六目	修缮	一，〇〇〇	
第七目	旅运费	五〇〇	
第八目	杂支	二，七五〇	
第三项	购置费	一二，五〇〇	
第一目	器具	一，五〇〇	
第二目	仪器	一〇，〇〇〇	
第三目	图书	一，〇〇〇	
第四项	实验费	一五，〇〇〇	
第一目	实验费	一五，〇〇〇	
第五项	特别费	一〇，四〇〇	
第一目	特别办公费	四〇〇	
第二目	其他	一〇，〇〇〇	临时办公费及津贴等项

附注 （一）本院经费俟奉核定，再行依照规定科目，详细编造预算分配表呈核；（二）本院教职员及工役提高加成等，容另详细编造概算呈请核拨。

国立上海医学院临时费支出概算书

民国三十一年度

科目		概算数	备注
第一款	本机关临时费	八一，〇〇〇元	
第一项	修理费	一八，〇〇〇元	本院房屋、电灯以及器械等项均须修理。
第一目	房屋装修	一〇，〇〇〇元	
第二目	器械修理	八，〇〇〇元	
第二项	购置费	五八，〇〇〇元	本院仪器、药品及校具等颇多缺乏，亟应分别补充。
第一目	仪器	三〇，〇〇〇元	
第二目	化药品	二〇，〇〇〇元	
第三目	木器	八，〇〇〇元	
第三项	搬运费	五，〇〇〇元	本院图书、仪器及校具等以前均四散贮藏，亟应搬运集合一处，以便管理而资应用。
第一目	搬运费	五，〇〇〇元	

（**附注** 汪伪行政院第127次会议决议：准予接收，关于经费交秘书处召集财政、教育两部会同审查呈核。）

中国第二历史档案馆藏“汪伪行政院档案”

三、“省立”大学

广东大学巡礼

（1940 年）

子　有

省立广东大学为吾粤之最高学府，其校址原为光孝寺所改建，位于本市光孝路之北端，校门朝南，红墙绿瓦，建筑宏伟，门警分立，格外壮观。每当晨光曦微之候，男女学子，如潮涌至，手车单车，极形挤拥。门首传达处，右为接应室，室之中央悬领袖像，下陈银鼎银盾之优胜奖品，悉为比赛获奖者。邻有二室，为附中教务处，稍进有廊一座，金字架上有横额曰“天下为公”，东西两壁，分贴附中曙光周报（墙报）及布告，一边为“贴堂”论文，地上排列木架，单车放置其中，几达百辆，五光十色，备极华贵。迨抵天阶，则榕荫蔽日，虽届炎夏，亦觉暑气全无。铁椅分陈，可供小憩之所，时花数萝，点缀其间，还有铜钟一口，高悬树上，石塔两座，矗立阶前。仰望正殿巍峨，其檐际有额曰“敕赐光孝禅寺”，内安三宝佛，均高丈余，两旁罗汉多被尘封，殿后为医务室及学生自治会，对开咫尺处有塔一，相传为六祖瘗发地。校东校西各有球场一所，篮、排、绒球，各适其适。过其地，辄见男女员生，奔驰切磋，正不知造就若干冠军儿女。校有后门，透出海珠北路，为利于学生之出入也。兹将记者到该校参观所得，谨报告于读者。

校长由广东省教育厅长林汝珩兼任。其下设教务处，下辖三部，曰册注部，曰出版部，曰体育部；另有训育委员会及经济调查所，均为独立性。事务处下辖五部，曰会计部、庶务部、文书部、医务部、银乐队。图书馆下辖总务处、阅览处、编目处、典藏处，查阅书处面积颇广，阅书学生日达数百，其藏书室内之中西书籍难以数计，最珍贵者有武英殿丛书、粤雅堂丛书等，均为不易多见之书籍。该室之后，有菩提树一株，为数千百年前之圣迹。

文学院：从正殿折而之左，有楼一座，为文学院办事处及教室。院分三系，曰中国语言文学系，曰教育学系，曰历史学系，共有男女学生一百余人，教室七间。教育学系并主办实验小学一所，学生百余，共分四班，年纪最幼者为五岁，他们有齐一的制服，活泼的天真，在听到休息钟声一响，各有各便，找寻所好，“活泼泼地”而谋调剂其生活，打乒乓球、看图书、上滑板、打秋千，各适其适。迨休息时间已够，他们飞也似的返校列队上堂。学校当局更欲养成他们有科学头脑，尽量购备各种玩具，如飞机、战舰、枪炮、坦克等，林林总总，不胜之多。还有遗物箱一具，内贮着军票与铜仙、铅笔毛笔、刀仔手巾等，正待失物人儿来领。你想他们年纪虽少，已有路不拾遗之风，苟非教育良好，曷克有此现象？

法学院：正殿之右，经大礼堂北行数十步，一个向右转，树荫底处，即法学院在焉。院之办事处亦设是间，旁附教室凡六，因男女生有百余人之多，常感地方不敷，辄借对门之理工教室为临时应用。各室非常通爽，款式新异，仍为中国建筑，门前朱栏，颇觉古雅。睹他们或他们于课外活动时，仍多孜孜矻矻，手不释卷，是亦条文、先生之不易做也。查该院办事处内，有达摩井一口，深数丈，水极清，原为六祖大师兄达摩祖师遗迹，光孝寺志亦有详明之记载，惟井栏已去，井口近亦改窄，以铁盖封之。

理工学院：校之极北，为该院办事处。右旁附设理工图书馆，范围虽小，惟关于理工书籍之英文本，则达千册有奇。院有四系，曰数学，曰建筑工程，曰化学工程，曰土木工程。其设备有物理实验室，如测量用具、经纬仪、水平仪、平板仪、六分仪、水文测量用具及力学、电学、热学、光学等各种试验仪器，琳琅满目。又有化学实验室，食品、药品亦极多，附有天秤室一所，设精确之天秤二具，以分辨厘毫丝忽之分量者。材料实验试验室、制图室等均有各种仪器用具之陈设。全院共有教室六所，学生约百人。他们在物理实验时，身穿实习衣，手执玻璃瓶，聚精会神，忙个不停。化学实验室有时也借给附中学生应用者，是日亦见男女员生，各携有色药料，小心奕奕［翼翼］，从事实验。该院设备周到，大有供过于求。本期学生一共五十余人。

农学院：沿理工学院各试验室之侧（睡佛楼之旁），南转行不数武，即见鲜花朵朵，尽映眼帘，阵阵微风，带香吹至。有池一口，亦在是间，阔六七尺，上有石栏，池边白石镌有“洗砚池”三字，旁镌“广露”二小字，相传为苏东坡洗砚处，惟遍查寺志，均未之载，究不知何时遗迹。再过有“白莲池”，面积广阔，石桥横跨其上。东端即为农学院办事处，有教室三、实习室二，分建左右，均属陈设精致，整洁异常。相距咫尺之东隅角落，有鸡舍三五在兴建中。以井石涌口仲凯学校与东堤东园旧址之一部，为学生实习场所。该院分植产与畜产二系，另设专修速成一班，乃一年毕业者。全院学生六十二人。

附中部：殿前两旁楼下，尽属附中教室，计高中四班，男女生九十四人；初中十班，四百廿五人。其中初中一，系男女分班，故初一有完全男生，亦有完全女生者。教室十四所，类皆宽敞整洁。另有特别教室一，设于天阶右侧，以为教授图书音乐之所，从门内望，个个端坐，则学生们对教员之授课，正听得津津有味也。该室再进为劳作场，尽头处为童军团部，旁为健身室，组织大细肌肉之轻重器械，均有设备。记者是日得参观该室，适为教员杨玉焕、杜丽荣两君表演木棒及初一学生王忠厘、梁文德、杨孝忱三位表演助跃板跳木箱，动作中之分腿腾越、蹲腿腾越、翻跟斗直臂与曲臂、空中腾越、前后空中跟斗等各式，动作娴熟，演来颇有惊人之处。

实习小学校：这间小学校附设大学内，是为利便该校文学院教育系的学生俾有实习教学的经验而设立的。他的校址设在文学院的附近，是一所颇简洁的房子，该校的主任人是汪文恂，计全校共有学生一百二十余名，分为一、二、三、四等年级，教授科目除由该系学生担任外，并聘有级任教员负责。闻该校本学期更增设五年级一班，同时并增聘日文钟点教员一名、专科教员一名，以健全该校之发展云。

《复兴的广东》，广州中山日报社，1941年8月，第126—130页。

广东大学统计表

（1940年）

<table>
<tr><th colspan="2" rowspan="2">院别系列</th><th colspan="3">学生人数</th><th colspan="3">教职员人数</th></tr>
<tr><th>男</th><th>女</th><th>合计</th><th>男</th><th>女</th><th>合计</th></tr>
<tr><td rowspan="3">文学院</td><td>中国文学系</td><td>33</td><td>15</td><td>48</td><td rowspan="3">22</td><td rowspan="3">4</td><td rowspan="3">26</td></tr>
<tr><td>历史学系</td><td>12</td><td>10</td><td>22</td></tr>
<tr><td>教育学系</td><td>33</td><td>36</td><td>69</td></tr>
<tr><td rowspan="3">法学院</td><td>法律学系</td><td>36</td><td>16</td><td>52</td><td rowspan="3">38</td><td rowspan="3">1</td><td rowspan="3">39</td></tr>
<tr><td>政治学系</td><td>48</td><td>12</td><td>60</td></tr>
<tr><td>经济学系</td><td>31</td><td>24</td><td>55</td></tr>
<tr><td rowspan="4">理工学院</td><td>土木工程学系</td><td>28</td><td>0</td><td>28</td><td rowspan="4">28</td><td rowspan="4">0</td><td rowspan="4">28</td></tr>
<tr><td>化学工程学系</td><td>16</td><td>5</td><td>21</td></tr>
<tr><td>数学系</td><td>0</td><td>6</td><td>6</td></tr>
<tr><td>建筑工程学系</td><td>11</td><td>2</td><td>13</td></tr>
</table>

《复兴的广东》，广州中山日报社，1941年8月，第121页。

四、私立大学

南方大学史料一组

（1942—1945年）

1. 南方大学卅一年秋季同学录弁言

南方大学在京复校，初僦屋白下路安徽会馆，仅设文学一院，级友诸君曾有同学录之作。卅一年秋季，移石鼓路新址，分设两院两专修科，踵为此刊，以资纪念。回首年来，世变日棘，生活高涨，战祸蔓延，诚救死不赡之时也。本校私立，毫无系援，竭蹶维持，继续存在，不可谓非一异绩。至于人事推移，不第教职员更迭频繁，即问业诸君，亦或作或辍，以平时论，殊非佳象。然而今日之日，人间何世？此数百人，共数晨夕，已为难能，瞻念前途，不胜岁月其除之感。勉旃勉旃！钟鸣山应，则千里独一堂也。火尽薪传，则千载犹旦暮也。他日者，天涯地角，云升泥坠，手此一编，追维畴曩，其感喟又何如耶！壬午腊尾江亢虎识。

2. 南方大学同学录序

语云：群策群力者易为功，一手一足者难为力，凡百皆然，而办学为尤甚。南大由江校长于民国十一年秋独力创办，先在上海成立本校，续在北京设置分校，既栽桃李于江南，复培菁莪于华北，其用心良苦，其设计亦良周矣。校属私立，缔造维艰，其间筚路蓝缕，披荆斩棘，经营惨淡，始底于成。兹有可得而述者，江公自长斯校以来，主讲席者多一时硕彦，不数年间，成材之士，达二千余人，因造就之甚宏，故收效而弥广，可谓盛矣。迨十五年秋，江校长赴美讲学，所惜继其后者，未克萧规曹随，遂于十六年宣告停办。盖开创固难，而守成亦匪易，其信然欤？斯时正值国家多故，复校之举，非咄嗟所能成惟。余毕生崇拜江校长之学问道德，虽自惭绵薄，力与愿违，然而恢复母校之念，未尝一日而去诸怀也。以故三次在沪发起组织南大同学会，中间障碍横生，频遭挫折，虽被当局以压力迫令一再解散，第余始终持以毅力，秉以恒心，勇往迈进，艰险弗辞，最后始得当局之谅解，以达其目的焉。自上海南大总会成立后，各省同学闻风响应，纷纷邀求总会设立分会，如江、浙、皖、鄂、湘等省，参加之同学，已达二千余人，联络感情，互通讯息，颇概一时之盛。嗣因时局变动，战事纷乘，各省分会，无形星散。洎乎和运开始，江校长归自海外，爰集合校友数人，不辞劳怨，罔顾艰辛，孜孜从事，进力以图，用是本会得以粗立基础焉。国府还都，余亦追随杖履来京，首先召集在京同事发起组织南京校友会，经数月之奔走，为多方之擘划，始于二十九年六月二十二日假清凉山扫叶楼，举行本会成立大会。旋赁定白下路为本会会址。惟该处房屋，垣墙堕剥，堂庑倾圮，雨隳潦毁，茀草榛丛，雅不堪于适用。乃由江校长筹垫款项，重加修葺，焕然一新，历时数阅月之久，费工若干次之多，始于二十九年十月十日毕役。同时并请社会部准予立案，此为第一步之计划完成，即积极进行第二步工作。盖以恢复母校，早具决心不能止也。惟是大厦非一木所支，众擎胜一人之力，若非醵金，曷襄盛事，于是向江校长建议，并得各校友之赞助，先从筹措经费入手，顾念此项经费，出诸一人，则孤掌难鸣，征及群贤，则众力易举，聚沙可以成塔，集腋可以成裘，惟冀共乐输将，早观厥成。无如百物昂贵，集资实难，虽劝捐者竭力从事，而认捐者寥若晨星。犹复于经费竭蹶之中，为先筹复校之计，即以三十年度上学期，假校友会先行开办文学院及国学专修科，弦歌之声，盈耳复闻，负笈之履，重趼而至。学生日渐众多，校舍不敷容纳，遂由江校长措资购屋，专作南大校址，即今之石鼓路一〇九号新校址是也。自迁移新址以来，如恢复法学院，增设会计专修科，并扩充文学院与国学专修科等项，校务蒸蒸日上，大有一日千里之势。庄子所谓作始也简，将毕也巨，于此而益信矣。本年春，添办中小学，承江校长委余为中学部主任，自愧识庸学谫，难免覆谏之讥，复惧绠短汲深，时存鹈梁之戒，所望同门诸君子，群加匡助，共策进行，时锡嘉谟，俾竟厥功，不但恢复母校之旧规，并为母校前途，发扬光大，开辟一新纪元焉，此则为余私衷馨香以祝之者也。独念同学诸君，既肩此重大责任，而其就学之日，为期甚暂，少者一二年，多者三四易星霜止耳，从斯学成而去，或显名于社会者有之，或蜚声于艺林者有之，或宣勤于乡邦，或折狱于法曹者，亦莫不有之。骊歌一唱，鸿影分飞，从此暮云春树，玉笺写怀旧之篇，还期细雨檐花，红豆寄相思之什，手此一编，如亲晤对，回想西窗剪烛之时，犹是东鲁雅言之侣，则此方寸小册子者，以之为磨砻学业之先驱可也，以之为砥砺德行之后殿可也，即以之为他山攻错之资，伐木丁嘤之助，亦无不可也。编中诸氏，灿若列星，亦即南大之精神所寄，初非仅与昔人齿谱同门之录，等量而齐观也。余承乏总务处长一职，与南大之关系最深，其期望于诸同学者亦最切，缅怀既往，策励将来，固不胜其低徊怅触者，印斠既竟，为弁数言，既以自勉，亦愿与校中诸同学共勉之也。

中华民国三十二年春　杨尊暄序于考试院

3. 南方大学校董一览表

（1942 年底）

姓名	性别	年龄	籍贯	略历	通讯处	备考
梅思平	男	四一	浙江永嘉	现任实业部部长。		本校董事长
江亢虎	男	六〇	安徽旌德	美京大学荣誉博士，曾任美洲大学教授及院长，现任考试院院长。		兼本校校长
丁默邨	男	四二	湖南	现任中国国民党中央委员及社会福利部部长。		
高冠吾	男	五一	江苏	曾任南京市长、江苏省主席，现任安徽省省长。		
狄侃	男	四三	江苏	曾任大总统府秘书，现任监察委员。		
蔡鼎成	男	四七	江苏泗阳	曾任上海法政大学校董及教授，金华、苏州、南昌、上海各地方法院首席检察官，现任考试院参事。		兼法学院院长
史鼐	男	五八		江苏江阴，曾任教育部参事、北大教务长，现任铨叙部登记司司长。		兼教务长
江镇三	男	四九	湖南	日本明治大学毕业，曾任上海复旦、暨南、法政、大夏各大学教授，现任监察委员。		
何嘉	男	三三	江苏	日本法政大学研究员，曾任中央大学、大夏大学教授，中国公学大学部教务主任兼教务长，现任行政院参事兼秘书处组长。		
杨尊暄	男	三七	湖南	曾任港务局局长，上海汉英、南方两中学创办人兼校长，考试院简任秘书、铨叙部总务司司长，现任考试院参事、南大总务处处长兼校友会总干事。		兼总务长
杨中芳	男	三八	安徽	曾任科长秘书，现任考试院简任秘书。		兼训育长
胡正刚	男	四八	安徽	曾任安徽和县公安局长，现任巢县县长。		

4. 职员一览表

职别	姓名	性别	年龄	籍贯	略历	通讯处
校长	江亢虎	男	六〇	安徽旌德	见前	国府路考试院
文学院院长	陈彦通	男	五二	江西义宁	前清上海震旦学院毕业，历任江西督军公署秘书长，国立武汉大学、上海公私立大学教务长、教授等职。	

续表

职别	姓名	性别	年龄	籍贯	略历	通讯处
法学院院长	蔡璽成	男	四七	江苏泗阳	见前	国府路考试院
教务长	史璽	男	五八	江苏江阴	见前	
训育长	杨中芳	男	三八	安徽	见前	
总务长	杨尊暄	男	三七	湖南	见前	
训育主任兼教务主任	孙著声	男	四〇	河北蠡县	曾任北平各中学教员、大学讲师、尊经社讲师、亢庐助教、铨叙部秘书科长，现任考试院秘书、专门委员。	
出版主任	哈尔康	男	三二	安徽芜湖	曾任中央大学教授、南方大学教授，现任考试院简任秘书。	
文书兼注册主任	关堃垕	男	三二	北平	曾任北平《新北京报》总编辑、《华北日报》主笔。	
事务主任	王大任	男	三四	江苏吴县	曾任武进县财政局专员、武进县政府科员、上海震公学校教务主任、铨叙部科员，现任考试院科员。	
训育员	王心无	女	四六	江苏泰县	南通女子师范学校毕业，现任铨叙部科员。	铨叙部

《南方大学同学录》，1943 年 1 月印，见中国第二历史档案馆藏“汪伪教育部档案”。

5. 专任教授一览表

职别	姓名	通讯处
教授	沈天民	南京小火瓦巷十二号
教授	沈　缓	南京国府路国立中央图书馆
教授	田瑞生	本校
教授	王席三	南京行政法院
教授	常延龄	南京最高检察署
教授	岑　楼	南京广艺街二五号
教授	朱宗周	南京首都地方检察署
教授	陈寿名	南京实业部
教授	罗　健	南京全国经济委员会
教授	甄洪铭	南京中山东路三九九号
教授	周　匡	南京高楼门四号
教授	姚抚屏	南京中央大学

教授	潘树基	南京上海路七号
教授	徐　鼎	南京石鼓路一一三号
教授	游初白	南京中央党部社会部
教授	吴更始	南京全国经济委员会
教授	施檗斋	南京国立师范学校
教授	娄振东	南京特别市教育局
教授	马　丁	南京德国大使馆

《南方大学复校首届毕业同学录》，1945 年 6 月。

中国公学大学部史料一组

（1944 年 6 月）

1. 续吴前校长校史

龙英杰

公学由一•二八至二十六年六年中，吴松［淞］校舍全毁，学生日少，风潮屡起。教部因有限期结束的命令，当时负责的吴、陈两校长，因鉴于公学命运已至决定阶段——非复兴即停办——特商同于右任、蔡孑民、胡适之诸校董，呈请国府拨款复校，卒能于二十六年七月蒙中政会通过，拨款二十万元，逐步复兴中公。然不久八•一三事变起，复校固无从实现，即二十年以后之建设，又毁于炮火，事之可痛，宁有逾此！

国府还都后，本校校友在政府机关任职者颇众。经过联络后，大家均主张成立校友会，担负复校重任，卒于三十年三月在京成立，劈头第一案便是复校。老校友许逊公先生即席发言，可谓激昂慷慨，闻之令人热泪横流，讲到经费问题，连拍胸膛，表示负责。会后打听，方知许先生是华兴银行副总经理兼南京分行总经理，于是复校情绪，越更浓厚。

三十年夏，进而接洽校舍，我曾亲到特务机关一次，回答是自去看好房屋，绘好图，再来商借。我曾先后去看金陵大学等六校，并将各处绘成图送至特务机关，而回答是英美教会房产，是否允许中国机关借用，尚未决定，还是去找好中国方面的房产，再为帮忙。因与许先生商议，去看立法院街二号校址，由本校顾问西村先生帮助，终将现校址接受了。那时里面房屋，天花板地板没有了，露出地面的钢铁也取去了，甚至连门窗也没有了，我们接受后，逐处都须修理，方可使用。

三十一年夏，复校、校友两会联席议决，推许逊公先生任校长，筹备复校，并授权许校长改组校董会。旋由许校长聘英杰任总务长，杨鸿烈先生任教务长，綦岱峰先生任主任秘书，周毓英先生为文学系主任，何嘉先生为法律系主任，施伯珩先生为商学系主任，及一高中部，于九月十五日开学上课。本学期有学生一百五十余人。十月，许校长奉总行命令调沪服务，将公学交托与我。当时学校向农商透支的二万元已用完了，所收学杂费也用光了，然而应付未付的账目还有一万元以上，而职教授待遇及全学期预算，尚未敢考虑，然而许校长是非走不可，出乎意料以外将这艰巨无比的责任完全降到我的肩头，我闭目想想，前途茫茫，不禁出了一身冷汗。经过连夜苦思，将预算确定了，当即函告许校长，要求将透支增为三万元，同时许校长个人又捐助五千元，这样开办费同九、十两月的经费是过去了。然而十月至一月又如何呢？只好一节一节地过去，我没有办法了，我没有办法中之办法，就是去请丁先生默邨来帮忙，没有经费用职员，去向社运总会借用，经常费不够，蒙丁先生允于自十二月起每月补助五千，先提前一月支用。丁先生一再声明，以维持一学期为度。诚以丁先生之事业已发展至饱和点，经济能力不允许再办一个最高学府。

是年冬，经校友江厚垲、郑雅秋两先生转恳李长江先生捐款一万元，公学以之修建了五间办公室。于三十二年二月起，又与中国农村福利协会商妥代办农村工作人员训练班，每月贴补本校三千五百元，直至八月底始行停止。本期有学生一百九十余人，寄宿校中者有百人，并成立图书馆。各教职教授睹此情形，不谓稍具规模，便谓已是成绩。我听到了，觉得哭也不好，笑又不是，这两学期我都是一身兼任五职，上自校长，下至训校主任、训育员，尤其是本学期，我并抛开家眷，独身进住学校，日夜办理校务，同人中见到如此劳苦，也都勤奋，尤其是尤凤锡先生，那是颇有一番劳绩。

三十二年暑假，公学为扩充学额，增多系级，校舍及设备均不够；因同丁先生商议，蒙允以代理董事长名义，印发捐册募捐，然终以丁先生政务忙碌，仅募得三十六万元，即此三十六万元，还得了郑总务长与众校友从中出力不少。公学得之，即扩大修建校舍及添置设备。

八月董事会集会议决第一案，推丁先生为董事长，改组董事会，董事人选为：丁默邨、夏敬观、李长江、彭年、朱朴、杨鸿烈、许逊公、颜秀五、黄庆中、蒯建午、周毓英、高耀武等十五人，并通过接受许校长辞职，另推蒯建午先生为校长，与英杰为副校长，聘郑雅秋先生任总务长、何宪琦先生任教务长。至此，公学遂具备一大学之阵容。本期新增政治经济系及教育系，有同学三百二十余人，内寄宿生达一百八十余人。

三十三年春，得顾问西村先生之帮助，筹得七十余万元。公学得此款后，即以之新建校门，平大操场，修建校舍多间，至此，公学物质建设又进一步。本期开学时，丁董事长因鉴于何教务长年迈抱病，难胜繁巨，需要休养，调至社会福利部任专门委员，另荐黄宇桢先生为教务长；又训育主任李六爻先生因事离京，另聘本校英文教授刘咸有先生任训育主任。本期同学与上期同，又本以自复校后，对教部备案手续，因董事会改组需时，久未办妥，直至五月十日，始奉令照准，同时高中部亦正向市政府教育局办理立案手续。

2. 本校沿革及复校经过

郑雅秋

关于本校在南京复校的经过，当兹复校二周年纪念的今日来卤谈其梗概，抚今思昔，实感到有无限的感奋。

因为本校的产生，完全是先烈的血和泪凝结成的生命，是几经艰苦奋斗，无数革命的火花萦绕成的学府。从创校到现在，已达有四十周年的历史，在中国教育史上说，不能不算是有相当悠久历史，可是在这四十年的过程中，中国公学的命运好像注定是个颠沛者，差不多她的生命永远是在死亡线上挣扎，死而复活过好几次，但是中国公学的生命，到今天为止，还能复活而存在，主要的原因可称完全是受了先烈以身殉校、精神不死的感召，所以今天要来谈中国公学的梗概，我觉得不能不从历史上追述起。

本校是创于清光绪丙午年，最初创办人是姚宏业、张邦杰、梁乔山、王敬芳等诸位先生。他们当初从日本回到上海，创立本校时，非但不能得政府帮助，而且亦得不到社会同情的援助，结果他们为创办中国公学牺牲了家庭，牺牲了个人的前程，怀着满腔的热忱，所得的结果是社会舆论的诽议，当时士大夫阶级们的冷视，在四面楚歌、经济拮据、各方敌视的状况底下，几陷于停顿。于是姚宏业先生为激起社会人氏对学校的同情，不惜以生命牺牲，遗书投江以殉校。姚先生如此为本校而牺牲，此举虽趋向消极，但他的死是毫不含糊地为了本校，他告国人的遗书，句句是血是泪，他大声疾呼地以人之将死、其言也善的方式，呼吁国人对中国公学的援助，因此感动了社会上一班漠不相关和敌视者的铁石心弦，而纷纷起来援助和寄予同情，使中国公学得能延续其生命到现在。在中国私立大学中，占有这样悠久的历史，培植出无数的革命志士，姚先生的牺牲在价值上说，实在可称得重于泰山，他不朽的精神实亦无愧与天地而共存在。

本校在历史上首任校长为邓孝胥先生，辛亥革命后，蒙国父孙中山先生亦加入为校董，后来校长历有更迭，如王敬芳、何鲁、马君武、胡适之、邵力子、蔡元培诸先生均先后出任艰巨。到一•二八淞沪事变，吴淞炮台自建校舍，不幸被毁于炮火，后虽辗转租屋开学，终因经费关系，于中日事变之前停办，其间校长有熊克武、吴铁城诸先生。

民国二十九年国府还都后，中国公学校友参加和运者，在南京聚会者不意竟有五六十余人。大家因战争的关系，流亡各地，数年分离，一旦重聚，在感情上的欢洽、精神上的愉快，实难以形容。友谊的联系固属另一个问题，但最主要的原因还是怀念母校及同学的关系，于是在国府还都后的几个月中间，校友会就很迅速地成立，于民国三十年春间，由校友许逊公、龙英杰、綦岱峰、高耀武、尤凤锡、施瑾及本人对校友会倡议组织复校委员会，拟在南京将中国公学跟国府还都的成功，而使学校亦复活。当时这个佳议马上就得到校友会一致的赞成，于是复校委员会亦就很顺利地组织成功，由复校委员会推举许逊公、龙英杰、綦岱峰、尤凤锡及本人计划复校任务，几经策划奔走，于民国三十一年四月，由龙英杰同志向南京特务机关几经交涉，后得西村先生及机关长源田阁下之协助，得将事变前之立法院拨交本校为校址，因此，第一个校址问题已有着落。但原有的立法院，因事变后尽毁于炸弹炮火，房屋已破颓不堪，虽有少数房屋勉强可应用，但因遭游民的偷窃，门窗亦都欠缺不全，如欲重新全部修葺，校友们实无此经济能力；于是只好简单稍事修葺，便于三十一年八月间开始招生，先办文、法、商系一年级及高中部一年级，由校友会公推许逊公为校长、龙英杰为总务长。第一期招生广告发出后，报名投考者男女生就约有二百余人，经严格考试结束，只录取百余人，其中寄宿生亦有五十余人。开学后，学生情绪非常兴奋，学校教室、宿舍、设备等虽简陋破颓，但每个同学都能了解战争后复兴建设之艰难，精神上谁都有这么一个信念，觉得校舍虽破，书本不破，物质建设虽不如他校，精神建设不能不超过他校。学生这种深体时艰、努力精神，实出于我等始料所及，因此许多在京校友及中国公学事变前之教授杨鸿烈、何宪琦等诸先生，莫不兴奋乐意为母校尽义务之教授，所有在校服务之职员，亦多数属校友，为义务职，甚至有反贴车钱来授课的。不意中途许逊公同志，因所服务的银行将他调任到上海总行服务，本人又因职务的关系，不得不暂时离开南京，于是本校的全部负担和艰巨的责任，都困集于龙英杰同志身上。如果本校复校事前有一笔巨款，或是经常有一笔经费可出，事情倒还可办，可是复校的动机完全是纯出于爱母校的情切，及纪念母校创办时的艰巨。故事前许多校友都没有考虑到人力、物力的不够，只凭一腔热忱和信念，不使中国公学成为历史上的陈迹，设法使她再行复活于首都。不意中途环境、人事的变迁，这担艰巨的责任，竟困集龙英杰同志一个人的身上。当时龙英杰同志的处境，不啻是先烈姚先生当时创校的遭遇，社会上一部分善意的劝告，是规劝他赶快不要干这种吃力不讨好的事情，一部分隔岸观火态度的人们，是说他不自量力，这个年头手无分文竟想办一个大学，龙英杰同志为了不负校友对复校的热望，以及缅怀先烈创校之艰巨，故不顾一切善意的劝告或讥笑的诽议，仍鼓起精神，忍辱负重，为不使学校中途停顿，每日四出张罗，设法维持。学校内部因得尤凤锡同志之襄助，故终算将第一学期安稳度过。

到民国三十二年，第二个学期春季开学的时候，学生增多至二百五十余人，经本人往苏北请求李长江先生对本校援助，蒙彼慨允捐款，得能修葺校舍五间，又得社会上许多热心教育资助，设备上又稍添增许多。学生课外活动渐形活跃，运动方面亦由师生通力劳动合作，将校中荒墟之地开拓成篮球场，中公篮球队亦活跃于首都，且参与各校比赛，曾屡得捷报。图书室亦成立，虽因战后文化损害甚大，图书搜集不易，但亦聊胜于无也。学生剧社亦成立，于国民大会堂表演过《金丝鸟》等剧。

第三学期秋季开学后，董事会亦正式成立。许逊公同志因职务关系在上海，深感到学校今后行政之重要，恐因自己久不到校，有碍学校行政之设施，故向董事会提出辞职。由董事会聘翦建午先生为校长，但翦先生又因职务关系滞沪不能到校办公。遂由董事会派龙英杰同志为代理校长，处理学校一切行政职权，同时因为校务繁重，将各处组织具体建立，实行合作的分工，因由校方聘本人为总务长、何宪琦先生为教务长。从此复校以来，由龙同志唱独角戏局面，一变而为今之合作分工局面。本学期开学后，学生又更形踊跃，大中学部男女学生达三百余人，寄宿生男女生达一百六十余人，其中学生有远自北平、山东、汉口、上海、苏北等各地赶来投考者。因教室及校舍之不敷应用，又由校友各方奔走，得许多热心教育之人士援助，又得兴建宿舍二间及大教室三间，及礼堂等。图书室亦改为图书馆，充实图书，添设校具、寄宿生设备等。

学校组织亦扩大，大学部分三院六系及高中部，行政方面分总务、秘书、教务三处，办事人员亦增添颇多。学生课外活动方面，亦更形活跃，读书研究会之组织、远足队、出版刊物壁报等，运动方面除篮球队外，又乒乓球队之比赛，剧社方面在中日文化协会演《雷雨》等剧。社会活动方面，参加青少年铲除烟、赌、舞运动，街头演讲队等。

到本学期开学后，学校基础更形巩固，又兴建学校大门，开辟大操场，建造学生会客室、新门房学生会客室、体育室，及再建新教室一间，修葺校园围墙，整理校园等。学生课外活动除以前原有之组织外，又各成立系会，学生所办壁报刊物等又增加数种。为适应战时体制教育起见，使学生普遍对生产运运［动］有所贡献，故每星期增添四小时农业讲座及工业讲座。

人事方面稍有更动的，就是教务长何宪琦先生因病辞职，由校方另聘黄宇桢先生担任教务长。教授方面又增聘各位富有学术经验者担任，因此学生方面情绪更形兴奋，迄本学期为止，中国公学创校的生命，整整的有四十周年。以还都后复校的时间来说，是整整的二周年的纪念。我们缅怀过去，瞻念来兹，觉得中国公学的命运是几经颠沛；中国公学的产生，是先烈的血和泪凝结而成。中国公学的生命，能够继续绵延、死而复活到现在，有四十周年的历史，可说完全是先烈精神不死所感召，几经颠沛和存亡的挣扎，又赖校友的力量和社会同情的援助。复校首都后，虽校舍破旧，经费拮据，人力物力都感艰难，但是我全校的师生都能一心一德，抱最大的勇气与决心，注重精神建设，以克服物质建设的困难，踏着先烈的血迹，受着先烈为校牺牲伟大精神的感召，共同负起完成复校的使命。我们觉得精神与良心都稍微得到安慰，同时也许冀能聊慰先烈为校牺牲在天之灵！

3. 本校大学部组织大纲

第一条　本组织大纲根据大学组织法、大学规程及私立学校规程订定之。

第二条　本公学大学部以注重实用科学、充实科学内容、养成专门知识技能，并切实陶融为国家社会服务之健全品格为宗旨。

第三条　本公学大学部先设文学院、法商学院，文学院先设中国文学系、教育学系，法商学院先设法律学系、政治经济学系、商学系，各院系修业期限为四年，男女学生兼收。

第四条　本公学设校长一人，总理全校校务，由董事会遴选合格人员呈请教育部备案。

第五条　本公学大学部设秘书、总务、教务三处，分掌一切事宜。

第六条　秘书处设秘书长一人，秉承校长掌理一切文书编纂及其他交办事宜，下设文书、编纂两课，各课设主任一人，课员一人，秉承秘书长处理各课主管事务，其办事细则另订之。

第七条　总务处设总务长一人，秉承校长掌理全校经临各费之预算计算决算、校舍之支配整理及校具之购置保管等一切事宜，下设事务、会计两课，各课设主任一人，办事员若干人，秉承总务长分别处理各课主管事务，其办事细则另订之。

第八条　教务处设教务长一人，秉承校长掌理全校课程支配、考核，教授、讲师、助教服务状况及学生成绩注册统计等事宜，下设注册、出版、训育、体育四课及图书馆，各课、馆设主任一人，办事员若干人，秉承教务长处理各课、馆主管事务，其办事细则另订之。

第九条　本公学大学部各学院设院长一人，各学系设系主任一人，秉承校长掌理各该院系一切指导监督事宜。

第十条　本公学大学部教职员由校长遴选合格人员聘任之。

第十一条　本公学大学部校务会议以校长及全体教职员组织之，开会时，以校长为主席，每月举行一次，其规程另订之。

第十二条　本公学大学部教务会议由下列人员组织之：（一）教务长、（三）各学院院长、（四）各学系系主任、（五）专任教授、（七）注册课主任、（八）出版课主任、（九）图书馆主任、（十一）训育课主任。本会开会时，由教务长为主席，每月开会一次，其规程另订之。

第十三条　本公学大学部经校务会议之议决得设置各种委员会。

第十四条　本公学大学部组织大纲、各处办事细则、各种委员会组织规程及各项会议规程拟订后，由校长提请董事会议通过后，并呈报教育部核准备案。

第十五条　本组织大纲呈请教育部备案后施行之。

第十六条　本组织大纲如有未尽事宜，得由校长提请董事会议修正之，并呈报教育部备案。

4. 本校董事会章程

第一条　本会定名为“私立中国公学董事会”。

第二条　本会以董事九人至十五人组织之。

第三条　本会设董事长一人，由董事互推之。

第四条　本会设常务董事五人至七人，由董事互推之。

第五条　本会设秘书一人，在闭会期办理日常会务。

第六条　董事之任期为一年，但得连选连任。

第七条　本会之职权如左：

一、本校经费之筹划；

二、本校预算决算之审核；

三、本校基金之筹募与保管；

四、本校重大设施之计划；

五、本校校长之聘任与解聘；

六、校务设施之监督。

第八条　董事会及常务董事会开会时，均以董事长为主席，董事长因事缺席时，由董事互推一人代理之。

第九条　本会每学期开会二次，于学期开始暨结束时举行之，遇必要时，得召开临时会议。

第十条　常务董事会每月开会一次，遇必要时，得召开临时会议。

第十一条　本章程如有未尽事宜，得提经董事会议修改后，呈部备查。

5. 本校大学部学则

第一章　入　　学

第一条　本公学大学部于每年暑假及寒假时举行新生入学考试，男女兼收，其考试日程及招生规例均另订之。

第二条　凡具有下列资格之一者，得报名应试：

（一）凡公立或已立案之私立高级中学校毕业者；

（二）凡其他与高级中学同等程度学校毕业者；

（三）同等学力者，但其录取名额不得超过百分之十。

第三条　具前条各款资格之一者，如系在应试之学期毕业，尚未领到毕业证书时，得持原毕业学校之证明书报名应试，但录取者于入学时，仍须呈缴毕业证书，否则不得入学。

（一）入学志愿书；

（二）入学保证书保证人，以居住南京市内，须有正当职业，对于学生在校一切行动均能担保者为合格；

（三）本公学大学部规定应缴之费，学生须如遵缴，其所缴各费除规定者外，概不退还。

第二章　注　　册

第四条　凡学生入校，须按照本公学大学部规定日期，亲自来校，至训育课签名报到（新生须呈缴入学志愿书及入学保证书），履行缴费手续后，至注册课注册。逾期注册者，视其有无请假按照下列规定处理：

（一）凡未经请假至开学后二星期尚未到校办理注册手续者，新生得取消其学籍，旧生以退学论；

（二）凡因特别事故，曾经请假手续而逾期注册者，其请假期间以开学后四星期为限，期满不到者，新生取消学籍，旧生作退学论。

第五条　注册手续：

（一）学生缴纳应纳各费后，凭入学证及纳费收据至教务处领取注册证及修习学程证；

（二）凭注册证领取学程一览表；

（三）依照本公学大学部学程一览表及选课规程之规定，选定本学期修习之学科，并请所属学院院长或学系主任与教务长及注册课主任等核准签盖；

（四）持已经签盖之注册证，连同二寸半身正面相片六张，至注册课换取上课证及授课时间表。

第六条　凡经休学之旧生，复学时，须于开学前二星期，呈请校长批准后，方得入学注册。

第三章　选课　改课　转院　转系

第七条　学生选课，须在注册期内依照本公学大学部学程之规定，并经所属学院院长或所属学系主任及教务长与注册课主任之核准。

第八条　学生选课后，如须改课，如改选、退选或加选学程等，于每学期开课后第二星期内行之，逾期不得改选，并须经原签字院长或系主任之核准。

第九条　各科学生凡选修全年学程，须全部修毕后，方得给予该项学程之应得学分。

第十条　各学程规定有先修学程者，非先将该先修学程读过不得选修。

第十一条　转院与转系须于学年始业后第二星期期内行之，逾期不得有所请求，如经必要时，各关系院长或系主任核准亦须经过考试。

第十二条　转院后，如遇特殊情形必须转还原学院时，其转院后至请求改还止之原院授课时数，不论任何情形，均作旷课论，但以转院后一星期内为限。

第四章　转　　学

第十三条　本公学大学部招收转学生，得于每年招收新生时同时举行，惟查明所属学科年级无缺额时，得停止招收。

第十四条　凡转学生须具有下列各项资格：（一）在国立大学、或已经立案之私立大学、或专科以上之学校、或经本公学大学部审查合格之国外大学修业一年以上者，其程度至少与大学修习四十学分之学生程度相等；（二）品行端正，经原校书面证明者。

第十五条　凡志愿转入本公学大学部之学生，可向本校教务处素［索］取转学履历志愿书，照章填就，连同该生原校证书、成绩单并最近二寸半身相片六张，其中一张粘于履历志愿书上，须经原校校长签字盖章，并须于规定日期前，一并呈纳报名应试。

第十六条　本公学大学部收到转学生转学志愿书及成绩单等，经由招生委员会审查合格者，通知该学生于规定考试期内，来校听候转学考试。

第十七条　转学考试课目以该生编入年级所规定必须修习之全部学程为范围，例如欲编入关系学院所属科二年级者，须考试一年级全部学程。

第十八条　申请转学之学生，从前修习之学程，大学非为必修者，毋庸考试，亦不给学分。

第十九条　转学考试及格之学分不及该年级规定应修学分之半数时，不得编级，但得入下一年级修学。

第二十条　转学生经录取后，应于本公学大学部之规定日期，来校纳费、注册、选课，所纳各费与新生同。

第二十一条　凡转学生须在本公学大学部修满二年，方得给予毕业证书。

第五章　成绩考查

第二十二条　本公学大学部兼采学分制及学年制，学生至少修满一百四十四学分及修满四年方得毕业。

第二十三条　大学四年级学生须作论文一篇，作四学分，审查规则另订之。

第二十四条　本公学大学部考查成绩方法分为三种：一为平时作业，如口试练习题及报告等属之；一为临时考试，每学期举行两次，由教务处规定日期举行之；一为学期考试，于每学期终了时举行之。

第二十五条　学生学业成绩分为五等：甲等九十分以上；乙等八十分以上；丙等七十分以上；丁等六十分以上，均为及格；四十分以上未满六十分者，均为戊等；凡戊等及戊等以下者，为不及格。

第二十六条　学生成绩以平时作业及临时考试如半之积分，与学期考试分数平均计算之。

第二十七条　凡学年学程上下两学期成绩均在六十分以上者，方得及格。

第二十八条　凡学生有下列情事之一者，应径予留级，不得补考：

（一）必修科目有三分之一学分不及格者；

（二）历年必修科目累计有三分之一学分不及格者。

前项留级之学生，除应重习原年级不及格之科目，并应重考外，得选次年度之科目一门或二门预习之，次项预习之科目，应于预习年度参加考试，如已及格，次年度可免习该科目，其成绩即归入次年度计算，如不及格者，应于次年重习重考。

第二十九条　凡学生连续留级至二次时，即令退学。

第三十条　凡各科学期成绩列入戊等者，得于下学期开学时补考之。

第三十一条　凡各科成绩不满四十分者，不得补考。

第三十二条　凡升级之学生，其前学年不及格之必修科目，须随同原年级补习，经随班考试及格后，方准毕业。

第三十三条　凡学生于一学期内每学程旷课时数超过该学程上课时数亦［六］分之一者，不得参与学期考试；其未过六分之一者，按照下列旷课扣分表表内各数分别扣除该学程之平时积分。

附旷课扣分表（略）

第三十四条　凡学生于一学期内，无论因特别或通常事假，每学程缺课时数超过该学程上课时数三分之一者，不得参与学期考试；其未过三分之一者，通常事假按照下列缺课扣分表如数分别扣除，其因特别事故经关系院长系主任之特许者从免。

附缺课扣分表（略）

第三十五条　凡学生于一学期内各学程旷课总时数满四十小时者，应令休学，下学年仍令原级修习。又学生在一学期内，无论任何事故，除关系院长或系主任之特许者外，各学程缺课总时数满一百小时者休学，应令下学期仍在原级修习。

第六章　补　　考

第三十六条　学期考试不得因通常事故请假，否则凡缺考诸学程，均作不及格论，并不准补考。其因特别事故不能应学期考试者，须具证明文件向教务长及训育主任请假，经核准后方许补考。

第三十七条　学生于前学期因特别事故未与学期考试者，须于学期开课前，照学校规定之补考日期来校应试，其补考成绩照九折计算，不及格者重读。

第七章　请假　缺课　旷课

第三十八条　学生于授课时间不能上课，其曾经请假核准者，为缺课；其未经请假或请假未蒙照准或假期已满未经续假照准而缺课者，均作旷课论。

第三十九条　学生缺课及寄宿生因特别事故须在外宿时，均须请假。

第四十条　学生缺课及因故须在校外住宿者，应向训育课请假，均须声明理由，填具请假书，训育课核准即转知注册课存查。

第四十一条　学生因故不能上课在一日以上者，须先期亲向训育课请假，遇不得已时，用函件请假者，须用挂号邮寄，以便查核。训育课核准假期后，即转知注册课存查。凡因自已疾病或家庭重大变故，有具体事实证明而请假者，为特别事假，其他均作通常事假论。

第四十二条　学生因请病假者，须经医师证明，其他因特别事故请假者，须经家长或保证人出函证明，方为有效。

第四十三条　学生请假限制办法，除本章各条规定外，并应按照本学则第二章第四条、第五章第三十三、三十四、三十五各条及第六章第三十六条等办理。

第八章　休　　学

第四十四条　学生因疾病或不得已事故自请休学者，须经学［校］长核准后方为有效。

第四十五条　凡学生合乎本学则如章休学规定，或因病经医生检查需长期休养生，得由校长令其退学。

第四十六条　新生入学之第一学期内不得自请休学。

第四十七条　休学期设以一年为限，期满不来校复学者，作退学论。

第九章　退学与转学

第四十八条　学生有左列情形之一者，即令退学：（一）品行不良、违反校规或连记三次大过者；（二）连续留级二年者；（三）身体不健全经医师证明不能求学者；（四）休学逾一年者；（五）因不得已事故自动申请退学经校长核准者。

第四十九条　除前条第一款之规定在校未满一学期者外，学校均给予转学证书，但所缴各费概不退还。

第五十条　退学生不得复请入学。

第五十一条　学生因故欲转入他校肄业者，须具呈理由经校长核准后，得给予转学证书，其业经核准转学者，不得再行请求复学。

第十章　考　　试

第五十二条　考试时如有舞弊情事，一经查出，即取消其本学程考试资格，并不得补考，或另予从严处罚。

第五十三条　试场座次由教务处排定，不得随意更改或乱坐。

第五十四条　通同作弊者，双方一律处罚。

第五十五条　在场作弊当时未经查出，至事后于试卷内发现者，亦按照本章第五十二条办理。

第十一章　集　　会

第五十六条　学生在校内集会，须经训育主任许可，方得举行。

第五十七条　学生得发起及组织学术及娱乐会社，但须先经训育主任之许可，并须将其章程呈送校长核准后，方可成立。

第十二章　附　　件

第五十八条　本学则如有未尽事宜，得提请校务会议随时修正之。

6. 秘书处办事细则

第一条　本细则依据本公学大学部组织大纲第六条制定之。

第二条　本处设秘书长一人，秉承校长综理一切文书编纂及其他交办事宜。下设文书、编纂二课，各课设主任一人、办事员若干人，【分】别处理各课主管事宜。

第三条　秘书长之职务如左：

（1）撰拟机要文件；

（2）草拟各种规则；

（3）核阅并核转各项文稿；

（4）典守校长印信；

（5）代行校长因事故不克到校时之职权；

（6）监督考核本处职员工作；

（7）其他本处应办事项。

第四条　文书课之职务如左：

（1）草拟文件；

（2）典守印信；

（3）收发文件；

（4）保管案卷；

（5）缮发聘约；

（6）登记教职员之迁调，稽核职员之动［勤］惰奖惩。

第五条　编纂课之职务如左：

（1）办理全部统计；

（2）编辑学校概况；

（3）编纂学校大事记；

（4）撰拟校闻。

第六条　本细则如有未尽事宜，得由秘书长提交校务会议修正之。

第七条　本细则经教务会议通过后，由校长公布施行。

7. 聘任教授讲师助教章程

第一条　本校教授、讲师、助教由校长聘任之。

第二条　本校教授须具左列资格之一：

一、于学术上有创作或发明者；

二、曾在国立大学或本校承认之国内外大学担任教授二年以上者。

第三条　本校讲师须具左列资格之一：

一、于所任之学科有专门著述者；

二、曾在国立大学或本校承认之国内外大学担任讲师职务一年以上者；

三、在国内外大学从事研究，得有学位者。

第四条　本校助教须具左列资格之一：

一、国内外大学毕业者；

二、于所习学科有研究成绩者。

第五条　本校教授、讲师、助教之聘任期限，于聘任书上约定之。

第六条　应聘为本大学教授、讲师或助教者，须于接到聘书后两星期内寄送应聘书。

第七条　本校教授及讲师以专任为原则，但各学院于必要时，得聘任兼任教授或讲师。

第八条　本校专任及兼任教授、讲师，于聘任期内均有担任本大学或各学院所委托任务之责。

第九条　专任教授、讲师不得兼任本校以外各项事务，但受政府委任为某种调查研究或设计时，由院长陈请校长特许者，不在此限。

第十条　专任教授、讲师以不在外兼课为原则，但经本校同意者，兼课至多以四小时为限。

第十一条　兼任教授、讲师之薪俸以其所任授程之性质、时数定之。

第十二条　兼任教授、讲师上课时间每周以九小时至十二小时为率，但因特别原因，学校得减少某一教授、讲师上课之时数、指导实验时数，以讲演时数折半计算。兼任教授、讲师受课时数，平常以每周不超过六小时为限。

第十三条　教授、讲师、助教聘任期满，经双方同意，得续订聘约，其手续与初聘时同。

第十四条　教授、讲师、助教于聘约未满之前，非因疾病不能任事者，不得辞职。

第十五条　聘约未满之前，学校对教授、讲师、助教非因下列原因不得解约：

一、因政治或法令上之关系有不能任其继续在职者；

二、因学校名誉上之关系有不能任其继续在职者；

三、对学校有危险之行为者；

四、不履行聘约上之职务者；

五、不能称职者。

第十六条　本章程经校务会议通过后，由校长公布施行，如有未尽事宜，由校务会议提出修正。

8. 助教服务章程

第一条　本校助教服务悉照本章程之规定。

第二条　助教职务分列于下：一、助理实验室工作；二、评阅学业成绩及报告；三、助理院务及系务；四、担任其他研究工作。

第三条　每学期助教应作一特殊研究，于学年或学期终了时，向所属学院院长或学系主任提出报告。

第四条　助教服务有特殊成绩、讲授功课经两年者，得由学系主任推荐，经院长同意升为讲师。

第五条　本章程经校务会议通过，由校长公布施行，如有未尽事宜，由校务会议提出修正。

9. 教授、讲师请假代课及补课办法

第一条　教授、讲师请假，除按照本校教职员待遇规则外，均依本办法办理。

第二条　教授、讲师请假在一星期以内者，须先行通知教务处公布。

第三条　教授、讲师请假在一星期以内者，其缺授之课程，应于课内补授，或另定时间补授，其时间由教授自行酌定之，但亦须通知教务处派员点名。

第四条　教授、讲师请假逾一星期以上者，须先得本院院长或学系主任之同意，并商定补课办法。

第五条　教授、讲师请假逾一月以上者，须请定代课人，商得院长或学系主任同意，方为有效。代课时间不得超过两个月。

第六条　凡未依照前列各条手续请假而缺课者，得由院长或学系主任适当处理之。

第七条　本办法经校务会议通过后，由校长公布施行，如有未尽事宜，由校务会议提出修正。

10. 职员服务章程

第一条　本校办事人员之服务悉照本章程之规定。

第二条　每日办公时间，上午八时至十二时，下午一时至五时半，但寒暑假期内，得由校长核定酌量变更。

第三条　职员均须出席周会，惟为公务上接洽起见，得由各办公室酌派一二人轮流驻守。

第四条　职员应按照到校办公，并在签到簿上亲自签名，上下午各一次。

第五条　签到时刻，每日上午八时三十分，下午一时三十分，迟到者，须于签到簿上注明迟到原因。

第六条　职员签到凡迟到五次者，作为缺席一次；缺席三次者，作为旷职。

第七条　每逢月终，由文书课将职员请假、迟到、旷职日数、次数列表统计，送呈校长核阅。

第八条　职员非经校长特许，不得在校外兼任他职。

第九条　职员得因该管主任之陈请，经校长核准，调至他处课会学院学系办公或兼任两处院以上之职务。

第十条　例假及放学日，各处、课、会应派人轮值。

第十一条　职员办事勤勉、成绩优异者，得酌予升调或加薪。

第十二条　职员办事不力，能力薄弱，或不服调遣者，随时加以警告；经警告后，仍无改善情状者，予以解职，其情节较重，得不经警告立予解职。

第十三条　本章程经校务会议通过后，由校长公布施行，如有未尽事宜，由校务会议提出修正。

11. 职员请假规则

第一条　本校职员请假应遵照本规则之规定办理。

第二条　各院处会除院长及主任径向校长请假外，其余各员应向该主管人员请假，其逾二日以上者，须转呈校长核准之。

第三条　职员请假须填具请假书，经核准后始得离校，续假时亦同，销假时亦应填具销假书。

第四条　职员请假须将经办事件征得主管课主任、院长之同意，委托同人代理。

第五条　职员请假分左列四种：

一、事假每学期以两星期为限，逾限应按日扣薪。

二、病假每学期以三星期为限，逾限得以所准事假抵销，不足抵销时，应按日扣薪；但确罹重病，经校长核准得延长之病假，连续在三日以上者，应缴送医生之证明文件。

三、婚假准给十天。丧假：父母丧准给二十日，配偶丧准给十日（路程遥远，得呈请酌量给予在途日期）。

四、女职员生育假准四十日。

前各项假期，均除去例假及星期日计算。

第六条　凡经查明有左列情事之一者以旷职论：

一、未经请假擅离职守者；

二、请假未经核准先行离职者；

三、假满不回职，并未呈请续假者。

第七条　职员旷职者应受左列处分：

一、旷职逾三日者，按日扣薪；

二、逾五日者，除扣薪外并记过一起；

三、逾十日者，降级；

四、逾半月者，免职。

第八条　暑假及寒假，职员应住校轮值工作，轮值表另订之。

第九条　教授、讲师请假，因有课务关系，其办法另订之。

第十条　本规则经校务会议通过后，由校长公布施行，如有未尽事宜，由校务会议提出修正。

12. 本校复校两年来大事记摘要

民国三十年（筹备时期）

四月十七日　在中央党部召开校友会第三次理监事联席会议，产生复校委员会，由陈济成、许逊公、龙英杰、郑雅秋、杨鸿烈、周毓英、蔡鼎成、綦岱峰、施伯珩、何嘉、宫幻非、高耀武、李六爻、尤凤锡等二十五人为委员。

四月三十日　复校委员会成立，公推陈济成、许逊公为主任委员，龙英杰为秘书。

十月廿四日 复校委员会开会，公推许逊公负责接洽经济，龙同学英杰草拟复校计划及预算。

十二月卅日 复校委员会为强化复校机构，公推龙英杰、尤凤锡为总务，郑雅秋、綦岱峰为交际，杨鸿烈、周毓英为设计，全体校友为劝募干事。

民国三十一年

三月六日 由龙英杰、尤凤锡二人亲自前往各教会学校实地视察，备借充校舍。

六月三日 龙同学英杰偕同西村、李大泽两先生到宪兵本部，接洽立法院街为校舍。

七月一日 接得宪兵本部许可书，准借现校舍。

七月十四日 接收立法院街二号校舍（前立法院）。

八月十八日 复校、校友两会联席开会，公推许逊公为校长，同时复校委员会结束。

八月廿一日 复校后，开始修理校舍、购置校具。

八月廿四日 开第一次校务会议，总务长龙英杰、教务长杨鸿烈、主任秘书綦岱峰、训育主任李六爻、事务主任尤凤锡均出席，由许校长为主席。

八月廿五日 登报招生，聘何嘉为法律系主任、周毓英为文学系主任、施瑾为商学系主任、粟步云为高中部主任。

九月一日 新生考试，有新生三百余人投考。

九月十日 第二次新生考试，有新生二百余人投考。

九月十五日 正式上课。

十月十日 上午八时，在大礼堂举行庆祝国庆仪式，并补行开学典礼。

十月二十日 许校长奉总行命，调沪服务，将校务交托龙总务长代行。

十月三十日 敦请上海凌社会局长宪文莅校演讲。

十一月三日 开第一次教务会议。

十一月六日 举行月考。

十一月十五日 开第二次校务会议，由龙总务长主席。

十一月二十日 开始师生劳动服务，开辟篮球场。

十一月三十日 敦请李校董长江莅校演讲。

十二月二日 开始修理办公室五间。

十二月三日 第二次月考开始。

民国三十二年

一月一日 一日至三日年假，元旦举行师生新年同乐会。

一月五日 招生委员会开始办公。

一月十日 学期终了考试。

一月二十日	寒假开始。
一月三十日	整理各处设备，修理全校水电，准备开学。
二月六日	寒假期满，开始注册。
二月十二日	三十二年度下学期正式上课。
二月十三日	召开校务会议。
二月廿五日	敦请彭部长年莅校演讲。
三月十二日	国父逝世纪念休假一天，派同学一百名由尤凤锡先生领队，赴中山陵参加植树典礼。
三月廿五日	举行教务会议。
三月廿八日	本校图书馆成立。
三月三十日	本日为国府还都纪念日，全校师生赴国民大会堂恭聆汪主席演讲。
三月卅一日	自本日起，放春假一星期。
四月七日	春假期满，照常上课。
四月十二日	敦请李大泽先生莅校演讲。
四月十六日	举行月考。
五月十日	召开校务会议。
六月一日	召开教议［务］会议。
六月十六日	开始大考。
六月廿二日	暑假开始。
六月廿八日	招生委员会开始办公。
六月三十日	开始改建教室三大间、宿舍四大间。
七月十七日	本校为扩大范围，充实内容，决定添院设系，修建校舍，惟需款庞大，少数人力量有限，爰决定募捐办法。本日龙总务长专程赴沪散发捐册。
七日廿一日	龙总务长返京，续发北平、苏北、开封、南京等地捐册。
七月三十日	举行第一次招生委员会会议，当场推定第一次招生命题教授，并通过录取新生成绩标准等重要议案。
八月六日	举行第一次新生入学试验，大中学部投考新生共三百余人。考试分笔试、口试。笔试课程计国文、外国文、数理化、史地四门。大二编级生另考大一必修学程。是日各教授俱莅校监试。
八月九日	本校董事会改组，名单如下：丁默邨（董事长）、夏敬观、李长江、彭年、朱朴、颜秀五、许逊公、周毓英、黄庆中、杨鸿烈、高耀武等十五人，并敦联［聘］华【北】实业总署督办王孟群、华北新民会副会室喻伯椿、开封绥靖主任张岚峰、全国经委会委员何庭流、

二十七师师长何林春、南京市商会会长葛亮畴①等为本校名誉董事。

八月十日　本校大礼堂、教室并女生宿舍全部修建工程今日开工。

八月十一日　第一次招考录取，新生名单今日揭晓，计大学部正取六六名，备取十三名；高中部正取三十四名，备取八名。此次成绩平均在六十分以上者录为正取，五十分以上者录为备取。总观全部成绩，以国文、日文为佳，英文、数理较差。

八月十六日　许校董逊公因在沪职务繁冗，不克兼顾校务，电请辞职。

八月十八日　董事会聘任蒯建午先生为校长，龙英杰先生为副长校。

八月十九日　龙副校长赴沪接洽捐务，并敦促蒯建午命驾来京主持校务。

八月廿三日　聘何宪琦先生为教务长兼教授，郑雅秋先生为总务长兼训育委员，周毓英先生为文学院院长，何嘉先生为法商学系主任兼法律系主任兼教授，朱子陵先生为中国文学系主任兼训育委员兼教授，高雪汀为政经系主任兼教授，吴孝先先生为教育系主任兼训育委员兼教授，施伯珩先生为商学系主任兼总务处会计课长兼教授，曹宝琳先生为训育委员兼教授，马胜云先生为高中部主任兼训育委员，李六爻先生为训育委员兼教授，邵通先生为秘书。

八月廿四日　聘郭书青、江守权、刘咸有、成宅西、段鸿希、林健民、孙琢斋、钟兴宏、徐公美、孙著声、沈天民、钱仲华、朱钟新、赵中、林秀华诸先生为本校兼任教授。

八月廿八日　举行第二次招生委员会会议，即席推定第二次招生命题教授。

九月一日　今日开学，开始办理入学手续。

和运先烈殉国纪念日，不休假，各办事人员于沉默哀痛中照常工作。

九月四日　举行第二次新生入考试验，计大中学部投考新生二百余人，考试科目同前。

九月六日　总务长赴沪接洽捐务，并再促蒯建午速即来京主持校务。

九月八日　第二次招考录取新生揭晓，计大学部正取五十二名，备取八名；中学部正取二十六名，备取八名。

九月九日　中国社会事业协会于上海“福利杯”足球义赛全部门券并拍卖义球收入中，拨款十万元捐助本校，当掣收据并致函道谢。

九月十日　今日开始上课。大礼堂、教室、女生宿舍修理工程全部完工。

九月十二日　本校为应远道学生不及参加第二次考试者之请求，特予通融于今日举行第三次招考，惟事前并未登报公开招生，共计大中学部投考新生八

① 下文作“葛喜畴”，应为同一人，原档如此。

十余人，考试科目同前。

九月十四日　第三次招生今日开始，计大学部正取三十名，备取六名；高中部正取六名，备取一名。

九月二十日　今日补行本学期开学典礼。大门口国旗、校旗交互挥扬，大礼堂布置焕然一新。九时正，典礼开始，全体师生三百五十人鱼贯入场，来宾到有友邦西村祭喜先生等。行礼如仪后，首由主席龙副校长报告本校四十余年之光荣历史及复校经过与今后校务进展方针，并介绍重要教职员与学生行相见礼；次由西村先生演讲中国青年工读团团员派赴友邦八狱农场实习之情况，对友邦战时生产教育阐述綦详；末由何教务长、郑总务长、李训育主任等相继致训，语多勖免［勉］。迄十一时许，始摄影散会。

九月廿二日　敦聘友邦西村祭喜先生为本校顾问。

九月廿七日　举行开学后第一次纪念周，主席龙副校长报告校务概况后，并讲述大学生应有之态度。

九月廿八日　今日为先师孔子诞辰纪念日，循例休假一天。

十月一日　本日下午二时，蒯新校长、龙新副校长补行就职典礼，丁董事长默邨、彭董事年、颜董事秀五均躬亲参加。来宾到有社会福利部奚次长、第一集团军丁师长、何师长等。出席全体师生四百余人，散会后并全体摄影。

十月四日　举行开学后第二次纪念周，由龙副校长主席，报告上周校务概况并学生应行注意改进各点。

十月八日　本校名誉董事张岚峰荣升第二集团军总司令，特电伸贺。

总务处会计主任施伯珩先生辞会计主任兼职，遗缺聘冷席儒继任。

本校篮球队与建村篮球队作友谊赛于本校球场，结果四十三对二十七，本校胜。

十月十日　今日上午九时举行第三次纪念周，由龙副校长主席，报告上周校务状况并本学期决定组织之学生课外活动团体如日语研究会、生活改进会、读书会、劳动服务团等之内容及进行方针。

十月十八日　举行第四次纪念周，由郑总务长主席，报告校务概况后，并讲述学生课外活动之重要性。商学系主任兼教授施伯珩先生函请辞职。

十月二十日　中国文学系主任兼训育委员会委员兼教授朱子陵先生辞职。

十月廿一日　本校重要人事略有调整，事务主任尤凤锡先生调任高中部主任兼训育委员会委员，训育委员会秘书胡斯孝先生调任事务课主任，训育委员会副主任委员曹宝琳先生调任中国文学系主任兼训育委员会委员，高中部主任兼训育委员会委员马胜云先生调任训育委员会副主任委员。

十月廿五日　举行第五次纪念周，由郑总务长主席，报告教务、训育、总务各处状况后，并讲述《领袖与群众》。今日起至三十日止，举行本学期第一次月考。

十一月一日　举行第六次纪念周，由何教务长主席，讲述大学生的修养，应学作圣贤，并评述曾文正公等先贤名臣之立身法学根本态度，以资模式。

十一月八日　下午二时，敦请王家吉先生莅校演讲。

十一月十五日　举行第七次纪念周，由龙副校长主席。

十一月十八日　曹禺名著《雷雨》今日由本校剧团于中日文化协会演出，虽风雨交加，天气寒冷，观众仍极拥挤，博得各界一致好评。

十一月十九日　印度临时政府主席江特拉鲍斯氏来京，本校派代表一百人前往机场附近欢迎。

十一月廿二日　举行第八次纪念周，由郑总务长主席。

十一月廿五日　下午三时敦请北大教授沈修无先生、华北作家协会干事长张铁笙先生莅校演讲，沈氏讲题为“中国新文化运动之再出发”，张氏讲题为“华北文艺界现况与对于有志于文艺生活同学的几点希望”。

十一月廿九日　举行第九次纪念周，由龙副校长主席。

十二月三日　本校文学院院长周毓英先生，此次因参加中国社会事业协会年会由沪来京，特于今日午后二时莅校演讲。

十二月六日　今日起开始第二次月试。

十二月八日　今日上午八时，青少年总奋起运动中央实践委员会假新街口广场集合全市青少年，举行黎明总动员仪式，本校派全体寄宿生参加。

十二月九日　今日上午十时，假大华大剧院举行大东亚战争二周年纪念首都民众决战大会，本校派高中部全体学生代表参加。

十二月十三日　举行第十次纪念周，由龙副校长主席，蒯校长报告校务状况，并勉励学生对体育及礼节特别注意。

十二月二十五日　云南起义纪念日举行纪念，由龙副校长主席，是日照常上课。

十二月卅一日　本校篮球队与青年工读团篮球队比赛，结果二十五对三十二，本校胜。

民国三十三年

一月一日　一日至三日年假，高中部举行新年同乐会。

一月十日　学期考试。

一月十二日　招生委员会开始办公。

一月廿一日　寒假开始。动工改造大校门，添造门房间、会客室、体育室、长围墙。

二月一日　何教务长因病辞职，聘黄宇桢为教务长；教育系主任吴孝先辞职，文

	学系主任曹宝琳调教育系主任，聘王家吉为文学系主任；【法】律系主任何嘉辞兼职，聘胡善偁为法律系主任。
二月七日	寒假期满。
二月八日	开始注册。李六爻因事辞职，聘刘咸有为训育主任。
二月十日	正式上课。成立师生膳食委员会。
二月十三日	开校务会议。
二月二十日	开教务会议，成立图书购选委员会。
二月廿五日	各级会成立，《中公周刊》《春风周刊》《文一周刊》《知识周刊》《高中周刊》同时出版。
三月一日	成立创校四十周纪念、复校二周纪念刊筹备委员会，开始向学生、各教授征文，向各长官、校董征求题字。
三月十二日	国父逝世纪念，本校全体同学参加植树典礼。
三月三十日	国府还都纪念，放假一天。
四月一日	经校务会议议决，废止春假，照常上课。
四月五日	改造大门等工程完成。
四月十日	开始劳动服务，平大操场。
四月十五日	敦请陈大使济成莅校演讲。
四月二十日	经教务会议议决，废止月考，改为期中考试，本日起举行。
四月廿五日	敦请本京商会会长葛喜畴先生莅校演讲。
五月一日	为庆祝复校，开始排演《喜相逢》剧，由郑总务长导演。
五月六日	敦请董事高耀武莅校演讲。 奉教育部令准备案。
五月十日	开教务会议，成立课程审查委员会。
五月二十日	上午全校师生注射霍乱预防针。 下午公演《喜相逢》，招待来宾于中日文化协会。
五月廿一日	上午公演《喜相逢》，招待本校师生及家属于中日文化协会。 下午公演《喜相逢》，仍招待来宾于中日文化协会。
五月廿三日	本校学生汪羊根、谷映汉参加青少年大学组演讲竞赛会，参加竞赛者共四大学十余人，竞赛结果录取三名。本校汪羊根荣膺冠军，题为《反封建与肃贪污》；谷映汉荣获第三名，题为《清毒清政与协力参战》。
五月廿五日	黄校董庆中莅校演讲。
五月廿六日	本刊发稿付印。

中国公学大学部秘书处编印：《中国公学大学部创校四十周年复校二周年纪念特刊》，1944 年 6 月。

第六编

社会教育

一、法令法规

民众学校暂行规程*

（1939 年 9 月 12 日）

第一条　民众学校遵照中华民国维新政府教育宗旨及其实施方针，授予年长失学者以简易之知识与技能。

民众学校得应事实需要设高级班。

第二条　民众学校由各级地方自治及各教育机关、民众团体、工厂、商店分别设立之。

省市县政府、区公所及私人均得设立民众学校。

第三条　民众学校之设立、变更及停办应呈报主管教育行政机关核准备案。

第四条　民众学校须按年造具预算书、计算书及进行计划书，呈报主管教育行政机关查核备案。

第五条　民众学校须于每班学生开始教学一个月内造具教职员履历俸给表，连同学生名册、教学时间表、教学用书表等，呈报主管教育行政机关备案。

第六条　凡年在十六岁以上之失学者，均应入民众学校，修了民众学校课程或具相当程度者，得入高级班。未办短期义务教育地方，年在十岁以上之失学者，亦得入民众学校。

第七条　民众学校学级之编制，以学习能力为标准，但遇必要时，得依年龄及性别分班教学。

第八条　民众学校不收学费及其他费用，经费充裕时，并得供给贫寒学生所用之书籍及文具。

第九条　民众学校学生受课总时数不得少于二百小时，高级班学生以修完规定之课程为限。民众学校每日教学时间以二小时为原则，并得在假期或夜间行之。

第十条　民众学校学生修业终了、成绩及格者，由学校给予学业成绩证明书。

第十一条　民众学校须于学生修业终了后，将各学生姓名、性别、年龄、籍贯及学业成绩等造册，呈报主管教育行政机关备案。

---

* 由伪维新政府教育部公布。

第十二条　民众学校学科为修身、国语（包括常识）、算术（珠算或笔算）、乐歌、体育等。高级班为修身、国语（包括常识）、算术、乐歌、体育及关于职业之科目。

第十三条　民众学校教科书应采用教育部编辑或审定者，民众学校为适应环境及需要，得另编补充课本。

第十四条　民众学校应提倡并实施课外作业，由各校按照当地环境及需要情形酌定之。

第十五条　民众学校设校长一人，教员若干人，以有小学教员资格及曾受民众教育所资训练者充任之，校长如系专任，应兼任教学。

第十六条　省市县立之民众学校校长由省市县教育行政机关任用之，各级自治地方教育机关、民众团体、工厂、商店及私人设立之民众学校校长，由设立者任用之，呈报主管教育行政机关备案，民众学校教员由校长聘任之。

第十七条　本规程于必要时由教育部修正之。

第十八条　本规程自公布日施行。

伪维新政府《政府公报》第72号

职业补习学校暂行规程*

（1939年9月12日）

第一条　职业补习学校为实施补充生产教育之场所，其主要目的如左：

一、对于已从事职业者，补充其现有职业应具之知识技能或增进其他职业之知识技能，并予以公民之训练。

二、县或市应视地方需要设立职业补习学校或职业补习班（以下简称“职业补习学校”），并奖励农工商团体及私人设立之。

前项职业补习学校，各级学校均得附设之。

第三条　职业补习学校之设立，应将设科、修业期限、设备经费等详细计划及其理由，如由县或市直接办理者，呈请该管上级教育行政机关核准备案，如由县或市所辖农工商团体及私人办理者，呈请该管教育行政机关备案。

第四条　职业补习学校如有变更及停办，应呈报主管教育行政机关备案。

第五条　职业补习学校每学期或每学科结束时，应将教职员一览表、学生名册、学业成绩、经费收支、实施概况呈请主管教育行政机关备案。

第六条　职业补习学校入学资格，须曾受相当识字教育，年在十二岁以上者。

---

* 由伪维新政府教育部公布。

第七条　职业补习学校修业期限由学校依照地方情形及职业性质订定，呈请主管教育行政机关核准。

第八条　职业补习学校之编制如左：

一、学期制以学期为单位，以修完若干学期为终了。

前款学期之起讫不受一般学期起讫之限制。

二、学科制以学科为单位，以修完某某学科为终了。

第九条　职业补习学校之种类如左：

一、关于农业及农艺者，如改良种子、病虫害、制种、养蜂、养鸡、畜牧、园艺、普通农作等；

二、关于工业及工艺者，如电镀、汽车驾驶、汽车修理、印刷、制图、摄影、印花、染织、编织、制革等；

三、关于商业者，如打字、速记、簿记、汇兑、保险、广告、图案等；

四、关于家事者，如烹饪、造花、刺绣、缝纫、看护、保姆、理发、佣工等；

五、关于其他职业者，视地方需要情形定之。

第十条　职业补习学校除每日每星期指定日间或夜间一部分时间授课外，得于任何季节寒暑假期、业余时间或其他特定时间办理之，但均须呈报主管教育行政机关备案。

第十一条　职业补习学校之设科及每周授课时数与时间，由学校依照地方情形及职业性质订定，呈请主管教育行政机关核准。

前项之授课时数及时间，对于已从事职业者，以不妨碍其现有职业之工作为原则。

第十二条　职业补习学校之学科分普通与职业两种，普通学科以公民、体育为必修科，职业学科包含职业知识技能与职业事务。

前项公民科内容得较普通学校之公民科为广泛。

第十三条　职业补习学校之职业学科及实习至少应占全数百分之七十，普通学科至多只能占全数百分之三十。

第十四条　职业补习学校之课程设备及经费标准应参照地方情形订定之。

第十五条　职业补习学校于必要时，得随时招收新生。

第十六条　职业补习学校学生修业期满或修完应习科目时，经学校考试及格者，由校给予学业成绩证明书，学业成绩由考试成绩与平时成绩合并计算，平时成绩占三分之二，考试成绩占三分之一。

前项学业成绩计算书应注明修业时期及职业学科。

第十七条　职业补习学校为公立者，不收学费；为私立者，得经主管教育行政机关之核准，酌量征收之。

第十八条　私人办理之职业补习学校，其成绩优异者，主管教育行政机关得酌予补助。

第十九条　职业补习学校设校长或主任一人综理校务。

第二十条　职业补习学校校长或主任及教员应具有高初级职业学校专科或专门学校毕业后有一年以上之职业经验〖者〗，但教员得以具有专门技能之匠师充之。

普通学科教员资格，得依照中小学校教员资格之规定办理。

第二十一条　职业补习学校校长或主任除前条规定外，凡曾任人民团体职业机关主要职务者，均得充任之。

第二十二条　本规程于必要时由教育部修正之。

第二十三条　本规程自公布日施行。

伪维新政府《政府公报》第74号

各省市推行社会教育办法大纲*

（1939年9月20日）

第一条　各省或特别市应遵维新政府教育宗旨及实施方针推行社会教育。

第二条　各省或特别市推行社会教育，除遵照前条所列或另有订定外，悉依本大纲之规定办理。

第三条　各省或特别市社会教育之设施，由教育行政机关负责办理，并督促进行。

第四条　各省或特别市教育行政机关，应遵照本大纲拟具实施社会教育详细办法，呈报教育部备案。

各县或普通市教育行政机关之实施办法，应呈请省教育厅核准转报教育部备案。

第五条　各省或特别市推行社会教育之目标如左：

一、提高民众智识，使具备现代城市及乡村生活之常识与自治能力；

二、增进民众职业知识能力，以改善家庭经济并增加社会生产力；

三、启发民众自觉思想，实行彻底反共；

四、宣扬固有道德文化，以养成善良之品性习惯；

五、注重国民体育及公共娱乐，以促进其身心之健全；

六、培养社会教育师资，以发展社会教育事业。

第六条　各省或特别市推行社会教育之事项如左：

一、民众学校、民众教育馆等；

二、图书馆、博物馆、阅报社等；

三、公园、电影院、剧场等；

---

* 由伪维新政府教育部公布。

四、公共体育场、国术馆、游泳池等；

五、动物园、植物园等。

第七条　各省或特别市教育行政机关，应按前条规定，参以地方实际情形，统筹计划社会教育之推行，并督促所属分别缓急，次第举办之。

各县或普通市教育行政机关，应按前条规定，参以地方实际情形，择要举办。如因限于经济能力，呈经主管机关核准，转呈教育部备案后，得由县市或两县以上联合筹办之。

第八条　各省或特别市教育行政机关于每届年度终了时，应将社会教育之实施情形，呈报教育部备核。

各县或普通市教育行政机关，应将各该县市社会教育实施情形，分期呈报主管机关审核，于每届年度终了时，汇报教育部备核。

第九条　本大纲自公布之日施行。

伪维新政府《政府公报》第 75 号

更生民众学校规程*

（1939 年 9 月 20 日）

第一条　教育部为推行各省市事变后特殊社会教育，创设更生民众学校，以为实施之中心。

第二条　更生民众学校（以下简称“更生民校”）由省教育厅或特别市教育局管理之，并受所在地主管教育行政机关之指导监督。

第三条　更生民校之设立、变更及停办由省教育厅或特别市教育局决定之。

第四条　更生民校应冠以本特别市某区或本省所在市县名称，并以数字之顺序别之。

第五条　更生民校经费由省教育厅或特别市教育局拨给之，但所属各地有独立收入者，每年至少应筹经费十分之三补充之，嗣后逐年递增十分之一，以期将来完全由地方接办。

第六条　更生民校分设下列班次：

（一）成人班　招收年龄十六岁以上、四十五岁以下之失学民众，以三十五人至五十人为一班，每日上课二小时，于日间或夜间行之，以六个月毕业。

（二）妇女班　妇女满二十五人者得专设妇女班。

（三）高级班或职业补习班　以成人班或妇女班成立一年以上、办理著有成绩者，遇必要时得呈准主管教育行政机关设立，其办法另定之。

---

* 由伪维新政府教育部公布。

第七条　更生民校以办理成人班、妇女班为原则，必要时得附设儿童班，但须注意下列各点：

（一）距离小学或短期小学在三里以外，儿童人数逾四十人以上者。

（二）儿童班教学时间每日授课三小时，以日间行之，并须参照小学或短期小学规程办理。

（三）入学年龄自八岁至十五岁，学额以四十人至六十人为一班。

（四）须加入有关矫正思想之科目。

第八条　更生民校应辅导地方事业之进行，其项目如下：

（一）举行有关发扬固有道德文化之通俗演讲；

（二）参加指导并组织反共团体；

（三）协助编组保甲；

（四）辅导农村合作及农业推广；

（五）倡导农村副业；

（六）举办公共卫生；

（七）提倡正当娱乐；

（八）其他地方改进事项。

第九条　更生民校设校长一人、教师一人，校长任一班，教师任两班，在四班以上者，得酌量增加一人。

校长、教师由省教育厅或特别市教育局任用之。

校长、教师任免及服务规则由省教育厅或特别市教育局斟酌各该省市实际情形订定之，并应呈经教育部核准施行。

第十条　更生民校校长由教育厅、民政厅会呈省政府委为所在地区公所服务员，协助区政之进行，但不支薪给，特别市由教育局、社会局会呈市政府委任之。

第十一条　更生民校成人班、妇女班之教学要点规定如下：

（一）国语（包括公民常识）　宣示维新政府政纲与教育宗旨，揭发赤匪之隐［阴］谋及其罪恶，宣扬中日合作要点，纠正或指导民众之思想言行，更教以固有道德，同时授以普通文、应用文、歌曲等，使之能读书阅报，以增长其知识。

（二）算术　注意日常生活及关于数学之常识及计算能力，并增长其计算敏捷与准确之习惯。

（三）劳作　授以农业常识、家事常识与家庭工艺、农事副业之技能，并指导其组织各种合作社。

（四）体育　注重体格锻炼，以促进个人健康，并养成体育之习惯。

（五）乐歌　注重陶冶优良品性，以养成欣赏音乐艺术、爱好正当娱乐之兴趣，并尽量采择地方有关良好习俗之歌谣。

第十二条　更生民校儿童班、成人班、妇女班授课时数百分比规定如左表：

班级 / 时数 / 课程	儿童班	成人班	妇女班
国语	50%	40%	40%
算术	15%	20%	20%
劳作	15%	20%	20%
体育	15%	15%	15%
乐歌	5%	5%	5%
共计	100%	100%	100%
说明	一、各班授课节数及每节时间视班别班数及科目性质分别规定。 二、表内百分比得酌量实际情形略加更动。 三、体育、劳作得酌量教学情形于日间行之。		

第十三条　更生民校教科书由教育部编辑发给之，但为适应环境及特别需要，得由各该省市教育厅局另编补充教材，并应呈报教育部备案。

第十四条　更生民校不收任何学杂等费，并酌发书籍及课业用品。

第十五条　更生民校校舍应利用公共房屋，如寺庙祠堂等，如无前项场所时，得借用民屋。

第十六条　更生民校得设辅导委员会，由校长聘请地方人士为委员，协助校务之进行。

第十七条　更生民校应废止星期例假及其他放假日，惟得视地方需要（如农忙）与习惯停课若干日，但放假总日数不得超过修业期间六分之一。

第十八条　更生民校于每班成立及结束时，应将学生名册及成绩呈报主管教育行政机关备查，并于每四个月拟具工作计划呈核，按月将工作经过列表报告，年终须编制工作总报告，工作月报表格式由各该省市教育厅局另定之。

第十九条　更生民校校长、教师之进修及奖励等办法，由各该省市教育厅局另定之，并应呈报教育部备案。

第二十条　更生民校经费处理办法另订之。

第二十一条　更生民校规程施行细则由各该省市教育厅局斟酌情形另定之，并应呈报教育部备案。

第二十二条　本规程自公布日施行。

伪维新政府《政府公报》第76号

各省市训练社会教育工作人员办法*

（1939年10月27日）

第一条　教育部为统一各省市训练社会教育工作人员起见，特订定本办法。

第二条　各省市训练社会教育工作人员应特设训练班或养成所。

第三条　训练班或养成所之属于省者，附设于教育厅；属于特别市者，附设于教育局。

第四条　训练班或养成所之修业期限暂定三个月，以二个月为授课期间，一个月为实习期间，但亦得视地方情形酌量变通之。

第五条　训练班或养成所之学期起讫不受一般学校学期起讫之限制。

第六条　训练班或养成所学员之入学资格须具有左列之一者，方得应试：

（一）高级中学毕业或具有同等学力，志愿从事社教工作者；

（二）曾在社教机关服务三年以上者。

第七条　训练班或养成所主管人员及各科讲师，由教育厅或教育局遴选合格人员，呈请省政府或特别市政府核准，分别委任聘请之，并呈报教育部备案。

第八条　训练班或养成所科目分甲乙二种：

甲、必修科目及每周时数：

维新政府政纲	二时	社会教育概论	三时
公民教育	二时	社会教育法规	二时
社会学	三时	国文	四时
日语	三时		

乙、选修科目及每周时数：

心理学（以社会心理、青年心理为主）	三时	东洋思想史	二时
伦理学	三时	体育	二时
公文程式	二时	电影教育	二时
民众戏剧	二时	音乐	二时
美术	二时	图书馆	二时
民众教育馆	三时	青年团	二时
职业指导	二时	补习教育	二时
演讲术	二时	通俗文学	三时

* 由伪维新政府教育部公布。

选修科目各省市得酌量当地情形减少或增加之。

第九条 训练班或养成所每周授课及实习时间共计不得少于三十六小时，实习时应特别注意民众教育馆之实习工作。

第十条 训练班或养成所之经费，除自行筹措外，不足之数得于教育部补助各该省之社教经费项下拨充，但须呈请教育部核准。

第十一条 训练班或养成所之学员一律免收学膳宿及制服费，并得酌给津贴，以资鼓励。

第十二条 训练班或养成所之学员修毕各科科目、实习期满经试验及格者，给予毕业证书。

第十三条 学员毕业后应由各该省市教育厅局分发任用。

第十四条 训练班或养成所之章则、课程以及经费、讲师、学员等，应造具表册，分别呈报教育部备案。

第十五条 本办法如有未尽事宜，由教育部修正之。

第十六条 本办法自公布日施行。

伪维新政府《政府公报》第 79 号

汪伪教育部关于颁发民众教育馆辅导办法的训令

（1943 年 2 月 21 日）

教育部训令 社字第六三七号 三十二年二月二十一日

令

各省市教育厅局

各市政府

查民众教育馆办理地方社会教育，责任綦重，凡工作之进展，设施之状况，自非加以辅导研究，不足以策改善。且自学校兼办社教以后，事业范围益形扩大指导督促，民教馆亦应负相当职责，因此研究改进，更属刻不容缓。本部为促进社教事业，增加工作效能，实行联合研究，共策改善起见，特订定民众教育馆辅导办法。除分令外，合行检发办法一份，令仰该□遵照，并转饬遵照办理。此令。

计发民众教育馆辅导办法一份

部长 李圣五

民众教育馆辅导办法

第一条 教育部为促进社教事业，增加工作效能，实行联合研究，共策改善起见，特订定本办法。

第二条　民众教育馆应以辅导各地社会教育事业之推进为主要任务之一。

第三条　民众教育馆应行辅导之范围如左：

一、省市立民众教育馆应负辅导各该省市内县区民众教育馆及协助省市其他教育机关兼办社教事业之责；

二、县区民众教育馆应负辅导各该县区内民众学校及协助其他教育机关兼办社教事业之责。

第四条　省市立民众教育馆应行辅导之工作规定如左：

一、促进各县区民众教育馆事业之发展；

二、协助各级学校兼办社会教育事业；

三、拟订各县民教馆中心工作实施方案；

四、召开辅导会议；

五、编刊民众读物；

六、利用假期举办研究会或讲习会；

七、接受教育行政机关之委托办理社教人员之进修及训练；

八、接受教育行政机关之委托调查统计县区社教设施状况；

九、办理其他关于本省市社教事业之辅导及改进事项。

第五条　县区民众教育馆应行辅导之工作规定如左：

一、促进各民众学校及职业补习学校之发展；

二、协助各学校兼办社会教育事业；

三、调查统计各民众学校、职业补习学校概况；

四、编拟适合本县区民众学校、职业补习学校之教学纲要；

五、指导各民众学校、职业补习学校组织校友会、同乐会、读书会；

六、召集民众学校、职业补习学校举行研究会；

七、办理其他关于社会教育之辅导及改进事项。

第六条　民众教育馆辅导各教育机关办理社会教育，须以教育行政机关所颁之各项社会教育法令及实施方案为标准。

第七条　民众教育馆对于各该地社会教育设施如有改进意见，得分别函呈教育行政机关采择施行。

第八条　各民众学校、职业补习学校均须接受本区民众教育馆之辅导。

第九条　民众教育馆每年度拟具事业进行计划时，须将辅导计划一并列入，呈报主管教育行政机关核准备案。

第十条　民众教育馆之辅导成绩由主管教育行政机关考核之。

第十一条　民众教育馆关于辅导所需经费在各该馆事业费项下动支。

第十二条　本办法由教育部通令施行。

汪伪《国民政府公报》第 457 号

汪伪教育部关于各级行政教育机关应即增设社教科的训令

（1943 年 9 月 1 日）

教育部训令　社字第二五七六号　三十二年九月一日

令

各省市教育厅局

各普通市政府

查第三次全国教育行政会议社会教育组第一案：“各级教育行政机关凡未设立社会教育专科者应一律设置掌理社教科股案”。当经议决：“原则通过，送教育部斟酌办理”，记录在卷。查各地方教育行政机关，多数均有掌理社教部分之设置，间有新设之地方政府及教育行政机关或未注意及此。兹为切实推行社会教育起见，凡各级教育行政机关未设置掌理社教专科者，应即增设，期收宏效。除分行外，合行检同抄件，令仰该□即便参考办理，并转饬所属一体遵照。此令。

部长　李圣五

各级教育行政机关凡未设社会教育专科者应一律设置掌理社教科股案

理由

查社会教育之能否推进以及推进之后成效如何，恒视教育行政之组织对于社教方面有无专职之设置而定，有专职之设置，推进、督促、指导均有主管其事之人员负责，顾各地方教育行政当局对于社会教育尚多视为附带事业，不加注意，推原其故，各级教育行政机关无掌理社教专科之设置殆为主因之一。兹为切实推行社会教育起见，凡各级教育行政机关未设置掌理社教科股者，应即增设，期收实效。

办法

一、各省市教育厅局应一律设置掌理社会教育之专科。

二、苏北行营及各特区应于主管教育之部分下设置掌理社会教育之专科。

三、各县市教育局应斟酌经费情形，就局内设置专科或指定专员掌管社会教育事务。

四、未设教育局之县市应于县市政府主管教育科之下设置专股，或指定专员掌管社教事务。

以上办法是否有当，敬请公决。

提案人　赵如珩

汪伪《国民政府公报》第 544 号

汪伪教育部关于提高社教工作人员待遇及事业费的训令

（1943年9月7日）

教育部训令　社字二六三〇号　三十二年九月七日

令

各省市教育厅局

各普通市政府

查第三次全国教育行政会议社会教育组第五案："提高社教工作人员待遇并增加事业费案"。当经议决："原则通过，本案事关全部教育经费之增加，应请教育部通令全国各省市增加教育经费，以便统筹办理"，记录在卷。查关于增加教育经费一案，业经本部呈请，行政院通令各省市政府妥慎施行，并奉政字第一五六五号指令："候通令各省市政府斟酌情形办理具报。"等因，在案。迩来物价高涨，迥非昔比，而各地社教经费仍感极微，不仅直接有碍工作效能，抑且影响整个社教事业之发展。兹为安定社教工作人员生活及推进社教事业起见，特根据原提案，订定提高社教工作人员待遇，并增加事业费办法四项：（一）各省市暨苏淮特区主管教育行政机关应从速订社教机关工作人员薪给标准报核；（二）改订社教机关工作人员薪给标准，应以各地生活情形为根据；（三）各社教机关事业费至少应照三十一年度原有经费数增加一倍，如有特殊需要，得再酌量增加；（四）上项所增经费，属于省市立者，应由省市教育厅局负责筹划，属于县市立者，应由县市政府会同主管教育行政机关负责筹划。上项办法，除分行外，合行令仰该□斟酌情形，与增筹教育经费一案统筹并办，并将办理情形随时具报。此令。

部长　李圣五

汪伪《国民政府公报》第544号

汪伪教育部关于抄发各省市县民众教育馆应适应战时体制加强民众精神训练案的训令

（1943年9月13日）

教育部训令　社字第二七〇七号　三十二年九月十三日

令

各省市教育厅局

各普通市政府

案查第三次全国教育行政会议社会教育组第九案："各省市县民众教育馆应适应战时

体制加强民众精神训练工作案”。当经议决：“照修正案通过，送教育部参考”，记录在卷。查原案办法，系调整各民众教育馆原有设施并加强战时民众训练工作，值我国总力参战之际，至属需要。除分行外，合行抄发修正案，令仰该□转饬各民众教育馆遵照办理，并将办理情形，随时具报。此令。

附抄发议案全文（修正案）一件

部长　李圣五

各省市县民众教育馆应适应战时体制加强民众精神训练工作案（修正案）

理由

查各级民众教育馆，设施事业颇繁，欲求各项事业均普遍奏效，实为不可能之事。教部有鉴于此，曾于民国二十九年规定五项中心事业，令饬实施，其余工作则由各馆量力进行。几年来，事业既经规定，设施自有范畴。兹值参战时期，所有教育设施除维持正常发展外，自当适应战时体制，以促进战时民众精神总动员之实践，故一面仍策三项中心事业之进行，一面尽量采取战时设施，尤侧重国民精神训练工作，以期激发战时情绪，而促精神动员之开展。

办法

一、调整原有教育设施者

1. 关于展览演讲及各种临时活动所取题材，均以灌输战时常识为中心。

2. 于民众学校职业补习学校之原有学科外，加重战时常识之灌输。

3. 关于生计教育方面，应以战时农产品与食粮之选种、培植、产销、运输各项常识之灌输与训导为重心。

4. 关于健康教育，应积极训导国民身心之向上与灌输防空、防毒等常识。

二、加强战时民众训练工作者

1. 各级民众教育馆应切实举办战时民众精神训练班，协同地方行政机关，采用保甲组织，分期训练；其科目除精神训话、战时常识等外，实施基本军事训练及与民众职业不相妨碍之劳动服务。

2. 各级民众教育馆应举办战时妇女常识训练，如事实上不能设班训练，当利用流动教学方式，分向施教区内各户巡回训导。

提案人　赵如珩

汪伪《国民政府公报》第551号

二、社会教育概况

汉口市红十字会日语专修学校情形

（1939年5月27日）

汉口红十字会在本市办理各种慈善事业，向著成绩。近该会于社会文化事业，尤为积极提倡，该会现谋新政之建立，东亚和平之实现，乃于该会内设立日语专修学校，聘长于日文日语人士担任教授。兹将该校订立章则，录志于后：一、本校为普及学习日语速成起见，特别便通教授；二、本校系在武汉特别市政府教育①，本校分青年、成人两班；三、教授时间，每日分为两次，上午八时至十时，下午四时至六时，任其选择；四、学费按月缴纳；五、6月1日开学后，不另收插班生；六、三个月修业期满，本校给予修业证书。

《大楚报》，1939年5月27日第三版。

伪上海市教育局为日特务机关设日语速成学校请拨经费呈

（1939年7月17日）

呈为呈复事。七月十一日案奉钧府政字第十八号训令内开：为令行事。案据南汇区区公署呈称：窃准特务机关南汇班中下班长面称：现为适应需要，特别设日语速成学校一所，免费招收学员，业经足额，已于本月十六日开学。校址暂假周浦第七小学校，由高田先生担任教授。惟该校经费总计月需一百元，经已报告上海特务机关，是项经费着按月由区公署向教育局请拨。为特请为转请按月照拨，以资应用等语。查日语学校之设立，事实上确属需要。至所请按月拨给经费一百元，既经上海特务机关核准，应请钧府令饬按月照拨，以便具领转给。除呈报教育局外，理合备文呈请，仰祈鉴核施行。再，中下班长已向职署预支一百元用作该校开支，候领到经费时即行归还，合并陈明。等情。据此，合行令仰该局即便遵照，查明办理具复凭夺。等因。奉此。遵查此案前据南汇区区公署呈请到局，当经指令该署迅将该校名称具报候核在案。惟迄今尚未据报前来，除再转令该区公署

① 原档如此。

迅将该校名称具报以凭核办外，理合具文呈复，仰祈鉴核。

谨呈

市长傅

上海特别市教育局局长 陈修夫（局长印）

中华民国二十八年七月十七日

上海市档案馆编：《日本帝国主义侵略上海罪行史料汇编》，上海人民出版社，1997 年。

南京市立民众教育馆成立纪念册

（1939 年 10 月 10 日）

报 告

南京市立民众教育馆筹备经过

本馆于本年三月十六日奉南京特别市政府令饬筹备，历时半载，始告完成。虽因馆舍波折，致尔进行滞缓，但春江及同人等，才力轻弱，擘画未周，亦难辞其咎责，有忝厥职，惭惧曷胜。兹当成立之始，爰将筹备经过缕述于次，用备查考。

一、关于行政组织

查本馆职员名额，经市府规定，计馆主任一员、指导员二人、演讲员一人、助理员一人、事务兼书记一人，每月经常费数计七百四十六元。故本馆组织一方面固应力求严密完整，一方面亦须顾及人力物力，使馆务推进，事业设施并行不悖，方称允当。爰于筹备之初，通盘筹划，暂行设置总务、施业二组，各以指导员一人任其责。总务组下，分置文事、事务、卫生三股；施业组下，分置图书、陈列、教育、娱乐、研究五股。由馆主任、指导员及演讲员等分司其事。另设馆务及临时两会议，由主任于定期或必要时分别召集举行。当经拟订组织大纲及办事细则，于五月间呈准市府公布施行。又本馆所属职员，在筹备期间，除遵照市府规定员额及应支俸薪数目，分别遴员充任外，其职名则一律以筹备员名义聘用。现届筹备完成，业为呈请更正，俾符名实。

二、关于人事更调

查本馆筹备主任一职，初由市府委任朱镜佛氏充任。嗣于五月初旬，朱主任奉令调充市府教育局第三科民众教育股主任科员，所遗本馆筹备主任职务，请准派由春江代理。时春江方任本馆筹备员，掌理总务，迨奉令代理筹备主任，势难兼顾，遗职遂另遴员接充，迄今别无更动。

三、关于馆址变迁

查本馆馆舍原于筹备之始，经市府教育局勘定朝天宫孔庙房屋十间，令饬修缮应用。惟以尔时孔庙全部屋宇正在建修工程之中，东庑房屋尚为包工处占用，未能让出，故经先就西庑第一短期小学借用余屋一间，组设筹备处开始办公。一面先行计划修整方法，估计工料价值，开单呈核；一面与监修文庙工程人员面洽，请饬包工处腾让备用。嗣因迁延多日，未获照办，遂复将经过情形呈报教育局，请转催文庙监修委员会早日拨交，俾便修用。乃迄至六月下旬，逾时三月，文庙建修工程虽已全部告竣，而东庑房屋仍因他种关系，一时不能接收应用。春江审度情势，以为长此迁延，不第妨碍筹备工作未克顺利进行，抑且影响民教事业无法次第实施，又朝天宫地势偏西，民教馆设立该处，民众游览既感不便，教化普及，亦难收功。爰经详加考虑，认为非另行勘定适当馆址，实不足以利设施而资推进。因多方寻觅，查得建康路前市党部旧址，现杨子华工总工会第一夫役配给所内，尚有房屋多间，未经使用。当于七月初旬，呈准市府派员商得杨子华工总工会同意，将余屋二十五间，拨给本馆应用。关于修缮事宜，复蒙市府发交购置委员会招工承办，于八月中旬开始动工，迨至月末，一部分房屋修缮竣事，本馆即先行迁入办公，并开始布置环境。嗣全部工程于九月中旬告竣，遂积极布置一切，以底于成。

四、关于经费支配

查市府规定本馆开办费总额为九百四十元，计修缮费占百分之十七，设备费占百分之三十二弱，购置费占百分之四十二强，杂支占百分之八强。惟修缮费一项，计一百六十元，因原拨朝天宫馆舍不能接收修理，未曾动支。嗣勘定建康路馆址，房舍颓败过甚，修缮需费较巨，经请准增拨四百四十元，连前共为六百元，由市府购置委员会承办支销。又每月经常费总额为七百四十六元，计薪工占百分之三十六弱，办公费占百分之十，设备费占百分之十六，事业费占百分之三十二强，特别费占百分之五强。惟事业费一项，初因筹备期间，事业未能举办，故未动支，仍逐月解缴市库。嗣于七月间，以开办费及经常费两预算内列设备费额，均属无多。致关于仪器、标本、模型等，未能充分置办，不免设备简陋，减低民教功能，请准在本馆未筹备完成之前，移充设备之用。再特别费一项，除七至十一月份节经请准分别支作装裱图表、迁移馆址及装置电灯、整理环境之用外，其他各月份均未动支，解缴市库。

五、关于设备概要

查本馆对于设备，虽因经费支绌，未能充分购置，但为恢宏社教，俾餍民众需要计，除分函各机关学校及社会知名人士广事征集外，复多方搜求，以少数价值向旧货肆中购得标本、模型各十余件，加以修整考定，备资陈列。综计本馆现有之设备，计分标本、模型、图书、音乐、运动、单元、娱乐、文化八项。关于标本，则有剥制标本六十余件，浸制标本百余件（内有多数系由教局拨发本馆陈列者）。关于模型，则有物理器械六十一件，化学用品十五件。关于图书，则有书籍二百余种，共一千四百二十七册；字画及彩印照片表册，共十余种，三百二十三幅。关于音乐，则有西乐三种，中乐二十四种。其余则属于运动者，有二种；单元者，有二种；娱乐者，有八种；文化者，有三十余种。而书籍中之四库备要及各种辞典，皆完好齐备。在此劫后之京市，获此既属不易。文化中之日本盔甲，为高市长东渡时东京市长赠送之珍品，蒙发交陈列，则尤为名贵难购者也。

六、关于环境设计

查本馆馆舍，原经杨子华工总工会拨让者共为二十五间，因顾念市库支绌，关于修缮费用，未敢多事呈请，故仅就急需修理应用者，估价请款，先行兴修，计得房屋十四间，除办公占用一部外，其余七间辟作礼堂、乒乓室（附陈列室）、阅览室、阅报室、弈棋室、社会服务室、民众休息室各一。各室位置颇富曲折，再将原有花木略加整理，虽无胜境，然亦足以引起民众美感。至教学室、娱乐室、美术室及民众运动场，均属必要设备，现以经费不充，未能布置，拟于开放后，即行请款修理余屋，陆续添辟，务使环境力趋优美，内容益增充实。

七、关于事业设施

查本馆虽在筹备期间，但对于事业设施，亦未敢稍事怠忽，其堪以陈述者，计有四端：（一）四月初旬，遵奉教部令饬，制备民众教育标语牌大小共计一千五百块，分悬茶馆、酒肆、通衢大道间，以资警醒民众；同时并遵照部颁制作民众标语应行注意事项规定，择拟标语用辞，都凡六十五则，呈由市教育局转部备案。（二）六月中旬，于市内各繁华区域树立民众教育牌十块，除逐日张贴报纸外，并按期揭布市教育局印行之民众教育画报，及本馆有关民众文字消息，俾供众览，而广宣传；嗣该项张贴报纸复承南京新报社慨允免费供给，热心民教，实堪欣感。（三）七月中旬，市府卫生局在朝天宫孔庙举行卫生展览会，本馆以唤醒民众注意卫生，亦属当务之急，故于同时散发夏令卫生告民众书，张贴关于卫生标语，并派员四出演讲，以资辅助。（四）最近因馆舍修理竣事，为便利民众阅览计，特将阅报室于本月一日先行布置开放，来馆阅览者甚为踊跃，平均每日约有三四十人。

八、关于推进计划

查本馆因现有组织设备限于人力物力，仅属略具规模，未足以餍社会需要，而事业推进亦须先事拟定方案，始克循序渐进，按日程功。爰于八月间拟具初步施业计划，呈经市府核准，以便成立后逐步实施。

综上所述八端，本馆筹备工作略尽于此。春江及同人等闭户造车，既深虑未能合辙，而民众事业之繁巨亦时有绠短汲深之惧。兹际成立，爰布涯略，尚祈邦人君子，进而教之，实所深幸。

章　　则

南京市立民众教育馆组织大纲

民国二十八年五月二十日核准

第一条　本馆隶属于南京特别市政府，定名为“南京市立民众教育馆”。

第二条　本馆以就民众实际生活施以补充教育，使获得多方面之健全发展，并倡行我国固有道德，以改善社会风化习俗为宗旨。

第三条　本馆暂设左列二组：

一、总务组　凡馆务之设施推进、文书之选拟保管、预决算之支配、编制员役之考核进退及不属于施业组等事项属之。

二、施业组　凡环境之设计布置、图书之采选编制、学术之研究实验、工艺之教学指导及演讲、音乐等会之筹备举行等事项属之。

第四条　本馆设主任一人，由南京特别市市长委任之。

第五条　本馆暂设指导员二人、演讲员一人、助理员一人、事务兼书记一人，由主任聘任之，并呈报市政府备案，但将来馆务发展时，得由主任视事务之繁简，酌定添置人员额数，呈请市政府核准聘用之。

第六条　本馆因推进馆务及应社会之需要，得设立各种委员会，其规则另订之。

第七条　本馆职员办事细则另订之。

第八条　本馆各室民众游览规约另订之。

第九条　本大纲如有未尽事宜，得随时呈请市政府核准修正之。

第十条　本大纲自呈奉核准公布之日施行。

南京市立民众教育馆组织系统图（略）

南京市立民众教育馆职员办事细则

第一章　总　　则

第一条　本细则依据南京市立民众教育馆组织大纲第七条订定之。

第二条　本馆各职员处理一切事务，除法令别有规定外，悉依本细则办理。

第二章　职　　掌

第三条　本馆各职员之职掌如左：

一、主任一人，综理全馆事务。

二、指导员二人，秉承主任分掌总务及施业各组事务。

三、演讲员一人，秉承主任及指导员担任讲演宣传及教学等事务。

四、助理员及事务兼书记各一人，受主任之命暨指导员之指挥，办理收发、缮写及一切杂务。

第四条　本馆各职员对于所掌事务，除应遵照前条规定负责悉心处理外，遇有互相关联或急需办理者，亦应协力襄助，以利进行。

第五条　总务组应行掌理事项如左：

一、关于馆务之设施推进及对外交际接洽等事项；

二、关于文书之拟办、缮印、收发，案卷之整理、保管及统计图表之汇编、绘制等事项；

三、关于经费之出纳、预决算之编造及物品之采购保管等事项；

四、关于馆务会议之召集及记录等事项；

五、关于职员勤惰之考核及工役进退等事项；

六、关于馆舍之清洁卫生及警备等事项；

七、其他不属于施业组掌管之各事项。

第六条 施业组应行掌理事项如左：

一、关于馆内环境及单元问题之设计布置等事项；

二、关于图书之征集、绘制、编目及典藏等事项；

三、关于标本、模型、仪器之考订、说明及陈列保管等事项；

四、关于学术之研究实验及工艺之教学指导等事项；

五、关于倡行固有道德、改善社会习俗等事项；

六、关于馆务之宣传推广及演讲、音乐等会之筹备举行等事项；

七、关于游览者问题之答复及随时指导等事项；

八、其他与本组职掌有关之各事项。

第三章 会 议

第七条 本馆谋馆务之推进，应举行下列各种会议：

一、馆务会议于每学期开始时举行，由主任召集之。

二、临时会议于必要时举行，由主管职员提请主任召集之。

第四章 通 则

第八条 本馆办公时间依照南京市各文化机关之规定，订为每日上午八时起至十二时止，下午二时起至五时止，但依气候寒暖得随时变更之。

第九条 本馆各职员均须按照规定时间到馆办公，每日到馆时并应先至办公室签到。

第十条 本馆各职员如因疾病或婚丧事故请假时，须用书面呈经主任许可。

第十一条 本馆为便于民众游览起见，于每星期一及纪念之次日停止办公，其星期日及纪念日照常工作。

第十二条 本馆各职员应将逐日经办事项填报主任，以凭考核。

第五章 附 则

第十三条 本细则如有未尽事宜，得随时修正并呈报市政府备案。

第十四条 本细则自呈奉核准公布之日施行。

南京市立民众教育馆参观规则

一、本馆所备之各种标本、模型、器械及书籍、杂志、报章统限在馆内观览，不得携出。

二、参观人在参观簿上签名并领得参观证后，始可赴各室观览，惟不得携带私有物入室。

三、参观人于参观时须注意左列各事项：

甲　须遵守秩序，不得争先恐后；

乙　须保持肃静，不得喧声哗笑；

丙　须预防火患，不得燃吸烟卷；

丁　须注重卫生，不得随地吐痰；

戊　须爱护公物，不得自由摸弄。

己　须依照章则，不得借故留难。

四、参观人有不遵行上列规则者，本馆得随时加以制止。

五、参观人如毁坏公物，须按照时价赔偿。

六、本馆因应民众之需要星期日照常开放，改星期一为休假日，其他例假亦退后一日补放。

七、参观时间除例假外，每日上午九时至十二时，下午二时至四时半，但冬夏雨季得酌量变更之。

八、参观起讫时间以铃为号，非在参观时间，参观人不得逗留馆内。

九、本规则如有未尽事宜，随时修正并呈报。

十、本规则自呈奉市政府核准之日施行。

南京市立民众教育馆阅览规则

一、阅览室所备各种刊物（杂志、报章均在内）统限在室内阅览，不得携出。

二、阅览人须将参观证交付阅览室管理人换取阅览券。然后，检查目录卡或目录簿，依券将所欲阅之书名等填明，交付管理人换取刊物。

三、杂志、报章陈列架上，阅览人可自由取阅，但不得拆开，阅后并须归置原处。

四、阅览人在阅览时，须注意左列各事项：

甲、宜保持肃静，不得高声朗读或喁语交谈；

乙、宜注意卫生，不得燃吸烟卷或随地吐痰；

丙、不得携带私有物入室；

丁、不得污损刊物；

戊、不得剪裁刊物；

巳、不得在刊物上圈点评注；

庚、不得在刊物上蘸唾折角；

辛、阅览未毕因事外出耽搁片刻时，须先征得管理人同意；

壬、阅览完毕时，须将刊物交还管理人换回参观证，以凭退出。

五、阅览人有不遵行上列规则者，管理人得随时加以制止。

六、阅览人因不遵行上列规则致将刊物污损、剪裁、遗失、毁坏者，应即按照原刊物全部时价赔偿。

七、阅览人如欲抄誊刊物，须经管理人之许可，并须自备纸笔。

八、阅览时间除例假外，每日上午九时至十二时，下午二时至四时半，但冬夏雨季得酌量变更之，非阅览时间，阅览人不得逗留室内。

九、本规则如有未尽事宜，得随时修正并呈报市政府备案。

十、本规则自呈奉市政府核准之日施行。

南京市立民众教育馆社会服务处规则（草案）

一、本馆为便利民众起见，特设立社会服务处，先行办理问字问事及代笔等项事务。

二、凡属本市民众，均可来处问字问事及委托代笔，惟须先行来处登记。

三、服务范围暂行规定如次：

甲、问字

1. 问字以普通应用者为限。

乙、问事

1. 国内外时事新闻；

2. 关于公民科学卫生等必要的常识；

3. 旅行须知；

4. 本馆设施状况；

5. 其他关于民众生活问题。

丙、代笔

1. 代写书信；

2. 代写契约；

3. 代写对联；

4. 代写其他简易文件。

四、本处解答及代笔方法分为三种：

甲、随时答办——问题或事项易于解决者。

乙、隔日答办——问题或事项含有研究性质者。

丙、通函答办——问题或事项须经研究而答办须详明者。

五、本处服务之时间规定于后：

甲、代笔时间——每日上午九时至十二时。

乙、解答时间——每日下午二时至四时半。

六、凡来处问字或问事者，须态度诚恳、问题正当，否则拒绝答办。

七、民众因事故不能亲自来馆问字问事或委托代笔者，通函亦可。

八、民众请求代笔时，除笔墨由处备具外，余如纸张、契约等用品均须自备。

九、答办事项以登记先后为序。

十、本规则如有未尽之处，得随时修正之。

十一、本规则经呈准市府备案后施行。

计　划

南京市立民众教育馆初步施业计划（本年八月间拟具）

窃查教育为国家根本事业，际此行政更新之时，学校教育固应推行，而社会教育尤关切要，俾一般失教无知之民众，明了时事之趋向，共负建设新中国之巨任。我市政当局有见及此，为实施此项社会教育起见，爰有设立民众教育馆之举。本馆自三月间，奉令筹备以来，已历数月。现虽雏形略具，惟因馆址关系，至不能即时成立，而应办之活动事业亦势难进展，但事先筹划，实不可少。春江仅参照现有环境暨民众需要，拟具初步施业计划，以作施业之准绳，是否有当，伏候钧裁。

甲、馆务计划

一、馆务之分配

依照本馆组织大纲之规定，暂设总务、施业两组；但为办事便利计，拟在总务组下，设文书、事务、统计、卫生四股，施业组下，设图书、科学、教导、研究、推广五股，分担全馆事宜。惟因施业组包括事业过于繁重，拟于将来经费扩充时，将教导股改为教导组，将施业组应办之教导事宜，划归办理，如此或于馆务推进上有所裨益也。

二、各室之设立

依照本馆现有之房屋，除例应设置之礼堂、办公室、应接室、传达室、职工寝室及膳室外，拟加辟民众阅报室、社会服务室、图书阅览室、文化室、科学室、医药室、演讲室、标本制作室、民众休息室各一所，教育室二所，娱乐室三所，分别施行各种拟办之事业，并拟添辟民众运动场一处，以锻炼民众身体，及雏形动植物园各一处，以供民众之欣赏，增加民众动植物知识。

三、拟加添之设备

条本馆现有之设备，为经费所限，不特数量有限，且偏重于科学标本、模型、器械方面，如艺术品、卫生品、工艺品以及医药器械、化学用品、图书等，均应次第添置。拟于本年度陆续分别按比例购置，市府若能一次拨给二千元，及增加经费中设备预算，则可早行购备，以供众览。兹将拟购之设备开列于后。（单长从略）

乙、事业计划

本馆筹办伊始，限于人力财力，所有应行办理事业，难于同时并行，当依民众之需要，分别缓急，陆续筹设，俾应办事业得已逐渐完成。兹将初步拟办之民众教育事业计划分列于后。

一、关于语文教育者：拟设立民众教育班三班，社会服务处、民众阅报处各一处，及树立民众教育牌二三十块，以为推广民众之基础。

（子）成人高级班　本班学额暂定五十名，只收男子，修业期为半年。课程除教授公民、国语（附常识）、算术等课外，并授日文及简易工商业常识。

（丑）成人初级班　本班学额暂定五十名，分期开班，专收男子。每期修业期间为四个月，课程除教授公民、国语（附常识）、算术等课外，并教授日文。

（寅）妇女班　本班学额暂定五十名，专收成年失学妇女，分期开班。每期修业期间为四个月，课程除教授公民、国语（附常识）、算术、家事等课外，并教授园艺常识。

（卯）社会服务处　先行就馆内暂设一处，由职员一人专司其事，办理民众问字、问事及代笔事宜。

（辰）民众阅报处　本处暂在馆内设立一处，由一职字之工役管理，备置本外埠各种报纸若干份，以供民众阅览。

（巳）民众教育牌　拟分期于市内要冲，树立民众教育牌二三十块，分别粘贴报纸、民众画报及本馆宣传品或教育品。至所需之报纸，由各报馆赠送，仅由本馆在事业费内，动支十元以内之浆糊费。

二、关于道德教育者：拟举行固定及临时演讲，同时并悬挂标语牌，以期民众德行之增进，其办法如下。

（子）固定通俗演讲　每星期日在馆内举行一次，题材以先圣道德言行、现行政纲以及科学常识等为标准。至演讲人员，则由本馆演讲员及职员，或函请名人专家分别担任之。

（丑）临时通俗演讲　由本馆演讲员或职员选择适当场所，举行言词或化装演讲，其题材与上同。

（寅）绘制图画及标语　由本馆选择有关于民众人格修养之先圣格言、谚词俚语，及有关民教之图画等，绘制美观标语图画或标语牌，分别悬挂张贴油漆于街道通衢、茶楼酒馆及娱乐场所间，以期于民众德育及知识有裨益焉。

三、关于生计教育者：拟设立职业训练班，其办法如下。

（子）职业训练班　由本馆聘请富有研究之技师五人分别教以藤工、竹工、化学工艺、纺织、缝纫等技能，俾使一般无业民众学得技能，解决生活。除缝纫科招收女生外，余均专收男子，修业期限及课程标准，视环境之需要决定之。

四、关于健康教育者：拟设立医药室及民众运动场各一所，其办法列后。

（子）医药室　拟由本馆商请卫生局设立诊疗所一所，专为民众医治病苦。

（丑）民众运动场　由本馆设置各种运动器械，俾供民众自由运动，并聘请指导员指导之。拟于适当时期举行运动或球类比赛（如乒乓、网球、国术等项比赛），其奖品由本馆备置。

五、关于推广教育者：拟设立民众茶社一所，其办法由本馆自办或招商承办，其应行设备之图书报章等，由本馆供给。

六、关于休闲教育者：拟于本馆辟娱乐室三所，一为音乐室、一为弈棋室、一为戏剧室，并由本馆聘指导员各一人，分别指导之。

丙、人事计划

综合上列事业，实为民众教育馆最低设备及事业之标准，似不可缺。惟以本馆现有职工额数应付此种环境，颇感不敷支配。拟于开始实施时，添聘绘图、文书、指导员各一人，办理应办事宜，及负各室看管之责，同时并拟添雇工役二人。除将来运动、娱乐、民教、职教之指导员，拟在事业项下开支车马费外，并请准予增加相当经费，以资挹注。

论述（略）

南京市立民众教育馆编：《南京市立民众教育馆成立纪念册》，
南京中文仿宋印书馆，1939 年 10 月 10 日。

国民党中统局关于厦门普设日语讲习所电

（1940 年 1 月）

连城 2 日电：厦市沦陷后，敌即积极实施奴化教育，普设日语讲习所，一年之间竟成立 30 所，兹将该所附设之地址及学员与主持人列表如下。

附设处所	主持人	学员人数
厦市伪维持会	李思贤	85 人
第一小学	黄祯明	60 人
第二小学	李仁思	50 余人
第三小学	吴松煜	20 余人
江头	刘永朝	60 余人
东户	王仲捷	50 人
旭瀛书院	庄司德太郎	250 余人
福民学校	林冬桂	20 人
大同	何大阵	50 余人
天主教会	儿玉胜重	60 人
大乘佛教青年会	神田惠云	30 余人
大乘佛教青年会之第二	神田惠需	20 余人
大乘佛教青年会之第三	岩崎闻号	60 余人
厦港	郑目守	60 余人

乌目埔	李　恭	60 人
庵兜社	林艳昆	60 人
莲松社	江　坤	66 人
湖边社	萧石太	47 人
前浦社	曾启东	55 人
何厝社	陈启心	34 人
高崎	林　心	100 余人
殿前社	苏克让	90 余人
官都社	陈天送	100 余人
梧村社	陈天送	90 人
田头社	谈来发	60 人
露边社	刘同明	50 人
鹭江青年会	陈柏春	30 余人
侯卿社	萧振东	30 人
墩上社	陈存义	46 人
钟宅社	黄季通	63 人

备注：查学员概系敌饬伪警按户强迫入学，其自动学习者实十无一焉。

国民党中央执行委员会调查统计局

中国第二历史档案馆藏“国民政府社会部档案”

伪南京市教育局呈送各级学校社教机关实施思想善导办法

（1940 年 10 月 12 日）

窃以国府还都，甫经半载，流亡民众，相率咸归，社会繁荣，与日俱进。惟本市民众过去纵听虚伪宣传，而青年学子又受偏激教育之熏陶，其谬误思想言行，自应立予矫正，俾便共同担当和平反共建国之重责。倘令因循沿袭，匪特影响国家社会之进展与繁荣，抑且中日和平合作之真谛，亦难期其实现。本局为适应环境需要，矫正市立各级学校及社教机关教职员、学生及市民思想，并宣扬和平反共建国国策起见，爰经拟订南京市各级学校社教机关实施思想善导办法一种，业已呈奉南京市政府核准公布在案。除分别令饬所属一体切实遵行外，理合检讨前项办法一份，具文呈请钧部仰祈鉴核赐予备案，实为公便。

谨呈

教育部部长赵

附呈南京市各级学校社教机关实施思想善导办法一份

南京市政府教育局局长　徐公美

中华民国二十九年十月十二日

南京市立各级学校社教机关实施思想善导办法

一、南京市政府教育局为适应环境需要，矫正市立各级学校及社教机关教职员、学生及市民思想，并宣扬和平反共建国国策起见，订定本办法。

二、思想善导目标依照下列各项规定行之：

1. 使市民了解中日两国彻底提携合作的信念；

2. 使市民咸能遵守纪律、拥护领袖，以达到和平反共建国之目的；

3. 使市民明白汪主席主张实施宪政之目的在谋民主政治之实现；

4. 使市民认识共产党罪恶及第三国际对我之阴谋；

5. 使市民尊重我国固有道德文化，务使咸具简单、朴素、刻苦耐劳、重实践、有礼貌之良好习惯；

6. 使市民都有克服环境、忍受困难的精神。

三、前项思想善导目标得分期实施之。

四、思想善导实施机关以市立各级学校及社教机关为推行之主体。

五、思想善导之推行，由南京市政府教育局每月召集市立各级学校校长及社教机关负责人员举行会议一次，讨论实施方法，交由各该机关执行之。

六、思想善导会议以教育局局长为当然主席。

七、市立各级学校暨社教机关负责人员应随时审察校内或馆内全体教职员、学生之思想，并召集思想善导会议，每月举行两次，于会议完毕后呈报教育局审核。

八、市立各级学校教职员应利用集会或上课时间实施思想善导或个别谈话。

九、市立社教机关全体职员应利用施教机会或宣传工具实施思想善导。

十、中等学校学生亦应分别编组为家庭思想善导活动中心，并由级任教员于每周末考查之。

高级小学由级任教员择其年龄较长、思想纯正之学生，分别编成之。

民众学校除由校长或教员在授课时间内随时实施思想善导外，并于入学一个月后选择学业较优之学生，分别编成之。

十一、前项学生之组织编队或编组，统由级任教员负责指导之，务于每周考查终了后，即行授以善导活动方法。

十二、本办法如有未尽善处，得随时提出修改之。

十三、本办法经呈奉南京市政府核准教育部备案后，公布施行。

中国第二历史档案馆藏“汪伪教育部档案”

伪江苏省省县立社会教育机关主管人员联席会议报告

（1940年10月25日）

江苏省省县立社会教育机关主管人员联席会议报告（节选）

四、会议记录

（一）开会式　上午九时

1. 行礼如仪

2. 报告

主席致开幕词

江苏全省省县立社教机关主管人员联席会议，经极短时期的筹备，得于今日开幕。各社教机关主管人员，不论远近，全体出席，荷蒙省政府高主席、教育部赵司长、友邦特务机关长以及各位来宾莅临指导，本人于十分感谢十分快慰之中，谨就个人对于社教的感想及举行本会议的意义，作一简单的说明。

教育是立国之本，我们现在从事于和平反共建国的工作。要完成这重大使命，必须从教育入手，这是尽人皆知，无待赘述。但是教育的对象可分为儿童、青年、成人三种，对于儿童方面施教者，为小学教育；对于青年方面施教者，为中等教育及高等教育。这两种俱可归纳为学校教育，是比较有长久的研究和具体的办法容易办理而容易见效，独是对于成人方面的社会教育，办理最不易，而成效最难见，但其重要性，确不亚于学校教育。因为我国民众有四万万人以上，文盲约占百分之八十，失学的成人虽无精确的统计，其数字实属惊人，必多于儿童及青年数倍；并且成人系组成社会的中坚分子，他们担负着国家各项事业，如果以最大多数的中坚分子而缺乏相当教育，则知识愚鲁，意志薄弱，影影［响］所及，使国家趋向于衰落末路。我国兴办教育已数十年，最初就只知注重学校教育，而不兼顾到社会教育，致使民智未能发达，国际地位日低。最近十余年来，社会教育渐次推动，质量两方，均有相当的成绩。但经此次事变，摧毁殆尽，现在我们要复兴国家，感觉到社会教育的推进，再要比各级学校教育为迫切。因为关于儿童及青年的学校教育是狭义的，是少数的，因【受】此项教育的人，有资格的限制，有年龄的规定；至关于成人的社会教育是广义的，是普遍的，受此项教育的人，无指定的范围，凡属国家民族，人人有接受社教的机会，尤其在当前统一民众和平思想、灌输民众和平意识、指导民众建国活动、提高民众建国能力的时候，我们必须赶紧计划适宜切要的社会教育。

江苏省过去的社教事业已具相当规模，但是目前经济基础艰窘，人才缺乏，我们将如何使过去的事业逐渐恢复起来，如何使新定的计划逐渐兴办起来，如何运用最少的经济而收获最大的效果，如何增进办事的效率，而推动事业的实施，如何使民众发生兴趣而乐于受教？如何使社教趋重实际，而迅收功效？又各项事业兴办的先后顺秩和工作的中心目标，如何详细规划，俾有一定的准则和步骤？凡此种种，我想都是当前重要的问题，也是各位社教机关主管人员常常考虑所及，亦即是本会所需共同研究和讨论的问题。

至于省方目前已成立的社教机关，有苏州图书馆、无锡民教馆、苏州公共体育场等，加以各县民教馆、图书馆、体育场、公园等各机关在事变以后的环境下，亦可谓粗具规模，各主管人员平时各在一地，不易得到团聚一堂、互相交换意见的机会，今日希望到会诸君，尽量发表高论，提供大家商讨。至于各方交议的提案，共有六十余种，务希诸君知无不言，言无不尽，使大会议得着有效的结果，以便适应实际需要的设施，方不负举行本会议的意义！

赵司长训词

大意谓：本人现在教部担任社教职务，极愿有此聚集全省社教机关主管人员于一堂的机会与各位谈谈，借以明了各地社教实际情形。社教事业范围广泛，在各种设施中间，统有民众语文、生计、健康、公民，等等，实质又其对象为各各不同之民众，如成人、青年、儿童、职工、农人、妇女，等等。社教设施方法方面，民教馆有民教馆的设施，图书馆有图书馆的办法，公园、公共体育场、娱乐场所各有设施社教之实际，所以情形复杂。第一希望有中心工作，不可因种种困难而减少兴趣，因为社教工作本属不易，而在现实环境之下办理社教，困难更多，各位献身社教，具有热诚，实际工作决不因困难而减少兴趣，殊可欣慰。惟尚有一言，社教事业之改进，亦不可缓，关于整个改进计划，亦盼多多贡献云。

高主席（崔秘书代表）训词

大意谓：社会教育范围极广，责任极重。事变以前，我国社教渐至发展时期，因为中央重视，地方协力，和实际工作人员亦能努力从事，所以有相当进展。自事变后，各地情形特殊，又限于经费，一切学校教育规复为难，社会教育更不易办，但是社会教育之设施，在目前更属亟要，民众度劫后生活，自然万分艰苦，应如何使民众得有生计畅达，使社会安宁，一致从新建设，自非加上教育力量，不足引导民众。再民众思想方面，凭其智识之低浅，或仅顾目前生计，无所不为，亦应如何施以教育，纳之正轨。以上两点均属现在社教设施上之重大问题，非切实工作不能收效，今诸位代表对于办理社会教育均富有经验，很希望抱定和平建国精神，努力推进，以期早收实效。

机关长致辞

大意谓：教育事业，为立国之基础，须按照人民情形决定方针。教育事业大别分为学校教育与社会教育两种，而两种教育之中，学校教育仅占少数部分，最大部分厥为社会教育，故感觉着极为重要。社会教育大要分为：（1）青年教育，（2）成人教育，（3）职业教育。范围既广，责任重大，而其中以青年教育尤为重要，盖一国之建设，完全建设在青年身上，关系国家至重且巨。回忆二十年前，意大利几有不能立国之状态，自经首相墨索里尼惨淡经营，竟达到复兴之目的。当时墨索里尼首相曾对全国民众宣言，决定十八年后，复兴方策实行改进教育，规定学童自四岁至十一岁，为幼年教育；十八岁至二十岁，为军事预备教育；二十岁至二十二岁入军队实习。由此而知，青年学生须受过十八年的教育，方能到社会上服务。很希望以和平反共建国的精神去教育青年，以期早日达到全面和平，而实现东亚和平。我们只要尽力扑灭共产党，想全面和平，自必易于实现云。

（二）提案（略）

（三）大会决议案

甲、行政类

1. 社教机关职员应任用技术人才案。

决议：原案文字修正为“社教机关职员应任用曾受专业训练及技术人才案”。

办法：呈厅通令各社教机关切实遵办。

2. 由会呈请教厅转咨民厅令饬各县行警机关协助办理民教事业案。

决议：原案文字修正为“由会呈请教厅转咨民政厅及警务处令饬各县行警机关协助办理民教事业案”。

办法：呈厅核办。

3. 拟请规定于各县公共娱乐事项审查委员会增设委员，由民众教育馆职员充任，以利社教案。

决议：呈厅令饬各县会应聘任民教馆职员一人至二人为各该会检查员。

4. 由会呈请教育厅转咨财政厅令饬各县财政局（或财政科），对于各县民教馆所办消费合作社货物运输沿途一律免税通行，以增加社员生产及公共事业案。

决议：保留。

5. 应如何联合有关各机关协助民校招生事宜案。

决议：交辅导会议拟议办法呈厅核办。

6. 坊间流行之连环图画，颇多引诱青年思想入于歧途者，宜如何改良案。

决议：照原办法通过。

（附原办法）（1）积极的：由社教机关编辑适合时代潮流、有关常识流输裨益于社会大众之材料，仿其格式多量印行而替代之。

（2）消极的：请行政最高机关通令取缔其不良者。

乙、经费类

1. 各县社教机关所有补助费在未发下时，应由各县府按月垫发，以增事业效果案。

决议：通过，呈厅通令各县遵办。

2. 生计教育需用资本较多，拟呈请教厅令饬各县宽筹生计教育经费，以利进行案。

决议：通过，呈厅通饬各县遵办。

3. 拟请在部颁交付金社教补助费内规定款项，以充社教机关设备费案。

决议：原案文字修正为“拟请在部拨地方教育补助费、社教补助费内规定成数，指充社教机关设备费案。”

办法：呈厅核办。

4. 拟请援照部令提高小学教职员待遇办法核定的款，提高社教工作人员待遇案。

决议：通过，呈厅核办。

5. 呈请教育厅一次拨给本省县立图书馆宣传和运临时费若干，俾得购置关于宣扬反共和平建国之各种图书，以便民众阅览，借资宣扬和运案。

决议：通过，呈厅核办。

6. 由会呈请教厅通令各县筹划贫民贷款所基金案。

决议：保留。

丙、组织类

1. 拟请组织江苏省图书馆联合会案。

决议：通过，由省立苏州图书馆会同各馆筹备组织呈厅备案。

2. 拟请组织江苏省民教宣传联合委员会案。

决议：毋庸组织。

3. 拟组织本省社教参观团分期交互参观案。

决议：由省立无锡民众教育馆领导组织。

4. 举办江苏社教学会案。

决议：推省立无锡民众教育馆张馆长、省立苏州图书馆徐馆长、省立苏州公共体育场场长发起组织。

丁、民众教育类

1. 拟订实施生计教育具体办法请公决案。

决议：交辅导会议详加研究后，呈厅通饬遵照。

2. 拟订以推行合作事业为生计教育中心工作方案请公决案。

决议：交辅导会议详加研究后，呈厅通饬遵照。

3. 请议厉行识字运动应以县为单位，成立各县识字运动委员会，督促本县各区乡镇切实推行民众识字训练案。

决议：遵照部颁办法办理，本案毋庸讨论。

4. 各县民众学校宜添设儿童班，利用学生转授其家属以期改少文盲案。

决议：本案文字修正为“各县民众学校宜采用小先生制转授其家属以期减少文盲案”。

办法：通过。

5. 民众学校教育完成后应如何予以适当工作，俾资生产案。

决议：保留。

6. 民众学校学生缺课问题应如何设法减少案。

决议：提交辅导会议。

7. 在部编民校课本未发行以前，拟请教育厅编印暂行本分发领用以资统一案。

决议：是项暂行本已奉部令印发，本案毋庸讨论。

8. 关于失业民众应如何救济案。

决议：保留。

9. 应如何扩充民校分馆案。

决议：由各县酌量实际情形，拟定办法，呈厅核办。

10. 各地社教机关宜尽力提倡国语，以期达到本国语言统一案。

决议：由各机关斟酌实际情形，拟定实施办法，呈厅核办。

11. 实施公民教育应注意民众固有习惯案。

决议：遵照厅颁规定目标办理，本案毋庸讨论。

12. 请议语文教育目标应否订定，俾推行民众识字训练有所依据案。

决议：业经教厅订定公布，本案毋庸讨论。

戊、图书馆类

1. 省县图书馆应尽量收藏乡贤著作及地方文献案。

决议：各馆应尽力协助各地文献保管委员会办理调查征集等工作。

2. 请建议政府减轻图书馆寄书邮费案。

决议：保留。

3. 呈请国民政府将各机关之公报及一切政府刊物分赠各图书馆，以备参考案。

决议：呈厅核转。

4. 请统一全国图书馆分类法案。

决议：提交图书馆联合会讨论。

5. 请教育厅规定日期，每半年在本省各地举行图书馆运动周或读书运动周，借此推广图书馆事业案。

决议：呈厅核办。

6. 借出图书应如何防止遗失案。

决议：本案系借书规则问题，毋庸讨论。

己、体育类

1. 积极提倡妇孺体育，俾得锻炼体魄、陶冶身心案。

决议：通过，呈厅令饬各公共体育场：（1）增设关于妇孺体育之设备；（2）注意关于妇孺体育之指导。

庚、其他类

1. 发行江苏省民众教育联合刊物案。

决议：提交辅导会议。

2. 请拟定纠正民众思想方案，俾便实施案。

决议：照原办法通过。

（附原办法：请行政当局制定公布之。）

3. 各地社教机关宜提倡节约运动，以保国家元气案。

决议：遵照厅颁公民教育目标及标准工作办理，本案毋庸讨论。

（四）闭幕

主席致闭幕词

本会期间虽促，而参加诸君精诚团结，兴趣盎然，所有提案材料丰富，具经详细讨论，结果圆满。本人感觉到非常欣慰。社会教育与国家关系最密切，实为和平运动中一件最紧要的工作。诸君既负有主持各地社教的责任，举凡和平理论的宣传、和平活动的指导以及民众思想的统一、知识的灌输、道德的修养、体魄的锻炼、人格的训导、习俗的改善，均赖诸君设计实施。此次举行本会，即企图集合诸君的意见和证验，穷原竟委，探讨有效的具体方案。惟大会所讨论是一般的问题，各地风俗民情各有各的特点，办理社教的人员只能以一般的准则作为训练的中心目标；实施的时候，仍贵因地制宜，因势利导，倘胶执成见，必致扞格不入，非但影响施教的效率，亦且减少受教的兴趣，此点切盼诸君加以注意！自经此次会议之后，诸君遄返服务处所，务将大会议决案积极推动，使社教各项设施普遍地深入民间。虽说社教难办而又难见功，大家果能努力向前做去，必可使各地文盲与失学民众逐渐减少，民智亦可逐渐提高，建国前途的光明，即基于此。希望诸君深切明了社会教育在现时代的重要性，各自勉励，毋负本身应尽的责任。本厅有厚望哩！

（五）附录（略）

中国第二历史档案馆藏“汪伪教育部档案”

参观广州民众教育干部训练所归来

（1940 年）

白　浪

本市民众教育干部训练所在教育路，自二十九年一月十五日开办以来，成绩卓著。本报同寅为欲明了该所状况起见，特组织参观团，前赴参观。二十九年三月十四日上午，我们一行十余人，浩浩荡荡，向目的地进发，十时抵步。经通传后，史训育主任和刘总务主任亲自出来欢迎，引导参观各处，并详加解释。参观完毕，更蒙设茶点招待。兹将该所详情录下。

查该所所长为林汝珩先生，是一个充满学识而富于革命热情之和平运动领袖。校舍虽是旧式的建筑物，但内部布置得井井有条。四围墙壁均粉饰一新，入门内右便为传达室，左便为教务室，内进则为礼堂，约可容二百余人。礼堂的北面，右便有一学生会室，左便有一医务室，再进为一天阶，两旁一为饭堂，一为乒乓球室，室内有球台两张。乒乓球室之南为一课室，可容一百人。课室之左为图书室，室内四壁满挂图片和学员日常生活的照片，中置一长桌，有各种杂志时代的读物及日报很多，图书约百余种。最后一座为宿舍、厨房、浴室，除教职员宿舍外，学员宿舍分四间，近南便［边］的那座便是女学员居住的，其余的三间是男宿舍。床是木制的“碌架”床，每张床都是铺了白色的床布，四围角度折得很齐整，蚊帐一律向上覆起。内部组织分三部：（一）教务、（二）训育、（三）总务。担任教务主任者为萧先生，教授一共十二人，职员八人，学员一百人，男七十二人、女二十八人，合为一班授课。课程分党义、政治经济、国际关系、地方自治、民众教育、群众心理、东亚近代史、演说学、救护学，此外还有体育、国技，每天授课六小时。

关于学员，每日工作、食宿均有一定的时间。上午六时三十分起床，先把被铺折得齐整，然后洗脸漱口，七时上早操三十分钟，八时早粥。八时三十分至十一时二十分，这三个钟头，便是上课，每当上课的时候，各学员均预备笔记簿、墨水笔、铅笔。耳在静静听着，手握着笔快快地记起来，因此授课的时候只听到教授一副清亮的喉音，完全没有半点嘈杂声浪。十一时三十分午饭，个个齐集饭堂后，由值日生一声口号，便开始狼吞虎咽了。男的吃饭比女的吃饭总是快一些，自己虽然吃完，但也要等待全体吃光了，由值日生一声口号，才能够离开饭堂。教职员也和学员同样的办法，有时饭后须到天阶处集合，听一番训话，听毕才解散。直至下午一时三十分至四时二十分后才上课，在这两个钟头，各人有些空闲，有些到图书馆去，有些打乒乓球，各自找寻娱乐。时计已到一时三十分了，又复鱼贯回到教室听讲，一连上三堂。到四时三十分，开始教授国技，直到五时五十分休息，六时晚饭，饭后各学员纷纷洗涤。七时三十分开始自修，有时改为小组讨论，由教授提出一个现实的问题，各学员分成若干组，自由发挥意见，这种实习使学员获益极大。单独星期六那晚上，改为娱乐。到那天晚上，各学员都露出满脸的笑容，上了一星期的课，到今晚才得一个尽情娱乐的机会，调剂书本的生活。那么，谁个不欢天喜地来参加这个的娱乐会呢？这里有音韵悠扬的音乐演奏，女同学歌唱时，一串婉转的珠喉莺声呖呖，娓娓动听，或时［是］一幕诙谐的话剧、离奇的故事，真令你笑口常开，因此每星期六晚上，个个都预备一些材料表演的，到十时一律返宿舍，各寻好梦了。

这一百个学员是分为十二组的，每组设组长一人，组员若干人。组长就要时时留意本组员的言行，“有过相规、有善相劝”，互相砥砺切磋，所以全班都像兄弟姊妹一样融洽，一样活泼。至于四间宿舍，每间每一天由二人轮流负清洁责任，因此各宿舍的床铺都很清洁、整齐，没有半点尘埃。他们组织了学生会，以联络感情、研究学问。体育方面，除了乒乓球之外，还有篮球队、排球队。课余的时候，他们一群一队跑到体育场练习，在体育教师指导之下，和他们苦心研究。他们的篮球队，在现在本市里也为一时劲旅。

一班年青的人们，在林所长指导暨各教职员训练之下，过着这集体的生活，衣食住都纪律化。他们特别是感觉高兴的，他们本着汪主席亲题“以诚感人”的校训做去，于学问和品性的修养，其进步自不可待言啊！

《复兴的广东》，广州中山日报社，1941年8月。

广东图书馆巡礼

（1940年）

广东省立图书馆的组织，是发动在本年的夏初。因为广州市自省府成立后，繁荣得异常迅速，可是一般学子还是缺乏了精神的食粮，所以林教育厅长汝珩先生，看清了时代的转变和事实的需求，于是决定了这个图书馆的创立。

自觅得朝天路南海学宫为馆址以后，便派员积极办理一切筹备的工作，并且积极地从事于选购图籍的进行。因为该馆直辖于教育厅的缘故，对于工作的进行自然异常便利，经过两个月筹备工作以后，于二十九年七月十五日便开始与市民行相见礼了。关于这个全省最高的知识府库，的确值得市民们注意的吧！记者在一个晨光熹微中，驱车到该馆作一次周详的巡礼。

朝天路的中央巍然耸立着几幢绿瓦红墙的古式殿宇，经过再度加了一层修葺的工程，这座本来辉煌夺目的相当伟大的学宫，格外显得堂皇富丽。当在未开始巡礼之前，得着机会与该馆编目部主任江兆棠先生作一次简单的谈话。先生笑容可掬，那种和煦可亲的态度，现在还是盘旋于脑间。他引导我到各处去参观，并加以详细的说明。甫踏进儿童阅览室的门限，瞥见一群天真烂漫的儿童，三三两两端坐在椅子上，有的翻着画报，有的捧读《儿童良友》，一个个都能全神贯注，伏着案头来寻求他的新知识。室内光线充足，窗明几净，两旁的大书橱堆满了儿童的读物，雪白的墙壁镶上几幅五彩的画图，点缀得越发清雅秀丽。桌椅排列整齐，高低合度，举凡一切的设置，俱以适合儿童的身心为标准。

其次便是普通阅览室，这里地方很宽敞，能容阅者数十人。图书的陈设，也特别地丰富。阅者大都衣履整洁，红颜皓发的老叟，夹着腰阔胸高的健儿，他们带上满脸雍容自得的神态，自然而然地表现出博览群书的乐趣。庭前植有古槐两棵，枝叶扶疏，小鸟跳跃枝头，歌声婉转。四周石级，绕以盆花，红绿相映，清香扑鼻。一道阳光吻下屋角上，反射着一片黄金色的光芒，身历其间，随处都是充满着活跃的意态。

沿着走廊向后前行，穿过圆月似的小门，两旁树林荫翳，凉风习习，中央一所雪白的房子，这就是参考研究室了。高高的书橱充塞满古籍名著，琳琅满目，应接不暇，除了历代名人传记以及诗词歌赋之外，尤以武英殿《聚珍丛书》及《古今图书集成》为最出色。这两部丛书合计数千册，均为清代拓本，字体玲珑，纸质光润，在国内已属不可多见的孤本了。典藏室设在参考研究室的两边，一共四间，每间都藏满珍贵的图书，还有一小部普通书籍，尚待做了一番整理功夫，才能编列书目的。

说到该馆的组织系统是直辖于广东省教育厅，下设购书委员会、编纂委员会、正副馆长。正副馆长之下直辖四部，即总务部、编目部、阅览部、典藏部。总务部设文书组、会计组、统计组、庶务组；编目部设中文编目组、外文编目组、索引组；阅览部设普通阅览组、杂志报纸阅览组、儿童阅览组、参考组、研究组；典藏部设善本组、革命史料组、出纳组、书库组、装订组等。全馆职员共约三十余人，各有专责。至于图书方面，除由华南文化协会移交一小部外，其余俱是由外间选购而来，现在藏书数目共有一十六万余册，其中孤本占据半数。在这劫后的广州，有这如许庞大的图书馆，并且搜罗那么丰富的书籍，洵属难能可贵了。阅书的部门分儿童阅览室（阅报室暂附内）、普通阅览室、参考研究室。靠着普通阅览室的右边是馆长室，左边是办公室，还有会客室，等等。一切的布置、各种的家具都是时代的新型，可以说是完备而周到的，这便是该馆大概的情形啊！

《复兴的广东》，广州中山日报社，1941 年 8 月。

汪伪教育部咨送 1941 年《中国社会年鉴》中该部及各省市教育部分材料

（1941 年 1 月 22 日）

案准贵部社秘字第一六二号咨开：查本部近拟搜集有关社会行政及各种社会事业之资料，编纂中华民国三十年《中国社会年鉴》一书，借供各界参考。惟关于材料之搜集，端赖各方协助，俾臻完善，用特检奉《中国社会年鉴》纲目暨编纂体例各一种，咨请贵部转饬所属各机关，对于纲目中所列各种材料，尽量搜集，并请于本年十二月十五日以前赐寄本部，以便汇编。除分别函咨外，相应咨请查照，见复为荷。等由。准此，即经本部撮要编拟，并分饬各省市教育厅局、国立中央图书馆、师范学校搜集，各在案，兹据陆续呈送到部，相应检同各原件咨送，请烦查照为荷。

此咨

社会部

计咨送教育部材料一份

江苏省教育厅材料一册（原缺）

国立师范学校材料一册（原缺）

国立中央图书馆材料一册（原缺）

南京市教育局材料四册（原缺）

上海市教育局材料一册（原缺）

安徽省教育厅材料拾份（原缺）

部长　赵□□

中华民国三十年一月□日

教育部征送社会年鉴材料目次

一、社会教育

1. 关于民众教育

2. 关于识字教育

3. 关于补习教育

4. 推广各地民教馆

5. 推导及监督文化教育团体

6. 保存古物文献

7. 关于社教人员之养成

8. 关于生产教育之推进

9. 关于国民体育之提倡

10. 筹备参加东亚大会

11. 编印民国三十年国民历

12. 设立社会教育实施委员会

13. 设立体育委员会

14. 编审民众读物及取缔恶劣连环图画花纸

15. 筹设电影检查委员会

16. 发起组织中国戏剧协会

17. 教育部教育行政会议

二、国府还都后体育概况（细目另附）

三、统计（原缺）

1. 各省市社会教育机关数统计

2. 分省社会教育机关统计

四、章则（原缺）

1. 修正实施失学民众补习教育办法大纲

2. 修正实施失学民众补习教育办法大纲施行细则

3. 民众学校规程

4. 职业补习学校规程

5. 教育部编历委员会规程

6. 教育部社会教育实施委员会组织规程

7. 修正教育部体育委员会规程

社会年鉴材料

教育部

一、社会教育

1. 关于民众教育

我国教育未普及，致知识落后，生产力薄，体魄衰弱，自私心强，民贫国困，几濒覆亡。迩来，社会全体群起注意教育民众，纷设民教机关，深入乡村，唤醒民众，借图改造社会，改进农村，粗具规模，突遭事变，盲目抗战，使民教萌芽中途摧折。目前和平基础已奠，教育部力谋民教事业之规复推进，规定各省市县教育经费，社教部分应占成数为百分之十五至二十五，严格制止移挪，并由部拨给地方教育补助费，树事业基础，对于负责实施民教之民众教育馆，规定按月呈报工作状况，由部严密审核，逐一指示改进要点，使各馆工作免趋虚浮。

又鉴于以往各地民教事业，少中心设施，而社会改良头绪纷繁，民教馆每因漫无目标，事倍功半，特规定中心工作，分期实施。第一期以办理识字教育、职业补习教育及卫生常识之训练为中心，饬令各地民教馆按地方实际情形计划实施，务须锲而不舍，向前迈进，改善民众智能，以期建设新社会、复兴古国家。

私塾由各省市教育厅局调查考核。

2. 关于识字运动

我国文盲过多，竟达百分之八十以上，年来推行识字，已为各方所重视。全国各机关公私学校以及商店工厂一律设法附设民众学校或识字班，招收成年失学民众，授以习用文字、普通常识、简易珠算，使增日常生活知能。本年各地教育行政机关一再令饬各学校及民教馆举行识字宣传，附设民众学校识字班、识字处、问字处等，设班教学，或个别教授，使民众便于入学或读习。教师多数义务，课本由教育部发给，各地办理成绩尚有相当表现。

3. 关于补习教育

民众生产落后，生计困难，概因知识技能均感缺乏，普遍实施职业补习训练，实不容缓。教育部一再令饬各省市教育行政机关转饬各地民教馆，按照地方环境、实际需要，设班训练传习，而尤注意于年青民众之职业知能补习。青年为社会中坚、国家柱石。自事变后，社会失序，民生疲敝，教养未充，思想行为易流偏激放荡，为社会隐患，更不得不注意矫正培植，充其生活智能，熟习生产技术，使成改进社会的干才、生产的先锋。

4. 推广各地民众教育馆

民众教育馆为实施社会教育之中心机关，在二十八年份内，苏浙皖三省曾限令各县至少设立或恢复民众馆一所。最近各省市立民众教馆，已先后成立多处，而各县立民教馆亦已逐渐增多。教育部业已办理调查统计，以为改进之根据。

5. 指导及监督文化教育团体

教育部为最高教育行政机关，对于全国文化教育团体，负有指导监督之责。自政府还都以后，对于此项团体，无论筹备复会或发起组织，均须按照手续报部备案。又新中国体育协会及中国教育建设协会、中国儿童教育社、妇女慈俭协会等，按月由部补助经费，并予以指导，借期会务发展。

6. 保存古物文献

文献古物与国家之文化，关系至巨，事变以还，各地古物文献散失凌乱，自应从速设法交涉收回，切实整理，保存教育部。现已呈请行政院组织古物文献保管委员会，一俟奉到指令，当即着手办理。

7. 关于社教人员之养成

教育部鉴于各地社教服务人员之思想学识技能，亟须加以训练修习。特饬国立师范学校于二十九年八月起，增设社教人员训练班，由各省市教育厅局遴选社教机关原有工作人员，保送入学，并考选有志于社教事业者，予以训练。现有学生四十三人，训练时期为一学期，注意当前社教方面实际问题的探讨，训练期满后，分发各社教机关录用。下年度拟就社教事业，分别训练各项工作人员，以应需要。

8. 关于生产教育之推进

各地民众教育馆多数设有生计教育组，指定人员负责计划实施生产教育之推进，如妇女工艺传习班、竹工传习所、农业补习班、土产展览会、示范农田、特约农田、养鸡、养蜂、养鱼指导，均为其重要设施。

9. 关于国民体育之提倡

教育部鉴于国民体育之重要，特别网罗各地体育专家，于民国二十九年十月举行第一次会议于首都，议决要案多件，而尤重国民体操之切实推行，借作普及体育之基本工作。该项体操即系褚民谊博士所创行之太极操，当经编印体操图说，分令各省市教育当局积极提倡。首都、杭州等地，均先后设立太极操讲习会，训练指导人才。民国三十年一月，教育部筹设国民体育人员训练班于国立师范，即以太极操为主要课程，严格训练全国各地之现任体育人员，以便将来各返原职，普遍倡导。

10. 筹备参加东亚运动大会

本年夏间，日本为庆祝二千六百年纪念，举行东亚运动大会。事前经教育部呈准组织参加东亚运动大会筹备委员会，核定全部经费，并先期举行各省市初选、华北华中复选暨全国决选，最后经决定职员、选手八十人，组织中国代表团，计有足球、篮球、乒乓、田径、国术五队，于五月二十六日由京出发，三十日抵东京。六月六日起参加东亚运动大会，至九日完毕。十一日由东京起大阪转抵橿原，十三日起至十六日参加关西大会。参加者为中、日、满、菲诸国，我选手各项运动成绩虽无如何精彩之表演，但一则表示庆祝，一则以资观摩，其意义亦甚重大。

11. 编印民国三十年国民历

教育部于七月间，即着手整备编纂民国三十年国民历事项。当经拟定编历委员会组织规程及经费概算草案，会同内政部呈奉行政院决议通过，即由教育部聘请本国天文专家主其事，复聘友邦专家为赞助委员，当于九月十四日召开第一次委员会议，确定三十年国民历内容材料，并决议日序、七曜、日中、平时及日蚀图表等，均请蒋专员测算主编，会同友邦各赞助委员汇纂。九月十九日，第二次委员会议决定国民历、凡例、次序及各种附录，十月初编纂完竣，于十一月底印刷完成，于十二月底分发全国各地。

12. 设立社会教育实施委员会

教育部为推进全国社会教育，以提高民智，充实民力，完成政治经济文化之建设为鹄的，并为统一社教实施机构，加强实施效力起见，依照教育组法第五条规定，于九月间组织社会教育实施委员会。当即拟定该会组织规程，呈奉行政院决议通过，准予备案，即由教部分别聘派委员二十五人。会内共分五组，由委员分任组务：一、识字运动组（如推行国语及注音符号等）；二、补习教育组（如各级补习学校及职业补习）；三、艺术教育组（如戏剧电影等）；四、青年训练组（如公民思想训练等）；五、特殊教育组（如盲哑教育等）。除分令各省市厅局知照外，并函请各委员将社教实施意见及提案，尽量提付讨论，于十一月正式成立，举行第一次委员会，研讨要案多件。

13. 设立体育委员会

教育部为提倡国民体育，统一体育行政及促进全国体育发展起见，特设体育委员会。一面将原有规程予以修正，并经呈奉行政院核准备案通令施行，一面聘请褚副院长民谊为体育委员会委员长，戴次长英夫、凌委员宪文为副委员长，并分别聘派专家、学者及本部主管人员为委员，于十月组织成立，积极进行。

14. 编审民众读物及取缔恶劣连环图画花纸

查我国民众读物种类繁多，考其内容，类多谣辞邪说，流毒社会，曷其有极。教部为防患未然，并整顿改善起见，除一面由督饬主管司会从事编审有益于身心之民众读物，惟以编纂时故，一时尚难付印。又市上流行之连环图画及花纸等完善者固属甚多，而恶劣者亦复不少，且此种图画花纸，浏览对象以儿童为多。教部以儿童意识薄弱，易受环境支配，诚恐目染耳濡，养成谬误观念，沾染不良习惯与不正思想，影响儿童身心发展，至深且巨。特提交本届各省市教育行政会议，切实取缔，即依照决议，令饬省市各厅局，拟具取缔办法，从严取缔，并饬编印适合儿童教育之连环画，以资儿童阅览云。

15. 筹复电影检查委员会

教育部于今年四月间，即拟议恢复电影检查委员会组织，当经由部请示行政院，应否依照民二十时，由教育部会同内政部经商办理，抑或召集内政、警政、宣传及社会各部共同筹组，旋奉指令“应由该部召集内政、警政、宣传、社会四部会商办理”。当经由部召集四部代表会议，筹划进行，嗣宣传部以电影检查事项，系由该部特种宣传事执掌，经提行政院议决，将筹复电影检查委员会事项，归该部办理，是以教部所筹划进行者，即告停顿。此为国府还都后，教部筹划电影检查之开端史实也。

16. 发起组织中国戏剧协会

教育部于事变前，曾会同中央宣传委员在首都薛家巷设立中国戏剧学校一所。事变后，该校随部迁移。还都之始，本部即拟筹复国立剧校，但以戏剧艺术经纬万端，除一面仍旧积极进行复校外，深感戏剧为改良社会、辅助教育之良好工具，尤为宣传上犀利之武器，倘能把握此次武器，运用得宜，其于和平反共建国之前途，得益匪浅。故感戏剧事业不可缓，遂会同有关之宣传、社会两部，发起组织中国戏剧协会，推动剧运。已开过筹备会一次，发出筹备缘起，欢迎爱好及热心戏剧事业之志士参加，将于最短期间，举行成立大会。届时将由中国戏剧协会领导剧运，使其配合于和平反共建国之国策，而争取国人广大之同情。

17. 教育部教育行政会议（还都后第一届全国教育行政会议）

国府还都，教育部以兵燹之余，文化事业破坏殆尽，虽有若干教育机构，然亟待整饬者千头万绪，且为欲明了各地教育现状，图谋增进教育行政效率起见，爰有召集第一次各省市教育行政会议之举。当于事先拟具各省市教育行政会议规程，呈奉行政院核准，并拟定审查会规则暨议事细则等，派员积极筹备，分别召集，于二十九年六月二十日下午二时在建邺路前教员养成所原址，举行开幕式。计各省市出席人员及教育部指派人员，共计六十余人。各院部会长官参与开幕典礼，即继续举行会议，至二十三日下午五时闭幕。此次会期虽仅三日，然所议之案已逾百数，足征各省市地方教育负责人员之热忱努力。至议决各案，泰半切中需要者，欲力矫历来议而不决、决而不行之通病。凡所决各案咸有处理之经过，列表附印于会议报告中。兹将关于社会教育部分决议要案，摘录于后。

教育部教育行政会议社会教育组议案一览

原议案	决议办法	处理情形	备考
恢复各地社教机关案	请教育部在可能范围内通令实施	以秘字第一五〇〇号通令酌量情形切实办理	
提倡公共体育各地设立民众运动场，以资倡导案	请教育部在可能范围内通令实施	以秘字第一五〇一号通令切实办理	
各机关各团体应尽量举办补习教育，以期减少文盲案	请教育部在可能范围内通令实施	经秘字一五〇八号通令切实办理	

续表

原议案	决议办法	处理情形	备考
请教育部设社教服务人员训练班，以谋思想统一案	已由教育部拟定办法，毋庸讨论。	经秘字第一五九〇号通令知照	
推广职业补习教育，以救济劫后灾黎案	已由教育部拟定办法，毋庸讨论。	经秘字第一五九三号通令知照	
通令各省市县普设艺徒学校，以救济失业民众之子弟、安定社会基础案	已由教育部拟定办法，毋庸讨论。	由部拟定办法施行	
通令各省市县举办自然科教具制作传习所，以充实学校设备、解决一部人民生计案	由教育部拟定办法，毋庸讨论。	由部拟定办法施行	
拟请协助收回各县公共体育场，以期兴复而利民众体育案	并入高等教育组第二案办理	原提案已并入高教组第二案办理，故此案毋庸另行通令。	
责成地方教育行政机关保管当地文献古物案	请教育部通令办理	以秘字第一四八二号通令遵照办理	
统一健全各县社会教育行政组织案	请教育部核办	以各县社教经费支绌万分，统一健全社会教育行政组织相当困难，故此案暂从缓办。	
请规定社会教育经费在整个教育经费中所占成数应为百分之十五至二十五，并严格制止移作他用案	并入行政经费组第十三案第三项讨论	经秘字第一五九一号通令遵办	
积极推进国语运动案		经秘字第一五九二号通令遵照	
请全国一致推行注音符号案		合并通令	
应予从速组织注音符号推行委员会，以推进国语案		合并通令	
请通令各省市设立暑期国语讲习会案	以上四案连同普通教育组第三十四案一同讨论，呈请教育部核办。	合并通令	
通令各省市教育行政机关编印适合儿童教育之连环图画及花纸，取缔坊间现有之恶劣品案	教育部已有办法，不必讨论。	经秘字第一五一三号通令遵办	
提倡国术案	由各省市斟酌地方情形，以年龄适合不妨碍课程为原则，拟定推行办法，呈请教育部核办。	以秘字第一四八三号通令遵照	

续表

原议案	决议办法	处理情形	备考
请拨部款恢复盲哑学校案	由各省市酌量恢复	以秘字第一四八四号通令酌量恢复	
社会教育宜偏重乡村案	请教育部通令办理	以秘字第一六三七号通令遵照	
设立教育播音台案	教育部已拟有详细办法，毋庸讨论	业已呈核经费，正在筹划中。	
编行通俗读物，取缔不良小说及图本案	呈请教育部核办	以秘字第一六六六号通令遵办	

二、国府还都后之体育概况

（一）庆祝国府还都中报杯女子篮球赛

国府还都，全国各界热烈庆祝，欢喜若狂。新中国体育协会鉴于还都后之南京，实有复兴体育、振奋人心之必要，爰联合中报社罗、金两社长，发起中报杯女子篮球比赛，订于四月八日，在八府塘该会球场举行。届时中报社长罗君强及其夫人，暨金副社长均莅临观戏。球场四周，观众不下千余，挤得水泄不通。参加之巾帼球将，有教养所及模中女生队。三时十分起，由罗君强氏开球，两队巾帼英雄，大显身手，奋勇作战，全场空气紧张。模中合作娴熟，玲珑活泼，教养队亦系惯战之将，表演颇多精彩。双方角逐十分钟未开记录，直至十五分钟后，方由教养队球员虞文卿投入一球，记录遂开。霎时刘德宜又中一球，共得四分。于是模中队努力反攻，谭国华罚入一球，汪鸾春、汪淑珍亦各命中。至前半时终了，模中既以五比四领先。柠檬①后，易地再战。教养队调入李蕴华，换下王爱清，力图振作。各球员倍加努力，无如联络欠佳，体力稍差，虽有反胜之心，实无挽回之力。复遭模中队汪淑珍连中两球，汪鸾春、谭国华各入一球，待至鸣笛声起，模中队卒以十三比四获胜。末由罗君强夫人给奖，模中得优胜银杯一枚，教养队得纪念银杯一枚。此一幕庆祝国府还都巾帼英雄篮球大战，在观众欢呼鼓掌声中，宣告结束。

（二）上海市校庆祝国府还都联合运动会

上海市立学校为庆祝国府还都，于四月二十八日举行联运会于虹口公园。参加者计市立中学三校，小学十一校，共计运动员一千五百人，实为事变后上海体育界罕有之盛会。该会运动项目计有团体操、土风舞、健身操、国术、唱游等，成绩均颇优良。

（三）参加东亚运动大会始末

1. 筹备情形

（甲）筹备工作之发动

① 原档如此。

友邦日本为奉祝纪元二千六百年纪念，特由日本体育协会发起东亚运动大会于东京，同时得厚生省、文部省、外务省、铁道省、情报部及其他各方面之赞助，规模颇为宏大。远东各国多有参加，以示睦邻之意。我国亦被邀与会也，先是国民政府尚未还都，一切进行事宜概由南北两体育集团，即新中国体育协会及华北新民体育协会会同办理。当日本体育协会召开首次各国代表会议时，吾国由新民体协主事安田光昭征得南京方面同意，代表赴日参加，会议结果中华民国决组代表团赴会。迨安田归国，即派郭健章氏于二月间南下与华中体育负责人徐英氏商洽南北合作问题。徐氏当据情转报教育当局，一面并偕黄炳星氏代表教育当局赴沪请示褚重行先生，认为参加自属必要，惜以国府尚未还都，此举暂难着手为憾。徐氏又鉴于国府还都既无确期，旧府人员又忙于准备交替，如将来不及筹备，则其影响殊非浅显，爰以体协名义召集紧急会议，商讨参加办法。出席者有前教育部长顾澄、次长王修、社会司长徐公美、京市教育局长杨九鸣等十余人，即席议决通过参加原则，并推新中国体育协会与新民体育会分工合作，积极筹备。议既决，华北代表遂北归复命。

迨青岛会议顺利举行，新中央政权之诞生亦迫在旦夕。新中国体育协会主干徐英乃毅然与滕树壳、刘长春等在褚重行先生领导下组织筹备委员会，邀集海内外体育名流通力合作，一面并罗致南北运动健将，如王正林、姚冠凡、李德奎等来归，准备参加东运大会，同时发起庆祝国府还都运动大会，函电广东、厦门、武汉及苏、浙、皖、沪、杭各省市当局遴选代表出席全国预选。各地体育界闻讯纷起，情况至形热烈。

当国府还都，奔走东运筹备工作最初发起人徐英、黄炳星等深感筹备委员会之组织，应即移归教育部统辖管理，爰请准褚重行先生转高教部赵部长克日接收是项筹委会，并指定北平路四十八号还都委员会原址为筹委会会址。教部乃据情加聘次长戴英夫、社会司长严恩柞为筹委，并对筹委长褚重行先生及其他委员另发教部聘书，于是筹备参加此次东运之正式筹备委员会遂于四月十二日下午四时宣告成立。是日赵部长正平亦出席指导，讨论结果极为圆满，即席决定于四月十三日起，开始办公，并推定各组组长厘定筹委会组织规程、临时费支出概算书等。兹附录如左。

（乙）筹备委员会组织规程

一、总则

第一条　本会定名为中华民国参加东【亚】运动大会筹备委员会。

第二条　本会会址暂设于首都北平路四十八号。

第三条　本会执行参加东亚运动大会一切筹备事务。

二、组织

第四条　本会设委员长一人，副委员长二人，委员若干人，技术顾问若干人，秘书二人，各组正副组长各一人，及干事若干人组织之。

本会聘名誉委员长一人，名誉副委员长五人，名誉委员若干人。

正副委员长综理本会事务，委员辅佐正副委员长进行事务。

第五条　委员长、副委员长、委员均为名誉职，但秘书及各组组长、副组长、干事，得酌支车马费。

三、会务

第六条　本会为处理事务便利起见，设总务、训练、联络、国术、宣传五组，掌理左列事务：

甲、总务组长一人，干事若干人，其掌执如左：

（一）收发文书。

（二）制作预算决算。

（三）关于庶务一切事项。

（四）不属于其他各组事项。

乙、训练组设组长一人，干事若干人，其执掌如左：

（一）关于选手之管理及各种编配事项。

（二）关于选手之训练事项。

（三）关于技术之研究事项。

丙、联络组设组长一人，干事若干人，其执掌如左：

关于一切对外联络事项。

丁、国术组设组长一人，干事若干人，其执掌如左：

关于一切对外联络事项。

戊、宣传组设组长一人，干事若干人，其执掌如左：

关于一切宣传事项。

四、竞赛

第七条　本会为办理全国决赛，另组全国决选委员会。

决选委员会由委员长聘请国内体育专家若干人组织之，设主席委员一人，常务委员若干人，决选委员会设左列各股，设正副股长各一人。

甲、编配股

乙、布置股

丙、裁判股

第八条　本规程由教育部呈奉行政院核准后施行。

（丙）筹备委员名单

委 员 长：褚民谊

副委员长：缪　斌　戴英夫

委　　员：凌宪文　秦冕钧　谢学霖　王　兰　李　洲　杜　科　徐　英　江　磐
杨九鸣　林炯庵　李思贤　严恩柞　徐公美　张　超　许禹生　吴子华

顾庭伯　瞿　越　马治奎　刘长春　阮蔚村　林朝权　黄炳星　滕树谷
陈懋林　萧德全　许燕秋　管邵之　李春阳　丁耀先　夏树福　吴逸民
郑　俊　邵　骥

（丁）各组组长名单

秘书：张超　徐公美

会务五组：

总务：正　严恩柞　副　徐英

训练：正　刘长春　副　姚恩汉

联络：正　阮蔚村　副　黄炳星

国术：正　许禹生　副　萧忠

宣传：正　吴子华　副　滕树谷

竞赛三股：

编配：正　瞿越　副　马治奎

布置：正　陈懋林　副　管邵之

裁判：正　李洲　副　邵骥

（戊）全国决选志略

参加东运全国决选之各地选手既已集中本京，筹委会方面特组全国决选委员会办理其事，并于五月十三日，开始举行决选。为表示隆重起见，于是日上午九时，在三茅宫中央警官学校大操场举行仪式，秩序如下：（一）全体选手集合，（二）筹备委员长致辞，（三）运动员宣誓，（四）演说，（五）摄影，（六）礼成，（七）开始运动。附录全体决选职员名单如左。

总裁判　褚民谊

总干事　徐英

总指挥　邵骥

总管理　许禹生

场地管理　瞿越　马治奎

发令　刘长春

总记录　滕树谷

报告　吴逸民

径赛裁判长　王馨吾

径赛裁判员　瞿越　夏树福　周春鸿　黄炳星

计时长　阮蔚村

计时员　胡松泉

检察长　郑俊

检察 王云霖 许燕秋

径赛检录 乐秀峰 马治奎

田赛裁判长 傅镜如

跳部裁判员 李春阳 陈懋林 赵光华

掷部裁判员 姚恩汉 管邵之 詹道志

田赛记录 跳部：朱承坤

掷部：毛长庚

足球 裁判：王馨吾

巡边：乐秀峰 吴逸民

乒乓裁判 胡松泉 吴逸民 黄炳星

篮球裁判 周春鸿 邵骥

计时 黄炳星

记录 马治奎

按本届入选代表，多籍隶华北各省、华中一带，以种种特殊原因，人才不易集中，对于整个代表团之实力影响颇大，殊属憾事。

（己）参加东运代表团名单一览

参加东亚运动大会，全国决选于五月十三、十四两日在京举行完毕。各项选手均经选拔委员会慎重挑选，并由筹委会及教育部审查藏事，定十六日起，集中于教员养成所，开始训练。兹将各项入选代表及职员一览录下。

代表团一览表

职员	姓名	年龄	籍贯	原在
总领队	褚民谊	五八	浙江	行政院外交部
副总领队	张超			行政院
副总领队	周抱一	三一	江苏	教育部
秘书	徐英	二七	福建	新中国体育协会
秘书	李家济	三六	北京	绥靖部
秘书	邵骥	三九	浙江	教育部
总干事	李洲	三六	北京	北京市立体专
副总干事	瞿越	三四	浙江	浙江教育厅
文书兼会计	张震中	三六	江苏	教育部
宣传	滕树谷	三三	湖南	中报社
总指导	刘长春	三二	大连	中央警校
总管理	夏树福	二八	大连	华北体协天津支部

续表

职员	姓名	年龄	籍贯	原在
副总管理	黄炳星	三五	上海	教育部
足球指导	王馨吾	三八	山东	北京汇文中学
足球管理	傅镜如	四二	天津	天津教育局
篮球指导	姚恩汉	三二	天津	天津耀华中学
篮球管理	周春鸿	三二	天津	北京艺文中学
乒乓指导	胡松泉	二六	上海	教育部
管理兼事务	胡松泉	二六	上海	教育部
田径指导	刘长春	三二	大连	
田径管理	黄炳星	三五	上海	教育部
国术指导	许笑羽	三二		北京市立体专
国术管理	苏健	五五	北京	北京实验小学
田径队干事	吴绍芝		厦门	
篮球队长	李绍唐	二八	天津	太原铁路局
篮球干事	王湛若	二九	北京	天津新民会
篮球队员	王鸿斌	二七	天津	天津铁路局
篮球队员	王有才	二七	天津	天津新民会
篮球队员	傅金声	二五	天津	天津新民会
篮球队员	王金良	二五	天津	天津新民会
篮球队员	王世富	二七	天津	天津新民会
篮球队员	郭金铭	二四	天津	天津铁路局
篮球队员	都本生	二一	奉天	北京华北电业
篮球队员	崔文仲	二二	河北	北京体专学校
篮球队员	范政涛	二三	河北	北京体专学校
篮球队员	樊明玉	二三	湖北	北京育英中学
篮球队员	王树楷	二三	河北	北京师范学院
篮球队员	张振超		安徽	教员养成所
足球队长	谭福桢	二九		天津铁路局
足球队员	李惠凤	二九	天津	天津铁路局
足球队员	管学仲	二五	天津	天津铁路局

续表

职员	姓名	年龄	籍贯	原在
足球队员	姜璐	二九	天津	天津铁路局
足球队员	孙福来	二八	北京	天津铁路局
足球队员	孙永泉	二七	天津	天津铁路局
足球队员	徐光复	二〇	广东	天津铁路局
足球队员	周彼得	二二	河北	
足球队员	李清玉	二四	天津	华北交通公司
足球队员	李宗禹	二七	河北	
足球队员	孙鸿年	二四	北京	育英中学
足球队员	于葆廉	二七		
足球队员	韩树金	二三	大连	汉口市政府
足球队员	姚冠凡			
足球队员	夏树福			
乒乓队员	姚冠凡	二四	上海	上海施德洋行
乒乓队员	李德奎	二一	上海	上海茂洋行
乒乓队员	孙怀信	二六	浙江	
乒乓队员	陈正川	二六	江苏	中央警校
田径队长	李世明	三三	大连	万寿山
田径干事	王士林	二七	吉林	北京四中
田径队员	朴景云	二一	昌黎	北京体专
田径队员	张立三	二四	福建	北京新民会
田径队员	张南星	二七	福建	
田径队员	杨基荣	二一	福建	济南新民会
田径队员	董锦地	二四	福建	师范学院
田径队员	孙民	二三	天津	
田径队员	金玉宽	二五	大连	怀县公署
田径队员	任元诺	二九	天津	北京新民印书馆
田径队员	梁世长	一九	天津	北京市公署
田径队员	齐沛霖	二四	河北	师范学院
田径队员	赵英武	二四	山东	青岛教育局

续表

职员	姓名	年龄	籍贯	原在
国术队员	叶秉衡	二六	浙江	
国术队员	曹达	一九	北京	
国术队员	杨臣才	一九	河北	北京国术馆
国术队员	丁文林	二六	北京	北京国术馆
国术队员	贺春全	二三	河北	北京国术馆
国术队员	蓝田	二二	北京	北京国术馆
国术队员	李兴亚	三三	北京	京城印书馆
国术队员	汪叶亭	四〇	北京	北京国术馆
国术队员	王宗瑞	二四	北京	北京国术馆
国术队员	乔荣林	二三	北京	北京国术馆
国术队员	毛信铭	二〇	浙江	上海中华中学
国术队员	何德泉	五六	北京	

2. 参加东亚运动大会之经过

（甲）大会开幕盛况

东亚运动大会开幕典礼于五日下午四时在明治神宫竞技场举行，大会副总裁米内首相，副会长、东京市长大久保留次郎，名誉副会长褚民谊，日本体育协会会长下村宏及其他体育关系人物均出席，大会总裁秩父宫殿下亦莅临。四时五分，海军军乐队奏乐，即开始选手入场式，中国选手首先入场，全体蓝衣白裤，由副总领队周抱一率领，都本生持国旗，步伐齐整，精神焕发。后随蒙古选手，全场观众掌声雷动。其次为满洲，菲律宾又次之，最后则为日本选手。各队经过司令台前，一致脱帽致敬，进至会场中央而止步。继由东京女子专门学校学生一千人合唱纪念歌，同时选手四人升会旗。秩父宫殿下并致开会词，略谓：兹“为庆祝纪元二千六百年，特举行东亚运动大会，善邻诸邦选派多数青年参加大会，不胜欣感之至，希诸君发扬运动精神”。又下村宏代读会长近卫文麿之训话，日选手领队原田正夫代表全体选手宣誓，并由参加国交换纪念物品，中国代表田径队长李世明以公孙树赠日本，日代表下村还赠松树。其次东京市长大久保致欢迎词，各国代表致答词。中国代表褚民谊宣读行政院长汪兆铭祝词，其全文如下：“恭逢日本帝国二千六百年纪念东亚运动大会，邀请东亚列邦各派代表参加志庆，中国方面由褚民谊先生参与盛典，本院长对此特表至亲睦至欣悦之忱。贵国万世一系，建国悠久，为世界所景慕，尤为吾东亚之光荣。值兹两国朝野以诚相见，维护和平，中国选手与贵国体育先进之青年相聚一堂，联欢握手，揖让而升，本院长曷胜愉快。贵国讲求体育，日新月异，中国青年乘此良好机会，承贵国体育家事事协力，尤所欣慰，谨祝贵国事业发达，并祝贵国勇敢之体育青年健康。中华民国二十九年六月五日　中华民国国民政府行政院长汪兆铭。”又菲律宾代表伊拉南博士等亦致祝词，最后由褚民谊领导全体三呼万岁，至四时五十分礼毕而退。

（乙）东京大会鸟瞰

▲竞技项目

参加东亚运动大会中国选手团，为褚民谊团长以下八十名。为时虽颇短促，但在大会五日间，空气紧张，情况热烈，比赛项目为划船、角力、送球田径、足球、篮球、乒乓球、棒球、网球、软式网球、排球、橄榄球、自行车等，凡十余种，吾国参加凡四种。

▲日满选手活跃演出

其获优秀成绩者，当推一千五百米于希渭君，掷铁球托尔宾君，掷铁锤白石达也君等三人。

于君出发时，即占上风，日本石田、河村两人虽亡命追随，造成紧张局面，但于君卒能保持优势，恰以四分获得冠军。

托尔宾君之纪录为十三米三十六，系在第一投所得，打破菲律宾强豪亚漫弟君的原有纪录。

白石君之掷铁锤，在最后第六投时竟以四十八米八十而占优胜。此外于君在五十［千］米长跑占第二位，在八十［千］米占第三位，托尔宾君在掷铁饼以甚小的相差居第三位。

冈本君（满洲）在百米赛居第三位，跳高居第三位，跳远居第四位。冈田君（满洲）在跳远中与东田君（日本）正是劲敌相逢，竞争至烈。

跳高居第四位之吉田君（满洲）获一米九四之成绩，亦颇可取。在五千米第二位的于君以外，尚有方君居第三位，林君居第六位，成绩实属不恶。

他如撑竿跳届第三位之森协君（满洲），障碍物竞走二种，目之池田、柴田两君（满洲）亦颇值得一记。

▲中华健儿精神饱满

吾国选手之最为活跃者，当首推王士林。王君在三级跳第一回即创造十四米七七，入于第三位。其他中国选手亦均能努力奋斗，充分发挥运动精神。

在跳远方面，王君居第五位，他如李、梁两君，在田径赛中，也有值得称赏的优良表演。

▲紧张精彩的足球对抗

足球是规定以关西大会之得分加以东京大会结果为全部的成绩。东京大会中，日本对满洲比赛之成绩为七对零，吾国对菲律宾为二对二，日本对吾国为六对零，除吾国与菲律宾不分胜负外，菲满二国均已败于日本。吾国与菲岛比赛实力伯仲，角逐极见剧烈，颇予观众以不少兴奋。

吾国对日本之役前半场颇占优势，使之无可活动，惜后半场精力不济，被日本操纵，以六对〇之比数，惨遭败北。

满洲对日本之战，颇呈一面倒之势，满洲队后卫既难防御，前锋复不能取攻势，卒以七对零之比大败。

▲白热化之篮球战

篮球比赛之结果，日本获冠军，菲岛次之，吾国又次之，满洲为殿军。我国与日本之比数为一十四对七十（日本胜），与菲律宾之比数为三十七对六十四（菲岛胜）。满洲与日本之比数是三十九对六十三（日本胜），与菲律宾之比数为三十四对三十九（菲岛胜）。满洲对菲律宾之赛，前半场为二十对十一，菲岛占先，后半场满洲猛烈反攻，王永芳、侯万钧频建奇功，迫近至仅差四分之比数。虽结果仍遭败北，而后卫魏启琨、信志杰之活跃表演颇堪称赞。

吾国对满洲之赛，有关第三位之得失，空气殊见紧张，结果以如下成绩，吾国获得胜利。

中华 49	16—18 33—24	42 满洲

比赛前半场比数接近，战情紧张，迨十八对十六时，吾国前卫王鸿斌、中锋樊明玉颇为活跃，满洲队深感不易应付。后半场时，吾队精神仍活跃，从此满洲亟起直追，亡命反攻，至十五分钟时，造成四十一对四十一之平手。满场观众，莫不兴奋异常。最后吾国选手一致奋斗，连进四球，遂争得最后胜利。

▲战绩绚烂的乒乓赛

乒乓球赛分为国际式与日本式两种，国际式仅日本对满洲，日本式为日本、满洲、中华民国三队之联合战。国际式比赛四单打、二双打，结果以六对零之比，满洲惨败。然而满洲队之实力，确颇雄厚，较去年日本远征满洲时，已进步多矣。

日本式对抗之结果，成为日本、中华、满洲之顺位。五单打、二双打中，中华、满洲均以七对零之比败于日本。吾国对满洲之战，紧张万分。吾国在单打方面，李德奎与姚冠凡高奏凯歌，双打则受挫，最后赖李德奎之苦战获胜，遂奠定胜利大局，为吾国争光不少。

（丙）东京大会闭幕

东亚运动大会至五月九日止，运动项目计十五种，已完全赛毕，遂于是日下午六时半，在神宫运动场举行闭幕典礼。总裁秩父宫殿下亦莅场参加。闭幕礼于下午六时半举行，暮色苍茫中，陆军军乐队演奏进行曲，会场情况热烈。中华、满洲、菲律宾、夏威夷旅日外侨团体，暨日本各选手，共七百余名，依次列队入场，为首者各高举该国国旗，全场鼓掌欢迎。总裁秩父宫殿下在全场起立欢迎中莅临会场，嗣全体高唱《君之代歌》，继向宫城遥拜，向明治神宫遥拜。最后赠给全体选手纪念品。大会会长近卫氏致辞，略谓

"今日在此集合各友邦之青年，热情交流至堪欣慰，于此，吾人尤可确信，将来当有更美满之收获也。且也，今日此种运动员之焕发精神，必能永远不泯，而益发扬光大"。

辞毕，合唱国民庆祝歌、纪元二千六百年歌，参加各国选手并高呼万岁，军乐队奏乐，大会旗遂于乐声悠扬中徐徐由旗杆上降下。各选手即列队行经总裁秩父宫殿下面前，表示敬意。至午后七时十五分，大会宣告闭幕，时已万家灯火矣。

（丁）关西大会一瞥

东亚运动大会的关西大会，系继续东京大会而自十三日起，在日本悠久之圣域橿原以及大孤、奈良、京都、甲子园、花园等地之各运动场分别举行，而展开了白热战。吾国选手始终努力奋斗，尽量地发挥运动精神，博得赏赞，完成庆祝使命之重大任务。

关西大会系自十三日午前九时起在橿原开始。全体选手先行齐集整队前往参拜橿原神宫，然后开始竞技。竞技日程共有四天，在四日间的预定会期中，因自第三日起下雨，遂将竞技之一部延期于十七日举行，但十七日雨仍不停，遂不得不将剩余项目宣告中止。在此两天内所举行之各种竞技，吾国选手异常活跃，大有可观。田径方面，如第一日撑竿跳，张立三君的成绩为三米六〇，与武田君（满洲）并居四位。跳远方面，王士林君成绩为六米四，迫近全国纪录（六米四八），而列居第五位。此外，一百米决赛，朴景云君列居第六位，一百一十米高栏比赛，杨基荣君列居第五位等，成绩均属相当满意。第二日，三级跳张君成绩为十三米七十八，虽未达到他自己所保持之十四米七十七全国纪录，但将来定有甚大希望。日本跳跃界权威南部忠平氏赞美："跳的姿势实在很好，若加以练习，将来是大有伸展的希望。"在八百米田径决赛时，李世明列在第六位，跳高比赛董锦地君本具有一米八五的实力，但因细雨，地上泥泞的影响，只跳至一米七，而退居第五位。观此二日成绩，可知我国运动选手，实力相当可观，惜兴味集中之足球比赛，因选手间合作不佳，未能获得满意成绩，甚为可惜。

篮球赛与菲岛比赛时为七四对三二，与日本比赛以七五对五一之比遭败北，但在与满洲比赛时以七一对四七之比，大败满洲，得以一洗东京大会时之耻辱，至足欣慰。

（戊）关西大会闭幕

关西大会竞技日程于十六日终了，大会闭幕式定于是日下午四时于大孤甲子园举行，然因日本方面联络上发生误会，并大雨关系故，未能如东京大会闭幕仪式之庄严热闹。首由关西大会会长及体协理事长等先后致辞，尤其对于梁世长君之为国牺牲深致哀悼之意，继由各国代表团，如日本、菲律宾、布哇、满洲等分别答辞，吾方则由周副团长答谢，黄炳星用英语翻译，徐英持国旗，并领受大会纪念品，三呼万岁而散。于是筹备经年、盛极一时之东亚运动大会，遂正式宣告闭幕矣。

3. 参加东运会返国后之重要工作

（甲）梁世长纪念杯乒乓赛

二十九年，吾国参加东亚运动会选手中有梁世长君，竞争过甚，突患心脏麻痹症急逝外邦，当时日本各界及参加东运各国选手均一致开会追悼，仪式隆重，悲感交集。新中国体育协会为事变后吾国唯一体育倡导机关，亦为最初筹备参加东运之集团，故于代表团归国后即发起梁世长个人锦标乒乓赛，俾国内运动界亦知所警惕，表示哀悼。当于八月七日在京召开首次竞赛委员会议，商讨竞赛规程，并编拟比赛秩序等，即席议决，于八月十四日起开始比赛，参加夺标者极为踊跃。教育部及参加东运筹备委员会各方面均捐杯鼓励，情绪至为热烈。新体会又特为梁世长君印制在东京比赛明信片数百张，广赠各界，借留纪念。比赛于八月二十日结束，九月八日上午给奖。褚副院长及教部代表章学海科长等训词中，对梁君奖誉有加，深致惋惜，听者无不动容。旋发给奖品，计冠军翁仲、亚军朱定各得银杯一座，季殿两军邵维贤、杨伟益各得奖旗一面，乃于掌声中散会。

（乙）参加东运报告书之编造

我国此次参加东亚运动大会，动员南北选手几千数百人出席。全国预选者，近如江、浙、皖、华北各地，远至武汉、厦门，各省市无不热烈参加，不远千里而来，形成还都后空前盛况，最后组成代表团，东渡参加竞技，与友邦各国好手争一日短长，镜头美妙，价值连城，安可无记？故当局曾委新体会主干事徐英、中报记者滕树谷担任代表团秘书及宣传，逐日作日记或新闻一篇，寄还本国，按期由中央社分发全国报章披露，作忠实之报导，以飨国人。迨东运结束归来，复由该会搜集全部活动照片、竞技纪录、长官谈话、文电训词、东渡日记，等等，汇编成册，分赠各界，完成参加之使命，颇有相当价值。

（四）和平建国杯埠际足球赛

苏京沪体育界为纪念和运奠基起见，特联合发起和平建国杯埠际足球赛，由新体会主持办理，一时轰动球坛，声震全国。京沪各劲旅一致秣马厉兵，热烈参加。汪主席鉴于此次球赛具有源长意义，特捐献一百元，委人向银楼镌制大银杯一座，送交新体会保存。而各部院长官亦踊跃赞助，纷纷赐赠，奖品琳琅满目，美不胜收。比赛遂于九月二十九日在京中央警校球场举行，当时京中球迷震于埠际赛京沪两方健将之英名，而作壁上观者不下二千余人。事前，经新体会及警校妥为布置，预设座椅千余张，故球场秩序井然，观众无不称快。三时正开赛，到各院部长官及教部代表等，仪式庄严隆重，角逐结果，沪方竟因体力不济，小受挫败，该杯遂归京市保存一年。

（五）浙江省体育宣传周之实施

二十九年秋，浙江省立公共体育场场长瞿越，鉴于东亚运动大会之举办业已引起我国各地民众对于体育事业之密切注意，为继续努力，冀得更佳效果起见，特联络浙省各机关团体发起大规模体育宣传周。自十月十日起至十六日止，经费由该场及新体会浙省分会负担。其实施方法计有下列各种：

一、张贴标语；

二、发表宣言传单；

三、举办体育征文；

四、发行体育特刊；

五、广播演讲；

六、分区演讲；

七、球类比赛；

八、中校三项田径团体竞技；

九、国术表演；

十、放映体育影片。

（六）推行太极操

世界列强重视体育，均有国操之规定，我国向付阙如。事变后虽有新民操、维新操之提倡，然国府还都以后，体育界多欲另订统一办法。爰由新中国体育协会徐英等邀准行政院褚副院长同意，将其手创之太极操发起举办讲习会，先后已达四届，成绩斐然。参加学习者均为本京各学校体育教员及各院部派遣职员，转辗传授，收效弥宏。最近且蒙教育部采为国民体操，印制图说，通令各省市县当局积极推行，是国操之提倡，自国府还都后要以该会为嚆矢也。

（七）中日首次越野赛

中国体育促进会乘双十佳节举办中日越野赛于首都。参加者计中日健儿一百六十三人，就中日人占三分之一。竞争殊见剧烈，结果冠亚军均为国人，第三则为日本选手。是日沿途观者如云，颇予民众以良好印象。

（八）和平杯踢毽竞赛

和平杯踢毽竞赛亦系中国体育促进会所主办，参加者除首都各中小学生外，民众亦有不少。此赛之宝贵纪录，即为长乐路小学代表之盘踢，计达五千对，实属难能可贵。

（九）教育部体育委员会之设置

教育部鉴于还都后之体育事业虽渐见恢复，惟欲求满意之成绩，亟应通盘筹划，精密研讨，爰集各地体育专家成立体育委员会，并于二十九年十月十九【日】举行第一次会议于首都。兹录其经过如次。

教育部体育委员会第一次会议记录

日期：二十九年十月十九日上午十时

地点：首都德瑞同学会

出席人员：

褚民谊　凌宪文（褚代）　戴英夫　吴图南　王正林　赵如珩　顾舜华　卢颂恩

王　庚　张德平　王天穆（克永）　王挹芳　徐　英　章学海　孙泽民　严恩柞

沈　绂　滕树谷　瞿　越　张　超　张金鉴（滕代）　蒋兆祥（王正林代）

列席者：

张震中　胡松泉　黄炳星　邵骥

主席：褚委员长

纪录：张震中

一、开会如仪

二、主席报告（从略）

三、部次长致讯（从略）

四、分组审查提案

第一组　体育研究组

吴图南　卢颂恩　张德平　孙泽民　王天穆　由吴图南召集

第二组　民众体育组

王庚　王挹芳　章学海　顾舜华　徐英　王正林　由王庚召集

第三组　体育行政组

戴英夫　严恩柞　赵如珩　瞿越　滕树谷　由戴英夫召集

五、讨论事项

（一）设立中央体育研究所案

（二）请恢复中央国术馆案

以上两案合并讨论

决议：由原提案人褚民谊、吴图南、顾舜华，同罗委员颂恩及社教司主管科章学海拟具具体计划，由章学海召集。

（三）拟请印发简易足球规则俾资普及提倡案

决议：推吴图南、徐英、黄炳星先行审合内容，再行提交常务会议核办。

（四）通令全国各学校以太极操为国操案

（五）规定太极操为国操，请教育部通令各省市积极推行案

以上两案合并讨论

决议：通过，由部通令推行，并咨请社会部饬属办理。

（六）普及民众体育案

决议：请教育部通令推行。

（七）建筑首都公共体育场以利民众健康案

决议：请教育部咨请南京市政府从速办理。

（八）恢复各地公共体育场案

决议：请教育部通令，将各学校运动场在限定时间内作为民众体育之用，并在社教经费内筹建简易体育场，或将原有体育场予以恢复。

（九）教育部交议江苏教育厅请审定杨彬如编著国民健身操案

决议：本会已定太极操为国民体操，本案可作为参考资料。

（十）全国各学校应厉行早操案

决议：原提案办法除第一、第七、第八三项通过外，第二项办法由地方当局斟酌实际情形自行规定，第四、第五、第六三项办法另案讨论。

（十一）拟请公布实施体育方案俾便民众有所遵循案

（十二）编订体育方面亟待进行事项逐渐实施案

以上两案合并讨论

决议：根据民国二十一年九【月】公布之国民体育实施方案，并参考本会第一次委员会议各项决议案加以修正，呈请教育部转呈行政院公布施行。

（十三）拟请筹设体育训练班案

决议：一、原则通过。

二、呈请教育部令饬国立师范筹设体育人员训练班，以太极操、童子军为主要课程。

三、第一期先就原有体育人员加以训练，再由部筹设永久训练机关。

（十四）调整全国体育行政系统案

（十五）全国体育行政之设立案

（十六）全国各省市县均应成立体育委员会案

（十七）各省市县设体育督学制或设立体育保健股案

决议：一、体育行政系统表修正通过。

二、各省市县主管行政机关应设立体育委员会，并指派主管体育行政人员及督学人员，专司体育行政及督察之责。

（十八）规定体育为必修科案

（十九）编订体育考试标准案

（二十）通令各省市体育不及格者不得升级或毕业案

以上三案合并讨论

决议：呈请教育部通令全国各教育行政机关严厉执行。

（二十一）举行全国运动大会案

决议：原则通过，呈请教育部核办。

（二十二）拟请从速组织体育最高主管机关案

决议：本件不讨论。

（二十三）拟请加聘体育专家为本会委员案

（二十四）添聘华北华中专家五人为委员俾不囿于一隅案

以上两案合并讨论

决议：呈请教育部斟酌办理。

（二十五）本会宜协助中华全国体育协进会成立之必要性案

决议：本件不讨论。

（二十六）全国中小学体育课程标准应否加以修正俾应需要而资推行案

决议：呈请教育部斟酌办理。

（二十七）国民体育法应否加以修正以资适应环境而利推行案

决议：呈请教育部会同军事训练部、社会部，根据民国十八年四月颁布之国民体育法，会同修正，呈院公布。

（二十八）教育部交议提倡以太极操为国民体操应由中央各院部会首先发起实行早操以身作则领导民众究应如何办理请公决案

决议：先由教育、外交两部实施，再行推及各院部会。

六、临时动议

（一）以本会名义电汪主席致敬案

决议：通过。

（二）拟请加聘刘长春为本会委员案

（三）请加聘朱一鸣、闻宗元、章文元、石崇羽、吴伯骏为本会委员案

（四）请加聘吴图南、滕树谷、王正林、顾舜华为本会常务委员案

以上三案合并讨论

决议：呈请教育部核办。

（五）请教育部通令全国各中小学切实施行体格检查限期汇送以作改进学生体格之根据案

决议：呈请教育部办理。

（六）为振奋民族精神发扬体育提倡太极操拟请由会函请全国报章杂志另辟专栏宣扬国民体育太极操运动等以宏宣传案

决议：呈请教育部会同宣传部斟酌办理。

附修正体育行政系统表（略）

（十）国立师范附设国民体育人员训练班

教育部为集中训练全国现任体育人员起见，特设体育训练班于国立师范，其实施办法如次。

一、导言

国府自还都南京后，在汪主席领导之下，首先确立恢复教育建设计划，体育事业原属教育之一种，提倡体育尤为复兴民族必要之途径。教育部鉴于提倡国民体育之重要，为统一全国体育行政及促进全国体育发展起见，特聘请体育专家组织体育委员会。该会已于本年十月十九日举行第一次会议，通过要案多件，而对于褚部长民谊提倡最力之太极操，尤感兴奋，会议一致通过规定太极操为国操，由教育部通令各省市积极推行，并决定在国立师范学校先训练师资，以太极操及童子军为主要课程，第一步先就原有体育人员分别抽调，施予国民体育之训练，以后再筹设永久之训练机关。是以国民体育人员训练班之筹设，实急要之图，爰拟斯项设施计划，积极推行。

二、目的

国民体育人员训练班之目的，为造就推行太极操之干部人才，养成良好师资，并为普及全国国民体育之原动力。

三、组织

训练班设主任一人，由国立师范学校校长兼任，无给职讲师若干人，办事员若干人，由国立师范学校校长会商教育部体育委员会聘请之。

四、训练限期

学员训练期限规定为二星期，每星期授课三十四小时，共六十八小时。

五、科目

训练科目依性质分为三类，计共七种。

甲、关于思想训练者：精神讲话，每周二小时。

乙、关于体育术科方面者，计二种：一、太极操，每周十小时；二、各种体育运动，每周六小时。

丙、关于体育理论方面者，计四种：一、体育行政、每周二小时；二、体育教育法，每周五小时；三、运动生理，每周四小时；四、健康教育，每周二小时，童子军三小时。（以上每周共三十四小时。）

六、学员

甲、受训学员资格分下列三种：一、现任小学体育教师，二、现任中学体育教师，三、现任公共体育场指导人员。

乙、受训学员：名额暂定百名（男女兼收），小学体育教师六十名，中学体育教师三十名，社教机关人员十名（以上人员均由教部通令各省市教育厅局选送）。

七、待遇

学员在受训期间保留原薪，膳费十五元及旅费由保送机关负责。

八、学员选送办法

受训学员由部令饬各省市根据需要选送，于一月二十日前将选送学员填具学员履历简表（姓名、性别、年龄、籍贯、学历、经历、现任职务等），呈报教育部汇核。各省市选送名额规定如左：一、江苏省二十五名（中师五人、小师十八人、公共体育场二人），二、安徽省十二名（中师二人、小师九人、公共体育场一人），三、浙江省十五名（中师二人、小师十二人、公共体育场一人），四、湖北省五名（中师一人、小师三人、公共体育场一人），五、南京市二十名（中师五名、小师十三人、公共体育场二人），六、上海市十八名（中师四人、小师十二人、公共体育场二人），七、武汉市五名（中师一人、小师三人、公共体育场一人）。

九、入学

本班定于三十年一月二十日开学，各省市选送学员，一律须于开学前一日径至南京龙蟠里国立师范本班报到，报到时呈缴选送机关之证明文件及本人二寸半身照片四张。

十、毕业

训练期满，经考试及格之学员，给予毕业证书，如成绩优异者，得呈部令饬各该省市酌予晋级加薪。

十一、经费

本班经费除学员膳费由保送机关负担外，其余授课薪给及其一切办公费就国立师范节余项下划支，如款额过大，得呈请教育部拨发。

十二、经费支出概算

本班经费一七一二元

甲、俸给五七二元

一、薪俸五二二元：教员薪二七二元（两周共六十八小时，每小时四元，合计如上数），职员薪二五〇元（职员五人，每人酌给夫马费五〇元，合计如上数）；

二、工饷五〇元（工役五人，每人酌给十元）。

乙、办公费一一四〇元

一、文具三〇〇元（纸张二八〇元、笔墨二〇元）；

二、消耗二四〇元（灯火一二〇元、茶水一二〇元）；

三、修缮二〇〇元（场地二〇〇元）；

四、购置四〇〇元（体育用具四〇〇元）。

国民体育人员训练班组织一览（略）

国民体育人员训练班课程及讲师一览

课程	每周时数	讲师姓名	备注
精神讲话	二小时	褚民谊　戴英夫 赵如珩　章学海	民国三十年一月二十日开学，二月一日休业。
太极操	十小时	黄炳星　顾舜华	
体育教学法	五小时	王　庚	
运动生理	四小时	卢颂恩	
球术	四小时	邵　骥	
童子军	三小时	沈　愚　张隐渔	
体育行政	二小时	徐　英	
健康教育	二小时	滕树谷	
田径	二小时	李春阳	

（十一）浙江省国民体操大会操

浙江省立公共体育场为检阅数月来积极倡导国民体操之成绩起见，特于民国三十年元旦，集合该省已受该项体操训练之人员，举行大规模之会操于杭州。参加者人数虽多，而动作整齐，精神饱满，成绩异常优良。被邀观操之各团体代表同声赞美，认为浙江体育不久定可普及各界。

（十二）首都中小学举行简易足球联赛

新体会为振奋首都中小学生之运动精神起见，发起简易足球联赛。参加者计中学四校，小学十四校。角逐业已月余，精神良好，技术亦日见进步，就中以第一中学、慧圆街及珠江路小学之实力最为强劲。竞赛未及两月，而各校选手之球艺均有普遍良好进展，实颇可喜。而比赛时各校所组织之啦啦队亦渐上正轨，尤属促进良好运动精神方面之绝佳现象。

中国第二历史档案馆藏“汪伪教育部档案”

伪上海市教育局呈送1941年度社会教育实施计划大纲

（1941年3月17日）

查本局三十年度，社会教育亟待推行，兹就地方实际情形，拟具实施计划大纲，备文呈送，鉴核示遵。

谨呈

部长赵

附呈上海市政府教育局三十年度社会教育实施计划大纲一份

上海市政府教育局代理局长　林炯庵

中华民国三十年三月十七日

上海市政府教育局民国三十年度社会教育实施计划大纲

甲、绪言

查我国失学民众和不识字之文盲，约占百分之七十以上，际此亟待推行宪政之秋，对于社会教育，自应急起直追不容稍缓者也。上海为中外观瞻之区，人口约有五百余万之多。事变之后，失学民众，虽无相当调查，其人数当为不少，早为本局所注意及之，但过去社教多成形式，于社会补益太少。兹揆察本市实在情形及社会现时之需要，本社会化、经济化、生产化之原则，就可能范围内，谨拟具计划，以便实施。

乙、社教现状

一、民众教育馆状况

1. 南市实验民教馆。查南市前经中央拨款复兴教育部分，当经决议举办实验民众教育馆，自上年十一月间开始筹备，刻以房屋尚未修葺完竣，仅有主任一人，办事员二人，在该馆内计划筹备。

2. 区立民众教育馆。区立民众教育馆，现呈报成立者有奉贤、嘉定、北桥、崇明等区，内各有馆长、馆员、书记等各一人，各地以经费有限，成绩亦不显著。

二、补习学校现状

日语补习学校，查该校在浙兴里，于二十七年四月一日开始招生，计二班，系半日制，刻已毕业者有六十人，每月经费有四百五十二元五角。

三、特约茶社现状

1. 第一、二特约茶社，系一人管理，每月经费一百五十元整，一在浦东杨家渡，一在浦东东昌路。

2. 第三、四特约茶社，亦系一人管理，每月经费一百五十元整，一在高桥镇北街，一在高桥镇东街。

3. 第五、六特约茶社，亦系一人管理，每月经费计一百五十元整，一在大场镇，一在真茹镇。

四、民众学校现状

1. 第一附设民众学校，在浦西模范小学内。

2. 第二附设民众学校，在浦南梅溪小学内。

3. 第三附设民众学校，在浦南模范小学内。

4. 第四附设民众学校，在宝山吴淞小学内。

5. 第五附设民众学校，在浦北虹口小学内。

6. 第六附设民众学校，在市中心区虹镇小学内。

以上各附设民校，由教育局月贴该办公费洋六十元。

五、体育场所现状

1. 第一体育场，在南市第二中学，设有主任一人，月支洋八十六元。

2. 第二体育场，在浦南模范小学，设有主任一人，月支洋八十六元。

六、社教经费现状

社教经费每月计有一千七百余元，分配上列各种社教机关。

丙、社教缺点

一、社教经费移用

查社教经费二十八年十月自维新政府，曾令拨月支四千元补助费，当以学校复兴较多，经前傅市长及陈局长会议挪作学校教育，以致社教经费无着。

二、社教经费太少

查本市所辖地区有十三区之多，人民有五百余万之众。社教经费仅有一千七百余元，实系杯水车薪，无济于事。

三、教育局无社教专科

查二十九年度，社教附属在第三科，无专科职掌，筹划似差。

丁、补助办法

一、遵令划定社教经费

查社教经费，前经中央规定，占全教育费百分之十五至二十五，除临时费，应按照实际需要，造临时预算呈请市政府拨发专案报销外，其经常费亦得照全经费筹足百分之二十，月支约在三万元左右。

二、提高社教人员待遇

社会教育之推行，以中国人情及社会情形，较难于学校教育，社教人员非学识较优、经验较丰并具有热心者不可有功。查本市社教人员薪俸太低，不足选用干员，兹拟提高待遇，以利事功。

三、教育局回复第四科专办社教

查教育局在事变前，原有第四科之设立，专管社教事宜，施行尚称顺利；后经取消，以致组织偏枯。于本年度起，而回复第四科，专管社教事宜。

戊、实施计划

一、推动民众教育馆

1. 南市民众教育馆要切实活动

查南市民众教育馆筹备已经两月，以经费未曾配发，该馆活动较少，嗣后该馆设施避免形式上之设备，务多附办民众识字班、青年补习班等事项，本经济化原则，使该馆职员尽量兼任各该班职教员，以节公务。其余各种活动，亦在需要和可能范围内办理（该馆计划及支用款项另编呈核）。

2. 区立民教馆为各区社教中心

查本市有十三区之广，其中嘉定、奉贤、崇明等为旧有县治，原有社教机关之组织，本局以环境及距离较远关系，恐本局指挥督导有鞭长莫及之虞，拟以各该民教馆及各区署长为推动社教中心（办法另定）。

3. 民众教育馆力求实际

查事变前各民教馆、图书馆多半具有形式，无补民智切实利益，兹本社会化、生产化、经济化原则，力求实际，按月视察指导，以便考勤。

二、增设补习学校

1. 扩大日语补习学校

查本市有日语补习学校一处，尚系附设浙兴小学内，仅有学生二班，多系各商店店员。兹为联络日华人民感情起见，拟将该校教育方面扩大，增加公务员公余补习班、本市警长警士补习班。查人民与日兵每多发生冲突，多因语言隔阂，各街口及各要冲均有本市警士岗位，警士如通日语，中作翻译，则日华人士自少冲突，中日亲善，始臻完善。

2. 设立职业补习学校

查上海为中国唯一商埠，工商业均较发达，今后技术之需要，尽人皆知。兹拟设立职业补习学校四处，内设电话、打字、汽车修理驾驶、公路之修葺建筑以及妇女家事之补习等事，以便人民有生产之技能，其各该校之简章另订之。

3. 设立青年学校

上海自事变后，失学者当不在少，拟设立青年补习学校四处，校内分初高两级，使小学中学各失学学童按学级程度，编班补习，其简章另案呈核。

4. 设立教化院

查上海人烟稠密，游民及贫苦民众充街满巷，虽经市政府设立赈济，但只有消耗，而无生产，亦非久治长安之计。拟在本年度创设教化院一所，内设近来需要各种工艺各组，与社会局合办，用赈济各款及另筹款项计划办理，俾沿街游民尽入教化院做工，其残废者则入残废院，其详细计划及办法由本局与社会局核议另订。

三、增设民众学校

1. 充实现有民校班

查本市有附设民众学校六处，均在各小学附属设立，其工作情形，想有不实之处，并为数太少。本年度切实考查，并详定奖金办法，以资鼓励推进，奖励办法另订之。

2. 特约茶社改作民众学校

本市有特约茶社六处，拟改作民校，以得实效，就原有经费范围，仍改成民校六处，其校具等费，另案呈拨。

3. 添设民众学校

现在上海人烟稠密，幅员广大，人口有五百余万之众，辖境有十三区之广，失学民众之多，不言而喻。为急救文盲起见，拟大量设立民众学校，本年度拟设立一百二十处，厉行强迫教育，以资普及，其详细办法，另案呈核。

4. 增设附设民校

本市小学有一百余处，附设民校仅有六处，未免太少，拟再添设附设民校四十处，借资推广。

四、扩大识字运动

1. 本市各机关附设问字处

本市各教育机关、各学校以及各区公署、各警察署等在各机关大门内，附设民众问字处一处，以解答民众问字，每日各该机关得派员前往轮流担任负责，其成绩如何，呈请市府列入考成。

2. 厉行小先生制以推民众识字

识字运动，举行不易，即今举办，鲜获成效。查陶行知先生小先生制，对推行民众识字，前曾著有效果。本年度拟采小先生制令饬各学校遵照转饬各该四、五、六年级生以及初中各级学生办理，其办法及小先生教学法另订之。

3. 设立戏剧影片编审委员会

查戏剧影片审查中央原有规定，现值和平运动之际，此种工作似应注意。本年度拟由教育局召集有关各机关，组织成立编审委员会，按期开会以编审各种戏剧影片。

4. 奖励或补助特区社教机关

事变以后，各租界地已有不良分子潜藏，租界具有特殊性质，教育机关及教育行政迄无权力推行。本局为教育普及计，拟将各租界之社教机关及负责人员设法予以补助及奖励。

五、保育社会康健事宜

1. 开放各教育机关体育场所

查本市各教育机关之体育场或操场，向系门罗主义，不许民众染指，以致民众运动机会太少。拟令饬本市各教育机关每礼拜定期开放二次，俾民众举行运动，并得派教员指导动作。

2. 举办种痘及防疫注射训练班

查种痘及防疫注射，友邦举行，民众因语言不通，每致感情恶化。本书拟会同警察局以及市府卫生科，办理上项训练班，对民众种痘防疫事宜，由本市政府各机关自动办理。

3. 购发卫生药品

卫生药品等，得由市政府及警察局办理，本市各教育机关，用之不便。拟由本局遇事实必要时，得函请购置转发本市各教育机关应用。

4. 举行婴儿比赛会

本市婴儿保健事宜亟应注意，本年四月四日（儿童节）拟举行婴儿比赛会，以提倡婴儿保健教育，其办法及奖励法则另订之。

5. 举行国术骑射会

中国国术以及骑射，为中国尚武精神之表现，有益于国民身心者不浅。本年度秋间，举行国术骑射比赛，借以提倡国民体育，其办法届时另订之。

6. 举行学生成绩展览会

本局每年举行一次，各区分别自行举行一次，会同二科办理。

7. 举行市区联合运动会

春秋分别举行各一次，会同二科办理。

六、实行考勤奖励

1. 甄试社教工作人员

社教人员，过去多不重视，影响社教不浅。兹拟提高社教人员薪金标准；对于人员能力，本局应具切实考查，以免贻误，定期甄试社教人员，以拔真材，其办法另案呈核。

2. 固定社教视察员

本局对社教事宜多用奖金办法，关于成绩考勤之权度，应有专员负责；除第四科负责外，由督学室视察员指定专员负考勤责任，用作鉴别各社教工作人员之勤惰，以便评发奖金。

3. 划定奖金实行奖励

本市各民众学校、各附设民校、各民教馆以及各区署长推行社教之勤惰等，均明定奖惩办法，并充分预备奖金，每于学期终了，实行奖励。

己、筹增经临各费

中央补助

1. 遵令请求中央补助

查教育部训令秘字三〇九七号颁发各省市申请地方教育补助费办法内规定申请补助者以社会教育为多，足见中央重视社教，本局拟遵照拟具计划，编造预算，呈请补助。

2. 市府筹划

本市市长注重教育，早拟筹增教育经费，以便扩充，兹缮具计划及预算呈请筹增。

3. 整理教育官产

本市教育官产，事变前甚为可观，自事变后，多为地方士绅隐昧及把持。兹局规定整个办法，按真整理，将整理所得划定成数，办理社教事宜。

4. 制各种经临预算

查上年度各种社教经费月支仅一千七百余元，虽经确定经费，但为数太少，绝无发展可能，本年度力求增加社教经费。俟款项筹妥后，就可能范围内确定临时经常预算，遵照进行。

庚、进行程序

本年度社教推进，分作四期，暂定如左。

1. 第一期，元月至三月底止，应举办者：

一、教育局设专科，二、提高社教人员薪金标准，三、实验民众教育馆切实工作，四、充实附设民众学校，五、特约茶社改设民众学校，六、添设民众学校，七、添设附设民众学校，八、各教育机关附设民众问字处，九、请求中央补助经费，十、请求市府筹划经费，十一、会同整理教育款产，十二、编制社教经临各项预算。

2. 第二期，四月至六月底，应办事项如左：

一、扩大日语补习学校，二、筹设职业补习学校，三、筹备教化院，四、增设民众学校，五、厉行小先生制推广识字运动，六、成立戏剧影片编审委员会，七、开放各教育机关体育场所，八、举行婴儿比赛会，九、甄试社教工作人员，十、规定社教视察员，十一、制各区署长筹增教款奖励办法，十二、抽考民众学校，十三、办理春季市校联合运动会。

3. 第三期，七月至九月底，应办事项如左：

一、设立青年学校，二、拟定办法，使区民教馆为推行各区社教中心，三、成立教化院，四、添设附设民众学校，五、奖励社教工作人员，六、办理种痘及防疫训练班，七、各区署推行社教，实行奖惩，八、举行秋季市区联合运动会。

4. 第四期，十月至十二月底，应办事项如左：

一、举行国术骑射运动会，二、抽考民众学校，三、奖惩社教工作人员，四、考查各区民众教育馆工作勤惰，以定奖惩，五、奖惩各区署长。

附注：1. 各种预算已编就另呈。

2. 上项各种条例法则，届时陆续拟呈。

中国第二历史档案馆藏“汪伪教育部档案”

一年来的社会教育

（1941 年 4 月 10 日）

赵如珩

一、总说

国府还都南京，已经一年。在过去一年中间，对于社会教育的设施，不敢说有什么积极的推进，但是初步的调整，似已做了。今后要是在财力、人力的可能范围之内，我们很想放开手去，多做些积极的事业。

从过去的经验和事实视察，办理社教事业必须要有一个根本观念，就是说，要认识社会教育的重要性。缺乏这样一个根本观念或根本认识，相信社教事业是永远不会开展的。

现在，不论是在办理社教事业的人，或不是在办理社教事业的人，多数把社会教育看作一种教育事业中间的装饰品。好像教育事业中间缺了社教，不大好看，不大妥当，所以不得已，只好设立一个社教机关，挂上一个社教事业的牌子，设置几个社教工作的职员，把社教事业当作点缀的东西。这一种观念是错误的。

还有一种心理，恐怕也很普遍。纵使明知社会教育很重要，但有同样的教育经费时，宁可用之于学校教育，而不愿用之社会教育的。何以如此呢？原因是但讲表面，不求实际的缘故。因为办理学校教育的成绩，可以从表面上看得见；办理社会教育的成绩，表面上不容易显得出来。所以，假定拿一笔同样的经费来办教育事业时，多数欢喜用之于学校教育，而不肯用之于社会教育上面的。

你想，办教育事业的人有了这种观念，存了这种心理，试问社教事业那得还能开展？因此，我们不认社教是重要的事业或者不求社教事业的进展，倒也罢了；如果认为社教是重要，或者认为社教是要求进展的，那么，首要改正过去的那种错误观念和普遍心理才成。

这一点，在我报告一年来的工作概况之前，特别要提出而希望教育界同人加以注意的。

二、几个统计

在目前的政治状态之下，要求一个正确的统计，不是一件容易之事。下列几个统计，当然可说是残缺不全的。但是，放在本文之内，至少也可以看得出一个概数。

假定左列几个统计认为多少是有些正确的话，那么，我们把事变之前社教机关的数量来相互比较一下，我们可以知道，两者相差很大。同时，也就是指示了我们今后应该如何地加倍努力去开展社教的事业。

甲、各省市社会教育统计

数目 机关 省市	民教馆	图书馆	体育场	民众学校	职补学校	公园	民众识字班	民众茶园
江苏省	三〇	一二	九	三四	二〇	九	一七	
浙江省	一五	二	四	二五	一四	二	一〇	一一
安徽省	一二	一	七	一八	四	四		
南京市	一	一		二	四		二〇	
上海市	七	四	五	一二	八	三		八
湖北省	二	七	二	三五				
广东省				五	九			
河北省				二八一	一一			
山东省	五二			六五	一〇			
河南省	一一							
汉口市	一		三	六	五			
北京市	四			三八	三六			
天津市	九				三四			
青岛市	一				一五			
共计	一四五	二七	三〇	五二一	一七〇	一八	四七	一九

备注：一、江苏、浙江、安徽、南京、上海、湖北、广东、汉口等省市机关数系上年十月、十一月间由社教司分函各县区调查填报。

二、河北、山东、河南、北京、天津、青岛等省市机关数系上年六月、七月间由华北政委会教育总署调查，河北省民众教馆数未报，河南省民教及补习学校数未报，山西省全部未报。

三、河北等处民众教育馆称新民教育馆，民众学校称新民学校。

四、广东省机关数系汕头市报告。

乙、分省社会教育机关统计

（一）江苏省社教机关统计

类别 数目 县区别	民教馆	图书馆	体育场	民众学校	补习学校	公园	民众识字班
省立	一	一	一				
江宁	一						
江都	一	一	一	一			
六合	一						
武进	一	一	一	一	一〇		
青浦	二			二	一	一	一七
吴县	二	一			三		
昆山	一	一	一	一		一	
金山	一		一				
丹阳	一		一	二	四	一	
海门	一		一	一		一	
常熟	一	一	一	三		一	
宜兴	一						
句容	一			二			
金坛	一			一			
丹徒	一	一		四			
太仓	一	一		六			
靖江	一			一		一	
仪征	一				一		
江浦	一						
无锡	一	一		一	一	一	
吴江	三	一				一	
南通	一			八			
江阴	一	一	一			一	
松江	一						
如皋	一	一					
共计	三〇	一二	九	三四	二〇	九	一七

（二）浙江省社教机关统计①

数目 类别 / 县区别	民教馆	图书馆	体育场	民众学校	补习学校	公园	民众识字班	民众茶室
省立	一	一	一	五	二		六	
海宁	一		一	四			三	
嘉善	一		一					
崇德	一		一	一	二	一		
杭县	一			一	一			
平湖	一			一				
桐乡	一	一	一	一		一		一
海盐	一			一				
杭州市	一			一〇	一		一	一〇
余杭	一			一				
长兴	一							
嘉兴	一				四			
吴兴	一			三				
德清	一							
武康	一							
共计	一五	二	四	二五	一四	二	一〇	一一

（三）安徽省社教机关统计②

数目 类别 / 县区别	民教馆	图书馆	体育场	民众学校	补习学校	公园	民众识字班
省立	一		一				
当涂	一		一	一			
五河	一			二			
凤阳	一						
滁县	一			一	二		
嘉山	一		一				
芜湖	一	一		六		一	

①② 表格中数据有误，原档如此。

续表

县区别 \ 数目 \ 类别	民教馆	图书馆	体育场	民众学校	补习学校	公园	民众识字班
和县			一		二		
泗县				二		一	
巢县	一						
繁昌	一		一				
合肥	一			一	一		
怀宁	一		一	四		一	
怀远	一		一	一		一	
共计	一二	一	七	一八	四	四	

（四）湖北、广东省社教机关统计

县区别 \ 数目 \ 类别	民教馆	图书馆	体育场	民众学校	补习学校	演讲所
省立				一六		一
信阳		五	二	一八		
应山	一	一				
云梦	一	一		一		
湖北省共计	二	七	二	三五		一
汕头市				五	九	
广东省共计				五	九	

（五）上海、南京、汉口市社教机关统计①

县区别 \ 数目 \ 类别	民教馆	图书馆	体育场	民众学校	补习学校	公园	民众识字班	民众茶室
浦东南区			一	一				二
浦东北区								
沪南区			一	一				一
沪北区				一	一			二
沪西区				一	二			

① 表格中数据有误，原档如此。

续表

数目 类别 / 县区别	民教馆	图书馆	体育场	民众学校	补习学校	公园	民众识字班	民众茶室
市中心区				一				
南汇区	一	一	一	一	二	一		
宝山区		一		一	二			
北桥区	一				一			
川沙区								
嘉定区	二	一	一	二		一		
崇明区	二	一	一	二		一		一
奉贤区	一			一				
上海市区计	七	四	五	一二	八	三		八
南京市	一	一		一	四			
汉口市	一		三	六	五			

丙、民众学校概况统计

省市	校数	级数	学生数			毕业生数		
			男	女	共	男	女	共
江苏省	五一	五二	一七四七	六四〇	二三八七	三九一	一八六	五七七
浙江省	二〇	二一	五九〇	四五〇	一〇四〇	一五八	一一一	二六九
安徽省	一八	二一	五三四	一四三	六七七	二六八	三二	三〇〇
南京市	一	二	二〇	三五	五五			
上海市	七	九	二五一	一二九	三八〇	二〇八	九三	三〇一
共计	九七	一〇五	三一四二	一三九七	四五三九	一〇二五	四二二	一四四七

备注：一、各项统计数根据各县区报告汇编，间有未载明者从缺。

二、各民校多数附设，故教员数、经费数未统计。

丁、职业补习学校概况统计

省市	校数	级数	学生数			毕业生数		
			男	女	共	男	女	共
江苏省	八	一〇	一九四	三一四	五〇八	四六	七二	一一八
浙江省	二	二	一六九	二五四	四二三	四二	一五	五七
安徽省	四	六	一九四	三一	二二五			

续表

省市	校数	级数	学生数			毕业生数		
			男	女	共	男	女	共
南京市	四	四	四二	六九	一一一			
上海市	五	五	一四六	四六	一九二	二三四	四〇	二七四
共计	三二	三六	七四五	七一四	一四五九	三二二	一二七	四四九

备注：一、各项统计数根据各县区报告汇编，间有未载明者从缺。

二、各补校多数附设，故教员数、经费数未统计。

三、过去的工作

（一）确定中心事业

我们觉得，社会现实的状况非常复杂，社教事业的范围又是非常广泛，实施机关往往找不到一个头绪。所以，过去虽然花了很多财力和人力，可是成绩并不显著。为增加社教实施的效率起见，考虑现实的地方情况，针对现实的国民需要，以及顾虑将来立国的基础，确定了第一期的三大中心事业。第一，就是生计教育，第二就是语文教育，第三就是健康教育。在这三大中心社教工作中间，细分起来，可是还觉得种类繁多，所以，进一步地，又把职业补习教育确定为生计教育的重心，把识字教育和公民常识训练为语文教育的重心，把国民体操和卫生常识的训练为健康教育的重心。这样，不论是在中央或是在地方办理社教工作的同志，都有了一个着实的把握，不致像过去那样地毫无头绪。等到第一期的中心事业办有成效，然后再由地方教育当局斟酌当地情况，推进其他事业。

（二）调整社教机关的行政组织

关于这一点，可以分作四点来说明。第一点，规定社教行政的执行机关。社教的执行机关，在中央是教育部的社会教育司，在省市是教育厅局的主管科，在县是县教育局或县教育科的主管科股；社教的设计机关，在中央是教育部社会教育实施委员会，在省市县地方，都设立省市县的社会教育实施委员会。这一种调整的办法，在执行机关方面未有变动，和事变以前相同，不过在设计机关方面，把过去的各种委员会，譬如电影教育委员会、识字运动委员会等等的机构，都总括在社会教育实施委员会之内。这是为了节省统一财力和人力的经济打算。第二点，就是统一民众教育馆的组织。目前民教馆的内部组织，不论省市设立的，或是县立的，形形色色，不很统一。为统一它的组织起见，已经决定，省市设立的遵照民国二十四年颁布的修正民众教育馆暂行规程，分设教导、健康、生计、阅览、事务五组，全设或合并得视地方情形，斟酌办理。县及市区设立的，以暂分教导事务五组为原则。第三点，关于图书馆、体育场以及公园等所属的调整。目前，各地方的图书馆、体育场和公园等机关，老实说，不过是花了一部分的经费，安插几个职员，挂上一个招牌，既缺内容，又少工作，实际上形同虚设。为节省人财二力起见，已经决定省市设立的图书馆、体育场和公园，照旧存在，县及市区设立的以归并于民众教育馆为原则；但依地方情形，像文化发达的若干地方，有单独设立的必要时，得呈请省市教育厅局核准，转呈教育部备案。这一个办法，一方面是节省人力、财力的浪费，另一方面，也是充实民众教育馆的办法，使民众教育馆在工作的运用上面，得到许多便宜。第四点，至于单独设立的民众茶园，已经通令停办，把它的经费移充办理民众学校或职业教育之用。

（三）规定社教经费的成数

我们看到国家经巨变深创之后，民生国计，俱极凋疲。民众思想的淬砺启迪，生产技能的训练传习，刻不容缓，而推进社会教育事业，实为要着。确定经费标准，更属切要。所以，在去年六月间教部召集的各省市教育行政会议中，提请讨论，规定社会教育经费在整个教育经费中所占成数应为百分之十五至二十五，并严格制止移作他用，经会员一致公决通过，确立社会教育事业推进基础。即由教部呈请行政院通令全国各省市，对于原有的教育专款不得移作别用，并尽量增筹，于八月间另以训令通饬遵办。

（四）设立社教实施委员会

教育部为推进全国社会教育，以提高民智，充实民力，完成政治经济文化之建设为鹄的，并为统一社教实施机构，加强实施效力起见，依照该部组织法第五条规定，于去年九月间组织社会教育实施委员会。当即拟定该会组织规程，呈奉行政院指令，准予备案，即由该部分别聘派委员二十五人。会内共分五组，由委员分任组务：一、识字运动（如推行国语及注音符号等），二、补习教育组（如各级补习学校及职业补习），三、艺术教育组（如戏剧、电影等），四、青年训练组（如公民思想训练等），五、特殊教育组（如盲哑教育等）。除分令各省市厅局知照外，并函请各委员将社教实施意见及提案尽量提付讨论。于去年十一月，举行第一次委员会。

（五）提倡全国统一的国民体操

第五项工作，值得报告的，就是关于国民体操的提倡。我们深觉得今后国民体力的强弱，有关今后国家的能否复兴，两者的关系非常重大。所以，在教育部特设了一个体育委员会，把褚民谊先生发明的太极操一致议决，作为全国统一的国民体操。先把国民体操图说，印就分发给各省市的各级学校和各种机关团体，继而开设国民体育训练班，训练国民体操的师资，业已结束。最近除了通令各级学校的体操科一课或早操的时间，务须一律举行国民体操之外，并且派员前往各省市巡回训练，务使国民体操普及全国。这一点在事变以后，各种事业形式与实质尚未统一的时候，而体育上却得到了全国统一的基础。

（六）训练社教人才

事变以后，国府还都之前，若干省市办有社教人员训练班。这一种办法，我们觉得，地方财政既多浪费，训练目标又不统一。所以，国府还都以后，首先通令各省市停办，然后在国立师范学校里面附设了一个社教人员训练班。第一届已经训练完毕，第二届正在办理之中。第一届的毕业学员（四十余人），已经分派到各省市去，从事实际的社教工作。

第二届的办法，与第一届稍有不同，完全由省市保送民教馆长、主任来加以训练。依照中心事业，集中训练科目，缩短训练期间，增加实习指导的课程，如此，更能增进社教干部人员的学识和技能。相信，较之第一届的训练办法要好得多。

（七）推行补习教育

教育部深感全国文盲众多，失学民众又复不少，为补救未能接受普通教育的民众起见，积极推行补习教育，当经修正实施失学民众补习教育办法大纲施行细则，呈奉行政院备案后，通令饬遵分期逐年普遍设立民众学校及职业补习学校，期于五年内扫除文盲，并加强公民训练，以达完成宪政建设之功。复颁布民众学校规程、职业补习学校规程，限于二十九年内即行举办第一期。现已据浙江、江苏暨南京市先后呈报，分别开始推设。查修正实施失学民众补习教育办法大纲，有民众学校教本应由部编印免费发给的规定，惟以课本编纂印刷，决非短时可办，除一面由社教司限期编纂外，一面为急需应用计，即移用前教育部旧存之小学教科书二十九万册，发交各省市为暂行读本，一俟现在印刷中的国定课本印竣，即行颁发应用。

（八）创设青年学校

其次还有一件重要的计划必须报告的，就是关于青年学校的创设。青年学校是什么呢？青年学校是以培养青年德性，增进国民常识，并就青年现有之程度与实际生活，补充其生产智识与技能为宗旨。简单地说，也就是一种实施职业补习教育机构。为什么要创设青年学校？这里有几个理由：第一，因为我们深感目前的国民家庭经济，要使一个家里的子女从初小读到高小，从高小再到初中，从初中再进高中，从高中再升大学，事实上非常困难。譬如现在一个中学的寄宿生，每一学期要用上一百多块钱，一个大学的寄宿生每一学期要缴纳二百多块钱的费用，试问这样巨大的学费，在目前百物高昂、经济贫穷的普遍情况之下，有多少家庭的家长能够负担得起？我们沉痛地说一句老实话，依照目前的国民经济情况，要发展教育，固然困难，就是要维持教育现状，恐怕也不容易。因此，为救济这种困难起见，我们才决定创设这一种职业教育性质的补习学校。所以，这一种青年学校，是给准备就职的青年或是已有职业的青年去补习教育的，这是第一个理由。其次关于职业补习教育，原来教育部颁布过职业补习学校的规程，为什么现在还要创设这一种青年学校？这里也有一个理由。因为过去对于职业补习教育的机构，在学制上，没有明白规定它的地位，所以职业补习学校似乎不大正式，而一般青年因此对于职业补习学校也感不到兴趣；同时“补习”两个字，也没有比之“青年”两个字来得动人，因此，我们为适应青年的心理起见，把过去职业补习教育性质的学校或训练班，一律改作青年学校，同时在学制上明白规定青年学校的正式地位。第三个理由，过去的职业补习教育有一种职业补习学校的设置，不过它的范围太广泛，并且对于施教的对象，没有阶段的规定，以致办理的人无从设施，受教的人无从进修，这是过去补习教育制度上的一个大缺点，今后要弥补这一个缺点，我们才决定创设这一个新的体制，就是青年学校。而青年学校所以分设补习、初级、高级及研究四科，使各级学校的失学而准备就职的青年或是已有职业而有各种相当程度的青年，都有补习进修的机会。总之，青年学校是基于种种迫切的需要而产生的新的设施，关于它的详细办法，已由教育部向行政院请示。等到核准之后，再来介绍。

（九）审核民众教育馆工作

过去各地民众教育馆工作，率多因循，教部为督促切实振作起见，于去年五月间拟定工作月报表式，于六月初令发各省市教育厅局转饬各馆遵照，按月填报主管教育厅局，汇转本部审核。苏浙皖三省暨京市各厅局按月呈送到部，由部将各馆工作状况逐一审核，分别指示改进要点，令饬遵照改进，而于生计教育的职业补习训练、语文教育的民众学校、健康教育的卫生训练等办理情形，尤为注意。并于青年民众的生产训练传习，再令饬各馆拟具实施具体方案，努力推行。各主管教育厅局对于各馆工作亦能随时切实督导，使民众教育事业能实际进展，发挥效益，并使经费不致虚靡。

（十）编审民众读物

查我国民众读物种类繁多，考其内容，类多淫辞邪说，流毒社会，曷其有极。教部为防患未然，并整顿改善起见，督饬主管司会，从事编审有益于身心的民众读物。惟以编纂费时，故一时尚难付印。又市上流行的连环图画及花纸等，完善者固多，而恶劣者亦复不少，此种图画花纸，儿童浏览者多。教部深以儿童意识薄弱，易受环境支配为虑，特令饬各省市厅局，拟具取缔办法，从事取缔，并饬编印适合儿童教育的儿童读物及连环画，以资儿童阅览。其呈报拟具办法实施取缔者，有汕头市、安徽省、浙江省、汉口市、广州市等处，江苏省教育厅、上海市教育局搜购民众读物及连环图画多种，呈部审查，经指定专员，负责办理。一俟完竣，即可将审查合格各书，公布准许流行。

（十一）编印国民历

教部于去年七月间，即着手准备编纂民国三十年国民历事项，当经拟定编历委员会组织规程及经费概算草案，会同内政部，呈奉行政院决议通过。即由该部聘请天文家蒋丙然先生担任专任委员，杨韶、王学澧、朱钰、徐汉、赵如珩等为兼任委员，复聘友邦专家能田、森川、高木、堀勇、国富诸位先生为赞助委员，即于九月十四日举行第一次会议，确定国民历内容材料要纲：为日序、七曜、日中、平时、日蚀图表等。推由蒋委员主编测算，九月十九日开第二次会议，确定国民历附录材料，及修正颁行仿印国民历办法。十月三十日第三次会议后，确定潮汐时分表、日蚀一览表等材料，即经赶工编辑，于十月中旬脱稿付印，嗣以制版关系，稍稽时日，即于十二月中旬印刷完竣，即于去年年底内分发全国各地。

（十二）筹设国立中央图书馆

为谋复兴及促进事变后的图书馆事业起见，就首都龙蟠里前江苏国学图书馆原址，加以修葺。一面将原有图书切实整理；一面宽筹经费，以谋充实。去年六月，呈准改组为国立中央图书馆，每月经费暂定一万元。内部组织，于馆长之下分设总务、图书两组，经分别聘委职员，主持办理。嗣于九月间，教部为调整各直属机关地址起见，复经将该馆迁往国府路前中大复校筹备处原址，迁移布置，耗时颇久；并选购大批书籍，整理编目，又经多日。教部一再派员协同规划，督促整顿，分设特别研究室、参考阅览室、普通阅览室、儿童阅览室、报章杂志阅览室，于本年元旦实行开放。

（十三）参加东亚运动大会

去年夏间，日本为庆祝二千六百年纪念，举行东亚运动大会。事前经教部呈准组织参加东亚运动大会筹备委员会，核定全部经费，并先期举行各省市初选，华北华中复选，暨全国决选，最后经决定职员选手八十人，组织中国代表团。计有足球、篮球、乒乓、田径、国术五队，于五月二十六日由京出发，三十日抵东京，六月六日起参加东亚运动大会，至九日完毕，十一日由东京赴大孤，转抵橿原，十三日起至十六日参加关西大会。参加者为中日满菲诸国，我选手各项运动成绩，虽无如何精彩的表演，但一则表示庆祝，一则以资观摩，其意义也很重大。

（十四）其他的工作

关于过去一年中的社教工作，重要的概如上述。其他像调查各省市社教机关、派员参加宣传部主办的电影检查委员会、指导文教团体、保存古物文献、发起组织中国戏剧协会、推行播音演讲等日常和临时的工作，不必在此多说了。现在，再把本年内上半年的计划，略述于次。

四、本年的计划

民国三十年上半年社会教育行政计划纲要，是由教育部主管司拟具呈准部长后，曾经在京沪各报披露过，现在把这一个计划纲要，再来摘要地叙述一下。

（一）促进中心事业

确定社教中心事业的经过，已如上述。本年即督促所属，切实办理，以期民教事业发扬实效。三大中心事业的范围及其运用，规定如下。

（甲）生计教育，着重职业补习教育（举办青年学校）。

关于农业及农艺者，如改良种子、病虫害、制种、养蜂、养鸡、畜牧、园艺、普通农作物等；关于工艺及工艺者，如电镀、汽车驾驶、汽车修理、印刷、制图、摄影、印花染织、编织、制草等；关于商业者，如打字、速记、簿记、汇兑、保险、广告图样等；关于家事者，如烹饪、造花、刺绣、缝纫、看护、保姆、理发、佣工等；关于其他职业者，视地方情形订之。

（乙）语文教育，着重民众识字及常识灌输、民众学校、书报阅览、公民常识、讲演等。

（丙）健康教育，着重国民体育训练、灌输卫生常识、劳动服务、提倡公共卫生、指导国民体操传习等。

前项应办事业，各地应因地制宜，斟酌运用。

（二）调整社教机构

民教馆为实施民教事业的中心机构，已为一般社会人士所认识。以往因人才缺乏、事业纷繁、社会复杂、民众愚盲等因素，实效未显。事变以还，民教馆逐渐恢复，筚路蓝缕，已非易易；惟较有经验的人员，早经星散，目前设置各馆，内部组织，经费分配，工作设施，颇多未合标准。本年令饬各省市教育厅局切实整理，务使组织划一，经费合理，一洗过去虚浮泄沓之弊。其整理办法，已详上述。

（三）调查社教经费

经费为事业之母，目前各省市县，教费来源枯竭，教育事业因之不易发展。社教机关，虽经规定应占成数，而实际状况是否适合，应予详细调查。本年拟将来源及分配状况，分别调查。

（四）继续训练社教人员

欲求社教机关改进，须先训练社教工作人员。本年仍于国立师范学校内，附设社教人员训练班，分期调集各省市现任民众教育馆馆长或主任，予以训练，课程注重民教馆实际问题的研讨，以期养成实施改进干材。

（五）督促中学校兼办社教

社会教育急需向全民众推进，而教育经费拮据万分，实施机关，推设为难。拟就各项事业中，择其更要者，利用学校闲暇时期，教师有余精力，由学校机关兼办。在国基初奠之际，负教育之责者，应共体国步艰难，悯街头村中愚鲁民众，抱有教无类的精神，从事一切教育事业的活动，尽教育救国、教育建国的重任。本年内订定兼办办法，令饬各省市教育厅局督促各级学校共体斯旨，切实遵行。

（六）督促推设民众学校

教育部曾颁布修正实施失学民众补习教育办法大纲施行细则、民众学校规程等，令饬各省市遵照，拟具推设计划，限期扫除文盲。惟和平初奠，教费未充，各省市设置民众学校，据最近统计，未达预期数量。本年拟令饬各省市教育厅局依照计划，督饬所属各县区努力推进，严予考成。

（七）督促推进职业补习教育

教育部前曾颁布职业补习学校规程，令饬各省市遵照规程，斟酌地方实际需要，切实举办民众职业补习训练。兹为集中施教对象，统一办理方法，力求实效起见，设立青年学校。盖青年为社会中坚、国家柱石，体力知能的健全与否攸关社会国家的进步。目前公私经济交困，基本教育未普及，青年多数失学，急于谋生，惟于身心陶冶、公民常识、生产技能，均乏相当补习机会，影响个人生计、国家财富甚巨，故拟参照各国成规，设立青年学校，以谋挽救。其步骤是：①订定设施计划及章则，②规定经费标准，③拟定课程纲要，④指定试办地点，⑤视导研究。

（八）恢复童子军事业

童子军事业，为青年训练必要组织，停滞已久。本年拟重行恢复，由教育部邀同军事训练部、社会部、宣传部组织委员会，积极办理，以谋事业进展。

（九）促进图书馆事业

图书馆为静的社会教育事业，每易被一般人士目为“古庙”或“冷庙”。须将应办事业，如读书竞进会、学术讲座、巡回文库、书报评论及介绍等，积极向馆外推进，使成社会活动的中心。本年拟令饬国立中央图书馆暨各省市教育厅局转饬所属省市立图书馆，切实拟具具体计划，努力办理。

（十）编印民众读本

民校学生应用课本，教育部业已编就第一册，印发各省市供前期民校应用。其内容偏重识字方面，以期适合民众程度。本年拟继续编后期应用的第二册，内容略增公民常识方面教材，补充民众知识，并注重自学能力的培养。

（十一）改革习俗

习尚奢靡，须费倍增，而生产依旧，民生国计，交受其困，如繁文俗节的耗费，影响平民经济颇巨。本期拟订定办法，通饬各地民教机关从事提倡实行俭约，以期挽救颓风。

（十二）积极推行国民体操

教育部决定以太极操为国民体操，简便易行，曾设置训练班，训练推行干员。本年拟继续举办训练班，一面令饬各级学校，采为早操教材；一面督促社教机关指导民众，普遍习练。由教部派员巡回督导教练事宜，各省市并于还都初周年纪念举行会操，鼓励民众观摩。

（十三）筹编明年国民历

按照往年成例，关于编印国民历事务，由教育部组织编历委员会，主司其事。三十年国民历，因筹办较迟，过程上似颇匆促。本年九月中，华中各地日全蚀，该部复拟聘派天文专家，组织日蚀观测队，实地观测。关于编历事务，时间上，不无冲突，爰拟提前办理，草具计划，呈请行政院核定，于本年四月至六月编制初稿，七月付印，八月颁发。

（十四）筹备日蚀观测事宜

日全蚀地带，今年适在我国，为百年仅有的机会。教部为便利研究天文者观测起见，将所有日蚀地区及时分推算定当，公布各日报，并拟订定规章，经费预算，组织观测团，呈请行政院核准后，即行着手筹备，以便届时往全蚀地带，从事观测研究。

（十五）筹备电播教育

电机播音为宣传利器，教育上各种启诱民智工作，可借广播推进。本年拟分令各省市教育厅局，转饬各教育机关置备收音机，指导各地民众聆听教部及各教育机关学术讲演教育消息等，该部并拟筹集的款，设置教育播音台，专作教育播音之用。

（十六）接收图书、古物、气象台

事变后一部分图书善本、古物珍品及气象台，由友邦保存管理，尚未收回。本年中准备接收，管理恢复。

（十七）审核民教馆工作报告

各省市县民教馆，每月将工作状况列表呈报教部审核，经指示改进要点，分饬遵照。本年仍赓续办理，并将报告方式予以改进，内容着重中心事业的办理经过，统计数字，做有系统的记载报告。

五、结束的几句话

最后，在这里，引用我在本年二月十二日向全国广播时候的一段话，以资结束本文："最后，我们坦白地告诉各位，也就是希望于各位的：一方面，我们花了国家的钱，吃了同胞的饭，尽我们最大的努力，为国家效忠，为同胞尽职；同时，另一方面，希望各位同胞认识社会教育的重要性，切实帮助我们来推进社会教育的工作，完成复兴民族国家的重大使命！"

《教育建设》，第2卷第1期。

伪上海市教育局关于附送市立日语实习学校暂行规程呈及市府指令

（1941年4—5月）

1. 教育局呈（4月18日）

查职局前拟民国三十年度社会教育实施计划大纲经分别呈请钧府及教育部，各在案。兹奉教育部秘字第三九九九号指令核准，自应依据该计划大纲第二项第一款扩大日语实习学校及同项第三款设立青年学校之规定，拟具暂行规程两种，俾资办理。除提交局务会议讨论通过外，理合抄呈扩大日语实习学校及青年学校暂行规程各一份，仰祈鉴核示遵。

谨呈

市长陈

附呈市立扩大日语实习学校及青年学校暂行规程各一份（青年学校暂行规程略）

上海市政府教育局代理局长　林炯庵（局长印）

中华民国三十年四月十八日

上海市立日语实习学校暂行规程

第一条　本规程根据本局三十年度社会教育实施计划大纲及社会人士之需要而订定之。

第二条　日语实习学校其主要目的，不独为增进知识与技能，抑且为谋中日亲善之有效办法。

第三条　日语实习学校除注意言语训练外，并施以通译写读等教育。

第四条　日语实习学校每学期或学科开始及学期学科结束时，应将教职员一览表、学生名册、学业成绩、经费收支及实施概况呈报教育局备查。

第五条　日语实习学校入学资格，无论已学未学，凡年在十五岁以上、五十岁以下者均可入学。

第六条　日语实习学校得分设初级班、高级班，修业期限各暂定为一年。遇必要时，由学校依照地方需要得延长之，但须呈请教育局核准。

第七条　日语实习学校之编制分为左列二种：

一、学期制，以学期为单位，以修完若干学期为终了；

二、学科制，以学科为单位，以修完某某学科为终了。

第八条　日语实习学校除每日、每星期指定日间或夜间一部分时间授课外，得于任何季节、寒暑假期业余时间或其他特定时间办理之。

第九条　日语实习学校之设科及每周授课时数与时间，由学校依照地方情形及职业性质订定，呈请教育局核准。

前项之授课时间及时数，对于已从事职业者，以不妨碍其现有职业之工作为原则。

第十条　日语实习学校之学科、班次分别如左：

一、普通实习班；

二、职业实习班；

三、公务员公余实习班；

四、本市警长警士实习班；

五、其他视地方之需要得增设之，各班之简章由校拟呈教育局备案。

第十一条　日语实习学校之课程设备及经费标准参照地方情形而另订之。

第十二条　日语实习学校于必要时得招收插班生。

第十三条　日语实习学校学生修业完竣，将应修科目由学校严加考试，及格者由校给予学业成绩证明书。毕业成绩由毕业考试与平时成绩合并计算，平时成绩占毕业成绩三分之二，毕业考试成绩占三分之一。

前项学业成绩证明书应注明修业时期及职业、学科。

第十四条　日语实习学校设校长或主任一人，综理校务。

第十五条　日语实习学校校长、主任或教员须有左列资格之一者，得充任之：

一、曾留学于日本，能操流利之日语者；

二、精通日语而有著作者；

三、对于日文、日语富有经验者。

第十六条　日语实习学校学杂费均免，学生自备书籍及课业用品。但入学时每人应交保证金若干元，于毕业时退还，中途退学者概不发还。本条规定应适用于一般学生，对于公务员及长警等不在此限。

第十七条　日语实习学校教员上课均以钟点费计算之。

第十八条　日语实习学校俟筹备完善后实行之。

第十九条　本规程有未尽事宜，得随时修正之。

第二十条　本规程自呈准市政府后施行之。

附市教育局1941年度社会教育实施计划大纲（节录）

上海市政府教育局民国三十年度社会教育实施计划大纲

（前略）

二、增设补习学校

1. 扩大日语实习学校　查本市有日语补习学校一处，尚系附设浙兴小学内，仅有学生二班，多系各商店店员。兹为联络日华人民感情起见，拟将该校教育方面扩大，增加公务员公余补习班、本市警长警士补习班。查人民与日兵每多发生冲突，多因语言隔阂。各街口及各冲要均有本市警士岗位，警士如通日语，中作翻译，则日华人士自少冲突，中日亲善始臻完善。

（后略）

中华民国三十年三月□日

2. 市府指令（5月20日）

指令　沪市第6062号

令

教育局

呈一件呈报市立扩大日语实习学校及青年学校暂行规程祈核示由。

呈件均悉。据拟扩大日语学校暂行规程，准予备案。至青年学校毋庸单独设立，着与职业学校合并办理，仰即知照。此令。件存。

市长　陈□□

中华民国三十年四月□日（市府印）

上海市档案馆编：《日伪上海市政府》，中国档案出版社，1986年。

汉口市社会教育概况

(1941 年①)

一、引言

汉口自事变以后，对于教育事业首重学校之恢复。自二十七年十一月至二十八年年底，历时一载，小学方面已成立六十余校，中学方面亦有三所。迨二十九年复归，人民更形踊跃，社会秩序亦日见安谧，于是开始举办社会教育，以应市民需要。首设立民众夜校十所及日语专校一所，以为推行社教初步工作；继筹设民众教育馆一所，并调查全市私塾，辅导改良。其他事业亦正斟酌环境与实际需要逐步进行中。兹将本市一年来社教实施概况，择要分述于次。

二、关于民众教育

(甲) 民众夜校

二十九年三月，本市为适应市民需要，特就市立第三、四、六、八、十六等小学，各附设民众夜校一所，委派各该小学校长兼任夜校校长，每校分为两部。办理以来，颇著成效，乃于同年五月又扩充五所，一切仍照以前办法办理。迨九月份，因行政区域变更，设立于武昌之第一、二民校及汉阳第一、二民校改隶湖北省政府管辖，汉口方面则仅存六所。兹将本市第一至第六民校现状列表于左。

校名	校长	学生数	每月经费	开办年月	备注
市立第一民众夜校	李继志	八四	一八〇〇〇	二十九年三月	学生书籍文具概由学校供给
市立第二民众夜校	郭际云	七一	一八〇〇〇	二十九年三月	学生书籍文具概由学校供给
市立第三民众夜校	王　洵	八〇	一八〇〇〇	二十九年三月	学生书籍文具概由学校供给
市立第四民众夜校	廖伯贤	九〇	一八〇〇〇	二十九年三月	学生书籍文具概由学校供给
市立第五民众夜校	郭一新	七〇	一八〇〇〇	二十九年三月	学生书籍文具概由学校供给
市立第六民众夜校	高伯群	八〇	一八〇〇〇	二十九年三月	学生书籍文具概由学校供给

(乙) 民众教育馆

(一) 沿革

二十九年十月，汉口市政府委派黄庆云为民众教育馆馆长，择定清芬二马路第三〇号为馆址，开始筹备，并于同月呈报成立。

---

① 原件无时间，此时间系编者根据内容拟加。

（二）组织

馆长一人

教导组　主任一人

阅览组　主任一人

康乐组　主任一人　馆员四人

人事组　主任一人

事务组　主任一人

（三）现状

该馆为适应目前实际需要起见，特先成立教导、阅览、事务三组，除事务组主任暂由馆长兼任外，教导、阅览两组已由市府委派严发儒、秦宏甫二员分别担任，其余康乐组、人事组当视事实需要逐渐扩充。

附录一

汉口市民众教育馆组织章程

二十九年十一月汉口市政府核准

第一条　汉口市民众教育馆之组织，除法令别有规定外，依本章程办理。

第二条　民众教育馆设馆长一人，综理馆务，由教育局遴选合格人员，呈请市政府委派之。

第三条　民众教育馆设主任五人，馆员四人。

第四条　民众教育馆分设左列五组：

一、教导组；

二、阅览组；

三、康乐组；

四、人事组；

五、事务组。

第五条　民众教育馆为谋馆务之推进，得因事实之需要，联络地方有关机关团体及热心社会教育人士组织委员会，其名称临时定之。

第六条　教导组按日讲演建设东亚新秩序之理论、公民道德、公民常识、国内外时事大势等，并随时举行露天讲演、公共场所讲演，或分赴各区巡回讲演，特别讲演时得映放影片、幻灯或化装表演。

阅览组逐日陈列民众读物、报章杂志及各种标本、模型、图解、表册，供给并指导民众阅览。

康乐组设置各种有益身心之运动器具、游戏器具，随时指导民众运用，并负责提倡社会正当娱乐，劝导种痘防疫及清洁运动等一切事宜。

事务组掌理一般文书事项及经济出纳、预算、计算、布置、设备购置保管等一切事宜。

第七条　民众教育馆得兼办民众学校，其教员由馆员兼任之。

第八条　民众教育馆馆长、馆员之任免及待遇，章程另订之。

第九条　民众教育馆须于每半年度开始前一个月内，造具进行计划书，呈报教育局查核备案。

第十条　民众教育馆须于每半年度终了后一个月内，造具进行概况书，呈报教育局查核。

第十一条　民众教育馆每月举行馆务会议一次，其会议规则另订之。

第十二条　民众教育馆办事细则另订之。

第十三条　本章程如有未尽事宜，得随时呈准修改。

第十四条　本章程自呈准公布之日施行。

附录二

汉口市民众教育馆办事细则

二十九年十一月汉口市政府核准

第一章　总　　则

第一条　本细则依据教育部修正民众教育馆暂行规程第十二条之规定订定之。

第二条　本馆设馆长一人，综理全馆一切事务。

第三条　本馆分设教导、阅览、康乐、人事、事务五组。各组设主任一人，秉承馆长之命办理各组事务；馆员四人，秉承馆长之命，辅助主任办理各种事务。

第二章　各组职掌

第四条　教导组之职掌如左：

一、办理教学事项；

二、办理讲演事项；

三、办理改善宗教信仰事项；

四、办理各种政治宣传事项；

五、办理各种文化运动事项；

六、其他关于教导方面各事项。

第五条　阅览组之职掌如左：

一、陈列各种民众读物、报章杂志及各种标本、模型、图解、表册等，供给并指导民众阅览；

二、发表新闻；

三、剪贴新闻；

四、搜集出纳及管理图书；

五、其他关于阅览各事项。

第六条　康乐组之职掌如左：

一、指导体育事项；

二、提倡正当娱乐；

三、指导公共卫生事项；

四、其他关于康乐各事项。

第七条　人事组之职掌如左：

一、主办民众问字处并代笔；

二、推行节约运动；

三、举办敬老会；

四、传习消防常识；

五、协助推进保甲；

六、其他关于生计教育各事项。

第八条　事务组之职掌如左：

一、关于文书者：

1. 撰拟本馆一般性质之章则计划表册；

2. 撰拟缮写及收发文件；

3. 典守印信；

4. 保管文卷；

5. 记载职员出席及请假；

6. 记载馆务日志及会议记录。

二、关于庶务者：

1. 掌理经济出纳；

2. 造具预算决算；

3. 掌理各种布置及设备；

4. 购置并保管用品；

5. 指导并训练工役。

三、其他不属于各组事项。

第三章　办事程序

第九条　各组应充分注意各项事业之整个性，以联络活动。

第十条　遇有特殊工作为本章各条所未列入者，由馆长临时指定人员负责办理。

第十一条　本馆除星期一及各种例日之次日外，其余每日上午九时起至十二时止、下午二时起至五时止、七时至九时止，为开放暨办公时间。

第十二条　本馆职员应遵照规定时间办公，每日上下午均须在考勤簿上亲自盖章，如因故迟到、早退或离开办公室从事工作时，亦须于考勤簿上注明。

本馆值日人员应行遵守事项另订之。

第十三条　本馆职员于办公时间内不得接见亲友，在万不得已时，得向馆长陈明，其接谈时间不得逾十分钟。

第十四条　本馆职员应爱护公物，不得任意毁坏，对于公用消耗物品应力求节省，并不得以私事领用公物。

第十五条　本馆职员得自由探讨各项问题，但行动必须遵照办事上之统属关系。

第十六条　本馆各项活动均须备具记录簿，由各主管人按时记载，工作完了时，主办者并须将全部材料及前后经过编订成册，汇存事务组。

第四章　书报及陈列品之管理

第十七条　本馆书报及陈列品应随时编制分类目录。

第十八条　凡新到书报由阅览组登入图书总登簿，并开单揭布。

第十九条　所有书报及陈列品每月终须整理并布置一次。

第二十条　本馆职员和社会人士有自愿将私藏书报借与本馆公开阅览者，本馆当力尽保护之责。

第二十一条　本馆公开阅览书报，其阅览办法另订之。

第五章　休假及请假

第二十二条　星期一及例假之次日全体职员应照例休息，但有特殊事务者，不在此限。

第二十三条　寒暑假休息参照本市小学校休假全部时间二分之一为标准，呈请教育局核定之，但兼民众学校教员者，得援教员例酌量加长。

第二十四条　各职员如有因特殊事故不能到馆办公时，应遵照府颁各处部局请假规则办理。

第二十五条　本馆设馆务会议，讨论馆务进行事项，其会议规则另订之。

第六章　附　　则

第二十六条　本细则自呈奉市长核准之日施行。

（丙）通俗讲演所

在武汉特别市市政府时代，宣传局为启迪民众知识、宣扬东亚和平起见，曾筹设通俗讲演所四所，每所讲演员一人、公役一人，月支经费一百元，每日除按时讲演外，并备有新闻纸类供众阅览。二十九年四月，为划一事权发挥效能起见，拨归教育局统筹办理，经权衡缓急，当分别改办民众夜校或小学。现本市市面业恢复常态，此项讲演所停顿已久，为适应实际需要起见，亟应迅予恢复，已责成民众教育馆先行筹备，并分区设立，一切均在计划中。

（丁）私塾

本市于二十九年秋将全市私塾遵照部颁办法加以整理改良，俾能适合规定。其施行程序分为三个步骤：（一）调查。拟联络本市警察与自治机关，以联保为单位，将市区以内私塾调查完竣；（二）登记。拟令市内私塾依照登记规程，均须向本局请求登记，经派员视察，认为合格者由本局发给许可证，方得设塾；（三）训练与辅导。拟于寒暑假期间，分区举行塾师训练班或讲习班，予以学科及教学法之实际研究，平时则随时加以辅导。现全市调查不日可告完竣，即将分区举行登记，第一区中华区方面私塾七十余所，业经召集谈话办理登记，拟俟全市私塾登记完毕，即利用本年寒假时间，举办塾师讲习会，以资训练。

再查各私塾现在所用课本，多不一致，影响教学甚大，特通令各私塾务于一星期内一律采用国定教材，并饬将原有教材悉数收缴该管联保处，汇送市教育局销毁，以为改善各私塾之第一步工作。

附录

取缔私塾暂行办法

第一条 凡在汉口市区设置私塾，暂依本办法行之。

第二条 本办法所称之私塾，系指不属于本市暂行小学法范围内之单级编制之教育机关而言。

第三条 依本法之规定，凡私塾未经许可者不得开设。

第四条 凡依本办法认为私塾者，其名称不得用“学校”名义。

第五条 设置私塾不得以营利为目的，滥收学费与杂费，其招收学额以课室容纳为限度，不得超出四十名以上。

第六条 私塾教师必须具有下列各项资格之一及经私塾登记合格者：

一、师范学校或中等以上学校毕业者；

二、小学教师检定合格者；

三、曾充小学教员三年以上者；

四、学有专长并有教学经验者。

第七条 设置私塾必须完备下列各项设施标准：

一、课室宽敞合度并建筑坚固；

二、课程以依照学校编制为原则；

三、教材以采用教育局指定之教科书为原则；

四、有适当之运动、游戏、清洁卫生等设置。

第八条 请求准许开设私塾者，须开具下列各事项呈报本局备查：

一、私塾设立请求书（该请求书须有三名铺保或公务员之连带保证）；

二、名称；
三、所在地（附略图）；
四、设置目的与办理计划；
五、修业年限；
六、设置（应附塾舍之略图并记出教具之品目及数量）；
七、课程与教授时间表；
八、学额与收费；
九、请求者及教师之履历表（附最近二寸半身相片两张）。
第九条　私塾之已得本局认可者，应书已得教育局认可等字样于门牌之右上方。
第十条　未得认可而擅自开设私塾者，得命其停止或封闭之。
第十一条　已得认可之私塾，其后有下列各情形而难期改善者，得勒令停办：
一、未遵照法令办理者；
二、教师资格不合者；
三、课程不合标准者；
四、设备不完全者。
第十二条　私塾之不服从前两条之命令者，处二百元以上之罚金或酌予拘留。
第十三条　本暂行法自公布之日起施行。

三、关于补习教育

（甲）日语学校

为沟通中日文化，当先灭除语言隔阂，本市市府有鉴及此，特于二十八年设立日语学校一所，俾市民有补习日语机会，每月由市府拨给补助费五〇〇元，内设“普通”与“速成”两班。普通班每晚授课三小课，六个月毕业；速成班每晚授课二小时，三个月毕业。成立以来，成绩甚佳，兹将该校现状一览表附列于次。

校长			教职员			
王叔槐			专任教员二人 兼任教员三人			
学生						
人数			年龄			
男	女	共	最大	最小	平均	
一四六	四〇	一八六	四〇	一五	二七	
每月经费			附注			
行政费	办公费	合计	除校舍三间系由汉口市政府教育局指拨外，其他各项校具均系向教员训练所暂时借用。			
四二二元	七八元	五〇〇元				

（乙）商业补习班

本市为华中商业重镇，从事商业之店员及学徒几占全市市民半数以上。二十九年六月，特于市立高级职业学校附设商业补习班一所，招收店员、学徒授以商业上必要知识及技能，借谋商业上之发展。每晚授课二小时，三个月毕业。其课程为：商业概论、商业实践、商业文、商业簿记、日语。

第一期毕业学生计三十六人，内女性四名。本届为适应环境需要，改办“打字”及“簿记”两班，就学生计男三十人、女三十人。至于经费，则由市库按月拨给二四四元。

四、关于生产教育

（甲）妇女职业养成所

该所于二十八年冬季设于汉口特三区，除打字班外，有缝纫班一班，招收十五岁至二十岁之初中一年级同等学力之妇女，三个月毕业。第一届学生四十一名，于本年二月卒业；第二届学生四十名，于本年六月卒业。学科有国文、日语、缝纫、数学、常识、剪裁、实习等科。嗣后市府管辖区域变更，即于暑假期间停办。

（乙）教养所

妇女职业养成所停办后，旋于难民区设教养所，收容一般难民从事训练，内设有染织、编造二班，为技艺传习性质。

（一）现在状况

染织班有学徒六十名，科目有国语、常识、算术、习字、织布、漂染、提花、实习等科；

编造班有学徒四十名，习编草鞋、工艺，科目有国语、常识、算术、习字、编织、实习等科。

（二）推广计划

俟染织班六个月卒业、编造班三个月卒业后，其生产力每月至少可出布二百匹、草鞋二千双。拟增设贫民工厂一所，一俟营业发达，再行添设机械，扩充班次。其愿自立营业者，则由小本借贷处设法扶植。

（丙）教员讲习会劳作班

汉市教育恢复以来，颇感劳作科教师之缺乏，特于二十九年暑期举行教员讲习会时专设劳作一科，于生产技术尤为侧重，如园艺、饲畜、缝纫、刺绣、编织等项，分组训练，以培养生产教育之师资。

（丁）学校生产化之设施

甲、利用环境设立农圃动［耕］作园、简单工厂等。

乙、劳作等科注重实业一类之教材。

丙、乡土产物之陈列展览。

丁、学生商店之组织与实习。

戊、私立职业补习学校之奖掖。

五、关于社教人员之养成

推行社教首须培养工作人员。本市在民国十八年湘鄂临时政务委员会时期，虽曾开办工人学校、教师讲习所及义务教育教师讲习所，以训练此项人才，然以政局未定，不久即相继取消。民国十九年复有民众教育教师讲习所之设立，惜以办理不善，未著成绩。事变以后，此种人员泰半星散，当本市恢复社教时，一时既不易罗致，从事培养又非短时间所可实现，故深感人才缺乏之苦。适本年九月南京国立师范学校附设社教人员训练班成立，本市除保送学员杨华植、黄铁铮、黄炎、徐敬之等四名入京受训外，并计划在教员训练所开办社教班，以训练社教人员，借资补救而应急需。

六、今后计划

以上所举不过荦荦大者，因时间、环境、财力种种限制，一切设施自不无缺点，今后除力求改进外，并将：（一）筹备短期小学，以谋义务教育之普及（预定自民国三十年一月起至同年十二月止，在本期限拟设一年制短小六十所，每所分为两班，每班收学生四十名至五十名，每期可收容学生二,四〇〇名至三,〇〇〇名）；（二）广设民众学校，以发展民众补习教育（拟自三十年起市立中小学各附设民校一所）；（三）开办民众图书馆，以供一般民众之阅览与参考（本市曾举行劝学考课二次，每次考课奖金余款即购置图书，将来即以此项图书为基础，作为扩充图书馆之用）。凡此诸端，均在计划中。再关于生产教育者：

（一）职业学校之改善

本市办有高级职业学校一所，设有土木工程科及机械工程科，现因仪器等之供给困难，以后拟暂不招收该科学生，而次第改办制革科或纺织科，以期目前能收实效。

（二）小学教育生产化之加强

对于小学高级生，加强其生产知识与技能，并重视其成绩品之保存，力矫从前偏重讲习、不计实习结果之通病，以健全生产教育之基础。

（三）民间生产教育之提倡

事变以来，关于生产机械等项，或散在民间，或迁地收藏，宜设法奖励，使其归后创办学校、传习所、工厂等；或于现有工厂规模之较大者，奖励其附设职业学校，或与其他已办之职业学校联络，以资实习，养成学生之实际生产技艺。

其他如艺术、教育、特殊教育、青年训练等，亦均当竭力推行，以求社教之普及，而应本市市民之需要也。

（伪）汉口市教育局编：《汉口市社会教育概览》。

汉口市政府教育局1939—1942年各项教育支出比较表

（1943年）

汉口特别市政府教育局四年来各项教育经费支出比较表

费别		二十八年	二十九年	三十年	三十一年	备考：
总计	实支数	404 060.00	1 700 261.00	2 015 357.00	2 302 492.00	一、本表所列二十八年经费系自五月份起草。 二、本表临时费包括特别修建购置及其他临时举办事项之费用在内。 三、本表实支数一律日金计算。
	百分数	100%	100%	100%	100%	
比较	增加率		3.20倍	0.18倍	0.14倍	
教育行政费	实支数	80 193.00	235 365.00	227 765.00	226 103.00	
	百分数	19.84%	13.84%	11.30%	9.82%	
临时费	实支数	50 750.00	317 192.00	369 300.00	291 207.00	
	百分数	12.56%	18.66%	18.32%	12.65%	
中等教育费	实支数	45 188.00	354 923.00	406 306.00	532 705.00	
	百分数	11.15%	20.87%	20.16%	23.14%	
初等教育费	实支数	227 929.00	758 905.00	935 488.00	1 171 027.00	
	百分数	56.45%	44.63%	46.42%	50.85%	
社会教育费	实支数		33 876.00	76 498.00	81 450.00	
	百分数		2.00%	3.80%	3.54%	

（伪）汉口市特别市政府编：《市政概况》，1943年。

第七编

留日教育

一、法 令 法 规

留 学 规 程*

（1938 年 12 月 26 日）

第一章　总　　则

第一条　凡赴国外留学者，均须依照本规程办理。

第二条　由各省市教育行政机关（以下简称“省市”）或公共机关供给经费考取或遴选，派赴国外研究专门学术者，称为公费生。凡自备留学费用，或由私法人供给费用，遣派赴国外研究专门学术者，称为自费生。

第三条　各省市应就留学教育经费项下设留学奖励金，以鼓励其本省市自费留学生之成绩优良者。奖励金名额及办法由各省市规定，呈部核准施行。

第四条　公、自费生有损辱国体或荒怠学业及其他不法行为，得由所在国之管理留学机关呈部，取消其留学资格，并勒令返国。如系公费生，并应追还其以前所领之一切费用。

第二章　公　费　生

第五条　各省市选派国外研究专门学术者，应注重理、农、工、医等科。研究科目之种类、公费生名额、留学国别、年限及经费状况等，须由各省市依地方之需要及其研究科目之性质，于每届招生前详为规定，呈部核准施行。但其留学年限，至少二年，至多不得过六年，实习及考察期间在内。

第六条　各省市公费生经各省市考取后，由本部复试决定之。但在距京辽远地域或有其他特殊情形之省市，得由主管教育行政机关呈部核准，就初试所在地由部派员或指定机关举行复试。

第七条　各省市考选公费生办法由各该省市教育行政机关依照本规程制订，呈部核准施行。复试办法由本部另订之。

第八条　凡具有下列资格之一者，得报名考试：

（一）国内外公立或已立案之私立专门［科］以上学校毕业，并曾任与所习学科有关之技术职务二年以上者；

---

* 由伪维新政府教育部公布。

（二）国内外公立或已立案之私立专门以上学校毕业后，曾继续研究所习学科二年以上而有相当之专门著作或其他成绩者；

（三）国内外公立或已立案之私立大学或独立学院毕业者。

第九条　报名时除呈缴毕业证书及最近四寸半身相片二张（一张存各省市，一张送部）外，其具有前条第一款资格者，并须呈缴履历书及服务证明书各两份（一份存各省市，一份送部）；具有前条第二款资格者，并须呈缴专门著作或其他成绩；具有前条第三款资格者，并须呈缴学校成绩证明书。服务证明书或学校成绩证明书，须由服务处所最高主管人员或学校校长签名盖章。

第十条　前条各件经省市审查合格后，方得参与考试。

第十一条　考试事项如左：

一、初试

（甲）检查体格

体格不及格者，不得参与乙、丙二项考试。

（乙）普通科目

一、国文；二、本国史地；三、留学国国语（作文、翻译、会话）。

（丙）专门科目

专门科目视所习各学科而定，但最少须考三种以上科目。

二、复试

（甲）留学国国语（作文、翻译、会话）

（乙）专门科目

专门科目由初试之专门科目中选考二种以上。

第十二条　初试成绩之计算，普通科目中之国文及本国史地应占总分数百分之二十五，留学国国语占百分之二十五，专门科目占百分之五十。复试成绩以三种科目平均计算。

第十三条　凡经省市考试及格者，给予初试及格证明书，送部备查；复试及格者，予以复试及格证书。各省市初试，得于每学科应遣派名额加倍录取送部复试，以定去留。

第十四条　复试考取各生须于三个月内出国，非有正当理由逾期者，得取消其资格。

第十五条　出国及回国川资由各省市视留学国路程及其他情形规定之。川资及学费给予手续由各省市规定，但出国时须预给三个月学费。留学经费暂以留学国国币为标准。

第十六条　各省市于每公费生出国时，应拨存其留学国管理留学机关准备金一千元，以供灾害救济、疾病疗治等意外之用，其详细办法由各省市规定之。

第十七条　公费生于留学期内非有特别情形经各省市转呈本部许可者，不得变更其所研究科目及留学国，违者取消其留学资格，勒令返国，并追还其以前所领之一切费用。

第十八条　公费生于留学期内，须于每学期开始前将上学期之经过及研究成绩连同主任教授证明文件，呈请管理留学机关证明，并须分别呈部及各省市审查备案。

第十九条　公费生于每学期开始后一个月内尚未呈报前条所规定各项一次者，予以记过；二次者，准用第十七条办法办理之。

第二十条　公费生确有疾病不能继续学业者，得由管理留学机关报告各本省市令其返国，并由各本省市报部备案。

第二十一条　公费生遇家庭重大变故，得呈由管理留学机关向各本省市请假返国，但须经许可后方得起程。此项假期不得超过一年，假期内不给学费，并不给来往川资。

第二十二条　公费生毕业后，须将毕业证件送请管理留学机关验印证明。

第二十三条　公费生回国两个月内，须到各本省市报到，如本省市需要其服务时，至少须依照其留学年限在本省市服务，违者得追还其以前所领之一切费用。其详细办法由各本省市订之。

第二十四条　公费生回国两个月内须将毕业证件由各省市封呈或直接送部登记，其办法另订之。

第三章　自　费　生

第二十五条　赴国外留学之自费生须具有左列资格之一，及经本部考试合格者：

（一）公立或已立案之私立五年制中学以上学校毕业者；

（二）公立或已立案之私立高级职业学校毕业者。

第二十六条　自费生每学期须将第十八条所规定之各项呈请管理留学机关审核后转部备案，一学期不报者，管理留学机关应予以警告，两学期不报者，得取消其留学资格，并勒令返国。

第二十七条　自费生留学经费至少须筹备附表保证书说明栏内所举之约数。

第二十八条　自费生有特别成绩者，得呈请留学学校及管理留学机关证明，径将特别成绩连同证明文件、学历及最近四寸半身相片二张，呈送各本省市审查，暨本部审定认可者，得享受各本省市之奖励金。

第二十九条　自费生自得奖励金之日起，应受第十七、十八、十九各条之限制。

第三十条　自费生毕业后，须将毕业证书送请管理留学机关验印证明。

第三十一条　自费生回国两个月内，应将毕业证书呈部审查登记，其办法另订之。

第四章　留 学 证 书

第三十二条　公、自费生出国均须依照本规程之规定请领留学证书。

第三十三条　公费生请领留学证书，须呈缴最近四寸半身相片一张、证书费一元、印花税一元。经公共机关遣派者，并须呈缴毕业证书及履历书。

第三十四条　自费生请领留学证书，须呈缴毕业证书、保证书、最近四寸半身相片二张、证书费一元、印花税一元。

第三十五条　由公共机关或私法人遣派者，应由遣派机关代请发给留学证书，并须呈缴第三十三条所规定各件，但相片须缴二张。

第三十六条　公、自费生取得留学证书后，须持向外交部或外交部委托发给护照机关呈请发给护照，并向有关系国之领事馆申请签字。

第三十七条　自费生取得留学证书后，其出国日期以三个月为限，倘至期因故不能出发，须开具理由，检同留学证书，呈请本部复加签注，得行延期三个月，但以一次为限。

第三十八条　自费生取得留学证书后，在未出国前如欲改往他国，须将原领证书呈部注销，请求换发改往留学国留学证书。呈请时，并须呈缴保证书及相片一张、印花税一元。

第三十九条　留学甲国之自费生欲改往乙国留学者，须呈请本部核发改往乙国之留学证书，并须呈缴最近四寸半身相片一张、印花税一元。

第四十条　公费生行抵留学国二星期内，应将所领留学证书向驻在该国管理留学机关呈验报到。

第四十一条　华侨自费生经管理留学机关考试国文及本国史地及格者，方得由该管理留学机关转请本部发给留学证书。

第四十二条　未领留学证书径赴国外留学者，应受下列之制裁：

一、不得以留学生名义请领护照；

二、不得请求管理留学机关介绍入学；

三、不得请求奖励金之补助；

四、回国时不予登记，并不承认其留学资格。

第五章　附　　则

第四十三条　本规则有必要时得由部修改之。

第四十四条　本规则自公布日施行。

伪维新政府《政府公报》第 35 号

发给留日自费生留学证书暂行条例*

（1939 年 1 月 24 日）

第一条　凡自备费用或由私法人遣派并供给费用赴日本留学或研究专门学术，或入其

* 由伪维新政府教育部公布。

他机关研究实习者，称为留日自费生。

第二条 留日自费生出国均须依照本条例之规定，呈请当地教育行政机关转请本部发给留学证书（式样附后）。

第三条 留日自费生请领留学证书，须具有左列资格之一：

一、公立或已立案之私立专科以上学校毕业者；

二、公立或已立案之私立高级中学或同等学校毕业者。

第四条 留日自费生请领留学证书须呈缴左列各件：

一、毕业证书；

二、保证书（式样附后）；

三、最近四寸半身相片二张；

四、证书费国币贰元；

五、印花税票国币壹元。

第五条 由私法人遣派之留日自费生，应由遣派机关代请发给留学证书，并须呈缴第四条所规定各件。

第六条 留日自费生取得留学证书后，须依照手续向主管机关请领渡日身份证明书，并向日本领事馆申请签字。

第七条 留日自费生取得留学证书后，其出国日期以三个月为限，倘至期因故不能成行，须开具理由，检同留学证书，呈请本部复加签注，得延期三个月，但以一次为限。

第八条 本条例得由教育部于必要时修改之。

第九条 本条例自公布之日起施行。

伪维新政府教育部《教育公报》第 9 期

汪伪教育部为补助留日学生津贴致汪伪行政院呈

（1940 年 11 月）

查本部迭据留日公费生及自费生呈请，因生活程度提高，公费不敷应用，以及家境清寒，有时学费接济中断，恳予酌加补给，以维学业，各等情前来。据此，查公费生系日本外务省文化事业部就庚款项下每月各给日币伍拾元，处此物价暴涨之际，委实不敷应用。自费生亦以国内外生活日高，家庭筹给困难，时有接济中断之虞。查核所呈，均属实情。本部为免除学生半途辍学起见，特拟具国外留学生津贴办法，凡成绩优良者，酌予津贴，名额暂定壹佰名，内公费生柒拾名，每名月给津贴日币叁拾元，自费生叁拾名，每名月给津贴日币贰拾元至肆拾元。因自费生大率家境尚佳，是以津贴自贰拾元起，但亦颇多成绩优良，将至毕业之际，忽以家庭筹给困难，而至半途辍学者，故津贴略具弹性，平均计之，仍合叁拾元，每月共需叁仟元，约合国币伍仟元。是否有当，理合检同前项津贴办法及留学生津贴费全年支出预算书、提案表各一份，呈送鉴核，并请提会议决，转饬财政部按月照数拨发，实为公便。

谨呈

行政院院长汪

计附呈教育部国外留学生津贴办法一件、教育部国外留学生津贴费全年经费支出预算书一份、提案表一件（略）

教育部部长　赵正平

留日学生津贴办法

第一条　教育部为奖励留日学生专门人才起见，特设置国外留学津贴额。

第二条　凡留学生具有左列各项资格者，皆得请求此项津贴：

一、日本国立大学校及国立高等专门学校之文、法、商、教育、理、工、农、医等科系之正式学生。其不径招本科生者，考取预科正式名额时，即可申请；

二、私立大学校及高等专门学校，其科系具有特点经本部认定者，其正式学生亦可申请。其不径招本科生者，考取预科正式名额时，即可申请。

第三条　津贴额暂定一百名，每名每月给津贴费合国币五十元。

第四条　申请时，应将左列各件缴呈留学生监督处或管理处转呈教育部核准之：

一、申请书——包括姓名、年龄、性别、籍贯、学历、抵达留学国年月、所入学校科系及入校年月、国内国外通讯地址；

二、四寸半身相片两张；

三、所入学校学籍证明书——包括姓名、年龄、入学年月、所入科系、入学成绩或学期成绩；

四、国内二人之负责保证书。

第五条　留学生因疾病等休学回国时，须向监督处或管理处呈明。在休学期内，停止津贴，复学时亦须向监督处或管理处报到，方得恢复津贴。其停止自启程返国之日起算；其恢复自新学期到处报到之日起算。

第六条　留学生因父母丧病请假回国时，须将请假单呈监督处或管理处验明，在该校允假之期间内，仍得请领津贴，如超过学校允假之限度时，作休学论。

第七条　留学生毕业后，如其学校有实习参观之规定时，在其规定之期间内，仍按月发给津贴。

第八条　留学生毕业回国时，得于其所应领月份外，多发给一个月之津贴。

第九条　留学生在校考试不及格留级时，停止津贴。

第十条　留学生因犯规开除学籍，或有背叛国家、颠覆政府之行为时，除停止津贴外，并向保证人追赔其历年所领之津贴。

第十一条 遇有空额时，以应补各校学生年级最高而成绩最优者递补之；有同一年级者，依照部颁学校排列之次序决定之；在同一学校者，依照该科系排列之次序；在同一科系者，依照申请书提出之先后；如申请书系同时提出者，用抽签法决定之。

第十二条 本办法如有未尽事宜，得随时由教育部修正之。

第十三条 本办法自公布之日起施行。

国民政府教育部国外留学生津贴费全年经费支出预算书

经 常 门

款项目节	科目	金额	说明
第一款	国外留学生津贴经常费	六〇,〇〇〇.〇〇	以国币计算。
第二款	津贴费	六〇,〇〇〇.〇〇	津贴额一百名，每名每月给津贴平均日币三十元，合计国币如上数。

附注 1940年11月26日汪伪行政院第35次会议决议：修正通过，《津贴办法》改为《留日学生津贴办法》，经费在教育部节余经费项下开支。

中国第二历史档案馆藏“汪伪行政院档案”

国外留学规程*

（1941年5月）

民国三十年五月奉院令公布

第一章 总 则

第一条 凡赴国外留学者，均须依照本规程之规定办理。

第二条 由各省市教育行政机关（以下简称“省市”）考取，或由公共机关遴选，派赴国外研究专门学术，供给其研究期间全部费用者，称为公费生。凡自备留学费用，或由私法人遣派，赴国外研究专门学术，供给其费用者，称为自费生。

第三条 各省市应就其留学教育经费项目下设留学奖学金，以鼓励其本省市留学自费生之成绩优良者。奖学金名额及办法由各省市规定，呈部核准施行。

第四条 公、自费生有损辱国体或荒怠学业及其他不法行为，得由所在国之管理留学机关报告本部，取消其留学资格，勒令返国。如系公费生，并追还其以前所领之一切费用。管理留学机关指留学生监督处及使领馆而言。

---

* 由汪伪政府教育部修正公布。

第二章　公　费　生

第五条　各省市考选派赴国外研究专门学术者，应注重理、农、工、医等专科。研究科目之种类、公费生名额、留学国别、年限及经费状况等，须由各省市依其地方情形之需要及所研究科目之性质，于每届招生前详为规定，呈部核准施行。但留学年限，至少二年，至多不得过六年，实习及考查期间在内。

第六条　各省市公费生经各省市考试后，由本部复试决定之。前项考试之举行，在同一省市区内每年一次，自二月一日起至三月一日止为报名日期，四月一日起至十五日止为各省市考试日期，七月一日起至七月十五日止为本部复试日期。但距京辽远或有其他特殊情形之省市，得由主管教育行政机关呈部核准，就初试所在地由部派员或指定机关举行复试。

第七条　各省市考选公费生详细章则由各该省市教育行政机关依照本规程之规定制订，呈部核准施行。复试办法由本部另订之。

第八条　凡具有下列资格之一者，得报名考试：

一、国内外公立或已立案之私立专科以上学校毕业，并曾任与所习学科有关之技术职务二年以上者；

二、国内外公立或已立案之私立专科以上学校毕业后，曾继续研究所习学科二年以上而有价值之专门著作或其他成绩者；

三、国内外公立或已立案之私立大学或独立学院毕业而成绩优良者。

第九条　报名时除呈缴毕业证书及最近四寸半身相片两张（一张存各省市，一张送部）外，其具有前条第一款资格者，并须呈缴履历书及服务证明书各两份（一份存各省市，一份送部）；具有前条第二款资格者，并须呈缴专门著作及其他成绩；具有前条第三款资格者，并须呈缴学校成绩证明书。服务证明书或学校成绩证明书，须由服务处所最高主管人员或学校校长签名盖章。

第十条　前条各件经省市审查合格后，方得参与考试。

第十一条　考试事项如左：

一、初试

（甲）检验体格

体格不及格者，不得参与乙、丙两项考试。

（乙）普通科目

一、国父孙先生遗教及和平反共建国理论；

二、国文；

三、本国史地；

四、留学国国语（作文、翻译、会话）。

（丙）专门科目

专门科目视所考各学科而定，但最少须考三种科目。

二、复试

（甲）留学国国语（作文、翻译、会话）

（乙）专门科目

专门科目由初试之专门科目中选考二种。投考人对于留学国国语程度较差而于他国国语熟习者，得以他国国语代之。

第十二条　初试成绩之计算，以普通科目中之国父孙先生遗教及和平反共建国理论、国文及本国史地共占总分数百分之二十五，留学国国语占百分之二十五，专门科目占百分之五十。复试成绩以三种科目平均计算。

第十三条　凡经省市考试及格者，给予初试及格证明书，并须于五月十五日前将考取生各项成绩连同第九条所举各项证件送部备查。经复试及格者，予以复试及格证明书，不及格者不得更请复试。各省市初试，得于每学科应遣派名额加倍录取送部复试。

第十四条　复试考取各生须于三个月内出国，逾期者得取消其资格。

第十五条　出国及回国川资由各省市视留学国路程及其他情形规定之。川资及学费发给手续由各省市规定，但出国时须预给三个月学费。留学经费暂以留学国国币为标准。

第十六条　各省市于每公费生出国时，应拨存其留学国管理机关准备金一千元，以供灾害救济、疾病治疗等意外之用，其详细办法由各省市规定之。

第十七条　公费生于留学期内非有特别情形经各省市转呈本部许可者，不得变更其所研究科目及留学国，违者取消其留学资格，勒令返国，并追还其以前所领之一切费用。

第十八条　公费生于留学期内，须于每学期开始前将上学期之经过及研究成绩连同主任教授证明文件，呈请管理留学机关证明，并须分别呈部及本省市审查备案。

第十九条　公费生于每学期开始后一个月内，尚未呈报前条所规定各项一次者，予以记过；二次者，援用第十七条办法办理之。

第二十条　公费生在留学期内有办理政府所委托事件之义务。

第二十一条　公费生实罹重病不能继续学业者，得由管理留学机关报告各本省市，令其返国，并由各本省市报部备案。

第二十二条　公费生遇家庭重大变故，得呈由管理留学机关向各本省市请假返国，但须经许可后，方得起程，此项假期不得超过一年。假期内不给学费，并不给来回川资。

第二十三条　公费生毕业后，须将毕业证件送请管理留学机关验印证明。

第二十四条　公费生回国两个月内，须到各本省市报到，如本省市需要其服务时，至少须依照其留学年限在本省市服务，违者得追还其以前所领之一切费用，其详细办法由各本省市订之。

第二十五条　公费生回国后，须于两个月内将毕业证件送部登记，其办法另订之。

第三章　自　费　生

第二十六条　赴国外留学之自费生须具有左列资格之一：

一、公立或已立案之私立高级中学以上学校毕业者；

二、公立或已立案之私立职业学校毕业者，曾在国内任技术职务二年以上著有成绩者。

第二十七条　自费生每学期须将第十八条所规定之各项呈请管理留学机关审核后转部备案，一学期不报者，管理留学机关应予以警告，两学期不报者，取消其留学资格，并勒令回国。

第二十八条　自费生留学经费须依照附表保证书说明栏内所举约数筹备。

第二十九条　自费生有特别成绩者，得请留学学校及管理留学机关证明，径将特别成绩连同证明文件、学历及最近四寸半身相片二张，呈送各省市审查，暨本部审定认可者，得享受各本省市奖学金补助。

第三十条　自费生自得奖学金之日起，应受第十七、十八、十九、二十各条之限制。

第三十一条　自费生毕业后，须将毕业证书送请管理留学机关验印证明。

第三十二条　自费生回国后，应于两个月内将毕业证书呈部审查登记，其办法另订之。

第四章　留 学 证 书

第三十三条　公自费生出国均须依照本规程之规定请领留学证书。

第三十四条　公费生请领留学证书，须呈缴最近四寸半身相片二张、证书费二元、印花税一元。经公共机关遣派者，并须呈缴毕业证书及履历书。

第三十五条　自费生请领留学证书，须呈缴毕业证书、保证书、最近四寸半身相片二张、证书费二元、印花税一元。具有第二十六条第二款资格者，并须呈缴履历书及服务证明书（服务证明书须由服务处所最高主管人员签名盖章）。

第三十六条　由公共机关或私法人遣派者，应由遣派机关代请发给留学证书，并须呈缴第三十四条所规定各件。

第三十七条　公自费生取得留学证书后，须持向外交部或外交部委托发给护照机关呈请发给护照，并向有关系国之领事馆申请签字。

第三十八条　自费生取得留学证书后，其出国日期以三个月为限，倘至期因故不能出发，须开具理由，检同留学证书，呈请本部复加签注，得延期三个月，但以一次为限。

第三十九条　自费生取得留学证书后，在未出国前如欲改往他国，须将原领证书呈部注销，请求换发改往留学国留学证书。呈请时，并须另呈缴保证书及相片一张、印花税一元。

第四十条　留学甲国之自费生欲改往乙国留学者，须呈请本部核发转往乙国留学证书，并须呈缴最近四寸半身相片一张、印花税一元。

第四十一条　公自费生行抵留学国二星期内，应将所领留学证书向驻在该国管理留学机关呈验报到。

第四十二条　华侨自费生经管理留学机关考试国文及本国史地及格者，方得由该管理留学机关转请本部发给留学证书。

第四十三条　未领留学证书径赴国外留学者，应受下列之制裁：

一、不得以留学生名义请领护照；

二、不得请求管理留学机关介绍入学；

三、不得呈请奖学金补助；

四、回国时呈验毕业证书不予登记。

第五章　附　　则

第四十四条　边远各地，如陕、甘、云、贵、蒙、藏、青海、临［宁］夏、新疆、察、绥等处，因为特别情形，可酌量从宽办理。

第四十五条　本规程得由教育部于必要时修改之。

第四十六条　本规程自公布之日起实行。

附国外留学生毕业证件登记办法

（一）公费生毕业回国后两个月内，须将毕业证书或其他证明文件连同最后学期之成绩及四寸半身相片二张、验印费二元、印花税一元呈部办理登记。

（二）自费生毕业回国后两个月内，须将毕业证书连同四寸半身相片二张、验印费二元、印花税一元呈部办理登记。得硕士、博士学位者，须呈缴毕业论文一本。私法人所遣派者，依本办法第一条办理。

汪伪《国民政府公报》第 190 号

汉口特别市国外留学章程

（1941 年 8 月 4 日）

第一章　总　　则

第一条　本章程依据部颁修正《国外留学规程》第七条订定之。

第二条　凡汉口特别市（以下简称“本市”）市民赴国外留学者，均依照本章程之规定办理。

第三条　凡由汉口特别市政府考取或选派，赴国外研究专门学术，供给其研究期间全部费用者，称为公费生。凡自备留学费用或由私法人遣赴国外研究专门学术，供给其研究期间全部费用者，称为自费生。

第四条　本市留学教育经费项下设公费生经费及自费生奖学金两项。

第五条　公费生给予全公费，自费生之成绩优良者给予奖学金，奖学金名额另订之。

第二章　考试委员会

第六条　汉口特别市政府为办理考选国外留学生事宜，组织国外留学生考试委员会主持之。

第七条　国外留学生考试委员会以市长为委员长，教育局局长为主任委员，主管科科长为当然委员，并指定高级职员及聘请各科专家为委员。

第八条　主任委员负召集考试委员会议核阅有关考试文稿及处理日常事务之责。

第九条　国外留学生考试委员会之职权如左：

一、制定报名单；

二、决定考试日期、各科专门科目及应取人数；

三、审核应试人员证书；

四、核定试场规则；

五、命题；

六、核阅试卷，评定分数；

七、其他关于考试一切事务。

第十条　国外留学生考试委员会一切重要事件均以会议决定之。会议时以主任委员为主席，以出席委员过半数之同意为决议。

第十一条　国外留学生考试委员会得指定教育局各科职员分掌左列各项事务：

一、经费出纳；

二、备制试卷；

三、开会纪录；

四、管理报名及保存应试人文件；

五、布置试场及应试人座次；

六、编制及开弥封试卷；

七、缮印及保管试题试卷；

八、计算及编列考试成绩；

九、其他关于考试事项。

第十二条　国外留学生考试委员会委员为当然典试委员，并呈请主席另派监试委员若干人。

第三章 公 费 生

第十三条 本市考选派赴国外公费留学生暂以留学日本为限。

第十四条 本市公费生研习学科应注重理、农、工、医等科，由教育局酌量本市需要于每届招生前详为规定，呈请市政府核准，转咨教育部施行。但留学年限至少二年，至多不得过六年，实习及考查期间在内。

第十五条 本市公费生考试由国外留学生考试委员会举行初试后，再由市政府转咨教育部举行复试。前项考试每年举行一次，自2月1日起至3月1日止为报名日期，4月1日起至15日止为初试日期（按《国外留学规程》第六条规定，7月1日起至7月15日止为复试）。

《汉口特别市市政公报》，1941年8月。

汪伪外交部、财政部、教育部为设立驻日学务专员办事处事致汪伪行政院呈

（1941年10月）

案查教育部呈请设立驻日学务专员办事处一案，奉钧院行字第四六零四号指令开："呈悉。驻日学务专员既受驻日大使之监督，办事处并设于大使馆内，使馆关系至为密切，应支经费亦与财政预算有关，仰即录令，检同办事处简章及支出概算书，咨会外交、财政两部会同详加审议，联衔具覆。此令。"等因。奉此，遵即会同详加审议，佛海等以设立驻日学务专员，负责办理留日学生事务，自属需要，惟民国二十六年度以前，所设留日学生监督处，每月仅支经费国币壹仟捌佰元，现在留日学生比前减少，事务较简，所拟该处经临两费概算书，除开办费国币壹仟元应准照例外，每月经常费应照以前监督处例，月支经费国币壹仟捌百元，以资办公。至原拟办事处暂行简章与驻日大使馆关系，规定亦属明晰。所有奉令会同审议驻日学务专员办事处简章及经费情形，理合另编三十年九月至十二月四个月经常费支出概算书，连同原订暂行简章及临时费支出概算书，会同呈复，伏祈鉴核，准予提交行政院会议，议决施行，实为公便。

谨呈

行政院院长汪

计附呈教育部驻日学务专员办事处简章、经常临时两费概算书（略）各二份

外交部部长 徐 良

财政部部长 周佛海

教育部部长 李圣五

中华民国教育部驻日学务专员办事处暂行简章

第一条　关于留日学生事务，由教育部呈请行政院核准设驻日学务专员办事处。

第二条　本处暂设于本国驻日大使馆内。

第三条　本处设专员一人，荐任，由教育部遴派，承教育部长之命、驻日大使之监督，办理留日学生事宜。

第四条　本处设事务员一人，助理本处事务，由教育部长任用之。

第五条　本处为缮写文件，得酌用雇员。

第六条　本处对于留日公费、自费学生一切事宜，应随时处理，凡涉及外交事项，须秉承驻日大使馆办理，并呈报教育部备案。又关于各省市留日学生事宜，应呈部核办。

第七条　本处办事细则由处订定，分呈驻日大使馆及教育部备案。

第八条　本简章呈奉行政院核准施行。

中国第二历史档案馆藏"汪伪行政院档案"

划一留日学生留学制度方案

（原件无时间①）

鉴于以往留日学生留学制度之未臻于整齐与完善，并为适应中日两国现处之重大时局起见，爰拟订本方案，对于一般中国之留日学生加以密紧之统制及辅导，期达成一元化之境地。

一、基于中日两国之永久紧密亲善与夫同盟之精神，对于培植留日学生事业应由中日双方协力担当之。

二、废除以前选拔留学生由大东亚省及中国政府分别发给之办法，于公费、自费留日学生之外，创设共同国费生之制度，中日两国政府每年度各分担育英资金之半数，于事先准备之。

三、无论国费及公、自费留学生渡日以后之学费，皆由大东亚省自中国领取后发交日本内地之辅导机关转发，其共同国费生中日所给之学费，由前项辅导机关合一发给之。

四、中华民国各级学校之毕业生皆得依其志愿入日本国内适当之学校。

五、留日学生计分下列三种：

（一）共同国费生，由中日两国共同以国费支给其学费者为共同国费生；

（二）公费生，由中国地方政府、公共团体或留学生资助团体之经费支给其学费者为

① 此为编者标注。

公费生；

（三）自费生，以私人费用充学费者为自费生。

六、前项留学生依地域分配如下表：

地域别	共同国费生	公自费生	总数
华北	七五以内	七五以内	一五〇以内
华中	七五以内	七五以内	一五〇以内
华南	二五以内	二五以内	五〇以内
蒙疆	二五以内	二五以内	五〇以内
共计	二〇〇以内	二〇〇以内	四〇〇以内

右表所列之人数系属概数，每年收容实数应视状况如何，于四月底以前由大东亚省通知日本大使馆。

七、凡有志愿充共同国费生、公费生及自费生者，应备具左列各件，呈由地方政府（省、市、县）转呈主管机关：

（一）履历书；

（二）毕业证书；

（三）毕业成绩证明书；

（四）中国地方政府之身份证明书。

公费生除呈缴上列各项证件外，并须呈缴负担学费机关之推荐书及留日学生志愿书。

八、前项主管机关，在华中系指国民政府教育部，在华北系指华北政务委员会教育总署，在华南系指广东省政府，在蒙疆系指蒙疆自治政府而言。

九、凡共同国费生及公、自费生，在出国前均须经过左列各项试验及格后，始能发给赴日留学证书：

（一）学科试验　国文、东亚史地、数学、理化、博物；

（二）日本语文试验　日本语文、品行思想（本试验以品行思想之测验为主）；

（三）身体检查　风土病、传染病、呼吸器病之有无及一般健康状态。

十、前项留日学生之试验，应由中日两国政府遴派适当人员组织留学生考试委员会举行之，中国委员担任学术试验，日本委员担任日本语文试验及身体检查。

十一、留学生考试委员会应于试验完毕，检同及格各生考试成绩表及所缴各项证件二份，送达于各当地日本大使馆或公使馆事务所。上述各机关应于十一月底以前转送日本大东亚省。

十二、留日学生考试及格后，应由负责人员率领，于每年三月十五日以前渡日，到日后先施以预备教育一年，再入正式学校。

十三、日本国内之官立高等专门大学等校特设置固定名额，以收容预备教育修毕之留日学生。

十四、日本大东亚省设置辅导机关，对于留日学生在留学期内一切有关生活事项尽辅导援护之责。

十五、受前项辅导援护之留日学生，应由日本大东亚省发给身份证明书，并以住居于辅导机关经营之宿舍为原则。

十六、关于斡旋留学生毕业回国后就业事宜之机关，应由华中、华北、华南、蒙疆各地区主管机关协同当地日本各关系机关组织之。

中国第二历史档案馆藏“伪华北政务委员会教育总署档案”

二、留日学生的选派

教育部留日公费生考选办法

（1940 年）

——本办法系根据教育部留日公费生考选委员会之决议订定之。

——蒙疆、华北两处呈请行政院咨转该地方政府选拔。

——广东选定之十五名已咨请迅造学生履历名册送部备案。

——留日公费生之考选悉依下列手续办理之：

甲、报名

应考各生得就近向各省市教育行政机关请求，报名时应缴下列各项文件：

一、申请书二份（一份存报名机关，一份送部）；

二、高中以上学校毕业证书（证书如有遗失，须补具确实证明文件）；

三、最近半身相片二张（一张存报名机关，一张送部）；

四、履历书二份（一份存报名机关，一份送部）。

乙、铨衡

铨衡手续由各省市教育行政机关分别办理，铨衡科目如下：

一、检验体格；

二、审查证件；

三、口试。

丙、初试

铨衡及格之学生由部命题，委托各省市教育行政机关于复试前半个月内举行初试，并将试卷连同证件送部评阅。

（A）初试日期

七月二十五日

（B）初试地点

南京　上海　苏州　杭州　蚌埠　武昌　汉口

（C）初试科目

国文常识

丁、复试

凡初试及格之学生，须于复试日赴各指定地点分别听候复试。复试办法如次：

（A）复试日期

八月十日（星期六）上午八时起。

（B）复试地点

一、南京　凡江苏、安徽、南京各省市初试及格之学生，概在南京建邺路教员养成所举行。

二、上海　凡浙江省（包括杭州市）、上海市初试及格之学生，概在上海举行复试，地点另行通知。

（C）复试科目

一、国文；二、外国文（日、德、英、法任选一种）；三、数学（代数、几何、三角）；四、自然科学（物理、化学、生物任选一种）；五、专门科学（依据投考者之拟习科目分别试验）；六、口试。

——各省市初试及格学生之名额分配如下：

南京特别市政府　二十五名

上海特别市政府　二十五名

江苏省政府　二十五名

浙江省政府　二十五名（包括杭州市）

安徽省政府　二十五名

湖北省政府　十五名

汉口特别市政府　十五名

——凡初试及格之学生，除复试日午膳由部供给外，余均自理。

——考试期间，途中所须通行证及防疫证等，概由学生自备。

——凡初试及格之学生，至迟须于复试前一日赴各该指定复试地点报到，听候复试。

——复试考卷于考试后一日密封送部，由本部留日考选委员会聘请各该科学者、专家评定分数。

——录取名额

正取生　二十五名

备取生　五名

——凡录取学生由部登载各地大报，并分别函知。

——录取各生须于八月二十五日来京集合听训。

——录取各生来京听训之川资以及通行证、防疫证等，概须自备。

——听训期间之膳宿概由本部供给。

——听训完毕后，由本部派员护送赴日。

汪伪国民政府教育部《教育公报》第6期

教育部留日公费生考选委员会组织大纲及名单

（1940 年）

教育部留日公费生考选委员会组织大纲

（民国二十九年度）

第一条　教育部留日公费生考选委员会（以下简称“本会”）依据《留学国外规程》第七条之规定组织之。

第二条　本会委员定为十一人至十五人，除本部部次长及主管司长为当然委员外，其余由部长指派或聘任之。

第三条　本会处理考选留日公费生之一切事宜。

第四条　本会设委员长一人，由部长兼任；副委员长二人，由次长兼任；秘书长一人，秘书一人至二人，均由部长就委员中指定之。

第五条　委员长主持一切会务，副委员长辅助委员长办理会务，秘书长及秘书承委员长暨副委员长之命办理一切事务。

第六条　委员会议由委员长随时召集举行之。

第七条　本会于必要时设置主考委员、监考委员、干事各若干人，由委员长聘任或指派之。

第八条　本大纲得由部长随时修改之。

第九条　本大纲自公布日施行。

教育部留日公费生考选委员会委员名单

委 员 长　赵部长

副委员长　樊次长　戴次长

委　　员　钱司长慰宗　徐秘书汉　徐参事公美　徐司长季敦　严司长恩柞

赵督学如珩　孙编审振　俞编审兼科长义范

汪伪国民政府教育部《教育公报》第 6 期

沟通中日文化　恢复庚款留学案

（1940 年 7 月 5 日）

本报讯　友邦在事变以前为协助我国文化事业，特将庚子赔款移作培植我国各省派遣留日学生，以及兴办各项教育事业基金，由友邦各省文化事业部主持之，历来造就各界人才，为数甚多。自卢沟桥事变以还，此项沟通中日文化之事业，即告停顿。友邦方面，前以国府宣告成立，为恢复正常邦交起见，关于该项留日学生之事业，亦将继续举行，并已通知中央教育机关。兹悉国府教育部已着手筹备，并已提向行政院会议讨论，一俟会议决定后，再行通知各省市选派留学人员。闻此间省市两政府亦将共同考选十名有志深造之士，派赴友邦留学云。

《武汉报》，1940 年 7 月 5 日第三版。

选拔留日学生　武汉留学生特增加名额

（1940 年 7 月 10 日）

本报讯　前值中日调整国交之期，两国为谋敦睦邦交、沟通中日文化，将继续由中国派遣学生赴日留学等情，已志前报。兹悉驻汉日本领事馆，亦奉有南京大使于上项事件之电令，顷已通知本市政府知照，兹将该项电文录后：

“案奉文部省大臣训令，关于中国选拔留日学生一节，当经通知教育部，并已获得教育部长之同意，决定按照日本方面规定之分配。欲于华中方面，除武汉外，上海、南京、苏州、杭州四地共为二十五名。武汉一地，失学学生较多，合行增加员额十名。仰即知照。按照当地情形，速将本年度留日学生名额通知当地政府，选拔后电知为要。”

《武汉报》，1940 年 7 月 10 日第三版。

武汉市政府组考试会选拔官费留日学生

（1940 年 7 月 12 日）

省府招考报名期自昨日起至二十日止，关于官费留日学生，武汉方面规定名额为十名，省政府五名，武汉特别市政府五名。市政府为期选拔优秀高才生以资深造起见，届时将组考试委员会，主持考试事宜。至省府招考布告，自昨（11）日起至 20 日止为报名期间，投考资格为高级中学毕业，考试课目有体格检验、笔试（国文、数学、理化、生物学、中外史地）、口试等云。

《大楚报》，1940 年 7 月 12 日第七版。

广东省东渡教育视察团访日经过

（1941 年）

以广东省教育厅厅长林汝珩氏为团长之日本教育视察团，因欲躬亲视察友邦日本发达之教育文化，以便致力于复兴广东之教育起见，特于今年一月二十六日由广州出发，赴日考察。一行为林团长以下共二十三人，分为两批出发，一批由海路前往，一批由空路前往，均在东京集合。

此视察团全体人员姓名如下：

林汝珩：广东省政府委员兼教育厅长、中华东亚联盟协会会长、中日文化协会广州分会理事长、省立广东大学校长、社会运动指导委员会广州分会主任委员、中央陆军军官学校广州分校政训处处长、军事委员会驻粤办事处政训组组长、中国国民党中央执行委员

陈致平：广东大学教授、广东省教育厅主任秘书

张伯阴：中山日报总编辑

林朝晖：中华东亚联盟协会理事兼秘书、广东省政府教育厅专门委员

袁武烈：广东大学理工学院院长

杨廉父：广东大学教务长

伦学圃：广东大学讲师

徐琼宇：广东大学讲师

□家鼎：省立第一中学校长

李国栋：省立第二中学校长

朱微：省立女子师范学校校长

黄承镳：广东大学附属中学主任

谢敬思：省立第一职业学校校长

沈建侯：广州市政府教育局科长

张崧：市立第一中学校长

郑翰光：市立第一女子中学校长

杨道仪：私立执信学校校长

原田武子：广东女子美术职业学校校长

陈莲柏：八桂中学校训育主任

姚若兰：番禺县妇女会理事长

鲍耀富：留学兼通译

堀部春晃：广东陆军特务机关联络官

古川房雄：陆军特务机关联络官

二月十日午后四时许，全团抵达东京，即赴宫城遥拜，日本东亚联盟协会即晚在雅叙园招宴。十一日，参拜明治神宫、靖国神社，并访中国大使馆，褚大使陪同全体团员访汤岛圣庙后，复由团员自往参观博物馆。十二日，访兴亚院及其他长官，是晚日本东亚联盟促进议员联盟招待宴，在日比谷松本楼举行。十三日，参观东京帝国大学及中学校、女学校，昼间赴久原房之助氏招待宴，夕间赴兴亚院招待宴。十四日，参观东京文理科大学及东京朝日新闻社、东京日日新闻社、报知新闻社，昼间赴朝日新闻招待宴，夕间赴报知新闻招待宴。十五日，参观上野图书馆及动物园、放送局，是日昼间赴大政翼赞会招待宴，晚间承日本东亚联盟协会招待，观剧于宝塚。十六日，出席日本东亚联盟协会东京同志会。十七日，自由行动。十八日，赴中国大使馆招待宴后，并出席日本东亚联盟协会各县代表恳谈会。此后各团员分批离东京，沿途所过如京都、如台北等地教育，均有视察，所获材料甚非［丰］，足资借镜。三月初旬，陆续返抵广州。

《复兴的广东》，广州中山日报社，1941 年 8 月，第 137—140 页。

湖北省留日公费学生考试程序规定

（1941 年 4 月 30 日）

本报讯　湖北省教育厅此次招考本届留日公费学生，自开始报名以来，前往投考者有四十余人，业于日前截止报名，并经该厅组织考试委员会，由何省主席①任委员长，黄教育厅长②为主任委员，陈学务科长（第二科）为当然委员，胡岱云、邬纯一、程荫南、习明德、余光国、雷金坡等为委员，省立师范李校长、省立一中胡校长、民政厅卫保健科长等为聘任委员。该考委会已于昨日下午二时，在省府会议厅召开讨论会议，全体委员均行出席，当由黄主任委员担任主席，开会后首由主席报告招考经过，继即讨论各项事宜。结果，决定将所列科别八部改为医、理、工、农、文（包括法学、政治、经济）五部，并为训练造就自然科学人才计，取额定为十六名外，又社会科学取额四名，并指定命题委员数人，限于五日以前，命题送交主任委员，转呈省主席圈定，以示慎重。

至于考试程期，定自六日起体格检查，八、九两日举行初试，考普通科目，十一、十二两日复试，考专门科目，时间自上午九时至十一时半，下午一时至五时半云。

《武汉报》，1941 年 4 月 30 日第三版。

① 指伪湖北省政府主席何佩瑢。

② 指伪湖北省政府教育厅厅长黄实光。

湖北省留日公费生举行体格检验

（1941 年 5 月 7 日）

本报讯　湖北省政府公费留日学生考试，于昨日在省立医院举行检验体格。省府派程专员莅临监视，由该院医师高桥、罗忠负责检验，计到投考学生三十余名。体格方面，大致尚属优良，除有数人不及格外，共录取三十名。至于因病因事昨未参加学生，仍准参加笔试后，再行补验体格。兹将体格及格学生姓名志下：刘仲绳、陈传镈、恽世勋、曾文霖、刘慈恩、陈似冰、高其昌、陈縠平、朱伯候、罗子刚、容国瑞、吴怀安、王觉英、邱芝萍、沈叔君、宋瑞临、涂启书、周世辉、袁公舒、王鹏、方达邦、阮宗沅、杨华植、李维汉、郭伯腾、叶树臣、邵开桢、吕仲环、王以存、陈继昌云。

《武汉报》，1941 年 5 月 7 日第三版。

鄂省公费留日生初试录取学员发表

（1941 年 5 月 16 日）

省府所招考之公费留日生，原定名额为二十名，该府为求选拔真才起见，如考试成绩欠缺，决定“宁缺毋滥”。初试业已考毕，全部试卷经各考试委员分别评阅后，再呈何委员长复阅，现已全部告竣，计录取沈叔君等十六名。考试委员会于昨日召开会议，除当场公开拆除试卷密封外，并决定本月十九日举行复试，上午外国语，下午口试，并决议免试专门科学［目］。兹将初试录取学员姓名探志于后：沈叔君、杨华植、袁公舒、陈继昌、刘仲绳、恽世勋、陈縠平、邵开桢、郭伯腾、罗子刚、王鹏、王觉英、朱伯候、容国瑞、王以存、涂启书。

《大楚报》，1941 年 5 月 16 日第五版。

告今后之留日学生

（1941 年 6 月 18 日）

省府招考本年上季的公费留日学生，经过了很慎重的初试和复试，并由何主席作最后之鉴定，已于上月二十八日发榜了。所有录取的诸生，不日即将东渡，我们对于行将东渡的学生，愿作一个临别赠言。这个赠言也是本社对于今后留日学生的一个普遍希望。

中国自戊戌政变以来，留学生三个字渐渐就被人重视了，有时重视得比以前的翰林进士还要尊贵，因为在政治革新的立场上，留学生是“先知先觉”，居着指导的地位，负有改造政治、改造社会的重任，所以，一般人对于留学生都怀着一种敬仰、羡慕和期待。可是中国派遣留学生，已经有了五六十年的历史，而留学东西两洋的人数大概也超过了十万以上，照理想上推去，以这样长的时间和这样多的人数，来改革一个国家，应该是早臻富强了，为什么中国的政治和社会，还是这样的不振呢？这个责任固然不能完全归到留学生的身上去，因为留学生当中确有不少的杰出之才，而毕业归国以后，或不见用于时，□□以终；或用非所学，不能发展他的抱负。这里面实在埋没了不少的人才，而且登上政治舞台的留学生也尽了相当的责任，所以中国的维新才有现在这个启蒙的现象。不过我们为求全责备起见，觉得以前的留学生太偏重于学校的课程了，而未尽力于课外的考察和交际。因为在留学期间，只学了些空洞的理论和名词，而缺乏实际运用的考察，尤其对于住在国的民情风俗，及其所以致富致强的原因，更没有留心去探讨它，所以回国之后，就是政府用当其学，除转输所学的理论以外，很少有实际的运用，而于“移风易俗”、改造政治和社会的精神，更少有表现，这不能不说是以前留学界的一个缺点。

本来一个国家的兴盛，不仅是靠着有政治、法律、军事、教育、农业、工业等学校和知识便够了的，而他的风俗、习惯、道德及所有一切民族精神，关系国家的富强更大，因为民族精神是国家的本质，而各部门的科学知识不过是本质上的外衣而已。我们从事实上看去，世界上同以科学完备著称的国家，而强弱兴衰的结果不同，这不是证明了国家的强盛在于本质如何，而不在外衣吗？再说，政府派遣留学生为的是谋改造，图富强，而富强的关系既重在本质，而不专在外衣，那么，在留学期间，似不可偏重于校内的课程，应常常在课外去考察有关于本质改良的风俗习惯道德，以及一切足以取法的民族精神。

中国的民族性本来是伟大的，然而近千年来，习于空疏、放荡、偷惰、萎靡、奢侈、自私等病，本质几乎斩伤殆尽，所以维新的时间经过了五六十年，维新的人才培植到十万以上，东西洋的科学外衣也一件一件地披上身了，结果还不能造成一个现代化的国家。我们检讨过去，重振将来，所以希望今后的留日学生不要专在书本上去努力，要从事于本质的考察和学习。

因为我国与友邦日本，壤地相接，同文同种，他的一切风俗习惯道德都与我们相近，比生吞活剥地去摹仿欧美，更是容易而适合。而且日本的朴质、勇敢、勤劳、守礼、卫生等民族精神，又恰恰可以医治我国的空疏、萎靡、偷惰、奢侈、放荡、不讲卫生等一切有关于本质的大病。如果今后的留日学生能够切切实实地把日本这些好的风俗习惯详加考察，实地练习，带回中国来，作一个本质的改造，我相信比带一些政治、法律、军事、教育等外衣回来，收效更大。

而且在中日合作的现状之下，留学界更应努力于课外的活动，从事于本质的考察和学习，因为这些考察和学习的机会，可以常常与友邦人士接触，而发生国民的情感。国民的情感愈加普遍，中日合作的程度便愈加深刻。而且在十九世纪以后的外交，各国都从政府的外交渐渐趋重到国民的外交上去了，因为国民外交的力量是可以补助政府的外交的……也希望今后的留日学生去做中日国民外交的急先锋。

《大楚报》，1941 年 6 月 18 日。

汪伪教育部为拟定 1941 年度推荐留日公费生办法等事致汪伪行政院呈

（1941 年 9 月）

呈为本年度推荐留日公费生拟订办法及编送临时支出概算书，仰祈鉴核提会转饬财政部照拨事。窃本部于八月十五日准南京日本大使馆支大普通第一〇七号函略开：本年度华中方面选拔留学生以三十名为限，等由，并附推荐要纲一份。准此，查本年选派留学生出国，大使馆来文较迟，已逾推荐之期，又限于九月内渡日，时间匆促，所幸规定系推荐办法，并由兴亚院联络部在日本留学自费生中选身体强健、品学兼优者十名。本部已电请江苏、安徽、浙江、湖北四省省政府及上海、汉口特别市两市政府各推荐二名，计十二名，其余由本部包括南京市在内推荐八名，共计三十名。除咨请财政部外，理合拟具推荐办法，编造临时支出概算书，并译附大使馆来函推荐要纲各一份，备文呈送，仰祈鉴核，并请提会议决，转饬财政部照数拨发，以利进行。再本年支出概算，因系推荐，较上年约节省经费十分之六，合并陈明。

谨呈

行政院院长汪

附呈三十年度留日公费生推荐办法一份、临时支出概算书一份、大使馆来函推荐要纲译文一份

教育部部长赵正平

教育部民国三十年留日公费生推荐办法

三十年八月拟订

——本办法系依据修正《国外留学规程》及《日本本年度留学生推荐要纲》订定之。

——留日公费生之推荐悉依下列手续办理之：

甲、资格　在国内高中或专门学校确系正式毕业者。

乙、推荐方法　由教育部、各省市政府及兴亚院连［联］络部推荐之。推荐各生须呈缴下例［列］各项文件：

一、申请书二件；

二、履历书六份；

三、志愿书四份；

四、最近半身相片七张；

五、高中以上学校毕业证书（证书遗失须由原校校长及原任教职员二人以上之证明，其他证明书无效）；

六、体格检验单五份，由推荐机关派员负责检验。

——留学生之名额分配如下：

江苏省　二名

浙江省　二名

安徽省　二名

湖北省　二名

南京特别市三名（由教育部考选）

上海特别市　二名

汉口特别市　二名

教育部　五名

兴亚院联络部选择在日本自费留学生中身体强健、品学兼优者十名。

——各省市推荐之学生统限于八月二十八日来京报到，听训出国，逾期由教育部另推递补。

——学生来京通行证及防疫证等，概由学生自备。

——听训期间之膳宿，概由本部供给。

——听训完毕后，由本部派员护送出国。

教育部民国三十年经办留日公费生支出概算书

临时门　中华民国　年　月　日起至　月　日止

科目	金额				备考
	款	项	目	节	
第一款　推荐留日公费生临时费	二一五二				
第一项　膳宿旅费		二一五二			
第一目　膳宿费			五四四		留日生二十名，在京听训二日，每天中晚餐六桌，计十二桌，每桌以十二元计算，共需一百四十四元。又在沪二日，每名每日以十元计，二十名需四百元。在京拟借宿国立师范学校。

续表

科目	金额				备考
	款	项	目	节	
第二目 旅费			四〇八		留日生二十名，由京赴沪，三等火车票二十张，以十八元三角八分计，共需三百六十八元。又在车上费用，每人以二元计，需费四十元。
第三目 护送员旅费			三〇〇		护送员一名，单程护送至留学国。
第四目 搬运费			六〇〇		自南京出发至留学国，上下火车搬运行李杂费等。
第五目 茶话会费			一〇〇		本部招待留日生开茶话【会】一次。
第六目 预备费			二〇〇		

南京日本大使馆来函推荐要纲译文

南京日本大使馆来函译文

支大普通第一〇七号

敬启者：

日本政府向来对于贵国留日学生之优秀者补给学费一事，本年度由华中方面以选拔三十名为限，依照下列要纲办理。至于具体细目，请与大使馆学务科职员联络。即希查照为荷。

此致

中华民国国民政府教育部

驻中华民国（南京）日本帝国大使馆

昭和十六年八月十五日

附要纲一件

补给中国留学生费推荐要纲

一、留学生资格

中华学校及专门学校毕业生，或在日本留学中而身体强健、品学兼优者。

二、推荐方法

兴亚院联络部与中国政府机关之协议，附以本人之履历书、学业成绩证明书、志望学校、照相，由兴亚院总务长官推荐。志望之学校不得随意变更。

三、推荐名额

三十名以内。

四、推荐期限

民国三十年七月底。

五、留学时期

民国三十年九月渡日，令入东亚学校，施以日语及其他预备教育，三十一年四月入各专门学校及高等学校。

六、东亚学校在学期内每月支给学费日金五十五圆。入专门学校及大学校，其支给数额如左：

	甲地方	乙地方
大学	金七〇圆	金六十五圆
专门学校	金六〇圆	金五十五圆
高等学校及其他	金五十五圆	金五〇圆

甲地方指东京、横滨、京都、大阪、神户言；乙地方指其他地方言。

七、渡日旅费

于留学生抵达东京时，支给火车、轮船三等之实在费用。

秘书处签注意见

（一）查考选留日公费生乙案，去年前任教育部赵部长曾因准南京日本大使馆函请拔选中国二十九年度留日公费生时，即拟具《留日公费生考选委员会组织大纲》并《留日公费生考选办法》二种，经奉提交第十五次院会决议通过。现前任教育部赵部长又呈送留日公费生推荐办法，似有未符，应请提交院会讨论。

（二）推荐办法与考选办法不同者有两点，兹列举如左：

甲：选派办法之不同。案查去年院会所通过之考选办法，规定凡报名投考之留日学生，应于铨衡及格之后，由教育部命题，委托各省市教育行政机关于复试前半个月内举行初试，并将试卷连同证件送部详阅。凡初试及格之学生，须于复试日赴指定地点分别听候复试。而现呈送之推荐办法，所有选派之留日公费生，并未经初试、复试手续，系由教育部及各省市政府自行推荐。据教育部来呈称：系准照日本大使馆函送之推荐办法办理。然我方去年已有考选办法之订立，推荐办法于法无据。

乙：学额分配之不同。去年选派学额之分配，系由内政、外交、教育三部于会同审查结果后，决定原则：“录取名额标准，初试以地域为标准，复试以成绩为标准。”现查呈送之推荐办法，则由该部径自指定学额，电请各省市自行推荐，核与去年之办法显有未符。

因此，今年推荐办法，如因筹备不及，无法先期考选，而为时甚迫，九月内即需全部赴日，是否尚有补救办法，或经过一次考试加以甄别？敬请讨论。

至于支出概算，廿九年度为四九五〇元，本年度为二一五二元，比去年减少二七九八元，合并陈明。

中国第二历史档案馆藏“汪伪行政院档案”

汪伪教育部为报送1942年度选拔留日补助生临时支出概算书致伪行政院呈

（1942年7月22日）

呈为本年度选拔留日补助生拟具临时支出概算书仰祈鉴核转饬财政部照拨事。窃本部准日本驻华大使馆第一三二号函略开：“以本年度华中方面留日补助生规定三十名，其中二十名尽于国内本年度高中毕业生中选拔，其余十名则由现在日本之自费留学生中选拔，希查照见复”，等由。准此，业经通令各省市遵办在案。兹以经办选拔留日生事宜需款孔急，特援照成案，拟具临时支出概算书，备文呈送，仰祈鉴核，并请转饬财政部照数拨发，以利进行，实为公便。

谨呈

行政院院长汪

附呈三十一年度选拔留日补助生临时支出概算书四份

教育部部长　李圣五

中华民国三十一年七月二十二日

教育部民国三十一年经办留日补助生支出概算书

临　时　门

科目	金额				备注
	款	项	目	节	
第一款　留日补助生临时费	三，一八〇				
第一项　膳宿旅费		三，一八〇			
第一目　膳宿费			三六〇		留日生二十名，在京听训二日，每天中晚餐共六桌，二日共计十二桌，每桌以三十元计算，共需三百六十元，并拟以国立师范学校为该生等临时寄宿处所。
第二目　旅费			一，三二〇		留日生二十名，由京赴沪三等火车票二十张，以六十元计算，共需一千二百元。又在车上费用每人以六元计，需一百二十元。

续表

科目	金额				备注
	款	项	目	节	
第三目　护送员宿旅费			三〇〇		护送员一名，由京赴沪往返一次。
第四目　搬运费			八〇〇		自南京出发至留学国，上下火车搬运行李杂费等。
第五目　茶话会费			二〇〇		本部招待留日生开茶话会一次。
第六目　预备费			二〇〇		

中国第二历史档案馆藏“汪伪行政院档案”

汪伪行政院为批准1942年度选拔留日学生经费事致汪伪教育部指令

（1942年7月28日）

指令　字第8570号

令

教育部

呈乙件呈为三十一年度选拔留日补助生拟具临时支出概算书请鉴核饬拨由。呈件均悉。查核编呈三十一年度选拔留日补助生临时支出概算书尚属核实，所请拨款应予照准，仰候行令财政部查照拨，兹具报，仰即知照。此令。附件存转。

院长　汪□□

训令

令

财政部

据教育部呈称：“窃本部准日本驻华大使馆第一三二号函略开：（云云、抄至）‘以利进行。’”，等情，附支出概算书四份。据此，查核教育部编呈选拔上项留日补助生临时支出概算书尚属核实，所请拨款应予照准，除指复外，合行检发原呈支出概算书一份，令仰该部查照拨发具报。此令。

附检发教育部三十一年度选拔留日补助生临时支出概算书三份（略）

院长　汪□□

中华民国卅一年七月二十八日

中国第二历史档案馆藏“汪伪行政院档案”

汪伪财政部为奉令拨发汪伪教育部经办选拔留日生事宜临时费情形致汪伪行政院呈

（1942 年 8 月 19 日）

案奉钧院行字第七〇五六号训令：据教育部呈为经办选拔留日生事宜，需款孔亟，特援成案，拟具临时支出概算书，请鉴核饬拨，等情。查核尚属核实，所请拨款，应予照准，除指复外，检发附件，令仰拨发具报，等因。奉此，自应遵办，除将此项三十一年度选拔留日补助生临时费叁千壹百捌拾元在三十一年度下半年总概算第十二款第一项总预备费项下如数拨交教育部领转外，理合具文呈报，仰祈鉴核备查。

谨呈

行政院院长汪

财政部部长　周佛海

中华民国三十一年八月十九日

中国第二历史档案馆藏“汪伪行政院档案”

汪伪教育部为报送 1943 年度选拔留日补助生临时支出概算书致汪伪行政院呈

（1943 年 7 月 30 日）

案准日本驻华大使馆第二二九号函送本年度大东亚省留日补助生派遣办法，并定华中方面选拔三十名，请即代办，希于八月二十日以前办理完竣，等由。准此，业经通令各省市遵办在案。兹以办理选拔留日补助生事宜，需款孔亟，特援照成案，拟具临时支出概算书，备文呈送，仰祈鉴核，并请转饬财政部照数拨发，以利进行，实为公便。

谨呈

行政院院长汪

附呈三十二年度选拔留日补助生临时支出概算书四份

教育部部长　李圣五

中华民国三十二年七月三十日

教育部三十二年度选拔留日补助生临时支出概算书

科目	金额				备注
	款	项	目	额	
第一款　选拔留日补助生临时费	八，〇八四.〇〇				
第一项　膳宿旅费		五，二五四.〇〇			
第一目　膳宿费			二，五八〇.〇〇		
第一节　膳费				一，六〇〇.〇〇	留日学生三十名，在京听训两日，每日午晚两餐共八桌，两日共计十六桌，每桌以一〇〇元计算，合计如上数。
第二节　宿费				九八〇.〇〇	学生在京听训拟以国立师范学校为临时宿舍，不支费；到沪宿费每人每日以十五元计算，两日计九〇〇元，护送员一名，在沪每日以四十元计，两日计八十元，合计如上数。
第二目　旅费			二，六七四.〇〇		
第一节　旅费				二，一七四.〇〇	护送员一名，由京赴沪二等票往返一次及留日学生三十名由京赴沪三等票三十张，共计一九〇〇元。又车上费用约二七四元，合计如上数。
第二节　车费				五〇〇.〇〇	学生谒陵暨谒主席聆训并访友邦当局等马车人力车费。

续表

科目	金额				备注
	款	项	目	额	
第二项　邮电费		七〇〇.〇〇			
第三目　邮电费			七〇〇.〇〇		
第一节　邮费				三〇〇.〇〇	
第二节　电费				四〇〇.〇〇	
第三项　搬运费		八〇〇.〇〇			
第四目　搬运费			八〇〇.〇〇		
第一节　搬运费				八〇〇.〇〇	学生自南京出发至留学国，上下舟车搬运行李等。
第四项　杂项		一，三三〇.〇〇			
第五目　茶话会费			四〇〇.〇〇		
第一节　茶话会费				四〇〇.〇〇	本部招待留日学生开茶话会一次。
第六目　杂费			九三〇.〇〇		
第一节　杂费				四三〇.〇〇	
第二节　预备费				五〇〇.〇〇	

中国第二历史档案馆藏“汪伪行政院档案”

汪伪财政部为拨发1943年度留日补助生临时费事致汪伪行政院呈

（1943年9月4日）

案奉钧院政字第一六二三号训令：以教育部经办三十二年度选拔留日补助生事宜，需款孔亟，特援照成案，拟具临时支出概算书。查核尚属核实，除指复照准外，抄发附件，令仰查照拨发具报，等因。奉此，并准教育部咨请拨发前来，自应遵办，除将此项三十二年度留日补助生临时费国币捌仟零捌拾肆元在三十二年度下半年总概算总预备费项下如数拨付外，理合具文呈报，仰祈鉴核备查。

谨呈

行政院院长汪

财政部部长　周佛海（印）

中国第二历史档案馆藏“汪伪行政院档案”

教育部三十三年度选拔留日补助生临时支出概算书

（1944年7月）

科目	金额				备注
	款	项	目	节	
第一款　选拔留日补助生临时费	三一，八八〇.〇〇①				
第一项　膳宿旅费		二五，八八〇.〇〇			
第一目　膳宿费			一五，九五〇.〇〇		
第一节　膳费				一四，四〇〇.〇〇	留学生二十五名在京听训及办理出国手续等计三日，每日午晚两餐，每日以六桌，三日共十八桌，每桌以四〇〇元计算，共七，二〇〇元。在沪两日共十二桌，每桌以六〇〇元计算，共七，二〇〇元，两共合计如上数。

① 数据计算有误，原档如此。

续表

科目	金额				备注
	款	项	目	节	
第二节　宿费				一，五五〇.〇〇	学生留沪候轮两日，每人每日以五〇元计算，两日计一，二五〇元，护送员一名留沪三日，每日以一〇〇元计算，计三〇〇元，两共合计如上数。
第二目　旅费			九，八三〇.〇〇		
第一节　旅费				六，六三〇.〇〇	护送员一名回京、赴沪二等车票往返一次，计八八〇元；学生二十五名由京赴沪三等车票二十五张，计五，二五〇元，车上点心费约五〇〇元，两共合计如上数（上列票价以编造概算时票价计算）。
第二节　车费				三，二〇〇.〇〇	学生谒陵并谒主席聆训及访问京沪友邦关系者所需车费合计如上数。
第二项　邮电费		一，六〇〇.〇〇			
第三目　邮电费			一，六〇〇.〇〇		
第一节　邮费				六〇〇.〇〇	
第二节　电费				一，〇〇〇.〇〇	
第三项　搬运费		二，二〇〇.〇〇			
第四目　搬运费			二，二〇〇.〇〇		

续表

科目	金额				备注
	款	项	目	节	
第一节　搬运费				二，二〇〇.〇〇	学生自京出发至日本，上下舟车搬运行李等。
第四项　杂项		二，三〇〇.〇〇			
第五目　茶话会费			八〇〇.〇〇		本部招待学生茶点一次。
第一节　茶话会费				八〇〇.〇〇	
第六目　杂费			一，五〇〇.〇〇		
第一节　杂费				九〇〇.〇〇	
第二节　预备费				六〇〇.〇〇	

中国第二历史档案馆藏“汪伪行政院档案”

汪伪财政部为拨发1944年度留日补助生临时费事致汪伪行政院呈

（1944年7月10日）

案奉钧院院字第六零零八号训令：据教育部呈送三十三年度选拔留日补助生临时费支出概算一案，尚属核实，应予照准，令仰拨发具报，等因。奉此，自应遵办。除将上项临时费叁万壹仟捌佰捌拾元在三十三年度上半年总概算总预备费项下拨发并咨请教育部派员具领外，理合具文呈复，仰祈鉴核备查。

谨呈

行政院院长汪

财政部部长　周佛海

中国第二历史档案馆藏“汪伪行政院档案”

汪伪实业部资送工科留日学生办法

（1944年10月）

一、为造就工业专门人才、振兴实业起见，考选学生（包括现职技术人员）资送赴日学习，俾养成技术人才，以供建设之需。

二、本届考选学生以学习工科为主，有余额时得兼收农、矿及工、商管理科学生若干名。

三、资送学生名额定八十名，依左列分配之：

甲、招考国内中学、大学毕业生五十名；

乙、就现已在日本入学之学习工科自费学生成绩优良者选取二十名，由各工科学生检同学校证明书及成绩单，呈请教育部驻日专员办事处转送实业部选定；

丙、实业部有关各官署就现职技术人员、大学或专门以上学校毕业、熟谙日文日语者选送十名，由各该服务机关将毕业证件、办事成绩加具考语送部选定，赴日实习研究。右列现职人员在资送期内，由各该原服务机关保留原资原薪，毕业归国后仍回原机关服务。

四、考选学生事宜，另订简章办理之。

五、录取学生及已在日本入学之学生，每名每月给资助金日金壹佰伍拾圆；现职人员派遣生，每名每月支给资助金日金贰佰肆拾圆。

六、资助生赴日及返国时，得酌支旅费若干元。

七、资助生应将每学期成绩单送请实业部考核。

八、资助生如因品行不端或成绩不良者，得停止供给资助。

九、资助生学成回国后，应有听候政府指派服务之义务。

十、本办法自呈准行政院之日施行。

中国第二历史档案馆藏“伪华北政务委员会教育总署档案”

汪伪实业部考选留日学生简章

（1944年10月）

一、实业部为造就技术专门人才起见，招考国内中、大学毕业生，资送赴日留学，以资深造。

二、录取名额

规定为五十名，其学科分配如左：

甲、工科　四十名；

乙、农科　四名；

丙、矿科　四名；

丁、工商管理科　二名。

三、投考资格

凡身体健全、思想纯正、日语学有根基而有下列之一者，均得应考：

甲、高级中学毕业或有同等学力、成绩优良者；

乙、专科学校毕业者；

丙、大学毕业者。

四、报名日期及地点

自三十三年十一月六日起至十五日止，应考人须持应缴证件亲至南京实业部工业司报名，但路远者得以通信报名。

五、报名手续

1. 本人之履历书；

2. 四寸半身照片三张；

3. 毕业证书；

4. 最后学期学业成绩表；

5. 希望学习之学科及造就后预备就何职业，并附本人家庭状况（家长职业、家属人数及资产状况）。

六、考试科目

高级中学毕业考试科目：国文、日语、英文、数学、物理、化学、口试、体格检查；大学专门毕业生考试科目：就其所学科目分别另订之。

七、考试日期

三十三年十一月二十日在京、平两地同时举行。

录取生姓名除在南京《民国日报》及北平《华北日报》发表外，并分函通知。

八、考试地点

1. 南京：成贤街实业部；

2. 北平（设华北区域内应考者不达二十名以上时，均集中南京考试）：地点届时于《华北日报》公告之。

九、报到日期

录取生均限于十一月卅一日①以前备齐志愿书、保证书，向实业部报到。

十、出国日期

三十三年十二月上旬（三十四年一月至三月为预备补习日语等科期间，四月正式入

① 原档如此。

学）。

十一、录取学生赴日后，每名每月资助日金壹佰伍拾元。

十二、考试录取生每名发给旅费日金壹仟元，毕业回国旅费每名发给日金捌佰元。

十三、留日资助生应将每学期学业成绩单送实业部查考。

十四、留日资助生如有品行不端或学业不良者，得停止资助金。

十五、资助生学成回国应有听候指派服务之义务。

十六、如有未尽事宜，得临时修正之。

中国第二历史档案馆藏“伪华北政务委员会教育总署档案”

第八编

教育团体和教育会议

一、“中国教育建设协会”

中国教育建设协会成立大事记

（1940年9月）

一、成立经过

中国教育建设协会的肇端，远在上海推动和平运动的时候。国府还都以后，大家更深感到知识分子任务的非轻，于是集合了志同道合的同志们，开始筹备发起了中国教育建设协会。当于二十九年六月二日于中央大学复校筹备委员会所，开第一次筹备会议。发起人有卜愈、方焕如、王敏中、王铨治、王禹图、王肖坡、王知生、古泳今、朱右白、朱炳青、仲子明、吕学、吕绍光、杜鹏举、汪榕、汪缉熙、吴文蔚、李正兆、沈立、沈玉光、何仲英、何硕人、金雄白、周平、周正己、周抱一、林汝珩、邵鸣九、段炳（水金）、段庆平、余耀球、夏保罗、马千里、马治奎、唐有樑、徐良裘、徐季敦、徐公美、徐震、时维镛、孙移新、陈中行、陈士先、陈纾同、陈秋实、陈端志、陈伯华、凌宪文、凌叔明、奚则文、张履平、张震中、张京石、张昂千、张一声、张仲寰、张素民、章学海、莫国康、屠哲隐、冯樾君、冯节、喻毓秀、程豹文、傅彦长、詹子政、万孟婉、杨正宇、杨鸿烈、齐家、赵如珩、腾书谷、董家麟、潘国俊、刘万选、刘星晨、刘存朴、欧季抚、钱慰宗、钱述尼、钱有材、戴英夫、薛邦迈、颜加保、瞿越、魏荔洲、严恩柞、庞声钟、顾天赞等百人。在第一次筹备会议中，决定征求会员及召开大会，发表宣言等议案。接着于九月七日，在中央大学复校委员会会所，召开了第二次筹备会议。在这一次筹备会议中，决定了开成立大会时的一切准备事项，并推定了戴英夫、莫国康、卜愈、张仲寰、钱慰宗五人为主席团。

六月九日上午九时，在建邺路教员养成所，举行了成立大会。在这一个会议中，开始了中国教育建设协会的诞生。那一天出席的会员有四百多人，各院部会官长及代表等到有数十人。社会部彭次长、教育部赵部长、宣传部林部长、边疆委员会罗委员长等均有恳切之训话。在这一次大会中，决议以大会名义电汪主席致敬，并以会名义呈请教育部转呈行政院提高教职员待遇，请教育部从速制定教职员保障条例等案。并推定：戴英夫、张仲寰、钱慰宗、王敏中、严恩柞、卜愈、金雄白、凌宪文、徐季敦、吕学、陈端志、冯节、王肖坡、邵鸣九、赵如珩、莫国康、薛邦迈、徐公美、颜加保、庞声钟、腾书谷、夏保罗、潘国俊为理事，屠哲隐、喻毓秀、徐良裘、汪榕、仲子明、朱炳青、陈秋实、魏荔洲、顾天赞为候补理事，刘星晨、奚则文、段庆平、徐汉、沈立、黎世蘅、林汝珩、吴文蔚、钟有材、方焕如、时维镛、张一声、何仲英、周正己、刘万选为监事，陈中行、刘存朴、汪特璋、陈伯华、徐震、欧季抚、唐有樑为候补监事。

成立大会开过以后，即从事组织工作，于是从六月十二日召开第一次理事会议。在这一次会议中，办理了所有大会交议的各议案，如修正会章等，并拟订办事细则，筹商出版物等事件。

接着，监事会也召开了监事会议。

理事会和监事会所决定的负责名单如下：

（一）理事会

理事长：戴英夫。副理事长：张仲寰、钱慰宗、王敏中、严恩柞。常务理事：卜愈、金雄白、徐季敦、吕学、王肖坡、邵鸣九、莫国康、薛邦迈、凌宪文、陈端志、赵如珩、徐公美。理事：冯节、杨鸿烈、张素民、王知生、周抱一、古泳今、吕绍光、颜加保、庞声钟、腾书谷、夏保罗、潘国俊。候补理事：屠哲隐、喻毓秀、徐良裘、汪榕、仲子明、朱炳青、陈秋实、魏荔洲、顾天赞。秘书长：徐季敦；秘书：冯樾君，陈纾周。总务组长：严恩柞；副组长：钱述尼。组织组长：王肖坡；副组长：徐良裘。调查组长：金雄白；副组长：章学海。研究组长：钱慰宗；副组长：杨正宇。出版组长：陈端志；副组长：邵鸣九。设计组长：顾加保；副组长：喻毓秀。职业介绍委员会主任委员：卜愈。国语普及运动委员会主任委员：莫国康。生产教育研究委员会主任委员：于筠秋。识字运动委员会主任委员：张仲寰。

（二）监事会

常务监事：刘星晨、奚则文、徐汉、沈立、段庆平。监事：黎世蘅、林汝珩、吴文蔚、钟有材、方焕如、时维镛、张一声、何仲英、周正己、刘万选。候补监事：陈中行、刘存朴、汪特章、陈伯华、徐震、欧季抚、唐有樑。

二、分会之拓展

自从总会在京成立以后，各省纷纷响应，筹组各省市分会。已在筹组中者，有江苏、浙江等省。在准备组织中者，有安徽、湖北等省。

江苏省分会发起人为：张仲寰、奚则文、茅子明、张仰高、周挺初、顾天赞、徐锡璜、颜孟平、朱懋功、董家麟、杜鹏举、吕玉书、杨彬如、张承旦、张圣瑜、朱轶士、赵仲初、叶风池、关仲谦、徐尧、刘炳汉、何龙、张亚、施仁政、龙受之、张同庆、王士亨、郑宽广、潘祖述、钱星撲、徐征、张千里、程鲁常、顾稷五、金忍之。浙江分会发起人为：沈雨、乔蔡洁、陈秋松、王敏中、范允兹、翁和、欧汉章、夏焕文、崔之耕、舒适、罗洪、张宗禹、郑佐桥、瞿越、叶一之、曾祖熙、曾文焦、翁声舜、崔宇明、叶兹渔、唐翼、章昆、严厚贻、仲毅、范超、王德玉、屠景正、曹毅、周祝如、张一鹏、蒋之凡、范震亚、顾庚飘、徐汉文、郑宗贵、张迁谦等。

江苏省分会业已于九月十五日正式成立，开成立大会于苏州中山堂，总会理事长戴英夫、副理事长王敏中、秘书长徐季敦均赶往苏州，亲自出席指导。计选出理监事四十一人，名单如下：

（理事二十二人）张仲寰、奚则文、茅子明、张仰高、周冕英、顾天赞、徐锡璜、颜孟平、彭世芳、杨彬如、董家麟、孙士衡、刘炳汉、龚受之、施仁政、程鲁常、徐尧、郑宽广、徐征、韩秉植、顾稷五、鲁家振；（候补理事七人）关仲谦、顾曾华、张千里、张胥、盛书云、金忍之、祝子尹；（监事九人）蔡洪田、李志云、章树钦、徐锡璜、朱懋功、杜鹏举、刘哲、张亚、张同庆；（候补监事三人）张圣瑜、王士亨、高怀之。

三、参加东亚教育大会及其他会议

日本为纪念纪元二千六百年，举行各种学术大会，东亚教育大会也是其中之一。国民政府教育部特组织中国代表团，由教育部戴次长率领，并征集各地教育机关团体重要人员参加。教育部更代电中国教育建设协会派员参加。中国教育建设协会最初遴派张仲寰先生出席，后因张先生奉简江苏省教育厅厅长，不克赴日，交中国代表团提出。其提案如下：

甲、拟组改善东亚教育协会，发行刊物以资联络案。

乙、拟请改善中国留日学生待遇案。

丙、中日两国，为谋永久和平及建设东亚新秩序起见，应将两国中小学教科书重新慎重修订。凡属有碍邦交或易引起误会之教材，应完全删去，并将两方面立国建国之精神及悠久光明之文化教师，尽量编入案。

丁、中日两国中小学教师，应尽量互派参观案。

戊、中日两国应交换著名人士为特别讲师案。

在京之代表团出国前，中国教育建设协会理监事会设宴欢送。代表团于七月二日由京乘特快车赴沪，七月三日乘上海丸东渡。

大会于七月八日起举行，共计开会四日。这一次我代表团极受日本朝野之欢迎，其中尚有一事可记者，即东亚教育协会神户支会十九日在神户开大会，由梅崎博士主持，中国代表团（华中部分）二十余人，由中国教育建设协会王宗轼领导，一体参加。王宗轼先生发表演说，全场鼓掌。演说毕，梅崎博士对大众疾呼曰："此乃中国人也，此乃中国有识之士也。诸君平日脑筋中及言谈中所谓中国人，完全错误，此后我中日两国人士，应本互尊互爱之精神，切实携手，共谋东亚之建设。"在这里，很可见到我国代表团在日本方面之活跃情况，和日本人士之热忱的欢迎。

代表团于七月二十四日先后归国抵沪，在沪办事勾留即返京复命。中国教育建设协会理监事设宴欢迎，情况颇为热烈。

参加东亚教育大会之前，有在首都举行之全国教育行政会议。该会议于六月二十日举行，中国教育建设协会派陈端志、张仲寰、卜愈三先生出席，对于大会贡献颇多。

九月一日，徐良裘先生代表中国教育建设协会出席中国青年协会成立大会。

四、教育建设月刊及教育周刊之创刊

中国教育建设协会之准备发行刊物，远在成立之初。后因会内重要负责人员大部出席东亚教育大会，所以到八月中旬方开始积极推行。

关于月刊的出版计划和月刊的名字，早在六月十四日第一次常务理事会议及六月二十三日第二次常务理事会议中有所决定。到八月十三日第四次常务理事会议中，更决定了陈端志、莫国康、邵鸣九、钱慰宗、卜愈、严恩柞、徐公美、赵如珩、俞伟范、徐季敦、杨鸿烈等十一人为编辑委员。

八月十八日，编辑委员会召开了第一次全体会议。在这一次会议中，更具体地决定了出版、编辑以及内容上之诸种重要问题。八月二十五日，更召开了一次出版组方面的扩大会议，作出版、纂稿上之更具体的规定，并且继续聘请了国内各教育专家担任特约编纂。

此外，更应首都《时代晚报》之请，编辑教育周刊，每周一次，附《时代晚报》发行，编辑人为徐良裘与沈立，第一期业已于九月十八日出版。

五、各项会议摘要

A. 筹备会议

a. 第一次筹备会议

日期：二十九年六月四日下午五时

地点：中央大学复校筹备委员会

出席者：卜愈、薛邦迈、徐公美、严恩柞、王肖坡、颜加保、莫国康、张仲寰、陈端志、徐季敦、戴英夫、钱慰宗、吕学等。

议案摘要：修改草案，拟定征求会员办法；拟定成立大会日期及地点；推定大会宣言起草负责人等。

b. 第二次筹备会议

日期：二十九年六月九日下午五时

地点：中央大学复校筹备委员会

出席者：徐公美、薛邦迈、严恩柞、钱慰宗、陈端志、吕学、颜加保、莫国康、王敏中、王肖坡、戴英夫、徐季敦、张仲寰。

议案摘要：通过会章草案；推定成立大会职员；拟定大会秩序单；推定大会主席团。

B. 理事会会议

a. 第一次理事会会议

日期：二十九年六月十二日下午四时

地点：中央大学复校筹备委员会

出席者：戴英夫、严恩柞、徐季敦、邵鸣九、吕学、潘国俊、颜加保、古泳今、杨鸿烈、薛邦迈、金雄白、王肖坡、卜愈、陈端志、钱慰宗、莫国康、吕绍光、夏保罗、张仲寰、赵如珩、徐公美。列席者：汪冬心、魏荔洲、朱炳青、徐良裘、仲子明、喻毓秀。

议案摘要：依据大会交议各点修订会章；推定审查理事会办事细则及草拟分会组织通则负责人；交出版组计划出版刊物办法；呈请教育部准予派员出席全国教育行政人员会议；通过大会交议呈请教育部转呈行政院提高教职员待遇及呈请教育部从速制定教职员保障条例；选举正副理事长及常务理事。

b. 第一次常务理事会议

日期：二十九年六月十四日午后四时

地点：中央大学复校筹备委员会

出席者：戴英夫、赵如珩、徐公美、薛邦迈、陈端志、严恩柞、王肖坡、徐季敦、卜愈、钱慰宗、邵鸣九、张仲寰。

议案摘要：推定秘书长、秘书及各组正副主任；成立职业介绍委员会、国语统一委员会、生产教育研究委员会等专门委员会，并推定主任委员人选；规定刊物名称；筹备招待东亚教育大会中国代表团及各省市教育行政会议代表。

c. 第二次常务理事会议

日期：二十九年六月二十三日上午十时

地点：理事长官舍

出席者：戴英夫、徐公美、莫国康、陈端志、钱慰宗、徐季敦、严恩柞、邵鸣九、张仲寰、赵如珩、王肖坡。列席者：周抱一。

议案摘要：戴理事长、徐秘书长行将出国，在出国期间内，理事长职务由钱副理事长慰宗代理，秘书长职务由陈理事端志代理；拟具议案五则，交东亚教育大会中国代表团向东亚教育大会提出（议案见前）；改派王肖坡理事代表中国教育建设协会出席东亚教育大会。

d. 第三次常务理事会议

日期：二十九年七月九日

地点：中央大学复校筹备委员会

出席者：戴英夫（钱慰宗代）、莫国康、钱慰宗、陈端志、薛邦迈、邵鸣九、吕学、徐季敦（陈端志代）、严恩柞（钱慰宗代）。

议案摘要：修正通过各地分会组织通则；由理事长指派本会职员分配工作；添置办公物品；筹组刊物编辑委员会。

e. 第四次常务理事会议

日期：二十九年八月十三日下午四时

地点：中央大学复校筹备委员会

出席者：陈端志、严恩柞、戴英夫、徐季敦、赵如珩、卜愈、王肖坡、莫国康、吕学、薛邦迈、张仲寰、钱慰宗、邵鸣九。

议案摘要：报告收支情形；再度敦请陈院长公博任名誉理事长；通过出版刊物计划草案；推动月刊编辑委员会；修正通过各地分会组织通则；向社会运动指导委员会呈请立案；审查通过江浙两省缮送分会发起人名单。

C. 监事会会议

a. 第一次监事会会议

日期：二十九年六月十三日下午四时

地点：中央大学复校筹备委员会

出席者：段庆平、吴文蔚、徐汉、奚则文、张一声、沈立、刘星晨、何仲英、时维镛、钟有材。列席者：刘有朴、陈伯华、汪特璋、唐有樑、徐震。

议案摘要：推定负责人起草监事会办事细则，选举常务监事。

b. 第一次常务监事会会议

日期：二十九年八月二十三日下午四时

地点：山西路八十一号

出席者：刘星晨、段庆平、徐汉、沈立。列席者：徐季敦。

议案摘要：推定常务监事会主席；修正通过监事办事细则；推定监事会秘书及指定干事；刊制图记；确定每月开会日期；议决派员列席理事会会议。

D. 理监事联席会议

第一次理监事联席会议

日期：九月二十二日上午十时

地点：国立中央图书馆

出席者：戴英夫、王敏中、腾树谷、王宗轼、卜愈、时维镛、钱述尼、周抱一、汪特璋、沈立、仲子明、冯樾君、徐季敦、徐良裘、颜加保、钱慰宗（严恩柞代）、徐汉、钟有材、赵如珩、段庆平（徐季敦代）、于筠秋、严恩柞、奚则文、邵鸣九、陈端志、张仲寰（陈端志代）、薛邦迈、唐有樑。列席者朱炳青、马国英。

议案摘要：（一）严组长恩柞报告本会经费（由六月一日起至九月二十日止）收支概况。（二）主席报告江浙皖三省分会组织情形。（三）陈组长端志报告《教育建设》月刊筹备经过。（四）徐组长良裘报告编辑《时代晚报教育周刊》经过情形。（五）徐常务监事汉报告监事最近工作情形。

讨论事项：（一）请审议本会所筹募建筑基金会草案。（决议）修正通过。（二）请审议本会举行学术演讲暂行办法草案。（决议）修正通过，交理事会研究组办理。（三）座谈会应如何进行案。（决议）请理事会研究组计划办理。（四）标准国音运动应如何计划进行案。（决议）推马国英先生拟订计划，交常务理事会办理。（五）请各委员会主任委员将委员名单提交常务理事会通过聘请案。（决议）通过。

附录一

筹募会所建筑基金委员会草案

（一）组织

设立筹募会所建筑基金委员会七人至九人，由理事产生之。

（二）筹募金额

暂定国币五万元。

（三）筹募时期

自十月十日开始，至十一月三十日结束。

（四）筹募方法

组织劝募队若干队，分头劝募，编制如下：

一、名誉总队长若干人；

二、名誉队长若干人；

三、总队长若干人；

四、副总队长二人至四人；

五、队长若干人；

六、每队设干事若干人。

（五）队长产生办法

由理事会聘请之。

（六）收款方法

由各队代收，收到捐款时，由各队发给本会印制之正式收据。每十日将经募之款，汇解筹募基金委员会，并登报公告。

（七）保管办法

由监事会产生会所建筑基金会保管委员会，设委员三人至五人，负责保管基金之责。

（八）捐款奖励办法

甲、个人捐款

A. 捐款满国币十元以上者，赠纪念章一枚。

B. 捐款满国币壹百元以上者，本会铸碑以留纪念。

C. 捐款满国币伍百元以上者，本会除铸碑纪念外，另赠银盾一只。

D. 捐款满国币壹千元以上者，除铸碑及赠银盾外，另悬捐款人照像于本会所内。

E. 捐款满国币伍千元以上者，本会特辟室纪念，以捐款人大名名其堂。

乙、各队劝募

A. 劝募在国币伍百元以上者，本会铸碑以留纪念。

B. 劝募在国币壹千元以上者，除铸碑外另赠银盾一只。

C. 劝募在国币伍千元以上者，除铸碑及赠银质纪念品外，并悬劝募队全体照片于本会所内。

（九）宣传

开始劝募时，在各地新闻纸上，广为宣传。

（十）印刷品

开始劝募时，应备之印刷物如下：

A. 本会一览；

B. 本会月刊；

C. 募筹基金缘起；

D. 正式收据。

（十一）结束

本会俟各队劝募结束，汇解清楚后，即编印纪念册或征求信。

附录二

学术演讲暂行办法

(1) 本会为研究学术起见，并依照本会章程第十三条第七款之规定，特制订本办法。

(2) 本会暂定每两星期举行学术演讲一次，时间另订之。

(3) 学术演讲讲师由本会延聘专家学者任之。

(4) 学术演讲讲师为名誉职，不支薪津。

(5) 学术演讲讲师，本会予以接待。

(6) 学术演讲地点，暂假各校礼堂举行。

(7) 本办法如有未尽事宜，得随时修正之。

E. 出版组会议

a. 第一次出版组会议

日期：二十九年八月十八日上午十日

地点：山西路八十一号

出席者：徐季敦、陈端志、严恩柞、邵鸣九、赵如珩、钱慰宗、莫国康。

议案摘要：修正通过月刊出版计划；决定月刊出版日期及征稿办法；决定月刊各门编纂负责人；拟订月刊预算；延聘特约编纂人。

b. 第二次出版组扩大会议

日期：二十九年八月二十五日上午十二时

地点：鸡鸣寺景阳楼

出席者：屠哲隐、徐良裘、王肖坡、陈端志、邵鸣九、杨鸿烈、段庆平、徐公美、喻毓秀、徐汉、沈立、严恩柞、冯樾君、莫国康、刘星晨、张素康。

议案摘要：决定核稿办法以及编辑发行上诸具体问题。

六、今后之计划

中国教育建设协会，既以建设新中国教育为唯一之使命，对于将来会务之推进，当有甚多之计划。目前所可以为读者告者，拟在最近期内，先行举办下列两件事情：

（一）鉴于首都方面失学儿童过多，拟协助政府办理民众识字学校或短期学校。

（二）鉴于我国民间语言庞杂，因之民情隔阂，对于政令的推行，有莫大之障碍，所以，拟协助政府举行统一语言运动，把从前规定的注音符号加紧推行。

以上报道，至二十九年九月二十五日止。

《教育建设》，第1卷第1期。

庆祝中国教育建设协会成立周年纪念大会讲词汇志

（1941年6月8日）

1. 庆祝成立周年纪念大会开会词

戴英夫

各位长官、各位来宾、各位会员：

中国教育建设协会在去年六月九号成立，到明天刚是一周年。因为明天是星期一，各位长官和同人们每一位都有工作，所以就提早一天，利用星期日的休闲，来举行庆祝会。承蒙各位长官、各位来宾、各位名誉理事长以及各位代表光临，非常荣幸，非常感谢。

中国教育建设协会在去年成立的时候，出席的同志很多，大家一致决定，本会以人民团体的立场，来辅助政府，推进新中国的教育建设。本会的目标从教育上而言，我们是在教育最高当局的领导下，从事学术研究、理论探讨以及实际方面的工作，以期新中国教育建设早日完成。这是本会成立的第一个愿望。其次，从政治上而言，我们想到和平运动发动的时候，同志们都冒万险、排万难、艰苦奋斗，本会许多发起人中，在还都以前甚至和运刚开始时，就在上海及各地做教育运动，与共产党及渝方斗争，有许多同志受到损失。就是今天在座的，也有很多位会挨骂、遭打、受辱、被逐或撕破衣服，或捣毁家庭，或身受重伤，或事业停顿。但和平运动还在开始阶段，我们的责任未完，还得继续努力，继续奋斗。我们相信，教育建设除了教育本身上的意义外，还是一种社会运动，一种思想运动。如今国内思想庞杂混乱，一般人民还迷信于抗战，把和平反共运动国策的思想深入到民众阶层里去的一种斗争运动，是有赖于教育界同志来完成其使命的。所以本会的成立，尚有政治的意义在内。再次，从同人本身上来说，本会大多数会员都是以教育为职业，大家一年到头，孜孜矻矻，度着清苦的生活，负着艰巨的工作，自应团结起来，为自身谋求福利，解除痛苦。所以本会实在也是教育界的互助运动。以上三点，在教育上，在政治上，在教育界本身上，是本会产生的动机，也是同人的希望。我们就结合志愿相同、希望相同的人，于去年六月九日，正式成立了本会。

本会成立一年以来，同人们因各有职业，各有繁剧的工作，大家只能利用空闲，来推动本会的工作。根据产生的志愿，努力实行。在教育上，为了研究学术，出版《教育建设》月刊，并在南京、苏州各报出版《教育周刊》，为本会同人做一个研究的园地。此外，又出版丛书，创办简易小学，举行座谈会，推行国语注音符号，等等，在教育最高当局赵部长领导之下，尽其力之所及，推动这些工作。

在政治上，第一，我们鉴于和平运动中思想工作的重要，于是出版了小学和平反共建国周中心教育实施大纲，供小学中实际教育的应用，各省市前来订购的很多，因此能推行到每一个小学校中，使每一个儿童和青年对于为什么要和平反共建国和怎样可以达到和平反共建国的问题，得到一个答复。第二，本会于去年派员赴日参加东亚教育大会，和日本的先进学者讨论中日文化沟通和教育上的诸般问题，共有一个月的耽搁、接触、研究、讨论，一方面推行国策，一方面也担任起亲善教育的先锋。

至于在同人本身方面，本会于去年成立大会的时候，曾决议呈请教育部提高教师待遇，结果我们的呼吁颇见效力，各省市都已尽量实行，行政院也曾开会讨论增加教师待遇问题。其他增进同人福利的事业，本会也在计划之中，本届年会中，也将讨论到。

以上所说是本会一年来工作的结果，这一点点的成绩固然是同人努力的表现，但单是同人的努力还不够，全仗汪主席伟大的感召，赵部长热心的领导，友邦人士、本会名誉理事长以及社会各界精神上、物质上的协助。但我们自己觉得不能满意，所以在今天下午举行第一届年会，并聘请许多位专家来指示我们，根据成立时的希望和志愿，来决定今后一年中的工作，使我们再作更大的努力，再有更好的成就；并且希望各位长官、各位名誉理事长、社会各界，不断地指教，不断地帮忙，使明年今日，本会更有比较满意的成绩，来报告于各位。

2. 庆祝成立周年纪念大会训辞

（1）蔡培

今天能来参加中国教育建设协会成立一周年庆祝大会，感觉非常荣幸。自从国府还都以后，各省各市的教育都在力谋复兴，而对于人民思想的改善与指导，更是我们从事教育的当前急务。在事变以前，教育界的思想发生了根本的错误，于是一般青年学生的思想，也随之发生了错误。这种思想的错误应该由我们来注意和纠正，对青年学生加以指导，使其思想要纯正，行动要合于规范。自从国府还都以来，就是根据我们的国策，以和平反共建国为教育的方针，其最大的目的，就是在纠正青年学生们的思想，纠正大众人民的思想。我们知道，要建设新中国，必须要建设新教育。建设新教育的根本工作，就是对于今后的教育实施，要有一定的目标。这个目标便是和平反共建国的教育方针。我们要针对着这个和平反共建国的目标前进，使全体的青年学生都有明确深切的认识。因为教育界的民众的先锋，必须对于这个目标有了深切的认识之后，方能来干和平反共建国的重要工作。再进一步，方能联合友邦，向建设新东亚的路途迈进，并且我们要认识清楚，哪一个国家是我们的友邦，当然我们应该和日本在提携合作的原则之下，在同文同种的情况之下，来建设起东亚新秩序、东亚共荣圈，要将我国百余年来所受到白种人的种种耻辱，一旦雪清。这一个重要使命的完成，便是负提倡新教育建设者的责任。现在我希望大家负起这个重大的责任来，努力继续地做下去，我在此预祝大家成功！

（2）梅思平

今天中国教育建设协会庆祝成立周年，兄弟有参加的机会，非常快活。我现在想讲的话，是普通的，不是特别的，就是对于一般的团体的感想。国民政府还都以后，各种团体成立的很多，有成绩的也很多。但是兄弟个人对于各种团体的前途，却未能十分乐观，因为各团体在目前的状态下，都不能充分发挥正当的作用，对外对内，都不很健全，都有摩擦。所以兄弟要来贡献一点意见，这是对全国所有团体而言，并不是单指中国教育建设协会。

第一，无论哪一个团体，只要是团体，都应有教育的意义，每个会员都应自己教育，同时互相教育。不但教育的团体应如此，其他的团体也应如此，要每一个团体内每一个分子天天教育着自己，训练着自己。这意义本来很普通，现在环境中尤其来得重要。因为大家对于进修工作很缺少，而大难之后，人才寥落，无论在政府中、在教育界中、在职业界中，都是如此。每个人都要负担起超过个人能力以上的工作。就兄弟本身来讲，现在所担任的工作，要比个人能力所及的超过二三倍之多。这种情形非常普遍，在教育界中，从前做中学教员的现在做大学教授，从前做小学教师的现在做中学教员，从前检定不及格的小学教员现在做小学校长或正式小学教员。就政府中情形来说，从前的委任官现在做荐任官，从前的荐任官现在做简任官，从前的简任官现在做特任官。总之，工作超过了能力，这在大难之后原是不可避免的事实。要补救这缺点，就应每个人知道自己能力不够，还要努力前进，每个人都加入团体，团体中各分子彼此教育，互相请益。所以团体的组织，不厌其多，每人都应加入团体，接受团体的训练和指导，使我自己所负的责任，不至于过分超过自己的能力。如果不是这样，那么肩头的重担一定挑不起来。从前的人说教学相长，这当然最好，但或者我们现在办不到，那么最少也应“教教相长”，我教你，你教我。譬如我擅长历史，你擅长地理，那么我教你历史，你教我地理。以我的有余，来补充你的不足，以你的长，来弥我的短。教员与教员之间，朋友与朋友之间，都应如此。任何团体成立的最大目标，就在这里。团体内各分子互相训练，互相教育。可是，现在一般的团体能达到这目标的有多少？恐怕是极少数。这是兄弟认为未可乐观的第一点。

第二，兄弟觉得现在各种团体对外甚至对内都有种种流弊。就对外来说，大家把组织团体看作争夺地盘的工作。今天我成立一个会，明天你就跟着也来一个，以与我争。于是，会还没有组好，争端已经发生了；会还没有组好，人家已在害怕你、防备你了。这种现象也是无可讳言的。教育界中或者很少，但别方面却是很多的。不但对外如此，对内也是如此。对外与别团体争地盘，对内则各分子互相摩擦，争总干事，争理事长，争副理事长，争理事，千篇一律，无一例外。这真是太无聊、太不必要了。兄弟希望每一个团体不要作这种无谓的竞争，不要争地盘，而要争成绩。地盘不怕其小，只怕没有成绩。如果有了成绩，那末团体也好，个人也好，一定全站得住的。还有现在社会上很流行着一种时髦的风气，个人所兼的差事愈多愈好，地盘越大越好，但是事情却越少越好。甚至有许多事和自己的能力相去几万里，绝对不能做的，却还是要拉上，还是不肯放松，手里拿不下，肩上背不下，口袋里装不下了，还是要，结果，没有一件事不参加，却没有一件事做好。团体也是如此，一切想包办，却一切都办不好。好比吃饭，只管吃得多，不问能否消化得了，这实是做事的大忌。刚才蔡市长也曾说过，要和平运动成功，必须要有力量、有成绩。现在所有的团体都只争地盘，不顾事业，和平前途是很悲观的。各种团体三三五五成群，但大家不做事，抢地盘，争东西。真能不随波逐流，好好地办事的团体，即使有，恐怕也很少。现在一个小学校长大都想高升，做中学校长，做教育局长，他不知道只要把小学校办好，这就是自己的前途。所以我愿意把这个思想贡献给教建会的同志，并贡献给所有从事和平运动的同志，大家对于所担任的工作，要负责任，使成绩一年比一年好。千万不要抢人家的地盘，但已经到手的地盘，一定要把它做好。这个原则非常重要，能够如此，一切摩擦便没有了。整个和平运动的前途，也一定可以增加光明。

第三点，是现在一般人都有浓厚的排他的心理，团体也是如此，眼光褊狭，总以为我是对的，人家是不对的，我是好的，人家是不好的。这种心理不但是国家社会之害、团体之害，也是各分子之害。门户之见深了，派别起了，把真正的人才牺牲、摧残。团体间只知互相斗争摩擦，不知吸收一切人才。团体活动的范围太褊狭，吸收人才的力量太薄弱，哪里会有好的成绩？所以我们应把团体的偏见纠正，把各种人才网罗。好的人才要罗致，与自己的团体相关的团体要联络，就是站在反对地位的人，也应拉拢。譬如教育建设协会要办一所大学，所请的教授，不一定是教建会的人，就是反对本会的，也可以罗致。有了这种胸襟、这种气度，事业才能发展。这也是极重要的。

以上所说，希望于现在的各团体：第一，团体内各分子要互相教育；第二，要求成绩，不要争地盘；第三，要吸收人才、培养人才，不要摧残人才。这几点意见很浅近，不过就个人观感所得，零乱地申述一下，而且是就一般的团体而说，并盼各位指教。

（3）李士群

本人今天来参加这个大会，觉得很是高兴。方才听到梅部长的宏论，对于每个团体应有的态度，说得很是透彻。本人素抱不参加团体的决心，所以十余年来，不改变初衷，教育建设协会是一个重要的人民团体，今天能来参加这成立周年纪念大会，是非常荣幸的。本人向来不会说话，今天也不谈别的话，只是把最近要办的事项，提出来报告一下，希望教育界同志们，大家来协助进行。最近我们要办清乡工作，这种清乡工作，在目前是最迫切而需要的。这种工作是根据安定民生、确立治安的目标而产生的，虽然现在仅从一部分地方做起，但将来却可逐步推广。办清乡工作有两个希望：一是对于友邦方面，希望友邦的驻军，能在指定的区域，规定的时间以内，逐步撤退，让我们中国军警来接防；一是对于国内方面，要把各乡村的共产党土匪和不良的军警、不良的人民团体，一律加以彻底肃清，这是武装方面的工作，并希望在非武装方面，要把清乡区内的土豪劣绅，也加以铲除和消灭。并且我们这种对外的要求，是必须根据对内有办法的。如果对内有了办法，对友邦就可以根据中日协定来说话，所以我们主要的希望是对内有办法。在目前，对内最有把握的办法，就是清乡工作。为什么要清乡呢？不用说，就是要使各地局面安定，人民要求满足，民众心理纠正。站在和平运动方面说，要从一点发展到线，从线发展到面，再从一方面的和运实现，去求多方面的和运实现，然后再进而达到全面和运的实现。这种理论确很需要，以前我们实现全面和平的具体办法，是希望重庆方面的人，和蒋政权早早觉悟，这在以前固然有相当道理，现在又觉得不对。如果他们一年不觉悟，便一年不能实现全面和平，那么他们一辈子不觉悟，就一辈子得不着全面和平吗？我们觉得要改变观念，改变办法。从前有人说："求人不如求己"，我们要自己来努力，要靠自己的力量来筹出好的计划与办法，所以目前最好的计划与办法，便是办理清乡工作。这种清乡工作，在目前可以说是最好的办法了，可以从点到面再到线，从一方面推广到多方面，这个办法一定可以做到，所以今天提出，我相信一定可以有成就的。大家不要觉得有许多困难，也许会失败，我们要存了有成就的信心，才不会失败，才可以成功。我们要知道，这个工作有是［是有］步骤的，清乡工作先在江浙皖三省办理，并且要分期办理。第一期先在京沪沿线很小的区域办理，在五六个月内积极预备，兵力三万，财力一千万，人力方面把国民党员与和运同志，共同协力去干。我们相信，有这样的财力、兵力、人力，一定可以有所成就的，一定没有困难问题发生的。清乡工作在军事上说有三点：第一，建筑起封锁线。从前肃清土匪，往往包而不围，围而不包，现在我们要利用各种物力人才，使土匪不能跑出封锁线，要逐步地做肃清工作。最好是分出区域做肃清工作，譬如第一段太仓一带，那里土匪不到万人，我们用三万人去包围，总可以设法消灭了，并且在清乡期内，可以用中日军队共同去做清乡工作，因为这是用力的问题，可由我们发动全部军警做剿匪工作，同时请友军协助。第二，根据军力来肃清土匪，这是很有把握的。不过清乡不全是军事工作，军事只占十分之三，十分之七是政治工作。所谓政治工作就是经济建设和教育建设，我们要完成三民主义建国，先要完成民生主义的建设，只是清乡区在五六个月中能否建设起民生，确是一个问题。不过我们唯一目标先要安定民生，民生安定才能增加生产，发展人民经济。我们的希望不要过奢，要从小的成就到大的成就，人民对于经济的要求目前是很迫切的，这种强烈的经济需要，我们在清乡区内，根据一个主义，服从一个领袖，来逐步建设民生，发展民生。在机构方面，可利用党政军警及各种民众团体协力领导之下，去建设强力的经济。清乡期内的主要工作便是焦土建设，这种焦土建设、经济建设，都要靠特种教育的实施来完成。教育界同人都是知识分子，素为一般民众所信仰，所以清乡工作的成功与失败，全在特种教育的成功与失败。但是要实施特种教育，先要改正教育界同人的观念，假如教育界同人的观念以为清乡工作是要失败的，那结果一定是失败，如果教育界同人的观念一致是认为清乡工作是可以成功的，那一定便可以成功。所以，事情的成败须要根据观念，观念一致，理论一致，那么做领导工作者去实施特种教育，便能努力而有把握，清乡工作也可以有绝对的成功。本人今天特来请求教育界同志，对这个清乡工作，共同地讨论一下，研究理论，更提出辩论，我们要使观念上一致，希望今后办理清乡工作来帮助教育建设，同时更用特种的教育来完成清乡工作。并且清乡工作还可以帮助教育界同志们解除许多困难，我们更希望大家提出问题和要求来，我们能设法解决的，一定要解决。譬如小学教师的生活，一定要求合理化，这是做教育工作者最主要的问题，那么我们在清乡区内，一定要促其实现；再如军警的供养问题，在清乡区内首要解决的便是吃饭做事，我们一定要求实现，只要大家提出的办法是合理的，我们一定要设法解决。

我们检讨和平运动二三年内的历史，觉得和运前途一定有希望，可以成功。在发动和运的时候，上海参加的和运同志，最初不过六七人，可是后来参加的同志一天比一天增加，和平运动也一天比一天进展。在和运最高领袖指导之下，和运一定可以完成的。因为根据过去的经验，可以告诉我们清乡工作也一定可以完成。清乡工作在目前是局部的，不是全体的，局部工作一定容易做到，尤其因为事实的需要，同时根据过去的经验，再加以军力、财力、人力，都很有把握，绝对不会失败的。大家能培养这种信心，再提起热烈的情绪，来努力苦干，以特种教育工作，和清乡区内的政治经济一起建设起来，造成固定的基础，这是本人的一个要求。我今天要求各位，各位以后也可以要求我们，大家的要求是互助的，我们用互助的力量来完成这个迫切而需要的清乡工作。教育界是清乡工作的领导者，希望在大家一致的协力下，完成我们预定的使命！

（4）赵正平

刚才梅部长说任何团体中每一分子应该注意教育自己，这句话的意义很重大。即以我个人而论，我是站在教育界的最高地位，因此时有跌下来的危险。但是怎样可以不跌下来呢？就是希望人家常常来教育我，或是借团体的力量来相互教育。譬如一支蜡烛，可以把房室照耀得很光明，但是烛光却不能把它本身照到，所以需要自己常常反省，常常求进修，而一团体内的人应互相反省，互相求进修。世界上的一切进化，是全靠人类知识不断地更新和增进得来的。老子上有句话说“谷人不死”，这意思是说求知如山谷般无止境的人精神不死。大家知道山谷是低下的，但是它的上空却非常广大，无论多少东西都容纳得下，又如海岸低于地面，但是尽有多少水量，海洋都容纳得下。一个人的知识，也应像山谷海洋一样，没有止境，没有限度。知识是造成道德的第一要素，我们办理教育是培养国民的道德，我们推进和平运动需要培养道德。所谓道德，就是“不害他”，换句话说，也就是“不害他”可以包括一切道德。而高尚道德的养成最需要高深的知识。因为有了高深的知识，非但可以教育自己，并且可以与人家互相教育，因此道德便圆满了。但是要知识高深，全在个人的谦虚，要自己常常检讨思想有否进步，行动有否改善。因此我很希望一个团体内大家能互相教育，使得大家达到“不害他”的道德，使得大家都能自尊尊人，人人相尊，那么社会福利事业便可以发达了。

（5）周学昌

谈起教育工作是很重要的，这必需要全国教育界的同人共同研究讨论。前天举行的教育行政会议，就是以教育行政人员的地位，来做一番检讨的工作；今天中国教育建设协会所举行的年会，是以人民团体立场来研究，来提供教育上建设的意见。教育行政是命令的、支配的、领导的，而教育建设协会的同人是辅助行政的实行的，他以人民团体的力量来协助推广一切教育建设事业，所以政府与人民须互相协助，那么教育建设才能获得最大的效果。

前天在教育行政会议席上，所研究讨论的教育的方针和一切办法，如何推行本位教育，如何使教育从都市推广到乡村、从学校推广到社会，今天教育建设协会所举行的年会，就是根据教育行政会议所决定的方针和办法，来讨论推动和实现的法子。譬如办理清乡工作，实施特种教育，就是使教育从都市推广到乡村的当前唯一良机，那么这个工作非得需要全国教育界的同人共同来负担才能有成效。所以前天的教育行政会议和今天的教育建设协会年会，都是有重大的意义的。希望本会同人根据既定的方针，来一致努力下去。

（6）王德言

中国教育建设协会是全国唯一的教育团体。在过去一年中，能以建设本位的新教育为目标，获得很大的成就。假使把这种精神更发扬光大，那么影响民族前途，必是很大。我们更希望各省分会、各县支会一致本着这种建设精神努力，使得有更丰富的收获，也不辜负今天举行庆祝成立周年纪念大会的意义了。

3. 庆祝成立周年纪念大会答词

莫国康

今天开本会庆祝成立周年纪念大会，承诸位长官抽出宝贵的时间来参加，并指导我们，觉得有无限的光荣。检讨本会过去一年中的工作，虽然也有一点点的成绩，但是还有更多的工作没有做好，还有许多工作还没有开始去做。我们希望各位长官各位来宾多多帮助，多多指导，使本会的工作能够开展。这不但是本会之幸，也是新中国教育建设前途之幸。

4. 第一届年会训辞

王敏中

今天兄弟代表教育部，来参加中国教育建设协会的第一届年会，感到异常愉快。

中国教育建设协会是一个民众团体，以教育事业做中心工作的民众团体。我们相信，无论哪一件事业，要做得好，要收到美满的成效，必须仗着政府和人民的合作。政府当局，提倡于上，热心民众，推动于下，力量就雄厚了，实行也方便了。如果只有政府在上努力，民众都袖手旁观，那么政令就无从推行，所能够做到的，顶多是一些官样文章，来敷衍门面，哪里会有好的成就。如果只有民众的努力，而政府方面态度冷淡，不去扶掖它，协助它，让它自生自灭，这样事业也就无从发展。我们远观欧美，近看日本，那些国势强盛的国家，一方面固然有工作努力的政府，另一方面也有组织严密的民众团体，互相合作努力，使各种事业日趋发展，国势也因此强盛起来。我国数千年来都在专制政体下，国家的事都操纵在少数政府人员的手里，所谓“食肉者谋”，所谓“不在其位，不谋其政”，民众对于国事是不闻不问的，而政府也不希望人民闻问，那时的政治哲学是“民可使由之，不可使知之”。我国文化的所以落后，政治的所以不进步，其重大的原因，便是在此。近几年来，东西各国的社会情形，国人渐渐地去模仿，因此民众团体的组织，风起云涌，我们每天看报，总可见到一些团体成立的消息。这诚然是一个好现象，不过却有两种缺点要注意的，其一是团体本身，常注重在形式方面，很少实际工作的表现；其二是民众与政府机关之间，很少联络，工作不能互相配合，不能互相呼应。对于民众团体组织的意义，全都丧失了。

中国教育建设协会成立到现在，虽然仅仅只有一年的历史，是却做了许多实际的工作。这些工作都能注重现实的环境，针对中国的本位，而且更重要的，能够和教育部取得密切的联络，在教建会方面，固然得到不少便利，而教育部方面，也获得不少助力。这是值得欣慰的。举例来说，教建会创办简易小学，创办国语注音符号讲习会，呈请提高教职员待遇等，对于教育部的助力，都是很大的。

教育建设协会的同人，有的是教育行政人员，有的是学校的教师或社教机关的职员，但也有许多是教育界以外的人士。他们本着对于教育事业的热忱，在本身工作之外，从事于教育事业，这在教育部方面说，是非常值得感谢的。

今天上午中国教育建设协会举行庆祝成立一周【年】纪念，我们看到盛大的状况，一方面证实中教建协以往的工作已经得到社会的注意，已经获得相当的成就，一方面也显示着中教建协的前途必将更加光明和灿烂，以后对于新中国的教育建设，一定会有更大的贡献。

现在，中教建协又举行第一届年会，集合全体理监事、各省市代表和各位教育专家，共同研讨。我们希望在这盛大的年会中，讨论出更重要的决议来，贡献给教育部，教育部是乐于接受的。如果对于教育部有什么要求，教育部也一定可尽其力量来帮助。最后，希望中国教育建设协会的各位先生共同努力，协助教育部，一并来担负起建设新中国教育的重任。

《教育建设》，第 2 卷第 4 期。

中国教育建设协会庆祝成立周年纪念大会暨第一届年会始末

（1941 年 7 月）

筹备经过

中国教育建设协会创立于民国二十九年六月九日，至本年六月九日，适为一周纪念之期；阖会同人，佥以本会对于建设新中国教育所负之使命，至为重大，逢此嘉辰，自应有所表示，借申庆祝，并资策励。乃于三月十四日第一次常务理监事联席会议席上，组织预备委员会，推定严恩柞、沈绂、赵如珩、徐公美、徐汉、陈端志、王肖坡为预备委员，沈绂为召集人。旋预备会于三月二十四日、五月八日、五月二十二日三次集议，又五月十一日举行第四次理监事联席会议，五月三十一日举行第二次常务理监事联席会议，讨论重心均为筹备事宜，其要点择录于下。

纪念项目

纪念事项，决分：一、举行庆祝成立周年纪念大会，除会员外，邀请各机关长官莅临致训。二、召开第一届年会，出席人员为总会全体理监事、总会各组正副组长及庆祝成立周年纪念大会暨第一届年会始末各专门委员会正副主任委员、南京市会员代表、各省市分会代表暨大会聘请之专家。三、主办全国教育建设资料展览会，拟定办法（见本刊二卷三期八三页），分函教育部、各国立学校、各学术文化团体、各省市教育厅局、本会各省市分会征求。四、出版纪念手册，在会场分发，并假《南京中报》《南京新报》《时代晚报》，上海《新中国报》《平报》《国民新闻》出版特刊。五、举行年会代表聚餐，借资联欢。六、举行庆祝游艺大会。

大会职员

大会职员经分别推定，名单如下：

名誉会长：赵正平

主席团：戴英夫　王敏中　严恩柞　张仲寰　钱慰宗　徐季敦　徐公美　陈端志　刘

星晨　沈绂　赵如珩

总干事：严恩柞

副总干事：王肖坡

总务组长：钱述尼

干事：王伯珊　彭栋梁　胡松泉　段拭　袁伯丞　陆宝仁　杨世铭　廉湘臣　陆爱东　金良声

招待组长：章学海

干事：张京石　商政　冯樾君　施士则　徐良裘　喻毓秀　李家瑴　施彭年　李世崐　姚新　姚庭京　瞿容　钟慧龄　赵春江　张昆甫

游艺组长：程翔

干事：荆位辰　朱孝民　程忆庆　邹幼庭　吴世叶　万钧　吴新民　邵骥　戴红先

展览组长：朱炳青

干事：谢铁万　黄雨璠　陶承明　姚文达　贺月琴　杨溶鑫　钱诚　朱任天　邱均　高慕彭

招待日程

此次大会，集全国教育界俊彦于一堂，实属难得。除举行会议外，并承本京各长官、各团体设宴招待。兹将招待日程录后。

日期	时间	事项	地点
六月八日	上午九时	庆祝大会	中日文化协会和平堂
六月八日	正午十二时	戴理事长王副理事长设宴招待	中央饭店大礼堂
六月八日	下午二时	第一届年会	中央饭店大礼堂
六月八日	下午七时	年会聚餐	夫子庙六华春菜馆
六月九日	上午九时至十二时	各省市代表自由参观教育建设资料展览会	本会新会所及教育部大礼堂
六月九日	正午十二时	东亚联盟中国总会设宴招待	德瑞同学会
六月九日	下午五时	赵部长、丁部长设宴招待	中日文化协会
六月九日	下午七时至十时	游艺会	中日文化协会和平堂

庆祝大会

庆祝成立周年纪念大会仪式，于六月八日上午十时在中日文化协会和平堂举行。会场大门悬有“中国教育建设协会庆祝成立周年纪念大会”白布横额，鲜艳之国旗，交叉两旁，至为壮观。会场内外，满布武装军警，精神饱满，气象严肃。九时许，各界来宾及会员代表已纷纷而来，一时车水马龙，情形热烈异常。会场内则遍陈各界致送之镜框、联轴、银盾、银鼎等，琳琅满目。十时正，宣告开会，警政部军乐队即奏雄壮之曲调，导各长官鱼贯入场。参加人员计有：工商部梅部长、警政部李部长、教育部赵部长、社会部丁部长（王德言代）、蔡市长、立法院周秘书长、农矿部汪次长、内政部李次长、审计部王次长、社会部彭次长、中央组织部戴策、司法行政部代表王振纲、国府文官处代表辛寿恒、国府参军处代表孙铭、海军部代表王大钰、南京市社会局长盛开伟、汉口市教育局高局长、湖北省教育厅黄厅长、华北教育总署代表孙季瑶、上海市教育局林局长、国立中央大学王钟麒、江苏省党部奚则文、浙江省省党部时维镛、安徽省党部吕绍光；大会主席团戴英夫、王敏中、张仲寰、徐季敦、严恩柞、沈绂、赵如珩、徐公美、陈端志，暨各机关各团体各学校代表，各报社记者，总会理监事，各省市分会代表，京中会员等合计三百余人。行礼如仪后，由主席团戴理事长报告开会宗旨，继即由南京特别市蔡市长、工商部梅部长、警政部李部长、教育部赵部长、立法院周秘书长、社会部丁部长代表社运会王常委相继致辞，会员代表莫国康答词（各人演辞均附后）。此庄严伟大之盛会遂于军乐悠扬声中宣告闭幕。

年会情形

六月八日下午二时，在中央饭店大礼堂举行年会。会场布置为 E 字式，主席团位于中央，其旁为专家席，其余为会员席。出席人员除总会少数理监事因远处外埠未克到会，经来函或来电请假外，其余均到会参加，共计出席人员一百二十一人。关于会中提案、工作报告、论文、实验报告等，均经先期印就，订成小册，分置各会员席上。新中国报社并分赠全体会员当日航空专送之《新中国报》各一份。行礼如仪后，首由主席团戴理事长报告开会宗旨，略谓今天本会举行第一届年会，承各专家、各省市代表、总会理监事等拨冗参加，至为欣幸。年会目的在检讨过去，商量今后工作，请各位多多发表意见，庶可不负召开此会的意义。即由沈秘书长报告出缺席人数及收到文件。继为名誉理事长训词，赵部长因要公未克出席，特派王次长敏中代表（讲辞另附）。次为工作报告，计沈绂报告总会工作，张仲寰报告江苏分会工作，徐季敦报告浙江分会工作，赵维良报告安徽分会工作，林炯庵报告上海分会工作，吴芝圃报告汉口分会工作，严恩柞报告本会下年度计划。报告完毕后，即为宣读论文及实验报告。首由总会简小实施委员会主任委员施士则报告简易小学实验情形；次由苏分会代表宣读小学毛笔中楷记分量表，低中高各组毛笔写字用格大小的比较实验报告，小学高年组读书科教学法采用个别学习和分团教学普通教学的比较实验，小学高级国语科施行个别学习方法实验报告，江苏省立南园教育实验区实验报告；又由国立一职校长徐良裘报告创制巡回图书车经过；末仍由苏分会代表宣读论文二则，一为清乡工作与教育建设，一为建设我国教育新体制之事论与实际。（以上各项论文及实验报告，现正分别整理，一俟就绪，当另印单行本，列入教育建设丛书内。）宣读论文及实验报告毕，主席团提出临时动议，以大会名义上电国民政府汪主席，行政院汪院长、周副院长，教育部赵部长，社会部丁部长致敬，全体一致鼓掌赞同（电文另附）。旋即讨论提案，会场始终充满融洽热烈之空气，各项提案均获得适当之解决，收获殊为美满，本会工作前途必因此次会议而益见光明，可以预卜。至六时许，讨论完毕，始宣告散会。兹附录出席代表名单如下。

一、名誉会长

赵正平

二、总会理监事正副组长及正副主任委员

戴英夫　王敏中　张仲寰　钱慰宗　严恩柞　卜　愈　金雄白　凌宪文　吕　学
陈端志　王肖坡　邵鸣九　赵如珩　莫国康　薛邦迈　徐公美　冯　节　杨鸿烈
张素民　王知生　周抱一　古泳今　吕绍光　颜加保　庞声钟　滕树谷　夏保罗
潘国俊　屠哲隐　喻毓秀　徐良裘　汪　榕　仲子明　朱炳青　陈秋实　魏荔洲
顾天赞　沈　绂　黎世蘅　林汝珩　吴文蔚　钟有材　方焕如　时维镛　张一声
何仲英　周正己　刘万选　陈中行　刘存朴　汪特璋　陈伯华　徐　震　欧季抚
唐有樑

三、专家

陈柱尊　王钟麒　李公铎　饶　祥　朱　钰　吴熙悌　钟　复　黄实光　高伯勋
孙季瑶

四、浙江省分会代表

王皋言　瞿　樾　岳朝阳　严厚贻　张一鹏　朱大希　雷驾先　谢　超　曹甸侯
郭　漪　王国华　王龙玉　王梧生　曾文隽　王文敏

五、安徽省分会代表

马洪骥　赵维良　盛章藻　沈近礼

六、南京市代表

凌叔明　雷子居　张竹轩　孙觉民　赵春江　胡国仁　关宗瓒　戴永和　许毓彬
岳文灼　周定影　张粹兰　朱国屏　戴子振　谈　玮　宋泳荪　何硕人　张乙酉
龚于一　洪绍桓　王琳卿　董乃贞　周端白　戴肖梅　汪澄之　李真杰　朱　均
陈　斐　张景亮　李文谟　唐博龄　齐清源　刘大雅　仲　坚　王　庚　蔡嘉禾
王培本

七、汉口市分会代表

吴芝圃　史坤侯　朱启明　梅全兴　朱伯董

八、江苏省分会代表

张仲寰　奚则文　颜孟平　徐锡璜　金忍之　龚受之　郑宽广　王士亨　徐　垚
顾稷五　杨彬如　徐　澄　王志青

九、上海市分会代表

林炯庵

（下略）

《教育建设》，第 2 卷第 4 期。

中国教育建设协会上海分会成立情形

（1941 年 7 月）

本会上海分会，经沪市教育界人士积极筹备，乃于五月三十一日上午九时，假市政府大礼堂，举行成立大会。兹分志各情如后。

大会情形

大会于上午九时举行，出席者陈市长、胡秘书长、总会副理事长严恩柞、教育局长林炯庵，各机关代表暨全体会员等三百余人，济济一堂，盛况空前。行礼如仪后，首由陈市长主席训话后，继由林局长报告筹备经过，及总会代表致训词毕，复由筹备主任孙其敏宣读胡秘书长祝词，并代表全体会员致答词，略谓：同人等将秉承各长官训示，同心合力，一致求中国教育建设之完成。旋即讨论通过组织章程，选举理监事，迨至十一时半，始行在市府大厦前摄影而散。

理监名单

该会推选理监事名单如下：理事长林炯庵，副理事长陈毅、孙其敏，常务理事汪治成、林国动、庞宏省、李镜涵、潘夔一、于经武、陈祖芗、林鼐士，理事李树本、陈逸文、陈增安、朱润生、王以清、甄敏、潘承功、康锡栋，候补理事包一伟、朱文翔、王铨、宋柏森、高明华、赵琢成、王敏之；常务监事马炳南、张庆鸿、孙灏，监事马近仁、胡鸣、陈克英、汪梦仙、曾次林、林陵西，候补监事王孝丰、吴兆平、程得良。同时并聘请陈公博、李士群、胡泽吾、凌宪文、卢英、袁厚之、叶雪松、范永增、袁矩范、孙鸣岐等为名誉理事长。

市长训词

陈市长训词略谓：今天参加的诸位会员先生从事教育多年，对教育方面都有很深的研究。所以关于这方面的问题，请诸位去研究，检讨过去与以后欲趋的途径。现在本人提出两点来谈谈。一、我们知道三民主义是全国最高的方针，但是不管在研究方面，或信仰方面，在事变前，只是纸面上的文章，譬如学校在表面上崇奉三民主义，可是在一切方面，都没有达到一切都依据三民主义为万水归总的目的。从小学到大学，只作学问上的研究，而在教科书里面，是很凌乱的，没有系统。过去的教育方针也没有切实地做过，我们知道，三民主义第一就讲到民族主义。在以往的中国，没有国家观念、民族观念。在过去有一个时期，本人写过几篇文章，认为中国民族主义已经完成了。但在事变以后，我深深地感觉到中国民族主义始终没有完成。现在我们与日本无论谈和平或是合作，我们首先本身一定要有个国家，才能和人家谈和平，谈合作。今后在教育界同人，当以三民主义的民族主义做基本出发点。二、我们要明白从事教育的人，无论是谁，都尊崇科学，研究科学。而教育方面一定要有一种素养、一种习惯，不但在书本方面去提倡、在实验室里面去研究科学，就是在家庭里面，都要以科学为基本、为出发点，使儿童养成习惯。举个例说，教育最要紧的是破除迷信。我们教育界的同人，尤其应该首先破除迷信，自己本身的行动与观念没有坚定，这就可以证一个人的矛盾未能解除，今后希望同人要做到知行合一的地步。

局长报告

筹备专员林炯庵报告筹备经过，略谓：去年八月，本人在南京出席教育行政会议，当时中国教育建设协会总会招待各省市的出席人，约定在各地筹设分会，但是因为种种原因，迟至今日方克成立。兄弟感觉非常地欣幸，希望本会今后能依照市长今天给我们训示的两点，负责做去。

代表训词

总会代表严恩柞训词略谓：本人今天得参加本会上海分会成立大会，很觉荣幸。我们为什么要组织这种协会呢？不外有四点：一、大家同一职业，最好要有联络的机会。二、现在最新的教育原理是不问先生或学生的，学生亦能做先生，这个意思就是说有了知识，要互相交换。三、谋求共同的幸福。四、团体与机关不同，团体是活动的，机关是呆板的，团体乃是辅助机关行政等事务发展的。所以有此四点，我们都应该积极的在各地成立分会。

《教育建设》，第 2 卷第 4 期。

二、“中国社会教育学会”

中国社会教育学会简章

（1940年）

第一章 总 纲

第一条 本会定名为“中国社会教育学会”。

第二条 本会以团结精神，研究社会教育学术，促进社会教育事业为宗旨。

第三条 本会设于南京，得于其他地方设立分会。

第二章 会 员

第四条 本会会员分团体会员、个人会员二种。凡各级教育行政机关、社教机关及大中小学校等，均得申请为本会团体会员；凡品性端正，有志研究社会教育，不分性别均得申请为本会个人会员。团体会员由各该团体推派代表一人为出席代表。

第五条 凡请求入会者，须有会员二人以上之介绍，填具入会志愿书，经理事会审查通过后，方得入会。

第六条 本会会员得享下列权利：

（一）参加本会各种集会；

（二）本会各种出版物会员得享赠阅权利；

（三）本会刊物尽先采用会员作品，稿酬从优；

（四）会员长篇著述得提交本会，经审查通过后，刊印丛书出版。

第七条 团体会员年纳会费五元，个人会员年纳会费一元。

第三章 组织及会务

第八条 本会最高权力机关为会员大会。

第九条 本会设置理事会，综理经常会务，理事由会员大会选举之。

第十条 理事任期为一年，连选得连任。

第十一条 理事会设理事十七人，互推理事长一人，常务理事四人；理事长为当然理事，组织常务理事会，主持本会一切会务。

第十二条 本会聘名誉会长一人，顾问一人至三人，扶植及巩固本会之基础。

第十三条 本会理事为名誉职。

第十四条　本会分总务、研究、编辑、调查、推广五部，各部设主任一人，由常务理事兼任之。视事实上需要，各部得增设若干股，股员由各部主任提请理事会通过后聘请之。

第十五条　会员大会每年举行一次，理事会每月举行一次，由理事长召集之。倘遇必要时，召集临时会员大会或理事会。

第十六条　本会开会时以理事长为主席，理事长因故不能出席时，由常务理事互推一人代理之。

第十七条　本会如遇紧急事项，得由理事会议决执行后，提请会员大会追认之。

第四章　经　　费

第十八条　本会经费除会费外，得由理事会议决，请有关文化之指导机关补助或临时募集之。

第五章　附　　则

第十九条　本简章自成立大会通过后施行。

第二十条　本简章如有未尽善处，得由会员大会提出修正之。

中国第二历史档案馆藏“汪伪教育部档案”

汪伪教育部指令

（1940 年 10 月 15 日）

令

中国社会教育学会

呈乙件为呈该会已得社会部许可请准备案由，呈件均悉，准予备案。仰即知照。附件存。此令。

部长　赵□□

中国第二历史档案馆藏“汪伪教育部档案”

三、“中国职业教育协进会”

中国职业教育协进会致汪伪教育部呈

（1940年9月）

呈为组织中国职业教育协进会请求备案并准予以补助经费而利职教事。窃谢春满等鉴于发展生产为当前第一要政，而推广职业教育为普及科学知识、发展社会生产、建设国计民生之根本要图，矧以目前社会机构之破碎，人民生活之颠簸及一般青年失学失业之痛苦，尤非普遍发展生产教育不为功，爰特集合发起人于八月十八日、二十八日、三十一日假国立编译馆先后开发起人会及筹备会，妥议本会今后重大任务及工作方案，并将组织本会之宗旨及首先应办之要点，先行披露于京内外各报章，以供热心职业教育同志及专家之研究与参加，以冀群策群力而竟发展全国职业教育之全功。除呈请社会部备案外，复以事关职业教育前途至深且巨，理合草定章程，备文附呈，请求钧部备案。惟当本会工作开展之始，事业范围至广，需费孔殷，并恳俯赐准予每月补助国币二千元，以资进行而利职教，实为公感。

谨呈

教育部部长赵

附呈中国职业教育协进会章程草案一份

谢春满　汪曼云　秦亚修　姚任年
朱养吾　汪缉熙　祝君迪　施复生　等谨呈

会址　本京山西路八一号

中国职业教育协进会章程

第一章　总　　则

第一条　本会定名为“中国职业教育协进会”。

第二条　本会以遵循和平反共建国之国策，研究职业教育及生产教育之理论与实际，并推进职业教育建设计划，普遍发展生产教育效能，以健全社会生产机构，而强固国计民生之基础为宗旨。

第三条　本会设总会于南京，于各地设立分会。

第二章　组　　织

第四条　本会以全体会员大会为最高权力机关，会员大会闭会期间，以理事会、监事会代行其职权。

第五条　会员大会职权如左：

（一）选举理事及监事；

（二）订定或修改本会章程；

（三）确定本会事业方针；

（四）会员入会及出会之认可；

（五）审议其他重大会务。

第六条　本会设名誉理事长一人，名誉理事若干人，由理事会聘请之。

第七条　本会设理事会及监事会分别处理会务。

第八条　理事会之职权如左：

（一）计划本会工作方案；

（二）处理会员大会交办事项；

（三）决定本会经费之筹集及支配；

（四）编制本会预算及决算；

（五）本会职员之任免。

第九条　监事会之职权如左：

（一）监察本会会务之进行；

（二）审查本会预算及决算。

第十条　本会设理事十五人、候补理事五人，监事七人、候补监事三人，均由会员大会选举之，并由理事会推举常务理事三人，由常务理事推举理事长一人、副理事长一人，由监事会推举常务监事二人。

第十一条　本会理事、常务理事、理事长、监事、常务监事任期均为二年，连选得连任。

第十二条　理事长主持本会会务，对外代表本会。理事长因故不能执行职务时，由副理事长代理之。

第三章　事　　业

第十三条　本会事业规定如左：

（一）研究职业教育之制度及课程标准；

（二）考察国内外职业教育及生产教育；

（三）调查国内社会状况，研究职业教育及生产教育推广计划；

（四）研究职业学校师资训练；

（五）补助全国大、中、小学校及各种职业教育机关、团体实施职业教育及生产教育；

（六）推进全国职业补习教育、劳动生产教育、妇女职业教育；

（七）编辑发行各种职业教育、生产教育丛书及杂志；

（八）设计职业学校学生实习办法；

（九）推广职业学校毕业生出路办法；

（十）登记人才，介绍职业；

（十一）联络国内外职业教育机关、团体及专家；

（十二）其他关于职业教育、生产教育事项。

第十四条　本会于理事会下设置左列各股：

（一）总务股，掌理本会文书事务、会计以及不属于其他各股之事项。

（二）研究股，掌理职业教育及生产教育之研究事项。

（三）教育股，掌理职业教育与生产教育之试验事项。

（四）推广股，掌理职业教育与生产教育之调查、统计、宣传、推广等事项。

（五）介绍股，掌理职业人才与职业机关团体之联络介绍等事项。

第十五条　各股设股主任一人，由常务理事兼任之。

第十六条　各股设干事若干人，由股主任就理事或会员中推荐，提交理事会议决聘任之。

第四章　会　员

第十七条　凡志愿加入本会、年龄在二十岁以上，不论性别，由会员二人以上之介绍并经会员大会通过者，均得为本会会员。

第十八条　本会发起人为当然会员。

第十九条　本会会员分左列二种：

（一）基本会员，凡经入会手续而按时缴纳会费者；

（二）特别会员，凡赞同本会旨趣而以经济或其他物力资助本会者。

第二十条　本会基本会员、特别会员有选举权及被选举权，并得无偿领受本会出版物。

第二十一条　本会会员有恪守会章并协助本会发展事业之义务。

第二十二条　会员为左列各款情形之一者，经会员大会之议决，予以除名：

（一）不遵守公章者；

（二）破坏或妨害本会事业者；

（三）损害本会名誉或权利者。

第五章　会　议

第二十三条　会员大会每年举行一次，但遇有特殊情形或会员三分之一以上之请求时，经理事会之议决，得召集临时会员大会。

第二十四条　理事会及监事会每月举行会议一次，遇有必要时，得召集临时会议。

第二十五条　会员大会之决议案以会员二分之一以上之出席，并经出席会员过半数之同意为成立；如可否同数时，取决于主席。

第二十六条　会员因故不能出席时，得请其他会员代表，但以一人为限，并须先期书面通知。

第二十七条　以上二条之规定，于理、监事会议均适用之。

第二十八条　本会会员大会、理事会、监事会会议细则另订之。

第六章　经　费

第二十九条　本会经常费、事业费及基金之来源如左：

（一）基本会员会费；

（二）特别会员捐助费；

（三）机关、团体补助费；

（四）本会事业收益。

第三十条　本会会员自加入之日起，须按月纳缴会费国币一元。

第七章　附　则

第三十一条　本章程如有未尽事宜，得由会员大会修正之。

第三十二条　本会章程经会员大会通过并呈准主管机关备案后施行。

中国第二历史档案馆藏“汪伪教育部档案”

汪伪教育部指令

（1940年9月）

令

中国职业教育协进会代表姚任年等

呈一件为组织中国职业教育协进会请准予备案并恳每月补助经费二千元由，呈暨附件均悉，准予备案。至所请援款补助一节，应候汇案核办，并仰知照。附件存。此令。

部长　赵□□

中华民国二十九年九月　日

中国第二历史档案馆藏“汪伪教育部档案”

四、“全国大学教授协会”

全国大学教授协会成立宣言

（1941 年 3 月 2 日）

（前略）

（1）创造本位文化

文化之于国民，如水之于鱼，息息相关。现阶段的中国文化是处于一个混乱黑暗的时期，近代各种思想、各派学说纷然杂陈。旧的典型已经打破了，新的准则尚未建立，所以由大学教授来领导，发动一个新文化运动是必要的。新文化运动的内容固极繁复，但其本质必须适应此时此地的需要，不迷恋旧骸骨，也不盲从新思潮，有计划地保存旧文化，也有计划地吸收新文化，先谋中国本位文化的建设，更在文化沟通的前提下，与友邦携手协力，共同创造东亚本位的新文化。这种选择、整理、沟通和发扬的工作，是本会同人所乐于负担的。

（2）树立中心思想

政治建设必须基于心理建设，否则立脚不稳、立志不坚，任何主义、任何制度，皆不足以振衰起弊。过去康梁维新与五四运动的失败者以此，辛亥革命与国民革命的失败者亦以此。因为没有中心思想，便没有中心信仰，没有中心信仰，便无中心力量，一国政治而无中心力量，便足以亡国灭族而有余。故此次和平运动，必须以心理建设为第一要着。大学是学术的重心，大学教授是群伦的表率，所以树立中心思想，必须从大学中做起，更须从大学教授本身做起。然后领导全国民众，使能彻底明了国家紊乱的根源，个人责任的重大，坚定意志，奋斗不懈，打开难局，步入康庄。至于建设方案与实施步骤，本会愿集全国专家共同计划，这不仅是建国的基础工作，并且是立国的百年大计。

（3）改进生产技术

国家的盛衰倚靠于经济基础的强弱，而经济基础的强弱又根据于生产技术的良窳。我国的贫穷并不是资源问题，而是技术问题。中国是一个农业国，农村的破产就是国本的动摇，要挽救今日农村危险破产的厄运，必自改进农业生产技术始。其次，则及于轻工业与重工业的发展。过去我国因为生产技术的落后，使泱泱大国成为列强推销剩余商品的尾闾，良可痛心。最近有倡议中日经济合作的，但合作决不是附庸，必须我们自己也有力量，而后在平等互惠的原则下，谋共存共荣。关于生产技术的改良和研究，日本精进，使我国经济基础日臻强固，国民富力日渐增加，这也是本会同人的中心工作。

（4）提倡科学方法

在今日的人类社会中，科学方法是成功之钥，是幸福之门。与东西各国相比，我国的科学水平实在落后得可怕，今后实有迎头赶上去的必要。在量的方面，须养成全民的科学精神，使生活合理化、现代化；在实的方面，更须造就若干杰出人才，于学术上有所发明和贡献，以增进全社会的福利，并充实全民族生存竞争的力量。不过科学方法的提倡，决非空言所能倖致，也非皮毛的探求所能成功，必须在专科以上学校中培植基础，广育人才，尤贵大学教授自己以身作则，庶几养成良好风气，开中国学术界上灿烂的曙光。

严恩祚：《一年来的高等教育》，《教育建设》第2卷第1期。

全国大学教授协会章程草案

（1941年4月9日）

第一章　总　　则

第一条　本会定名为“全国大学教授协会”。

第二条　本会以研究学术、联络感情为宗旨。

第三条　本会会所设于首都。

第二章　会　　员

第四条　凡中华民国国民曾任或现任大学教授者，均得为本会会员。

第五条　会员入会须经本会会员二人以上之介绍及常务理事会之通过。

第三章　组织及职权

第六条　本会置理事会及监事会。

第七条　理事会设理事十九人至二十一人、候补理事五人至七人，由会员大会推选之。

第八条　理事会设常务理事五人至七人，由理事互选之。

第九条　本会设名誉理事若干人，由理事会聘请之。

第十条　理事会设秘书一人。

第十一条　理事任期一年，连选得连任。

第十二条　理事会之职权如左：

一、规定会务进行方针；

二、筹募及保管经费；

三、编制预算及决算；

四、从事学术研究之计划与实施；

五、其他。

第十三条　理事会置左列各组分掌本会会务：

一、总务组；

二、组织组；

三、研究组；

四、出版组。

第十四条　各组设正副组长各一人、干事若干人，由理事会聘任之。

第十五条　监事会设监事十一人至十三人、候补监事三人至五人，由会员大会推选之。

第十六条　监事会设常务监事三人至五人，由监事互选之。

第十七条　监事任期一年，连选得连任。

第十八条　监事会之职权如左：

一、监察会务之进行；

二、审核预算及决算；

三、会员如有损害本会名誉者，得提请理事会纠正之，或取消其资格；

四、其他。

第十九条　本会于必要时，得设各种专门委员会，由理事会决定之。

第二十条　全国各地有会员十人以上时，得呈准总会设立分会，其章则另订之。

第二十一条　本会以会员大会为最高权力机关，会员大会闭会期间以理事会代行其职权。

第四章　会　议

第二十二条　本会每年开会员大会一次，其地点及日期由理事会决定之。必要时得召开临时会。

第二十三条　会员大会之决议以会员过半数之出席及出席会员过半数之同意行之。

第二十四条　理事会每月开会一次，监事会每二个月开会一次。

第二十五条　理事会及监事会会议细则另订之。

第五章　经　费

第二十六条　本会经费以下列各项充之：

一、会费，会员年纳会费五元或一次缴纳永久会费五十元；

二、特别捐助；

三、其他收入。

第六章　附　　则

第二十七条　本会各种办事细则另订之。

第二十八条　本章程如有未尽事宜，由理事过半数或会员二十人以上之提议经大会出席会员三分之二以上之通过，得修改之。

第二十九条　本章程自呈准之日施行。

中国第二历史档案馆藏“汪伪教育部档案”

全国大学教授协会会员名册

（1941 年 4 月）

康焕栋　金其武　张恩麟　傅彦长　陆善炽　王钟麒　吴熙悌　宗维恭　陆锡君
杨鸿烈　李纯圭　张素民　马景行　萧恩承　严恩柞　龙沐勋　闵星荧　卜　愈
饶　祥　刘琅珊　章学海　吕一峰　谭星文　陈端志　余振焜　赵文涛　黄金树
杨正宇　何　嘉　尤乙照　朱右白　汪冬心　王志刚　魏荔洲　沈德骧　王雨生
钱慰宗　黄宇桢　吴文蔚　成宅西　沈近礼　李公铎　金鹤皋　王德言　屠哲隐
王震生　陈大悲　刘星晨　黄庆中　沈玉光　方立祥　张裕京　陈中行　吴咏怀
段庆平　杨　晔　杨景斌　詹哲尊　施　瑾　傅　弼　蔡鼎成　张悰文　陈禄安
刘存璞　黎国昌　薛荫曾　吴图南　孙　振　葛鸿琛　杨伟昌　高雪汀　唐有樑
纪国宣

中国第二历史档案馆藏“汪伪教育部档案”

五、其他社会团体

伪上海市教育局转报市教育协会成立呈及市府咨

（1939年1—2月）

1. 上海市教育局呈（1月11日）

为转呈上海特别市教育协会组织简章草案及宣言等件仰祈鉴赐备案事。案据上海特别市教育协会筹备委员会主席张成先后呈称：本市尚无教育团体之组织，兹为谋集合群力，发扬东亚文化，恢复固有道德，阐明世界学术，促进新中国之教育建设起见，爰拟组织上海特别市教育协会。经由赵琢成、顾天森等六十二人发起，于十二月二十五日举行发起人会议，当场票举张成、顾天森等十七人为筹备委员，即举行第一次筹备会议，推定张成为筹备会主席，并分配职务，讨论提案。复于二十八年一月三日举行第二次筹备会议。理合备文检同组织简章草案、宣言等件，呈请分别转呈备案。等情。据此，除指令并分呈外，理合备文连同该会简章草案、宣言及入会书表等件，一并转呈，仰祈鉴赐备案。俟大会成立后，再行据情呈报，实为公便。

谨呈

市长傅

附上海特别市教育协会组织简章草案、宣言及发起人名单、入会书表各壹纸（发起人名单、入会书表略）

上海特别市教育局

局长陈修夫（局长印）

中华民国二十八年一月十一日

上海特别市教育协会组织简章草案

一、定名

本会定名为“上海特别市教育协会”。

二、宗旨

本会以集合本市教育人士，发扬东亚文化，恢复固有道德，阐明世界学术，促进新中国之教育建设为宗旨。

三、会员

凡本市教育界人士及本市教育界行政人员与对于教育有相当学验者，经会员两人之介绍，均得加入本会为会员（其入会手续另订之）。

四、组织

本会设会长一人，副会长二人，干事十七人。下分设总务、组织、研究、编纂、宣传五股（各股办事细则另订之）。得聘请本市高级行政长官为本会名誉会长或名誉顾问。

五、职员

本会正副会长及干事由会员大会选举产生之，各股主任由干事互推担任之。其任期均为一年，连举得连任。

六、职务

会长处理一切会务及召集开会，副会长协助会长办理内外一切事务，干事及各股主任秉承会长办理一切事务。

七、会期

每半年举行会员大会一次，须有会员过半数之出席，方得正式开会。每月举行干事会议一次，均由会长召集之。如有全体会员三分之一以上之提议，得由会长召开临时会员大会。

八、经费

会员纳入会费半元，年费一元。如设施事业不敷分配时，得呈请市教局拨给之。

九、会址

本会会址暂假上海市立浦东第一小学。

十、附则

1. 本会之会员入会手续、会议规程、选举规程及各股办事细则另订之。

2. 本章则经会员大会通过后，呈请市教育局核准施行，转呈市政府、教育局备案。

3. 本简章如有未尽事宜，由会员大会修改之。

上海特别市教育协会宣言草案

夫教育为立国之本、建国之基，人类之生存系于是，社会之进步赖于是，其重要性当驾乎一切之上。

我上海为东亚大埠，中外人士荟萃于此，东西文化交换于此，学术思想每为先导，风俗习尚常为表率，是我教育尤为全国教育之轴心。据上论点，我上海教育界人士之使命，其重要且大，不可言而喻矣。吾人之使命既如此，则吾人之情谊不得不加以联络，吾人之学术不得不加以切磋，吾人之团体不得不加以巩固，吾人之事业不得不加以扩展，此吾上海特别市教育协会之所由组织也。

斯会之宗旨维何？一曰发扬东亚文化，二曰恢复固有道德，三曰阐明世界学术，四曰促进教育建设。凡此种种，有待于吾人之协力也。

斯会成立，则吾人之联络有定所，切磋有定时。计划则以群策，施行则以群力，吾人之感情有不日笃，吾人之学术有不日进，吾人之团体有不日固，吾人之事业有不日大者乎？必如是，庶不负吾人之使命。谨此宣言。

2. 上海市市府咨（2月8日）

为咨请事。案据本市教育局呈称："案据上海特别市教育协会筹备委员会主席张成先后呈称：本市尚无教育团体之组织云云，全叙至仰祈鉴赐备案，俟大会成立后，再行据情呈报，实为公便。"等情。附呈组织简章等件前来。经饬科审核，尚有设立之必要。除将简章等件予以修改，并指令转饬准予设立外，相应检同原附件，咨请查照赐于备案为荷。

此咨

维新政府教育部

附教育协会简章草案、宣言、入会书表、发起人名单各一份

市长　傅□□

中华民国二十八年二月□日

上海市档案馆编：《日伪上海市政府》，中国档案出版社，1986年。

中国体育促进会为呈请备案事致汪伪教育部呈

（1940年10月21日）

窃敝会为提倡体育促进社教起见，经发起人耀廷等爱好体育同志联合本市中小学体育教员共同组织而成，蒙社会部核准立案，已于本年七月二十八日开成立大会。票选胡志宁为理事长，并蒙钧部派员莅会指导在案，无任铭感。惟当此草创伊始，一切不易进行，应恳多赐指导，实为荣幸。除向社会部录呈简章已奉批准存查外，理合将简章抄录，呈请钧部鉴核，准予备案，实为公便。

谨呈

教育部部长赵

中国体育促进会常务理事王耀廷　金石　管邵之

中华民国二十九年十月二十一日

中国体育促进会章程

第一章　总　　则

第一条　本会定名为"中国体育促进会"。

第二条　本会以研究体育学术，提倡体育事业，促进中国体育之发展与民族之健康为宗旨。

第三条　本会会址暂设于建邺路一八五号，国内各省市设立分会。

第二章　会　　员

第四条　凡中华民国国民不分性别，赞同本会宗旨者，由会员二人以上之介绍，均得加入本会为会员。

第五条　会员有选举权、被选举权，并得享受本会规定之一切权利。

第三章　组　　织

第六条　本会由会员大会选举理事十一人至十五人，监事九人至十一人，分别组织理、监事会。

第七条　本会理、监事任期均为一年，但连选得连任之。

第八条　理事会互选理事长一人，对内综理一切，对外代表本会。理事会互选常务理事三人，组织常务理事会，办理日常事务，并分设下列五部：

1. 总务部：办理文书、会计事务及其他不属于各部事宜；

2. 组织部：办理本会会员之训练、调查、统计、登记及分会之组织指导事宜；

3. 研究部：办理体育讨论会、体育学术讲座，统一体育教材及其他有关体育之研究事宜；

4. 出版部：办理本会年报、体育月刊及其他定期、不定期刊物之编辑发行事宜；

5. 竞赛部：举办运动会、体育表演及其他体育竞赛事宜。

第九条　各部设正副主任各一人，干事若干人，由理事会推定或聘任之。

第十条　监事会互选监事长一人，处理监事会日常事务。

第十一条　本会于必要时得聘请名誉理事，并增设各项特种委员会，其人选由理事会决定之。

第四章　会　　议

第十二条　会员大会每年举行一次，日期及地点由理事会决定之。必要时得召开临时会，但须于十日前通知各会员。

第十三条　理事会每月举行一次，常务理事会每星期举行一次，均由理事长召集之。必要时得召开临时会。

第十四条　监事会每季举行一次，由监事长召集之。必要时得召集开临时会。

第十五条　理监事联席会议，每两月举行一次，由理监事长联名召集之。必要时得召开临时会。

第五章　经　　费

第十六条　本会经费分左列三种：

甲、入会费：会员入会时，应缴纳入会费国币一元。

乙、常年费：会员每年应缴纳常年费，每人两元。

丙、临时费：由本会临时募集之。

第六章　附　　则

第十七条　本章程如有未书事宜，得由会员大会修改之。

第十八条　本章程经会员大会通过，呈请主管机关核准后施行之。

中国第二历史档案馆藏“汪伪教育部档案”

伪江苏省实验小学区教育协进会暂行办法

（1941年3月）

第一条　江苏省教育厅为适应实际需要，力谋省县立实验小学及其他省立小学推进实验研究暨辅导事业之通力合作，并联络地方教育视导人员共谋初等教育之改进起见，特分设江苏省实验小学区教育协进会。

第二条　江苏省实验小学区参照事变前师范学校区之规定，暂划分下列三区：

第一区　省立苏州实小　省立吴江乡师附小　吴县实小　无锡县实小　常熟县实小　昆山县实小　江阴县实小　靖江县实小　吴江县实小　武进县实小

第二区　省立镇江实小　省立栖霞小学　镇江县实小　丹阳县实小　句容县实小　金坛县实小　江浦县实小　江宁县实小　江都县实小　溧水县实小　宜兴县实小　仪征县实小　六合县实小

第三区　省立松江小学　松江县实小　青浦县实小　金山县实小　太仓县实小　海门县实小　南通县实小　如皋县实小

第三条　各区教育协进会之名称以文字定之，称为江苏省第几实验小学区教育协进会。

第四条　各区教育协进会每学期召开会议一次，闭会期间，区内各校一律以通函方式，共策会务之进行。

第五条　各区设首席学校一校，由各该区内之省立实验小学担任之；其有区内尚未设立省立实验小学者，由教育厅指定省立小学担任之。

第六条　各区首席学校之任务规定如左：

一、根据上届本区教育协进会之决议，拟订本学期本区各校实验研究总计划书，呈请教育厅核准后，分发各校施行。

二、遵照厅颁《实验小学分期辅导地方小学实施纲要》，及上属本区教育协进会之决议，拟订具体辅导方案，分发各县实小施行。

以上于学期开始时办理。

三、随时以通函方式，协同区内各校，进行前列各项计划。

四、分期搜集区内各县实小辅导地方小学文字报告，汇报教育厅备核，并分别提供改进意见。

五、通函各县教育视导人员，征集实验研究问题暨一般地方小学教导设施上之特殊困难点，并交换辅导意见。

六、主编实验研究刊物。

以上于学期中办理。

七、搜集并整理区内各校本学期实验研究报告，汇报教育厅备查。

八、主持本区教育协进会及其附带活动。

以上于学期结束时办理。

九、其他临时事项。

第七条　各区内各校应按时出席该区教育协进会，执行每届会议决议案，并按照首席学校分发之各项计划，分期切实执行。

第八条　各区教育协进会以每届会议为活动枢纽，每届会议之工作规定如左：

一、报告各校教育实施概况。

二、报告通函征集之各项问题及意见。

三、检讨本学期各校实验研究成绩。

四、检讨本学期各县辅导地方小学成绩。

五、讨论关于实验研究及辅导等各项问题。

六、讨论关于师范生实习问题（未设立师范学校之各区从缺）。

七、讨论各项教育实际问题。

八、讨论关于地方教育行政机关之委托设计事项。

九、筹编会刊或实验研究暨辅导刊物。

十、分工编制实用教材教具。

十一、举行上届会议预定之附带中心活动——成绩展览会或其他交互观摹事项。

十二、确定下学期各校实验问题研究中心及其分工办法。

十三、确定下学期各县辅导地方小学改进计划。

十四、确定下届协进会附带之中心活动。

十五、其他临时建议事项。

第九条　各区教育协进会每届会议进行办法规定如左：

一、出席会员：除区内各校当然加入——每单位派代表一人参加——外，并须函请区内各县教育视导人员参加。各县教育视导人员以县督学为固定列席代表。

二、会期定于每学期结束前一个月内，由各该区首席学校校长为主席并召集之，地点以轮流区内各县为原则。首次在主持学校所在地，以后当值地点由先一届会议决定之。开会期以二日为限，遇必要时得延长之。

三、开会时由就近师范学校校长出席指导，其有未设师范学校者，呈请教育厅派员出席。

四、会务由首席学校会同开会所在地之会员处理之。

五、每届会议由各该区首席学校于半个月前征集提案暨书面报告并整理之。

六、每届会议结束时，由各该区首席学校将会议结果呈报教育厅，并函知其他各区教育协进会。

第十条　各区教育协进会每校所需经费应由各该校经常费内撙节开支，其不足之数，得由各校造具预算专案呈准主管机关，指款动支。

第十一条　各区教育协进会平时除由各区会以通函方式取得联络外，每学期由教育厅召集各区首席学校举行谈话会一次，决定全省教育实验研究暨辅导工作进行事宜。

第十二条　本办法由江苏省教育厅公布施行，并呈报教育部备案。

中国第二历史档案馆藏“汪伪教育部档案”

汉口特别市教育会新国民运动促进会章程

（1942 年 7 月 28 日）

第一章　总　　则

第一条　本会定名为“汉口特别市教育会新国民运动促进会”。

第二条　本会以促进汉口特别市教育界励行新国民运动为宗旨。

第三条　本会会址设址于汉口特别市教育会内。

第二章　任　　务

第四条　本会任务如左：

一、举行座谈会；

二、发行刊物；

三、督促会员切实实行新国民运动；

四、推行上级机关交办事项。

第三章　会　　员

第五条　凡属汉口特别市教育会之会员，均为本会会员。

第四章　组　　织

第六条　本会设理事会，由理事九人组织之；并由理事中推举常务理事三人，互选一人为理事长，综理会务，副理事长二人，协理会务，书记一人，掌理一切文书事理。

第七条　理事会下设指导、宣传、监察三股，每股设主任一人，由理事兼任，干事若干人，由会员选任，各股办事细则另订之。

第八条　本会得就学校行政区域暨会员人数满足一百二十人以上者，设立分会。分会设主任一人，干事三人。分会之下，以每校为单位，设立若干组，每组设组长一人，由校长兼任之。

第九条　本会职员均为无给职。

第五章　会　　议

第十条　理事会每月开会一次，由理事长召集之。

第十一条　分会暨各组每两周开会一次，由分会主任暨组长分别召集之，并报请理事会派员参加指导。其开会记录，须按期报告理事会查核。

第六章　附　　则

第十二条　本章程如有未尽事宜，得随时修正之。

第十三条　本章程自呈奉核准之日施行。

涂文学主编：《沦陷时期武汉的社会与文化》，武汉出版社，2005 年。

伪上海市教育委员会报告上海教育会成立呈

（1942 年 9 月 19 日）

案据本市教育会呈称："窃本会自筹备以来，业已就绪，经于九月一日举行正式成立大会，公推陈市长为主席，提出本会会章，经大会一致通过，并即席推定陈市长为本会会长，周化人为本会秘书长，胡敦复、谢恩皋、贾季英、陆庸元、王蕴石、吴宗汉、卢颂虔、吴江东、王炎、胡钧泽、刘士林、王培荪、沈维桢、吕仲源、何济、吴学慰、萧浩、蔡福林、管怀琮、马近仁等二十人为本会委员，并由大会发表宣言，电主席致敬。所有大会开会情形，理合备文，连同本会会章一份，呈请鉴核备案，实为公便"，等情，附呈会章一份。据此，除指令外，理合检同原件，备文呈请鉴核备案。

谨呈

市长陈

附呈上海特别市教育会章程一份

兼上海特别市教育委员会委员长　陈公博（印）

中华民国三十一年九月十九日

上海特别市教育会章程

第一章　总　　纲

第一条　本会定名为"上海特别市教育会"。

第二条　本会在上海特别市教育委员会指导下组织之。

第三条　本会以遵照中华民国教育宗旨及教育实施方针，力谋教育之纯洁化，培养训练本市教育工作人员，协助本市教育行政为目的。

第四条　本会之职务如左：

（一）关于树立大亚洲主义之教育事项；

（二）关于教职员培养、训练事项；

（三）关于地方教育之研究、设计及改进事项；

（四）关于增进人民生活上智识之指导事项；

（五）关于地方教育之调查、统计及编纂事项；

（六）举办各项教育研究会、学术研究会；

（七）经监督机关之核准，举办各种教育事项；

（八）关于教育事项，得建议于教育行政机关，并答复行政机关之咨询；

（九）处理行政机关之委办事项；

（十）办理其他合于教育会宗旨之事项；

（十一）协助教育行政当局，办理教育界纠纷及其他事项。

第二章　会　　员

第五条　本会暂以本市特区各中小学校及各社会教育机关为会员，属于本会之教职员皆有服从本会指导之义务。

第六条　本会召集会员大会时，各校及各教育机关选派代表二人至四人（学校在十教室以内者选派二人，在十一教室以上者各选派四人，社教机关各选派二人），携带各该校及机关之代表证明书出席会议。

第七条　前条代表每一人有一表决权，其任期一律定为一年，连选得连任。

第八条　第六条所规定之代表有左列各项情事之一者，不得出席本会：

（一）褫夺公权，尚未复权者；

（二）有违反和平、反共、建国国策之行为，经判决属实者；

（三）禁治产者；

（四）非各该学校及各该教育机关之在职之教职员者；

（五）有违反本会章程行为，经查明有据者。

第九条　第六条所规定之代表发生前条所列各款情事之一者，应由所属学校或机关改选。改选代表任期应以补足前任任期为限。

第三章　组　　织

第十条　本会设会长一人，由本市市长兼任；副会长一人，由会长聘请资高望重之本市学界人士担任之。

第十一条　本会会长之下设秘书长一人、秘书一人至二人，秉承会长、副会长之命办理一切会务。

第十二条　秘书长之下得分设总务、调查、指导、福利等四科，每科设科长一人及职员若干人，秉承会长、副会长及秘书长之命办理会务。

第十三条　秘书长、秘书、科长及职员均由会长委派之。

第十四条　本会会长之下设委员会，专应会长之咨询，以利会务之进行。

第十五条　委员会以委员二十人至三十人组织之，委员均由会长指派之，任期一年。

第四章　会　　议

第十六条　本会会员大会每半年召集一次，但于必要时得由会长召集临时大会。

第十七条　委员会每月由会长召集会议一次，以会长为主席，副会长、秘书长出席会议，秘书、科长列席会议。

第十八条　会员大会及委员会议如遇会长因事不能出席会议时，得由副会长或由秘书长代理之。

第五章　经　　费

第十九条　本会经费以左列各款充之：

（一）本会会员常年会费；

（二）政府补助费；

（三）特别捐；

（四）资金孳息。

第二十条　本会会员常年会费规定如左：

（一）小学校
甲、十教室以内者每校年交五十元。
乙、十一教室以上者每校年交一百元。

（二）中学校每校年交一百元。

（三）职业学校每校年交一百元。

（四）其他社教机关每机关年交五十元或一百元（由会长核定）。

第二十一条　本会如遇特别事故须向各单位会员筹募特别捐时，应经会员代表三分之二以上之同意行之。

第二十二条　本会收支，每年除呈报监督机关并转请直接上级机关备案外，应公告之。

第六章　附　　则

第二十三条　本会办事细则另行订定，呈请市府教育委员会核准施行。

第二十四条　本章程如有未尽事宜，得提请会员大会修正，并呈请市府教育委员会核准施行。

第二十五条　本章程经会员大会通过后，呈奉市府教育委员会核准施行。

上海市档案馆编：《日伪上海市政府》，中国档案出版社，1986年。

汉口特别市私塾教育研究会第二届全体会员改选大会概略记录

（1943年5月9日）

开会日期：五月九日下午二时

地点：假永宁一巷三号中和善堂内

出席人数：六十二名

各机关代表：李相经（教育局）、张以贵（警察第二分局）、李英豪（社会福利局）、李光灿（市党部）

临时主席：邹洪畴

开会如仪：首由主席报告本会成立之意义及一年来之经过与今后之推进，嗣由各机关代表相继致训，并予勉励，再由主席答词致谢。

进行改选：（其结果录后）邹洪畴五十五票，陈明辉四十八票，王凤三四十一票，周志刚三十七票，陈石巷三十六票，李亚西二十七票，陈纪文十九票，徐迟贞十八票，郑仁荣十四票，艾毓云十四票当选。当经推定邹洪畴、陈明辉、王凤三三人为常务理事；周志刚、陈石巷、李亚西、陈纪文为理事；徐迟贞、郑仁荣、艾毓云三人为候补理事。所有职务再由常务会分派。

临时动议：

各提案如左：

——为适应战时教育，各塾应加增体育科目，锻炼儿童体格案（通过）

——为普及国民体操，备文呈请教局颁发体操图式案（交理事会办理）

——为使会务扩展、基金充足，请求政府辅助经费案（交理事会办理）

——为明了政治情形时态进度，借资参考，呈请教局按期免费核发市属各种刊报案（交理事会办理）

记录：李亚西

校正：陈石巷

涂文学主编：《沦陷时期武汉的社会与文化》，武汉出版社，2005年。

六、教育会议

《申报年鉴》有关日伪教育会议内容

（1940—1944年）

1. 全国教育行政会议

第一次全国教育行政会议召开于二十九年六月二十日至二十二日，距国府还都不及三月。出席代表计教育部长官及特别指派人员二十七人，安徽、湖北、江苏、浙江、南京、上海、武汉、杭州各教育厅局长官二十五人，列席者中国教育建设协会代表三人，编审会一人，共计五十六人。通过议案计有高等教育组五件，普通教育组三十九件，社会教育组二十一件。

第二次全国教育行政会议召开于三十年六月三日至五日，出席教育部长官，直属各校校长，华北教育总署代表，江苏、浙江、安徽、湖北、汉口、上海、南京各省市教育厅局长及专家代表等六十六人。共计讨论提案一百〇七件。

第三次全国教育行政会议召开于三十一年二月二十六日至二十八日。出席各教育当局长官，及上海、北京等地教育名流共计一百〇二人。名单如后：李圣五、苏体仁、杨为植、樊仲云、钱稻荪、黎世蘅、张廷金、赵正平、裴复恒、乐文照、李惟宁、袁殊、孙今善、徐季敦、俞康德、钱慰宗、赵济武、黄大中、何文杰、孙晶清、杨正宇、孙世庆、林炯庵、何庆元、萧治平、尹援一、陈养吾、李嘉淦、梅嵩南、李宗斌、王志义、张晋、严厚贻、徐汉、施景崧、赵宝芝、周抱一、俞义范、赵善铭、朱钰、沈绂、赵如珩、许超远、赵庸通、李公铎、林宾鸿、薛邦迈、吴秉衡、韩国儒、邵鸣九、顾宝埏、刘思生、郭瑞璋、何坚白、林鸣秋、周义章、刘田、袁俊材、赵伯言、汪特璋、陈士先、朱炳青、王一方、罗烈、张京石、杨宗蕃、段庆平、武仙乡、施士则、万孟婉、徐良裘、汪一驹、戴英夫、刘仰山、王敏中、乔万选、陈柱尊、陈端志、杨鸿烈、胡道维、纪国宣、王钟麒、詹哲尊、张琮文、程步川、龙沐勋、张君衡、沈嗣良、周越然、范会国、周诚浒、周化人、吴文蔚、姚明辉、傅岳棻、王录勋、瞿益锴、李泰棻、朱西苓、沈启无、武季许、王文培。议长李圣五，副议长苏体仁，提案计有二百二十件，其重要决议如后。

一、关于改革学制及课程标准问题，请教育部延聘专家组织学制研究委员会研究，并组织课程标准研究委员会相辅而行。

二、关于增加教育经费，议决如次：（1）请中央及各省市县增加教育经费；（2）所增数目应各在总预算内规定成数；（3）中央对各省市教育经费应定统筹办法，以免盈亏不均；（4）从事教育人员之食粮，如政府采取配给办法，应以廉价从优配给。

三、对于请求政府次第恢复武汉大学、天津北洋工学院、山东大学、暨南大学及各专科学校及其他各案，均有决定。

四、关于扩充职业教育及女子师范教育、中小学训育、义务教育、教科书与教授法、中小学教材以及体育等问题，均有决定。

五、组织办理民众教育馆，并尽量设立青年学校。

六、关于教科书问题，由教部呈请行政院设立国营印刷公司，且于教科书编审后，准许各书局自由印行，辗转翻印，以应需要。

2. 东亚教育大会

第一次东亚教育大会

民国二十九年七月，日本东京市帝国教育会与东京市政府为庆祝日本立国纪元二千六百年纪念，特于七月八日至十一日在东京召开东亚教育大会。我国出席代表八十八人，由教育部次长戴英夫氏任团长，国立北京师范学院教授杨荫庆任副团长。大会主席永田秀次郎。讨论对建设东亚新秩序教育上之协力，强化东亚教育界之亲善联络，及关于初等教育、教育国体及中等教育等各项问题。

第二次东亚教育大会

满洲国民生部为庆祝建国十周年，并为在大东亚战争同一目的下，以大同的精神谋团结亲睦，期对兴亚教育之推进方策集思广益起见，乃主办东亚教育大会，于三十一年七月二十二日至二十四日在新京举行。参加大会之单位，计满洲国一百六十五人，日本二百〇五人，中国三十六人，泰国二人。我国代表团由戴英夫氏（教育部政务次长、中国教育建设协会理事长）任团长，孙季瑶（华北教育总署参事）任副团长，俞义范（教育部参事）、朱炳青（教育部科长）、张金鉴（国立中央大学体育课长）、邵德纬（国立上海大学教授）、庄泽民（江苏教育厅科长）、瞿越（浙江教育厅科长）、章锷（安徽教育厅科长）、陈升儒（苏淮特区行政公署教育处长）、胡绍铨（湖北省立武昌第一中学校长）、王敏复（南京市教育局科长）、李镜涵（上海市教育局科长）、耿佛廑（汉口市教育局科长）、浦敏璇（苏北行营教育处科长）、程元超（湖北省教育厅科长）、傅维熙（北京市教育局科长）、罗庆山（教育总会委员）、胡瀛洲（北京大学法学院教授）、小山门作（新民学院教授）、苏民生（师范大学教授）、傅仲涛（北京大学教授）、刘作远（外国语专科学校教员）、张世华（北京大学教授）、曲泽洲（北京大学教授）、范玉铎（河北省立黄村初级农业学校校长）、陈荫佛（天津市立第一女中校长）、尹全智（天津市立第二中学教务主任）、朱景东（山东省立济南模范小学校长）、臼井亨一（华北教育总署学务专员）、超克巴图尔（蒙疆兴蒙学院长）、那村布和（蒙疆乌兰察布盟文教科长）、黑岩义胜（蒙疆中央学院长）、大西正男（蒙疆兴蒙委员会高级辅佐官）、麻永禄（蒙疆大同中学校长）、仓都固仍（蒙疆锡林郭勒盟文教科长）。大会总裁张国务总理，议长民生部谷大臣，我国代表团戴团长等任副议长。讨论兴亚教育之推进方案，及教育行政、政治教育、言语教育、科学技术教育、初等教育等各项问题。

3. 东亚运动大会

第一次东亚运动大会

日本为庆祝纪元二千六百年纪念，由日本体育协会召开东亚运动大会于东京，自二十九年六月五日至九日，连续举行五日。吾国代表团由褚民谊氏任总领队，张超、周抱一任副总领队。总裁秩父宫，会长近卫，名誉会长褚民谊，副会长下村。参加者有中国、日本、满洲及菲律宾选手，共八百余人。

第二次东亚运动大会

满洲国为庆祝建国十周纪念，主办东亚运动大会于新京，会期为三十一年八月八日至十一日。参加中日满各单位选手六百八十余人。

《申报年鉴》，申报社，1944 年，第 963—964 页。

出席第一次东亚教育大会代表名单

（1940 年 7 月）

姓名	年岁	籍贯	现任职务
戴英夫	四十三	江苏丹阳	教育部次长、中国代表团团长
徐季敦	四十三	江苏高邮	教育部司长
严恩柞	四十三	上海市	教育部司长
赵如珩	三十二	江苏宝山	教育部督学
张素康	三十三	浙江杭县	教育部秘书
朱炳青	四十二	江苏丹阳	教育部科长
张京石	四十二	江苏宝山	教育部科长
戴谈淑子	三十七	江苏武进	戴次长夫人
徐李韵倩	三十四	江苏昆山	徐司长夫人
王伯庸	三十六	福建	本团通译官
沈静庵	三十一	浙江海宁	本团医官
杨彬如	四十三	江苏南汇	江苏省教育厅督学

续表

姓名	年岁	籍贯	现任职务
鲁家振	四十六	江苏吴县	江苏吴县模范小学校长
曾文隽	三十八	浙江	浙江省立模范中学校长
王龙玉	四十二	浙江	浙江省立模范小学校长
倪鸿文	四十一	江苏吴江	安徽省立模范中学校长
沈采瑕	三十五	安徽芜湖	蚌埠模范小学校长
史元济	三十四	广东	广东中小学复校委员会委员
周公伟	三十七	广东	广东中小学复校委员会委员
阎汉生	三十四	广东	广州市立第一中学校学监
雷子居	三十二	南京	南京市立第二中学校长
孙觉民	三十五	南京	南京市立第三小学校长
袁异	四十	上海市	上海市立沪西模范小校长
王叔槐	五十	湖北鄂城	湖北教员训练所所长
汪厚和	三十八	湖北汉口	汉口市立中学校长
郭漪	三十一	江苏宝山	杭州市立中学教务主任
叶一之	三十六	浙江	杭州市立第二模范小学校长
王宗轼	四十	江苏高邮	中国教育建设协会常务理事

汪伪国民政府教育部《教育公报》第 6 期附录

汪伪外交部、财政部、教育部为参加第二次东亚教育大会事宜致汪伪行政院呈

（1942 年 6 月）

案奉钧院三十一年五月十九日行字第六五六七号训令内略开：满洲国召开东亚教育大会，我国华中、华南参加代表派遣办法，应由教育部会同外交、财政两部审议具复，等因。遵经会拟办法七项及经费概算书一份，理合备文，呈请鉴核示遵。再本教育部代表四人，中央大学及上海大学代表各一人，共六人，既为中央机关派遣，所有一切支出经费依照概算日金贰万陆千玖百元比例摊算，为日金捌千零柒拾元，应由国库负担。至其余各省市及苏淮特区、苏北行管分派十四人，一切支出经费自应由各省市政府及苏淮特区行政公

署、苏北行营自行分别筹拨，作正开支，合并陈明。

谨呈

行政院院长汪

附呈派遣代表参加东亚教育大会办法七项及经费概算书一份

外交部部长　诸民谊

财政部部长　周佛海

教育部部长　李圣五

派遣代表参加东亚教育大会办法

（一）代表名额分配及正副团长人选

查满洲国送来之东亚教育大会实施要纲，规定我国代表四十五名。除华北及蒙古方面经奉饬知，已分行查照外，华中代表计十五名，华南计五名，共为二十名，兹拟分配如左：

甲、华中

教育部　　四人

江苏省　　一人

浙江省　　一人

安徽省　　一人

湖北省　　一人

南京市　　一人

上海市　　一人

汉口市　　一人

苏淮特别区行政公署　　一人

军事委员会委员长苏北行管　　一人

中央大学　　一人

上海大学　　一人

乙、华南

广东省　　二人

广州市　　一人

厦门市　　一人

汕头市　　一人

又我国代表团拟设团长、副团长各一人，以资统率，由教育部就代表中指定之。

（二）提案之准备

查满洲国送来之东亚教育大会部会议案提出要领规定，所有议案须于六月十日前寄至新京，期限甚为迫促，拟由教育部尽速准备寄发。

（三）宣传资料之征集

查此次东亚教育大会，东亚各民族均将有代表参加。我国自国府还都以来，和平建国工作之进展，似有乘机向各方宣传之必要，拟分向宣传部暨各省市政府及各教育团体征集各种宣传资料，俾作出席代表之参考。

（四）团员应守规约

查代表团在外一举一动足以影响国家地位，兹拟具团员应守规约七项，以资遵守。

团员应守规约：

一、本团赴满参加东亚教育大会，一切言论举动，均应本和平反共建国及东亚民族合作之精神。

二、团员应服从团长命令，努力工作，严守纪律，以增进国家之地位。

三、团员非得团长之允许，不得对外发表有关立场及政策之意见。

四、各团员沿途考察及参加会议，均须将经过情形及个人感想详细记录。

五、团员对于本团如有建议事项，须以两个地区以上之团员连合提议，经团长可决后始得实行。

六、团员如临时因特别事故不能参加工作，须向团长请假。

七、本规约如有未尽事宜，由团长以命令补充之。

（五）出国前后应办手续

甲、出国前：

一、与满洲国驻华大使馆联络；

二、预备出国证明书；

三、注射防疫针并种牛痘。

乙、抵新京后，应立即与我国驻满大使馆接洽一切。

（六）致大会祝词

依照惯例，每次举行国际会议，参加会议之各国行政长官均致祝词。此次我国参加东亚教育大会拟请行政院院长暨教育部部长颁发大会祝词，由代表团团长向大会宣读。

（七）日程

七月四日（星期六）上午各地代表至教育部报到
下午注射伤寒、虎疫预防针并种牛痘
五日（星期日）上午举行团员谈话会，颁发团员应守规约，分配工作
六日（星期一）上午谒国父陵致敬
晋谒主席及教育部长致敬聆训
下午团长拜访满洲国驻华大使
七日（星期二）下午一时在教育部集合，由京动身乘车北上
八日（星期三）下午到达天津

九日（星期四）由天津出发

十日（星期五）到达奉天

十二日（星期日）至十九日由奉天出发沿途视察鞍山、抚顺、吉林、哈尔滨、新京

二十日（星期一）抵新京后即与我国驻满大使馆接洽一切

二十一日（星期二）拜访满洲国教育当局

二十二日至二十四日参加大会

二十五日（星期六）下午宴请有关各机关长官、各国代表团团长

二十六日（星期日）上午由新京启程返国

二十八日（星期二）到达北京拜谒华北政务委员会各长官

二十九日（星期三）宴请华北有关各机关长官

三十日（星期四）北京出发

三十一日（星期五）到达南京，向教育部报告经过后，即日解散

中国第二历史档案馆藏“汪伪行政院档案”

第二次全国教育行政会议概况

（1942 年 6 月）

教育部于六月三日至五日召开第二次全国教育行政会议，其性质颇为重要。兹将经过情形分述如下。

会议规程

第一条　教育部为欲明了各地教育状况，图谋增进教育行政效率，召集各省市教育行政会议（以下简称“本会议”）。

第二条　本会议由左列各项人员组织之：一、各省教育厅长；二、各市教育局长或社会局长；三、各省教育厅、各市教育局或社会局秘书或科长一人（由各厅局自行指派）；四、教育部部长、次长暨参事、各司司长、督学及特别指派人员。

第三条　本会议讨论问题与政府各机关有关时，得由教育部请其临时派员列席，参加讨论。

第四条　本会议设主席一人，由教育部部长任之，副主席二人，由教育部次长任之。

第五条　本会议在首都举行。

第六条　本会议定自三十年六月三日至六月五日，遇必要时，得由教育部展缓或延长之。

第七条　本会议所讨论之范围，以教育部交议之案及各会员提出之议案为限。

第八条　本会议之讨论形式，各案之讨论结果，呈请部长核定之。

第九条　各会员如有提案，须于开会前五日寄至本会议秘书处，以便整理编入议事日程。会员如有临时提案，须经会员五人以上之副署，用书面送交主席核定，编入议事日程。

第十条　各种议案须付审查者，由主席于会员中指定人员组织提案审查会审查之。

第十一条　本会议设秘书主任一人、秘书若干人，分掌编配议程及会场记录事宜。

第十二条　本会议议事细则另订之。

第十三条　本规程呈奉行政院核准后施行。

会员名单

樊仲云、陈端志、卜愈、王钟麒、杨正宇、王震生、吴图南、张见庵、胡道维、齐树芸、俞梅逊、孙季瑶、沈承怡、张仲寰、徐季敦、黄实光、高伯勋、林炯庵、徐公美、钟复、沈玉光、徐锡璜、马洪骥、沈近礼、邬纯一、陈年新、孙贞敏、李镜涵、徐震、程翔、张嘉箴、葛龙玉、瞿越、岳朝阳、严厚贻、雷驾先、周抱一、钟福庆、段庆平、严恩柞、沈绂、赵如珩、李公铎、林宾鸿、洪光华、邵鸣九、仲子明、俞义范、张萍、吴家煦、王庆涛、李纯圭、汪特璋、陈士先、朱炳青、商政、章学海、程豹文、冯樾君、施士则、喻毓秀、徐良裘、仲坚、汪冬心、关宗瓒、蔡嘉禾。

开幕仪式

大会于六月三日上午十时在该部大礼堂举行隆重开会仪式。计到主席代表陈春圃、内政部长陈群、社会部长丁默邨、立法院长代表周学昌、农矿部主任秘书杭鲁光及各机关代表、来宾暨全体会员等百余人。行礼如仪，首由主席赵正平致开会词，次由行政院陈秘书长代表汪主席致训词，对国府颁行之教育纲领及检讨教育行政上之问题颇多阐述，次由立法院代表周学昌、内政部长陈群、社会部长丁默邨等相继致辞，对教材之缺乏、教育经费之困难、思想建设之努力、一般书籍之给配诸问题，尤多建议。末由会员代表张仲寰致辞，旋于十二时许礼成。

主席报告

主席赵部长报告开会宗旨，略谓：今天是还都后第二次全国教育行政会议，时间虽然是仲夏，暑气已是逼人，蒙教育界各方负责人南自广东，北迄北平，冒暑来京参加会议，鄙人应当代表本部首先致其欢感之意。在通常时期，此种会议之目的，重在以往成绩之检讨与未来成绩之策进，这次会议当然也有此意。但和平建国之根本精神，在老实两字，跟着汪主席所示，说老实话。我们教育界同人就应当做老实人，做老实事，所以今天的开会词，鄙人也不能不说老实话。要说老实话，那成绩两字当然就可说大家谈不到。因为现代的教育与古时的教育有一重要的区别，这区别是在物质的设备，讲现代教育而没有物质的设备，非但谈不到成绩，并且谈不到教育。可是在现在的环境之下，还能讲物质设备么？第一，校舍是简陋的；第二，图书仪器是简陋的；第三，教员人选是困难的；第四，经费是困难的；第五，一切的扩充及改进计划是太不自由的。这种情况不独今年比去年不能十分改进，就是到了明年，料想也不能根本改进。所以谈到成绩两字，大家只有本着良知，叫声惭愧。但是，我们应当本着这种觉悟向前干去，并且要进一步地觉悟，只要拿我们很老实的人格，本着教育的目的，照古代的说法，去学为圣贤，照现代教育的说法，在教人做一个完全的人。所谓圣贤，所谓完全的人，就是人的完全，我们要教人共有人格，我们自身就要树立一个很崇高的人格，来示一般人以楷模。这个意义在教育上是十分重要，在和平建国时期的教育，尤其重要。和平建国就含有和平反共的意思，因为共产主义的本质，就有阶级斗争的反和平成分在里面。因为前面已经说过，一切物质设备都不自由，我们跟着汪主席来担任这教育工作，根本上只有靠着我们的人格。老实说一句，我们的国家已是残破不全，在友邦日本虽然诚心希望我们复兴，要我们做一个共同保卫东亚大使命的朋友，但我们自己反省一下，拿什么真力量来同他们做朋友，恐怕除了人格以外没有其他了。所以人格是和平建国的大动力，这个觉悟，鄙人自走进南京，尤其走进教育部以后，很深刻地铭刻在心坎里。从前读书时候，对于孔子所说“言忠信，行笃敬，四海为通行”的意义，是不甚了解。但是处在这艰难环境之下，觉得这种教训实在是最真的真理。我相信我们教育界同人对于这真理一定能够深切玩味，一定能身体力行。因为我们全国同胞尚在水深火热、求死不得、求生不能的大苦难时期，我相信汪主席所以不计成败利钝，来领导和平建国艰巨工作，一定是由于悲天悯人地去干。我相信我们国人所以跟着汪主席来分担这艰巨工作，也一定是由于悲天悯人的内心转动。我们既抱了这种悲悯的心情而来，那么一切行动都离不了至诚恻怛的中心。跟着这种至诚恻怛的中心，言语当然是忠信，行为当然是笃敬。这种忠信笃敬的力量，不独可以打破教育上物质的困难，而选出很好的新时代青年，并且精神所感可以使友邦人士起敬起信，更可以感召同情，促成全面和平的大业。这一点的觉悟固然不独我们教育同人应当独有的，但是我们教育界同人必须先树立起这一个楷模。这一次的召集会议要重复申言，愿与我国人共同反省，共同警勉的，敝人忝长教部，觉得学问能力不够领导教育界，但对于这一点根本觉悟，是一日三省我身的。所以，对于金钱便不愿滥用，对于职权亦绝不愿滥用，对于其他人从不愿责备太严，对于自己绝不愿责备稍宽。汪主席所示的罪己精神，敝人都拿来做安身立命的秘诀，我很希望我们同人都拿这种罪己精神做安身立命的秘诀。我们教育界同人都是苦难时期苦难同志，今天不远数百里数千里而来此集合，是非同泛泛，所以对于我教育界同人应有的根本觉悟就是人格模范，提出来同大家共勉。这个基本精神一立，困难简陋非但不足为病，且反可显示我们的非常成绩了。

陈秘书长训词

陈秘书长春圃代表行政院致辞，略谓：去年三月三十日国府还都公布国民政府政纲，其中即有“以反共和平建国为教育方针，并提高科学教育，扫除浮嚣空泛之学风”之规定，各省市教育行政之设施及各级学校之教学，均应依据前项纲领，订定实施步骤，使能融会贯通。第二次各省市教育行政会议旨在检讨过去工作，警惕现在，以策励将来，亦应依此方针以为准则；尤应特别注重肃清共产思想，以谋民族生命之延续，东亚永久和平之实现；养成国民生活技能及增进其生产能力，以谋有补于生产建设，务使青年深切认识和平系以求建国，而非偷安苟活。最后并阐述注重充实内容，一扫过去名词教育、口号教育之弊，尤应于训育方面，加紧养成刻苦耐劳习惯与严格之规律生活，使青年沉着而不萎靡，切实而不空泛。

审查会议

下午二时继续开会，首由大会主任秘书报告收到提案一〇七件，出席各单位人数及各方贺电，并报告皖教厅长钱慰宗以东渡考察不及出席，粤市社会局长以未购得飞机票，临时电托钟专员代表，并由华北、湖北、汉口、上海各地方代表报告教育状况。嗣由华北教育总署代表孙季瑶临时动议，由全体会员名义电汪主席致敬，全体一致热烈鼓掌（电文录后）。继由主席宣告提案共分四组审查（教育行政、高等教育、社会教育、普通教育），并宣读各组审查人名单及开会地点，由各组分开审查会。

电敬主席

国民政府主席汪钧鉴：钧座振导祥和，重奠国本，德柔大陆，威靖广轮。本会同人誓诚拥护，秉承和建之纲领，力求教育之复兴，致东亚于和平，期国基于永固。肃电致敬，恭祝健康。教育部第二届全国教育行政会议叩。江。

审查名单

一、教育行政组。召集人：段庆平、张仲寰、钱慰宗；审查人：樊仲云、徐公美、吴图南、王钟麒、沈玉光、张嘉箴、沈承怡、沈近礼、葛玉龙、马洪骥、瞿越、吴家煦、蔡公驾、王庆涛、邵鸣九、俞义范、张萍、冯樾君。

二、高等教育组。召集人：严恩柞、孙季瑶、钟复；审查人：卜愈之、胡道维、王震生、陈端志、周抱一、邬纯一、段炳淦、李公铎、李纯圭。

三、社会教育组。召集人：赵如珩、黄实光、高伯勋；审查人：俞梅逊、孙其敏、严厚贻、雷驾先、程翔、汪冬心、仲坚、洪光华、商政、章学海。

四、普通教育组。召集人：沈绂、徐季敦、林炯庵；审查人：杨正宇、张见庵、徐汉、钟福庆、徐锡璜、李镜涵、徐震、岳朝阳、陈年新、林宝鸿、耿肇璘、施士则、喻毓秀、徐良裘、汪特璋、陈士先、朱炳青。

谒陵情形

六月四日为全国教育行政会议开会之第二日。上午九时，赵部长、戴、王两次长率领全体会员六十余人，分乘汽车数辆，赴中山门外恭谒国父陵墓。全体肃立灵堂前，由赵部长领导，行礼如仪，献花圈毕，全体在陵墓前合摄一影，以留纪念。谒陵后至文物保管委员会、图书委员会参观。下午二时，续开会议，主席赵部长宣告各项议案审查情形，随即开始讨论，通过议案三十余件，出席会员对各种问题辩论甚烈，至六时散会。

闭幕仪式

五日上午九时，续开讨论会通过议案七十余件。末由大会秘书主任报告各方贺电，至十二时散会。下午二时行闭幕式，行礼如仪，主席赵部长致闭会词（详后），戴次长讲演教育新方针，对和平反共建国教育要义阐发甚精，教育专家吴图南报告事变后西北教育苦况，庄谐杂作，极饶兴趣。最后由浙教厅长徐季敦代表全体会员答词，至六时散会。兹志赵部长闭会词如次：

“第二次全国教育行政会议今日已可说是圆满闭幕了，提案的讨论虽然是不过两天，但大部分均得到相当解决，这想是同人非常愉快的。在这炎热天气，各省市教育厅局长及各出席代表不远千里，冒暑来京参加，尤足以表现教育行政当局在中央领导下团结一致之精神。不过本会此次因限于经费，一切招待诸多简慢，实深抱歉，但也可以表现我们教育界苦干的精神。希望各位散会后，本着精诚团结，照大会决议各案，于经费困难当中苦干实干，向着复兴教育前途迈进，使中国教育从残破中建立基础，则教育幸甚，中国幸甚。”

教建欢宴

中国教育建设协会以此次教育行政会议，各省市教育行政当局均来京参加，集俊彦于一堂，实为难得之机会。为表示联欢起见，特于六月七日下午七时假座中央饭店招宴全体代表。各代表均踊跃出席，首由戴理事长、王副理事长致辞表示欢迎之意，继由上海市教育局长林炯庵代表答词，席间互相商讨并交换促进教育建设之意见，至为欢洽，至十时许始散。

《教育建设》，第2卷第4期。

第八编

教育报告与统计

一、伪维新政府、汪伪国民政府教育部工作报告

一年来之教育

（1939 年 5 月）

顾　澄

盖自蒋介石柄政以来，树一党之私，佥壬并进，亲故登庸，纪纲坠地。西安变起，蒋为共党所劫持，于是前以剿共揭橥于当世者，徒一变而为容共，跋前疐后，识者已有以窥其微。卢沟启衅，平津相继沦胥，设于此时衡量局势，商略和平，所保全者，奚翅恒河沙数。顾逞嚣张之气，肆意播煽，激起人民仇日之心，终酿成八一三之祸。意者复于胜负强弱之数，非不谂知，徒以恋恋于领袖地位，不肯放弃政权。一方引狼入室，受钳制于共党；一方认贼作父，冀协助于列强。乃甘冒不韪，侥幸一战。人谓其不度德、不量力，吾则谓其中于专权恋位，一念之私，遂不惜亿兆生灵，拚孤注于一掷，战祸肇始，易发难收。壮丁歼于前锋，老弱转乎沟壑，饿莩遍地，村镇为墟，甚至焦土决堤，残民以逞。国军节节退败，土地沦亡，仍自欺欺人，高唱长期抵抗，而兆民奚罪，举而纳诸水深火热之中。怙过孤行，罔知悛悔。数其罪状，固已罄竹难书矣。

同人等饥溺为怀，恫瘝在抱，本悲天悯人之志，为鼎新革故之图；不避危艰，组织维新政府，暂安基础，搘持半壁东南。内则收拾残余，抚绥黎庶，外则缓和战局，恢复邦交。日月不居，倏焉匝岁。不佞从诸耆硕之后，出任艰巨。诚以政府一日不可无，尤其在战乱之余，建设更不容少缓。犹意去年二月，因季弟之丧，有平津之行。道出吾乡，勾留数日。吾乡虽蕞尔一邑，夙以繁富著称，城厢居民，曩达三十余万者，战后乃不逮五千，荒凉寂寞，十室九空，厂肆无存，市廛尽毁。吾乡如是，他县可知。迨抵北平，则气象迥异，街衢繁盛，百业烂然，车马喧阗，人民安堵。同为劫后之区，而情势悬殊，俨同天壤。此无他，有政府与无政府之别耳。不佞心知其然，证以所见而益信。故返抵沪滨，即随梁、温两院长之后，努力于政府之组成。当时亲故，百计阻挠，知契群相规劝，短视之徒，甚至詈为卖国。因时值非常，见仁见智，各有是非。此事功罪，千载后自有定论。故未尝利用文字，为公开之辨［辩］白。今值一年纪念，不妨略陈所怀。此一年间，所经过之困难，更仆难数。为人民谋福利，人则指为汉奸。为华中造新邦，人且訾为卖国。须知民为邦本，世无无民之国。旧政府既舍此数千万人民而去，若无新政府发生，则此数千困居焦土之人民，将何以生存？保全斯民，即所以保全吾国。诋保全民众者为汉奸，则必放弃民众残杀民众者，始得谓之非汉奸耳。不亦慎乎！彼持长期抵抗之说者，充其量不过宁

为壮烈之牺牲，不甘屈服而已。抑思果举亿兆民众，群聚而歼，旃壮烈诚壮烈矣。然而民既不存，国于何有？此匹夫匹妇自经沟渎之见，于事究奚补耶？至言卖国，则吾侪何曾以尺寸土地与人？蒋氏步步退衄，节节丧失，三吴旧壤，吾侪一举而收复之，指此以言卖国，吾不知其果何说也。见理未明，盲从无己，眩朱作碧，聚蚊成雷，甚至危害时加，恫吓不已，同人虽无疚于神明，而鬼蜮之技，层出不穷，心终不无介介。当政府始建，事务之支配随在需人，而人选问题，大非容易。略有地位声望者，意存观望，既推托游移；束身自爱者，心畏讥评，亦趑趄不进。拔茅连茹，不得不出于辗转推举之一途。而要非灼见深知，殊不敢轻于汲引。此一难也。庶僚既备，而案卷全无，于是区画司科，界分职责，甚至公文程式，账目虽纤屑，亦必酌量机宜，从头制定。此二难也。以上种种，当时在事者，所感痛苦，莫不皆然。此其同焉者也。不佞忝掌教政，则请更就教育言之。夫教育者，固以学校为主体，以学生为对象者也。而各县自经战事之后，人民迁徙一空，大都陷于无政府之状态。嗣虽秩序少复，而欲着手整理，其道无由。良以机构未备，地方之负责，中间之承转，一概无人。盖其时教育厅犹未设立也。迨省政府成立，而教育厅仍复虚悬。及至教育厅有人，而各县长仍多未派。其间困苦，不可胜言，只能视力所及，于无可设法中，勉为规划，而策进行。迨三省教育厅组织完成，已在政府迁京而后，严寒岁暮之时。是以直至今年二月，始能召开教育行政会议，集各省市教育厅局长及县教育科长于一堂，详询各地教育之状况，并令其各举所见，提出议案以为推进教育之预备。此时虽各地县长已大都派定，然据各会员所述状况而论，欲恢复战前一切学校，犹未易言。盖各地学校，或则全部毁坏，或则半壁仅存，即使庐舍依然，而设备已早荡然俱尽，其能完全无缺者，殊不数见。至于款项，则更筹措为难，即从前指有的款者，亦需探索来源，重加整理，而钩稽考察，端绪纷繁，为事亦棘手。抑且萑苻不靖，宵小纵横，游击队遍布内地，交通阻梗不便，往来对于遣派人员调查学况，时有戒心。此一年来办理教育所感受之痛苦也。

至于办事状况，则本部组织大纲经惠农部长草创于前，人鹤部长继承于后，一切规划，如颁布教育宗旨、设立编审会，等等，凡此荦荦大端，都出自人鹤部长之手。不妄［佞］仅随两公之后，参与其事而已。迨不佞代理部务，仅守萧规曹随之义，所有工作一以教育宗旨为依归，姑着手于战后学校之调查，旋恢复地方小学，以奠定始基。一面由编审会编制中小学各科课本，其初高小学应用之书，全部业早编竣，并经陆续刊印颁行。中学书亦已编成数种，现中学开办，即可付刊，其余尚在编制。政府迁京以后，即首先办理临时教员养成所，即谓小学教员之再训练法，由各省市保送。曾任小学教员或有小学教员资格者，经部甄别收录，一律重加训练，然后遣派各地现任教员于授课之外，剀切演讲以前教育之错误所在、今后教育之改进方法及知行必须合一，道德首重行为，礼学为体，科学为用，始能图治；并示以白种东侵之历史及黄色人种被人轻视之事实，万不可再同种相残，授渔人以大利。自今以往，必先黄种各国互相亲善，互相团结，始能共保东亚不蹈红黑人之覆辙焉。现在之教员，必先改良其思想，纠正其行为，庶不致谬种流传，误人子弟。不佞每星期三必往该所讲演一次，议者谓此种讲演尽可付之该所教席，以不佞之地位，不宜出此有甚，谓为失态者。殊不知小学教员之再训练，实为此后教育之基础。将来东亚新秩序之如何，与此有莫大之关系。非不惮烦，不容已耳。比复筹设南京大学，正选择校舍，准备修葺，罗致学者，积极进行。一面办理模范小学，每县一所，此项经费，已经筹得。又筹设模范中学二所，亦将就绪，并恢复各省市县中等学校，请准的款，力予补助，以期迅速树立规模，兼免失学青年误趋歧路。据各地最近报告，学校复课者日多，学生人数，只小学一项，约计已达十五万人。又从前高等专门学校所授科目，大都采用外国原书，此实不可为法。以后拟将此类课本及参考书籍一律译成汉文，然后采撷精华，别编善本。故编审会现正扩大范围，借以延揽名流，搜罗才俊，共襄此举，以惠士林。此一年来推进教育之情形也。中间缔造艰难，匪言可罄。其能有如是成绩者，实仰赖梁、温两院长之领导提携，始克臻此。而友邦君子，原田少将、楠本大佐、菅野中佐及陆海外诸公，暨齐藤、福田、上野三先生，协助之力亦复甚多，用志感谢。

至此一年中私心最窃喜者：一则上月教育行政会议之得开，盖去年在新亚时，人常诮为饭店政府，今竟三省市教育厅长及各县教育科长数十人，济济一堂，政府名实，已经俱备；二则战前各校虽未尽复，然据此会会员报告，现有小学数已近千，入校小学生已达十有五万，下半年必能倍是，秋季中学开办，亦必在十所以外。虽区区成绩不及初愿之十一，然究与者有别，抚心自问，去年之出任艰巨，尚不为无见耳。抑不佞所窃望于将来者，战事能早日结束，民困渐苏，秩序完全恢复，一切教育预定计划，得依序实施，自小学迄大学，完成一种有统系之学制。凡前种种错误之点，如重知识而轻道德，重大学而轻小学，重理论而轻实用，以及放纵学生，误人子弟，皆一一予以纠正。尤其于道德方面，更用全力以贯注之，务使涵育熏陶，潜移默化，一洗桀骜嚣陵之习，变而为敦庞温厚之风。或谓必如欧美之文化，方臻上乘，然试一窥其繁华之都市，何地非波谲云诡，尔诈我虞，机械万端，网罗四布，视所谓太平之世者，果何如耶？如天之福，中日两国皆以礼学为体，科学为用，造成精神文化，中心握手提携，创立东亚之新秩序，以期行俗美违于郅治之隆。再以吾东方之精神，陶冶西方之物质，使世界永无尔诈我虞，弱肉强食之戾气，而共践于大同之域。此更不佞馨香祷祝，私心所希望者耳。

（伪）维新政府编：《维新政府初周纪念庆祝大会报告书》，1939 年 5 月。

1939年伪维新政府统治下的教育①

（1940年3月）

……

吾人已知伪府之教育宗旨及其实施方针如上，再检视其实施真相如何？

一、召开伪教育会议

伪教部于二十八年二月，召开“各县教育科长会议”，出席者有：伪教育厅局长、伪县教育科长及伪教部会员，列入议程之议案共七件。

1. 规定小学教师进修案　原则通过。

办法六项：（1）主管教育行政机关及小学教师，对于进修事宜应注意【以】下各项：（一）利用教育机会多方参考；（二）阅读教育书籍；（三）联合本校或本乡会员组织小学教育研究会；（四）参观成绩优良小学；（五）小学教育专家演讲，出席听讲；（六）参加暑期讲习会或暑期学校；（七）组织小学协进会；（八）其他进修事项。（2）由各省市主管教育机关指导专人编审定期出版刊物，并发行单行本，登载教育原理、原则及教育法令，并增加问答一栏，聘请专家主持。（3）小学校长应负指导教师随时进修之责。（4）主管教育行政机关派员视导，并注意教员之进修。（5）考核或进退教员时，应注意其进修。（6）教育行政机关有出版教育公报时，增辟附录一栏，登载教育学说制度，并介绍关于世界教育新学说制度。

2. 请议筹拨中小学校及社教设备责案　原则通过，由部办法[理]。

3. 咨请绥靖部迅予设立肃清各县土匪以除教育障碍案　通过。

4. 恢复中等以上学校俾资深造案　通过。

5. 教育经费应如何规定支配办法案　原则通过，由部办理。

6. 本县教育经费在田赋未能如数征起前拟请由省库或国库项下酌量补助俾资复兴案　原则通过。

7. 各校应酌设奖学金额以资奖励人才案　原则通过。

二、设立各级学校

1. 伪国立南京大学　廿七年十二月即由张泰、朱学俊、钱诚、刘翰青等组织伪南京大学筹备处，并推定徐蕰知主持理学院、薛邦迈主持工学院、李镜主持文学院、苏琼春主持农学院，每月经费三万三千二百廿八元，定于廿八年秋季开学。但因敌军占据我国立中央大学校址，伪部不敢索还，以致稽迟，未得成立。现已觅得实业部及东方中学旧址，尚

① 本件节选自国民政府机要组资料室编印之资料丛刊：《伪维新政府廿八年度之傀儡剧》，标题系编者拟加。

须加以修葺，开学或在本年春。

2. 伪维新学院　设于上海，第一期毕业奴才均分发各省市行政机关服务，第二期正在训练中。

3. 伪模范中学　上海租界，中学林立，学生异常拥挤。伪教部企图引诱学生返乡，乃令各伪省市恢复省市立中学。惟因经费困难，学生寥寥，迄未恢复，教部乃在南京设立男女模范中学各一所，男生约三百二十余人，女生约三百四十人。

4. 伪实验小学　伪教部于南京设立实验小学一所，为教员养成所之附属小学，以备该所学员实验之用，现有学生三百四十余人。

5. 伪日语专修科　现有学员七十七人。

6. 伪教员养成所　伪教部为灌奴化教育于我儿童起见，乃先训练奴化教员，故于廿八年一月一日成立伪教员养成所，三日正式上课。由各省市考送者共一百一十一人，伪教部于南京及上海考选者六十七名，于北平招考者二十余名，内分特、本科二种。凡曾任小学教员或师范学校毕业者，均得入特科，训练三月，本科则训练六月，第一期毕业后已分送各伪校服务矣。

三、擅改教科书

伪教部鉴于我国原有三民主义教育宗旨之教科书不适合奴化教育宗旨，乃擅自修改教科书，其修改之标准有三：(1) 排斥共产主义及不纯正的三民主义；(2) 坚持东方道德精神；(3) 一扫排日精神，打破欧美残留的痕迹。其修改之步骤有二：(1) 第一步先就各书局出版之教本加以增删；(2) 第二步将小学教科书全部另编。现在第一步行将完成，小学教科书大抵已经印出，中学教科书由旧本改编者有修身、国文、本国历史、外国历史、地理，新编者有本国地理、英文，由日本教科书翻译者则有算术、代数、几何、三角、动物、植物、矿物、生理卫生、物理、化学等。

四、修订教育法规

伪教部将旧有之各项教育法规次第予以修订，已公布施行者有各级学校法，共计六种，已呈准伪府备案施行者有各种规程，共计二十六种。此外，尚有正在审查中者，共计数十种。

五、设立中央农场管理处

我国立中央大学农学院设立之农牧试验场圃，事变后，因□□□理，变成废墟。伪教部曾委托伪督办南京市政公署代为督管。至廿八年九月，乃设一为中央农场管理处，接收南京农牧各场如下：(1) 光华农场；(2) 大胜关农场；(3) 成贤园艺场；(4) 成贤牧场；(5) 太平园牧场；(6) 新校址牧场等六场。尚被敌军占据者如下：(1) 院内农场；(2) 院内牧场；(3) 院内林场；(4) 院内园艺场；(5) 院内蚕桑场；(6) 农产制造所；(7) 劝业农场；(8) 丁家桥园艺场等八处。此处尚有：(1) 昆山农场；(2) 杨恩农场；(3) 下蜀农场；(4) 幕府农场；(5) □□□□；(6) 江浦农场；(7) 郑州农场等七场，均交辖属市县教育行政机关代为接收管理，将生产收益暂充管理经费。

六、企图管理上海各大学

伪教部企图管理上海租界中各私立大学，乃派员分往各学院联络主持人及主要教职员，并派员前往调查校务设备与教育状况，拟施行奖励及处置办法，以资管理。各学院接受与否，尚属问题。

七、派遣留学生赴日

廿八年度申请自费留日者约二十余名，由伪教部选派之公费留日学生共三十六名，其学费由日本外务省在庚款中拨付。

八、编印历书

由敌伪合组编历委员会，编印历书，现已编就廿八、九两年历书。

九、辅助各伪省市教育经费

伪教部每月拨给教育辅助费如下：（1）各省省立中学三万元；（2）各县模范小学二万五千元；（3）各县普通小学及社会教育三十万元；每月共计三十五万五千元。此外尚有四项补助金：（1）伪南京市立第一、二中学扩张设备费各三千元，经常费每班每月三百元；（2）南京私立中学三校，其中两校每月各给一千元，一校月给七百五十元；（3）各省中学之开办费，江苏八千元，浙江七千元，安徽九千元；（4）教员养成所毕业学员俸给。

伪府除利用学校灌输奴化思想之外，并利诱一般没落文化人供其驱使，兹略述如下。

十、伪中国文艺协会

该会于廿八年十二月成立于南京，一群文化界败类均为该会之要角，其出版刊物为《国艺》。

十一、伪□通编译社

伪教部督学赵逆如珩发起组织□通编译社。

十二、伪中华联合通讯社

伪府之机关通讯社，即荒谬言论之广播处。

十三、伪远东剧团

伪府以为仅以文字宣传，其卑鄙思想不易入老百姓之脑，乃组织远东剧团，以浅显易解之通俗□□，赴四乡演唱，其表演内容则荒谬绝伦，为有识者所不齿。

十四、伪中华电影公司

敌方、伪满及伪府三方面合资组织中华电影公司，于廿八年六月成立于上海，目前仅介绍别家公司摄制之影片，将来拟自摄影片。

十五、伪大民会

该会组织及其工作概况，□文化情报伪大民会专号，兹不赘述。

中国第二历史档案馆藏“国民政府教育部档案”

汪伪教育部为送该部工作报告致汪伪行政院呈

（1940 年 10 月 19 日）

案奉钧院行字第九〇九号训令内开："查各机关行政工作报告，业由中央政治委员会秘书厅召集机关代表商定办法六项，奉主席核定，并函送各机关办理在卷。惟各机关所编报告，应如期缮具两份，呈送本院以便分别存转，除分令外，仰即知照！此令。"等因。奉此，查此案于本月十一日准中央政治委员会秘书厅中政秘字第五七七号公函，并附送中央政治委员会行政工作报告纲目格式一份过部，即经依式分节列叙，兹已将教育部工作报告如期编就。奉令前因，理合遵令缮具两份，备文呈送仰祈，察核分别存转！

谨呈

行政院院长汪

附呈教育部工作报告两份

教育部长　赵□□

中华民国廿九年十月□□日

教育部工作报告

（子）高等教育

一、中央大学复校筹备及拟设上海大学各经过概况

教育部以教育为立国精神所寄，而大学教育站在全国领导地位，于反共和平政策之推行、青年思想行动之纠正极关重要，故有恢复中央大学及拟设上海大学之呈请。兹就设会筹备经过概况开列如左。

撤销前南京大学筹委会：国府还都后，本部以维新政府南京大学筹备委员会应即撤销，另组中央大学复校筹备委员会，于四月间呈请行政院会议通过。该会组织规程及经费支出预算书系于四月十六日呈准行政院提会决议通过，一面派本部高教司司长钱慰宗会同参事施景嵩、科长陈纾周、专员朱学俊接收南京大学筹备委员会及其家具物品卷宗等件，并令交中央大学筹备委员会接管。

编造中央大学及上海大学预算：教部五月间编造中央大学复校后第一学年经常临时费支出预算书，呈经行政院提会决议，连同上海大学经临两费支出预算，交由本部财政、铁道、宣传、侨务各部会同审查，由本部召集。遵于五月三十一日、六月四日先后两次审查，以"上海大学情形特殊，筹备需时，应先将临时费拨付，以资筹办，其原拟将中央大学划归上海大学办理之法、商、工三学院，仍由中大办理，并在上海大学经常费预算中，每月提拨一万五千零七十六元，作为中央大学添办三院经费"。根据上述意见，中央大学设立文、理、教、农、医、药、法、工、商九学院。六月间，将改编之中大经临两费预算

书、上海大学临时费预算书呈奉行政会议通过施行。

中大招生：复校筹委会于五月间组织招生委员会，进行招生事宜，并向友邦交涉收回中央大学旧址。一面先在国府路二八二号成立临时办事处，又设立购置委员会，进行各学院应有设备事项，并定招生地点，分本京、上海、北平、苏州、杭州、武汉、广州七处。

接收农事讲习所：教部以中央大学附属农事讲习所开办已及一年，设立宗旨在救济贫苦失学青年，养成农业基本人才，用意綦善。教部于组织中大复校筹备委员会后，即行接收，并拟增加一班。惟该所原有经费不敷支配，遂于五月间编造经临两费支出预算书，呈奉行院会议通过施行。现该所正呈准改为国立第二职业学校。

中大校舍：中央大学校址本拟定国府路二八二号，嗣以该处房屋狭小，不敷分配，遂商得建邺路国立师范学校同意，让与中央大学为校舍，又函准南京市政府借用芦席营前市立第二中学校址，为中大农学院农业专修科之用。

拟援例退还庚款：中大复校筹备委员会拟请日本外务省援照各国先例，退还庚款一部分，充筹办大学高等教育经费，教部已于六月间咨请外交部转商日本外务省办理。

筹设上海大学情形：上海大学业经勘定真如前暨南大学为校址，并派员警看守。至该大学第一学年临时经费亦呈奉行政院会议通过，嗣因有特殊关系，以致暂未进行，一俟与友邦商妥，即行着手筹备。

二、办理留日公费生经过

教育部为沟通中日文化起见，在施政计划中，即有筹设公费留日学生之计划，拟于日本退还庚款中拨出一部分，以备派遣公费留学生之需。至本年五月二十四日接南京日本大使馆来函，述及民国二十九年度（昭和十五年）留学推广事宜，在华中方面可选拔二十五名等，由教部准函后，即着手办理；且因此次留日公费生之派遣，为国府还都以来尚属初次举办，为慎重起见，依据留学规程，除拟定详细考选办法外，教部组设留日公费生考选委员会专司办理考选事项，除部次长及主管司长为当然委员外，其余委员由部长聘任之，或由部员中指派之。于六月二十七日开第一次考选委员会议，决定进行各项后，即由教部咨请苏浙皖鄂四省府及京沪汉三市府于七月二十五日同时举行初试。八月三日初试揭晓，计江苏录取十二名、浙江九名、安徽三名、湖北九名、南京市四十一名、上海市十九名、汉口市十九名，共一百十二名。后以华中方面希望留日之学生人数过多，原定名额实觉不敷分配，教部乃函请日方增额十名，结果日方允于原定二十五名外，再增三名，合计二十八名，八月十、十一两日在京、沪、鄂、汉四地分别举行复试，至十七日试卷评阅完竣，于十九日开第四次考选委员会议，决定去取。此次各省市应试生徒极为踊跃，而成绩亦相当优良，经过严密考试，计复试及格者录取三十四名，特许者四名，共得三十八名。除由日外务省允许资助二十八名外，其余作为部派公费生，内有四名已在日本留学多年，考查成绩确属优良，但应［因］学费接济中断，势将半途辍学，经教部考察属实，特许改为部派公费生。于八月二十日起，在新报、南京中报及上海新申、中华四报正式揭晓。一方面由考选委员会名义个别通知录取各生，限于九月一日以前来部报到。其中有二名因病请假，暂缓出国外，余均如期报到。二日起，依原规定办法，假国立中央大学受训三天，以期该生等于出国前，对彼邦社会、政治、经济、教育等之状况得以认识。九月三日下午谒陵，四、五两日先后晋谒汪院长及南京日本大使馆与总领事馆聆训，六日由京动身，由教部派员率领至沪，八日将该生等出国手续办妥后，即赴上海日本总领事馆暨兴亚院华中联络部聆训，九日由留日京都帝大学生胡逸名君乘暑假由沪回日开学之便，陪同乘长崎丸东渡，以资照料，十二日接彼等自东京来电报告抵日后一切情形，现皆正布置妥当，入东亚学校肄业矣。

（丑）中等教育

教育部曾拟订廿九年度中等教育行政计划，并通令各省市自本年度起恢复中学三三制，自本年度起恢复中小学童子军训练，于廿九年度开始实行责任会计制，各直属机关会计人员由部委派，对于直属各校积极整理，如调整人事、增设学级、充实教学设备，均经妥慎支配，使之合理化。复根据各省市教育行政会议议决各案，关于中等教育之督促复校，慎选师资，提倡生产教育，注重体格锻炼等，均经分别通令各省市遵照实施。本年九月十日举行中小学训育实施委员会，曾订定中学训育方针及实施办法大纲，对于中学女生注重俭朴以及学校应与家庭联络等，亦均通令各省市遵行，并于本学期开始前，在京市成立南京中等学校理科实验所一处，集中科学仪器，以供南京各中等学校教学实验之用，以免各校个别购置，而期节省教育经费，此皆关于一般的设施。复鉴于师范教育为教育之鉴本，除将原有教员养成所改组国立师范学校积极整顿外，并通令各省市调查师范教育状况，并令拟具恢复师范学校计划呈核。现计拟具计划着手恢复者，有杭州市立师范讲习所、安徽省立蚌埠师范学校、省立芜湖女中师范科、湖北省立师范学校、江苏省立苏州师范学校、浙江省立杭州师范学校、广州市立师范学校等。此外，为注重生产教育起见，曾订立廿九年度职业教育行政计划，设立国立第一职业学校（工科），并改组农事讲习所为国立第二职业学校（农科），复通令各省市筹设或恢复职业学校，暨令转饬各县斟酌地方需要，筹设短期小工艺义务职业学校，并督令各职业学校主重生产事业与当地生产合作，曾订办法，通饬遵行。

（寅）初等教育

教育部曾拟订二十九年度初等教育行政计划，并通令各省市拟具本年度扩充初等教育计划，呈部核准施行。如期呈报者计有苏鄂皖各省教厅及京沪粤各市教局，正由教部审核中。一面并设法救济失学儿童，曾协助振务委员会办理难童教育，令行沪市教局将无法维持之各私立小学收归公立。至调查学龄儿童，曾制就表册，分发各省市教育厅局，积极进行中。复于本年九月十日召开中小学训育实施委员会，订定小学公民训练标准，令饬各省市学校于廿九年度试行。对于各省市教育行政会议关于初等教育议决各案，亦依次执行，如改模范小学为实验小学、改良私塾推进乡村教育、促进全国义务教育计划、审查小学师资等案，均已分别办理。

（卯）社会教育

溯自国府还都之翌日，教育部正式开始工作，社会教育司居总务、高教、普教四司之一，专掌全国社教事业所负使命，至重且巨，秉和平反共建国之主旨，切实推进社会教育。半载以还，经各同仁之努力奋发，各厅局之通力合作，虽不能谓社会教育已入正轨，然观乎各省市县社教机关之先后恢复，略具规模，亦足见教部推进社教工作之一斑。

一、设立社会教育实施委员会

教育部为推进全国社会教育，以提高民智，充实民力，完成政治经济文化之建设为鹄的，并为统一社教实施机构，加强实施效力起见，依照教育组织法第五条规定，于九月间组织社会教育实施委员会，当即拟定该会组织规程，呈奉行政院决议通过，准予备案，即由教部分别聘派委员二十五人。会内共分五组，由委员分任组务：一、识字运动组（如推行国语及注音符号等）；二、补习教育组（如各级补习学校及职业补习）；三、艺术教育组（如戏剧、电影等）；四、青年训练组（如公民思想训练等）；五、特殊教育组（如盲哑教育等）。除分令各省市厅局知照外，并函请各委员将社教实施意见及提案，尽量赐交本会，以备举行委员会议时提付讨论焉。

二、指导及监督文化教育团体

教育部为最高教育行政机关，对于全国文化教育团体负有指导监督之责。自政府还都以后，对于此项团体，无论筹备复会或发起组织，均须按照手续报部备案。又新中国体育协会及中国教育建设协会，按月均由部补助经费，并予以指导，借期会务发展。

三、保存古物文献

文献古物与国家之文化关系至巨。事变以还，各地古物文献散失凌乱，自应从速设法交涉收回，切实整理保存。教育部现已呈请行政院组织古物文献保管委员会，一俟奉到指令，当即着手办理。

四、训练社教人才

事变后各地社教工作人员大都流亡未归，召集不易。在维新政府时代，苏浙皖三省暨京沪两市，曾先后设立社教工作人员训练班。迨还都以后，为统一训练起见，经通饬各省市将此项训练班分别结束，并由教部在首都国立师范学校内，特设社教人员训练班，已于今夏招生，开始训练。

五、推广各地民众教育馆

民众教育馆为实施社会教育之中心机关，在二十八年份内，苏浙皖三省曾限令各县至少设立或恢复民教馆一所。最近各省市立民教馆已先后成立多处，而各县县立民教馆亦已逐渐增多，教部现正办理调查统计，以为改进之根据。

六、筹设国立中央图书馆

教育部为谋复兴及促进事变后之图书事业起见，爰就首都龙蟠里前江苏国学图书馆原址，加以修葺，一面将原有图书切实整理，一面宽筹经费，以充实图书，并于本年六月呈准改组为国立中央图书馆，每月经费暂定一万元。内部组织，于馆长之下，分设总务、图书两组，经先后聘派专家主持办理。嗣于九月间本部为调整各直属机关地址起见，复经将国立中央图书馆迁往国府路前中大复校筹备处原址，预计在最近期内，即可正式开放。

七、设立体育委员会

教育部为提倡国民体育，统一体育行政及促进全国体育发展起见，特设体育委员会。一面将原有规程予以修正，并经呈奉行政院核准备案通令施行，一面聘请褚副院长民谊为体育委员会委员长，戴次长英夫、凌委员宪文为副委员长，并分别聘派专家学者及本部主管人员为委员，现已组织成立，积极进行。

八、筹备参加东亚运动大会

本年夏间，日本为庆祝二千六百年纪念，举行东亚运动大会。事前经教育部呈准，组织参加东亚运动大会筹备委员会，核定全部经费，并先期举行各省市初选，华北华中复选，暨全国决选，最后经决定职员、选手八十人，组织中国代表团，计有足球、篮球、乒乓、田径、国术五队；于五月二十六日由京出发，三十日抵东京，六月六日起参加东亚运动大会，至九日完毕，十一日由东京起大阪转抵橿原，十三日起至十六日参加关西大会。参加者为中、日、满、菲诸国。我选手各项运动成绩虽无如何精彩之表演，但一则表示庆祝，一则以资观摩，其意义亦甚重大。

九、编印民国三十年国民历

教育部于七月间即着手整备编纂民国三十年国民历事项，当经拟定编历委员会组织规程及经费概算草案，会同内政部呈奉行政院决议通过，即由教部聘请本国天文专家主其事，复聘友邦专家为赞助委员。当于九月十四日召开第一次委员会议，确定三十年国民历内容材料，并决议日序、七曜、日中、平时及日蚀图表等，均请蒋专员测算主编，会同友邦各赞助委员汇纂。九月十九日第二次委员会后，决定国民历凡例、次序及各种附录。十月初，关于上列各项材料均已编纂完竣，现已交付印刷，期于十一月底印刷完成，并预计于十二月底以前分发至全国各地。

十、推行补习教育

教育部深感全国文盲众多，失学民众又复不少，为补救未能接受普通教育之民众起见，积极推行补习教育，当经修正实施失学民众补习教育办法大纲及施行细则，呈奉行政院备案后，通令饬遵分期逐年普遍设立民众学校及职业补习学校，期于五年内扫除文盲，并加强公民训练，以达完成宪政建设之功。复颁布民众学校规程、职业补习学校规程，限于本年内即行举办，第一期现已据浙江、江苏暨南京市先后呈报，分别开始推设。查修正实施失学民众补习教育办法大纲，有民众学校教本应由教育部编印、免费发给之规定，惟以读本编纂印刷决非短时可办，除一面由编审委员会限期编纂外，一面为急需应用计，即移用前教育部旧存之小学教科书二十九万册，发交各省市为暂用读本，预计各地民众学校第二期开始时，教部所编之国定读本当可分发应用矣。

十一、编审民众读物及取缔恶劣连环图画花纸

查我国民众读物种类繁多，考其内容，类多淫辞邪说，流毒社会，曷其有极。教部为防患未然，并整顿改善起见，除一面令饬各省市派员查禁，并尽量搜集呈部审核外，一面由本部督饬主管司会从事编审有益于身心之民众读物。惟以编纂费时，故一时尚难付印。又市上流行之连环图画及花纸等，完善者固属甚多，而恶劣者亦复不少，且此种图画花纸浏览对象以儿童为多，教部以儿童意识薄弱，易受环境支配，诚恐目染耳濡，养成谬误观念，沾染不良习惯与不正思想，影响儿童身心发展至深且巨，特提交本届各省市教育行政会议切实取缔，当即依照决议，令饬省市各厅局拟具取缔办法，从严取缔，并饬编印适合儿童教育之连环画，以资儿童阅览云。

十二、筹复电影检查委员会

教育部于今年四月间即拟议恢复电影检查委员会组织，当经由部请示行政院应否依照民二十时由教育部会同内政部往商办理，抑或召集内政、警政、宣传及社会各部共同筹组，旋奉指令“应由该部召集内政、警政、宣传、社会四部会商办理”。当经由部召集四部代表会议，筹划进行。嗣宣传部以电影检查事项系由该部特种宣传司执掌，经提行政院议决，将筹复电影检查委员会事项划归该部办理，是以教部所筹划进行者，即告停顿。此为国府还都后教部筹划电影检查之开端史实也。

十三、发起组织中国戏剧协会

教育部于事变前，曾会同中央宣传委员【会】在首都薛家巷设立国戏剧学校一所，事变后，该校随部迁移。还都之始，本部即拟筹复国之剧校，但以戏剧艺术经纬万端，除一面仍旧积极进行复校外，深感戏剧为改良社会辅助教育之良好工具，尤为宣传上犀利之武器。倘能把握此项武器，运用得宜，其于和平反共建国之前途，得益匪浅，故感戏剧事业不可缓，遂会同有关之宣传、社会两部，发起组织中国戏剧协会，推动剧运。已开过筹备会一次，发出筹备缘起，欢迎爱好及热心戏剧事业之志士参加，将于最短期间奉行成立大会，届时将由中国戏剧协会领导剧运，使其配合于和平反共建国之国策，而争取国人广大之同情。

（辰）经费支配

一、地方教育补助费之调整及分配

此项地方教育补助费在维新政府时代名之曰第四种交付金，由财政部直接发给各省市政府具领，再由各省市政府支配用途，每月总计三十一万一千七百八十二元。国民政府还都后，经教育部呈奉行政院核准，四月份起，将此项第四种交付金改称地方教育补助费，每月总数增至三十二万四千九百四十七元，由教部直接发给各省市教育厅局具领，以资便捷。经教部组织委员会派定部员专司其事，并厘定各省市申请地方教育补助费规程及教育部补助地方教育经费支给办法暨各省市教育基金委员会规程，呈奉行政院核准，令行各省

市厅局遵照办理，各在案。现计此补助费各省市分配数目：江苏省为一一六,四二七元，浙江省为六七,三八〇元，安徽省为三四,三二〇元，上海市为七〇,〇〇〇元，南京市为三六,八二〇元。

二、补助上海市中小学校经费之经过

和平运动开始以后，上海市租界内中小学校参加和平运动者颇多，迨国府还都后，凡参加和运之租界内各中小学校，纷纷请求补助。爰经教部专案呈准行政院，自五月份起，每月补助二万元。当由教部议订补助标准，制表分送各校填报，核定准予补助者，计有三十八校。截至七月份，各校均已照数具领，八月份起，另组审核委员会，再行核议处理。

三、附属学校之增设或改组及其经费情形

教育部原有附属学校为教员养成所及其附属小学、国立模范男女两中学等校，旋因职业、技能、师范人才尚感觉缺乏相当学校以资培养，爰经呈准行政院，将原有教员养成所改为国立师范学校，另行添设国立第一职业学校（工科），并将原有农事讲习所改为国立第二职业学校（农科）。又鉴于首都中等各学校并无理科实验之设备与实验之机会，复经呈准行政院，添设南京中等学校理科实验所。综上添设与改组各校所，虽呈奉行政院核准办理，但以国库支绌，并无另拨经费，准在原有附属学校节余经费项下撙节挪用。教部即以原有附属学校节余经费暂时挪用，通盘支配，编列概算，分饬遵照，现各校所均已开学成立。

（巳）图书编审

编审委员会自成立后，着手编审中小学教科用书，现已出版者计国定小学教科书九种、民众课本三种。至中学用书，刻正在编订中。又分别审订各出版界送审教科书，计幼稚园及小学用三十二种、初级中学用三十种，并主编公报与发行事宜。兹将各项工作撮要报告如后。

一、编辑国定课本

本会编辑国定教科书首先进行者，为小学部分，于本年六月份开始。全书计初小三种：1. 初小国语，2. 初小常识，3. 初小算术；高小六种：1. 高小公民，2. 高小国语，3. 高小历史，4. 高小地理，5. 高小算术，6. 高小自然。合初、高小两部分共计九种。各书脱稿后，于七月份及八月份，分交上海华中印书局排印。其间曾两度派员往沪校订排印中之各书。截至九月底止，关于小学部分之国定教科书，均经先后出齐，至于初中部分之国定教科书，系于八月份开始编辑。

二、审查坊间书籍

本会对于审查坊间教科用书与编订中小学国定教科书，同时并进。盖鉴于各级学校纷纷开学，国定教科书编印发行尚须相当时日，为目前应急计，着手于坊间已出版教科用书之审查，列表公布，俾在国定教科书未出版前，作临时补充教材之用。计坊间送审教科书共计六十二种，二百六十二册；内幼稚园用书六种，十七册；初级小学用书十种，八十册；高级小学用书十六种，六十八册；初级中学用书三十种，九十七册。此项工作开始于四月中，完成于六月底，公布于七月初。除上列坊间已出版之教科书外，尚有书局、机关团体及个人稿件之呈请审查者，计共三十五种，九十五册；内正华书局十九种，六十四册，图四束；新民音乐书局六种，十九册；三通书局四种，四册；侨务委员会一种，二册；张庸平、安乐礼、余平、魏冰如、濮蕴石共计五种，六册。以上各书均在审查中。本会审订组除审订上列诸种已未出版之书籍图表外，尚负担已编竣国定教科书之校勘工作，及已审竣各科教科书之复审工作，是以工作倍形紧张。本会半年来工作大要所可报告者如上，预定于十月底脱稿，尽下学期开学前出版。

（午）行政会议（还都后第一届全国教育行政会议）

国府还都，教育部以兵燹之余，文化事业破坏殆尽，虽有若干教育机构，然急待整饬者千头万绪，且为欲明了各地教育现状，图谋增进教育行政效率起见，爰有召集第一次各省市教育行政会议之举。当于事先拟具各省市教育行政会议规程，呈奉行政院核准，并拟定审查会规则暨议事细则等，派员积极筹备，分别召集，于本年六月二十日下午二时在建邺路前教员养成所原址，举行开幕式。计各省市出席人员及教育部指人员，共计六十余人，各院部会长官参与开幕典礼，即继续举行会议，至廿三日下午五时闭幕。此次会期虽仅三日，然所议之案已逾百数，足征各省市地方教育负责人员之热诚努力。至议决各案，泰半切中需要者，为欲力矫历来议而不决、决而不行之通病。凡所决各案咸有处理之经过，列表附印于会议报告中。此教育部举行第一次各省市教育行政会议之主旨及其大略情形也。其详已载入行政会议特刊，可以参阅。

（未）实施统计

统计室于本年七月成立后，即开始拟具章则暨工作人员分配及分向各司处室通知，嗣后凡有关统计调查事项，应与本室会核，以昭划一，而免重复，并召开室务会议，商讨统计中心问题，决特别注意学生数、学级数、经费数、学龄儿童数、战前战后比较数、每生担负经费平均数及私塾数等。复为增进统计效率起见，经呈准设置统计委员会，俾取得各方协助及联络。所有该委员会委员人选，由部长就部内各司室人员中聘任或派充之，故于本室工作之推进，助力殊多。查本室日常工作，除办理统计行政外，并分向部内各司处室随时采集各项有关统计材料，对于所填数字加以审核，拟订全国中小学校统计调查表，令发各地依式填报，并暂就苏浙皖三省暨京沪两市中小学校概况，着手编制全国中初等教育统计专刊，现正在付印中，不日当可出版。兹将三省两市二十八年度第二学期中初等教育概况统计简表附呈，一面办理调查全国学龄儿童暨事变及各地各级学校历届毕业学生人数，及调制部内行政暨人事方面各种统计图表，一面计划：（一）拟订表式调查全国专科以上学校暨社会教育概况，（二）拟编全国中初等暨社会教育二十九年度第一学期概况统计，（三）编制全国专科以上学校概况统计，（四）编制全国学龄儿童专辑。

附三省两市中初等教育概况统计表两份（原缺）

（申）制定法规（从国府还都日起至十月十日止）

查参事室之职掌，以法令之撰拟审核为主。依照本部参事室办事细则，各参事分组担任撰拟审核事宜，第一组为通则，第二组为高等教育，第三组为普通教育，第四组为社会教育。

此数月内撰拟审核各项通则计十二条，如本部处务规程、统计室组织规程等；撰拟审核属于高等教育各种法令计七条，如大学委员会组织规程等；撰拟审核属于普通教育各种法令计四十三条，如中学法、师范学校规程等；撰拟审核属于社会教育各种法令计八条，如首都民众教育实施委员会组织规程、教育播音规则等。此外尚有性质上不属以上四组，而应列入"其他"一类者计五条，如工商部咨询新寰等校毕业资格能否发给会计师证书，予以解释，即其一例。总计以上办理撰拟审核事宜共七十五条，撮其大略如左（原缺）。

（酉）视察报告

一、视导工作之进行

国府还都，与民更始，教育事业实为建设国家复兴民族之基本工作，而教育事业之实施又须以视察及指导为其推进之动力。教育部因鉴于整顿各省市地方教育非先派员视察，以为改进之根据不可，爰于五月间特派督学五人分途出发，分别视察各地教育状况，计吴家煦视察本京市，孙泽民视察上海市，赵如珩视察江苏省，李公铎视察浙江省，薛邦迈视察安徽省，历时约一月。视察要点为：（一）各地教育实施状况，（二）各地教育上困难问题，（三）各地教育经费状况及（四）国库补助费分配情形等。于各地教育实施状况咸有详尽报告，并陈列改进意见多项，除已分令多省市切实改进外，另行编印各省市教育视察报告录，借作教育实施之参考。兹特摘录各省市教育概况为左。

甲、江苏省

该省中学共二十九所，一三七学级，学生共五,七四二名，教职员五七六名，每月经费三七,一二三．〇〇元。

该省小学共九五〇所，二,八八七学级，学生共一六四,三六〇名，教职员四,五七一名，每月经费一一〇,〇四八．五六元。

该省社教机关计民众教育馆二十九所，图书馆十一所，民众学校三十五所，公共体育场三处，及其他社教机关四所。

乙、浙江省

该省高等教育有专门学校二所，学生共一百十六名，教职员二十五名，每月经费三,八三五元。

该省中学共有十所，四十三学级，学生共计一,六六三名，教职员二三八名，每月经费一四,五二四．三四元。

该省小学共二一四所，七六六学级，学生共三九,六五二名，教职员共一,三〇四名。

该省社教机关计民教馆十五所，图书馆一所，公共体育场一处。

丙、安徽省

该省中学共七所，共二十八学级，学生共八八二名，教职员一四一名，每月经费共一三,七四三．三三元。

该省小学共一三二校，六一四学级，学生共二二,〇六三名，教职员八〇二名，每月经费二七二,八二三元。

该省社教机关计民教馆十所，图书馆四所，公共体育场一所。

丁、南京市

该市中学共十七所，共六十三学级，学生共二,〇〇一名，教职员共三〇二名，每月经费市立学校共五,五二八．〇〇元。

该市小学七十一校，五一八学级，学生共二八,七四四名，教职员九五〇名，每月经费市立学校共二四,九二七．〇〇元。

该市社教机关计民教馆一所，图书馆一所，及其他社教机关一所。

戊、上海市

该市中学共四校，十五学级，学生共五九四名，教职员共六十六名，每月经费七,七八二．八二元。

该市小学共二四一校，学生共五〇,八〇五名，教职员共一,一四五名，每月经费市立学校为四九,〇〇八．五〇元。

该市社教机关计民教馆三所，民众学校四所，公共体育场二处，及其他社教机关二所。

二、各省市教育经费委员会之参加

教育经费之筹划为教育设施之基础，自事变以还，各省市教育经费几濒破产，前维新政府时代，虽曾设法予以国库补助，借资挹注，但杯水车薪，殊非根本办法，且用途方面亦难免有浪费之嫌。教育部为谋彻底整顿并力图经费独立及补助得当起见，特通令各省市成立教育经费委员会，规定以教部督学一人为各该省市教育经委会当然委员，俾可随时监督，并协助进行，业经派定吴家煦、李公铎、吴秉衡、沈立、孙泽民等为苏浙皖三省及南京、上海二市教育经费委员会委员。现值新学期开始，各省市已先后举行成立会议，以负教育经费之筹划及整理之责，教部督学亦经首途参加报告在案。

（戊）组织概况

教育部组织，根据本年七月六日修正公布之教育部组织法，设置总务、高等教育、普通教育、社会教育五司，惟边疆教育司尚在筹备设置中，并设秘书、参事、督学、专员各室暨编审委员会。为便于处理公务起见，各司均分科办事，计总务、高教、社教各司均分设三科，普教司因所辖事业较多，设置四科，各置科长一人，科员、办事员若干人。编审会则按照工作性质分设编辑、审定、公报、印发四组，由各编审担任组长，并置科员、办事员若干人以佐理之。此外即设有大学教育委员会、中央大学复校筹备委员会、社会教育委员会、统计委员会、地方教育补助费委员会、留学生考选委员会、编历委员会、体育委员会等会，所有委员均就社会知名之士及本部部员中聘任或派充之，各司其事，以专责成。

中国第二历史档案馆藏“汪伪教育部档案”

一年来的普通教育

（1941年4月10日）

沈 绂

前 言

我国教育在战前十年进步甚速，江苏尤称各省之冠。事变发生，各种事业摧毁殆尽，经十年惨淡经营之教育成绩，至是亦复荡然无存，言之实深感慨。自中日和平基础确定后，各类事业始稍稍恢复，而教育事业亦始着手整理。二十九年四月国府还都，和平开展，地方治安渐臻巩固，教育工作因以更见活泼。惟十年树木，百年树人，兹值战后国库空虚、百端待理之际，工作至感艰巨。若一比较战前战后之教育统计，真不可以道理计矣。一年来经积极整理，一切设施已逐渐步上轨道，平日工作，至形紧张。谨将一年来普通教育实施概况，要述于次。

甲、中等教育

（一）关于中等教育者

调查整理各地中等学校教育。事变以来，学舍为墟，弦歌中辍，失学青年，为数甚多。教育部改组成立后，对于中等教育亟谋恢复与扩充，为欲明了各省市中等教育状况，以便着手整理起见，于二十九年五月，曾制发中等学校概况调查表，令饬各省市填报，分别调查统计，以为改进教育之张本；并令各省市按照实际情形与需要，设法恢复中等教育。

整理模范男女两中学。国立模范男女两中学，成立迄今，仅及两载。初因人才缺乏，师资未能齐整，经费支绌，设备亦属简陋。教育部改组后，普教司即从事上列两校之整理，其经过情形如下：（1）人事调整——根据因事择人之原则，开始甄别教职员，务使人尽其才，才尽其用，滥竽充数之冗员，酌予裁汰。（2）重编预算——将该两校原有经费，重行支配，如任用人员之名额，授课之时数，教薪数目，校具添置，及一切办公用费，分门别类，均有严密之规定，务使款不虚糜，均归实用。他如增拨经费，添设班级，充实设备，等等，一一实施，颇见成效。

筹设国立南京中等学校理科实验所。查理科实验仪器，为中等学校教学理科必需用品。自欧战发生以来，海洋交通不便，理科实验仪器价格飞涨。中日事变后，我国中等学校应用仪器损失殆尽，若须各校分别购置，依目前经济状况，殊非易事。为节省费用起见，于上年八月，择定丰富路地址，先行成立国立南京中等学校理科实验所，集中各校仪器，并加添置完备，以供全市各中等学校教学理科实验之用。

恢复中学学制。查国府还都后，一切设施悉承旧观，中学学制自应仍照以前系统。在维新政府时，已将中学改五年制，殊不适合。故于去年五月，通令各省市自二十九年度起，仍恢复三三制，分别改为初级中学、高级中学或高初级合设之完全中学，以符原制。

国立各机关及学校改行责任会计制。学校会计，要在独立，独立所以杜绝流弊，亦有利于教育之要政也，故订定教育部直属各机关及学校会计人员暂行规程，令饬于二十九年度开始责任会计制，所有各直属机关及学校会计人员，改由教育部直接委派，以便督促。

举行各省市教育行政会议。本部为谋推进教育，曾于上年六月二十日，在本京建邺路教员养成所旧址，召开全国教育行政会议。到有各部会长官，及各省市出席会议代表八十余人，由本部赵部长主席，行礼如仪后，各长官分别致辞，继即开始会议，共历三日，其中关于普通教育行政之革新尤多，业已根据议决案分别实施。

举行中小学训育实施委员会。本部召开之中小学训育实施委员会，于上年九月十日至十一日，在国府路前中央大学筹备处举行，由普教司前司长徐季敦主席，出席者有本部参事、督学、科长及各省市代表，暨国立各学校校长等二十余人。会议结果曾订定中学训育方针及实施办法大纲草案暨小学公民训练标准草案。除上项草案，业已令饬各省市于二十九年度第一学期内先行试行外，并议决关于中小学教育兴革事宜多项，亦经按步实施。

通令各省市县组织教育经费委员会。本部为整理教育经费，并保障其独立起见，通令各教育厅局设立省市教育经费委员会，并令厅转饬各县设立县教育经费委员会，凡各该地方教育经费之筹划、保管、审核，等等，均属该会之职权，各该地方教育补助费之分配，亦为其应负之责任。其各该会之组织，均有其上级教育行政机关派员参加，俾得明了其下级教育行政机关，对于教育经费处理之实在情形，其他并有地方热心教育人士及中小学校长各一人与会，以明教育上财政之实际。各省市教费委员会，业据呈报组织就绪，并已确实行使其职权；各县教费委员会，亦均已设立，呈转到部备案。

订定各省市各级学校举行周会办法。国府还都后，各省市各级学校均已恢复周会，惟举行仪式多有参差，爰经订定各省市各级学校举行周会办法，通令施行，以资一律。

恢复高中以上各校军事训练。查二十六年度高中以上各学校，均有军事训练课程，凡在校学生，悉施行军事管理，颇著成效。本部因鉴于该项军训，实有恢复之必要，爰拟具提案，呈请行政院提会讨论，当经议决通过，即由部咨请军事训练部订定方案，以便转令遵行，此案正在进行中。

定期召集直属各机关主管人员研究实际问题。查本部直属各校具有实验性质，一切设施应随时改进，以为全国学校之表率；且本部在行政上负有督导责任，凡有拟订规程，或改进计划时，自当与本部直属各机关会商研究，以应实际需要，爰于每隔相当时期，即如今直属各校主管人员，举行谈话会一次，研讨实际问题，以资改进。

订定私立中等学校立案基金变通办法。查事变以后，各省市私立中等学校因校产损失，多不能复校，改设补习学社甚多。嗣经调查，该社等学生颇多，教师亦属优良，以限于基金，不能改办正式中学。本部因订定私立中学立案基金变通办法三条，原定基金数目，仍不予减少，惟准分期筹足，以资救济，已经检发该项办法，通令各省市教育厅局遵照办理。近今由补习学社改办正式私立中学者，为数匪鲜。

规定高中学科自二年级起施行文实分科。查现行高中普通科课程，文理兼修，科目繁积，一般学生每以精神体力之不逮，致失精要；且高中学生毕业后升学，有入文法科者，在校修习之高深数理科目几无所用，于时间经济均感虚耗，爰规定高中普通科自二年级起，施行文实分科制，期各展所长，俾资深造。经通令各省市教育厅局杭广两市府并国立模范男女中学，饬即根据二十五年以前文理分科办法，并参酌现时情况实际需要，拟具文实分科逐年课程标准，呈部备核。

令饬整顿私立各中等学校。查私立学校规程颁行已久，事变以后，各省市私立中学设置及变更，或有未尽符合规定，恐滋流弊，爰通令各省市教育厅局从事调查，所属各私立中学有办理不合或立案手续未完备者，应即切实整顿，令饬改进。

通令嗣后私人设立中学须具有职业学校性质。查我国生产落后，事变以还，社会经济，益感窘困，亟应提倡职业教育，造就建设中级干部人员，从事复兴工作。除令各省市教育行政机关广设职业学校外，并通令限制设普通中学，尽量提倡私人设立具有职业学校性质之中学，期多造就生产人才。

通令组织教育机关经费稽核委员会。本部近准浙江省政府咨送教育机关经费稽核委员会章程请查照备案，经加审核，略有修正。以该委员会为慎重公帑，公开审核，在各教育机关应有同样组织之必要，除咨复浙省府应予备案外，爰通令各省市教育厅局，转饬所属各教育机关依照组织，用以稽核经费出纳。

订定本部直属各中等学校改进办法。本部以直属各中等学校，具有实验性质，一切规划均应实事求是，期树立全国中等学校之模范，爰订定修建工程与购置用品暨动用节余应行注意事项，令饬遵行，以期撙节公帑。兹更为行政上之调整，订定改进国立中等学校办法十九条，并级任教师服务细则、聘用职员标准暨会计人员服务细则，令发各中等学校切实遵办。

核发三省两市教育补助费。三省两市教育补助费，即前维新政府时之第四种地方交付金，自四月份起，直接由本部核发。于部内设置地方教育补助费委员会，负分配责任，并为明了各省市县区以前对于是项补助费实际情形起见，曾加以一度调查，因悉各省市县区以往有未尽实用或靡费之处，乃由本部按照原发各省市学校及社教补助费数目内，提存十分之一，本拟备作补助职业学校，借以提倡生产教育之用。嗣因前教员养成所有各届新毕业学员分发至三省两市各小学服务，其逐月薪俸，依照以前各届成例，应由教部请款拨给，以国库无可请增，即于所扣十分之一中移拨，其每月所需，居所扣数百分之六十以上，其余本可仍作补助职业学校之用，乃本学期起，生活日高，小学教师增薪问题严重，不得不移缓就急，暂以抵充，但不敷之数尚巨，已咨令各省市尽力自筹，不足再由国库补助。

核发上海市中小学校补助费。上海市中小学之参加和平运动者，大都处于特殊环境之下，蒙受损失。国府还都，特拨二万元，交由本部分配，以补助之，自五月份起，逐月由部函知各校，直接具领，至七月份止。本部复派员密查受补助各校实在情形，而所得报告，间有名实不符之处，并因学期变更、人事调动，爰由本部召开上海市中小学补助费整理委员会，依据调查所得之班级数，重加核议。自八月份起，改照新核定数目拨发，所有该项经费之积余金，并拟提作补助留日学生之津贴，嗣因神户华侨总商会之请，已移拨以补助神户中华同文学校等矣。

（二）关于师范教育者

修正各项法规。过去师范教育之各项法规，每有不合时代需要之处，有重行修正必要，兹将已经本部修正之各项师范教育法规，分列于后：

（1）师范学校法（已经国民政府于九月十九日公布）；

（2）师范学校规程（已修正，即将呈请行政院备案后公布施行）；

（3）各级师范学校教学科目及各学期每周教学及自习时数表（已修正公布）。

调查各省市师范教育概况。事变后，师范教育陷于停顿状态，欲谋恢复旧观，须对过去师范教育实施情形，有确切之明了，方能收效，故调查师范教育状况实为当务之急，乃通令各省市厅局详为调查，经将调查结果呈报本部者，计有苏、浙、皖、鄂、京、沪、广州、杭州等省市。

通令各省市拟具恢复师范学校计划。小学师资以师范教育为其泉源，故复兴小学教育，恢复师范学校实为刻不容缓之举，爰通令各省市厅局按照实际情形，分别缓急，拟具恢复师范学校计划。遵令拟具恢复计划者，计江苏省拟恢复省立镇江师范学校，浙江省拟恢复省立杭州师范学校暨杭州市师范讲习所，安徽省拟恢复省立蚌埠师范学校暨省立芜湖女子中学师范科，湖北省拟恢复省立师范学校，广州市拟恢复市立师范学校。

办理教员养成所本届各科毕业学员分发服务事宜。教员养成所于二十九年年假毕业者，计特科第四届、本科第二届、日语专修科第一届，共约四百七十余人。由本部先将各学员服务地点通盘支配，并订各项办法，令各省市厅局遵照办理。

改组教员养成所为国立师范学校。教员养成所为救济师资缺乏而设，本属临时性质，为符合学制系统起见，乃改组为国立师范学校。经呈请行政院核准备案后，乃订定该校组织大纲，编制概算，及各省市抽调受训学员办法等，令各省市厅局遵照办理。该校现设高中师范科一年级三班，小学师资、中学师资训练班各二班，社教人员训练班一班，计八班，学生三百五十余人，校址在清凉山龙蟠里前国立中央图书馆原址。

调查教员养成所毕业学员服务状况。教员养成所历届毕业学员，由本部分发各省市服务者，已有一千余人，人事变迁，在所难免。为明了各学员服务状况起见，已制订调查表，令发各省市厅局转饬各学员详加填注，以便统计。

订定整理教员养成所分发各省市服务毕业教员办法。本部前设教员养成所，自上年度业已停办，毕业人数亦至此截止。为通盘整顿起见，对学员薪额标准、薪金发放及考查服务成绩等，订定整顿办法四则，令各省市厅局遵照办理，并转各毕业学员知照。

甲、自廿九年度第二学期起，毕业学员薪金，概由各省市厅局于申请补助费时，按照分发该省市服务学员薪额，列入预算，经本部核准后，一并发给。

乙、分发服务学员之薪额标准，自廿九年第二学期起，由各该厅局视地方实际生活情形，通盘酌定，与各地方小学校教员同等待遇。

丙、毕业学员服务成绩，应由各地方教育行政机关负责严密考查，如有不能称职教员，应即予以惩处，不得有所瞻徇。

丁、毕业学员如对本部有所请求，须经主管教育行政机关依序转报，不得越级径呈。

此外，因分发服务学员，每有不到职服务或升学等情事，乃修订学员服务须知，加以限制，亦已令饬各省市厅局遵照，并转饬各服务学员知照。

令各省市嗣后地方教育补助费未拨到时，应先垫发前教员养成所毕业学员薪俸，以示体恤。前教员养成所毕业服务学员薪俸，业经规定在地方教育补助费内发给，但补助费发放有时或因编造名册，手续延迟，以致延期，乃通令各省市嗣后如该项补助费未拨到时，应按月先行垫发，俟各该月份补助费到达后，再行归垫，俾使安心服务，而示体恤。

督令各省市筹设幼稚师范学校或于师范学校内附设幼稚师范科。事变以来，师资缺乏，本部曾通令恢复师范学校，惟幼稚教育为初等教育之基础，对幼稚师资之训练，尤为当务之急，爰通令各省市就地宽筹经费，创设幼稚师范学校，或于师范学校内附设幼稚师范科，培养优良之师资，以利幼稚教育之推进。

（三）关于职业教育者

修正职业学校法及规程。原有职业学校法及规程，与现时实际情形，颇有不合之处，应予重行修订，以便公布施行。所有修正之职业学校法，业经于本年九月十九日由国民政府明令公布。至规程，正在呈院审核中。

设立国立第一职业（工科）学校。本部为推进职业教育起见，决在本京设立职业学校一所或两所，办理力求完善，标准期合实际，以为各省市筹设职业学校之模范；爰择定竺桥路地点开办国立第一职业（工科）学校一所，分设高级应用化学科、初级工木科，委徐良裘为校长，已于上学期招生开学，教职员十八人，学生一百人（内女生三人）。

改组农事讲习所为国立第二职业（农科）学校。吾国以农立国，全国人民，农民占最多数，对于改进农业，以期增加生产，自属切要之图；爰就原属本部之农事讲习所，扩充组织，改为国立第二职业（农科）学校，分设高级农艺科、初级园艺科，委仲坚为校长，已与第一职业学校同时开学，计教职员十七人，学生八十二人。

通令各省市筹设职业学校。事变以后，民生凋敝，亟须推进职业教育，借图救济；爰令各省市依照中央前颁各项职业教育法规，务于本年度筹设职业学校一所至三所。至地点之选择，级科之设置，必须适合当地生产环境与社会需要，尤应充分设备，注重实习，减少理论灌输，训练实习技能，冀收优良之效果。计先后呈报到部者，以江苏、安徽、浙江设校较多，各校设科，如机械、染织、化工、土木、制革、农艺、蚕桑等，均属需要，一切设备亦尚充实，可敷实习之用。

通令各省市转饬各县筹设短期小工艺义务职业学校。本部六月间举行各省市教育行政会议决议各县应筹设短期小工艺义务职业学校一案，爰令各省市转饬各县斟酌地方情形，计划办理，亦所以救济失业之青年也。

令发各省市职业学校与当地生产机关协作办法。职业学校欲求实习上之便利及交通之增强与大学生出路之推广，应即积极与当地生产机关密切合作，本部前开各省市教育行政会议，曾提出此案，决议由本部厘定办法颁发各省市施行，兹已由部订立办法六条，通饬遵办。

通令各省市筹办职教师资登记。为谋发展生产教育，罗致优良教师，培植职业人才起见，爰通令各省市厅局办理登记，并颁发职教师资登记暂行办法，俾资遵循。

通令各省市调查职业学校生产事业及资产实况，拟具整理扩充计划，切实办理。查各省市原有职业学校所办生产事业及资产实况，应由各省市调查清楚，拟具计划，以便整理扩充，曾由本部通饬切实办理。旋据苏教厅首先呈复：仅有浒墅关女子蚕桑学校，校舍数十间，稍有损坏，其桑园二百十亩完好无损，其余苏州、松江、淮阴、吴淞等处各校，均破坏不堪。浙教厅呈复：杭州及附近各职校，破坏无存，余如海宁、嘉兴一带六县，迄今尚未具报。

通令各省市应在一般教育中注重职业教育。查各省市应在一般教育中注重职业教育，培养生产技能，曾由本部通令饬遵，并将办理情形具报。现据各省市教育厅局先后呈复，均已遵照，积极推进，所设如园艺、棉织、化工、竹木工、印刷等科，亦均适应社会需要。

通令各省市就地宽筹职教经费，督促各职校充实设备，注重实习。查推进职业教育之惟一目的，即在培植职教人才，故设备必求充实，而实习尤须注重。惟现时各省市职业学校之实习设备，多未充实，致学生未得充分之实习，技能经验不足以应用。又实习学科教员待遇，多按教授时数计算，因此学校为减轻经费支出起见，每将实习次数减少，此影响于学生学业者颇巨。应即就地宽筹经费，督促改进，俾收优良之效果，通令去后，已据各省市教育厅局先后呈复遵办矣。

乙、初等教育

本部曾通令各省市拟具本年度扩充初等教育计划呈核，一面设法救济失学儿童并积极调查学龄儿童，以期促进全国义务教育。兹将各项设施列举如后。

通令各省市拟具下年度扩充初等教育计划。查事变以来，各地小学仓猝迁徙，弦歌中辍，虽经维新、临时两政府悉心筹划，逐渐恢复，然乡镇之间，学龄儿童失学者尚多。值兹国府还都、努力复兴之际，一切教育设施急宜策划改进，小学教育乃国家命脉所系，自应分别增筹经费，尽量扩充，尤当特别注意乡镇小学之规复，故已通令各省市教育厅局，详为斟酌地方情形，拟具下年度扩充初等教育计划。现各省市已将该项计划呈送到部核准施行者，有江苏、湖北、安徽各省教育厅局及南京、上海、广州各市教育局。

修订小学教育法规。查教育法规乃推进事业之依据，如不详为修订，则教育行政处理漫无准绳，教育工作自必难期成效。关于小学教育方面已经修订之法规列之如左：

（1）小学法；

（2）小学规程；

（3）小学教员检定规程；

（4）小学教员登记规程；

（5）改良私塾办法；

（6）推进乡村小学教育办法。

救济失学儿童。查事变以来，虽经维新政府教育部迭令各教育厅局转饬调查，从速恢复各地小学校，惟尚有一部分学校未曾复课者，有私立小学无款维持者，失学儿童，为数颇巨。国府还都，教育推进，更为必要！业经由部训令教育厅局，将无法维持之各私立小学收归公立，并协助振务委员会办理难童教育，俾资教育之复兴，而免儿童之失学。

调查初等教育概况及学龄儿童。调查初等教育及学龄儿童，均系最切要而又最繁重之工作。过去虽经一度调查，但格于情势，未能彻底办理，兹复会同统计室，修订调查表格，令饬各省市县教育行政机关，迅将初等教育概况调查表及学龄儿童调查表，详细填注呈部，借便统计，而资查考。

改前教员养成所附属小学为国立师范学校附属小学。本部既将教员养成所改组为国立师范学校，该所附属小学亦因而改称今名，并由部向苏厅借定前南中实验小学原址为该校校舍。其原有校舍，一并与国立师范学校移交中央大学接收应用。

审核地方教育单行法规。各省市县地方教育单行法规，呈送到部者，业已分别审核指示，除督促推进外，兹将审核各种法规，分列于后：

（1）苏省县立模范小学一律改为实验小学，并检定省立实验小学规程四种；

（2）苏省各县小学校长任免及待遇规程服务细则；

（3）各县辅导私塾办法；

(4) 南京市小学教员总登记暂行办法。

召集教育行政会议。教育事业原应随时改进，整理工作尤为繁重。本部为明了各地教育状况协议促进起见，举行教育行政会议，于二十九年六月二十日开会讨论关于初等教育之议案，并经通饬施行者，大略如左：

(1) 拟改模范小学为实验小学案；

(2) 推进乡村教育案；

(3) 改良私塾案；

(4) 各省立小学以散设各县市及乡镇为原则，使基础教育得其平衡发展案；

(5) 拟请促进全国义务教育计划案；

(6) 各省市县教育行政机关应依据小学法令规程审查小学师资案；

(7) 小学外国语课程以不设为原则案；

(8) 乡村小学劳作科应注重农事园艺案。

审查小学课程标准。国府还都后，关于小学法及小学规程，已由本部修正，而小学课程标准亦不无需要之处。经于五月六日召开第一次常务会议，推定各组审查负责人员，分任审查工作，历时两月，初审、复审、总审均已竣事，现已将历次审查意见，录集整理，俾作最后决定。

令发本部督学视察报告并应行改进各点，俾资遵循。本部为明了各地方教育实况，并促进其效能起见，曾派本部督学前往各省市详加视察。据报告应行改进各点，已由本部通令各省市教育厅局，遵照改进，俾资遵循。

订定推进乡村教育办法，通饬各省市积极施行。各省市所属县区乡村地方小学，异常缺乏，致人民知识程度未能达到相当水准。本部因于召开各省市教育行政会议时，议决推进乡村教育一案，并订定办法十七条，于二十九年十月通令各省市切实施行。

咨令京市各机关团体尽量筹设简易小学并推行于各省市。在失学儿童较多而小学异常缺乏之区，拟尽先筹设简易小学，采用二部教授，以资救济。业于二十九年十二月上旬据中国教育建设协会拟具办法呈送到部，并称已由该会先行在京筹设两所，以资试验等情，当将原办法核定后分别抄发本京各机关团体，促其从速尽量筹设，救济失学儿童。兹闻除京市各机关已相继筹设外，各省市亦拟开始筹办。

通令各省市加多小学算术科珠算分量，以期练习纯熟，而资实用。珠算用途不独在商业上视为重要，即日常生活计算账目时，其方法简便，亦较笔算为重要。现在各小学原有珠算分量，四年级每周教学时间为六十分，至五六年级则仅三十分，对于一般由小学毕业无力升学转而就商之学生，应用上殊嫌不足。兹于上年十二月中旬通令各省市教育厅局，自下学期起，将小学五六年级每周珠算分量，由三十分增加至六十分，俾得充分练习，以期纯熟，而资实用。

修正小学教员检定规程，并订定小学教员登记规程，令饬各省市按期遵照办理。小学教员检定暂行规程及小学教员检定委员会组织规程，同时于二十三年五月由教育部明令公布，嗣前者又经修正为小学教员检定规程，于二十五年十二月公布各在案，国府还都以后，自当继续有效。惟以上项规程，除小学教员检定委员会组织规程尚可沿用外，所有小学教员检定规程，业经本部修正后呈准行政院，于二十九年十二月下旬依法公布，并将维新政府教育部所颁布之小学教员检定暂行规程予以废止。至小学教员登记规程，为甄别小学师资之必要程序，中央向无明文规定，亦经本部订定后呈准行政院于同月公布施行，并分别通饬各省市按期遵办具报。

修订改良私塾办法，通饬各省市施行，俾期积极奖进其改良。事变之后，各省市小学，一时尚未恢复旧观，原有私塾，亟应加以改良，以补助小学教育之不及，惟其办法不合者，固应予以取缔，而成绩优良者，亦宜酌予奖励，以资激劝。本部业将二十六年六月所公布之改良私塾办法，酌予修正后呈准行政院，于二十九年九月通饬各省市遵照积极施行。

通饬各省市尽力增筹地方教育经费，以提高小学教师待遇，无论筹款如何困难，务必期其实现。小学教师待遇原极低薄，兼之事变后，物价激增，以致生活困难，影响教育。本部正拟咨令各省市尽速增筹地方教育经费，并整理原有教育款产及合法税收，俾裕其收入来源，以提高小学教师待遇，而加强初等教育效能。嗣据中国教育建设协会及江苏丹阳县小学教师等相继吁请前来，当经规定增薪标准，分别令促各省市教育厅局尽速查明确数，力为增筹，以期实现去后，惟各省市呈复到部者，佥以地方款项，难于筹措，仍须仰赖中央补助为辞，迭经一再严催，结果除京杭两市得有办法外，余仅少数市县略能自行增筹，尚不及全额十分之一。兹仍分别令饬尽力设法增筹，俾于下学期开始，得能实现外，并再声叙各省市委系无法增筹及本部亦无款拨给各缘由，呈请行政院核办。总之，无论如何困难，必期其早日实现也。

修正小学课外集会活动办法，通令各省市转饬遵办。小学教学课外各种集会活动，每周时间分数，在小学课程标准总纲内早有规定，惟内容不无需要修正之处。业将小学课程标准总纲第二项作业范围内，关于各种集会活动，重行修正，另订每周时间表，于十二月中旬印发各省市，并转饬遵办。

结　语

一年来普通教育之设施情形，已如上述，其所得之效果有二：(1) 在中央方面，已将普通教育从焦土上建立巩固基础，斩荆断棘，筑成平坦大道，以后设施正方兴未艾，可循此大道，作顺利积极之推进。(2) 在地方方面，因事变失学而流浪之青年，逐渐归来，各地学校恢复，如雨后春笋，教育发展呈蓬勃气象，使全面和平早日实现，交通完全恢复，则普通教育之突飞猛进，当属意料中事。兹将二十九年七月底本部统计之各省市中等、初等学校列表于后。

全国中等教育统计

二十八年度第二学期

项别＼立别＼类别		校数	学级数	学生数	教职员数	支出经费数（元）
中学	国立	2	16	623	113	148 840.00
	省立	2	12	476	70	41 514.00
	市立	2	17	759	73	39 117.60
	县（市）立	6	48	1 898	170	86 820.60
	私立	5	40	1 927	120	48 475.20
	合计	17	133	5 683	546	364 767.40
初级中学	国立					
	省立	7	32	1 175	201	115 539.40
	市立	5	18	753	98	57 614.20
	县（市）立	10	30	1 228	171	46 758.00
	私立	11	31	971	190	66 571.28
	合计	33	111	4 127	660	286 482.88
职业学校	国立					
	省立	4	18	644	102	77 390.00
	市立					
	县（市）立	2	5	181	22	9 900.00
	私立	3	9	217	38	7 132.00
	合计	9	32	1 042	162	94 422.00
总计	国立	2	16	623	113	148 840.00
	省立	13	62	2 295	373	234 443.40
	市立	7	35	1512	171	96 731.80
	县（市）立	18	83	3 307	363	143 478.60
	私立	19	80	3 115	348	122 178.48
	合计	59	276	10 852	1 368	745 672.28

注：（一）二十九年七月以后增设之学校尚未列入。

（二）华北及渝军占据区域内之学校亦未列入。

全国初等教育统计

二十八年度第二学期

类别 / 立别	校数	学级数	学生数	教职员数	支出经费数（元）
省立	2	14	641	31	12 120.00
市立	150	974	58 280	1 594	426 887.16
县（市）立	982	3 222	168 689	4 891	963 296.56
区立	201	552	29 514	694	91 487.24
私立	401	1 184	66 018	1 867	52 995.56
总计	1 736	5 946	323 142	9 077	1 546 786.52

注：（一）二十九年七月以后增设之学校正在统计尚未列入本表。

（二）华北及渝军占据区域内之学校亦未列入。

《教育建设》，第 2 卷第 1 期。

还都后一年间之教育纪实

（1941 年 4 月 10 日）

赵正平

第一，教育方针

教育之真价，首在教育方针是否能独立自主。关于此点，一般人必以为和平区内之教育，必阙独立自主性。然我人以实际一年间经过，敢向国人切实证明此种揣测实为错误。现在试举几个事例来证明。

1. 各大中小学校学生事变前所唱我国的国歌，已一致恢复了。

2. 事变前国民政府所实行之学制，在维新政府时期虽曾偶改为日本之五年制，然现在已恢复三三制了。

3. 中小学校教科书可由教育部自行编辑。除反日排日资料，已由我人改换善邻友好资料外，其他阐发国家与民族的意识的资料仍自由编配，毫无窒碍。

4. 各学校课程除外国语一种加授日语外，其他与事变前一无所异。

5. 训育方针，在此一年中，曾由教育部召集各省市教育当局详加讨论，拟订方案，友邦方面从无丝毫干涉。

6. 学校内之军训以及童子军教育，亦已次第恢复。

7. 体育一科，且由教部颁发国民体操图说，各省市已通行了。

总之，以往一年间的教育方针，除反日排日一点已与友邦方面约定，彼此改采互尊互亲之方针外，一切俱保持独立自主之精神也。

第二，国民教育之实际

实际上国民教育之推动亦在蒸蒸日上，虽各市县地方破坏之后，地方教育费苦无所出，然中央以左列各种方法补救之。

1. 补助大量之教育经费。苏浙皖三省、京沪两市，中央负担之补助教育费，年达三百万以上（粤汉两地及北方俱能就地自筹）。

2. 由中央直接培养师资。各地方中小学师资，事变后质量有问题，而各省市未能恢复师范学校，遂在首都地方创设国立师范学校，以图师资之补充与改进。

3. 事变后各地私塾林立，实为辅助国民教育之有力旁枝。中央对各地私塾，非但不加取缔，且采扶持辅导方针，俾分普及教育之劳。

4. 于正常小学及私塾外，中央对于各地已经恢复之民众教育馆，更督促其以实施补习教育为中心工作。中央并编发《民众读本》，俾各地方大兴民众学校。中央且更创立一补习教育新体制，以达提高国民教育及补充职业技能之两目的。

5. 另对教育学术团体，奖进其协助推进国民教育工作，如中国教育建设协会之举办多数简易小学、中国儿童教育协会之举办报童学校与妇女慈俭学会之举办难童学校等，中央均予以精神物质两方面之提倡。即在宗教团体所立学校，中央亦不采干涉主义，而设法令其自动改进。

因上种种设施，虽不敢谓文盲已经扫除，然正向扫除文盲方面迈进，以树立事变后复兴之基础，则可告国人也。

第三，高等教育之复兴

事变中损害最甚者，实为高等教育。因之恢复工作，亦大不易，以校舍与物质，两俱无存也。然各地方公私立中学，已如雨后春笋，则中学毕业生，不能不有升学地点，且为国家造就专门人才计，高等教育之复兴，亦甚急要。因之除广东大学继北京大学恢复外，中央且于还都以后，即着手恢复中央大学，第一年即拨经费百万元，从事设备。此外如武汉、上海两地，亦正在筹拟促进公私立大学。事变前各大学失之滥设，今后一面复兴，一面并预防滥设，以期每一大学生成一专家。

第四，生产教育之提倡

事变后，第一难题，厥在社会困穷，实为教育上最应注意之点。故对原有之中学制，正在力图根本改进。在未改进以前，先竭力提倡生产教育，除编译《学徒教育》《青年教育》《生产教育》各书（均在印刷中），以促起各界注意外，并由中央创设国立第一、第二职业学校于首都，并规划国立第三职业学校于上海，一面更督令各省市地方限制普通高级中学，而多设职业学校，现在如苏州、杭州、昆山、蚌埠、滁县各地方，均有公立职业学校。其他私立职业学校，亦均闻风兴起，虽成效尚待切实推进，然生产教育之基础，则已稍稍树立。从来教育通病在制造高等游民，今后拟竭力矫除，以弘教育之实效，而适合社会之要求。即在社会教育方面，亦已以推进生产技能与公民训练补习之学校为中心事业。

第五，文化机关之新设与恢复

除中央大学已经恢复外，其他文化机关，如中央图书馆，不独可集中文献，且为社会教育之中心；如编译馆，不独可出版教科书以外之参考书籍，且可集中一部分学者研究学术；均于还都后次第恢复。最近且有友邦方面在战事中代为集中整理之图书，除上海一部不计外，已有七十万册以上图书，即可定期交还。他若事变前所集中之地质资料，经友邦学者整理后，亦将交还，而有文物保管委员会之筹设。事变后各中等学校，最感困难者，为理科设备，现在首都已有国立理科实验所之设立，更鉴于各地方学校理科设备之困难，即在该所内筹设一标本制造所，以廉价分给各地方。虽以财力关系，若研究院等尚未恢复，然由文物保管委员会计议中之博物馆，即有一部分研究院性质，此亦可告慰国人也。

还都后教育文化之有待规划复兴者，千头万绪，泰半均在筹备之中，兹先陈述大端如上。

《教育建设》，第2卷第1期。

汪伪教育部1941年施政概况*

（1942年3月30日）

民国三十年度，教育部对于教育事业之设施情形，可分为两大纲领：（一）自国府还都以后，已恢复之教育事业，加以调整及推进；（二）未恢复之教育事业，就可能范围之内，积极筹划恢复。本部依照此项纲领，加以监督指导，因此对于高等、普通、社会各种教育，皆有长足之进展，即对于教育经费之补助、教职员生活之改善、清寒学生之奖励等事，亦注意筹划。兹将本年①度本部对于施政概况分别略述如次。

甲、高等教育

（一）国立上海大学正式成立。本部前于二十九年恢复国立中央大学，继之即筹设国立上海大学，地址在上海江湾，先设农学院，并已于本年九月间正式开学。

（二）考选留日公费生。本部为求本国学生深造起见，前曾考选留日学生一次，共计选派三十八名。本年度继续办理，又有学生三十名前往日本留学。至自费学生经本部核准前往日本留学者，为数亦较前增加。

（三）设置驻日学务专员办事处。近来，我国赴日留学者日益众多，应处理之事务亦日益繁重，本部虽于本年四月间派专员一人，驻在本国驻日大使馆内协办留学生事宜，但

---

* 原题为“教育部施政概况”，此标题系编者所加。

① 文中所涉时间俱为1941年，“本年”亦系指1941年。

仍以事务繁杂，只有专员一人，势难应付，乃于八月中加以扩充，改为驻日学务专员办事处，以后办理留日事务，可期更为圆满。

乙、普通教育

一、中等教育

（一）通令各省市县组织教育经费委员会。本部为整理教育经费起见，通令各教育厅局设立省市县教育经费委员会，凡各该地方教育经费之筹划、保管、审核及分配补助费，等等，均属该会之职权。所有各该会组织，均应由上级教育行政机关派员参加，俾得明了其下级教育行政机关处理经费之实在情形。此外并有地方热心教育人士及中小学校长各一人与会，以明教育上财政之实际。现各省市委员会已组织就绪，各县委员会亦次第设立，均经呈部备案。

（二）订定私立中等学校基金变通办法。查事变以后，各省市私立中等学校因校产损失，多不能复校，改设补习学社者甚多。嗣往调查各学社学生颇多，教师亦属优良，以限于基金，不能改办正式中学。本部因订定私立中学基金分期筹集变通办法三条，以资救济，近今由补习学社改办正式私立中学者，为数颇多。

（三）规定高中学科自二年级起，施行文实分科。查现行高中普科课程，文理兼修，一般学生每以精神体力之不逮，致失精要，且高中学生毕业后升学，有入文法科者，在校修习之高深数理科目，几无所用，于时间经济，均感虚耗。经通令国立各中学暨各省市教育厅局，根据二十五年以前文实分科办法，自高中二年级起，施行分科制，拟具课程标准呈部备核。

（四）拟订和运烈士遗族子女就学免费规程。和运烈士为国牺牲，国家对于其遗族子女之教育问题，自应筹妥善办法，爰经订定和运烈士遗族子女就学免费规程，已呈奉行政院核准。

（五）举行国立学校特殊视察。查上学期为调整国立中等各学校，曾订定改进办法及职教员等服务细则，令发各校所切实遵办，本学期为督促实施起见，举行特殊视察，严格考核，俾资改正。

二、师范教育

（六）通令省市教育厅局拟具恢复师范学校计划。小学师资极感缺乏，恢复师范学校，实为刻不容缓之举，爰通令各省市厅局拟具恢复师范学校计划。现据报，江苏省恢复省立镇江师范学校、省立吴江乡村师范学校、省立苏州女子中学师范科暨上海市立师范学校，浙江省恢复省立杭州师范学校暨杭州市立师范讲习所，安徽省恢复省立蚌埠师范学校、省立芜湖女子中学师范科，湖北省恢复省立师范学校，广东省恢复省立第一女子师范学校暨广州市立师范学校，已令饬充实设备，以奠定师范教育之基。

（七）督令各省市教育厅局筹设幼稚师范学校或于师范学校内附设幼稚师范科。本部因幼稚教育为初等教育之基础，对幼稚师资之训练，尤为当务之急，爰通令各省市厅局就地宽筹经费，创设幼稚师范学校，或于师范学校内附设幼稚师范科，培养优良之师资，以利幼稚教育之推进。

（八）规定中学设置师范科。查本部曾经通令各省市厅局恢复师范学校及创设幼稚师范学校，造就小学师资，兹为节省经费计，并令依照二十三年度中学兼设师范科办法，就各地财力状况及实际需要，于中学内设立师范本科或二年以上简易师范科，限于本学期内筹备就绪，下年度开始招生。

三、职业教育

（九）通令各省市教育厅局筹设职业学校并充实设备，注重实习。事变以后，民生凋敝，亟须推进职业教育，借图救济，爰令各省市厅局依照中央前颁各项职业教育法规，务于本年度筹设职业学校一所至三所，至地点之选择，级科之设置，必须适合当地生产环境与社会需要，尤应宽筹经费，充实设备，注重实习，减少理论灌输，训练实习技能，冀收优良之效果。计先后遵办呈报到部者，以江苏、安徽、浙江设校较多，各校设科，如机械、染织、化工、土木、制革、农艺、蚕桑等，均属需要，一切设备亦尚充实，可敷实习之用。

（十）通令嗣后私人设立中学，须具有职业学校性质。查我国生产落后，事变以还，社会经济，益感窘困，亟应提倡职业教育。除令各省市教育行政机关广设职业学校外，并尽量提倡私人设立具有职业学校性质之中学，期多造就生产人才。

（十一）通令各省市教育厅局转饬各县筹设短期小工艺义务职业学校。本部六月间，举行各省市教育行政会议，议决各县应筹设短期小工艺义务职业学校一案。爰令各省市厅局，转饬各县斟酌地方情形，计划办理。

四、初等教育

（十二）调查初等教育概况及学龄儿童。调查初等教育及学龄儿童，均系最切要而又最繁重之工作，过去虽经一度调查，但格于情劳［势］，未能彻底办理。兹复修订调查表格，令饬各省市县教育行政机关，迅将初等教育概况调查表及学龄儿童调查表，详细填注呈部，借便统计，而资查考。

（十三）组织全国义教委员会，积极推进义务教育。推进义务教育，为本部重要工作之一，上学期初等教育行政计划，首先揭橥此义，通饬各省市切实遵办，爰将二十六年六月二十八日部令公布之修正全国义务教育委员会组织规程，略予修改，并依照规程第三条聘定甲乙两项委员，即于本年六月六日在本部召开成立大会。各省市教育当局先后送到提案三十六件，当经分组审查后逐项讨论，结果除撤回一案、保留四案外，共通过三十一案。所有议决各案，拟即分别缓急，次第举行。

（十四）通令各省市教育厅局，转饬各地小学，尽量设置免费学额，以资奖助清寒生。查各级学校，设置免费及公费学额，以奖助家境清寒、成绩优异之学生一案，曾由本部订定规程，于二十五年五月公布在案。其办法系逐年增设，自二十五年递增至二十八年，须一律达到百分之四十以上。国府还都以后，各地小学虽次第恢复与设立，然大都因经费竭蹶，对于免费及公费学额，非但不能逐年递增，甚且反形减少。兹为救济清寒子弟无力求学起见，规定自下学期起，各地小学免费学额至少应设置百分之二十，其有经济充裕学生发达之校，并应酌量情形增设至百分之四十，业于四月下旬通饬各省市教厅局遵办，以资奖助，而示体恤。

（十五）通令各省市教育厅局广设简易小学，以救济失学儿童。查小学规程第四条之规定："各省市为推进义务教育起见，得于各地设立简易小学及短期小学，简易小学办法，并得由各省市教育行政机关订定，呈请教育部核准备案。"二十六年二月，复由本部订立简易小学办法应行注意之点九项，通令各省市遵照在案。国府还都以后，关于简易小学，除本京已筹设数所，最近又增设至十所以上外，各省市或以经济关系，尚未举办，业于四月下旬，通令各省市教育厅局尽量筹设，以资救济失学儿童，并饬将筹办情形具报备查。

（十六）通令各省市教育厅局切实推行注音符号。查注音符号为矫正读音、统一国语之唯一工具。十九年五月，本部曾编定注音符号传习小册推行各地，并推行办法二十五项，通行各教育厅局遵照办理。事变以还，渐形废弛，兹又于四月中旬通令参照前颁符号及办法，切实施行。关于国语一科，务须依为标准，以图普遍，而期准确。

丙、社会教育

（一）确定社会教育中心事业三项：一、生计教育，着重职业补习教育。二、语文教育，着重民众识字及常识灌输。三、健康教育，着重国民体育训练及灌输卫生常识。令饬各省市教育厅局切实遵办。

（二）训令各省市制定民教工作标准。民教范围甚广，事业綦繁，往往有顾此失彼之虑。本部为增进实效计，曾详订办法，于第二次全国教育行政会议时提案讨论通过。即于本年七月，训令各省市教育厅局，根据中心事业，酌量当地情形制定民教中心机关最低标准工作，分发各属办理。兹据苏浙等省先后呈报工作标准，分基本施教区及推广区两部分，详列工作项目，期于二年内完成，并另订考查办法，切实考查，业经分别指示，令饬遵照。

（三）调整社教机构。社教之中心机构为民众教育馆，故本部对于社教方面，第一步使各地民教馆逐渐恢复，第二步充实内容，使组织划一，经费合理，并规定图书馆、体育场、公园等以归并于民教馆为原则，酌移经费，办理民众学校。

（四）规定社教经费成数。事变以前，社教经费在教育经费中所占成数，省市约百分之三十，县市约百分之五十。事变以后，此项规定未能实行，现为社教事业推进以顺利起见，规定社教经费在整个教育经费中，应占百分之十五至二十五，并严格制止移作他用。

（五）设立社教实施委员会。本部为推进社教，统一机构，依照部组织法第五条之规定，组织社会教育实施委员会。内容计分五组：（一）识字运动组，（二）补习教育组，（三）艺术教育组，（四）青年训练组，（五）特殊教育组。于去年十一月成立，并令各省市县一律组织此项委员会。

（六）督促学校兼办社教。社会教育急需向全民众推进，但经费艰窘，实施为难。现拟就各项社教事业中，择其要者，利用中小学校原有设备及教师有余精力，由学校机关兼办，乃订定学校兼办社会教育办法，通饬各省市教育厅局督促各级学校，一体切实遵办。

（七）确定社教机关视导办法。向来教育视导偏重学校，对于社教机关，往往视为附庸。为谋社教事业切实推进起见，订定社教机关视导办法五条，经令饬各省市教育厅局遵照，并转饬遵办。

（八）提倡改良习俗。习尚奢靡，风俗日堕，如繁文俗节之耗费、烟酒赌博之盛行，不特影响国家元气，对于平民生计，尤多困难。爰拟定办法，令饬各地民教机关从事提倡，实行节约，以期挽救颓风。

（九）训练社教工作人员。事变以还，各地社教工作人员程度，至为不齐，且各省市分别自办训练班，地方财政，既多浪费，训练目标，又不统一。本部已通饬各省市一律停办，即于去年下学期起，在国立师范内附设社教班，由各省市保送学员，训练六个月毕业，分发各地服务。本年上学期，并分期抽调各省市县现任民教馆长或主任来京，予以训练（分两期）。课程方面，注重民教馆实际问题之研究，以期养成实施改进之干才。

（十）推行国民体操。本部为统一全国体育行政及促进全国体育发展起见，曾于上年冬组织体育委员会，经审定太极操为国民体操，编印国民体操图说，分发各级学校，作为全国统一的体操教材，并于本年春季派员前往各省市巡回指导训练，以期普及。

（十一）筹设国民体育人员训练班。本部为造就国民体育之干部人才起见，曾于上年寒假设立国民体育人员班，第一届学员额定一百人，由各省市抽调现任体育人员，来京训练，训练期间为两星期。

（十二）恢复童子军教育。事变以还，各地童子军事业停顿已久，本部曾于上年通令各省市中小学校，一律恢复童子军训练，并于本年春季准组织童子军事务委员会，一方面筹划恢复全国童子军总会的组织，一方面督促各省市县童子军事业的推进。

（十三）推行补习教育。本部深感全国文盲众多，为救济失学民众起见，积极推行补习教育。当于上年修正实施失学民众补习教育办法大纲施行细则，通令饬遵。逐年分期普遍设立民众学校并加以公民训练，以达完成宪政建设之功。复颁布民众学校规程、职业补习学校规程，于二十九年下半年开始举办。三十年上半年，以民众学校规程规定民校授课时期为四个月，揆诸各地情形，有未能适当之处，爰经酌定民校授课时间全部为六个月，分前后两期，前期三个月，后期三个月，当经通饬各省市遵办。

（十四）编印民众读本。按修正实施失学民众补习教育办法大纲，有民众学校课本应由部编印分发应用之规定。于二十九年通令各省市推行民众学校时，该项课本即已计划编纂。惟编纂印刷决非短时可办，为各地急需应用计，即移用前教育部旧存之小学教科书二十九万册，发交各省市，为暂用读本，一面由本部限期编辑。至本年三月底，前期课本印刷告成，因经费关系，共计印刷五万册，分发苏浙皖三省、粤汉京沪四市转颁应用；并继续编辑后期课本，亦于八月底印刷竣事，即于九月初颁发。是项民众课本内容，其前期本偏重识字方面，以切合成年失学民众初学程度，后期本则略增公民常识，以补充民众知识，并注重自学能力的培养。

（十五）编印民国三十一年国民历。按往年成例，关于编印国民历事务，由本部组织编历委员会主司其事，三十年国民历因二十九年筹办较迟，过程颇为匆促，十二月底始会同内政部颁发，致民间无充裕时间得资仿印。故三十一年历书，即于本年四月间拟具计划，呈准行政院提前办理，预定七八两月为编纂时间，十月底以前印刷竣事，十一月份颁行各省市。

（十六）举办本年日全蚀观测事宜。本年九月二十一日全蚀地带适在我国，为数百年来仅有之机会。本部以观测意义，不仅对于世界天文学方面有关重要，且对于物理学、气象学上之研究，亦具重大价值，当经本部会同天文气象专门委员会，组织日蚀观测委员会，聘请中日天文专家十八人为委员，于七月二十二日举行委员会议，确定组织观测队七队，分赴各地，从事观测工作。及九月下旬，完成任务。至观测结果，业由各观测队整理材料，准备发行专刊。

丁、教育补助费

（一）各省市地方教育补助费。本部为推进各地教育，爰设各省市地方教育补助费，分发各省市教育厅局转发各校，并为促进各省市举办生产教育起见，又饬各省市就支配数目表内，酌定职教经费，俾资应用。并将此项经费，由部按月提存，留备各省市职业学校开办补助费之用。而于印刷民众课本，及其他有关发展教育之各项用费，亦得兼顾。此拨发各省市地方教育补助费之大概情形也。

（二）增拨中小学教职员月薪加成补助费。查中小学教职员任重薪薄，素称清苦，际此物价高昂，生活艰困，救济自不容缓。顾各省市财政状况丰啬不一，各教职员之救济，如欲责令地方负担，办法似难一致。其间鄂粤等省，业经各该地方政府自动提高待遇；江苏省及上海市税收日渐充裕，教育经费，较有办法；浙皖两省，则因地方元气未复，尚有待于统筹救济。本部李部长为各教职员安心服务、增进教学效率起见，遂察酌各省市财力，以定中央补助之标准，用示体恤。爰经会同财政部议定办法，除国立及南京市各中小学教职员已另案办理外，浙皖两省中小学教职员，一律照平均月薪数目，按月各增加二成；江苏省及上海市财力较裕，一律照平均月薪数目，按月各增加一成；其余一成，由各该省市酌筹办理，俾与浙皖两省办法一致。呈奉行政院核准自本年十月份起，由国库按月拨交本部总领分发在案。现已令饬各该省市教育厅局，各按实际情形，妥为支配矣。

（三）补助清寒学生。查学生受战事影响，多有因家贫不能继续求学者，爰经本部拟就补助清寒学生办法八条，并暂定名额大学三十人，高中五十人。二十九年度受补助者，计四十名。三十年度开始至十月份止，经审核准予补助者，已达三十九名云。

（四）发给留日学生津贴。本部前据留日公费生及自费生呈请，因各地生活程度日高，不敷应用，吁请酌予津贴，以维学业。本部为免除彼等中途辍学起见，爰拟具留日学生津贴办法。津贴额暂定一百名，每名每月给津贴费合国币五十元。自该办法公布后，自去年十二月份起，迄本年七月份止，经先后核准者，计有九十三人。八月而后，以三十年度开始，照章须重行申请，时值国内外物价暴涨，生活益难，公费生所得之公费，不敷应用，而同时公费生人数亦增至一百〇五人，旋经决定将此项津贴额一百名，尽数给予公费生。

戊、编订各级学校教科书

本部前经确定各级小学及初级中学教科书，一律采用国定制度，高中、专科以上暨师范、职业等校，暂采用审定制度。爰饬由本部编审委员会权衡缓急，首从编辑国定初高两级小学各科教科书着手，次及初中教科书，业于去年底陆续编辑完成初稿。本年一月份起，以各校二十九年度下学期瞬将开始，复积极从事于小学教科书再版修正付印及初中教科书校勘付印各事宜。迨下半年三十年度学期开始时，又将小学教科书三版修正印行，并从事于初中教科书之第二版修正。此外又着手编辑小学各科教学法、训练指导法等书，同时赶办小学教科书第四版，以期应明春各级小学开学之用。计本年份印行之第三版固定初小国语、算术、常识各教科书，各自第一册至第八册，高小国语、算术、公民、历史、地理、自然各教科书，各自第一册至第四册，总计九种，都三百二十五万六千册。初版国定初中各教科书计十一种，都六十五万〇五百册。所有修正之小学教科书第四版及初中教科书第二版，业于本年十一月底赶办完成。

己、设立驻沪办事处

三十一年二月二日，行政院举行第九十七次会议，通过本部在上海设立办事处以便管理上海教育事业，并委高等教育司司长严恩柞代理处长，于即日开始办公。

汪伪宣传部编印：《国府还都第二年国民政府施政概况》，“教育部施政概况”部分。

发扬文化事业　补助清寒学生

——教育部报告施政方针

（1945年3月17日）

【中央社南京十六日电】教育部于十六日下午四时假该部会议室接见中外新闻记者，

由次长赵润丰氏代表李部长报告本年度施政方针甚多，兹志大意如次。（甲）关于高等教育者：一、改善专科以上学校。本部对专科以上学校不注重量的发展，而注重质的改进，随时督促指示。二、提高补助专科以上学校清寒优秀学生。上学期专科以上学校学生受补助者，为二五五名，每名每月五百元，此后在可能范围内，名额仍当扩充，补助费亦拟增加。三、指导学术机关，发展文化事业。本部直辖之国立编译馆定期刊物及专门著作之发行，本年将设法赓续办理。又统一科学名词，为该馆重要工作之一，业经令饬按照规定步骤进行。（乙）关于普通教育者：一、中等教育。（一）督促各省市组织中等学校训育主任公民教员资格审查委员会。（二）通令各省市整顿中学师资，励行专任教员制。（三）抽考国立学校学生成绩。二、师范教育。（一）督促各省市筹设女子师范学校。（二）令饬各省市师范学校注重劳动生产。（三）通饬各地师范学校注重国文及史地学科。三、小学教育。（一）督促各省市循序增设简易小学。（二）督促各地改善小学师资及订定小学教员进修及奖励办法。四、职业教育。（一）咨催各省市订定推行职业教育方案。（二）督促各省市奖励私人及职业团体兴办学校。（三）促进国立两职校注重学生实习与就业指导。（丙）关于社会教育者：一、推设民教馆及农教馆。二、督促各省市切实推设民众学校。三、实施战时社会教育。四、督促各级学校兼办社教事业。此外学风之整顿，学费之调整，教职员待遇之改善，学生程度之提高，以及国定教科书之编印，等等，凡曾经本部计划及发表者，均将次第付诸实施。

《中华日报》，1945 年 3 月 17 日第一版。

教育部招待记者报告最近施政

（1945 年 5 月 20 日）

【中央社南京十九日电】教育部于十九日下午三时，接见中外记者，是时由高等教育司司长朱钰出席，报告该部最近施政状况如下：（一）提高清寒优秀学生补助。本部清寒优秀学生补助费，现拟自本年七月份起，将上列补助费概算，按照原数二十倍编入新预算，月为三百九十余万元。（二）整顿上海未立案私立专科以上各学校。本部对沪市未经立案之私立专科以上学校，令饬沪市教育局查明具报。（三）本年度暂停派遣留日公费生。兹经日大使馆来函，以日本目下之情势，关于本年留日中国学生，予以暂时停止，此事业由本部分咨各省市政府查照。（四）抽考国立各校学生成绩。本部抽考主旨，原在考查学生各科平时真正成绩，以为促进教学效能之依据，今后将抽考办法规定随时举行。（五）分咨各省市举办职业学校学生成绩作品展览会。（六）编印民国三十五年国民历等。阐述极为详尽，直至下午五时许始毕。

《中华日报》，1945 年 5 月 20 日第 1 版。

二、伪各省市教育概况

1939年汉口及周边地区的兴亚教育

（1939年）

第一，汉口概况

下面是由兴亚院汉口派遣事务所提供、昭和十四年（1939年）誊写的《汉口概要》中的部分摘要。

中支那乃支那的宝库，扬子江是其大动脉。长江沿岸港口众多，重镇汉口无论在贸易还是在经济方面都居于首位，被誉为东方的芝加哥。云南、贵州、四川等地的物资经长江河道运抵此处，汉江河道运来了甘肃、河南、陕西的物资，洞庭湖之水又将湖南的物资运到武汉。这里不但水资源丰富，还是支那铁路纵横的交汇点，南经粤汉铁路线通连广东、香港，北经京汉铁路线与北京、天津相连，是天然的物流集散地。1919年，贸易总额达到3亿3千万两。

事变以前，汉口人口为70万，汉阳25万，武昌55万，共150万人。日军攻入武汉后，汉口约30万，武昌1—2万，汉阳2—3千。后来，随着治安情况逐渐好转，原居民开始返回，现在，武汉三镇共有人口约70—80万。

邦人在汉人数，大正七、八年最多时曾达到3,400多人。其后，因动乱以及反对日货等诸多因素而减少。事变以前，邦人在汉人数仅仅只有1,800余人，随着武汉攻陷，来汉的邦人数量开始回升，主要集中在汉口和武昌一带。到了昭和十四年（1939年）十月末，在汉邦人总数为7,343人，详细见下表。

邦人在汉经营的主要产业：

日用品杂货商　298

餐饮店　191

贸易行　119

10 月末在汉邦人人数统计

	户数	人口		
		内地人（日本）	朝鲜人	台湾人
汉口	1,021	4,962	1,014	48
武昌	291	988	294	35
汉阳	2	2		
计	1,314	5,952	1,308	83

第二，小学教员的再教育

2 月 14 日，经台湾银行九良野氏介绍，我拜访了武汉训练院教员培训所的吉冈正秀氏，询问了该市有关初等中等教员再教育和日语教学方面的情况。简单归纳如下：

汉口市治安维持会社会局教育科设有教育培训所，负责小学教员的培训工作。迄今为止，已培训四期教员，人数约 400 名。从第五期开始计划每期招收人数 200 名。培训时间，第一期至第三期为一个月，第四期是 3 个月。教学科目及教学时间，日语 10 小时，教育精神 2 小时，东方道德 2 小时，教育行政 2 小时，思想 2 小时，技能 2 小时，各科教学法 2 小时，自由研究 2 小时，军事训练 5 小时，课外讲演 2 小时，合计 33 小时①。

思想课程由吉冈担任，军事训练由来自满洲国的专门人员负责进行。

第三，中等教育的再教育

目的是为近期将要建成的初级中学、女子学校及高级职业学校培训教员。教育科目和小学教育培训的内容大致相同，思想教育时间增至 6 小时。另外，每天晚饭后，按规定会召集 4—5 人进行座谈。

培训者全部入住兴亚宿舍，宿舍男女有别。

第四，日语教育

在湖北、江西、湖南三省，日语被定为小学三、四年级的必修课。对日语教员最初只是进行一般日语培训，时间每周 10 小时。从第五期开始，开设日语进修班，日语课时间增加到每周 18 小时。入学资格必须是中学及日语专修学校的毕业生。

汉口有两所日语学校，一所叫汉阳日语专修学校，另一所在武昌，叫武昌日语专修学校。在日语专修学校，速成班 3 个月，普通班 6 个月，共 9 个月，每天进行 2—4 小时日语授课。

第五，武汉初等教育

武汉市小学试点章程要点如下。

初等教育按照所修学业年限等分为三种。

---

① 根据前文数据，应为“31 小时”，原档如此。

A. 小学：学习年限为 6 年，部分地方为 4 年。小学教育分为两个阶段，前四年称为初级小学，后两年称为高级小学。

B. 简易小学：主要招收适龄儿童，学习时间不得少于 2 800 小时。

C. 短期小学：主要招收 10 到 16 岁年龄段的失学少年儿童，学习时间可结合各个学校的具体情况来制定。

外籍人员不具备在汉开办学校的资格。

学校编制规定，每个年级招收人数应在 25—50 名以内。关于小学教育科目及周授课时间，见下表。

级别/学年/科目	初级				高级		备考
	一年	二年	三年	四年	一年	二年	
修身	2	2	2	2	2	2	含作文及书法
国语	6	6	6	6	6	6	
日语					2	2	
历史					2	2	
地理					2	2	
常识	1	1	2	3			
自然					3	3	
算术	5	6	6	6	6	6	
劳动		2	2	2	1	1	
劳作	3						
美术		2	2	2	1	1	
体育		2	2	2	2	2	
唱游	3						
音乐		2	2	2	2	2	
合计	20	23	24	25	29	29	

训育：第 29 条规定“小学训育应以东方的传统道德为之根本……”另外，第 2 条制定了 8 项具体内容，其中第 8 项是“培养儿童的爱国亲邻理念”。

学年、学期：每年 8 月 1 日为小学新学年的开始日，至次年 7 月 31 日结束。一学年分为 2 个学期，当年的 8 月 1 日到第二年 1 月 31 日为第一学期，2 月 1 日到 7 月 31 日为第二学期。

入学年龄：满 6 周岁，特殊情况可延长到 9 周岁。

教职员工：小学设校长一名，训导教官一名，每年级设专职教员一名。凡不满六年教育的学校不设训导教官，不满十二年教育的学校不设专职的训导教官。另外，如需要，学校可增加专职教员或助理教员。但规定，三个年级的教员平均数不得超过三名。

小学数量：根据民国二十八年武汉市市府发布的第二期公告，武汉从武汉市第一小学到第十五小学，再加上铁路村小学共有十六所小学。可据吉冈氏说，当时武汉地区的小学校仅教育局管辖内的就有 40 所。另据森川哲麻介绍，那时光部队管理的小学校就有 52 所，学生人数有 12,000 名。

第六，邦人儿童教育

据汉口概要记载，因为事变，汉口的明治寻常高等小学一直关闭到昭和十二年八月底，随着邦人的回归，学校重新开学。但是，由于不计其数的校舍被支那军烧毁，学校实际上只剩下一残骸，所有校具被掠夺一空，已经不能使用，因此只能临时借用距离日本租界很近的支那军营。4 月 10 日正式开课，当时共有学生 66 名。到了 10 月底，增加到 299 名（含武昌分校）。旧校址的重建工作在紧锣密鼓地进行着，预计到昭和十五年新学年开始之际能够完成。

我于昭和十五年二月十四日参观了该学校，校长叫浅野兵库，本部有学生人数 349 人，分校 43 人，教员总数本部有 11 人，分校 3 人。本部为 7 年制，分校为复式制。

浅野校长介绍说，现在平均每天会增加一名学生，说明日本人来汉人数在不断增加。

看了这个学校后，有两点感触颇深。一是校舍十分的狭窄，教室光线极差。二是六年级的学生大都来自日本本土，是为了准备参加日本国内中学考试而来到这里学习的。当时，日本国内的学校教室严重不足。大和民族要想在海外发展壮大，除了初等教育，还应该大力发展中等教育事业。

浅野校长送给我一本昭和十四年十二月底印刷、学生创作的童谣集，其中的几篇是这样描述的。

寻一　福士丽子
手持钢枪的哨兵
威武地站立着
无论是下雨还是刮风
一动不动地站立着
在去往学校的路上
我向哨兵敬礼
传来哨兵铿锵的皮靴声
我的心情愉快无比

寻二　鹤田郁雄
飞机“轰”地冲上天空
它飞向哪里呢
一定是飞往自由的天堂
银色的机翼放出夺目的光芒

寻三　堀昌子
传来阵阵轰鸣声
大地在抖动着
仰望天空
敌人的飞机
一架 两架 十二架
大地浓烟滚滚
轰 轰 轰
高射炮向天空射击
敌机调转机头
向远处逃去
支那飞机真脓包

第七，参拜汉口神社

2 月 15 日，受日本通运会社汉口分社长的邀请，在该公司的牧氏陪同下，有幸在距离祖国数千里以外的地方参拜了正宗的日本神社，这一天刚好是 15 日。

这座神社位于日本租界内一处地势较高的平地上，不远处便是因战乱而变得满目疮痍的日本料理店、一些日式庭院、稻荷的赤鸟居等。

神社内的桧树发出阵阵木香，用作石阶的御影石是从遥远的日本运来的。就连神社前磕头用的红色衿子也令人感受到日本特有的情调。

第八，大学教育、中等教育

这里有武汉大学和中华大学两所高等学府。武汉大学的校舍及内部环境都十分优美，享誉世界。可眼下早已被关闭，学校的建筑物亦被挪为他用。

中等教育，有法式的法汉中学。事变前还只有学生 100 名，事变后达到 200 名。另一所美式女子中学的初级部学生人数很少。

日本人管理的江汉中学，校舍被其他机构占用。

此外，就是汉口特别市政府的直属中学了，据森川哲麻介绍，该校计划今年 3 月开学，一学年分为两学期，3 月和 9 月为新学期的开始日。

第九，广雅学会

2 月 21 日，经人牵线，有机会同武汉参谋府参议盛程明超氏进行了会谈。这一天下午十二点半因为要去□□部队发表演讲，所以很遗憾和程氏的谈话未能进行得很充分。好在临走时程氏送给我了一些资料，其中包括特别电报、广雅学会规划大纲、广雅学会章程等。虽然谈话只有短短 40 分钟，但还是让我对广雅学会有了一些认识以及了解到了程氏对有关问题的见解。

程氏继承张之洞衣钵，和蒋介石有很深的私交，后因蒋介石信奉三民主义而与之绝交。程氏曾于明治末期在日本的京大法学科求学。广雅学会乃张之洞在担任湖广总督期间创办。广雅学会包括广雅书院和广雅书局。

据中国人名词典记载：张之洞，直隶南皮人，字香涛，又字孝达、香严，号壶公，又称无竞居士。同治期进士，曾数度任朝廷督学，所到之处，提倡经史实学，还被任命为督抚，1909 年卒。在有生之年创办了京汉铁路、汉阳铁厂和萍乡煤矿。光绪末年，曾任军机大臣，官至体仁阁大学士。死后被称谥为文襄公，作品有《广雅堂集》等。

日清战争后，张之洞开始十分痛恨日本，在他所有的奏折中，都念念不忘要和日本打一场雪耻战。其挚友梁鼎芬将自己两个儿子一个起名叫“卧薪”，一个叫“尝胆”。由此可以看出，当时张、梁二人对日本是极度痛恨的。

但是，张之洞最后还是放弃了对日本的怨恨，慢慢地开始亲近日本，致力于日本文化的引入事业。原因是多方面的，大势已趋可能是最大的原因，另外，已故的宇都宫大将的来访也起了很大的作用。宇都宫向他详细讲述了日本教育，使张之洞懂得了日本教育以圣贤之学为经，以欧美的科学为纬，最适合东洋人。张之洞为之所动，曾派遣大量留学生前往日本学习（《东洋文化》第 24 号，大正十五年一月一日，木野村政德《清廉的张之洞》）。

广雅学会的宗旨在其章程中写得很清楚，即通过张文襄公之中西兼治学说，来动员全国知识分子，完成亚洲自治的宏愿。

广雅学会的成员必须拥护文襄公的学说，而且还应是学识丰富，愿意追随张之洞思想的各界人士。

广雅学会的活动内容：

1. 典礼举办，寺宇修缮以及资产管理。

2. 遗著的研究发行，学案的编纂。

3. 建立并管理广雅图书馆、广雅书局。

4. 建立和经营广雅私塾。

5. 定期发行学报和其他刊物。

6. 对学术研究进行奖励。

广雅学会的资金主要来自政府资助、私人和团体赞助、会员会费、会议活动组织费、事业经营费，等等。

根据广雅学会规划大纲要求，广雅私塾设甲. 温故院、乙. 知新院、丙. 进修院、丁. 养正院四个院。它们分别相当于我国的大学院、分科大学、中等教育和初等教育。

广雅学会宣扬中国的政治应以儒家思想为本，如赞成三民主义就等于接受国民党的主张，接受国民党就等于容共。中山的三民主义本意是善良的，然而，中山到了晚年，急功近利，倒行逆施，随后又接纳共党的理论，得到了社会底层民众的拥戴。中山原本就不是做学问的，他向他的党徒们传输的是一些乱七八糟的东西，各界有识人士一眼就可以看穿。

摘自《东亚事情——昭和十四年度海外视察报告》，载《现势兴亚教育》，湖北省档案馆藏。

伪广东省教育厅工作报告书

（1940 年 7 月）①

（一）第一期教育方案及实施状况

吾粤自经军事，百废待举，教育为立国之本，复兴尤不容缓。故自粤府改组，教厅成立，关于复兴广东教育计划，即先行订定教育工作方案，一方面按照现在环境，别其轻重

① 原件未署时间，现时间是编者根据内容拟加的。

缓急，拟定实施程序；一方面按照经济能力，适应环境之要求，以期逐步实施本期教育方案。即本上述两要点为前提，第一期之期间系由本年 5 月粤省府改组成立之时起，至明年 2 月春季始业前止。在此期间内，本省教育之实施计划及进行情形，兹分述如后。

（1）设立广东大学。广州为华南文化中心区，在未经军事以前有大学五所。自事变迄今完全停顿，遂使黉舍荒芜，学子流散，闻者惜之。教厅有见及此，为使大学员生不至失业失学起见，并拟招致教育界知名人士翩然归来，共同从事于和平反共建国之伟业，故计议设立广东大学一所。数月来悉心策划，惨淡经营，初欲就中山大学原址设立，嗣因治安稍有问题，改择光孝路光孝寺内原日法学院校址，并为节省经费起见，不另设立大学筹备委员会，即就教厅职员中遴员分任筹备工作，现在校舍已开始修建。关于工程事项，计 7 月中即可完成一部分，至 9 月内即可全部竣工。各院教授经在物色中。同时举办学生登记，仅旬日间，登记者已逾百数，预料求学者必甚众也。兹定本年 7 月间利用暑假期间，先办大学先修科及附中各班夏令补习班，以为下期正式开课之准备。现筹备已竣，定于 7 月 18 日一并实行开课，至本年 9 月秋季始业时，开设文科、商科两学院。关于一切计划均在积极进行中，以期依时开课。至明年 2 月春季始业时，再行增设农科或工科学院，以臻完善而广收容。

（2）省立师范学校。师范教育为造就师资之所，有先行规复之必要。在第一期计划中，拟设立男女师范学校各一间，并附设小学部，以资实习。现在男师一校已由厅拟派邝家鼎为校长，校址在西关多宝路尾（即荔枝湾前）；女师一校拟派朱薇为校长，校址在文德路（即原日广州大学校舍）。两校房舍因日久失修，类多残破，须从事修缮。现工程大致将竣，一切购置事项及教职员之遴聘与教务、训育、体育等之设备均已就绪，经定期 7 月 18 日先行开办夏令班，高、初中及小学各班级均全。8 月 20 日夏令补习完结，9 月初间（即二十九年度第一学期开始）正式开课，每校高中、初中、小【学】各级各办 18 班，以广收容。

（3）省立中学。本期筹办省立各中学，除广东大学已办有附中外，拟分设省立中学四间，以便收容各地学生就近肄业。第一中学设在广州，第二中学设在佛山，第三中学设在汕头，第四中学设在江门。现第一中学经选定相当校址在本市惠爱中路（即原日禺山中学），此处地点适中，交通利便，校址宏敞，惟年代久远，须从事改建。对于修葺校舍，现将动工。至聘请教职员及关于教务、训育、体育一切工作亦积极筹办，惟因广大附中已决定开设夏令班，故该校不再开设，俟秋季始业时，即实行开办，班额定 18 班至 24 班，以广容纳。此外二中、三中、四中各校须待派出督学分赴各地视察后，并与各该地当局取得联络，然后再行举办，大概须待明年春季（即二十九年度第二学期开始）始业时，方能实行开办也。

（4）职业学校。在此农村破产、实业凋残之秋，职业教育实为当务之最急者。惟职业学校一切设备视中学尤繁，现为量财设施计，故本期拟先行设立两间。第一职业学校设在广州，校址已择定在大新路（即原日努力中学），修缮工程业已开始，校内分设无线电工程、会计、实用美术三科，各科教员已物色专门人员分别选任，课程组织均在编配中，拟定在本年9月间秋季始业时开学。第二职业学校设在顺德，为适应当地环境起见，专办蚕桑科，以为复兴广东丝业之贡献，并拟在明年春季始业时开办，现在积极规划进行中。

（5）小学校。教厅对于小学校负有督促各市县办理之责，至直接管理向隶各市县主之，故不直接举办省立小学，仅在省立两师范校内附设小学班额，余由各市县自行办理。现在广州市有市立小学20间，私立小学10余间，南海县境内有完全小学暨初级小学各3间。至于汕头市及番禺、东莞、增城、顺德各县经由教厅发出调查表分别详查，现在尚未据复（至于督促整理各市县小学计划，拟先调查，次视察，再整理。关于视察办理，将各市县暂划分为广州市一区，汕头市一区，南、番两县为一区，东、增、顺三县为一区，指派督学负责分区视察，俟秋季始业后即实行视察），俟调查完毕再行酌定整理办法，务使各市县小学悉能遵照教育部规定标准办理，以收中小学校连接一贯之效。又查短期小学为实施义务教育之基础，故前中央颁布之实施义务教育暂行办法大纲规定，各省按期举办一年制及二年制之短期小学。广东义务教育经费前由中央按年拨助20余万，余由省府筹足，教厅关于复办短期小学办法，现正在积极筹划中。因短期小学规定不收费，儿童之书籍用品均由公家发给，支出经费颇巨，故办理情形拟列入第二期报告。至于市区内平民小学，将由广东妇女会办有40班，每月拟由教厅津贴国币2 000元，以为推广平民教育之用。

（6）各种私立中等学校。查广州原日市区内各私立中等学校事变后多迁往港澳，各地自国府还都、粤府成立，国人对于和平运动已有普遍认识，故现经复课者有中华中学及广东女子美术学校各一间；筹备在本年秋季始业复课者有八桂中学一所；拟由澳门迁回定于秋季始业复课者有执信中学、洁芳中学、广中中学等学校；拟由港迁回者有思思中学、岭峤中学、业勤中学、忠信中学、昭明中学、晨钟中学学校；其余尚多在接洽中。教厅对于迁回复课各校悉力予以补助，以期利便教育人士归来服务，使吾粤教育回复旧观，共同努力和平运动，以奠复兴建国之丕基。预算暑假后港澳两地学校迁回者必多，惟校址颇有问题，因事变后校舍类多破坏，稍有完整者又多为军事机关假用，故须设法筹划，现正在急切进行中。

（7）省立图书馆。查图书为学术研究之工具，不仅为市民精神粮食之供给，且为树立一地之学术中心。惟吾粤公私庋藏图书，自经事变损失殆尽，故教厅成立后，即亟亟于图书馆之筹设，适由对方将第一期图书数万册交还，随即实行规复省立图书馆，并将南海学宫改为馆址。对于中外图书及本省已刊未刊各名著与各种有价值之史料，均积极搜罗，酌为增置，以供公众阅览。至第二期图书，现仍在磋商接收，以期再事扩充。目前馆内一切筹备经已大致就绪，编目工作尤积极进行，拟定7月20日开幕。

（8）广东省体育委员会。教厅为谋全省体育之普遍发展，根据国民体育实施方案之规定，爰有体育委员会之设立，负责办理促进及推广全省体育事宜，现在该会组织规程已呈省府通过，各委员亦已分别聘定，会址拟设在惠爱西路，运动场拟设在珠光北路即原日第二师操场，一切工程均已开始兴筑，排球、足球、网球、田径等场俱备，所以供各校体育比赛及民众团体之用。

（9）广东省立民众教育馆。教厅为实施民众教育起见，故实行规复省立民众教育馆，举办关于健康、文字、公民、生计、家事、社交、休闲各种教育事业，并从事研究及实验工作，内分阅览、演讲、仪器、陈列、游艺、教导六组，一切设备均陆续完成，经择定惠爱西路，定期本年 9 月开幕，关于筹备事项正在进行中。

（10）广东省教育会。广东之有教育会肇自民初，历届主持之人均属吾粤知名之士，关于一切教育之推进辅翼政府办理，夙著成效。自经军事，停顿已逾两年，现在亟图复兴广东教育，则教育会之恢复实属刻不容缓。兹拟用回教育路该会原址之一部分，现正在积极筹备中，俟秋季各校开课后，再就大中小学及其他教育界人士遴聘妥员组织之。

（11）各市县教育之推进。广东省各市县教育自经兵事后类多停顿，现虽次第筹划复课，然事同草创，简陋散漫在所不免。教厅负监督各市县教育之责，自当分别督促整理，以期粤省教育全面推进。至于整理办法，先调查，次视察，再次整理，业经由教厅制就详细调查表分发各市县调查，以明真相，现尚未具复到厅。一俟调查完竣即实行视察，并将各市县暂划分为广州市一区、汕头市一区、南番两县一区、东增顺一区，指派省督学负责分区视察完竣，即予以整理，剔除其积弊，裕其经费。此外教员资格之审核、课程编配之订正等，均属特别注意之点，因时间关系，办理情形拟俟第二期再行详细报告。

（二）广东省教育事业第一期计划进度情形

兹根据第一期教育方案规定进行之步骤，将各种事业限定完成之期间及现在之进度情形，编成教育事业第一期进度表并附列如下。（略）

（三）实施教育方案之办理经过情形

（1）接收校舍及教育机关。教厅此次办理恢复各校及各教育机关，最感困难者厥为地址问题。因事变之后，校舍及民居多遭破毁，稍可用者几为中日军民机关所使用。前广东教育研究会曾举办校址调查统计，大中学校校舍共有 38 间，小学校舍共有 94 间，其中全部焦土者占 15%，破坏者占 36%，为对方机关所使用者占 27%，为中国机关所使用者占 22%，所余堪作校址之用者几等于零。故现时校舍及馆址、会址等全系向借用各机关商请移出，经多方交涉，幸承各方赞助，始获迁让，就中军部特务机关协助尤力，友谊敦睦，至为可感。现时市内接收之教育机关已有七处，其中两处为日军所曾驻者，有两处为现时之日语学校者，有一处为和平救国军司令部曾驻者，有一处现为日本摩骨院，有一处为日本居留民团使用地。关于接收上项地址，曾经长期间与上述各机关接洽，幸承各方面襄助教育之热诚，慨然迁让，拨归教厅接收。兹将接收各机关列表如下。

名称	地点	让渡者	备考
广东大学	光孝路	和平救国军司令部	由特务机关斡旋补回工程费
省立第一师范	多宝路尾	曾驻日军	西宪兵队拨还
省立第一女子师范	文德路	日本居留民团	原办日本人小学
省立第一中学	惠爱中路原禺山中学旧址	日语学校	
省立第一职业学校	大新路努力中学旧址	日语学校	仍保留校舍，一部分续办日语学校
省立民众教育馆	惠爱西路	日本摩骨院	
私立执信学校临时校址	至宝桥	曾驻日军	西宪兵队拨出

(2) 接收图书。教厅成立之始，华南文化协会送回各种图书数万册，故图书馆内容设置得以稍具规模。此外尚有图书一大批存于兵要地志班，教厅曾经派员前往接收，当经允许，在原则上同意，惟须略事整理，再行分期交出，将来图书馆开幕后，想可接收第二批图书矣。又查石门中学有图书一批存于南海第三区，曾经由厅派职员与该区接洽，但须该区召集会议然后决定，如能接收此批图书，则馆中所储当更充实矣。

(3) 全国教育会议及东亚教育会议。此次南京召集全国教育会议，初时本拟由教育厅长偕同秘书出席，并已定购飞机座位，后因飞机停航竟达二星期之久，及会期已过，仍未复航，故未及出席，深以为憾，只得将提案五种寄呈查核。至东京教育会议，则已派出代表三人，于6月20日起程赴京，集合东渡。

(4) 军训问题。教厅本于军国民教育之旨，故在省立各高中以上学校，男生一律实施军事训练，女生一律实施救护训练，以资锻炼。惟吾粤现在未撤兵以前，凡属涉于军事事项均有待对方接洽，当经矢崎特务机关长表示赞同，故拟定由教厅第五科专办军训事宜，俟秋季各校开课后，即分别实施训练矣。

(5) 经费问题。此次各校及各教育机关之规复，因凡百草创，在在需财，故经费颇巨。现本省每月拨款15万元，以为全部教育经费。现经极端撙节，尚勉敷所用。至于各校学生学费问题，因粤省民力凋敝，无力供读，故省立各校一律免费，以轻民众负担。关于各校及各教育机关经临两费详细预算，俟开办后另行编呈。核定大学方面为华南最高学府亦为中外人士观瞻所系，设备不能过简，希望获得稍充之款，以期办理裕如也。

所有上项报告系由5月10日教厅成立之日起至6月底止，两月来之工作办理经过实情，择其比较简要者分述如上，其在计划中而未能及期实行者，当俟第二期再行报告。

另附广东省教育厅办事细则一份（略）

教育厅厅长 林汝珩谨呈

张中华主编：《日军侵略广东档案史料选编》，中国档案出版社，2005年。

湖北省教育厅一年来施政概况

（1940年11月）

事变以来，庶政中辍，省府成立，百废待兴。教育厅职责所在，自以恢复教育为急务，除令饬各县尽力开办各学校，并规定咨询事项颁发遵照呈复外，复制定各县县立各级学校、私立各级学校及代用小学调查表分发。视察员朱渭川等前赴各县切实查明，详细具复。嗣据陆续分别呈报，各县合计已开办中学十一所、小学三百一十所，省会地方开办民众学校十二所，省立武昌小学九所，铁道村小学一所，附设民众夜校二所，日华语学校一所。此外若省立第一中学、省立第一师范、教员训练所均在筹备之中。又举行第一届中小学教员登记，以慎选师资，设立图书贩卖处，以广搜教材，此皆改进教育之先决问题，不能不注意者也。关于友邦之借镜，则有社会科科长刁明德参加观光团东渡考察。关于中央之联系，则教育部召集教育行政会议有厅长徐慎五带同学务科科长陈年新、秘书徐复等出席于前，又召集全国小学训育会议，有陈年新出席于后。关于出洋学生之派遣，则选送徐纪民、胡匡毅入大阪兴亚时习社，考送部费学生萧树川、鲁明友等五人，省费学生罗健、薛自修二人赴日，分途就学。其他学校教育、社会教育，无不仰承中央意旨。近察本省情势积极计划进行，所难者各地方共党游匪犹多滋挠，各税捐收入未尽恢复，以致教育经费不能确定，教育事业尚待发展。总而言之，必和平实现，然后庶政可以蒸蒸日上，教育其一端也。至于教育规章，在国府还都以前，诸事草创，其有已经颁布者，为中小学教员登记条例、民众学校暂行办法大纲、民众教育讲演所暂行办法、民众教育讲演所讲演规则、民众教育讲演所组织规程；其已经本府参事室修正者，为小学暂行条例暨小学校教职员任免及待遇规程、民众学校组织规程、民众学校学生奖励办法、社教机关服务人员俸给标准暂行办法；又已经省政会议通过者，为民众教育馆暂行组织规程。自中极既建，奉令所有二十六年以前法令继续有效，从此，率由旧章只须参酌时宜，毋庸另为拟议抑尤有要者。湖北向为人文荟萃之地，最近十余年来，诐行邪说，诱惑青年，陷溺人心，隐忧滋大。乘此次事变之后，亟宜纠正思想，维持礼教，发扬东方固有之文化，以促进东亚新秩序之建设，移风易俗，全赖教育。回顾省府成立伊始，曾制定教育宗旨颁发各县，注重以孔学为体、科学为用，务期切实奉行，是乃教育之精神，亦即救时之良药也。荏苒光阴，倏经一载，规模略具，肇开万间广厦之基，岁月方长，当作百年树人之计。鉴既往，策将来，为述一年间教育工作概况如此。

《湖北省政府成立周年纪念特刊·特载》

一年来的江苏教育

（1941年4月10日）

张仲寰

江苏为全国殷富之区，人民稠密，一切事业，均有长足之进展，尤以教育成绩，为其他各省所未及。据二十五年度统计：全省中等教育，计有中学一百二十余所，师范暨乡村师范二十余所，各级职业学校五十余所，女子中学三十余所，学生共三五九七七人，职教员二一四九人；高等教育，则有省立医政、教育两学院；至初等教育，省立暨各县公私立小学，星罗棋布，即偏僻乡村，亦均设立，数量发达，颇为可观。推其原因，不外经费稳定与人才集中两大要件。按本省教育经费，久成独立专款，税源畅旺，年岁稳定，年支经费，约占省县概算岁出百分之三〇以上，故能按照预定计划，逐步推行。而国中俊彦之士，一时荟萃于斯，出其学识经验，努力经营，设备与规模，俱臻完善。乃事变忽起，弦诵中辍，历载累积之精华，尽遭摧毁，历史上最大之文化损失，孰有甚于此哉！迨于二十七年五月，江苏省政府成立，先行整理全省教育行政，八月间组织教育厅，本省各级教育始稍有恢复，迄至二十八年度终，计有省立中学四，学级二〇，学生七七二人；省立小学一，学级八，学生三三九人；县立中学一五，学级七一，学生二九七八人；县立小学七八二，学级二二七五，学生一二八一五八人；私立中学一〇，学级四六，学生一九九二人；私立小学一七〇，学级六〇四，学生三五八六四；月支经费，除私立学校外，在省者一四九五〇元，在县者一二四二七一元。时值国府还都，中枢奠定，凡百政治，莫不亟图猛晋。二十九年七月，本省省府改组，仲寰受命主持本省教育，自维谫陋，勤怵治理，凡所以企划复兴恢宏旧业者，罔不抉其症结，计其事功，秉中央既定方针，力谋本省教育之进展。惟办理教育，今昔之难易悬殊，加以经费拮据，人才散漫，虽于最低限度之经济原则下，期收最大之效益，然事业众多，均等初创，进度迟缓，自知难免。兹值还都经年，爰将最近九个月来本省教育实际上之重要设施，作一简单报告，以就正于邦人同志，幸垂察焉。

甲、教育行政

1. 拟订本省教育计划纲要　本省教育成规，在周前厅长时代，最称完善，徒以情势变迁，不得不通盘筹划。接任之初，以经费为事业之母也，特拟订整顿江苏教育经费计划纲要；以地方教育为教育之根本也，特拟订整顿江苏各县地方教育计划纲要；以学校教育为建设人才之产区也，特拟订改进江苏高等教育及中等教育计划纲要；以社会教育为训练民众之工具也，特拟订推进江苏社会教育计划纲要；举凡目标方法，靡不胪列，全文具载于《江苏教育》月刊中，兹不缕述。

2. 恢复地方教育机构　各县教育行政在事变后由县公署特设教育科主管之，或即由民政科兼办，机构既欠健全，政令又难统一。特于二十九年度开始时，先择经费较足、事业较广之吴县、吴江、无锡、武进、镇江、昆山、太仓、常熟、青浦、江都、南通等十一县，恢复教育局组织，其他各县亦将次第恢复。

3. 激励学校员生　事变后，省立学校多半迁设沪上，以复校为号召，吸引就学之青年。设备既属简陋，管理又不周密，以致学生意志游移，非颓废，即放浪。至内地各校暨教育机关，则多敷衍从事，教职员生，精神萎靡，影响整个教育前途者，实非浅鲜。因特撰就《告全省教育界同人书》、《告全省教职员书》、《告地方教育行政人员书》及《告学生书》四文，或纠正意志，或指示趋向，或督促进修，或勉劝职守，早经先后发表，散载各期《江苏教育》月刊中。

4. 考询地方教育服务人员　当事变初定时，各地教育服务人员，每多利用时机，滥竽充数。自国府还都后，本省教育既入正轨，自宜严加剔选，登用良才，故特通令各县教育科长、督学、县中校长暨社教各机关主管人员来厅，面加考询，以资甄别。

5. 修订各项办法　本省教育单行法规向极完备，事变后，其有失去时代性者，自宜遵照中央既定方针，并适应现代需要，斟酌损益，重经修订。是项工作关系法令之统一，亦经本厅分别厘定，公布施行，并详载各期《江苏教育》月刊中。

6. 调制各项统计　统计数字不仅足以表征事业之进步，且可借以窥觇递嬗之程序。事变前，本省教育统计分门别类，集成巨帙，本厅对于此项工作，业经积极注意，除二十九年度第一学期所有各校学级员生等表，早已调制就绪外，现正搜集正确数字，以便调制第二学期表格。

7. 复刊《江苏教育》月刊　本厅在事变前之定期刊物，向有《江苏教育》、《小学教师》及《江苏学生》三种，尤以《江苏教育》月刊，内容丰富，蜚声全国。故于二十九年八月计划复刊，以介绍教育思潮、融会教育意识、研求教育理论、商讨实际问题为主旨，并特辟“小学教师”一栏，专载关于小学教师进修学识，现已出版至第二卷第一期，并决定二卷三期刊行《中等教育专号》，二卷五期刊行《地方教育专号》，业经分别征求专稿，以供研究。

8. 电调成绩考核　本厅以往采用电调成绩考核办法，颇著成效，兹为增进各县教育行政效率并督促中小学切实办理改进起见，特将该项办法予以修订，赓续施行。

9. 举办中小学教员检定　本厅鉴于事变后各级学校之教师，资历多有不符，贻误学生学业，特遵照定章，组织检定中学教员委员会暨检定小学教员委员会，分别办理中小学教员检定事宜。

10. 审查私立中小学立案　补习学社暨私塾，年来乘机林立，当时确可补救失学之青年与儿童。惟在教育已上轨道之后，自宜促令在可能范围内，改组为私立中小学，以正系统。故特组织私立中小学立案审查委员会，分别办理私立中小学立案或备案事宜。

11. 召集地方教育行政会议　地方教育行政系教育实施之基础，自宜健全其组织，加强其力量，指导其设施，督促其进展，以收纵的效果与横的扩张。本省各县现已渐次安定，地方教育亟待积极推动。无论已未改科设局各县，均应于现实状况中，探求改进与发展之对策。故拟于本年四月下旬，召集全省各县县长，教育局长或科长暨县督学，举行地方教育行政会议，一面聆取以往报告，一面互相交换意见并商讨实际问题，现正在筹备中。

12. 组织赴日教育参观团　日本教育设施趋重实际，足资效法者颇多。吾国教育以往袭取欧美皮毛，忽略东方本位之文化，以致糅杂空泛，不合国情。兹值沟通中日文化之际，自宜及时东渡参观，截长补短。故拟指派教育行政人员暨中小学校长，组织赴日教育参观团，业于三月二十四日出发。

乙、高等教育

1. 代办留日学生考试及中央大学入学试验　二十九年七月，教育部考选留日公费生，苏省应考学生，由本厅代为铨衡并举行初试；又国立中央大学宣告复课，苏州方面招生入学试验事宜，亦由本厅代办。

2. 筹备专科学校　事变后，本省高等教育停顿迄今，对于中学毕业生之升学，影响甚巨。兹为顾全青年学业并培植人才计，已筹备开办专科学校。拟于三十年度始业时，先行设立教育学院，造就中等教育师资，以应需要。

丙、中等教育

1. 增设普通中学　事变后，本省省立普通中学原有苏州、常州、太仓三校。二十九年度开始时，除增设学级外，并添办苏州女子中学、扬州中学两校。县立普通中学，原有吴县、常熟、吴江、武进、无锡、江阴、镇江、金坛、松江、青浦、江都、靖江等十四校。二十九年度开始后，添办无锡县立女中及昆山初中。至私立普通中学，吴县有崇范、育英女中二校，常熟有民德一校，无锡有圣德、正风、道南、至善女中四校，武进有潜化一校。

2. 举办师范学校　事变后，师范教育停顿，小学师资颇形缺乏。故于二十九年度第一学期，开办镇江师范并附设师资训练班，又于省立苏州女中举办女子师范科一级；第二学期又开办吴江乡村师范，以培植乡村小学教师。

3. 注重职业教育　事变后，省立职业学校仅有无锡高级工业职业学校。二十九年度开始，以注重职教为学校教育中心工作之一，故于省立苏中附设化学工艺科一级，省立扬中附设土木工程科一级，并开办浒墅关女子蚕业学校。第二学期添办省立苏州职业中学、昆山农业职业学校二所。至县立职业中学，有镇江初级商科一校、太仓职业训练班一级，私立者有吴县安定、无锡积余两商科学校。

4. 改进补习学社　各地补习学社，或由教会学校改组，或由私人举办。在秩序未定时，本为一时权宜之计，国府还都后，自应分别考核改进，促令遵照部颁修正私立学校规程，改办私立学校，正式办理立案手续，以符定章，而补助公立学校之不足。

5. 举行中等学校校长会议　本厅为欲明了本省各中等学校训教实施状况，并谋中等教育之改进起见，特于二十九年十月二十八日，召集全省省、县、私立各中等学校校长及各补习学社社长来厅，举行会议。大会凡二日，出席人员五十余人，提案计行政组二十八件，教学组十七件，训育组八件，经费组二十七件。经决议者共四四件，专辑载《江苏教育》第四期。

6. 充实各校科学设备　本省各中等学校之设备，前以经费充裕，大都十分完善。事变后，全部荡然，欲图恢复，绝非易事，但科学设备，不容或缓。故于二十九年度第一学期特筹划五万余元，以供各校分别采购理化仪器之用，并于本学期在苏州先行成立省立公共理科实验所，以应省会学校实验之需。

7. 举行成绩展览　本厅以教育改进，首重观摩，本省各中等学校在二十九年度第一学期中办理成绩，以及学生学业进步如何，在在有观摩改进之必要。特令饬省、县、私立各中等学校于本年一月四五两日，举行成绩展览会，分别派由本厅科长、督学及省立各校校长、教育局长、科长、县督学等负责视察，缮具报告，签注意见，呈报考核。

8. 举办失业教员登记　本省以往之中等学校，颇多优良教师，事变时星散四方，或感受失业痛苦，倘仍置之闲散，殊可惋惜。本厅为此特订定中学失业教员登记办法，凡有原校服务证明文件者，均可申请登记，以备延揽。

9. 举办各科竞赛　学科竞赛办法足以引起学生之研究兴趣，效率至宏。本厅特先订定中等学校学生国文竞赛及演说竞赛两项办法，国文竞赛已于三月十六日举行，演说竞赛订于五月中举行。

10. 筹备联合运动会　全省中学联合运动会足以促起各校注重体育，鼓励学生运动兴趣，在昔每年举行一次。事变后未及赓续，兹订于五月四日在苏州举行，业经指定运动项目，分令各中校届期参加。

丁、初等教育

1. 增设省立小学　省立小学在事变后仅有苏州模范小学一所，二十九年度第一学期，改为省立苏州实验小学，并增设省立镇江实验小学。迨第二学期，在松江、栖霞各设省立小学一所，又添设吴江乡师附属小学一所。

2. 整饬县立小学　事变后，各县除普通小学外，多有设立模范小学者，至二十九年度始业后，模范小学概令改称实验小学。各县分区组织小学协进团，从事研究工作之进行。

3. 改进私立小学　各县私立小学为数綦多，在二十九年度第一学期，共有一七〇校，其有未经立案或办理不良者，自宜设法指导，迭经本厅令饬主管机关督促改进。

4. 督促私塾改良　各县私塾林立，本足以妨碍教育，然倘能加以改良，在此时期，亦可补助小学教育之不足，故宜由地方教育机关认真管理，切实指导，督促改良。特订定各县私塾辅导办法，凡塾师能遵照办理确有成绩者，予以奖励，或改为代用小学。

5. 制定小学辅导办法　关于初等教育实际方面之设施，倘能切实辅导，始易收改进之效。本厅特制定省、县立实验小学辅导地方小学分期实施办法，并拟分区组织实小协进会，将全省划分三区，由省立苏州实小、省立镇江实小及省立松江小学为首席学校。

6. 订定小学教师进修办法　小学教育为教育之根本，故小学设施自应力求改进。以往之错误安在？将来之革新如何？小学教师均应随时研究，切实进修，借增学识而宏效率。本厅除在《江苏教育》月刊特辟“小学教师”一栏，专载研究问题，并指定习作事项外，特订定教员进修初步办法，俾资遵守。

7. 调查学龄儿童　本省学龄儿童在事变前经着手调查，事变之后，时易境迁，自应重行调查，以便统计。本厅对于此项工作极为注意，正在积极办理中。

8. 推行义务教育　事变后，各县初级小学数量远逊于前，致失学儿童日益众多。本厅为普及义务教育并督促各县逐步推行起见，特订定推行义务教育五年计划及各县推行义务教育办法，预计于五年内，至少使各县增设义务学级三八〇〇级，收容学生十九万人，并促令各县组织义务教育委员会，负责推行。同时提倡广设简易小学，以求合乎经济化之原则。

9. 制定各县教育局长或科长视察办法　各县教育局长或教育科长负有领导全县教育行政之责，对于全县教育实况，自应亲自视察，详求明了，故特订定各县教育局长或科长视察学校教育办法，俾资遵循。

10. 奖励私人捐资兴学　本厅为促进义务教育之普及，特奖励私人或团体捐助经费，补助推行，因即订定奖励捐资推行义务教育办法，公布施行。

戊、社会教育

1. 举行全省省、县立社会教育机关主管人员联席会议　本厅因感社会教育之重要，为明了全省省、县立各社教机关现实状况并联络研究推进方法起见，特于二十九年十月二十五日，召集全省省、县立社教机关主管人员举行联席会议，出席者五十余人。所有提案，计行政类六件、经费类六件、组织类四件、民众教育馆类十二件、图书馆类六件、体育类一件，其他八件，经决议者三十三件。对于各项具体方案，无不详尽讨论，专辑载《江苏教育》月刊第四期。并由省立无锡民众教育馆于十月二十六日举行全省社教机关辅导会议，结果甚为圆满。

2. 开办公共体育场　本省民众体质脆弱，允宜及时锻炼，振发精神，省会为中外观瞻所系，尤应注意民众之健康教育。故特于二十九年九月，开办公共体育场，虽属初创，亦已粗具规模。

3. 设立南园教育实验区　本厅为实验起见，特于省会南园区域设立教育实验区，施教目标在促进乡村建设，增进农业生产，改善经济组织，以期熔教养卫于一炉，提供各县之参考，已于二十九年十月间成立。

4. 审查公共娱乐事项　事变后，各地公共娱乐缺乏负责审查之组织，以致淫靡歌剧、妖冶表演公然出现，妨碍风化，流毒青年，为害匪轻。本厅为挽救颓风起见，特订定本省省会及各县公共娱乐事项审查委员会组织规程及审查规则，除通饬各县切实遵办外，并于本厅附设省会公共娱乐事项审查委员会，专司审查省会娱乐事项。

5. 取缔不良读物　本厅遵照部令，切实调查民众读物，凡淫辞邪说、有害风化人心者，一律严加取缔，以整肃社会习俗，端正民众思想。当即令饬各县广为征集，已据搜得多种，汇送本厅，经编号列表，呈部审核。

6. 推广识字运动　现代教育方法以合于社会化为最大原则，故社会教育，对于民众智识，务宜使其平均发展。吾国文盲约占百分之八十，推广识字运动，实为不容或缓之要图。将由本厅订定各县推行识字教育办法，并拟具三年计划，自三十年起开始推行，务期全省文盲年减三分之一，至三十二年终，达到全省民众均能识字之目的。一面编印民众识字课本，一面广设民众学校，业已分饬各县，积极推行。

7. 实施省会社教事业　苏州为本省省会之区，地当冲途，居民稠密，社会教育自应加紧实施。本厅特订定省会社会教育实施办法大纲，并组织社教事业实施委员会，以专责成，除广设简易小学及民众学校外，并举办民众职业补习班，实施民众生产教育。

8. 筹办集团结婚　吾国习俗，对于结婚礼节向极琐碎，繁文缛节，虚耗经济。现值民生凋敝之际，实有改善之必要，本厅为提倡节约起见，特筹办集团结婚，订于三月三十一日，在省会举行，以资表率。

9. 筹备省会婴儿健康比赛　婴儿为国民初期，体质强弱，至关重要。本厅为奖励健康婴儿并促使家庭注意起见，特订于本年儿童节日，举行省会婴儿健康比赛，现经制定标准，并筹备奖品，以便届期应用。

10. 扩大拒毒运动　六月三日为拒毒纪念日，本厅拟于是日扩大宣传，以灌注民众拒毒意识。现正着手拟订拒毒运动办法，以期促进民众之注意。

己、教育经费

1. 组织省县教育经费委员会　本省教育经费亟待整理并保障其独立。本厅遵照部颁各省市县教育经费委员会规程，成立省教费委员会，迄今已举行会议三次，关于增筹教费计划、教费分配、学产整顿方案与夫应兴应革事宜，均都缜密讨论，获有相当结果。至各县教费委员会，亦均早都组织，并举行会议，呈厅备案。

2. 增筹省县教育经费　事变以后，本省损失惨重，元气大伤，税收一落千丈，对于教育经费，惟有排除万难，力谋增筹。本厅都拟具增筹计划，载《江苏教育》月刊第三期。

3. 提高教育人员待遇 年来物价暴腾，教育人员待遇菲薄，不敷温饱，优良教师纷纷改营他业，诚为教育前途之莫大隐忧。经按照生活水准及预期之可靠收入，重行厘定教育人员待遇标准，并提高小学教师薪给，务使服务人员生活得有合理之解决，以养成专业精神。

4. 厘定清寒学生膳贴、免费贷金及奖助办法 事变以还，社会经济益形枯竭，贫寒学生无力就学者，不知凡几，不予救济，损失殊多。经先后厘定大学或专科学校清寒学生膳贴暨中小学清寒学生免费贷金及奖助金办法，以资救济，办法均载《江苏教育》月刊中。

前文各节，在教育行政方面，对于教育事业，整理与推进并重；在高等教育方面，则以训练中学师资为中心工作；在中等教育方面，则以发展职业教育为中心工作；在初等教育方面，则以推行义务教育为中心工作；在社会教育方面，则以注重民众语文教育、健康教育及生计教育为中心工作；在教育经费方面，则以恢复专款制度为中心工作。凡所设施，务期合于经济化、社会化及生产化三大原则，以逐渐达到恢宏江苏教育之目的。惟所举事项，有已列在《江苏教育之检讨与展望》一文者，兹为叙述九个月来整个之施政实况，不得不重复载入，幸希阅者谅之！

《教育建设》，第2卷第1期。

一年来的浙江教育

（1941年4月10日）

徐季敦

绪 言

国府还都，瞬届一周。在此过程中，浙江教育以省政府改组为划分时期之关键。未改组以前，浙江教育虽粗具规模，但行政机构多未健全，各项设施漫无标的，是为恢复浙江教育之草创时期。改组以后，对已办者促其改善，应办者力促其成，按部就班，加以整顿，是为浙江教育之调整时期。因草创时期已成过去，姑不具论。兹所述者，为调整时期之浙江教育。

甲、教育经费

事变以前，本省教育经费月达百万元以上，以田赋附加税为大宗收入，箔类营业税、屠宰附税、烟酒附税等次之。各县教育经费，则来源不一，除就田赋项下带征及由国省库补助外，其他杂税，约分丝茧捐、山货捐、经忏捐、置产捐、典当捐、采结捐、鱼菱捐等类。迨事变后，田赋既多未启征，杂税又未整理就绪，大半均赖部款维持。揆厥原因，实以各地萑苻未靖，且又逼近战区，田赋征收，无法举办。至各项税收，亦以在物资统制限制之下，税收额锐减，教费增筹，极感困难。本厅改组后，鉴于浙省教育事业命脉所系之教费，尚无稳固基础，除会商财政厅设法增筹外，并遵令组织浙江省教育经费委员会，严加整顿并保障其独立；又以学产为教费大宗收入，值兹创巨痛深，民力维艰，新税源无可筹增之时，整顿学产为增加教费唯一可靠办法，遂召集全省教育行政人员会议，听取各地报告，并商讨整顿学产及税收办法，以资补救。依据廿九年度第一学期本省教育经费支出统计，每月共需一〇一，五〇〇元，内省经费二五，三〇四元，部补助费六〇，八八三元，县市经费一五，三一三元。省经费二五，三〇四元中，一〇，〇〇〇元为教厅行政经费，一五，三〇四元为支配省立各校馆经费。部补助费六〇，八八三元中，一七，四一七元为补助省教育事业经费，四〇，五七三元为补助县市教育事业经费，二，八九三元为扩充省、市、县教育之预备费。兹将二十九年度第一学期本省教育经费支配概况，列表如下。

二十九年度第一学期浙江省教育经费支配概况表（月计）

项别 费别	本厅行政经费	省教育事业费	县市教育事业费	扩充省市县教育预备费	共计
省经费	10 000 元	15 304 元			25 304 元
部补助费		17 417 元	40 573 元	2 893 元	60 883 元
县市经费			15 313 元		15 313 元
共计	10 000 元	32 721 元	55 886 元	2 893 元	101 500 元

二十九年度第一学期浙江省教育事业经费支配概况表（月计）①

费别 项别	省经费	部补助费	共计	备注
省立中文专科学校	3 565 元	400 元	3 965 元	
省立模范中学	3 000 元	1 200 元	4 200 元	
省立嘉兴中学	2 018 元	860 元	2 878 元	该校省经费内有 400 元由嘉兴县政府拨付。
省立湖州中学	2 064 元	900 元	2 964 元	
省立职业学校		3 360 元	3 360 元	

① 表中数据有误，原档如此。

续表

费别 项别	省经费	部补助费	共计	备注
省立杭州师范学校		4 377 元	4 377 元	附属小学月支经费1 094元在内。
省立民众教育实验学校		2 100 元	2 100 元	该校于二十九年度第二学期改为杭州女子中学。
省立图书馆		1 620 元	1 620 元	
省立图书馆孤山分馆	150 元		150 元	
省立民众教育馆		1 400 元	1 400 元	
省立公共体育场		1 200 元	1 200 元	
新中国体育协会浙江分会	221 元		221 元	
文庙保管处	280 元		280 元	
作新学社	3 606 元		3 606 元	该学社拟于廿九年度第二学期改为省立颉荀国学专科学校，已在呈请中。
共计	15 304 元	17 417 元	32 721 元	

二十九年度第一学期县市教育事业经费支配概况表（月计）①

费别 县市别	部补助费	县市经费	共计	备注
杭州市	20 030 元	3 600 元	23 630 元	教育科行政费在内
武康县	550 元	330 元	880 元	教育科行政费在内
德清县	825 元	985 元	1 810 元	教育科行政费在内
余杭县	1 246 元	170 元	1 416 元	教育科行政费在内
富阳县	250 元		250 元	
崇德县	932 元	958 元	1 890 元	教育科行政费在内
海盐县	679 元	271 元	950 元	教育科行政费在内

① 表中数据有误，原档如此。

续表

费别 县市别	部补助费	县市经费	共计	备注
长兴县	945 元	355 元	1 300 元	教育科行政费在内
桐乡县	1 329 元	171 元	1 500 元	教育科行政费在内
嘉善县	1 539 元	1 511 元	3 050 元	教育科行政费在内
杭县	1 178 元	792 元	1 970 元	教育科行政费在内
嘉兴县	3 856 元	3 274 元	7 130 元	教育科行政费在内
平湖县	1 155 元	945 元	2 100 元	教育科行政费在内
吴兴县	3 060 元	500 元	3 560 元	教育科行政费在内
海宁县	3 499 元	1 451 元	4 950 元	教育科行政费在内
萧山县	500 元		500 元	
共计	40 573 元	15 313 元	55 886 元	

乙、教育行政

教厅自改组后，益感战后浙省教育之百孔千疮。以集思广益，力谋事业之发展也，故召集各种会议；以所属机关之事业进行各自为政，漫无准绳也，故厘定各项规章；以职教员暨学生缺乏精神食粮也，故发行各种刊物；以事业之推进有赖于经济之挹注也，故组织教育经费委员会，清理各县市学产，并谋教费之独立；以女子本位教育之重要，须有女校以资容纳也，故恢复原有之杭州女子中学；以国民经济衰落而急待补救也，故提倡生产教育，并充实职业学校之设备。至若地方教育之推进，学风之整饬，以及各项设施之调整，亦靡不殚精竭虑，积极计划，次第实施。兹举其荦荦大者，略述于后。

一、修订本省单行教育法规　教育法令为施政上之依据，教厅改组后，鉴于以前颁布之各项法规，其间颇多未能适应目前需要，爰即次第着手修订，以利进行。计已完成者，有修正浙江省中等学校校长教员任免及待遇暂行规程，浙江省各县市立小学校长教员任免及待遇暂行规程等二十七种，兹列表于后。

甲、已公布者

浙江省立中等以上学校征收学生费用暂行办法

浙江省立中等以上学校经常费支出概算标准

修正浙江省教育厅审核中等学校教员资格暂行办法

修正浙江省中等学校校长教员任免及待遇暂行规程

浙江省立各教育机关岁出概算科目

浙江省中等学校级任导师服务简则

浙江省教育厅小学教员检定委员会组织规程

浙江省小学教师半月刊编印计划

浙江省中学生半月刊编印计划

浙江省立民众教育馆暂行规程

乙、呈核中者

浙江省教育厅整理学田办法

修正浙江省县市立民众教育馆暂行规程

浙江省县市立民众教育馆馆长馆员任免及待遇暂行规程

修正浙江省各县市小学最低限度学校行政暂行标准

浙江省各县市立小学校长教员任免及待遇暂行规程

浙江省教育厅督学办事细则

浙江省立民众教育馆馆长馆员任免及待遇暂行规程

浙江省各县市立小学征收学生费用暂行规则

浙江省立图书馆馆长馆员任免及待遇暂行规程

浙江省立体育场场长场员任免及待遇暂行规程

浙江省立体育场暂行规程

浙江省立体育场经常费支配暂行标准

浙江省各县市肃清文盲委员会规程

浙江省各县市肃清文盲暂行办法

修正浙江省立图书馆暂行规程

浙江省立图书馆经常费支配暂行标准

浙江省立民众教育馆经常费支配暂行标准

二、召集全省教育行政人员会议　教育事业应随时改进，教厅改组后，对于地方教育，尤有兴革必要，特于二十九年十二月二十五日召集全省教育行政人员会议，听取各县市报告，并商讨今后兴革事宜。计此次各省市出席代表，有县市长十五人，县市教育科长、督学二十一人，省县市立社教机关主持人员及中等学校校长二十六人。讨论议案，凡一百三十余件，历时三日，方告完竣。所有浙省教育上一切困难问题，经此一度研讨，已获有改进方案，将来推行上或可较为顺利。

三、召开中等学校校长谈话会　本省公私立中学散处各方，平日对于奉行法令，或实施教育，必有若干困难问题，亟须共谋解决。各中学校长虽已一度参加全省教育行政人员会议，对于中等教育，作普遍之研讨，但教厅犹引为未足，复于三十年二月十日召开中等学校校长谈话会一次，借作精密之商榷。计此次讨论议案，凡二十一件，临时动议一件，均为目前切要问题。

四、筹设省立杭州女子中学　军兴以还，本省中等教育虽稍稍力谋恢复，但尚无单独女校之设置。教厅自改组后，鉴于女子本位教育之重要，遂有兴复省立杭州女子中学之计划，惟以省库支绌，未容兴办，爰就师范学校、模范中学、民众教育实验学校通盘计划，予以调整，以学校经费不增加、学生学业不受影响为原则，遂于二十九年度第二学期将民众教育实验学校，改为省立杭州女子中学，并于师范学校内增设民众教育实验科，以资容纳民教实验学校原有学生，又将模中女生扫数划归女中，于是本省始有完全之女子中等学校。

五、调整省立学校班次　教厅改组后，鉴于本省各中等学校之班次，至不整齐，不独肄业有春始秋始之分，抑且各年级班次有多寡之别。因着手作初步之调整，规定各校以后不再续招春季肄业班，其一二年级之春季肄业者，施行甄别测验，改为秋季肄业，其有不便遽然变更者，暂准仍旧。自经调整后，各校班次已较前齐整。

六、健全地方教育行政机构　事变以后，各县地方教育均由县政府设科办理，经费既未能独立，行政亦未见灵活。为根据事实需要，力谋扩展地方教育计，各县教育局亟应恢复，俾专责成。现拟先就杭嘉湖先行设立，以后逐渐恢复，以期健全地方教育行政机构，此项办法已在推动中，至各县教育科长，一律改由教厅核委，以期统一事权。

七、编行《小学教师》半月刊暨《中学生》半月刊　教厅改组后，鉴于以前编印之《浙江教育》季刊，内容未尽充实，似有改编必要。因根据事实需要，编辑《小学教师》半月刊暨《中学生》半月刊，作为小学教员暨中学生之进修读物，现《小学教师》半月刊已发行两期，《中学生》半月刊亦在付梓中。

八、严核各级学校成绩并整饬学风　教厅改组后，为谋学校成绩并学风优良起见，严订考核各级学校成绩及整饬学风办法，切实实施，并随时派员督察指导，务期战后浙江教育恢复战前状态，行之数月，似觉著有相当之成效。

九、厘定视察计划　浙省自国府还都迄今，政令所及，已达一市十五县，惟以逼近战区，交通犹多阻梗，对于各县教育，未能作普遍之视察，以致缺乏精密统计。教厅改组后，为明了各地教育实况，便于设施起见，爰订定二十九年度第二学期督学视察计划，凡关于行政机构、教育经费、事业推进诸端，靡不予以深切注意，并力求周详彻底。至以前未曾视察之各县，本年春间均须设法前往，以冀获窥全豹，为将来改进张本。

丙、学校教育

浙江为文化之区，人文荟萃，户口众多，教育夙称发达。经此事变，弦诵辍响，学舍邱墟，从事兴复，极感困难。初则于维新政府时期，植其雏形。次则于国府还都以后，因革损益。终则于浙江省政府改组以后，本整理与推进兼施主旨，切实规划，努力以赴，于是学校教育始有相当之建树，兹分述于后。

（一）高等教育

战后社会经济崩溃，专门人才星散。关于实科之高等教育，以设备费庞大，非目前财力所能兴复。因就沟通中日文化、适应环境需要着想，乃设立日文专科学校，以造就日语专门人才；设立作新学舍，以造就国学专门人才。教厅改组后，以作新学舍办法，仿照逊清书院制度，与现行学制抵触，遂有改设国学专科学校之计划。现此项计划已呈请省府核示中，一俟准予改设，即着手筹备。如将来省库宽裕，设立浙江大学时，即可将此二校改为文学院，以树大学基础。兹将各校概况，列表于后。

二十九年度第二学期浙江省专科学校概况表

立别	校名	校长姓名	编制	学级数	学生数	教职员数	月支经费数	开办年月	备注
省立	日文专科学校	陈松秋	速成科	一	四〇	一七	三，五六五元	二十八年八月	
			专修科	一	二七				
省立	颉荀国学专科学校		特科	一			三，六〇六元		原为作新学社，现已拟具计划，呈请改设中。
			本科	一					

（二）中等教育

中等教育实居教育全程之中坚阶段，教厅成立伊始，即注意中等教育之兴复。在维新政府时期，先后成立者，于省则有湖州中学、嘉兴中学、模范中学、民众教育实验学校四所；于市则有杭州市立中学一所；于县则有嘉善县立中学、海宁县立中学二所。此外私立者，则有中日语学校、希甫中学二所。国府还都后，私立者除希甫中学停办外，复增设中山中学、兴亚中学（上列两校现正办理立案手续）二所。迨教厅改组后，鉴于女子本位教育之重要，因将不切实际需要之民众教育实验学校，改为省立杭州女子中学，其缘由已述于前，兹不复赘。爰将本省中学校概况，列表于后。

二十九年度第二学期浙江省中等学校概况表

立别	校名	校长姓名	编制	年级	学级数	学生数	教职员数	月支经费数	开办年月	备注
省立	模范中学	崔宇明	初中部	一	二	八七	二六	三，一五〇元	二十八年八月	
				二	二	一〇二				
				三	一	三八				
			高中部	一	一	二〇				
省立	湖州中学	张体刚	初中部	一	二	一〇四	二五	二，九五〇元	二十八年二月	
				二	二	九二				
				三	二	六五				

续表

立别	校名	校长姓名	编制	年级	学级数	学生数	教职员数	月支经费数	开办年月	备注
省立	嘉兴中学	曾文隽	初中部	一	二	一〇一	二六	二，九五〇元	二十八年八月	
				二	三	一一二				
				三	一	二七				
省立	杭州女子中学	夏岂	初中部	一	二	六一	二三	二，二四〇元	三十年二月	
				二	一	五一				
				三	一	八				
			高中部	一	一	六				
市立	杭州市立中学	王宇澄	初中部	一	四	二一八	五四	六，九二二元	二十七年八月	
				二	五	二〇一				
				三	三	一一五				
			高中部	一	二	五九				
				二	一	二二				
县立	海宁县立中学	谭裕卿	初中部	一	一	三七	一七	八五〇元	二十八年八月	
				二	一	二一				
县立	嘉善县立中学	夏昌庭	初中部	一	一	五七	八	七五〇元	二十八年八月	
				二	一	五二				
私立	中山中学	屠忆清	初中部	一	二	五三	一九	三，〇〇〇元	二十九年八月	正办理立案手续
				二	一	二五				
私立	中日语学校	小山寅之助	初中部	一	五	一五〇	一〇	一，五〇〇元	二十八年八月	正办理立案手续
私立	兴亚中学	小山寅之助	初中部	一	二	七六	二〇	二，〇〇〇元	二十九年八月	同上
共计					五二	一，九六〇	二二八	二六，三一二元		

（三）职业教育

兵燹后，浙省民生凋敝，非提倡生产教育，不足以谋地方元气之恢复，是以职业学校需要尤切。惟筹设职业学校，经费较普通中学为巨。爰以地方环境所需，先就省会区内成立一所，内设商科、蚕桑科二科。本学期又以建设厅委托，附设蚕种训练班一学级，全校共有七学级，学生二百余名。教厅改组后，鉴于生产教育之重要，曾分别拟具设立职业学校计划，如德清县设立竹木科，嘉兴县设立棉织科，杭州市设立印刷、园艺二科。一俟省库较充，即行兴办。兹将本省职业学校概况，列表于后。

二十九年度第二学期浙江省职业学校概况表

<table>
<tr><th>立别</th><th>校名</th><th>校长姓名</th><th>编制</th><th>年级</th><th>学级数</th><th>学生数</th><th>教职员数</th><th>月支经费数</th><th>开办年月</th><th>备注</th></tr>
<tr><td rowspan="7">省立</td><td rowspan="7">职业学校</td><td rowspan="7">吴兴言</td><td rowspan="3">蚕桑科</td><td>一</td><td>一</td><td>三二</td><td rowspan="6">三九</td><td rowspan="6">三,一五〇元</td><td rowspan="7">二十八年八月</td><td rowspan="7">内蚕种训练班为浙江省建设厅委托训练</td></tr>
<tr><td>二</td><td>一</td><td>二一</td></tr>
<tr><td>三</td><td>一</td><td>二〇</td></tr>
<tr><td rowspan="3">商科</td><td>一</td><td>一</td><td>三五</td></tr>
<tr><td>二</td><td>一</td><td>二〇</td></tr>
<tr><td>三</td><td>一</td><td>二一</td></tr>
<tr><td>蚕种训练班</td><td></td><td>一</td><td>三五</td><td>五</td><td>一,二四二.五元</td></tr>
<tr><td>部立</td><td>助产学校</td><td>岑仲玥</td><td></td><td></td><td>一</td><td>二七</td><td>七</td><td>一,二〇〇元</td><td>二十八年十一月</td><td></td></tr>
<tr><td>共计</td><td></td><td></td><td></td><td></td><td>八</td><td>二一一</td><td>五一</td><td>五,五九二.五元</td><td></td><td></td></tr>
</table>

（四）师范教育

小学教师首重资历，事变以前，本省师资已不整齐，事变以后，益感缺乏，幸进者流，因缘时会，滥竽其间，大率资历不符，学殖有限，影响儿童学业，实非浅鲜。欲谋救济，非设立师范学校、造就师资不可。本省以经费支绌，先就省会成立一所，内设普师科、简易科、民众教育实验科三科，俟经费充裕，再添设幼师科或其他特别师范科。兹将本省师范学校概况，列表于后。

二十九年度第二学期浙江省师范学校概况表

<table>
<tr><th>立别</th><th>校名</th><th>校长姓名</th><th>编制</th><th>年级</th><th>学级数</th><th>学生数</th><th>教职员数</th><th>月支经费数</th><th>开办年月</th><th>备注</th></tr>
<tr><td rowspan="3">省立</td><td rowspan="3">杭州师范学校</td><td rowspan="3">夏少学</td><td>普通科</td><td>一</td><td>一</td><td>三三</td><td rowspan="3">二一</td><td rowspan="3">四,五九五元</td><td rowspan="3">二十九年八月</td><td rowspan="3">附属小学经费在外</td></tr>
<tr><td>简易科</td><td>一</td><td>二</td><td>八六</td></tr>
<tr><td>民教实验科</td><td>一</td><td>一</td><td>三六</td></tr>
</table>

（五）初等教育

初等教育为中等教学之基础，基础不良，中等教育即蒙深切之影响。教厅于维新政府时期，除督促各县市设立模范小学，为县市小学之领导外，更于二十八年度第二学期设立省立模范小学一所，作为全省小学之领导。惟初办之际，仅能设置六个单式学级，学生计有三百余名。国府还都后，于设立杭州师范学校之际，即将省立模小改为附属小学，并增设幼稚园二学级。教厅改组后，复添设复式二学级，迄今共有十学级，学生共有五百余名，月支经费一,五〇〇元，堪为目前浙省最完善之小学。本学期各县市以教费支绌，小学校数未克扩充，仅增添少数学级。兹将全省小学概况，列表于后。

二十九年度第二学期浙江省县市立及私立小学概况表

省县市别	立别	学校数	学级数	学生数	教职员数	月支经费数	备注
浙江省	省立	一	一〇	五一二	一九	一，五〇〇元	原为模范小学，现为杭州师范附属小学。
杭州市	市立	五八	一九七	一三，三五二	三五一	尚未造报	
	私立	七九	二〇六	七，九三五	二九六		
杭县	县立	一〇	五九	二，〇一二	七一	同上	
嘉兴县	县立	一七	九〇	三，六〇二	一二三	同上	
	私立	一	七	三三八	一一		
嘉善县	县立	九	五六	二，八七〇	八〇	同上	
海宁县	县立	一四	七三	三，一九一	九八	同上	
吴兴县	县立	一〇	六七	三，四五四	一一九	同上	
长兴县	县立	三	一八	五二一	二二	同上	
平湖县	县立	五	三四	二，一四〇	六一	同上	
崇德县	县立	二	一一	四九九	二〇	同上	
桐乡县	县立	一二	三四	一，三九四	四九	同上	
武康县	县立	五	二二	三一〇	九	同上	
德清县	县立	三	一五	四六六	二三	同上	
海盐县	县立	三	一二	四一四	一六	同上	
	私立	四	八	一八三	一〇		
余杭县	县立	四	二二	七〇〇	三〇	同上	
富阳县	县立	一	七	一五八	五	同上	
萧山县	县立	六	二八	四〇三	二一	同上	
	私立	二	一〇	一九三	八		
共计		二四九	九八六	四四，六四七	一，四四二		

丁、社会教育

浙省社教事业在二十六年前，原已具有相当规模，事变以来，摧毁殆尽，益以人才缺乏，教费不充，一时兴复，殊非易事。惟值国府还都、即将实施宪政之际，社教事业直接影响于民众之知识思想与行为，积极推进，诚有不容或缓之势。教厅改组后，鉴于社教事业之重要，因厘定社会教育目标，以示其鹄的；修订社会教育法规，俾有所遵循。至若扫除文盲，提倡合作，以及各社教机关中心工作之订定，工作人员待遇之提高，与夫识字运动委员会、电影剧本审查委员会等之组织，亦无不在逐项规划推进中。兹将目前浙省社教机关概况，列表于后。

二十九年度第二学期浙江省社教机关概况表①

立别	机关名称	职员人数	月支经费数	备注
省立	图书馆	一七	一,六二〇元	
省立	公共体育场	一一	一,二〇〇元	
省立	民众教育馆	八	一,五〇〇元	
杭州市立	民众教育馆	一五	一,三四〇元	
杭县县立	民众教育馆	一〇	六〇〇元	
嘉兴县立	民众教育馆	九	六〇〇元	
嘉善县立	民众教育馆	六	四〇〇元	
海宁县立	民众教育馆	一〇	六〇〇元	
吴兴县立	民众教育馆	六	六〇〇元	
长兴县立	民众教育馆	五	四〇〇元	
平湖县立	民众教育馆	四	四〇〇元	
崇德县立	民众教育馆	六	三〇〇元	
桐乡县立	民众教育馆	六	三〇〇元	
武康县立	民众教育馆	四	三〇〇元	
德清县立	民众教育馆	六	三〇〇元	
海盐县立	民众教育馆	二	二五〇元	
余杭县立	民众教育馆	五	三〇〇元	
富阳县				尚未成立
萧山县				尚未成立
共计	一七所	一三〇	一〇,九六〇元	

结　论

浙江教育虽经逐渐恢复与整理，然较诸事变以前，实不可同日而语。缘战后黉舍摧毁殆尽，经费来源短绌，创后整理，尤非易事，目前浙省教育虽已粗具规模，然有须亟待整理及改进之处尚多。兹再撮其重要者述之：就教育经费言，则有县教费之亟待调查。事变以还，各县教育经费，漫无确实之收支报告；各县每以财政困难，请求补助，在目前县地方收入固属困难，然无真确报告，亦属非是。兹拟于本厅督学出发视导之际，将县地方教育经费详细调查，究竟月收若干？支出若干？所请补助者，是否准确？俾此后对于补助费之支配，有所依据而不至于虚糜。就学校教育言，则有中等学校校舍之待调整，设备之待

① 表中数据有误，原档如此。

充实，小学之待推广也。事变以还，各中等学校校舍，大都因陋就简，勉强敷用，现各校人数激增，校舍已感不敷支配，非另觅适当处所，加以调整不可。又各校设备，颇感简陋，尤以职业学校为最，因设备不全，学生无实习机会，以致缺乏经验，非力谋充实不可。至若各地之小学，以国府还都后，人民之归还故土者日众，对于学龄儿童，无法安插。兹为普及教育计，拟自三十年度第一学期开始，设立省立实验小学一年，并随时督促各县市添设小学，扩充学级，以免求学之向隅。就社会教育言，则有民众学校、青年学校之筹设也。事变以还，以矫正民众思想，与增进民众知识技能，俾得共同建设东亚新秩序，为教育实验上之重要工作，而负此重大使命者，厥为社会教育。目前，本省各县市民众教育馆虽已设立，而民众学校、青年学校尚未充分筹设，拟自本学期起，次第规划。不仅使社会教育与学校教育等量齐观，且进而谋二者之沟通。上述各节，乃举其大要，至其他一切推进事项，亦当次第实施，以期建设浙江之新教育。兹以国府还都周年纪念，特志其概略如上，幸海内贤达有以指正焉！

《教育建设》，第2卷第1期。

一年来的汉口教育

（1941年4月10日）

高伯勋

小　引

费希特以教育复兴德国，法傅冶以鼓吹教育力量的结果，于欧战战胜德国，葛雷得维努力实现其教育理想后，曾因而造成丹麦的勃兴。这一切事迹都是历史上由教育而兴国的实例。

我国自废科举兴办新教育，虽也有数十年的历史，然而教育的效能始终未能尽量发挥。在当前划时代的时期下，国步方艰，加以国际间斗争的姿态，又正如斯激剧地开展着，教育果否能担负起时代课予的伟大使命，而收获理想的效果，这是每一从事教育事业者所必须深切反省的一个严重问题。

笔者不敏，忝掌汉市教育，瞬兹两载。受事之初，适兵燹之后，原有教育机构及一切设施均已摧毁靡遗，两年来惨淡经营，虽略具规模，然而距吾人理想与计划尚甚辽远。兹为惩前毖后计，甚愿对于以往的设施，作一度清算，对于未来的成绩，作一番展望。

本文系专为二十九年四月起至本年三月止，这一年内实施的状况作一简单的叙述，至于二十九年四月以前者，曾散见各地报章杂志，为节省篇幅计，兹不赘。

一、行政组织

二十七年十一月二十五日，武汉治安维持会成立，设教育科于社会局，以谋武汉教育事业的复兴，从事调查整理工作。到了二十八年四月二十日，武汉治安维持会结束，特别市政府成立，同时成立教育局。当时军事甫告敉平，人民喘息未定，交通既感不便，政府财力又属有限，一切设施虽已有整个计划，然进行仍不无相当困难。迨二十九年九月，武汉特别市改为汉口市，因行政区域的变更，教育建设的实施区域也就因之缩小。兹将教局现行行政组织系统图示如上。（略）

二、学校教育

甲、师资检定及训练

师资问题为一切教育的基本问题。事变以后，本市教育人才泰半星散，欲谋教育的复兴，当首重师资的甄别与罗致。在二十九年四月以前曾举办中小学教员登记九次，本年内（二九年四月—三〇年三月）又举办四次。前后共计审查合格者，中学教员男女共二六七人，小学教员男女共一，三三七人。并于二十八年成立教员训练所，从事师资的培养。自开办迄今，共收男女学员八八三人，已毕业分发服务者七九七人，尚在训练中者八六人。同时鉴于本市中小学教员平时担任教学时数及课外服务工作，与过去及外省相较，殊为繁重，特于二十九年，利用暑假创办公私立中小学教员暑期讲习会，俾全市教员对于学业上、品行上有进修机会，计分国语、算术、美劳、音乐、体育、常识、保育、特科八组。参加学员计三三八名，男一八九名，女一四九名。期限自七月十五日起，至八月十八日止。时期虽仅月余，结果尚属圆满。兹将历届登记合格教员与受训教员分别列表如后。

历届登记合格教员统计

民国二十九年度

届别	合格数		合计
	男	女	
一届	78	18	96
二届	94	44	138
三届	135	56	191
四届	67	1	68
五届	96	62	158
六届	58	29	87
七届	119	67	186
八届	43	23	66
九届	85	52	137
十届	82	67	149

续表

届别	合格数		合计
	男	女	
补行登记	21	19	40
十一届	118	51	169
总计	996	489	1 485

历届受训教员统计

民国二十九年度

<table>
<tr><th rowspan="2">届别</th><th rowspan="2" colspan="2">受训期间</th><th colspan="4">人员</th><th rowspan="2">附注</th></tr>
<tr><th colspan="2">男</th><th>女</th><th>计</th></tr>
<tr><td>一届</td><td colspan="2">一月</td><td colspan="2">41</td><td></td><td>41</td><td>前武汉治安维持会社会局教育科举办</td></tr>
<tr><td>二届</td><td colspan="2">一月半</td><td colspan="2">63</td><td>35</td><td>98</td><td>前武汉特别市市政府教育局举办</td></tr>
<tr><td>三届</td><td colspan="2">一月半</td><td colspan="2">101</td><td>40</td><td>141</td><td></td></tr>
<tr><td>小学教员暑期讲习会</td><td colspan="2">一月</td><td colspan="2">76</td><td>57</td><td>133</td><td>抽调各校已受训教员参加技术科目讲习</td></tr>
<tr><td>四届</td><td colspan="2">三月</td><td colspan="2">77</td><td>57</td><td>134</td><td></td></tr>
<tr><td>中学教员寒假讲习会</td><td colspan="2">三周</td><td colspan="2">33</td><td>7</td><td>40</td><td>前武汉参议府举办</td></tr>
<tr><td>五届</td><td colspan="2">三月</td><td colspan="2">127</td><td>58</td><td>185</td><td>前武汉特别市市政府教育局举办</td></tr>
<tr><td>中小学教员暑期讲习会</td><td colspan="2" rowspan="3">一月</td><td colspan="2">120</td><td>110</td><td>230</td><td>抽调各校会经受训期满之教员参加讲习</td></tr>
<tr><td rowspan="2">中小学教员训练讲习会</td><td>中</td><td>28</td><td>4</td><td>32</td><td rowspan="2">登记合格之教员参加训练</td></tr>
<tr><td>小</td><td>41</td><td>35</td><td>76</td></tr>
<tr><td>六届
（短期训练）</td><td colspan="2">三月</td><td colspan="2">41</td><td>9</td><td>50</td><td></td></tr>
<tr><td>六届
（长期训练）</td><td colspan="2">一年</td><td colspan="2">48</td><td>38</td><td>86</td><td></td></tr>
<tr><td rowspan="3">合计</td><td rowspan="2">训练</td><td>终了者</td><td colspan="2">511</td><td>236</td><td>747</td><td></td></tr>
<tr><td>中者</td><td colspan="2">89</td><td>47</td><td>136</td><td></td></tr>
<tr><td colspan="2">讲习终了者</td><td colspan="2">196</td><td>167</td><td>363</td><td></td></tr>
</table>

乙、中等教育

本市于二十九年元月，为适应社会需要，特开办高级职业学校。初设四班，分工商两科，工科有土木组、建筑组各一班，商科有商业组两班。三十年春季，增设商科一班，另招新生四十名。现在实有学生一百三十名，教职员二十三人。并于同年成立男中及女中各一所。男中初设八班，均为初中学级。二十九年秋季，增设初中三班。寒假期间，举行首届毕业试验，毕业学生二十六人。三十年春季，为便于本市一般中小学毕业生升学计，复增加高初中各一班，现该校实有学生六百七十三人，分设初中十二班，高中一班，教职员共三十八人。女中初设初中八班，二十九年秋季，增添初中二班；三十年春季，复增初中高中各一班，现有学生五百五十八人，分设高中一班，初中十一班，教职员共二十八人。第一届毕业试验于三十年元月初旬举行，计毕业学生三十四人。旋鉴于本市为华中商业重镇，为沟通中日文化、减除语言隔阂起见，于二十八年四月开办日语专修学校一所，由原创办人王叔槐任所长。三十年二月改派教育局科长卢昌明兼任校长，现有普通班二班，速成班一班，为便利一般市民学习日语计，不收学费。该校经费由市政府每月补助六百元。

丙、初等教育

本市在二十九年四月以前第一年以内，曾成立小学五十校，及武昌、汉阳两铁道村小学。总计武、阳、汉三镇共有小学五十二校，班次三百四十六班，学生一万一千六百十一人，教职员三百九十九人。迨武、阳两区划归湖北省政府后，武昌九校、汉阳六校同时移转管辖。本市仅存三十五校。二十九年秋季，以本市市民复归日众，失学儿童日多，于是将各校番号另行编列，又增设小学十校，全市共为四十五校，计班次三百九十六班，学生一万六千九百二十一人，职教员四百九十八人。本年春季接收汉口铁道村小学，改为四十六小，更添四十七、四十八、四十九三校。又为便于受训学员实习起见，将原十三小迁至中华区玉褚公所，就其校舍学生，改为教训所附属小学。于是本市第二年内筹设五十校小学的计划，仍然又告完成。现有班次四百五十七班，学生二万〇一百九十一人，职教员五百九十六人。校数较前相若，班次及学生则更加多，兹将事变前后本市之初等学校演变概况列表于后，前后相较，其进度若何，不难立见。

项目 时期	事变前				事变后			
	二十一年	二十二年	二十三年	二十四年	二十八年上期	二十八年下期	二十九年上期	二十九年下期
学校数	五六	六〇	六一	一二九	一五	四二	五七	五五
学级数	二〇〇	二三四	二五二	三八〇	一〇八	三五一	四二九	四〇八
学生数	一〇六二九	一二一八八	一三四五六	一九五三四	六七二五	一一七三九	一七〇五八	一七八二五
教职员数	四五五	五一六	五五二	六二〇	一二四	三九〇	五〇四	五一九
每月经常费数	二三五七六元	二八六三九元	三一六四〇元	三二一八一元	一九三三四元	三一九八二元	五六九八〇元	四九六五八元
每生平均月占经常费数	二・二二元	二・三五元	二・三五元	一・六五元	二・三九元	二・八一元	三・三四元	二・七九元
每职教员平均教授学生数	二三・四	二五・五	二四・四	三一・五	五四・二	二九・二	三三・八	三四・四

说明：民国二十五年至二十七年关于本市各项教育文卷俱因事变失去，无从依据，故均未列入。

表中数据有误，原档如此。

二十九年春季，为实施幼稚教育，复有增设幼稚园的计划。因改建校园，购办园具恩物等项略费时间，延至秋季，就各学区中心地点，分别设园。即特一区一所，附设于第六小，商业区一所，附设于第八小，中华区一所，附设于第十一小。本年以特区环境较好，人口特多，更增设一所，附设于第一小。现有幼稚园四所，各设保姆主任一人，保姆一人，幼稚生分大班小班，每园各约有学生五六十名。此外各私立小学在事变后，因社会经济艰窘，尚未恢复原有状态。兹经调查，本市有安多、广雅、圣保罗、训女、皮业等小学，共班次四十二班，学生二千余人，现正着手整理，以期与本市各小学办理一致。

丁、义务教育

为推进义务教育，救济贫苦失学儿童起见，遵照实施义务教育办法大纲暨实施细则的规定，于二十九年度下学期起在本市平民区及近郊设立简易小学及一年制短期小学各五所。简小招收六足岁至十三足岁，短小招收十足岁至十六足岁之贫苦失学儿童为主，每年暂设二学级，采用半日二部制，各设教员一人，负教管责任。主要学科为公民训练、国语、常识、算术、体育等科，学生书籍及课业用品均由学校免费供给。现各校均已开学，学生甚为踊跃。如本期办有成效，即行逐期推广，以求普及。至于私塾，为推行义务教育重要辅助机关，本市有鉴及此，特积极予以整顿。其进行程序，分为举行私塾调查、召集塾师谈话、举行私塾登记三项步骤，并订定汉口私塾登记办法暨汉口市私塾注意事项，颁布遵守。二十九年上学期调查完毕，即于二十九年十一月九日、三十年一月十一日两次召集全市私塾塾师二百一十四人听取训话，借以指导改良。二十九年度下学期开学，免费发给全市私塾学生各科教科书，约计二万五千余册，以利教学，而示体恤。至私塾登记，则拟于本学期内举办完毕。

三、社会教育

社会教育应与学校教育并重，此为人所公认。尤其在战后和运正推进的今日，举凡纠正民众思想，巩固和平反共建国的信念，均有赖于社教之推广，以助其成功。现本市已经成立的社教机关计有民众教育馆、民众学校、商业补习班等。兹分述其梗概如次。

（一）民众教育馆

民众教育馆为实施民教事业的中心机构，本市以大局敉平，复归民众日益众多，于二十九年十一月筹办民众教育馆一所，以清芬马路东首三十号民房为馆址，设馆长一人，主任二人，馆员四人，于同年十一月一日正式开放。本年二月，复增加主任二人，将内部组织分为五组：一教导组、二阅览组、三健康组、四生计组、五事务组（事务组主任由馆长兼任）。至其设施情形：有阅书室，除陈列各种杂志、民众读物外，所有历届购买的劝学图书，亦交由该馆保管，以供民众借阅。有阅报室，备有本市、南京、上海各地报纸，每日并由该馆制有壁报张贴门首。有民众问字代笔处，为民众解释字音字义，撰写书信、契约及各种简易文件。有讲演厅，举行政治、经济、故事、常识、时事讲演，并以宣传中央和平政策、阐扬我国固有道德为主。有民众学校，招收十六岁以上、五十岁以下之男女失学民众，授以简易知识与技能。有娱乐室，备有围棋、象棋、乒乓球、琴、箫、笛、鼓各种娱乐器具。自开放以来，民众前往听讲、阅览书报及举行各项娱乐者，日必数百人。兹将该馆二十九年十二月及本年元、二两月到馆民众列表于下。

年月	二十九年十二月	三十年元月	三十年二月	合计
人数	九九八一	五九二七	九〇〇三	二四九一一
附注	元月一日至三日为年假，元月六日、十三日、二十日为该馆休息日，二十数为十七日四日至三十一日为该馆寒假元月份该馆实际开放日。①			

（二）民众学校

二十九年三月，本市为予成年民众以补习机会，特就市立第三、四、六、八、十六等小学，各附设民众夜校一所，委派各该小学校长兼任夜校校长，每校分为两部，各派教员一人，办理以来，颇著成效。乃于同年五月，又扩充五所，一切仍照以前办理。迨九月份，因行政区域变更，设立于武昌之第一、二夜校及汉阳第一、二夜校，改隶湖北省政府管辖，汉口方面则仅存六所。旋为适应各校环境、提高教学效能起见，于本年春将夜校名称一律废止，改称民众学校。所有各校二部均独立，并于民教馆、男中、四十四、四十九小分别增设一所，各为二班，连前十二所共为十六所、二十班，现就学民众计千余名。

（三）商业补习班

从事商业的店员学徒，在本市几占全人口十分之二三。二十九年四月，特于市立高级职业学校附设商业补习班，招收一般店员学徒，授以商业上必要之知识及技能。教学科目为商业常识、商业簿记、商业文、日语等，修业期限三个月，授课时间每日午后七时至九时，免收一切费用，并由学校发给讲义。第一期于八月毕业，计男女生共五十名。嗣以适合社会需要起见，将科目略加变更，改办簿记、打字两班。簿记班以招收男生为主，科目为商业簿记、商业常识、日语；打字班专收女生，科目为华文打字、商业常识、日语。每期招生时，投考者均异常踊跃。第二期于十一月毕业，计男生二十四名，女生三十二名。现在第三期亦已开始授课，计簿记班就学生有二十七名，打字班就学生有三十一名。

四、其他设施

（一）取缔连环图书

本市各书店书摊，年来多有发售或租阅一种连环图书者。考是项图书内容，非怪诞不经，即秽亵不堪。一般儿童，知识幼稚，无不受其诱惑，几于人手一卷，废寝忘餐；甚至多数青年男女，亦每借作茶余酒后的消遣资料；以致养成种种不良习惯、荒谬思想，贻害

① 原稿如此。

社会，实非浅鲜。经拟订取缔办法，由警教两局会衔布告，限期于二十九年十月底一律禁绝。旋据经营此项图书的商人代表刘玉山等，以限期短促，呈请展缓期限，以便从容设法另图生计。等情前来，经核属实，展限至二十九年十二月底为止。迨本年元月，限期已届，原订取缔办法亟应执行，经召集该代表等谈话，将取缔意义及办法详细解释，并予开导后，同时通令所属各校馆一律查禁，并联络学生家长绝对禁止儿童阅览。

（二）派遣留学生及受训教员

为应时势需求起见，二十九年夏季，特举办留学考试，选取优秀学子四名，派赴日本留学。每名补助五十元，余由庚款项下支给。复求本市教育适合于中央之施教标准，曾历派中小学教员入京受训，计先后派往国立师范学师［校］受中学师资训练者二人，受小学师资训练者二人，受社教训练者一人，受体育训练者五人。

（三）各项学艺竞赛

（1）运动会

二十九年四月二十一日，在本市中山公园体育场举行本市市府周年纪念运动会。参加单位，中小学共计五十余校，人数达一万以上。运动节目分团体、田赛、径赛三大部，细目约有五十种，各运动员表演时，均颇见精神。三十年中小学联合春季运动大会，为纪念本市市府成立二周年起见，仍预定于本年四月二十一日举行。现已通饬各校事先准备，期于此次运动大会中，收获更优之成绩。

（2）成绩展览会

为谋中小学学生学业进步起见，经订定中小学分区成绩展览会办法，于二十九年十一月二十八日至三十日举行中小学第二届分区成绩展览会，俾便彼此观摩。中学区以女中为会场，小学第一区以六小为会场，小学第二区以八小为会场，小学第三区以十六小为会场。成绩种类：中学组学生成绩分国文、外国语、算术、自然、历史、地理、图画、劳作及笔记、日记、练习本、实习成绩品等项，学校成绩为各项统计图表；小学组学生成绩分作文、图画、劳作、习字等项。各种成绩经组织评判委员会评定等第后，分别给奖，以资鼓励。

（3）音乐会

二十九年度上学期曾举行中小学第二届音乐联合会，以提倡音乐教育，借以陶冶儿童性情。音乐节目先就各分区举行预演，选定其成绩优良者联合表演。中学区于十二月一日预演，小学第一区于十二月二日预演，第二区于十二月三日预演，第三区于十二月四日预演。选定节目四十一项，于十二月二十二日假汉口世界大戏院举行联合音乐大会，日本明治小学暨实科女校学生亦参加奏演，参观来宾计达千余人。

（4）映画会

为促进电影教育，经选定产业、航空、医学、渔业、体育等文化影片五部，及国府还都新闻片一部，于三十年二月二十四、二十五、二十六三天，先后假新市场举行中小学映画会，每日放映四场，规定市立学校分组前往参观。

（5）作文竞赛及演讲竞赛

中小学学生作文比赛，殊可以增进其写作技能，经订定汉口市公私立中小学校学生作文比赛办法暨比赛细则，于二十九年六月二十二日举行。参加学校计市立中学三校，私立中学二校，市立小学五十二校。与赛学生计中学组十四名，高小组五十一名，初小组一百零四名。比赛结果，成绩优胜学校，中学组为市立高级职业学校，高小组为市立十八小学，初小组为市立十一小学。其成绩最优的学生，计有张康降等二十二名。并于同年五月二十四、二十五两日举行中小学学生讲演比赛，参加学校计市立中学三校，私立中学二校，市立小学五十二校。与赛学生计中学组五名，高小组二十九名，初小组五十二名。比赛结果，成绩优良者，中学组为市立中学学生王阳光，高小组为市立十八小学学生刘清琴，初小组为市立第八小学学生徐兰芬。

尾　语

以上所举，为一年来本市教育实施梗概，兹再将本年设施计划择要分述于后，借明今后进行途径。

一、中等以上教育

甲、补助清寒中学生

事变以来，民力凋敝，学生家庭负担，每感困难，尤其品质优良的青年，因限于环境，不克继续深造。经参酌部颁补助办法及本市情形，拟订汉口市立中等学校清寒学生补助办法，并定于三十年一月份起实施，以鼓励一般清寒学子。

乙、加强体育训练

过去教育只重知识灌输，忽视健康训练。拟于本年内，将中学体育标准遵照中央规定加以改订，并顾及学生体格强弱差别，将各项剧烈运动范围缩减，另授以中国固有之国术锻炼，如太极操、八段锦等类，以收因柔致刚之效。

丙、高中文实分科制

现行高中课程，文实兼修，科目繁赜，一般学生的精神体力，往往因兼弛并骛而罔识依归，影响前途，至深且巨。因按照中央规定，将市立各中等学校拟自高中二年级起关行文实分科制，现已拟定草案，并决于三十一年春季实施。

二、初等教育

甲、量的扩充

本市复归民众日多，每学期各小学就学儿童，因额满见遗者，时生向隅之叹。第校舍与校具的设置，筹措匪易，惟有就财力物力之情状逐步扩充以期适合需要。兹就三十年度预计增设之初等教育，分述于下。

（一）第一期：二十年七月，增小学十一所、幼稚园一所。

（二）第二期：三十一年元月，增小学五所、幼稚园一所。

乙、质的改进

（一）成立小学研究会

为辅导初等教育起见，本年上学期教育局教员训练所及各小学均经先后组织研究会。今后拟遵照教育部初等教育辅导研究会实施办法，按照本市各学区情况，成立分区初等教育研究会，并斟酌区域广狭、交通远近，指定某小学为中心研究机关，于分区之上，更成立全市初等教育研究会，为指导总机关。

（二）成立升学就业指导委员会

本市各小学，已举办三届毕业，毕业学生一千〇五人。处此物力凋敝时期，自应顺应儿童环境，使各有相当发展，不致盲目徘徊，无所适从。最近拟由各校职教员组织升学就业指导委员会，调查学生家庭状况及其性之所近，分别指导其升学或就业，以谋教育之效率化。

其他如学生思想训练、健康训练、职业训练均将特别注意，对于注音符号亦将竟力推行，以求普及。

三、社会教育

关于社会教育方面，拟在本年内视经济能力，逐渐增设民众学校及各种补习学校，以期增进一般民众知识。图书馆为民众知识的源泉，亦拟积极设法使其成立。民众教育馆成立未久，内容亟待充实，务使其机构健全，效果迈进，此外并拟组织识字运动委员会，以竭力从事扫除本市文盲。

四、义务教育

甲、成立义务教育委员会

为推进义务教育力求普及起见，拟遵照实施义务教育大纲及实施细则之规定，由教育局组织义务教育委员会，以便拟具推行义务教育计划，监督义务教育经费及训练师资，而利全市义务教育的推进。

乙、扩充简小及短小

本市贫苦失学儿童甚众，自应扩充简小及短小，以资救济。本府扩充计划拟定三十年七月为第一期，三十一年元月为第二期，每期增设简小、短小各十所，以利失学儿童就学。

丙、塾师训练与辅导

为改进私塾教学起见，并遵照部颁改良私塾办法的规定，拟于相当时期举办塾师讲习会，讲习国语、算术、常识等学科，注重公民训练、科学常识及各科教学法之实际研究，并拟以市立优良小学教职员分区组织辅导网，辅导全市私塾之教学与管理，而期改良。

丁、调查学龄儿童

本市学龄儿童为数甚多，拟于最近会同警察局，督同学校及联保，举行全市学龄儿童调查，编制统计，以供推行义务教育之准备。

五、师资训练

现在本市人口日增，关于各项教育设施，自应积极进展，因此师资之储备，更属当前急务。拟于本年内，强化教训所组织，添设师范专修科，聘任专门讲师，考选优秀教员入所受训，以期养成多数教育人才，适应环境需要。

总之，一时代有一时代的教育方针，一地方有一地方的特殊环境，教育设施当适合需要，急其所急，庶能收获实际效果。今后本市教育当更加强“力”地活动，以期向着适应时代需要的教育前途迈进。

《教育建设》，第2卷第1期。

一年来的湖北教育

（1941年4月10日）

黄实光

湖北为首义之区，地处重要，文化发达。不幸事变发生，行政中断，弦歌遂辍。及至二十八年冬，省政复兴，百政待举，教育一端，千头万绪，虽曰恢复，实同创设。国府还都，省会重奠，一切制度逐渐规复，本省教育乃于近一年来稍具端倪。兹分为下列三项叙述之。

一、确定宗旨

值此百政维新、建设东亚新秩序之际，本省为复兴教育、造成人才、纠正思想、统一意志起见，秉承中央意旨，确定本省教育宗旨三项，令行各县各校及各社会教育机关切实奉行。其宗旨如下。

一、崇尚固有道德

我国数千年之立国精神完全寄托于儒家哲学。晚近风俗浇薄，青年学子醉心欧化，误解平等自由之义。今欲复兴教育，转移风俗，自非崇尚固有道德，不足以养成人格，以收新旧并蓄、体用兼备之效。

二、提倡职业教育

我国以农立国，农民最多，但泥于古法，不知改进，工商等业尤落人后，以致游手惰民，随地多有。况时当战后，流离颠沛，失业者更多。为充实物力、解决民生计，自应提倡职业教育，以合实际之需要，务使全国人民学有专长，各有职业土地，辟室藏兴，人尽其才，地尽其利，物尽其用，货畅其流，则社会现象日趋好转，富强之效实基于此。

三、普及社会教育

国家之强盛，基于教育之发达。我国教育落后，民智未开，无可讳言。今欲发扬文化，启迪民智，非普及社会教育、扫除文盲不可。值此和平救国之际，全国民众尤应明了世界大势，精诚团结，共同努力，方能谋国家之永久生存。是故社会教育为当前急务，不容稍缓。

二、实施情形

宗旨既定，即准此标的，计划实施。但自经事变，满目疮痍，办理教育，诸感困难。如修建校舍、遴选师资、购备图书、编审教本及其他一切学校设备，均成重大问题。本省教育之实施情形，有如下述。

一、恢复省会学校

事变后，省会旧有校址或破坏，或另有使用，新建校舍不独财力维艰，且为时间所不许。遂一面派员调查学产，一面交涉校舍或备用公私房屋，各加修葺，暂时应用，俾小学民校等二十余校，早日成立，正式上课。至若省立第一中学、师范学校，均已建筑落成，目前正在准备购置及招生事宜。

二、复兴地方教育

本省各县教育当然不及省会之盛，欲谋复兴，非明了各地实际情形不可。因于去年上学期，派遣视察员，分赴各县调查，并与当地行政机关密切联络。先将各县原有中心小学筹备开学，并指导其他各县如何计划，如何进行，解决其各种困难，俾得于最短期间继续成立。自奉部颁推进乡村小学办法后，即督促各县切实计划，务期多设乡村小学，以宏教育。

三、推广民众教育

小学之外，另设民众学校、民众讲演所、书报阅览室及附设民众夜校。惟社教人员责任重大，经建议中央，办理社教服务人员训练班，由各省市派员受训后，仍回籍服务。已蒙中央采纳，在国立师范学校设班训练，本省已遵令派员受训毕业矣。

四、师资之训练与养成

师资为教育之基础。本省为慎重教员人选起见，自去年三月起，先后办理两届中小学教员登记。合格者将近一千三百余人，复于省会设立师范学校，内分训练、养成两部。训练部就现任小学教员轮流调训，或就小学教员登记合格者笔试后入学受训；养成部设高级师范班，其学生由各县考送者三分之二，就省会招生者三分之一。似此则有志教育者，得深造之学校；现任教职者，有进修之机会；此后师资无缺乏之虞，不良教师自归淘汰。

五、教科书之供应

国府还都之初，教科书犹未编审完备，本省各大书局尚未复业，加以交通梗阻，购运困难，本省为适合需要、统筹迅速起见，设图书贩卖处，直辖于教厅，负购运各科图书专责。一面向中央输入部颁教本，一面向国外商购最新图书，廉价出售于各地各校师生，并于每学期始业之前，通令各县各校填报教科书需要数量表，以便事先购备，其营业纯益即作供给各校贫苦生书籍文具之用。至于各民众学校课本，则由教厅社会科遵照课程标准编订或审核，发交各校应用。似此统筹兼顾，既可收事半功倍之效，且符划一教本之令矣。

六、恢复图书馆与保存古籍

本省事变时，旧有图书馆职员全体星散。所有图书，多半散佚。古籍荡然，殊属可惜。因于去年三月派员前往旧馆所负责清查整理，俟房屋修理完竣，内容充实，即可公开阅览。至于旧有官书局存留古籍片，亦已派员清理保管，将来若为财力所及，尚可择要翻印，以发扬本省文化也。

七、考送留学生及派员观光

东亚新文化首推日本，派员留学观光，可资观摩。自教育部颁布留学生考选办法后，即于二十九年度上学期招考官费留日学生，所有试卷经部评阅，取录五名。本学期更拟扩充名额，继续考送二十名。大阪兴亚时习社为建设东亚新秩序之干部组织，本省已派员东渡，入社肄业，并派本厅社会科长参加观光团，考察日本文化产业及社会教育情形，以收他山攻错之效。

八、开办日华语学校

语言为传达意见、联络感情之必要工具，现当中日合作之际，两国国民欲谋交换意见、沟通文化之便利，非互习语言不可。本厅有见及此，遂在省会开办日华语速成学校一所，内分日语、华语两部，招收日籍及本国学生共处一堂。自开办以来，学生发达，庶几感情易于融洽，和平亦可促进。

九、举行各种集会

我国古昔教育偏重学科，习为文弱，不知五育并进，学术兼修，为近代教育之必要条件。因于二十九年度上期举行运动会、学艺会、成绩展览会各一次，寓提倡于竞赛之中，判优劣于展览之际。不仅省会各校热烈参加，即各县学生，成绩亦可观其真象。本学期则拟召集各种教学研究会、训育讨论会、学校行政会议，俾各校教职员得以交换意见，共谋学校行政之进展与各科教学之改进。

以上数项，不过本省实施教育之荦荦大者，他如初级职业学校、各种职业补习学校、省立女子中学校、民众教育馆、公共体育场以及学产学款之清理、教育经费之独立、省教育会之筹备、各地私塾之改良等，均在筹划进行之中，一年内当可次第实现。至于行政事项，概系遵照部令切实奉行，兹不赘述。

三、学校概况

本省教育实施情形既如上述，兹更略言学校数量及最近概况于次。

一、省立学校

省校之设于省会者，计有第一师范学校、第一中学校、日华语速成学校各一所。共设高中三班，初中五班，训练班二班，速成班四班，学生六百余名。省立小学十所，高级共一百一十班，学生四千三百余名。各校共添设义务班十班，学生四百二十余名（参看附表一）。民众学校十【二】所，共三十三班，学生一千三百余名（参看附表二）。附设民众夜校二所，学生三百余名。现在省会繁荣逐渐恢复，学生日增，下学期尚拟增加中小学数所，以资容纳。

二、县立学校

各县事变之后，物力凋敝，经费困难，设立中学者，仅安陆、黄陂、沔阳等县，共有中学十一所，学生九百余名。县立小学之多者，孝感为最，黄冈、天门两县次之，大冶、蒲圻等县又次之，其他各县自一所以至十【一】所不等，共有小学二百零二〔一〕所，学生二万二千四百余名（参看附表三）。以上系就二十九年度上期统计而言，本学期继续增加各县乡村小学，普遍成立，则县立学校当不仅此数也。

三、私立学校

私立学校之设于省会者多系各外国教会所开办，共十所①，学生八百余名②（参看附表四）。设于各县者，咸宁最多，信阳、黄陂等县次之，共一百一十二所，学生四千五百余名（参看附表三）。至于各私立学校立案手续，正在核办之中，俟分派督学，切实考查各校内容，再行定夺。

（附注：上述学校数量，汉口市立者不在此内。）

综上所述，本省一年来之教育，不过规模粗具，并无若何成效可言。但值此支离破碎之时，民众渴望和平之际，教育为当前要政，苟以利本省而利国家者，实光无不努力以赴，故略述其梗概，以就正于海内贤达之前焉。

附表一

湖北省政府教育厅省立武昌各级学校一览表

校名	校长	班数	学生人数	教职员数	校址	备考
湖北省立武昌第一师范学校	李经邦	四	拟暂收一六〇		洪井街	
湖北省立武昌第一中学校	胡绍铨	八	拟暂收三六〇		粮道街	
湖北省立日华语速成学校	厅长兼任	四	一六〇		后长街	
湖北省立武昌第一小学校	王静生	一八	八二二	二六	保安门	外设义务班二班
湖北省立武昌第二小学校	李绪先	一二	四五二	一九	粮道街巡道岭	同上
湖北省立武昌第三小学校	陆自定	一二	四七四	一九	裕华纱厂	外设义务班一班
湖北省立武昌第四小学校	王念慈	八	二六二	一二	西大上街	同上
湖北省立武昌第五小学校	程崇实	一二	四二三	一九	戈甲营	同上

① 附表四中仅有八所，原档如此。

② 根据附表四中数据计算，应有学生 1 285 名，原档如此。

续表

校名	校长	班数	学生人数	教职员数	校址	备考
湖北省立武昌第六小学校	刘人藻	一二	五八九	一九	八铺街万福林	
湖北省立武昌第七小学校	王家云	一二	五〇〇	一九	玉带街孔庙	外设义务班二班
湖北省立武昌第八小学校	程钟衡	八	二八〇	一二	炭场角	外设义务班一班
湖北省立武昌第九小学校	魏国桢	八	二八〇	一二	武胜门外积玉桥	
湖北省立武昌第十小学校	冯淮	八	二六五	一二	徐家棚	

附表二

湖北省政府教育厅省立各民众学校一览表

校名	校长或教员	班数	学生数	教员数	校址	备考
湖北省立武昌第一民众学校	校长曾立德	四	一六二	四	保安门关帝庙	
湖北省立武昌第二民众学校	教员夏械真	一	四三	一	得胜桥滋生堂	
湖北省立武昌第三民众学校	校长潘泽民	六	二五二	五	十字街清真寺	
湖北省立武昌第四民众学校	教员王用章	四	一五六	四	积玉桥元善堂	
湖北省立武昌第五民众学校	校长张竞芳	二	八六	二	粮道街仪凤巷	
湖北省立武昌第六民众学校	教员柳文相	四	一六三	四	胡林翼路	
湖北省立武昌第七民众学校	教员唐玉全	一	四二	一	武昌路衡善堂	
湖北省立武昌第八民众学校	教员文必寿	一	四〇	一	黄龙寺	
湖北省立武昌第九民众学校	校长吴颖	四	一五八	四	湖边街崇圣寺	
湖北省立武昌第十民众学校	教员胡莹晖	一	四一	一	后宰门延寿庵	
湖北省立武昌第十一民众学校	教员佘宝坚	一	四二	一	龙神庙一百号	
湖北省立武昌第十二民众学校	校长程钟秀	四	一五七	四	粮道街宝善堂	

附表三

湖北省政府教育厅各县学校统计表①

县别	县立中学数	班数	学生数	县立小学数	班数	学生数	私立小学数	班数	学生数
安陆	二	三	一一五	一	六	四四一			
孝感	一	五	二二三	二二	四二	一九〇三			

① 表中数据有误，原档如此。

续表

县别	县立中学数	班数	学生数	县立小学数	班数	学生数	私立小学数	班数	学生数
汉川	一	一	四三	五	三一	一二一八			
信阳	一	一	三九	九	三〇	一三一八	一八	二二	八三七
黄冈	一	一	五〇	一六	三九	一四四六			
汉阳				八	六六	二四八九			
黄陂	一		五〇	五	二二	八八五	一二	三八	七二五
应山				二	一五	七三四	一	三	九七
咸宁				七	二二	三四四	六二	一一〇	一九〇八
蒲圻	一		四〇	一二	一五	五〇九	五	一五	四八三
云梦				一一	二〇	七二〇			
九江				九	二二	六七七			
通城				八	三四	三四八			
应城				九	一九	七三三			
嘉鱼				四	一八	六七五			
武昌				九	二一	八〇八	一一	一一	二二三
大冶				一二		八八六	三		二六〇
天门	一		一二二	一四		一三一八			
临湘				三		一五〇			
岳阳	一		二〇〇	三		二一〇			
麻城				五		三八一			
鄂城				一〇		一三四三			
阳新				四		一六五			
钟祥				二		一八〇			
沔阳	一		三五	三		一九七六			
崇阳				三		二一五			
蕲春				二		一二〇			
通山				三		二二四			
总数	一一	一一	九一六	二〇二		二二四一六	一一二	一九九	四五三三

附表四

湖北省武昌教会设立学校调查表

校名	校址	班数	学生数	教员数	校长姓名	国籍	教会别	备考
成德小学	中山路五十五号	七	二九八	九	刘全兰	中国	美国天主教	
瑞典行道会家塾	云华林十八号	四	一七五	西人四、华人七	夏定川	瑞典	行道会	
难童识字班	云华林文华大学内	六	一八六	七	康明德	加拿大	圣公会	
妇女识字班	大东门外希利达	一	五六	二	邓正明	中国	圣公会	
善导小学	黄土坡	四	二四〇	九	康仁安	美国	天主堂	内一班年长者专学传道
宣道小学	粮道街七十二号	五	一二〇	八	雅美齐	美国	宣道会	所教完全教理
圣公会识字班	大朝街南段	三	九〇	五	韦特生	美国	圣公会	专教幼童识字
博文难民识字班	武珞路一四二号	四	一二〇	四	孟良佐	英国		每班每日上课二小时临时办理

《教育建设》，第2卷第1期。

一年来的安徽教育

（1941年4月10日）

引　言

教育事业为社会建设之中心，教育愈发达，社会愈进步，社会活动无已时，亦即教育事业无休止。本省教育向与江浙两省鼎足称盛，事变以来，摧毁殆尽，黉舍为墟，歌弦辍响，幸当局锐意整顿，力谋复兴，而教育事业得以延续。在此短时期内，虽未尽复旧观，亦能粗具规模，焦土建设，煞费苦心，有足多者。慰宗去岁十月奉中央命来皖掌教，深知责任重大，夙兴夜寐，固无时不周思熟虑，以蕲求改进之方。光阴荏苒，转瞬已四阅月。二十九年业已终了，在学期上恰为一段落，正宜乘三十年开始之初，重新检讨过去工作，以为确定本年推进计划之方针，惟是教育事业，千头万绪，才轻任重，深惧弗胜！兹将数月来研讨之所得与夫今后发展之计划，简述于后。

（一）中等教育

安徽省中等教育概况表

二十九年度第一学期

种类	校名	立别	校址	班级数	学生数	教职员数	每学期支出经费数
中学	芜湖中学	省立	芜湖	6	202	29	21 900.00
	怀宁中学	省立	怀宁	7	273	30	17 400.00
初中	模范中学	省立	蚌埠	5	230	25	20 100.00
	崇正男子中学	私立	蚌埠	4	87	14	5 202.00
	崇正女子中学	私立	蚌埠	3	92	12	3 930.00
	淮西中学	私立	怀远	2	88	9	2 232.00
	内思中学	私立	芜湖	5	152	20	2 748.00
	崇文中学	私立	怀宁	2	95	13	6 360.00
职业	怀远农业中学	省立	怀远	6	178	26	21 900.00
	滁县工业中学	省立	滁县	5	234	25	18 000.00
总计				45	1 631	203	119 772.00
备注：本文撰述时因蚌埠初级职业学校尚在筹备，故未列入，该校经费每学期为一万二千六百元，现先招收学生一级，并已于二月二十日正式开学矣。							

1. 关于学额问题

本省现已设立高级中学二所，初级中学六所，职业学校二所（蚌埠初级职业学校已筹备就绪，并已于二月二十日正式开学，先招收学生一级），共有四十五级，学生一千六百三十一名，教职员二百零三人，本学期支出经费共需十一万九千七百七十二元。怀宁、芜湖两中学，本学期已设高中一年级各一班，故列入高级中学之类，平均计算每班级学生三十六名强，每名学生需费七十三元弱。事变以来，学生入学极为踊跃，因名额限制而被摈弃者，时有所闻。最近江苏省每学级几平均皆为五十名，本省若能同样招收学生，亦可以不必另加经费，而扩充学额六百三十名，现在学生人数既不足额，而每一学生之所费依照教育部全国中初等教育统计，江苏省学生每名仅费四十元弱，而本省则几高出一倍，非惟不经济，亦且近于浪费。嗣后各校对于失学学生必须尽量收容，务期做到以较少之经费办较多之事业，收较大之效率。

2. 关于师资问题

本省中等学校教职员之资历，根据各校之报告，计国内外大学毕业者六十七人，高等师范毕业者三十九人，专科学校毕业者二十五人，其他七十二人。目前，师资问题似不十分严重，惟专门人才较为缺乏，此后一面拟设法提高教员待遇，一面责成各校长于延聘教员时严加甄别，俾优良教师得以安心工作。

3. 关于经费问题

在前表总计数字中，省款为七万七千五百九十二元，约占百分之六十五，部款补助为二万一千七百零八元，约占百分之十八，私立学校自筹经费为二万零四百七十二元，约占百分之十七。本省中等教育经费，在省教育款产尚未能积极整理，而省库又不十分充裕之时，自难冀其扩充，然此种数字，在比较上看，已不为少。惟近据督学视察报告，各校设备大都限于经费，均甚简陋，故此后除切实整顿省教育款产以裕收入外，对于各校设备，自应督促其依照预算，尽量扩充，以求美备。

4. 关于国文教学问题

本省各中学学生国文程度，依据督学视察报告，多参差不齐。才华卓越者固属鲜见，即比较成绩优良者亦不甚多得，其下焉者，大多文理欠通，别字连篇，书法恶劣，较之事变以前水准，已大见低落。最近曾收到一位中学生寄来的信，用的是外国纸，写的是铅笔字，其中别字三见，文理亦极不通顺。国文根底如此薄弱，于发扬文化前途，关系至巨，故本人认为国文根底应在中学时代打得结实，尤应在初中时代切实注意。盖学生升入大学以后，除了少数专门研究中国文学外，研究其他学科者，几不复能注意中文。甚至在高中时代，课程繁重，课外自习时间几大部消磨于数理英文，而每星期国文上课时间又不过五六小时，每隔两星期作文一次，一学期不过作文八九篇。阅读的时间既少，运用的时间又不多，欲求深造，戛乎其难。故本人认为国文一课，在初中时代，钟点不妨加多，内容力求充实。在上课时候，应切实注意学生之程度及其缺点所在，同时亦必须运用种种方法以提高学生对于阅读国文之兴趣，兴趣既浓，进步自速。所选材料，以应用为主，艺术为辅，读的材料不妨选择古文，盖古文用字造句，简练畅达，音调铿锵，易于朗读，亦易于背诵。至默读材料，自应以白话文为主体，最好指定若干种材料，令学生在课外阅读，并将所读内容择要札记，每星期交阅一次，以验学生之勤惰。多听、多看、多读、多做，四者混而为一，则于不知不觉之间，无须鞭策而进步自速。至写字一层，亦极重要，此为外表形式，而亦是我国固有之艺术。西子蒙不洁，则人皆掩鼻而过，为人如此，为文亦然，文字清顺而又书法整齐，自然悦目。教员评阅试卷时，书法整洁者，往往印象独佳，得分较多，此实是一种心理作用，犹之见一衣冠楚楚者，对之总不致发生恶感也。故本人最近已拟就一种关于初中国文及书法练习的实施计划，通令各校切实遵行矣。

5. 关于思想训练问题

本省中等学生思想尚称纯正，惟青年血气方刚，认识不足，而好胜、好奇、好动，又为青年心理之特征，指导得宜，足以造成社会进步之动力，否则盲从盲动，危险滋多。本人以为总理所主张之大亚洲主义及汪主席和平运动之真谛，均为极好训导中心资料，应即拟具计划，切实训练，朝乾夕惕，自可共向光明之途迈进。各校教师固应切实注意，即各地方教育行政长官负监督之责，自亦不容忽视。

6. 关于职业教育问题

本省现设怀远农业中学与滁县工业中学及现已开办之省立蚌埠初级职业学校，计共三所，惟职业学校与普通中学不同，应以生产为原则，前述二校，其课程与设备均异于普通中学，离职业学校应有之标准甚远，自应积极加以整顿。盖合理化之职业教育，是生产的，而不是消费的，学校即是工厂，亦即是农场，学生即是工人，亦即是农人，最低限度，要使学校本身不应徒有职业生产之名，而仍如一般普通中学之偏于理论的知识训练，亦不应仅仅装点门面，从事消费，正如工厂或农场企业应积极减少成本，改良出品，发展营业，以获取利润也。惟我国目前对于重工业尚谈不到，故办理职业生产教育，宜先从轻工业或小工艺入手。本省天然原料甚多，极可利用，故已办之职校须积极扩充，设法改进，并拟斟酌情形，增设一二所，以适合社会需要，而发展本省之富源。

（二）初等教育

安徽省初等教育概况表①

二十九年度第一学期

类别 县别	学校数	学级数	学生数	教职员数	每学期支出经费数（以元为单位）
凤阳	17	108	4758	189	61 197.00
怀远	10	47	2 111	66	13 002.00
滁县	8	47	2 048	69	13 938.00
嘉山	7	24	1 215	46	8 760.00
宿县	23	61	2 884	99	25 002.00
当涂	23	65	2 438	111	24 831.00
巢县	12	42	1 502	73	13 680.00
怀宁	18	74	3 126	134	34 537.00
芜湖	28	112	4978	159	23 256.56
灵璧	—	—	—	—	—
合肥	5	26	899	45	10 366.20
泗县	1	6	257	11	2 460.00
亳县	5	13	780	21	7 452.00
五河	2	4	198	8	2 040.00

① 表中数据有误，原档如此。

续表

类别 县别	学校数	学级数	学生数	教职员数	每学期支出经费数（以元为单位）
和县	7	21	544	32	9 888.00
全椒	2	10	327	16	3 570.00
寿县	1	2	93	4	1 332.00
凤台	1	—	—	—	—
定远	1	5	268	8	1 440.00
来安	4	19	678	32	12 420.00
含山	8	42	1 383	69	19 440.00
盱眙	3	9	404	18	6 510.00
无为	—	—	—	—	—
繁昌	14	38	1 422	64	21 717.60
总计	200	775	32 319	1 274	316 839.36

1. 关于学额问题

本省现已设立公私立各级小学二百所，计模范小学十七所（附幼稚班十二班）、完全小学六十六所、初级小学一百十五所、简易小学二所，共计七百七十五学级，学生三万二千三百一十九名，平均每学级学生约四十三名，具见儿童入学之拥挤情形。如能仿照江苏省办法，每级以五十名为足额，则可收容失学儿童五千余名左右。亟望各县能斟酌情形，扩充学校学额或学级，以资救济。

2. 关于小学师资问题

在上表所列教职员一千二百七十四人中，若再加以分析，则受过师范教育者，即以教育事业较为发达之凤阳、芜湖、当涂、怀宁等四县而论，亦仅占百分之六.四，其他各县因统计表册多缺然不报，无法加以精确统计，但其需要优良师资，当更迫切。本省小学师资之缺乏实为当前最严重问题，故拟立即筹设师范学校，切实训练，以资救济。

3. 关于教师待遇问题

本省小学教师，根据各县所报之数字，月薪大多在二十元以下，待遇微薄，远不如贩夫走卒，际兹物价高涨之时，实难谋得一饱，生活尚不能安定，遑论教学成绩。最近几经研究，已在可能范围内酌予增高，俾可安心工作。兹将提高待遇标准列举于下：

薪俸在二十元以下、十元以上者，加八元；

薪俸在三十元以下、二十元以上者，加六元；

薪俸在四十元以下、三十元以上者，加五元；

薪俸在五十元以下、四十元以上者，加四元。

4. 关于经费问题

本学期支出经费数目，总计三十一万六千八百三十九元三角六分，省库补助二万七千元，占百分之八，部款补助费十一万八千六百二十元，占百分之三十七，县教育经费实支十二万九千六百九十元三角六分，占百分之四十二，私立学校经费四万一千五百二十九元，占百分之十三。目前，县教育款产已在积极整顿之中，惟是否能收支均衡，或有不得已擅自动用省款者，此时尚无法加以统计。

5. 关于健康问题

据视察报告，各校教员对于教学尚能循循诱导，惟对于健康方面尚多忽略，殊不知健康教育关系至巨。吾国人民死亡率较世界上任何国家为高，而一般学生之体格又皆不逮标准，此皆不注意健康所致。兹已拟具计划，分健康训练、健康设施、健康检查、疾病医治与缺点矫正四项，通饬遵办，同时希望学校方面与家庭方面切实联络，当可渐收成效。

（三）社会教育

本省现已设立省立民众教育馆一所、公共体育场一所、县立民众教育馆十所、图书馆一所、民众补习学校十七所，总计经费本学期支出约为四万三千一百二十二元，此数字中补助费占三万八千八百八十元，约百分之九十强，县教育经费占四千二百四十二元，约百分之十弱。此中有足为吾人注意者，即省库对社教事业经费并无支出，此非本省当局漠视社教，实因学校教育之需要更为迫切，不得不择其缓急，次第实施也，然即此亦可见省库竭蹶之一斑矣。关于社教实施情形，据视察报告，办理均未见妥善，甚鲜成效，亟须根本改革。盖社会教育之对象为民众，际此物价腾昂、民生艰困之时，目前民众急切之需要在求生活之安定、经济之改善。欲期实现，固应注重生产技能之训练，文盲数量之减少，健康常识之增进，皆为办理社会教育之唯一目标。若徒重外表，不求实际，惟馆舍是尚，以为美轮美奂，陈设华丽，即可吸引民众，能事已尽，此则仅资点缀，离社会教育之本旨远矣。总之，社会教育者乃一活动之教育，应深入民间，唤起民众，寓娱乐于益智，借运动以健身。凡所设施莫不以引起兴趣为前提，诱掖奖借，默移潜化，使社会民众欣然来归，有莫知其然者，与曩日办理社教事业，静而不动、呆而无变者，固宜引以为戒，力图改进，切实注意，能如是，则今后社教成效或可较显于往年也。

（四）结　论

总之，本省教育概况既如前述，而应行改进之点亦约略论及。兹为便于阅览计，综述要旨，列举于后。

（一）中等教育

1. 扩充学额以求行政效率之提高、经费支配之合理。

2. 甄别师资，并在可能范围内提高其待遇。

3. 一面整顿省教育款产，一面充实各校设备。

4. 提高国文程度。

5. 陶熔学生思想，并矫正其错误。

6. 添办职业学校，以适应需要。

（二）初等教育

1. 设法扩充学校学级或学额。

2. 筹设师范学校，切实训练师资。

3. 提高小学教师待遇。

4. 县教育经费务求收支均衡，并防止动用省款。

5. 切实注意健康教育实施。

（三）社会教育

重在生产与健康之训导、社会常识之灌输，深入民间，唤起民众。

以上所述对于本省教育概况，亦既明了而深识，继往开来，即今后教育应取之途径，当遵此目标，协力迈进，以底于成。

《教育建设》，第2卷第1期。

一年来的南京教育

（1941年4月10日）

徐公美

前　言

教育为立国之本，而地方教育尤占重要，良以人民之智愚由是而分，社会之文野由是而判也。京市为首都所在，兴办新学，始自清季，计时迄今，垂四十年。洎乎民十六国府奠都南京，市府更设专局以主其政，历任局长，如江西陈君剑翛、江西陈君泮藻、江苏顾君树森、安徽张君忠道、湖南谢君征孚，或系教育先进，或系法政名流，凡所设施，皆本其深邃之学识、丰富之经验，是故关于本市学区之划定、教费之筹措、学校之分布、社教之推行、师资之培养、教学之改进以及学龄儿童之调查、识字运动之举行等，莫不详尽妥善，克副使命。乃以事变爆发，学子星散，校馆为墟，九仞之山，几亏一篑。所幸天心厌乱，国运转机，日方有近卫首相之声明，我方有主席汪公艳电，携手言和，邦交恢复。于是弦歌复兴，黉舍重振，迨国府还都，已渐复旧观。公美献身和运，未敢后人，去年六月，拜受简命，承乏首都，自维浅薄，勉效樗材，以视陈、顾、张、谢诸君，实觉弗如远甚。惟从政以还，本“力行寡言”之信念，上承蔡市长之监督、赵部长之指示，下得诸同僚之合作、各校长之协和，一德一心，群策群力，苟有利于京市教育者，虽含垢忍辱，靡不悉力以赴。且也凡所设施，胥以此时此地之社会为背景，即意图建立战后南京本位的教育。但教育之目的端在普及，今则以经费之不足，失学儿童犹属多数，所谓教育机会均等之说，自是大相径庭。兹值国府还都一周纪念，用陈京市教育施政经过，缅怀既往，不胜惶悚恐惧，抚念未来，尤感厥责綦重，邦人君子，幸垂教焉。

甲、关于教育行政者

一、健全行政机构——行政组织首在机构健全，工作效率始能昭著。教育局既往之行政系统，经兹事变，已不甚适用，当经重行规划办事程序，详为调整职掌，淘汰冗员，延揽专才，借以增进工作成果。其组织，于局长之下设秘书一人，局内分为第一、第二、第三三科及督学室，分掌各该科室主管事务。第一科设文书、事务、经济三股；第二科设学务、管理、统计三股；第三科设民教、社教、体育三股。对于逐月进行工作，先由各科室主管人员将施政纲要预拟，俟呈准局长后，依次办理。惟用人极少，全局职员仅四十余人。

二、实现教费独立——京市教育经费原由市库统收统支，致既无确切之保障，又无合理之支配。爰经遵奉教部训令及实际需要，推进教育经费独立运动，颇获各方之同情。嗣经组织南京市教育经费委员会，以局长为主任委员，对于筹划保管审核支配等事项，逐一提会决议执行，所有全部教费存储指定银行，不得为其他事业所挪用。于是用途正当，绝无积欠情事，此种彻底独立制度，以京市为首位。

三、提高教员待遇——京市各校馆教职员原有薪给，本极低微，嗣经规定，根据考绩等第，以为加薪标准，凡小学校长考绩列入甲等者，加薪八元，乙等者六元，教员列甲等者六元，乙等者四元，事务员一律加四元。至中学暨社教机关专任职员，薪额在三十五元至五十元者，每人各加薪六元，二十元至三十四元者，各加薪四元。此后复以物价高涨，各该员工所受待遇仍不敷维持生活。爰由局长呈准市府教部，凡小学教员一律发给生活补助费十元，米贴十元，每月总数在二万元以上。此项支出并未列入预算，乃由教局平日撙节、逐月积余得来，盖所以使若辈安心服务也。

四、统办修缮购置——京市各级学校及社教机关房屋，经兹事变，多已毁损，各项教学设备尤多散失殆尽。前以教费支绌，因陋就简，原属一时权宜之计，还都以后，为整顿校容起见，对于馆舍修缮暨设备购置等，自须通盘规划，统筹办理。爰由教局通令各校馆，着将修缮估单先行呈局核定，然后招商承修，并函请工务局协助办理。

五、厘定单行法规——查教育法规为办事之准则，国府还都前，所订之各项单行教育法规多未能适合需要，经即分别整理，缜密审议，以资实用。其经予废止者，计有南京市中小学训育暂行标准等六种；加以修正者，计有小学教员登记办法等五种；重行厘定者，计有南京市监督补习学校暨传习所登记办法等九种；均经分别呈准公布施行。

六、整理校馆财产——京市各级学校暨社教机关之财产保管办法，向无具体手续，尤以事变后，益复无可稽考。爰经一面着手调查，逐步整理，并订定保管规则及各种表式，分为基产、器具、图书、自然科用品暨其他等五项，分类编号，详细登记，由各校馆分别填报，并限每届学期终了，必须重报一次，以凭查核。平时如有增损，应另依照规定表式，按月汇报，于必要时，派员分别抽查核对，责令主管人员妥慎保管，借重公物。

七、审核所属报销——京市各级学校暨社教机关以前处理会计事务，方式既不一致，款目亦多混淆，为划一起见，当经规定各项会计表册格式，通令遵照办理。至各月份之经费报销，务于款项领齐后十日内造具报销，连同收支对照表、支出计算书、单据粘存簿，一并呈报，即指定专门人员负责审核，务期预算、决算两相符合，收支平衡，庶几款不虚糜，均归实用。

八、拟订施政计划——复兴教育应先拟订施政计划。京市所订施政计划，其重要者，如增设咨询机关、确定教育基金、整理教育款产、充实教学设备、整顿教员师资、改善教师待遇、调整学校组织、办理教育统计、统一教育会计、厘定各项法规、审核各科教材、编订补充读物、指导学生自治、扩充社教机关、增设民众学校诸端，按照所订计划一一着手举办，逐步推行，俾其实现。

乙、关于学校教育方面者

一、调整校长人选——还都以后，教育局以过去各市立中小学校校长办事成绩优劣不等，当经多方咨询，严密考核，量予调整。计发表留任者，中学方面校长一人，小学方面校长二十一人，互相调任之小学校长共有二十六人；呈准辞职者，市立第一中学校长一人，应予免职、另候任用之小学校长九人，小学校长之新委者共十六人，均经先后分别任免，并派员前往监督移交，以清手续。

二、改定小学名称——教育局所属市立各小学校名，事变以后，采用数字办法，殊与部颁小学规程不合，爰将市立各小学名称，一律改以所在地之地名为校名，以符定制。并将原有第一、二、四、五、七、九、十一、十二、二十等初级小学，添设高级班，改为完全小学，借以扩充学级，增厚教育之基础。

三、扩充中小学级——国府还都以后，京市人口激增，中小学学生数量随之增多。爰经斟酌城乡各区小学实际需要，于二十九年度第一学期开始，增设全日制及二部制八十学级，至市立第一、第二两中学暨女子中学，各增二学级。第二学期开始，将市立雨花路、马道街、渊声巷三小学所设分校予以独立，并增设全日制及二部制六十五学级；市立第一中学，准将预备班改增正式春季班一学级，计增收小学学生一一〇五三人，中学学生四七六人。

四、增设乡区小学——京市教育实施，城区固应注重，乡区亦不可偏废。还都以后，市教育局为谋城乡教育兼筹并顾计，曾于乡区宝塔桥、笆斗山、尧化门、凤凰街、仙鹤门、马群、姬家庄、双闸等地，觅定相当校舍，各设初级小学一所，并遴选合格人员充任校长，如期开学，以应实际需要，而免儿童失学。

五、拟具训育方针——还都以后，教育局根据国民政府政纲，以和平反共建国为中心目标，拟具中小学训育方针如左：

（一）关于中学之部：

A. 训练学生确切认识国际环境与中国地位，以和平反共为建国之基本信念；

B. 训练学生有科学智识与生产技能，以谋战后经济之恢复及产业之发展；

C. 养成学生有忠恕友爱、进取互助、礼义廉耻等德性，发扬我国固有之美德。

（二）关于小学之部：

A. 养成儿童有和平亲善、敦睦友爱之精神；

B. 养成儿童有手脑并用、生产就业之技能；

C. 养成儿童有忠恕诚实、礼义廉耻之美德。

六、充实学校设备——学校设备之充实与否，不仅关乎学校外表，且与教学效率具有密切关系。京市以经费所限，只得逐步购置，曾就其急需者，添置中学单人课椅三百套，小学高、中、低各级课桌椅二千五百套，办公桌椅一百二十套，黑板六十块，以及书橱架等物，分发各校具领应用，他如理化仪器、运动器械、参考书籍，视教费情形，分期购置，借谋充实。

七、订发学校校历——遵照部颁修正学校学年学期及休假日期规程，制定南京市中小学校校历一种，印发所属中小学一体遵照；并由教育局通令各校，于每一学期开始之前，拟具行事历，呈备考查。

八、改用国定课本——京市市私立各小学用书，事变以后，任意采用，课本未能一律，长此以往，影响教育前途至巨。教育局为谋普及小学教育暨便利推进起见，对于市私立各小学用书，迭经令饬一律改用国定课本，并派员抽查，期在必行，使一般儿童思想得以纳入正轨。

九、举行日语研究——曾订定简章，组织中小学日语教师课外研究会，借谋市立中小学日语教师教学效率之增进与感情之联络。曾于十二月二十日举行中小学学生日语演习会，其演习范围分演说、会话、歌唱三种，评判结果尚称圆满，当经分别给予奖品，以示鼓励。

十、整顿小学师资——教师担负学校教训重任，以身作则，躬行实践，无论毕业资格、服务经验、品行修养、思想观念，均应审慎选择。京市师资之优良者固属不少，然为环境迁就，不克胜任愉快者，亦复未能尽免。教育局为整顿小学师资，曾拟订办法，呈准教部市府，举办小学教员总登记；先予资格审查，继之分别举行口试、体格检查、笔试。计经登记合格之小学教员为一〇八六人，业将全部名单分类公告，并通饬各小学校知照，以便分别遴聘而符规定。

十一、调查学龄儿童——京市学龄儿童为数可观，自须亟予调查，以为整理初等教育之依据。除订定南京市调查学龄儿童实施细则，并制就调查宣传标语十二种、敬告学龄儿童家长书一种、调查统计表式四种、调查须知一种，以利进行外；并召集各区指定人员以及负责主持调查之学校校长，举行调查会议，讨论分配调查地段与商请警察局区公所协助调查等事宜。十二月二十一日，全市开始动员调查，并限十日内调查竣事，统计完成，俾为整理之参考、施政之依据。

十二、劝募冬赈寒衣——教育局为养成学生助人怜贫之美德，特举办首都冬赈学界劝募寒衣运动，借以辅助首都冬赈委员会，救济京市贫苦市民。爰经订定办法，由各中小学学生分别组织劝募寒衣队，于十二月二十三日开始，利用课余时间分区劝募，并先期组织巡回讲演队，同时出发，一面函请市内各电影院，加映劝募寒衣标语，以广宣传。期满结束，综计募得法币六千一百七十元，日币二百五十二元，并衣、鞋、帽、袜、被褥等五千余件，即经汇送首都冬赈委员会，一一点收清楚，结果甚为圆满。

十三、铨衡公费留日——依照教育部制定留日公费生考选办法之规定，组织临时留日公费生铨衡委员会，办理铨衡口试及初试事宜，计分文书、事务、检验、典试四组，各专责成。于二十九年七月十九日开始审查证件，检查体格，二十日口试，二十五日初试，全部办理竣事，当将铨衡结果检同各项试卷文件及名单等项，汇送教育部核定，予以复试。

十四、考核私立学校——还都以后，京市私立中小学日渐增多，自宜从事考察，督促改进，俾与市立各校趋于一致。爰由教育局派员调查各该私立中小学实况，关于训教设施情形、各科所授教材以及采用课本等项，并随时详予指示，务使合于规定，得能平衡发展。

十五、补助清寒学生——有志向学之学生，而其家境确系清寒者，自应酌予补助，以宏造就，并订定补助清寒学生办法，规定暂以三十名为限额，计高中十名，每名每月十元，初中二十名，每名每月八元。

丙、关于社会教育方面

一、整理民众教育馆——市立民众教育馆，成立于民国二十八年十月，馆址在建康路针巷口，其内部组织与国府还都后之制度颇多未合，当由教育局第三科积极整理，并着重识字教育与生产教育之推进，事业日渐进展，平时诣馆受教人数日有五百余人。其原有事业费，每月三六〇元，扩充为五八〇元；办公费一一五元，扩充为一五〇元；特别费四〇元，仍照原数拨发；合计全馆经费为一一六五元。该馆职员待遇向甚低薄，以致不时更动，为顾全其生活及健全行政机构计，爰特增加员工生活补助费及米贴，期收安心服务、事业增进之效。至于该馆设备，俟财力稍裕，当为宽筹经费，力图充实。其附设之儿童乐园，向由市立民众图书馆负责整理。兹将其历史及其沿革略述如下。

儿童乐园位于贡院东街，原系旧贡院前之空场，经几度变迁，始于民国十八年秋，种植树木，辟为公园，供众游览。只以管理无方，屡栽屡废，迨至二十二年，由前京市园林管理处复加布置，筑茅亭及房屋，确定经费每月五百余元，专设员工管理，定名为秦淮小公园，设备为之一新，足供市民游憩。至二十六年，市工务局为便利行人计，在该园中部建造木桥一座，园址遂划分为二段，致管理上发生困难。事变以后，仍归园林管理处管理，经派工修葺，补植树木，至二十八年，改为儿童乐园，由教部拨款一千元，饬由教育局负责办理，旋将房屋修缮，设置运动器械，以为儿童游息遣兴之具；并建造竹篱二道，饬由市立夫子庙小学雇工管理。至二十八年冬，划归市立民众图书馆，以原有房屋改辟儿童阅览室，此乃儿童乐园之由来也。其经费月支八十五元四角，内设管理员一人、工役二人。二十九年八月间，民众图书馆鉴于管理难周，且其性质亦与该馆不符，遂呈准移归市立民众教育馆接管，一切经费悉照其旧，连同该馆原有经费，合计每月一,二五〇.四元。惟因该园竹篱常有损坏，刻正计划拟改建围墙，重行布置，俾便儿童游憩，兼壮观瞻。

二、充实民众图书馆——市立民众图书馆成立于民国二十八年五月，馆址在夫子庙右侧。第以成立未久，内部设备简单，馆务未能充分发展。还都以后，教育局对于市立民众图书馆，力谋内容充实，馆务发展。内部组织现设主任一人，馆员二人，管理员三人，助理员三人，其主要目的在沟通文化，广搜图书，或出于征集，或由于采购，以飨读者。又为该馆规划推广流通部，置备巡回文库。更鉴于原有图书设备费之支绌，每月扩充至三五〇元，其办公费扩充至一〇〇元，特别费扩充至五〇元，合计全馆经费为八五〇.八元。一年来甚有进步，每日诣馆阅览者，平均约计二二四人。

三、举办民教播音——国府还都以来，百废俱兴，而民众教育之推进诚属当前之急务。且京市人口稠密，如欲普遍实施，需费又属至巨，目前市民对于和平反共建国国策之真谛，似尚未十分了解，政治常识又极幼稚。为促进全面和平之实现及唤起一般市民了然于和平反共建国国策之涵义起见，爰特举办民众教育播音演讲，于九月十二日开始，订定每周星期四下午七时十五分播讲一次，由教育局职员轮流担任。所有讲稿于播音前二日分送宣传部及南京广播电台，俾便预为排定，即于播讲之次日分别揭载本京各报，以宏宣传，所有讲稿编有专集。

四、计划扫除文盲——还都以后，京市为国都所在地，市内失学民众亟应实施补习教育，经订定自二十九年七月起至三十四年六月止之扫除文盲五年计划，依限期次第实施。盖实施失学民众补习教育之场所即为民众学校，因于年度开始时积极规划，筹设市立中心民众学校二所及附设民众学校二十班。惟经事变之后，原有社教机关大都毁灭无遗，故于觅取房屋煞费周章！刻已觅定二处，一为东牌楼一三六号，一为洪武路一一〇号，堪以筹设第一及第二两中心民众学校之用。第以残破之故，修缮尚需时日，一方面已着手调制应用表格，拟定简则及各科教学纲要与学校行事历等，一俟工程告竣，即可正式开办。

五、实施思想善导——查社会教育之推行，不仅注意形式，同时必须观察内容。欲求社会教育之顺利推行，必须注视群众之心理，方能推行有效。自国府还都以来，社会繁盛，与日俱进，此数十万市民之中，其思想言行当未能一致，如过去误听虚伪宣传者，或一般青年学子曾受偏激教育之熏陶者，自应设法予以矫正，俾使共同担当和平反共建国之重责，以期达到中日和平合作之真谛。爰经订定实施思想善导办法，内具思想善导目标如左。

（一）使市民了解中日两国彻底提携合作的信念。

（二）使市民咸能遵守纪律，拥护领袖，以达到和平反共建国之目的。

（三）使市民明白汪主席主张实施宪政之目的，在谋民主政治之实现。

（四）使市民认识共产党罪恶及第三国际对我之阴谋。

（五）使市民尊重我国固有道德文化，务使咸具简单、朴素、刻苦、耐劳、重实践、有礼貌之良好习惯。

（六）使市民都有克服环境、忍受困难的精神。

业将该项办法及目标，通令市立各级学校暨社教机关一体切实遵办，并由教育局召开会议。

六、推行注音符号——国语注音符号为推行国语之基本工具，借以促进国内语言之统一，又能补助学习文字之记忆及辨别声音之含义，而于和运前途所关亦巨。爰与中国教育建设协会合办国语注音符号讲习会，聘定专家马国英为首席讲师，并决定第一、第二两届会所暂设市立珠江路小学，学额每届五十名，就市立各级学校国文教员轮流抽号受训。规定每星期出席听讲四次，每次下午四时至六时，第一届于十一月十五日开始，至一月十日结束。第二届于二月十五日开始，刻正在举办中。

七、监督私立补校——京市方面，私立职业补习学校大都未经呈准设立或备案，而擅自招生者比比皆是，收费尤漫无标准，间有以学校名义为营业，以敛钱为能事，或有不称补习学校，而仅标学校之名者，贻误社会青年，实匪浅鲜。教育局调查后，即经予以纠正，并订定南京市政府教育局监督私立职业学校传习所登记办法一种，公布施行，俾有依据，而示限制。

八、登记社教人员——社教工作人员之资历，较诸一般学校教员之资历为广，而社教法令又无明确之规定，故历来任用标准未能齐一，影响于社教匪浅。际兹国府还都，其所负使命较诸往昔，尤为重要，经订定南京市社会教育工作人员登记办法一种，以为任用是项人员之标准。

九、举办私塾登记——本市私塾，自事变以还，宛如雨后春笋，其中办理优良者固多，但设备简陋、教学不善者，亦复不少。盖以私塾原可补助目前小学教育之不足，兼可救济失学儿童，举凡训导管理，尤宜符合现代环境，必使儿童身心均能平均发展，养成德、智、体三育之良好习惯。特修订南京市私塾登记办法一种，以资整饬，经于十二月十五日开始登记，至十二月底止，综计登记私塾一百四十六所，刻在办理审查中。

十、办理歌咏比赛——教育局为宣传和平反共建国国策暨启发民众高尚情绪起见，曾会同南京特别市党部举行歌咏比赛，参加筹备，通令全市公私立各级学校，将自行编拟或选用之歌曲，于十月二十八日以前，送会审核，决定去取。定十一月六日下午一时，假夫子庙小学举行预赛，十二日下午一时，假中央大学举行决赛，并经聘定陈大悲、高天棲诸君为评判员，计参加学校二十九所，学生约四百余人，决赛成绩分小学齐唱、小学独唱、小学表情唱、中小学二部合唱等四种，精彩倍增，听众情绪异常热烈！

十一、筹组市教育会——国府还都后，凡学术团体须先呈经社会部社会运动指导委员会南京分会许可方能组织。至教育会之监督机关，经教育局呈请教育部解释，仍以各省市县之教育行政机关为其直接主管监督机关，教育部为间接最高监督机关，惟须兼受社会运动指导委员会之监督。京市教育会亟须成立，爰由社运会南京分会指派筹备人员，商准教育局会同组织，现正在筹备进行中。

十二、合办临时讲学——市政府为阐扬国学、恢宏中国固有道德文化起见，经与教育部合办临时讲学会而由教育局主持其事，敦聘江宁宿儒吴廷燮先生担任讲师，于十月二十日上午九时起，假座中日文化协会举行首次讲学，时间定为二小时，以每月第一星期及第三星期讲学各一次，于十二月闭幕，计前后讲学四次。其讲稿现正从事编纂，将附入民众教育播音演讲专集中。

十三、提倡民众体育——国民体魄之强弱关系一国隆替至巨。事变前，首都民众体育之提倡不遗余力，除按时举行各种比赛外，并辟有大规模之中央体育场及市立公共体育场，自经事变，或被摧毁，或被借用，但欲恢复此项建设，尤属难事。兹为提倡民众体育起见，经规划全市市立中小学之运动场，每日限定开放一二小时，作为民众运动之用，并于可能范围内，将运动器械尽量供用，一面并另勘定地点六所，辟为民众简易体育场，现正在着手计划中。

十四、恢复童军训练——查童军训练为军国民教育之基础，还都以后，此项训练自宜积极恢复，关于童军训练标准，在未修订公布以前，仍照旧标准实施，经通饬本市公私立中小学切实施行，并随时派员督导。

丁、关于教育视导方面

一、研究指导概况——普通教育之视察皆注意于消极之批评。自本年度起，改为指导制度，除视察外，仍须注意于积极研究与指导工作，庶使学校教育易于改进。经订定南京市各小学分区研究会暂行组织规程暨南京市立小学校务实施注意事项各一种，分发各校，俾作改进之依据。

二、订定视察表格——教学视察表，除校名、年级、科目、教师姓名、节次、时间、月日外，计分四大项：（一）教室管理，（二）仪容言动，（三）教材及教学法，（四）学生反应。视察教学时，当随时记录，以考核教师之成绩，因是订定表格，颁发遵行。

三、研究课本内容——教育部编纂委员会函送国定小学课本全部九种，共计四十八册，嘱予审查。当经教育局派员分别研究，关于此项课本，因急于应用，为时短促，故内容方面似未臻完善，其应修正者均经详加研究，提供意见，函复该会采纳办理。

四、重订考核办法——小学教职员平日服务成绩，自宜严予考核，始能区分优劣，督促改进。本市过去所订小学教职员服务考核办法不甚适用，爰经重订南京市立小学教职员服务考核办法一种，计分四等八级，以作奖惩标准，此项重订办法现已公布施行。

后记

以上所述各端，为还都一年来京市教育之大概情形。只以时间短促，经费有限，益以教育局与市府各局合署办公，"教育行政"尤未能充分自由，致各项教育事业未能悉如原订计划全部实现，殊为憾事！

就京市学校教育言之，现仅设有中小学六十三所，若以此次学龄儿童调查所得，则全市学龄儿童总数一〇七八五三人，其中失学儿童竟有六五〇四三人，占全数百分之六十。试问，此大多数之失学儿童将如何一一予以就学之机会？校舍何在？经费何着？此应急待解决者一。

再就京市社会教育言，可谓原有之基础，经兹事变，已摧毁殆尽，而新兴事业亦只有市立民众教育馆及民众图书馆各一所，他如职业传习所、公共体育场、青年学校等，均付阙如。设欲举办，则经费尤为先决之问题。此应急待解决者二。

若夫教育人员待遇，以目前京市生活程度之高，尤非设法增加不可。单就小学教师言，依照小学规程第八十四条"小学教员之俸给，应根据其学历及经验而为差别，但至少应以学校所在地个人生活费之两倍为标准"之规定，则首都个人之生活费（包括衣食住）至少应为五十元，两倍为一百元；质言之，即京市小学教员每人应得月薪一百元。虽然设真比照此项数字支薪，则每月尤须超出原有预算三万元以上，如是巨款，以著名冷衙门之清苦机关，实不能"生财有道"。故提高教育人员之待遇，已非口头或书面之论争，乃在如何寻求待遇之道。此应急待解决者三。

总之，教育固为立国之要素，而经费尤为教育之命脉。苟无适度充裕之经费，即纵有完善之教育制度或理论与方法，亦属徒然。故谈教育者，首须研究经费之来源、保管、分配、稽核等项，尤不能离开整个之财政问题。而办教育者，更须"视钱如命""惜钱如命"，即不能乱用公家一文钱，一文钱应有一文钱之正当用途。考经费来源，大抵分"产业"、"基金"及"捐税"三类，而"捐税"尤为大宗。京市"产业"殊少，"基金"更无着落，则惟有采用教育税制。吾人以为税则合理，不致病民，此于民生既无妨碍，而于教育却为一劳永逸之举。教育局在过去一年中，致力于教费之独立与保障运动，已有相当基础，今后当于教费来源方面作更大之努力。深愿关怀京市教育人士随时指导，俾得早日促其实现耳。

《教育建设》，第2卷第1期。

汕头市教育概况

（1941年6月）

本府自去年三月成立以来，对于本市教育行政之措施及教育事业之建设，均遵奉教育部及教育厅所颁布教育法则，并斟酌地方实际情形，拟就教育方案，循序施行。兹将各项教育之实施概况分列于后。

——整顿学风。学校风纪之良窳，影响学生之身心殊大。本市遵守和平反共建国之教育方针，极力提高科学教育，严整风纪，以扫除浮嚣之学风。

——采用国定标准教材。本市中小学校所采用教材均遵照教部审定之课本为原则，惟中学教科书在部未审定颁发以前，遵照部令由各科主任教员编印讲义教授。至于小学校教材，一律采用部颁国定课本，业已实地施行。

——厉行部颁公民训育办法。中小学生之教导，除科学课程及常识之教授外，对于思想、行动、品格之训导及管理尤为重要。本市中小学校一律遵照部颁训育方法严厉执行，以期养成良好之公民为原则。

——检定师资。本府每年度均有检定小学校教员之举，检定办法系根据教育厅检定教员规程执行之。

——厉行考绩及校长会议。每月月终，由各校填缴教职员考勤表、工作报告表及学校概况表，并派督学随时到各校指导视察，以资考核。每周并由社会局召集校长会议，报告学校情况，借收联络之效。

——划分教育区。本府为求教育之普及，使住居偏僻区域之学龄儿童均有就近从学之机会起见，特划分全市为东南西北中五教育区，将所有小学校址分配于各区内，视其环境及人口之程度以为设立学校标准，庶收普遍基础教育之效。

——中等教育

（一）推进校务。本市于民二十九年度第一学期，设立市立第一中学，初设初中五班，每班可容纳学生四五十名，然学额仍属不敷应用，乃于民二十九年度第二学期，添置初中二班，合共设立初中七班。兹更规定于民三十度第一学期，增设高中一、二年级普通科各一班，高中师范科一班，约可容纳高初中及师范学生共五百名。

（二）增建校舍。本市市立第一中学，自本年度扩充增班以后，原有校舍自不敷用，乃收回原有一中学校右邻，即前省立水产学校旧址，从新修建，以扩充校舍，并于校内增建运动场、图书馆、仪器室、化学室、实验室、劳作室等，充实校内设备，以建立一完全之中学。

——初等教育

（一）整理旧校。本市事变以后善后委员会时，曾规复市立第一、第二、第三小学三所。市府成立后，民二十九年九月增办市立第四、第五、第六小学三所。前后共规复市立小学六所，每校班额计第一小学十班、第二小学五班、第三小学七班、第四小学十班、第五小学八班、第六小学七班，合共四十七班。每班可容纳学童五十名，共可容纳二千三百余名。

（二）增办新校。先期设立小学六所，仍未足尽收容全市失学儿童，乃于三十年度第一学期，增办第七、八、九、十、十一、十二小学六所，合共增加六十班，每班收容学童五十名，比上年度增加收容学童三千名。现在本市市立小学先后两期举办，合计共有十二校，一百零七班，招收学童五千余名。

（三）增设流动义务班。除扩充小学班额及增办小学六所外，并在各校附设义务班，利用原有小学教室，用流动方式以举办之，其法使每三个教室可收容四班学生，即每三班增设流动义务班一班，其教授时间乃将动静之课程妥为分配，每三班之中，其一在室外教授时（如体育课外活动等），则可用原有空堂之课室多收学生一班，由该校教员义务担任之。现有小学一〇七班，以每三班增设一班计算，已举办者共三十五班，共可增收学生一千七百余名。

（四）办理短期小学。系依照短期小学办理规程举办之，在本市五教育区中，各区设立一校，每校举办二班，择当地之祠堂庙宇及保甲所等之地方为校舍，每校收容学生一百名，毕业时间为一年，总计授课时数共五百四十小时。其宗旨系使一般超过学龄之失学市民，于短期间内得受相当之国民教育。

（五）附设简易小学。民三十年度第一学期举办简易班十班，附设于市立第四、五、七、八、十二各小学内，每校附设二班，毕业时间为四年，共授课二千八百小时。每天授课半日，分上、下午班，使一般贫苦学生得半工半读之机会。现已举办十班，每班可收容工读生五十名，合共收容五百名。

（六）整顿私立小学。本市私立小学共有二十余所，其中属于完全小学者仅得十余所，其余或仅办初级，或系私塾性质，专授国文、尺牍等书籍，设备简陋者有之，教授方法不能适合编制者有之。本府为使教育制度划一及扶助私立学校起见，业经分别指导管理，并限令各校申请立案及采用国定标准教科书，以符中央规定之教育方针。先后呈请备案并派员调查合格、准予备案者，已有私立广州旅汕学校等十一校，其余仍在继续申请办理中。

——设立民众夜校。初期在各市立小学校内设民众夜校十班，仍不敷用，于民二十九年度第二学期增办二十班，复规定于民三十年度再增办二十班。现在所办民众夜校共有五十班，每班收容学生五十名，共可收容二千五百名，毕业期间为五个月，每年可举办二届，毕业人数五千名，目的在使一般劳苦大众得有读书识字之机会。

——设立体育馆。本市市立体育馆经择得公园路地址从新改建，已于三十年三月成立，内容、设备虽因时间关系未十分完备，然一般球类，如桌球、排球、篮球、垒球、健身室及普通田径，亦略具规模，以供市民运动之用。现对于各项设备仍继续扩充中。

——设立民众教育馆。民众教育馆之设立为推行本市社教之中心，内分图书、游艺、演讲、仪器、播音、标本陈列、手工指导各部，目的在推行生计教育、公民教育、语文教育、康乐教育，分别设施，循序推行。经已觅得国平路大厦四座，从新修建，开始筹备，务期于民三十年度第一学期完成。

伪汕头市政府秘书处编印：《汕头市更生二周年纪念·汕头市政府施政纪略》，1941年6月21日。

广东省教育厅一年来各项教育工作实施状况

（1941年8月）

林汝珩*

溯自珠海腾波，弦歌早辍，师旅所被，庠序为空。自去年广东省政府奉令改组，本厅同时成立，以教育为立国之本，和平乃救国之图，复兴教育，灌输和平，实为当今急务。爰披荆斩棘，振颓兴废，察当日之环境，权财力之盈虚，别其轻重，定其缓急，订定实施方案，按步进行，兼顾统筹，期无偏倚，以求于最短期间奠定复兴国家之基础。顾事之最困难者，厥为选择地址、宽筹经费、罗致人才三大问题。盖自军兴以还，往昔渠渠舍宇，非经恶徒之拆毁，即为机关之借用，欲求一完整适用者，戛乎其难，后承各方之赞助，慷慨迁让，始得因陋就简，从事修建，借供各级学校暨社会教育机关之使用。惟际此百废待举、库帑竭蹶之秋，然一年以来，教育经费得以源源无缺，具见政府注重教育之苦心。至言人才，则往昔师资、社会闻达，仍多侨居海外，延聘招致亦非旦夕可期，惟有依照既定方案按步实施，以期推进。兹将去年五月以迄现在，各级学校教育、社会教育办理经过情形暨选送国外留学生状况，分述如次。

（甲）学校教育

A. 大学

广州为华南文化中心区，曩昔原有大学五所，即中大、岭大、民大、广大、勷大是也。迨军事一兴，相率迁徙。本厅成立，为使大学生不致失学，并为招致教育界知名硕彦归来，共同从事和平建国之伟业起见，故决定设立广东大学一所。自去年五月起，擘划筹备，锐志经营，择定光孝路原日国立法科学院为校址，改建新校舍，于二十九年九月二十五日举行开学典礼，分设文、法、理工三学院，内分中国语言文学系、史学系、教育学系、法律学系、政治学系、经济学系、土木工程系、建筑工程系、化学系、数学系等十学

---

* 林汝珩时任伪广东省教育厅厅长。

系。由二十九年度下学期起，添办农学院，设畜产、植产二学系，亦经招生开课。

校长一席由省政府请部派汝珩兼任，并分聘陈嘉蔼任文学院长，冯霈任法学院长，袁武烈任理工学院长。各学系各招一年级新生一班，并招二三年级转学生，又于农学院附设农业专修班，均经分别上课。全校学生共四百五十七人，教职员共一百零一人，学校除免收学杂各费外，并设置奖励学额三百名，以救济贫苦学生及奖励成绩优异者。又为沟通中日文化起见，延聘日本帝国大学师授中村孝也、和田清两博士，来校主讲日本明治维新史及东洋文化史，分日召集各院男女学生莅校听讲。

B. 中等教育

（一）夏令补习班

去年本厅成立之始，为复兴学校计，除积极修葺校舍、购置校具，以期于本年度开始即行复课外，并利用暑假期间，一面计划进行复课，一面筹办暑期夏令班，以收容失学青年儿童。计光孝路广东大学附中部及多宝路尾省立第一中学、文德路省立第一女子师范等三校，各先行筹办暑期夏令班，所有学杂各费一概免收，并由本厅分聘教师，编订讲义，统一印刷，分发各校应用。计由二十九年七月十五日起至八月底止，共授课六星期，将应修各科先事讲习，以为入学之准备。是期计办升大预备班一班，高中各年级共六班，初中各年级共二十二班，小学各年级共一十一班，共收容大学预备班学生四十人，高中生一百二十人，初中生一千零三十四人，小学生五百一十一人，修习期满，考查成绩优异者，分别升入各校肄业。

（二）中等教育状况

本省中等教育年来颇称发达，若省立、市立、私立，林林总总，蔚为大观。军事一兴，广州各校相继迁入内地，或因办理困难，自行闭歇。本厅成立，乃分途筹划，锐意经营，葺修颓垣，购置用具，内容虽不敢云充实，然已粗具规模，省市各校先后建树，其余各县亦经分饬斟酌情形，妥筹的款，尽先规复。计自去年五月起，由本厅先就市区着手规复之中等学校，计有省立广东大学附属中学，省立第一、第二中学，省立第一女子师范各一所，均于二十九年度上学期一律开课。本学期起，更于汕头市设立第三中学，并在江门筹设第四中学。至属于市立者，计有市立第一中学、市立第一女子中学各一所，私立者计有八桂、复兴、中华、明德、岭峤、执信等各中学。

至于各县中学之已规复或从事筹备复课者，计有南海县立中学、番禺县立中学、顺德县立中学、新会县立中学、中山县立中学、中山第二区立初级中学、中州第三区区立初级中学各一所，中山凤山中学、逸仙中学、总理纪念中学等，亦经先后筹备招生上课。其余各县市正在督促设法规复中，务求于最短期间，将各县中学次第恢复，以图中等教育之复兴。

（三）初等教育

小学教育为国民教育基础，关系至重，自昔已然。古者我国当教育未发达之秋，已有六岁出就外傅之训，近今世界文明邦国亦莫不重视小学教育一途，故六年义务教育，强迫入学，载在宪章，非无因也。年前战云南播，人民迁徙，小学闭歇，以致全市儿童咸叹失学，韶光虚度，殊觉可惜。迨至维持会时代，已渐次规复。迄至去年省政府成立，以达现在，市区内小学已复校者达百所，媲美从前，殊不多让。去年本厅成立，以初等教育与中等教育并重，故于夏令班开办之始，即以中学小学兼收，为收容失学儿童暨大学部及师范生实习起见，于广东大学内添办实验小学一所，女子师范及第一中学两校，各附设小学六班、幼稚生二班，此外私立中华中学、执信中学、岭峤中学、复兴中学等，亦各附设小学若干班。至若各县，如南、番、东、顺、中山、三水等，亦各有公私立小学百数十所，对于初等教育，已渐复旧观。近更致力督促尽量添设，以期推进初等教育达到普及宗旨，庶减少失学儿童，而增进和平教育之基础，此一年来办理初等教育之状况也。

（四）职业教育

职业教育为复兴社会经济之急务，往昔有省立第一职业学校，市立第一、第二、第三职业学校，私立仲恺农工职业学校等，事变以后，随之停歇。本厅成立，以为救济战后失业，职业教育首居重要，惟职业学校一切设备视中学为繁，聘任专业技术人员亦较难罗致。现先于本市大南路原日太邱书院筹建省立第一职业学校一所，已于去年九月实行上课，计设高级计政一班、计政训练班一班、高级电气工程班一班、电讯训练班一班、高级实用美术暨实用美术班各一班，学生人数一百一十余人。至第二职业学校，拟设顺德，专修蚕桑科，现正从事积极筹备计划进行中。

此外，私立各职业学校现已复课者，计有广东女子美术职业学校、中中会计学校、华南计政学校等三校。

（甲）广东女子美术职业学校，原名敏存职业学校，为友邦人原田武子所设，位于中华中路云台里，内设刺绣、缝纫两科，分高初两级教授，全校学生人数计一百一十三人。

（乙）中中会计职业学校，设于本市文德路，办有会计、统计两科，全校学生一百七十八人。

（丙）华南计政职业学校，设于惠爱东路，设计政科，分日夜两组教授，以利便各公务人员及各校学生，计全校学生一百八十人，此职业教育之大略状况也。

（五）国外留学

（甲）公费留学

建国方策，首重睦邻，矧日本为同文同种之邦、科学发达之国，以言互求亲善，首以沟通文化为先，更为造就建国专才起见，于第十八次省务会议，提出选送学生赴日留学。所有此次考选公费留日学生简章暨毕业后回国服务办法、考试规程等，均经由本厅拟定，呈奉广东省政府核准公布，于九月九日考选完竣。复经第二十七次省务会议议决，取录倪家蓉、王效先、杜树梅、杨已生等四名，并指派汪澄晖、鲍文清、鲍耀富等三名，共七名公费留日，分习文、法、政治、经济、化学、工业、医、农等科，所有治装费、学费均由本厅发给。每名川资、治装费一次过二百元，每月学费一百元，先发六个月，于去年十月首途东渡。

（乙）自费留学

除公费留学外，本厅于本年度先后根据请求自费出国留学者，计有王兰英等六名，均经呈奉教育部发给留学证明书，转给各生东渡就学。

（乙）社会教育

（一）省立图书馆　图书馆为社会教育重要事业，不仅为学术研究之所，且为一地文化之关键，欧美文明先进诸国，图书馆之设立至多，庋藏至富。曩者，吾粤有省、市立图书馆各一所，蕴藏颇丰。事变以后，典籍尽失，藏书一空。本厅成立，为谋学校教育、社会教育平均进展起见，复丞［承］友邦将图书一部分移交，乃锐意将省立图书馆规复，派员筹备，于去年七月间择原日南海学宫为馆址，修葺改建，先事组织采选委员会、编审委员会，事从搜罗整理，现计藏书十余万册，分部排列，于去年七月十五日开幕，公开阅览。复仿照从前办法，设巡回文库，装置二轮书车五辆，分载书籍，周行市内，任人借阅，以期引起一般人读书趣味。

（二）民众教育馆　查民众教育馆系根据民众生活之需要，计划实施各种民众教育，举办关于健康、文字、公民、生计、家事、社会、休闲等教育事业，于去年九月筹备成立，择惠爱路前市立十五小学为馆址。在省市立各校内，分设民众夜校八所、民众阅书报处三十处，附设民众问事处、民众代笔处、职业介绍所、民众卫生指导处，及举办家庭研究会与各种联欢会等，积极推进各种社会教育事业。馆内分设事务、阅览、教导、健康、生计等五组，必要时组织各种委员会计划推进工作。

（三）广东省体育委员会　查体育与德育、智育并重，必先有健全之身体，然后能求优美之智识，因设本会，以期负责办理督促及推进全省体育事宜。乃于本市珠光北路建公共运动场一所，以供各校及各界人士、民众团体研究体育之用。曾于去年十月举办全省学校篮球赛，十二月举办广东各界拥护中日条约庆祝大会运动会，最近又举行建国杯、和平杯篮球比赛，历次参加人员，成绩均有可观。该会组织为委员制，分聘各校体育主任、省市政府体育主管人员及社会体育专家，从事擘划一切。

（四）童军事业协进会　查童军所以养成学生纪律化及服务精神，故小学自五年级起以迄初中三年级止，均须参加。昔年除设会以主办童军教育外，更设童军领袖训练班，以作育一般童军人才。迨自事变，学校星散，童军事业因而停顿。本厅成立，以省市中小学渐次规复，童军教育复兴不容稍缓，遂于去年九月间恢复协进会，延聘童军著名之士，继续规划进行。

（五）广东省教育会　本省教育会肇自民初，历届主持会务者均属我粤教育界知名人士，关于一切教育之推进，辅翼政府，办理向著成效。自军兴以后，会务停歇者计逾二载，现在各级学校渐告恢复，和平教育亟待推进，一切设施所需于教育会者良多。故于去年十一月，即由省市各校教职员发起筹备，迄本年一月二十日依法选举陈嘉蔼、石光瑛等分任第一届理、监事，假大南路桂阳书院为会址，筹设成立。其余各市县教育会之先后成立者，有广州市、南海、番禺、顺德、三水、东莞、宝安等十余市县，分别辅助各市县政府，计划教育进行，办理教育复兴事业。

上述各项设施均系自去年本厅成立起以迄现在一年来工作之大略状况也。各项教育次第恢复，虽幸粗具规模，然学术日新月异，进步当精益求精，非有观摩，无由改善。爰于本年一月由厅组织教育考察团，联翩东渡，考察教育，借资借镜。团员有省立大学、中学、市立及私立各中学校校长、大学教授，考察东京、大阪、神户、京都、台湾、福冈各地各著名学校，考察期间有三十余日。现已先后归国，此后当将考察所得介绍国人。至将来计划，除将已成立之学校及各学术团体、机关，本一年来之经验，察其缺漏，着意改善，并视财力所及充实内容外，将第四中学赶速筹设，第二职业学校计划开办，并拟将省立各校推设各县，以期普及教育，造成和平建国基础，多设免费学额，奖掖贫苦学生，推广各地职业教育，救济劫后灾黎，将高中分办文实科，以资实用，庶款无虚掷，学切时尚，冀仰体政府兴学育才之至意，而慰人民喁喁求学之愿望。

《复兴的广东》，广州中山日报社，1941 年 8 月。

汉口市教育概况

（1942 年 4 月）

（前略）

五、私塾登记

本市私塾，除于本年暑期讲习会特设私塾组，借以训练一般塾师外，本年 10 月组织私塾塾师检定委员会，严密审查各塾师缴呈证件及参考暑期讲习成绩，以为检定标准，计受检定者 194 所。检定合格者 158 所，均发给设塾许可证，其余 36 所暂准试办一年，随时派员视察指导，同时订定改良私塾实施方案，俾能改良全市私塾，以期补助教育之发展。

六、清寒生补助

本市自经事变，有志青年无力求学者甚多，为奖进优良清寒学生以造就起见，特依教育部规定，订定中等学校清寒学生补助办法，设置补助名额 30 名，每名每学期补助日金 80 元。自本年上季开始施行，至本年下季，因各校学生增多，复增补助名额为 40 名，现已办理两期，受补助学生 70 名，支用款项共 5 600 元，现仍赓续办理。小学方面，凡家境贫苦学生，按期饬由教育局津贴书籍、文具等费，以示体恤，计历次津贴贫苦生 12 123 人，共支金额 8 288.47 元。

第二节 师资训练

一、教育训练所

该所自开始办理以来，截至上年度止，已前后办理教员训练毕业五届，本年暑期办理第六届毕业，计毕业男女学员共188名，同时于本届内特别举办童子军教练员训练班，以供恢复本市各中小学童子军之用，本年9月筹备成立市立师范学校始告停办。

二、教员登记

本市教员登记，本年3月、12月曾继续举办两次，合格者中学教员，男72名、女6名，小学教员156名，女工65名，共399①名，现已分派市立各中小学担任教职员者二百余名，约占全人数百分之五十以上，其余亦拟陆续设法任用。

三、暑期讲习

本年暑假期间继续举办第三届暑期讲习，以期鼓励公私立中小学教员及私塾塾师之学业进修。该项讲习，计分特科组两班（立［公］立各小学代用教员一班，私立中小学教员一班）、私塾组四班，参加学员，特科组计男58名，女42名，共100名，私塾组计男155名，女18名，共173名，期限自7月10日起至8月16日止，计一月另五日。

第三节 中等教育

一、师范学校

本市师范学校原由教员训练所改组而成，筹备于本年下半年度，现该校组织章程、校则、招生简章均已分别订定。初步计划拟暂设本科一上一班，一下一班，长期短期师资训练班各一班，每班名额四十名。学生膳宿、书籍等费概由公家津贴，现已筹备就绪，大概三十一年度开始，即可正式成立。

二、高级职业学校

本市高级职业学校在上年度原已设置四班，分工商两科，工科有土木组、建筑组各一班，商科有商业组两班，每班规定学生四十名。嗣于本年春季，增设商科一班。本年秋季，为适应社会需要，复将班次加以调整，将建筑组合并于土木组，现有工科土木组一班，商科商业组三班，初级普通科二班，计有教职员33人，学生300人。

三、市立第一中学

本市市立第一中学校在上年度已设置初中学级十一班，寒假期间举行首届毕业。为便于本市一般中小学毕业生升学计，于本年春季增加高初中各一班，至本年秋季复增加高中一班。现该校计有初中十二班，高中二班，共十四班，全体职教员41人，学生705人，因原有校舍不敷应用，积极计划扩充，特组织建筑委员会，规定经费日金60万元，并勘

① 数据有误，原档如此。

就市区内任冬街基地 2 000 余方，购料估工，从事建筑，预计明春当可落成。

四、市立第一女子中学

本市市立第一女子中学校在上年度已设置初中十班，寒假期间举行首届毕业。本年春季增加高初中各一班，嗣于秋季又增加高中一班，现该校计有初中十一班，高中二班，共十三班，教职员 40 人，学生 611 人。至该校各级课程，除遵照部令依次实施外，其对于家事实习尤特别注意，俾期养成良好品性。此外，并附设有民众学校一所，专收容一般成年失学之妇女，第一届学员业经毕业。

五、私立中学

本市私立中等学校在事变后已正式登记复校者，有高级助产职业学校、江汉中学两校；尚未补行备案手续者，有法汉中学、上智中学、圣若瑟女中、德肋撒等四校；在事变后开办者，有广雅中学。现除竭力设法扩充市立各中学班次外，对于私立中学，正积极促令登记，加以整顿。

六、日语专修学校

本市日语专修学校成立于二十七年冬季，现有普通班二班，速成班一班，学生共 123 人，教职员 7 人，不收学费，经费每月由本府补助。本年暑假期间，曾举办第五期毕业。10 月间，因中日文化协会武汉分会设有中日语传习所，并入该会办理。

七、考选留日学生

本市考选留日学生，曾于上年夏季举办一次，本年秋季举办第二次，考选陈良才等二名赴日留学，每名按月补助日金 50 元。明年起并拟增加留日学生为十名，业经列定预算及订定本市国外留学章程，咨准教育部备查，现正准备办理第三届留日学生考试。

第四节 初 等 学 校

一、小学

市立小学至上年年底，已开办 45 所，受本府补助者有铁道村私立小学一所。本年春季，复增设小学 4 所，并将铁道村小学改为市立，秋季又增设小学 8 所，现在共计有小学 58 所，内高初级班次完全者 21 所，只设有初级者 37 所，教职员 804 人，学生 23 500 余人。

二、幼稚园

本市附设幼稚园之小学，除市立第六、第八、第十一 3 校仍旧外，本年春季，以特三区人口繁密，环境优良，复增设一所，附属于第一小学，现全市共有幼稚生 221 人。

三、简易短期小学

事变以后，社会经济枯竭，家境贫苦、无力就学之儿童日较特多。本年春季，特设立简易小学、短期小学各五所，以收容一般贫苦儿童，除学生课业用品及书籍概由公家免费供给外，并采用半日制，俾各儿童得有半工半读之便利。秋季复各增设五所，现共有简小短小各十所，学生 1 666 名。

四、私立小学

本市私立小学，事变以后，数量大减。至本年 12 月止，其已立案设立者，计有广雅小学、皮业小学二校；其尚在进行立案手续者，有安多、法汉等十余校。刻正竭力调查及整顿中。

第五节 社会教育

一、民众教育馆

本年秋季，为求推行民众识字及救济妇女职业起见，曾于民众教育馆增设民众识字班及妇女职业训练班，各招收十六岁以上、五十岁以下男女失学民众，授以简易知识与技能。又在本市地点宽敞、人烟稠密之区，树立民众教育碑，张贴重要新闻，或各种宣传品、教育品，以广宣传。在本年度内，市民前往该馆听讲、阅览书报、参加各项娱乐者，每月约一万五千人。

二、民众学校

本市民众学校原为民众夜校，嗣因适应各校环境、提高教学效能起见，于本年春季，将夜校名称一律废止，改称民众学校，并增设四校，各为二班，连前十二所，共为十六所、二十班。本年秋季，复将各校设立地点予以调整，扩充为二十所，共四十班，并指定优良私塾十所代办民校，各设一班，就学民众约二千余人。

三、商业补习班

高职附设之商业补习班，业经先后办班一、二两期毕业。至第三期，于本年 4 月毕业，计男女生四十六名。第四期于本年 9 月毕业，计男女生五十五名，现正续办第五期，计有男女生五十名。

四、体育场

本市设立简易体育场一所及儿童体育场一所，以为市民锻炼体格及实施健康教育，每所设指导员一人，负指导民众运动及管理场务之责，计来场参加运动之民众及儿童日约数百人。现拟陆续增设，业于本年下半年预算内增列经费，以期普遍。

五、私立补习学校

本市私立补习学校林立，办理良窳影响青年学业至巨。本年下季，曾经派员分赴各校考查指导暨订定整顿办法，颁发各校遵守，并规定三十一年元月份为各校补行登记期限。一俟登记办竣，即按照整顿办法切实执行。

六、取缔连环图画

取缔连环图画期限，原定上年 12 月底止，旋为兼顾经营此项图画业者之生计起见，改为“审查”“收买”“检查”三步骤，限期将全市连环图画予以审查。凡合格者，于封面加刊“暂准发行”字样；不合格者，每册给价五分，收买焚烧；然后开始检查，如再发现不合格者，即予没收罚办。各项手续已于本年 10 月完全办竣，经审查合格者 648 种，焚毁者二万七千余册，现正派员实行严密检查，以期根本禁绝。

七、教育电影会

电影教育影响社会教育至巨，本府于二十七年12月，曾饬由教育局举办教育电影会（即中小学映画会）一次，本年2月续办一次，参观之中小学教职员及学生约六千余人。所映画片均系关"教育"、"科学常识"及"国际新闻"等方面，期能引起学童兴趣及各种常识。现在作第三次之筹备，并预定于下年2月初举行。

第六节　学艺竞赛

一、运动会

本年4月21日，全市公私立中小学在中山公园体育场联合举行春季运动会，期以唤起民众注意体育及锻炼学童之体格，计参加单位五十余校，人数达15 000，运动节目分团体、田赛、径赛三大部，细目约有五十余种，参加各校学生精神均尚满美。

二、作文竞赛

本市各中小学校作文竞赛曾于上年举办一次，第二届作文竞赛系于本年6月举行，参加单位计有本市公私立中小学六十校，出席学生167名。竞赛方法，中学组分为"作文""断句""标点"三项，小学组分为"作文""改错"两项，借以促起学生对于作文之兴趣。

（下略）

（伪）汉口特别市政府秘书处编：《汉口特别市政府三周年市政概况·教育》，1942年4月。

南京市1942年上半年度教育概况

（1942年）

甲、关于教育行政事项

一、健全行政机构

欲提高行政效率，首在机构健全，尤以教育事业日新月异，随时代巨轮而展进，故不得不应事实上之需要，设置各种委员会，借以集思广益，谋教育之完善。就建设事项经过审查决定，拟订各项教育之改进原则及办法，经核定后，即依次办理，以期本市教育能迅速推进，臻于至善之域。

二、保障教育经费独立

经费乃事业之母，教育事业之扩展与改进胥赖有的款，切实保障其独立，使整个教育不受任何影响，方能按步实施。爰特组织教育经费委员会，凡有关教育事业设施经费，均由该会共同商讨决定之，务使款不虚糜，均归实用，并能合理分配。推进以来，颇收成效。

三、提高教工人员待遇

本市各级学校及社教机关员工待遇标准本极微薄，值兹物值高涨，每月所得实不敷维持生计；长此以往，诚恐影响工作效能。爰经依照中央公务员加成办法，一律依二十九年度薪给标准普加八成，并按月配给八十元平米一石，俾其安心服务。

四、增设教育经费

本市教育经费，因限于税收，势难随教育事业之进展而递增，爰自三十年度第二学期起，本取之于教育、用之于教育之原则，开始征收学费，并顾及贫寒子弟得有入学机会起见，各级学校均设免费学额，最高者规定为百分之五十，更有情形特殊者，各乡区学校及简易小学，仍予全数免收。再本市各级学校，经兹事变，校舍及教学设备类多散失或毁损，虽经斟酌缓急，分别统筹办理，仍感顾此失彼，爰于三十年度第二学期起带征建筑费，小学每生一元，中学每生两元，以补充该校修缮购置之用，不足之数仍由市库担负，对于今后校容裨益匪鲜。

五、整理校馆财产

本市各级学校暨社教机关财产之保管，向无具体办法，兹经厘定保管规则及各种表式，令饬各校馆分别填报，并限于每届学期终了必须填报一次。平时如有增损，亦应依照规定表式按月汇报，以凭查核，并组织学产整理委员会，以资督促。对于前市政府原有学产，一面着手调查，一面设法收回，半年以来，进行尚称顺利。

六、编制各项统计表册

查统计工作旨在继往开来，俾教育事业之推进得有依据。爰于三十年第二学期起，重行订定各校馆例月调查表式，举凡级数之变更、职教员之异动、学生之多寡、经费之支酌，罔不详细填载，并按月汇编各校馆简明概况一览表，送请有关机关核查，并于学期终了分别绘制图表，务使真实现况了如指掌。

七、厘定各种单行法规

查教育法规为办事之准则，爰经组织法规审查委员会，对于各项单行教育法规分别整理，缜密审议，以资实用。截止［至］三十年度第二学期终了，加以修正者，计有中小学教职员服务规程等二种；重行厘定者，计有国语注音符号讲习会办法等十一种；在呈核中者，计有受训及格教员保障办法等三种。除在呈核者外，均经分别公布。

八、拟订三年计划

复兴本京教育固难一蹴而成，自应拟订施政纲要，以达预计之途，如普及义务教育、改善教师待遇、调整学校组织、编订补充教材、整理小教师资、推行生产教育等，荦荦诸大端，已自三十年度第一学期开始至第二学期止，按照所订计划一一着手举办，已有相当效果，颇获各方之赞许，此为第一阶段于改进中寓整顿之意。拟自三十年第一学期起划入第二阶段，仍按所订原则继续推进，增加效率，是于改进中寓刷新之意。至于第三阶段，应由改进之过程获得完善之效果，本此预订计划逐步进行，以符三年有成之旨。

乙、关于学校教育事项

一、调整各级学校编制

国府还都以后，京市人口激增，中小学生数量随之增多。爰经斟酌实际需要，于二十九年度内，小学方面已先后增设全日制及二部制一百四十五级，中学方面先后增设七级。三十年度第一学期开始，为调整各级学校编制，中学方面，春季始业班一律改为秋季始业班，计一中增设二级，二中、女中各增三级，并将一中商科归并市立职业中学；小学方面，在可能范围内尽力取消半日二部制，其校舍不敷分配者，添辟流动教室，如需增级，须吻合下列原则：（一）原来编制不合教育原理者；（二）学生过多，无法容纳而校舍足敷增级之用者。截止［至］三十年度第二学期止，由初级小学改成完全小学者计三校，不合教学原理及由半日二部制改为全日制而增设者计十三级，学生过多而校舍足敷增级之用而增级者计八级。

二、整顿各级学校师资

教师为人师表，应当以身作则，实践躬行。选聘教员，对于毕业资格、服务经验、品行修养、思想观念，均应审慎。爰经组织师资审查委员会分别审核，以昭公允，并为保障优良师资起见，每学期终了，须发奖金，以资鼓励。惟尚有代用教员，或资格稍逊者，恐其不克胜任愉快，于三十年度第二学期开始时，即兴办小学教师讲习会，三个月一期，敦聘专家授课，计第一期训练共一七五人，第二期训练计一四四人，两期共三一九人。又为增进日语教师教学起见，特组织日语研究会，请富有经验之日籍教师为顾问，每两星期开讨论会一次，并由日籍教师轮流分赴各校，指导教学。

三、订拟学校校历暨授课时间

遵照部颁修正学年学期及休假日期规程，制订南京特别市中小学校校历，令饬市私立中小学一体遵照。又于小学方面，将各级授课时间暨职教员在校工作时间，分别加以规定，列表分发各小学饬遵，规定时间妥拟各级课目表，呈修查核，以资划一。

四、考核私立学校

本市私立中小学日渐增多，自宜加以督导，俾与市立各校趋于一致。除派员调查各该中小学实况外，关于训教设施情形、各科所授教材以及采用国定课本等项，均随时详加指示，务使合于规定，得平衡发展。

五、补充中小学训导目标

本市中小学训导目标，除遵照部令规定者外，令饬各校将新国民运动要点一并列入，切实指示遵行。并由各校师生共同另行组织新国民运动促进分会，厘定推行办法，呈请核定，依次实施。

六、调制各校应报表格

前次各校所报表格种类甚多，且不能按期呈送，影响督导工作至巨。自三十年度第二学期起，将性质类似者综合编制，以省手续而节公帑，并限月终呈报，不得延误。

七、补助清寒优秀学生

有志向学之学生，而其家境确系贫寒者，自应酌予补助，以资造就。爰经订定补助金两种：（一）清寒优秀学生升学奖金规定，中学部分膳宿生每名八十元，走读生每名四十元，小学部分每名一律十五元；计中学清寒优秀学生，经审查合格者共三十四名，小学清寒优秀学生五百三十名，共发奖金一万零零五元。（二）清寒学生膳食津贴金，暂定三十名为限额，计专科学校十名，计高中十名，初中十名，每名每月十元。

八、举行小学分区会考

为考查学生学业实况起见，除抽调作业簿籍外，特选聘富有教学经验教师多人，拟订测验题，分中南北区，同时举行会考，以期提高各学生智识水准。

九、召开教育人员座谈会

在政府领导之下，谋教育之复兴，端赖全市教育工作人员群策群力，精诚合作，以期上令下行，下情上达，无壅滞之虞。爰定每月举行全体教工人员座谈会一次，共同商讨各项教育实施问题，并轮流在各校举行，俾能相互观摩。半年来按月举行，深得各方赞许。

十、调查学龄儿童

本市学龄儿童为教［数］甚多，亟宜切实调查，以为整理初等教育之依据，前曾调查一次，成效殊鲜，且自大东亚战争开始后，各地返京人士日益增多，认为有再行调查之必要。业于本年二月一日起，全市开始动员调查，限十日内调查竣事，编制统计，俾作整理之参考、施政之依据。

十一、筹设半日义务学校

自第一次区政会议，决议在各区辖境内设立半日义务学校一所至三所，业已令饬各区公所将设立地点及房屋勘定，由教育局派员复查所觅校址是否适宜，并规定设立义务学校暂行办法及设备标准等计划规程四种，俾各区有所遵循。

十二、审核各级学校毕业学生名册

查各级学校高初级学生，经会考后，毕业学生名册业经各该校先后呈送，爰饬学务股将名册与送局成绩暨存局之学籍片详加审核，合于规定者，分别验印发还，不合规定者，分别指定更正。计三十年度高中毕业生一七名，初中毕业生四九四名，小学高级毕业生一二六一名，初级小学毕业生二〇六四名。

丙、关于社会教育事项

一、添设下关区民教机关

本市民教机关之设立，偏于城南一隅，城北繁盛地区，仅借流动教学队暨阅报牌启迪民智，而下关区地较偏远，往返费时，在民教之实施工作方面，几成绝缘。爰经令饬市民教馆积极筹备，成立下关社会服务处一处，确定该地域实施民教之根据，并广设阅报牌，以为推广民教之媒介。开放以来，进行尚称顺利，颇能动一般市民之兴趣。

二、督饬民教机关各项工作

民教机关工作范围，厥唯语文教育、生计教育、健康教育三端，而其分量支配，尤贵在轻重适宜。教育局为切实考核起见，饬由各民教机关按月造送行事预定表及实施计划。自三十一年一月至六月，计在语文教育方面，有设各种补习班暨国语注音符号研究会，并举办通俗演讲，开放阅览室活动；在生计教育方面，有设立养蜂、织袜等职业补习班，劝导利用荒地遍种杂粮等活动；在健康教育方面，举办各种球赛、婴儿健康比赛、烟酒毒害展览会等外，并设新国民操讲习班，以期普及。

三、增设民众夜校

未来文盲之预防，端在义教之普及，而现有文盲之清除，胥赖民众夜校之广设。爰就人力、物力之实际情形，先后利用地点适中之市立中小学校附设民众夜校，现已设立者，除原有中小民校两所夜班外，已增设民众夜校二十一所，计四十班。嗣后财力稍裕，仍当力图扩充，以期三五年后，本市文盲可以渐次肃清。

四、取缔不良民众读物

近以本市各书店暨摊贩，时有发售不合国策暨诲淫诲盗及涉于迷信之民众读物，匪特有伤国体，且影响人民思想至巨。教育局为确立人民纯正思想计，除严饬书业公会举行民众读物登记工作，限期汇送民众不良读物审查委员会审查外，并派员调查，如发现各书店及摊贩仍出售上项不合法书籍，按情节轻重，或予以劝告没收，或勒令停业，俾免市民思想趋于恶化。

五、组织体育委员会

国民体魄之强弱，有关一国之隆替，爰经组织南京特别市体育委员会，聘大中小学有经验之体育教师为委员。该会工作内容，计分学校体育组暨民众体育组两组，分别推进，以期提倡体育之平面发展，人民之精神普遍增强。

六、设立童子军理事会筹备处

恢复童子军训练，经全国教育行政会议通过后，已令饬各省市切实遵行。本市在童子军理事会未成立以前，特组织南京特别市童子军理事会筹备处，除市党部主任委员、市教育局局长为当然委员外，另聘童子军专家暨有经验之各校童子军教练为委员，并于第一次会议自下学期起饬知各校办理各项登记手续，积极推行。

七、举办第二届隐贫考试

为加惠文贫起见，续办第二届隐贫考试，指定白下路第一中学、珠江路小学、夫子庙小学三处，分别举行考试，内容分论文及公文两组。报名人数共一二四八人，经评阅试卷，应予录取者计七百人，依照登记办法第八条之规定，每名发给赈金十二元，未经录取者，亦逾格发给车资一元。

八、推行小先生制

本市失学儿童及不识字之成人为数尚多，而以乡区为尤甚。爰遵照区政会议议决案，通饬乡区学校切实推行小先生制，以期减少文盲，增高人民智识水准，并饬将遵办情形分期据实具报，以凭考查。

九、续办民众播音演讲

本市人口稠密，欲民教普遍实施，殊非易易，且一般市民对于和平反共建国国策之真谛尚未十分了解。为促进全面和平之实现及唤起一般市民认识和建国策之真意起见，特举办民众教育播音演讲，订定每周播讲一次，由教育局高级职员暨中等学校校长轮流担任，于播讲前二日，将讲稿分送宣传部及南京广播电台，俾便预为排定，并将讲稿编订专集，以广宣传。

十、整理全市私塾

本市私塾之林立，事变以还，有如雨后春笋，办理优良者固多，而设备简陋、教学不善者亦复不少。当此教育未能普及时期，原可利用私塾补助小学教育之不足，救济一般失学儿童，但训导管理必须适合现代教育原则，使儿童身心平均发展，养成德智体三育之良好习惯，爰经修正本市私塾总登记办法一种，并指定视察一人，专负督导私塾之责，使入正轨。

十一、举行霍乱预防注射

以时届春令，预防本市各校馆员工、学生发生霍乱病之传染起见，特会同卫生局施行预防注射，计分三组办理。第一期受注射者约四万零二百余人。第二期现已开始，预计七月底即可注射完毕。

十二、举办中小学生体格总检查

查学生体格检查，事变前由健康教育委员会办理，对于工作推进不遗余力。事变以后，虽尚未恢复该项组织，对于数近四五万之中小学生健康未可忽视，特会同卫生局举办中小学生体格总检查，进行尚称顺利，并拟自下学期起，除举办总检查外，另组诊疗巡回班，按期分赴各校，办理诊疗事务。

丁、关于教育活动事项

一、主办中小学联合成绩展览会

为使各校馆教学成绩有所观摩起见，特于三十一年元旦开始，假市立一中举行本市中小学联合成绩展览会，辟室二十余间，陈列各校平时各项作业成绩，公开展览三日，到会参观人士极为踊跃，对于各校行政图表暨美术劳作品颇多奖许。

二、举办市立中小学联合庆祝友邦占领南洋大会

自大东亚战争开始，友军即攻克新加坡，捷报传来，各界兴奋，复值友邦交还津粤租界行政权，爰经领导本市中小学联合举行庆祝大会，会后列队游行，蜿蜒数里，情绪热烈，固足以表现教界之精神，而秩序整肃更可使首都青年明了今后所负之使命，应向复兴

大道中途迈进。

三、主办大中小学学生演讲竞赛会暨京市教界座谈会

友军占领南洋后，为沟通各界意见，本市中小学教职员于教育局领导策动之下，在市府大礼堂举行座谈会，商讨大东亚战争时期，今后京市教育应如何改进诸问题；并假中日文化协会举行大中小学生演讲竞赛会，会期前后一星期，结果圆满，情绪热烈。

四、举办小学生集训

小学生为国家未来主人翁，对于国家现况、东亚近势应有明确之认识。值国府还都二周纪念日，为使一般小学生对于和运之意义有深切之了解，爰召集全市小学教师暨高级学生，在白下路市立第一中学举行集训，并指定各校代表负责回校传训。

五、举行庆祝国府还都二周年纪念会

依照宣传部规定庆祝国府还都二周年纪念周顺序表，全市中小学在教育局指导下，除由各校举行纪念仪式，阐明和运暨还都之重大意义外，中学另组织演讲队，出发城区通衢大道，流动宣传，并举行童军检阅暨中小学国民操大会操，再假中日文化协会和平堂，举行本市中小学生踢毽比赛，及假首都体育场举行各种球赛。

六、召开儿童节庆祝会

第十一届儿童节，由教育局会同中国儿童教育协会、中国社会学会等机关团体，假中日文化协会和平堂举行庆祝大会，除由各小学表演歌舞话剧外，并招待中外长官及来宾。全体小学生精神兴奋，秩序整肃，殊可嘉许。

七、举办南京特别市中小学联合运动大会

为增进中小学生身体健康及提倡体育起见，爰择于四月二十四、二十五两日，假中央军官学校大操场，举行南京特别市中小学联合运动大会。各学校除参加团体表演外，田径选手约共一千余人，均着规定制服，精神抖擞，朝气蓬勃，自始至终秩序严肃，各主管长官尤致深切之嘉许。

八、督饬各级学校教职员暨学生推行新国民运动

新国民运动纲要，业经主席于三十一年元旦在国府正式颁布并经广播全国，阐明各要点，包括精神方面总动员及物资方面之经济建设，实为振兴中国扼要之图。本市各级学校教职员暨学生自应切实推行，爰饬各校新运促进分会并全体师生举行签誓办理经过，须按月呈报，由学务、管理两股查核指示，列为各校馆长考绩之一，对学生列为操行成绩之一种。

九、定期举行中学生总检阅

市长对青年体格训练非常重视，并为倡导集团活动起见，特规定每月八日，即保卫东亚纪念日，集合全市中学生作精神及体格之总检阅，检阅内容注意动作敏捷、活泼整洁及团体精神之表现。

十、举办参加东运预选会

本届东亚运动大会决定在满洲国新京举行。教育局为筹备组织田径队暨各项球队，代表本市参加。全国决选大会计另组织东运预选会办事处，订定各项预选竞赛规程暨编排各项预赛运动项目日程等，以资选拔真才，进行极称顺利。

戊、关于教育视导事项

一、修订各项视导章则

督导本市各级学校，自采用指导制后，除随时视察指示外，并厘定各项章则，俾有依据。又遵照部颁省市督学规程，重行订定办事细则及南京特别市教育局督学规程各一种，先后呈经市政府暨教育部核准在案。

二、调制视察记载簿及学校概况调查表

为推进视察指导工作起见，爰就各校馆设施上应行视察要项，制订记载簿，每校一页，在视导时随时记录，以为考核成绩及改进依据，内容除校名、校址、学级数、学生数、教职员数、时间日月外，计分三大项，一关于学校，二关于校长，三关于教师。更为积极指导市私立中小学及社教机关有所改进起见，另订南京特别市各级学校概况调查表，对于各校职教员及学生人数、校舍设备、经费收支、教学训导等概况，均予切实调查，从严审核，以期指导各学校均能达到水准。

三、考核职教员服务成绩

本市各级学校、教师教学及批考作业簿籍等项成绩，在学期终了前半个月，均经督学视察，分别切实考核，并参酌各校舍呈报服务考绩表，评定各该员平均成绩，以为奖惩依据，务使庸劣者不能滥竽充数，优良者得久于其位，以收教育效能。

四、调查教会设立各级学校

自大东亚战争开始后，本京教会学校因经费缺乏，或因负责无人，多已无形停办。经与友邦关系方面商洽，先行调查并另订教会学校管理办法一种，至仍能继办者，饬令内容改善，以免纷歧。

五、督导教师研究进修

为增进教师教学效能起见，除于课余时举办小学教师讲习会指导进修外，并督导各校教师举行交互参观、阅读教育书报与参加学术讲演等进修事项，借使各校教师得有进修机会，努力教学研究。本年度并令各校组织各种研究会，注重一般实际问题，以改进教学方法，增加工作效能。

（下略）

（伪）南京特别市政府秘书处编：《南京市政概况》。

上海特别市教育委员会一年来工作报告书

（1943 年 2 月）

三十二年二月编

前言——本会成立经过

上海特别市政府为整理特区教育起见，依据上海特别市政府组织规则第六十八条之规定，设置本会处理特区中小学各级学校之教育行政事务，由陈市长兼任委员长，聘任教育部驻沪办事处严处长恩柞、上海特别市教育局林局长炯庵、宣传部代表梅蒿南、社运会驻沪办事处长代表顾继武等四人为委员。于三十一年一月三十一日举行第一次会议，除各委员出席会议外，并有外交部褚部长民谊、中央党部社会部陈部长济成列席。讨论中心为对于租界教育如何处理问题，分（一）方针、（二）措置两项，由出席及列席者分别发表意见。结果（一）方针：视各校之性质，应由教育部办者归教育部办理，应由教育局办者归教育局办理，教育局不能办理者由市政府出面办理。（二）措置：特区学校除有问题不能复校者外，其余各中小学校一律促其开学。至于学校经费之补助，先以调查重庆方面最后补助之确数入手。旋即开始办公，并经陈委员长指定林委员炯庵兼任第一组组长，处理本会关于一切总务事宜；梅委员嵩南兼任第二组组长，处理本会中小各级学校之教育行政事宜。五月中旬，加聘市政府赵秘书长尊岳为委员。五月下旬，顾委员继武辞职，改聘张石之先生继任。六月下旬，严委员恩柞辞职，改聘薛典曾先生继任。九月上旬，薛委员典曾病故，改聘杨为桢先生继任。十月上旬，又加聘周化人先生为委员。兹将本会成立以来之工作计划及实施概况择要分述如下。

甲、行政部分

1. 本年度之预定计划及实施经过

一、召开教育恳谈会

本会为联络特区教育人士合力推行特区教育起见，于三十一年六月二十六日下午二时，假座国际饭店，举行上海特区教育恳谈会，出席中小学校长六百余人。由本会陈委员长主席即席致辞，要点如下：（1）阐明国府和平、反共、建国之国策，借以矫正过去教育上之种种错误。（2）说明本会成立，为与上海教育界开诚布公讨论今后上海特区教育应循之途径及代各中小学解决各种困难问题，并与友邦日本协力以图上海特区教育之改进与发展，进而促成中日之真诚合作，实现中日永久之和平，并以东亚民族团结之力量共谋东亚之复兴。（3）请各中小学校长尽于最短期内将本会所颁发之调查表格从速送会，以资统计，而便整理。（4）本会为促进上海特区教育之团结，即日组织上海特别市教育会筹备委员会，希望各中小学校踊跃参加。词毕，由出席各校长提出问题，经陈委员长一一答复，情词恳切，会场空气颇为融洽。

二、调查各大学动态

上海各大学自大东亚战争爆发后，自动停办者有之，改换名称继续办理者有之。本会成立后，认为对于此类学校之动态实有切实明了之必要，乃即加以调查，结果如下。

（1）交通大学——三十年下学期起改称私立南洋大学（今已改为国立交通大学）。

（2）暨南大学——三十一年二月起迁往内地。

（3）上海医学院——与同德学院合并（今已迁回海格路，改为国立）。

（4）上海音乐专科学校——三十一年二月起改称私立（今已改归国立）。

（5）之江大学——三十一年二月起停办。

（6）东沪大学——三十一年二月起停办。

（7）沪江大学——三十一年二月起改称沪江书院。

（8）上海法学院——三十一年二月起迁往浙江兰溪。

（9）上海法政学院——三十一年起改称上海法商学院（今已停办）。

三、编印特区私立中小学校一览

本会为便于整理特区内各私立中小学及职业学校起见，成立之后即着手调查各中小学及职业学校负责人及校址，加以编列，汇印特区私立中小学校一览，分发有关各机关以备查考。

四、举行特区中小学校教职员暑期讲习会

本会为训练特区各校教职员之思想、沟通中日文化起见，特于三十一年七月举办特区中小学教职员暑期讲习会。由陈委员长兼任会长，梅委员嵩南兼任秘书，陈干事酉生兼任教务组长，市教育局丁科长超兼任总务组长，并敦聘陈市长、林柏生、梅思平、傅式说、赵正平、周化人、樊仲云、陈柱、戴英夫、杨中一、常盘大足、林毅陆、八木治文夫、佐治谦让、大木隆造等诸先生为讲师。听讲学员预定为三百人，其人选系就特区内著名中小学校长或重要教职员中遴选之。会址假忆定盘路（注：即今江苏路）中西女校，于七月二十日开学，八月十八日结束，每日讲习时间为上午八时至十二时。讲习期内实到学员数，计中学组一二四人，小学组一六〇人，旁听组九人，共计二九三人。学员待遇方面，除由讲习会按月津贴车费七元外，并每人贴给食米二斗，以示优待。讲习时间共为三星期，各讲师、各学员均不避盛暑，就教育界各项重要问题逐日讲习研讨，精神焕发，秩序亦佳。此种盛况在上海教育界中尚属创见之事。

五、组织市教育会

本会为推进本市教育任务、集中各方力量起见，筹组上海特别市教育会，委派林炯庵、梅嵩南、谢思皋等十五人为筹备委员，七月初开始筹备。九月一日，假忆定盘路中西女校举行成立大会，通过会章，推选本会委员长为会长，周化人为秘书长，胡敦复、贾季英、沈维桢等三十人为委员。租借地丰路五号为会址，办理关于树立大亚洲主义之教育事项，教职员之培养训练事项，地方教育之研究、设计、调查、统计及编纂、改进事项，举办各项教育研究会、学术讲演会等事项。

六、请工部局拨给特区私立学校补助费

事变以来，物价高涨，各校以限于经费，大多因陋就简，维持困难。本会有鉴于此，爰于第二次委员会议决呈请市府转函工部局，加征巡捕捐百分之十，充作补助私立学校经费（每月约计国币五十万元左右）。当经本会拟订特区私立中小学补助费等级，计分三等：（一）本市特区私立学校中凡具有（1）规模宏大、（2）成绩优良、（3）赞助和运三条件者，列入甲级；（二）本市特区私立学校中凡具有前列三条件内任何两项者，列入乙级；（三）本市特区私立学校中凡具有前列三条件内任何一项者，列入丙级。于三十一年八月，即请由市政府与工部局迭次接洽，迄无确实答复。现本会仍在继续□词，以期早日拨发，借以改进本市特区教育。

七、办理中小学校董会登记

本市特区各中小学自二十六年中日事变后变动甚大，本会为巩固学校基础、保持教育精神起见，乃拟订上海特区中小学校董会立案暂行办法，办理中小学校董会登记事宜。先行印制表格，分发各校，依式填报，然后依照校董会立案办法逐一审查。截至三十二年二月，计填送来会者，中学有清心等九十校，小学有阜春等一百七十六校。

八、添设日语科并招聘日籍日语教师

三十一年七月奉委员长谕，通令特区各中小学于三十一年度第一学期起一律添设日语一科，初中每周四小时，高中二小时，高小二小时，并着各该校将添设情形具报。只因吾国日语教师师资缺乏，乃招聘日籍日语教师，分发各校任教，以图补救，并由本会参照部定修正省立市立及公立学校外籍外国语教员聘任办法，订定招聘日语教师任教暂行办法，规定该项日籍教师须受本会之指导与监督及须服从任教学校校长之命令，遵守学校纪律。薪金由本会负担，暂定中学月给四百元，小学三百元，兼任两校者不另支薪。介绍计分二批：第一批中学部分有南洋模范等十八校，教师十七名；小学部分有明惠等二十六校，教师十八名。第二批中学部分有致远等十七校，教师十六名；小学部分有文昌等十一校，教师七名。总计中学三十五校，教师三十三人；小学三十七校，教师二十六［五］人。

九、调解学校校舍纠纷

事变以后，本市两租界居民充斥，大部分业主往往逼迁学校，转租图利，因此校舍纠纷层出不穷。本会为维护教育计，一面派员召集双方施行调解，一面具呈市府请转咨教育部暨司法行政部对于业主逼迁校舍案件予以救济，并函本市两特区法院查照。校舍发生纠纷而先后请求本会援助者，计有南方中学、漱兰中学、沪光中学、滨海中学、青华中学、师承中学、交通中学、励志中学、冠宇中学、清华小学、崇淑小学、中陆小学、念慈小学、乐华小学、晓东小学、震寰小学、生活小学、南洋一小等十八校。

十、举办市立特区民众补习夜校

本会为救济失学青年及改进一般民众智力起见，于民国三十一年七月经本会会议议决，先在第一特区内创设民众补习夜校二十所，并通过暂行办法暨经临费预算。自八月份起，派员商妥借用设备完善之私立中小学校二十所，九月份筹备完竣，会部开学。每校设初高两级各一班，初级班适合初小程度，高级班适合高小程度。每班学额均规定为五十人，凡失学民众，不分性别，不限年龄，均行入学，不数日均告额满。学杂费全免，书籍及文具均由本会免费供给。上课时间定于每晚七时至九时，每六个月为一期，期满后考查成绩及格之学生分别给予学业成绩证明书。关于课本方面，因无民校专用课本，故暂以国定教科书替代。第一期于民国三十二年二月结束，第二期定于三十二年三月开始，并已决定自第二期起，除原有二十校外，在第一特区及第二特区内各增设十校，共为四十校。该项经临费亦经市府核定，现正在接洽校舍。至课本方面，已有教育部编审委员会编订都市用民众课本，兹后两期业由本会付印，在第二学期开学时当可出版应用。

十一、举办市立特区日语补习学校

本会为顺应时代、社会之需要并沟通中日文化起见，于民国三十二年九月经本会会议议决，在第一特区内创设日语补习学校一所，并通过暂行办法暨经临费预算。自十月份起，商妥借用威海卫路私立民立中学为日语补习学校校舍，开始筹备，十一月一日起正式上课。学级编制分高初两级，高级两班，初级四班，共计六班，修业期限均规定为六个月。课程分读本、文法、会话、翻译四种。上课时间规定于每晚七时至九时，学杂费全免。凡有志补习日语者，不分性别，不限年龄，均行入学。现有学生三百五十余人，教职员十六人。如环境需要时，还拟设法扩充。

十二、接收市立飞虹、和安小学校

事变前特区内市立小学，计法租界有比德、伟达两校，公共租界有飞虹、和安、树基、育德、培德、培本、海山、其美八校。其中伟达、育德、培德、培本、海山、其美六校，校舍均属租用，故暂缓恢复；树基一校，事变后改名天后小学，暂归市教育局接办；比德一校，校舍产权正在交涉中。飞虹、和安二校，依据本会十一月九日第二十一次会议之决议，分别派员前往调查各该校概况，造册呈报市政府备查，并请市府派员指导接收事宜。三十二年一月十二日，由本会派员邀同市府代表前往文监师路（注：即今塘沽路）八九四号接收文昌小学（系飞虹于事变后改名者，今已恢复飞虹原名）；十三日，前往北成都路九七九号接收吉生小学（系和安于事变后改名者，今已恢复和安原名）。一月二十日委派刘士林为市立特区和安小学校校长，王修和为市立特区飞虹小学校校长，到校办理招生及开学事宜。

十三、处理各中小学校董会纠纷事件

本会鉴于特区私立中小学校校董会之组织纠纷丛生，为便于处理该项纠纷及健全各级学校校董会起见，呈奉市府令准成立特区私立学校校董会纠纷处理委员会，并呈准令派梅嵩南、程德源、陈酉生、马近仁、侯逸之、石法仁、马炳南七人为委员，并指定梅嵩南为主任委员。三十一年十月二十二日举行第一次会议，通过组织规程，推定调查调解股及审核指导股主任，负责处理各中小学校校董会之纠纷事件。自该会成立以来，业经调解并指导之中小学校董会，计有正行女中、比华小学、南光中学等三校。

十四、规定特区私立中小学校教职员待遇暨征收学杂费标准

特区各中小学校年来因物价高涨，征收学生费用亦随之加增。其收费数额，四百余元者有之，三四十元者亦有之；教师待遇，高者七百余元，低者只百余元，其间相差甚巨。本会为使各校征收学生费用暨付给教职员薪俸有所遵循起见，拟订特区私立中小学校教职员待遇暨征收学生学杂费暂行标准，规定收费最高额，高中学费三〇〇元、杂费二〇元，初中学费二五〇元、杂费二〇元，小学高级学费二〇〇元、杂费一〇元，初级学费一八〇元、杂费一〇元，幼稚园学费一六〇元。付给教职员薪俸，以总收入除房租外不得少于百分之七十为标准。该项标准业经本会第二十三次委员会会议通过，呈奉市府核准后，即于三十二年一月初通令各校遵照办理。

十五、办理发放特区私立中小学校及教职临时救济费事宜

本市特区各中小学校，因物价剧涨，入不敷出，乃联名会呈本会，请求转呈中央拨给救济费以维教育。本会据情转呈，旋经中央政治委员会第一一七次会议决议通过临时救济费叁拾伍万元，并奉令由教育部、财政部及沪市府各派代表一人，举行教育救济费审议会。依据第二次审议会审议意见第四项，组织上海特区私立中小学及教职员临时救济费委员会，办理发放救济费事宜，于三十二年一月七日成立，并经历次委员会议决定受领救济费之资格，编造名册。关于分配办法，除归垫赴京请愿代表团旅费壹万零伍佰捌拾肆元外，以叁万元为学校救济费，叁拾万零玖仟肆佰拾陆元为教职员救济费。各校受领救济费之数目以学生人数为计算标准，凡五百零一人以上者为甲等，中学每校一一四．三元，小学每校六七．三元；五百人以下者为乙等，中学每校九五．二五元，小学每校六三．五元。教职员应领数目，中学每人八八．九元，小学每人五九．三元，如兼有中小学校课者，从高具领。至本会启用图记、会戳及历次会议记录，均径呈教部备案并转咨财政部及沪市府查照。所有传递消息，除专函通知各校校长外，并分别发表新闻及公告，刻正在开始发放中。

十六、筹办市立特区师范学校

本会鉴于本市优良师资之缺乏，特筹办市立特区师范学校一所，借资造就小学师资，分别介绍特区各小学、各社教机关服务。当经本会第二十次会议议决，委派前上海市立敬业中学校长潘宝书为筹备主任。去年十一月间，即行开始筹备，并觅定市立特区和安小学第二校舍为师范校舍，并于本年二月初招考新生二百余人，分设高中师范科一年级两班，二、三年级各一班，简易师范科一班，全校拟先开设五班授课。校长一职亦经本会第二十六次会议议决，委派鞠清远充任。学生待遇方面，除免收一切学杂费外，并定按月贴给膳费一百二十元，借示政府培植师资之至意。刻正办理装修及购置校具等事宜，预定三月中旬即可正式上课。

2. 本年度经费收支概况及与上年度之比较

本会经费全数由上海特别市政府拨给。三十一年度之经费收入共计四七三，四三四.九六元，其中经常门行政费计九九，九八五.〇〇元，事业费计二三八，八八〇.〇〇元，临时门计辅助费八七，九九二.三六元，修缮费四一，六〇〇元，购置费四，九七七.六〇元。支出方面共计四七二，二九四.七九元，其中经常支出计行政费一一五，一四四.八二元，事业费二二三，〇八〇.〇〇元，临时支出计补助费八七，九九二.三六元，修缮费四一，六〇〇.〇〇元，购置费四，九七七.六〇元①。至于上年度之经费收支，因本会于三十一年三月开始办公，故仅有本年度之经费收支，比较一项暂付阙如。

乙、学校教育部分

1. 统计

本会所辖特区中之私立中小学，计初级中学有一四一校，分四〇九学级，受教学生三二四八二人，教职员一二〇九人，月薪最高额为五〇〇元，最低额为一〇〇元。高级中学有八三校，分二九六学级，受教学生一一〇六二人，教职员一八三四人，月薪最高额为六〇〇元，最低额为一〇〇元。师范学校有三校，分七学级，受教学生一四一人，教职员二六人，月薪最高额为三〇〇元，最低额为一〇〇元。职业学校有七校，分十七学级，受教学生一〇五〇人，教职员一二二人，月薪最高额为四〇〇元，最低额为一〇〇元。小学五八九校，分三二四七学级，受教学生一四〇五七二人，教职员六一九七人（其中职员多数兼任教员），月薪最高额为七〇〇元，最低额为一〇〇元。

2. 校舍及设备情形

事变前校址原在特区者，多数校舍尚合学校需要条件，即图表、仪器、标本、模型等各种教具，亦大多完备。至新迁来者，校舍则什九简陋，各项设备全无。又因特区人口激增，房屋缺少，有两校或三校合用一校舍者，有两校或三校轮流用一校舍者（即上午甲校用，下午乙校用，晚间丙校用，或晚间开办补习学校），甚至有课堂与住家、商店或小型工厂合居一处者。兹依据下列标准，将中学、小学校舍及设备情形分别列为四等，并用百分率表明之：

（一）校舍宽敞，有礼堂、操场、图书馆及卫生设备等，并备有图表、仪器、模型等各种教具者为甲等；

（二）校舍尚能敷用，但图书馆、操场等不全有，而教具、设备亦不甚完全者为乙等；

（三）校舍为普通之弄堂房屋，仅有教室、桌椅及黑板，此外无其他设备者为丙等；

（四）校舍为极简陋而污秽之房屋，仅有课室、桌凳、黑板等，无其他设备，而与商店、工厂或住家合居一处者为丁等。

---

① 原件支出总数与各项支出之和不符。

据上学期调查结果，中学校舍及设备情形，甲等占百分之二十二，乙等占百分之四十，丙等占百分之三十八；小学校舍及设备情形，甲等占百分之十八，乙等占百分之三十五，丙等占百分之四十，丁等占百分之七。

3. 经费来源及教职员待遇

特区中小学校，凡工部局主办者，其经费由工部局拨发；其他私立学校，除少数可获工部局或私人团体补助外，其经费来源悉赖学生学杂费之收入。教职员待遇，中学多按授课钟点计算，小学按月计算，兹将调查结果列表如左。

小学教职员待遇（按月计算）

月薪在100元以下者，占6.6%。

月薪自100元至200元者，占56%。

月薪自210元至300元者，占26.4%。

月薪自310元至400元者，占8%。

月薪自410元至500元者，占1.8%。

月薪自510元至600元者，占0.8%。

月薪自610元至700元者，无。

月薪自710元至800元者，占0.4%。

中学教职员待遇（按钟点计算）

每小时1元至2元者，占3.3%。

每小时2元至3元者，占26.6%。

每小时3元至4元者，占33.3%。

每小时4元至5元者，占20%。

每小时5元至6元者，占6.6%。

每小时6元至7元者，占6.6%。

每小时7元至8元、8元至9元者，无。

每小时9元至10元者，占3.6%。

4. 师资情形

上海师资素不缺乏，惟因三数年来物价飞涨，各校教职员，无论中学、小学，苟依馆谷所入，每感不足以温饱，是以学验俱优之士往往改就他职。故在此非常时期，欲求师资阵容之整齐，有不可能之势。兹将上学期调查结果分别列表报告如次。

上海特区中等学校教员资格统计

大学毕业者，占44%。

师大毕业者，占27.3%。

专门学校毕业者，占8%。

中学毕业者，占20.7%。

上海特区小学教员资格统计

师范毕业者，占 33％。

大学及师大毕业者，占 9％。

中学毕业者，占 47.6％。

专科学校毕业者，占 10.4％。

5. 教学情形

特区中学教员大多兼任，小学部分则以专任为原则，采用级任制，兼施训教事宜。教育方式，各校以限于经费、教具缺少，多采用灌输式，少用启发式，大都侧重书本之注入，能利用实物教学甚属罕见。惟多数教员讲解详明，板书清楚，并能引起学生学习兴趣，故教学效率尚佳，一般教师教学态度亦见安静。大半学校其课程均能与部颁标准符合，惜中学教员以兼任者多，故日课表之编配稍欠均匀耳。

6. 训育情形

中学部分，对训育工作多设教导主任或训育主任以主其事。小学部分，除采用级任导师制外，亦间有如此组织者。据本会视察所及，各校训导人员资格多能合乎规定，采用积极训导方法，厘定整个训育计划，按步施行，故有成绩表现者为数甚多。惟自租界当局举办计口授粮后，各校以购米不易，多停收寄宿生，只收普通学生，因此对训育工作实施不无影响。

丙、社会教育部分

1. 统计

本会所辖特区内之民众学校共计二〇所，教职员一〇〇人，受教学生二〇〇〇人；补习学校一所，教职员一六人，受教学生三五四人。以上二十一校均系本会主办。

2. 场所之设备情形

本会主办之民众夜校二十所暨日语补习学校一所，场所均系利用特区内设备较完善、地点较适中之中小学校舍为教室，校具及教具尽量利用各该校原有者。

3. 人才及待遇

民众夜校之教师即由租借校舍之学校教师兼任，其资格同中小学校，不再赘述。至于待遇，校长月贴八〇元，教员月贴六〇元。日语补习学校之教师均为大学出身而对日语研究有素之士，待遇以钟点计算，每小时高级班计八元，初级班计六元。

4. 工作概况（关于活动事业者）

（一）参加大东亚亲善体育大会

民国三十一年十一月八日，本市举行大东亚亲善体育大会，主办者为日本军报道部，为本市事变后第一次国际运动大会。参加者除中、日、满三国外，尚有德、意、印、泰、菲等，共计八国，运动员计二万余人，观众约十余万人。会场借用静安寺路跑马厅，盛况空前，各国均有精彩表演。本会还派特区私立通惠、吉生等十八校运动员二千余人参加表演，其节目有国民体操、唱歌、游戏等，活泼天真，博得全场赞许。大会自上午十时开始，至下午五时散会，秩序井然，成绩均佳。

（二）参加上海特别市拥护参战打倒英美民众示威大会

民国三十二年二月十五日，本市举行拥护参战打倒英美民众示威大会。地点借用静安寺路跑马厅，时间为下午二时，主办者为本市市府暨反英美协会等。是日，中央特派大员林宣传部长柏生莅沪指导并致训词。民众参加者有各工会、保甲、自警团等，总计二十万人。全市公私立学校参加者八十五校，总计一万五千余人。本会指派市立特区和安、飞虹及私立广东小学等五十二校学生八千余人代表参加。会毕，全体整队游行，由跑马厅出发，经南京路外滩，折入爱多亚路（注：即今延安西路），至马霍路（注：即今黄陂北路）散队。一路旗帜飞扬，高呼口号，民众无不感动。

丁、特种教育部分

关于聋哑等学校之特种教育：在本市特区之内实施聋哑教育而受本会管辖之学校，计有福哑学校、中华聋哑学校及中山聋哑学校三所，共收容学生二百余人，由教职员二十余人分任教导之职。入校学生多为聋哑孤儿，衣被膳食大半由校中供给，所有经费均系向社会征募者。毕业学生悉能服务社会，谋有相当职业。本会对于是类学校拟加补助，俾期本市残废分利之聋哑儿童均得化为生利有用之国民。

戊、将来计划

1. 收回特区内教育市产

查特区内教育市产，事变以前本有和安、飞虹、树基、比德等四校。现除和安、飞虹两校之产权业经收回外，尚有树基、比德两校之校舍，现正在计划交涉收回中。

2. 恢复原有市立小学

查原有市立小学设在特区者，除和安、飞虹两校业经收归市办外，尚有树基、比德、育德、培本、海山、其美、伟达等各小学亦拟计划恢复。

3. 整顿特区各级学校

上海环境原属特殊。事变后，内地各校纷纷迁沪，其中办理完善者固属不少，但大多对于校舍设备往往因陋就简。本会为改进教育计，拟自本学期起，逐一加以整顿。

4. 取缔不良私立学校

军兴以还，特区内私立中小学校如雨后春笋，纷纷设立，其中虽有按照部章设立者，然大都不依法令规定，擅自开设，内容腐败。本会为顾念学生学业计，对于此类学校拟规定办法加以取缔。

5. 筹设市立特区图书馆

本会为保存文献、储集图书、促进学术、阐扬文化、适应环境之需要起见，拟筹设市立图书馆一所，得使全市民众有研究深造之机会。

6. 筹设市立特区公共体育场

际此促进新国民运动之时，国民体魄之训练实甚切要。本会有鉴于斯，计划在第一特区跑马厅内筹设市立特区公共体育场一所，以期普及国民体育，达到强国强民之目的。

7. 拟办市立特区模范中学及小学

本会管辖之私立各中小学校，有以模范二字冠诸校名者，考其办学实况，大多名实不符。除拟令饬各该校去除模范二字外，并拟筹设市立特区模范中学及市立特区模范小学各一所，以为改进特区教育之先声。

8. 扩充民众补习夜校

民众补习夜校之使命，在于完成失学民众之补习教育。本会鉴于特区失学民众之众多，除于卅一年八月起先后设立民众补习夜校四十所外，兹应事实上之需要，尚在计划扩充，以期扫除全市文盲。

上海市档案馆编：《日伪上海市政府》，中国档案出版社，1986 年。

汪伪教育部处理苏淮特别区教育特殊情形有关文件

（1943 年 6—8 月）

1. 汪伪教育部呈

（6 月 22 日）

查各地方教育业经本部分别派员视察，并据缮具视察报告呈核在案。兹查苏淮特别区自行政公署隶属中央后，对于教育之推行尚见努力，惟因环境关系，仍有特殊情形存在，因之教育事业犹未能纳入正轨。今后欲谋该区教育事业之正常发展，宜积极谋量之扩充与质之改善，强化教育行政机构尤属首要，谨就所见陈明如左。

一、该区各教育行政机关现有之教育补助官及与教育补助官类似性质者，应一律撤销。如因事业上之需要，聘请专门技术人才，自不得干涉行政，其在学校方面之教育补助官应改称日语教员，与普通教员地位同等。

二、该区在中央统辖之下，所有教育措施应完全受命于中央，其与中央教育法令有抵触或未尽符合者，应予取缔或改正。

三、初中以下学校应尽量采用国定课本，高中（课本在拟订中）暂用讲义，惟须慎选教材，课外读物尤应严格审查。

四、教育处应扩大组织，对于主管职务，务使充分发挥其行政功能。

五、各县教育行政组织应斟酌情形，设立专局或使民教分科。

以上五项，注重于教育行政机构之强化，除其他应行改进事项，业经本部径咨苏淮特别区公署转饬遵办外，理合将该区教育特殊情形列单一并呈报，仰祈钧长鉴核施行。

谨呈

行政院长汪

附呈苏淮特别区教育特殊情形一份

教育部部长　李圣五

中华民国三十二年六月二十二日

附件

苏淮特别区教育特殊情形

该区教育以环境关系，有特殊情形存在，兹择要分述于左。

一、行政处理之困难：教育措施除接受中央命令外，仍须受命于华北教育总署，而其间竟有不能相容者，如采《卿云歌》为国歌等。

二、课外读物内容不当：小学采用临时政府编订之教科书，查有《孙文与空枪》等教材，内容荒谬，但迄未取缔。

三、学科课程未合规定：童子军课程内有“中国革命史略”、“三民主义大要”及“国父史略”等，未能按时教授，公民课皆改为修身，中学英语每周谨［仅］有二小时，小学则于初小三年级起已教授日语，核与规定均有未合。

四、功令不易推行：各校日籍日语教员名义称为教育补助官，宿县县立城市模小组织系统表，且以补助官列于校长之上。

五、徐州市立日专学院：该学院于民国二十七年八月由日本宣抚班设立，原名为徐州宣抚班日本语学校，至二十八年二月改组为徐州日本语学校，归治安维持会文教科管辖。嗣由徐州市公署接办，更名为市立日本语学校。迨三十年二月始更今名，现归市政府管辖。院长为相良信秀，系日本钢管株式会社社员，即该学院创办人。因其主旨系在沟通中日语言与文化，情形较为特殊，惟内部编制仍依三三制初级中学办理，并附设高级小学。现有初中一二年级各一班，附小五年级一班，六年级两班，经费由市库支拨，上学期计为七一七六元。查该校既系适应环境而设，自必有其特殊设施，不能与普通中学等量齐观。查修正《私立学校规程》第六条“外国人不得在中国境内设立教育中国儿童之小学”，又第七条第二项规定“外国人设立之私立中等以上学校，须以中国人充任校长或院长”，何况日语学院系属市立，是不能以外国人充任校长，至为明显，且依三三制编制之初级中学，名之曰日专学院，尤未适当，而教学特别注意日语，复与初级中学之课程未尽符合，实有分别调整之必要。

2. 龙旭光签呈

（6月26日）

现据教育部呈报派员视察苏淮特区教育情形并条陈五点请鉴核施行等情。经核该区教育不独与中央法令颇多抵触，抑且迹近荒谬，谨择要条举如左。

一、采《卿云歌》为国歌。

二、小学采用临时政府编订之教科书，内容荒谬，对于国父大不敬。

三、日语教员在学校组织系统表中列于校长之上。

四、徐州市立日专学院以外人充任院长，并依三三制初中办理，不伦不类。

本案除指复教育部外，拟饬苏淮特区行政长官公署厉行改革，并将办理情形随时具报备查。是否可行，理合签请钧核。

职　龙旭光谨签

3. 苏淮特别区行政公署呈

（8 月 14 日）

案奉钧院三十二年七月二十八日训令院字第一〇三七号开："现据教育部呈报派员视察苏淮特区教育情形，附呈苏淮特区教育特殊情形一份，并条陈改革意见五项，请鉴核施行等情。据此，查该区教育与中央法令多所抵触，该教育处长身为主管人员，措施乖舛，殊属非是，应予撤职，以申纲纪，并饬教育部李部长与该长官商洽遴员接替。至于该区教育，亟应切实整顿，仰即依照教育部条陈意见五项厉行改革，并将办理情形随时具报备查。除分令外，合行抄发苏淮特区教育特殊情形暨改革意见各一份，令仰该长官遵照。"等因；附抄教育部附呈苏淮特区教育特殊情形暨改革意见各一份。奉此，闻命之下，敢不祇承。惟查教育部派员到徐系在去年十月以前，此时正在调整教育行政尚未完成之时，与本区现在办理情形，事实稍有不符之处，兹按照抄发特区教育特殊情形及改革意见各款，分别另纸析陈，伏乞鉴核。至当时本区教育处处长为陈升儒，因其办事稍欠周妥，业于上年十二月降调他职，当时以简任秘书李嘉淦调充，对于过去误谬之处已逐渐改正。上月因李嘉淦调充本区工程局局长，当经慎重铨衡，以本署秘书胥国瑞接充并已呈报在案。该员就任未及一月，刻正遵奉院令、部咨积极整顿，计划发展，可否免予置议之处，伏乞鉴核。除咨部外，理合呈请示遵。

谨呈

行政院院长汪

附呈对于抄发苏淮特别区教育特殊情形及改革意见本署陈复各款一份

苏淮特别区行政长官　郝鹏

中华民国三十二年八月十四日

附件

对于抄发苏淮特别区教育特殊情形本署陈复各款

（一）行政处理之困难：教育措施除接受中央命令外，仍须受命于华北教育总署，而其间竟有不能相容者，如采《卿云歌》为国歌等。

查本公署自上年二月十九日改归中央直辖后，华北教育总署即未再向本公署行文，本公署对于该署亦无联络事项，亦未再用《卿云歌》为国歌，并曾经通令各市县一律改用党歌为国歌在案。本年二月十九日，主席莅徐视察时，曾邀钧听，谅荷睿察。

（二）课外读物内容不当：小学采用临时政府编订之教科书，查有《孙文与空枪》等教材，内容荒谬，但迄未取缔。

查本区各校课外读物，经本公署承认者仅有《剿共读本》及《兴亚读本》两种，间有不妥者，系事变时专员公署时代为宣抚班或新民会所发，且并非专员公署承认，现正遵令严予查禁。

（三）学科课程未合规定：童子军课程内有“中国革命史略”、“三民主义大要”及“国父史略”等，未能按时教授，公民课皆改为修身，中学英语每周仅有二小时，小学则于初小三年级起已教授日语，核与规定均有未合。

查本署于民国三十一年五月三日接准教育部咨送童子军实施纲要到署，当于五月九日以社教字第十一号通令各市县及直辖学校遵照办理在案。至公民改授修身一节，因特务机关主张以修身课本可以表现东方道德精神，只得以修身暂为代用，刻正与领事馆联络，由下学期改授公民，以符规定。至中学每周仅授英语二小时及小学三年级已授日语各点，查本署于上年七月二十二日制定教学科目时数表，经以教字三六二号咨送教育部查照，旋于八月六日接准教育部普字第二三二三号咨准备案在案，应否改订，候咨商教育部核定办理。

（四）功令不易推进：各校日籍日语教员名义称为教育补助官，宿县县立城市模小组织系统表，且以补助官列于校长之上。

查宿县本属皖省，情形特殊，自上年本公署改隶后，该县始划归特区管辖。彼时接收未久，一切行政尚未就绪，至此类事项，前经本署督学视察时，业已令其改正。

（五）徐州市立日专学院：该学院于民国二十七年八月由日本宣抚班设立，原名为徐州宣抚班日本语学校，至二十八年二月改组为徐州日本语学校，归治安维持会文教科管辖。嗣由徐州市公署接办，更名为市立日本语学校。迨三十年二月始更今名，现归市政府管辖。院长为相良信秀，系日本钢管株式会社社员，即该学院创办人。因其主旨系在沟通中日语言与文化，情形较为特殊，惟内部编制仍依三三制初级中学办理，并附设高级小学。现有初中一二年级各一班，附小五年级一班，六年级两班，经费由市库支拨，上学期计为七一七六元。查该校既系适应环境而设，自必有其特殊设施，不能与普通中学等量齐观。查修正《私立学校规程》第六条“外国人不得在中国境内设立教育中国儿童之小学”，又第七条第二项规定“外国人设立之私立中等以上学校，须以中国人充任校长或院长”，何况日语学院系属市立，是不能以外国人充任校长至为明显，且依三三制编制之初级中学，名之曰日专学校，尤未适当，而教学特别注意日语，复与初级中学之课程未尽符合，实有分别调整之必要。

查该学院课程及组织确多不合规定之处，考其性质，类似私人经办，刻已令市政府转饬教育局将其停办，以符功令。

对于教育部改革意见本公署陈复各款

（一）该区各教育行政机关现有之教育补助官及与教育补助官类似性质者，应一律撤销。如因事业上之需要，聘请专门技术人才，自不得干涉行政，其在学校方面之教育补助官应改称日语教员，与普通教员地位同等。

查民国三十年二月前，苏北行政专员公署以各日系教师衔名多不一致，以教学字第五六号通令一律改称教员。于民国三十一年三月据特务机关称，日系教员负有促进中日亲善文化交流之重大使命，请改为补助官，当时限于环境，暂予通融办理。兹奉钧令已向领事馆声明改正，吉竹领事亦以为然，允向大使馆联络，一律改称日语教员。

（二）该区在中央统辖之下，所有教育措施应完全受命于中央，其与中央教育法令有抵触或未尽符合者，应予取缔或改正。

查本公署自改隶后，所有行政完全遵奉中央颁布法令办理，未敢逾越，事实俱在，伏乞鉴核。

（三）初中以下学校应尽量采用国定课本，高中（课本在拟订中）暂用讲义，惟须慎选教材，课外读物尤应严格审查。

查本区初中以下各学校所用课本均系采用国定，至课外读物，仅有民国三十年十二月间及三十一年一月间华北教育总署所发《剿共读本》及《兴亚读本》两种，内容迭经检察，尚无甚不妥之处。附呈二册，敬请钧览。

（四）教育处应扩大组织，对于主管职务，务使充分发挥其行政功能。

查本地区为预算所限，未能充分扩张。惟鉴于教育为立国之本，已于本年七月将教育处督学地位提高，设立督学室，由前徐州中学校长傅铭新任督学主任。最近又将教育处之第二科析为第二、第三两科，第二科专司中小学教育事项，第三科办理社教及体育事项，以便加强机构。嗣后经费稍裕，当逐渐扩充，以期完善。

（五）各县教育行政组织应斟酌情形，设立专局或使民教分科。

查本区各县因兵燹之余，一般教育所受损失甚深，是以教育经费均用于学校事业方面。教育行政组织则视县分等级规定，以期款不虚糜，如铜山、东海、宿县、亳县、泗县等县，管理教育均专设一科，其他各县虽未专为设科，但亦设有教育股及视学办理学务，于事业并无影响。惟上年八月，本公署奉钧院令发县政府组织暂行条例，比照原有员额已大缩减，倘民教分科，现有人员能否可资分配，拟另行专案呈请核夺。

中国第二历史档案馆藏“汪伪教育部档案”

江苏省之清乡教育概况

（1944年10月）

第二章　清乡教育之全貌

本厅袁厅长接任之初，正当江苏省开始进行清乡工作后之第五月，故一切行政设施无不以清乡教育为前提。在清乡运动进行之中，主席昭告吾人之言曰："清乡必先清心。"清心工作，必须从教育工作着手。为渗透民众之意识，坚强民众之信念，对清乡教育方面尤为着重，其荦荦大者，如成立清乡教育委员会及各县分会，接收英美第三国系教会学校，扑灭英美教育思想运动及举办清乡区中小学教师训练班，举行清乡教育座谈会，等等。凡此设施，无不随清乡工作之前进而前进。兹分述于后，以谂国人。

第一节　接收英美第三国系教会学校

本厅为肃清依存英美之思想及彻底根除第三国在华之文化侵略作用，爰将省会第三国系教会学校予以接收，经省府核准施行，其间获得友邦方面之协力甚多。此乃现实环境下之必要措置，且为革新我国教育之应有步骤，此诚为我国教育史上值得提示之一页。

英美帝国主义为调剂其本身之矛盾、缓和其内在危机，向以我东亚民族为侵略之对象，榨取我东亚民族之血汗，借以维持其国内经济上之繁荣。其侵略方式，不但对殖民地加以政治之束缚及武力之干涉，且在文化上加以统治，利用宗教力量，在殖民地设立文化机关，以麻醉殖民地人民之思想，使殖民地人民于不知不觉中造成崇拜宗教之心理。是以中国自鸦片战争以来，英美为侵略中国计，首先派遣传教士至中国各地，以宣扬基督教为名，实际上则施种种之侵略手段。故自百年以来，受英美文化侵略之毒害实属更仆难数。英美在中国各地所办之教会学校为数良多，举凡南京条约所开辟之商埠及沿海沿江各大都市，无不有英美帝国主义者之足迹。不但其学校中之课程每与中国教育宗旨不符，且以条约关系，不受中国政府之监督指导，其流弊所及，匪特中国教育制度为之丕变，且渐渐进入于破坏之途，并使中国人民逐渐遗忘固有之东方精神文明。在中日事变之前，英美为破坏东亚民族之团结力，辄施展其种种挑拨离间之阴谋诡计，往往利用教会学校，讲述种种不利于中日友好关系之言论。而当时政府之国策亦一以依存英美为指归，卒致双方猜疑程度日益加深，而引起五年有余不幸之流血悲剧。此种惨痛之教训，实为英美文化侵略所造成之恶果。汪主席艳电中有语曰："中日两国欲树立永久和平的基础，必须双方改变过去的教育方针。"吾人确立中日两国之亲善关系，断不容英美侵略文化之残余。

目前大东亚战争正在积极开展中，英美一切势力行将崩溃，吾人为争取整个东亚民族解放之完成，必须彻底消灭英美残余势力。而我苏省尤为清乡地区之发祥地，尤须将英美势力扫荡净尽。吾人鉴于以往英美侵略文化所加予吾人之毒害，则英美教会学校实有接管之必要，是以本厅有接管第三国系教会学校断然之措置。

自大东亚战争爆发，在华第三国系教会学校之处理，即成为最现实之迫切问题。苏省为文化发皇之区，第三国系教会学校亦特多，社会人士向为依存英美之思想所蒙蔽，对教会学校之关系，具有深长之历史。友邦方面对处理此项问题，既深置关切，而责望我省政当局予以解决者亦弥殷。当经李主席指定本厅详细研究，提出具体办法，本厅于奉命之余，即经发动对第三国系教会学校之实地调查，并召集有关人员一再讨论，于二月二十五日首先提出“处理第三国系教会学校办法要纲”，继于三月十日，根据上项办法要纲，提出“第三国系教会学校整备计划”，与友邦方面作精密之检讨，当经完全决定，并于三月十八日发表，同日开始执行工作。

其处置之步骤，日方为紧急措置第三国系教会学校，暂时交由本厅接管，本厅于接管后，即就整个内容，根据客观需要，予以准备合并或废止，以消减原来各自为政、种种浪费之现象，而使能循合理化发展。整备合并或废止后存在之学校，即分成省立或县立两种，省立与县立之划分以中等学校及其附属小学为省立，以小学为县立。此项割分之标准，盖为基于行政指导之方便，省立由教育厅直接管辖，县立由吴县教育局直接管辖，而由教育厅间接领导。

至于接收后之教育方针，以和平反共建国之最高国策为教育之最高方针，特别强调大东亚战争之意义，肃清依存英美思想之观念，同时渗入清乡地区之教育精神，以适应当前之工作。解除宗教之毒化宣传，根绝与教会之潜在意识，力求教职员思想之健全、素质之改进，要求社会人士之协助，欢迎教会关系分子之转向。行政系统根据教育厅对原有省立与县立学校同样办理，训导教育方面之实施完全根据教育部及教育厅规定法令办理。经济方面采用征收学费办法，专以自给自足为原则。经费不足时，依照其情况，请求补给办法。因经费或其他迫不得已之情形，经认可后，容许保持若干特殊，暂缓依照一般省立县立学校之标准办理，如教职员之待遇、资格以及学生之程度、事务之机构等。

至于实施之具体方法，严格执行精神训练，如举行各种集会以改造学生之思想。小学废止英语课目，中学英语课目每周时间依照其他省立中学规定，切实纠正以英语为中心之传统。加聘日语教师，增授日语课目。废止宗教课目，撤除原有宗教设备。一律采用国定教科书，原有教职员之工作予以适宜之调整，如有不服从者，即予开除，其或有重大反动者，予以严厉之处分。工作调整后，利用休闲时间予以再教育，如举办讲习会、训练班、参观团等，以强化其意志与工作。各校可组织校务策进会，其任务为建议改进办法，协助学校之发展。

其次，关于第三国系教会学校之整备计划，系依调查报告为出发，归结于客观之需要。调查所得者计有谢衙前私立成智中学暨附小、马医科振声补习社、义慈巷集才学校、桃花坞石幢弄仁立中学、言桥下塘及宫巷乐群补习社、慕家花园补习社、桃花坞天恩小学、天赐庄学校、齐门大街崇道小学、临顿路萍花小学、中街路新光私塾、齐门路益民私塾、养育巷思杜小学、颜家巷尚德小学等十余校。

对此现存之学校，其合并或废止之初步办法为：慕家花园补习社完全废止，并入私立成智中学。乐群补习社在言桥之中学部完全废止，并入私立成智中学；乐群补习社在宫巷之小学部分完全废止，并入言桥小学部分，成立一完全小学。天恩小学完全废止，并入仁立中学，作附属小学。天赐学校中学部分并入苏州中学第二院。思杜小学及益民私塾完全废止，学生分别转学附近小学。

经此合并或废止后存在之学校一律更改名称：私立成智中学改为省立联合中学，振声补习社改为省立兴亚中学，集才学校改为省立建国中学，仁立中学改为省立和平中学，乐群补习社改为县立合作小学，天赐学校改为县立东联小学，崇道小学改为县立共荣小学，萍花小学改为县立平化小学，新光私塾改为县立清工小学，私立尚德小学改为县立胜道小学。

至于各校原任校长，本厅对其过去工作雅不欲予以一概抹杀，惟为彻底整顿起见，决予一律更换。本厅于民国三十一年三月十八日起开始派员接收，进行颇为顺利。此本厅接收第三国系基督教会学校之经过情形也。

至于各校改组后新任校长，当时有如下之决定：省立联合中学由章志岳担任校长，省立兴亚中学由吴南屏担任校长，省立建国中学由戴庭槐担任校长，省立和平中学由卢寄沤担任校长，并指定缪锦忠为合作小学校长，赵静聆为东联小学校长，金挹清为共荣小学校长，谈光烈为平化小学校长，业孝明为清工小学校长，彭清霄为胜道小学校长。自接收后之翌日起，即由各校新任校长全部接收。其各校原有教员在可能范围中仍予以蝉联，即前任校长愿为学校出力者，亦留为校务策进委员，其一部分由本厅另行位置。

此次接管第三国系教会学校，进行颇为顺利。接收之后，一切问题亦均予以适当之处理与解决。总之，英美帝国主义在此百年之中，作为侵略中国文化之根据地——教会及教会学校，无不予以彻底解决，从此建立东亚本位文化之教育及中国固有道德之提倡，无不予以最大努力，并以新国民运动纲要为各校训育标准。同时，为使建立本国文化之模范教育起见，对于接收各校之处理，无不尽我人最大之努力。我人在此清乡工作进展中，得友邦协助以完成此项工作，实为我人应尽之责任也。

第二节 成立清乡教育委员会及各县分会

在第三期清乡工作开展之际，省府改组，清乡与省政合流，机构方面益形强化。清乡委员会原有之特种教育委员会奉令结束，本厅另行组织清乡地区教育委员会，由本厅袁厅长兼任主任委员，人事方面重加调整，分别聘请专门人员为委员，并指定本厅高级人员及清乡地区各县教育局局长为委员，另派总干事、副总干事暨干事、办事员等，各司专责，以利推行。又在吴县、常熟、昆山、太仓、武进、无锡、江阴等七县，组织清乡地区教育委员会各县分会，于三十一年四月统告成立，以期增进工作效率，而谋清乡区教育之健全与发展。

清乡教育委员会主任委员由本厅袁厅长兼任，副主任委员明淦，委员谷大椿、丁丁、张修明、徐锡璜、庄泽民、俞吉玉、朱剑烨、吴杰、朱懋功、刘中英、徐坚，总干事徐锡璜，副总干事董家麟，干事有张汉伟、陈在庵、朱宗岳、江杰。各县分会亦设有委员九人至十一人，以吴县、常熟、昆山、太仓、武进、无锡、江阴等七县教育局为主任委员。人事既定，一切工作乃得循序推进，于是整个机构在教育行政上得焕发其精神力也。

清乡教育委员会之具体计划及工作，如私校私塾之加以取缔及限止，此乃为强化行政机关监督权起见，研究具体办法以推行之。统制学校教科书，并将国定教科书设法迅速配给，同时并设法改善教员生计与学生新国民运动之率先励行。教员生计问题之根本解决，与良好教员之养成及现阶段教员之再教育与其社会地位之向上，有不可分离之关系。清乡教育委员会只能予以若干增薪，研究配给低廉物资，以保障最低生活而求消极的改善。其他重要工作，如视察清乡地区实际教育状况，将清乡开始以前至民国三十一年清乡教育委员会成立之时止一切情况详加比较，并努力着眼于清乡教育之渗透现象。

清乡区各小学校所采用之课本，一律改用国定课本。颁发清乡区中小学教师信条，调查清乡区失学青年，修订颁发清乡各县教育局分级标准及中小学级费支配标准、社教机关每月经费支配标准，计划清乡区内文教团体之管理，举办清乡区中小学教师第一期训练班及第二期训练班，举办儿童清乡周及清乡教育座谈会，等等，皆为清乡教育委员会最重要之工作。

第三节　举办清乡区中小学教师训练班

本厅为谋增进清乡地区中小学教师教育知能，改进教育方法，强化教育实施，并统一教育人员之思想，以期清乡教育工作迅速完成起见，特举办清乡地区中小学教师训练班。班主任由厅长兼任，副主任一人，教育长一人，秉承班主任处理训练班一切事务。设总务、教导二组，各设组长一人。受训学员由吴县、常熟、昆山、太仓、无锡、武进、江阴等清乡区七县，就现任县私立中小学教师保送来省受训。训练班分两期举行，自三十一年五月十八日起至五月三十一日止为第一期，六月八日至六月二十一日为第二期。

训练班训练科目，有党义、汪精卫主义、社会教育、新国民运动、东亚联盟运动、清乡要义、中国近代史、日本近代史、国际研究、现代教育思潮、清乡教育、大东亚政治经济地理、乡土文艺等十四种，课余并有精神讲话、分组研究及座谈会等。

第一期训练班自五月十八日起开始，在沧浪亭举行开学典礼，各县保送学员计吴县十四人，无锡十一八，常熟六人，太仓六人，昆山六人，江阴四人，武进十二人，共计五十九人。在训练期间，学员一律穿着制服，以资一律，训练班并敦聘各厅处长及省垣名流举行精神讲话。修业完毕，举行毕业考试。第一期于五月三十一日举行结业典礼，并发给各项竞赛之奖品及证书。

第二期自六月八日起，在省联中开始举办，其科目及所聘讲师与第一期相同。各县保送学员计吴县十五，无锡九，武进九，常熟九，太仓六，江阴六，昆山六，合计六十人。至六月二十一日，举行毕业典礼，其考试及格者给以毕业证书，与第一期同。两期受训学员共计一百二十人①，受训完毕，仍还至原校服务，而对于清乡教育之任务，均得有深切认识之机会。

第四节　扑灭英美教育思想运动

本厅自接管第三国系教会学校之后，感觉残余之英美思想非彻底予以减绝不可，爰有扑灭英美教育思想运动之实施。

本厅于民国三十一年十二月八日，组织扑灭英美教育思想运动委员会，并通令各县切实厉行。九日，举行扑灭英美教育思想运动委员会议，通过扑灭英美教育思想运动实施方案。十日，开始张贴扑灭英美教育思想运动标语，并支配学生作街头宣传。十一日，特召开省垣各公私立中等学校校长座谈会，并普遍发送告学生家长书。十二日，召开省会社教机关主管人员座谈会，并由《江苏日报》出版扑灭英美教育思想运动特刊。十三日，各县教育局分别召集各县中小学校长举行座谈会，省会举行女学生演说竞赛会。十四日，假苏州广播电台作扑灭英美教育思想运动广播演讲，并由清乡新报发行特刊。十五日，清乡区各县中学生分组在街市演讲扑灭英美教育思想运动意义，并由本厅召开日语教师座谈会。十六日，由本厅召开县立小学校长座谈会，支配学生作二次街头演讲。十七日，各县教育局在当地报纸出版特刊，并召开省会私立中学校长座谈会。十二月十八日，召开省会私立小学校长座谈会。十九日，通令清乡区教育局县立初中暨小学校一律废止英语科，并将日语列为必修科，并假苏州电台作二次广播。二十日，省会举行扑灭英美教育思想男生演说竞赛会。二十一日，通令各县教育局尽量举办日语补习学校。二十二日，发表扑灭英美教育思想，刷新中国教育建设大东亚思想教育宣言。

在此两周之中，本厅对扑灭英美教育思想运动，其实施略如上述。因此本厅对于国学方面，亦由本厅袁厅长手令各校切实提高其程度，教育学院及各中等学校于是遂有读经之课程焉。

第五节　清乡教育法规之颁行

本厅在实施清乡教育期中，曾订定各项法规，令饬各县教局施行。兹将其重要者录目于下。

（一）清乡地区教育实施计划大纲

（二）清乡地区教育委员会暂行组织规程

（三）清乡地区教育委员会会议规则

（四）各县分会暂行组织规则

（五）清乡地区各级学校增加特种设施暂行办法

（六）清乡地区中小学教师信条

（七）清乡地区各县小学教师进修方案

① 应为“一百十九人”，原档如此。

（八）清乡地区中等学校推行新国民运动纲领及实施办法

（九）清乡地区小学新国民运动教导实施方案

（十）调查清乡地区失学青年暂行办法

第三章　实施刷新教育

第一节　刷新教育之目标

刷新教育在于教育制度之改革，私立学校及私立塾之撤废，乡镇单位小学之设置，义务教育制度之确立，对于乡镇民教育之协助，以实践国家教育之理念。本此方针，决定要点如左：

一、在刷新教育地区内，每一乡镇以设完全小学一所为原则，学龄儿童不敷容纳时，得设分校。

二、已达学龄之儿童，一律强迫入所在乡镇小学入学。

三、实施刷新教育之地区内之小学校，一律不收学费。

四、私立小学暨私塾加以接管或取缔。

五、实施刷新教育之乡镇内，应设立类似后援会之机构，负协助发展当地乡镇小学之责。

第二节　刷新教育之步骤

刷新教育之目的为普及国民教育，以遂行国家教育之理念，全盘方针具见于本报告书所附《刷新教育之旨趣》一文。实施步骤，首为刷新教育委员会之组织，以为推进实施之企划机构，一面从事私立学校之考察及学龄儿童之调查、接收改组各私立学校诸手续暨经费预算之确定，而后指派接收委员进行接收，调整各校校务。凡先后办理刷新教育各县，其步骤大都如此。

第三节　刷新教育之实施

先自三十一年八月，本厅以常熟为清乡最先完成之县份，应首先树立近代化之教育制度，使学校机构强化，经费分配合理，人事支配适当，特令饬办理刷新教育，颇著成效。于是以无锡继之，因主持者办理适当，而无遗憾之处。迨三十三年度本厅上期工作计划，规定吴县、太仓、昆山三县继续办理刷新教育，列为工作重点，案经呈奉省府核准开始以来，一切进行尚称顺利。

第四节　地方教育行政人员之练成

本厅鉴于刷新教育积极展开之际，对地方教育行政人员亟应予以严格训练，以期推进效率。先后抽调各地教育行政人员举办全省教育行政人员练成会，第一届于三十二年十一月十五日起，至同年十一月二十八日止，调吴县等二十一县督学教委共六十一人，予以集中训练。第二届于三十三年四月十七日开始，调训吴县等中学教师及各局行政人员六十余人，至四月二十九日结业。

第五节　组织学务委员会

为实施刷新教育，力谋义务教育之彻底完成，运用政教一元化，制订县学务委员会组织暂行规程，令饬各县教育局遵照办理。县学务委员会组织暂行规程如左。

县学务委员会组织暂行规程

第一条　本会定名为“县学务委员会”。

第二条　本会以运用政教一元化之原则力谋国民义务教育之彻底完成为宗旨。

第三条　本会会址附设各县县政府。

第四条　本会设委员九人至十一人，以县长为主任委员，教育局长为副主任委员，县政府秘书、县政府第二科长、警察局长、赋税管理处主任、城区区长、县党部主委、商会理事长为当然委员，地方热心教育人士若干人为聘任委员。

第五条　本会下设各区掌务委员会，区以下设各乡镇学务委员会（各区及各乡镇学务委员会组织规程另订之）。

第六条　本会之任务如下：

1. 协助普及国民义务教育事项；
2. 协助教育局勘定学校校舍事项；
3. 协助教育局调查学龄儿童事项；
4. 协助教育局强迫学龄儿童入学事项；
5. 募款修建校舍及扩充学校设备事项；
6. 优良教师奖金之募集事项；
7. 各区学务委员会工作之督导事项；
8. 其他有关普及国民义务教育事项。

第七条　本会当然及聘任委员由正副主任委员聘定，呈报县政府转呈教育厅备案。

第八条　本会得酌设干事，就县政府教育局职员中调用之，委员及干事均为义务职。

第九条　本会议决各案由本会呈由县政府转呈教育厅核准施行。

第十条　本规程由江苏省教育厅刷新教育委员会订定，呈奉教育厅核准施行，并呈报省政府备案。

（伪）江苏省政府教育厅编审室编：《两年来之江苏教育》，1944 年 10 月。

三、其他有关奴化教育报告

汪逆摧残教育

（1939 年 9 月 13 日）

【中央社香港十二日电】沪讯：此间各级学校校长，于十日、十一日两日，先后接到具名“中国国民党铲共救国团特工总部”之恐吓信，恫吓各校长，谓如不附和反共和平运动，则吴志骞、聂海帆之被杀可为前车之鉴。按汪逆接受敌方之金钱后，即以之收买一班无耻之徒，进行其卖国之计划，其时教育界中，因受利诱及威迫而甘心附逆者颇不乏人，如为汪逆发表谈话稿之某通讯社社长兼某校校长徐某等，即为最先落水者。其后，先后被拖落水者，连日经《中美日报》加以揭发，亦不下数十人。惟大部分教育界人士均深明大义，拥护抗战，对汪逆之卑鄙行为极度愤慨，而对于所接得之恐吓信，则均一笑置之，决不因此而屈服投降云。

《中央日报》，1939 年 9 月 13 日第二版。

战区敌伪教育设施概况

（1939 年①）

综观关于战区敌伪教育设施情报，敌人在其所谓“占领区”极力遂行其奴化我同胞之阴谋。此阴谋之实质，一为教养汉奸干部，一为实施奴化教育，其目的则在便利其统驭我民众、宰割我民族。兹因各地情报寄递不易，不免失之零碎，或因时间关系，内容已失去其确实性，故欲作具体而有系统并有划时期性质之报告，实不可能，仅将其设施之大概作一轮廓之叙述，借供研讨对策时之参考。

一、教养汉奸干部

敌人欲遂行其兼并政策，必先在其所谓“占领区”内加速教养在教育、政治、军事、社会各方面之干部，以供其驱使。在教育方面所表现于事实者，举办各种短期训练。在北平设有中等教育师资讲肄馆，民国廿七年四月一日即已成立，肄业期限初定为三个月，以

① 原件无时间，编者根据内容推测，当在 1939 年。

期速成，后经改为一年。第一期毕业生共计一百零九人，曾派往日本参观教育状况，并予以实习机会，返国后派充中小学教员，是为日本统治我中小学教育之先锋。并恐缓不济急，并限制北平市中小学教员必须参加伪教育部所办北京市公私立教职员讲演班，更须立具志愿书退出党籍。他如天津设有教员训练班，计分两级：一为现任教职员，一为预备教职员；在保定设有师资讲习所，在开封设立教育人员讲习会，河南各县次第举办之师资训练班，已受训者有二百余人。山东、山西、察哈尔、绥远均有同类训练班之举办。在南京方面设立教职员养成所，毕业后先往日本考察，并举办暑期讲习会，由各省市保送人员前往听讲，各地并已次第举办教育训练班，储备小学教学人员。又伪维新政府教育部公然命令苏、浙、皖三伪署及京、沪两伪市径派现任各中小学教职员各三十人，赴日受五个月之短期训练。在武汉方面，亦首先举办教员训练所，第一期训练学员四十一人，第二期五十二人，第三期六十一人（内女生三十二名），毕业后分发各校服务。在广州举办教员登记，登记者施以两个月之训练，在训练期间发给十余元之津贴。由此观敌人对我施行之教育侵略，首要在短期内造成其干部，而此种干部因限于中小学教育方面，而不能短期内在我专科以上教育方面有所成就，同时即此种受训人员亦每因生活所迫，不得不前往受训，非乐为汉奸也。至于政治、社会、军事各方面，以日语之传习最为普遍。在北平伪教部且设立外国语学校，以培养精通日语文之经济与外交人才，分商业及外交两科。南京、武汉、广州、上海以及各县，均次第普遍设立日语传习机关，即以厦门一地而言，已设立日语补习学校三十所，学生共有一千七百四十余人，系由伪警按户强迫入学，自动入学者不及十分之一。其他在军事方面，伪维新政府创办绥靖水巡学校，学额二百人，第一期毕业后编为水巡总队，以统辖长江、黄浦、太湖、杭州四水巡队。又设立绥靖军官学校，学生计有三百二十余人，以便其组织伪军。伪临时政府设立军官教导团，以冀东各区为限，受训员额一千名，并举办下级军官学校，学生计八百五十余人。其他青年训练方面，伪维新政府于各地组织青年防共团加以训练，计划本年内成立百万人，并设青年团指导人员训练所于南京。伪北平临时政府组织新民训练团，训练期满，分发各县任训练工作。各地青年训练所或青年训练班，均采用强迫办法征收十五岁至三十岁青年，编队训练。又伪维新政府于各地均设保甲讲习班、警察训练班、大民会会务人员训练班、自卫团训练班等，于南京更设立警官学校与司法养成所。伪新民会除设立青年训练所外，更于北平设立新民青年中央训练所。其他尚有伪广东妇女训练班、伪天津特高训练班、伪汉口政务所，并由新民会派遣汉奸一百二十人赴东京受特务训练，则尤为敌人在我国社会基层树立干部之毒策。以上所述，为敌人计划教养汉奸干部之设施概况。

二、实施奴化教育

敌人实施奴化教育，首先步骤除上述教养汉奸干部外，第一在建立伪教育行政机构。伪临时政府与伪维新政府均已设立教育部，于各省已设立教育厅，于各特别市设立伪教育局，于各县设立伪教育局，或于伪县公署内设科主持，其目前任务为结束旧有学校及文化机构，并改换头面成立新的学校及文化机关。其教育方针约有两点：（甲）拒绝党化及容共等思想；（乙）依据东亚民族集团的精神，发扬中国传统的美德，以完成新中国的使命。而其实质则受敌人陆军特务部及兴亚院之指挥，甘心充当敌人工具，以奴化自己的同胞。伪北京临时政府早经敌人指导，遂行各种奴化政策。伪维新政府因成立较晚，敌兴亚院华中联络部成立京、杭、汉、浔、芜五办事处，该部文化局长植川与陆军特务部及伪维新政府教育部宣传局商讨对华中区文化宣传等工作。最近汪逆精卫走狗更在沪为敌助手，对上海、江苏教育作种种之破坏。伪维新政府在京设立南京大学，内分文、理、工、农四学院，每月经费为三万三千二十八元，定本年秋季开学，并已设立伪维新学院，其第一期毕业生计二百五十人，毕业后即派赴日考察，再接受日本文化之洗礼，俾能彻底奴化。至于上海及浙江方面，大学迁移后方，其未迁移则因在租界内或由外人创办者，敌伪尚无建设。伪北京临时政府对于大学教育方面之设施，取消国立北京大学及国立北平大学，合并为“国立北京大学”，分文、理、法、医、农、工六个学院，已在二十七年五月十日开课，实际开课仅有理、医、农、工四学院，每院学生至多者不过七八十人，一律设东亚史一科，由日人任教，以便奴化青年思想。原有之国立北平师范大学被分成两个学院，一为国立北京师范学院，一为国立北京女子师范学院，均已于民国二十七年五月十日开课。北京师范学院分文、理、体育、音乐四科及工艺专修补习科。北京女子师范学院分文、理、家政三科。原有国立北平艺术专科学校被改为国立北京艺术专科学校，于二十七年五月十日开课，分设绘画、国画、西画、雕塑、图案五科，并新设外国语学校，该伪校有三日人任教。又伪新民学院业于民国廿七年一月一日设立，其过去两期毕业生，一部分派在伪临时政府服务，一部分在伪新民会指导下派往各地做政治工作，此系伪组织官僚养成机关。此两新设立之学校，益完全奴化者也。而所有伪立大学均以日语文为主要科目，其他外国语文则均减少，又设有北京古学院，系由江朝宗主任，出版古学丛刊。在北平，外人设立之各大学，如燕大、辅仁大学、协和医学院等均尚能保持完全独立，故学生数颇呈激增之势，只中法大学被迫停办，则已迁云南继续开课。在伪维新政府区域内，中等学校正谋创设与扩充，其对于过去中学肄业或毕业而无文凭之学生分别试验，分别予以就学或受训就业之机会。惟上海情形特殊，不能确定其发展，据报伪市局于前私立三林职业学校原址筹设中学一所，伪小学七十八所，但伪教育协会成立时，仅到中小学教职员一百五十余人。调查确实者杭市设有市立中学一所，伪教厅并筹设蚕丝专门学校，该市小学校则有六十六所。江苏如苏州等重要县份均次第设立中学，南京市伪教育局举办小学教员登记，计录取一六八人，分发各小学服务。江苏省武进、无锡、常熟、松江、吴县、嘉定、句容、青浦、太仓、吴江、江宁、丹徒、昆山、金坛、江都、江浦等十六县，伪教厅共设小学四百三十六校，学生约共有四万二千六百十二人，较原有减少甚多。安徽芜湖等县中小学大半业已开学，但曾在芜湖举行思想大检举，结果认为有反动思想者计中学生有一百二十三人，小学生七十四人，均惨遭枪杀。巢县、合肥、怀远等八县各新设模范小学一所。汉口伪维持会设有小学五所，教职员均曾受敌伪训练。伪北京临时政府对于北平市中小学教员须立具志愿书退出党籍，并须参加伪部所办京市公私立教职员讲演班，其他各地则必须受当地教师训练，学生则必须参加各种纪念会，如南京、徐州、广州、汉口攻陷祝捷大会，等等，并统一制服。计北平市现有中学一百十七校，私立占五十余校，男女生总数约一万四千九百九十名，伪天津市教局于该市设公私立小学及短期小学三百所、中学五所。河北省伪教厅于通县、迁安县、滦县牛楠山等地均设有师范，并附设初中部，于唐山设有日语教员养成所，于北平设有女子家事职业学校，于通县、黄村等地设有农业职业学校，于北平设有高级职业学校，于天津、唐山、遵化、新集等地均设立中学。伪部并已征得伪行政委员会同意，在廿七年七月筹备河北省模范小学（后改为中心小学）二十处，计划十年以内设立二百处中心小学，二十年内造就对日亲善之中心小学生十六万人。各中心小学内附设平民夜校、农余补习班、职业班、妇女识字班、卫生清洁运动巡回团、巡回图书馆等，一律不收学杂费。凡此中心小学校校长均由师资讲肄馆毕业生充任，河南省各省立中学都已停办，小学恢复二百余处，学生计共八千余人。山东、山西、察哈尔、绥远教育更新表现，除各开办新民小学数处外，无他成就。华中、华北两伪府曾联合会商，使两方教育设施一体化，以村落为单位设立中心小学制度。以上所述，为华中、华北两伪府范围内高中小教育设施情况之大概。关于伪蒙古联盟［合］自治政府范围内，设有伪蒙旗小学五百三十四所，学生二万八千三百零九人；伪师范一所，学生二百五十人；伪青年学校四所，伪蒙日语文讲习所一所，伪日语补习学校一所，均各有学生一百人至二百人。伪蒙古学院学生一百人，该院教员多系日顾问，伪中央警察学校亦有学生百余人。又张北设有察南学院、蒙疆学院、农业学院及察南师范学校各一所。

关于教科书方面。民国二十七年上半年，所有北平中小学教科书几全由新民印书馆包办修订。是年三月一日，伪教部开始组织编审会，专门编辑和审查中小学教科书及其他教育文化刊物，并已编成七十种，分发交中小学应用。伪维新政府教育部亦正着手进行。各中学课程均减少英语，以日语文为主要课程。

关于其他文化机关。所有北平过去文化机关都已停办，国立北平图书馆因经费仰给于中华文化基金委员会，含有国际性质，故仍能存在，只改为国立北京图书馆。其他存在的有东方文化委员会图书馆（改名为北京人文科学图书馆）、中国辞典编纂处、历史博物馆。新设的文化机关有北京市修志处、东亚文化协〖议〗会。伪维新政府则在上海设立实业图书馆。

关于敌伪奴化教育之实施。除上述概况以外，其尤者为选送学生赴日留学，强迫学生举行各种纪念会以及游行，举行日语比赛，任用日人为教员以及各种伪文化团体之活动等，举不胜举。今后战区教育之实施，须针对此种情形待于精详之擘划。

中国第二历史档案馆藏“国民政府教育部档案”

上海教育界的汪派活动和学生界反汪的斗争

（1940年3月）

上海成为孤岛后，敌人处心积虑地想攫取上海的教育，对三十万的纯洁的学生加以奴化。去年暑期威胁利诱各校向伪教育部登记，为了傀儡们的毫无威信及无能，主要的还是各学校同学响应了护校运动，激起反敌反汉奸的高潮，才把敌寇的阴谋粉碎了。到了汪逆甘心作敌寇的走狗，攫上海做他们活动的根据地，就向上海教育界大举进攻以博得他们主子的欢心，于是周佛海和丁默邨领导下拉拢教育界败类组织了"教育委员会"。

伪教委会成立后，纷赴各校游说，大部分悉遭拒绝，尚有少数甘心附逆。经《中美日报》的揭发汪派在各校活动情形，加以卅万同学"宁肯牺牲学业，不受奴化教育"的决心，就展开了全沪的反汪斗争的局面。

私立上海中学校长陈济成和道中女子中学校长崔坚吾在《中华日报》发表了拥汪通电，"私上"的三千学生要求陈济成表明态度，毫无结果，于是发表了告同学书。翌日，陈在校函《中美日报》声明，只声明了"专一教育事业，历十余载，始终如一"，对于《中华日报》的通电及对汪逆的态度一字不提，自然不能满足社会人士与该校学生要求，因此部分学生开始转学。陈逆看势将不能尽其走狗的走狗之责任，在【一九三九年】八月廿二日停发转学证书，强迫学生作其政治工具和施行奴化的对象，同日嗾使暴徒殴打秉性忠耿、富于爱国热情的训育主任周汝作。八月廿八日，《中美日报》代表该报无数读者要求陈济成彻底表明态度，哪知他仍漠然不理，反而强迫拉拢教职员签名登启事，为自己辩护，另一方面，又向学生施行威胁利诱手段。第二天，"私上"三千学生发表为集体转学告全校同学书，从此三千学生全体离校，只剩下一千不到的学生没有转学。直到伪国民党六全大会开幕，陈济成被选为伪党中央监察委员后，又有大批学生离校，陈济成也就从此而滚蛋了。

当时，道中女中的学生也有同样进行着离校运动。

不久，上海女大学生代表因要求校长吴志骞表明对汪态度，被铐送捕房，致引起该校学生的骚动，舆论亦加以非议。吴校长终于悬崖勒马，致函《中美日报》痛斥汪逆求和之谬说，因此引起汪派的嫉妒，雇用暴徒枪杀气节凛然的吴校长。过后，各校均收到汪逆组织的"中国国民党铲共救国特【工】总部"具名的函件，以吴、聂（聂海帆）的遭遇威吓各校校长，这正足以表明他们黔驴技穷。

从此，持志校长何世桢、民国中学校长冯一先、青年中学校【长】顾继武、浦东中学校长汪曼云、侨光中学校长张乙声、光夏中学教导主任周乐山等，新寰职校校长张仲寰等相继附逆，反汪巨潮立刻在各个学校澎湃着。

持志学生代表向学校当局提出质问，学校多方搪塞，该校学生因不得要领，就开始进行离校运动。因为该时该校尚未上课，对于离校运动是一个有利条件，不到五天内，全校二百五十人只剩八个四年级学生，因转学困难，仍留学校。

侨光中学平日学校当局不升旗，不许学生义卖献金，认为抗战反汪是盲从，不用不出水电费的校址，反而搬到每月三四百元房租的越界筑路，接受汪派六千元的津贴，就把侨光整个出卖了。于是学生们就组织了离校委员会，积极推动同学离校。

新寰校长张仲寰担任教委会委员后，即不常到校办公，八月中又因病辞职。该校同学向张新伯提出三项要求：(1) 由张仲寰发表申明，表明态度并脱离学校；(2) 校务由张新伯完全负责；(3) 如张新伯以环境不允许到校，由全体师生推举若干人组织校务委员会。当时曾一度停课。张新伯起先答应考虑，哪知后来仍拒绝学生意见，引起学生群情愤慨，忍无可忍，就将校长室之玻璃窗及台椅统统加以捣毁，张因此逃避无踪。许多学生也因此离校转学了。

光夏中学训导主任周乐山平日公开对学生发表拥汪言论，自知其秘密被揭破了，也因病回乡了，学校当局并未作明白的表示。

浦东中学校长汪曼云的附逆，早就在《文汇报》揭露出来。最初只有少数同学不声不响地离校。后来汪曼云见不能再在光天化日下干这卑鄙的勾当，辞职了，请狼狈为奸的小舅子吴之屏代理校长，实行其大小汉奸换防的政策。同学也渐渐地觉醒了，吴之屏对汪之行为不发一言，并且进一步地压迫学生，开除学生。虽然经全体学生提出一次要求，但这次行动为托匪所挑动，结果正如托匪所希望的，全体同学“留在校里来反对奴化教育”。

××①中学因外来的两次反汪传单，和××社同学的推动下，他们要求校里的几个可疑教员表白态度，二位教员也因此挂冠而去，还有一位因一部分学生的挽留，不表白态度而依然在校里。因该校学生的确坚决性不够，终于功亏一篑了，但因反汪情绪仍潜伏在学生脑海中，汪派要永远地厕身于××中学是不可能的。

××××中学因平时师生感情的融合，校长也表示过不投降的意志。最近因有遵“大道市政府”② 的命令而在十月九日放假的嫌疑，全体学生开大会讨论结果，写信给学校，要求解释放假的理由。以群众力量做基础，根据师生统一战线的立场，在这反汪反汉奸的斗争中总会取得胜利的。

《中华日报》发表了褚民谊“荣膺”伪国民党的秘书长，中法同学更积极地斗争着。早在暑期，学校开除了十几个学生，又传出法方停止供给中法的经费，汪派操纵几个好的(?)学生组织护校会，要求中国政府增加经费，以便其实施奴化。因为大部分学生洞悉其奸，责问护校会，他们见势不佳，也就结束了护校会。为了防止汪派势力的侵入，该校学

① 原文如此，下同。

② 1937 年 12 月 5 日，由日本一手导演建立起来的上海伪政权，苏锡文任市长。1938 年 10 月，由原上海招商局经理、上海总商会会长傅筱庵接任。

生提出“反褚护校”的口号，着手组织真正的护校会，可是结果这会又落在汪派走狗手里，由是变更了口号。个别的宣传离校，使得汪派变成光棍，大部分的学生都离校他往。不久中法双方宣告学校停办。

××女中听到了校长周某某叛国的消息，很觉愤慨。校方虽作过许多口头的保证和声明，同学们为了争取这保证的确实，打击汪派的进攻，发起了全体学生的爱国签名运动。

××中学的校长汪某某是汪逆的旧交，平日不到校办公，一切都由教务主任刘某某主持。他用“国家至上”等话来掩饰他的阴险的面目，散播和平空气，侮蔑友邦。因为学生斗争情绪的低落，现在只在酝酿的时期，他们对同学宣传，向汪派教员辩驳，当同学面前揭破他们的真面目，提高了同学的反汪情绪，准备把汪派驱逐出××中学去。

××中学校长×××想以欺骗手段来隐瞒他自己的一切，经该校学生的揭穿后，他就卷款潜逃了。他把伪命交给他的爪牙，但是×××虽已离校，××中学的危机还是存在着，各级学生代表为了适应环境的需要，组织护校会，驱逐三位有确实证据的变节教员，同时该校的训育主任和事务主任闻风而逃。因此，学校行政十分紊乱，然而学生们的秩序仍是很好的，他们正在发挥了同学们的集体力量，要把那些教育界败类驱逐出校。

××大学今年造了三四十万元的校舍，在这各界紧缩声中，××大学竟有这许多款项，这引起了该校学生的疑虑。上课后，该校校长在上哲学课和一位新来的经济学教授上课时，都是汪派汉奸论调。学校里什么报纸都没有，只有图书馆的《大陆报》，后来图书馆出现了《中华日报》和何世桢编的《正气报》。并且去年被舆论界所攻击的汉奸教授×××，今年被擢升为训育主任。一切的一切都表示着学校的不可靠，于是几个团体联合起来向该校责问，校方的答复是警告经济学教授，保证图书馆不再有汉奸刊物报纸。这答复自然是不够的。因为该校学生决心不够，少数干部也不够坚强，所以还在积蓄着力量，准备着斗争的到来。

其他如前社会局方面徐则骧、周某某等很早就和汪派发生关系，不久突然离沪赴渝，当临行时发表谈话，说是一时被胁迫，不得不虚与委蛇。……市立小学校长周××、张××、柴××暨极少数教职员钱××等，也因威迫利诱曾和汪派发生一度关系，后来中央党务特派员到了上海，重新把他们拉了过来。私立中小学校长张××、刘××、吴××、林××等，开头都转入汪派的泥坑，也因党务特派员使了一点神通，才拉了过来。这一批人都离开上海到重庆去了，在《中美日报》的教育栏常常把他们的消息揭露出来，而且陆续看见他们的“启事”的。

至于为公中小学校长李归熊，本是冯一先的爪牙，平常狼狈为奸，无恶不作。当汪派未在上海活动以前，他们就向教育界各团体捣乱，挑拨离间，破坏教育界的团结。到了拿到汪派的津贴费，就很忠驯地为汪逆效劳，一面摇尾乞怜，一面作威作福，毫无廉耻地到处活动，收买许多小喽啰，组织一个伪教师协会，自任理事长，经常在极司非而路××号办公。他的办事员就是首先被拉的浮夸年少的杜×。杜为越界筑路的一个小学校长，平素荒淫纵乐，迹近下流，侵蚀了大批学生经费，正是不得开交的当儿就乘机乐为李所收买，想多挖些腰包，来给自己挥霍。现在经常到办事处办公，做了李的唯一助手。

听说李有一次去拉一校长，跑了三四趟，没能会见，他就恼羞成怒，留了一个条子，要这位校长立刻给他答复。过了几天，他所得到答案说是“回家去了”，他又遭了晦气，后来打听这位校长，并没有回家，他就写了一恐吓信给他，说他是共产党，要他当心。那位校长本来胆小，给他这样一来，什么事都不敢做，连他自己岗位上的任务也怠工起来。

文昌中小学校长封某某很早就加入汪派，现任伪教育委员，每月接受津贴三百元。可是他还假惺惺地，想一手掩尽同事耳目，做出两面派投机的姿态，一面收买本校动摇的教职员，一面敷衍意志坚定的同事，终于狐狸尾巴露了出来，给大家发觉了。他以为自己聪明，连连吩咐教职员，“外面环境逐渐恶化，还是洁身自好、少出活动为妙”，自己把校务委托被收买的教职员代管，暂时脱身，隐在南京饭店不敢出来。不多久，就找那些不被诱惑的教员的错处，借口诬蔑，想要他们就范。哪知这些有正义感的同事，便联络起来向学生公开宣布，登时离开了学校，封某气得哑口无言。

另有一个市党部变节的党员，到法租界劝诱一个中小学的校长，他看这校长很精干，也稍有一点地位，所以要他加入担任伪教育团体伪区党部职务，每月奉送三百元。他以为这样丰满的报酬想来必无问题，哪知结果被拒绝了；反恼羞成怒的排出反间计，说该校长已经收下定洋一百元，早就加入汪派了。其实这位校长非常坚定，绝没有屈服。

钱俊瑞等著：《我们的檄书》，集纳出版社，1940年。

鼓浪屿各学校受日寇摧残情形

（1942年1月10日）

鼓浪屿特讯：自太平洋大战爆发后，敌寇立即强占本岛，并多方虐待我同胞及英美各国侨民，横暴残酷，无所不用其极，对各学校及基督教会之摧残，尤为骄横无道。前寻源中学校长、现任三一堂牧师之卢铸英（同安人）日前被其逮捕并处以酷刑致死，福音堂牧师陈秋卿现尚被搜索缉捕中。乃敌寇竟于日前又派兽卒多名逮捕英华中学主理洪显理（英人）及校长沈省愚，多方虐待，并强迫洪显理宣誓拥护天皇，洪执义不屈，乃被拘禁本岛之博爱会医院，旋遭以毒药鸩杀。洪显理死时，遍身发黑色，极为惨酷。嗣后本岛一部分基督教徒乃将洪之尸体领出，并凑集国币400元为之购备棺木，讵厦鼓数月来木材之恐慌已达极点，棺木计重论价每3两需款1元，国币400元所购得者仅70余斤之薄板一具而已。洪固身材魁梧，装容不下，竟不得不强装之以草草埋葬。人间惨事实无所出者。至沈省愚则被敌强迫负责“整理”金鼓男校校务，并强迫怀德幼稚师范学校校长黄葆华负责“整理”金鼓女校校务。闻渠等不甘被迫，在敌寇武装监视、不许擅出校门一步之下，精神极为颓丧。又怀仁女子中学校长王淑禧数日前亦被敌逮捕，现尚拘禁于×地，敌寇每日仅供饭丸2小枚。王耻食敌粟，绝食多日，现已奄奄一息，待毙牢中。倭寇之摧害文化、残虐人权，实足证明吾民心之未死及敌人之恐慌也云。

《福建新闻》，1942年1月10日。

国民党战地党政委员会编印倭寇之奴化教育

（1942年10月31日）

前　言

敌寇奴化教育之一切设施，系归敌兴亚院文化部所支配，其主要阴谋即所谓“教育一体化”是也。当其侵占我某一地区之后，急图恢复各级小学，以村落为单位，树立中心小学制度，向文化比较落后地方之儿童注入麻醉教育；改编教材，鼓吹“中日亲善”、“共存共荣”及“建立东亚新秩序”等荒谬思想；加授倭语，列为主要科目，梦想加速制造所谓“日本文化”，贯彻其文化侵略之企图。最堪痛恨者，如各伪校焚毁三民主义书报及一切可激发民族思想之刊物，严厉禁止举行国父纪念周，不准唱党歌及改变我地图颜色，颠倒我历史上之是非曲直，企图贯彻蒙蔽青年、消灭我民族意识之毒计，是诚值得吾人深切注意。

是篇系根据本年内各地之文教情报汇辑而成，以后仍拟继续搜集编印，提供参考，俾明了倭寇在沦陷区施行奴化教育之真面目。

湘北方面

一、敌在岳阳创办师资训练所，吸收沦陷区失学失业青年入所受训，已由伪中学校长彭承泽秉承敌意开始招生，但应考者寥寥。敌拟强迫人民入校，故近日沦区学生已有一部逃出，由岳阳教育局转送平江岳群联立中学肄业。

二、岳阳冷水铺伪维持会近在该地筹办新民小学一所，勒令附近各伪保、甲长派送儿童入校受课，每甲限定三名，现缺乏儿童之保甲多以金钱收买孤儿送往替代。

湖北方面

一、伪鄂主席杨逆揆一，近以吸收青年、从事奴化为目的，特筹设私立立志中学一所，指定宁波会馆为校址，业已开学。

二、汉口敌特务部在桥口设立伪建国青年学院，以李逆大泽（东北人，曾任伪鄂社运会通译员，为敌忠实走狗）为总务长，负责办理。另有干部十人供其奔走，现有学生百余人。

三、潜江敌政务班每月抽查该县各伪国民学校数次，极力提倡日语，禁止有关抗日教科书籍。同时，大肆宣传“中日一体”“善邻友好”“完成东亚共荣圈”等荒谬言论，并曲解我史地，以遂其一贯侵略政策。

四、当阳敌在该县设立学校十余所，课本全系日文，其宣抚班翻译官等每周亲往各校教授日语，现该地儿童多能操简单之日语。又该县伪政府所设之各初级小学，其教材均经敌宣抚班审定，始得教授，内容多系宣传“东亚和平”、蒙蔽抗日意识之亡国论调。

五、敌在沙市上游之董市、江口两处设立小学，江口小学伪校长魏逆德声，董市小学伪校长为李逆正孚。其规模略与我方完全小学相同，惟教员及学生人数甚少，而课本仍采用我方前在该地用过之书籍，每日加授日语二小时，由该两处敌宣抚班担任教授。

六、荆门伪县立沟溪小学系该处汉奸教员高逆从如主办，所用课本全系中、日文合编，现有学生一百二十人，均深中奴化之毒。闻更拟添设各保小学课本，由敌编发，以期普遍。

广东方面

一、粤伪为纪念汉奸曾仲鸣、沈崇两逆而设立鸣崇中学，借补各伪校奴化之不及。校址设中山纪念堂附近，规模尚大，学生颇众，于本年九月正式开学。

二、伪粤省府奉敌令，抽调各校学生集中受军训，借以灌输“和平”运动及“亲日”谬论，规定每星期六下午在伪广东大学集中举行。

三、据调查报告，敌在广州积极推行奴化教育，增设学校，除伪广东大学外，另设专门学校、女子师范各一所，省立中学五所，私立中学二十所。对于小学教育尤特别注重，现市内共设初级小学八十余所，主要课目为新民课本及日语等。

四、敌在广州除迫令各伪校推行奴化教育外，另办日语学校十余所，强迫民众入学肄业，其中以“兴国”“广州”两日语学校甚为发达。据悉，该两伪校自开办以来，共奴化我民众约为七八千名。

江西方面

一、伪南昌市立中学开学虽久，然来学者寥寥，现有学生多系市内无所依归之失业青年，由各乡村正式投考者为数极少，教职员半系兼职敌官。

二、敌对各初级小学极为重视，迫令各伪区署、联保切实督导，实施奴化教育。

三、伪九江县立中学一所业已开学，学生甚少。又伪九江第一小学近拟扩充班次，但投考者多存观望，现敌伪实行勒令各保保送。

四、伪江西省党员通讯处南昌办事处在新建豫章公园内创办“昌都补习班”，训练提倡所谓兴亚建国，借以麻醉青年，宣扬敌伪阴谋主张。

安徽方面

一、皖北淮阴敌在该地设立伪小学二所，以汉奸商逆诚斋、刘逆家报分任校长。高级班注重日语教授。

二、芜湖敌在湖滨街南岸曾家塘等地各设立初级小学一所，又在七区卡子口、大茆村等乡各增设初级小学一所，每周有日人前往视察，宣传“中日文化合流”。

三、安庆敌拟定推行该省沦陷各县奴化教育之步骤。每县限设完全小学四所，分三期设立，第一期十六县，第二期二十二县，第三期二十四县，依次推行。并限令在蚌埠、芜湖、安庆、合肥各设初中一所，另于芜湖增设高中一所。

京沪方面

一、伪南京市教育局举行全市中小学校教职员思想测验，如发现尚有抗日思想者，即予停职惩办。

二、上海市区之中国学校均经“南京政府”强占，并下令统治，限定各校一律采用伪政府审定之教科书，违者重罚。

三、伪国立上海大学现办有农、法、商三学院，共计学生二百余人，伪校【长】为赵逆正平。

四、敌寇利用交通大学原址设立东亚同盟书院，校长为矢田七太郎。该校为敌人培植大陆干部之大本营。

五、维新学院为敌兴亚院直接策动下之奴化机关，院址设江湾翔殷路，教授为日籍人员，毕业后担任特务工作。

六、嘉惠日语学校设南京路，教师为日籍女子。又四川路亦设有日语学校一所。

七、伪中央大学近决定增设日本文化一科，以沟通中日文化，敦请东京帝国大学教授中村担任教授。中村于本月十二日飞抵南京，预定于二十六日开始讲授。

山东方面

一、鲁省敌寇限令各县设立小学，课本则由敌颁发，其用意在使就学儿童失去国家民族之观念，以达其奴化教育之目的。

二、敌在济南迫令各教会学校于卅一年度起一律开始复课，校务由伪山东省公署接收，均改为省立学校，并恢复山东大学，开办农、医学系。

三、据调查所得，敌伪现在鲁省沦陷区内设立之学校，计伪省立中学十三所、小学六所、社教机关十四处；伪市立中学二所、小学九九所、社教机关五五；县立中学四所、小学八,四二三所，社教机关三四六。共有教职员一六,二三四人，学生三八,一二二名。各伪校采用教材多系旧式，一律加授日语，并改公民课程为修身。

山西方面

一、晋省敌酋迫令沦陷各县乡村一律遵章成立初级新民小学，倘有延不成立者，即予该管村村长以严厉之处分。

二、敌为奴化该省医学人员计，特创办医学训练班，经费为日元一百廿万，入学资格须具有下列之规定：（1）精通日语者；（2）曾经伪太原市卫生局给有医学证明书者。

三、翼城伪县府近成立新民高小一所，迫令各村初级小学保送学童，并规定各村小学教员须一律检定，否则不准继续任职。学生课本均系新民课本，并令各小学教员每月到城开会一次，讨论奴化教材之如何推行。

四、新绛敌迫令各村设立新华学校，其所授之课本系“东亚新秩序”暨中日历史上之亲善关系。

五、各新立学校均派有日本教员教授日语，企图实施奴化教育，并严令禁止举行国父纪念周及唱党歌。

河南方面

一、豫东各县敌迫令成立联保小学，敌军官不时赴各小学视察，并向儿童分发糖果，诱其与之接近。

二、开封各县敌伪自本年入春以来，对各乡私塾之取缔极为严厉，派遣伪教育人员四处调查，如某村设有私塾，即罚其保、甲长，并限各村调查学龄儿童，设立伪校，且不时携带大批糖果及各种反宣传漫画，赴各乡村散发，借以笼络无知民众。

三、敌近在开封成立教育人员训练班，分期调训师范毕业学生及现任各乡村小学教师，毕业后派充伪政教各机关、学校充当下级干部。如成绩优良者，按月酌发奖金，并对教职人员提高待遇，每月月薪定为五十元至一百元（每伪钞一元六角合法币十元）。并借军事及政治力量深入各地。

四、宁陵敌在该县县境城乡各地强施奴化教育，令伪县署在第二区张家集建筑新民小学，委张逆鸿岭为校长，因无学生前往应考，乃迫令各村乡长按户摊派学生投考，更令每联保设初级小学一处，取缔各村私塾，限令所有学生均送初小就读。于城庙设初级中学，往读学生寥寥，现各村正拆庙宇改建校舍。该县青年纷纷逃转后方求学，不甘受奴化。

五、豫东敌伪近积极扩展奴化教育，近于鹿邑城厢及城东大清宫、城北贯滩集等处各设小学一所，又在城厢各镇及全县九十六保各设初级小学一所，高小及初小均设日语课程。

河北方面

一、定县教育向称发达，事变以后摧毁无遗，现经敌方限令成立者仅有四校，为新民小学、定县中心小学、育德小学、东亭小学。主办人及教员均深明大义，奴化色彩尚不浓厚。惟敌监督极严，新民小学教员李光月、王承唐曾于讲授本国地理时因详细解释，后被宪兵队羁押四月有余。课本系伪新民会编辑，以地理、历史内容变更最甚，不分皂白，颠倒是非，意欲消灭我民族观念。

二、顺德、邯郸均设立简易师范二所。石门设立初级商业学校一所。赵县设立初级农职学校一所。正定县、沧县两地之简易师范改为普通师范。邢台初级农职学【校】改为省立。

华北方面

一、伪华北教育总署制定奴化方针：（1）竭力提倡我国固有之美德，以领导学生思想趋于正轨，而为建设“东亚新秩序”之始基；（2）灭绝容共思想，以“亲仁善邻”之旨，谋东亚及全世界之“和平”；（3）善用两国固有之家庭精神，以敦风纪而固国本；（4）注重人格之修养，品德之陶镕，宜使学生有以国士自许之志，俾将来得担负“复兴东亚”之重任。

二、敌在华北设立日鲜儿童学校及免费日文班。

三、敌近在华北施行三清（指清乡、清政、清毒）政策及加强民众认识“和平反共建国”工作，于各地发动活动教育班。

四、伪国立师范大学系北平师范学院及女子师范学院二校合并而成，首任校长为黎逆世蘅。

五、伪新民会近在北平设立伪中央训练所，各道县同时成立分所，其目的在网罗华北全体民众均为会员，从事训练，以达其普及奴化政策。

绥察方面

一、敌在绥省举办日蒙语文竞赛会，规定每月举行一次，并拨巨款充作奖金。凡旗立小学校学生及素谙日蒙语文者均限定参加，借图同化蒙胞，加强奴化教育。

二、敌在察省方面极力笼络回民，除利用回教中之土劣外，并在各县设立回民小学，补助经费，颁发课本，接近学童，传授日语。

三、敌在张垣设立伪青年训练班，每年举办两期，由各伪县保送学生受训。各县成立青年训练所，迫令全县市镇青年十五岁至二十五岁一律轮流入所受训，训练科目以日语为主课，体育次之。

四、归绥敌伪创设盟立师范学校一所，教员十七名，学生一百八十名。又设盟立实业学校一所，教员十二名，学生一百二十九名。又在包头设立青年学校一所，教员十名，学生八十名。至于小学教育，现已复课者有四百十九所。各地另设日语讲习会十一所，民众学校四十六所，民众教育馆五所，私塾七十七所。主要课目为日语，其他次之。

东 三 省 方 面

一、敌寇自盘踞东三省后，该省教育界异常黑暗，凡大中小各级学校全以敌国语言文字为主体，华文次之，刻正着手伪满“国”语注音符号之研究，拟独创一新伪满之语言。中小学校设立甚为广泛，大学则有建国大学与大同大学两学院。大同大学院在训练国策之运用与设施，计分三部：第一部为普通大学，毕业后用考试制度获得高等文官资格；第二部为现任委任官吏升级者；第三部为各伪县长、省府科长调训者。学生分敌系与伪满系二种，学科为精神训练与术科训练。学生入学最重人事考察，即视其有无抗日思想与行为，毕业后无分敌伪，派赴各省、县充当中坚官吏。建国学院之宗旨，在使学生研究资本主义之理论与实际，该大学另有研究院之设立，为敌系人研究伪满全民思想之趋向，以为奴化人民方案之参考。现敌认伪满国民凡年在三十岁以下者尚无抗日思想，似可教养为一单纯之亡国奴，而年在三十岁以上者，则全数认为绝无挽回其情绪之可能者，乃置诸不理，或用惨酷手段迫令其自杀及绝其食粮而消灭之。

中国第二历史档案馆藏“国民党中央宣传部档案”

厦门战区教育督导员王连元报告日伪实施奴化教育情形

（1943 年 12 月 8 日）

（上略）

战前教育状况

厦门以五口开埠时早，教育事业尚称发达。“七·七”之前，教育行政统于市政府教育科。高等教育有厦门大学，中等教育官立者只有省立厦门中学 1 校，学生 400 名，约全市中学生九分之一。教会所办者有美华中学、英华中学、毓德中学、华侨女中、闽南职中、怀仁女师、怀德女学，国人自办者有中华中学、双十中学、大同中学、同文中学，生数约 3 000 以上，教职员凡 200 余名。沦陷后，投降作奸者只有英华校长沈省愚、华侨校长雷一鸣，前者任伪二中校长，后者任伪救济院长。国民教育校数尤盛，市立者有大同小学等 10 校，私立者有桃源小学等 40 余校，未立案者有育群等 20 余校，教职员数近千人，而屈膝事仇者实寥无可数。社会教育有市立厦门、鼓浪屿图书馆各 1 所，教会之青年会办理宗教文化，于社教影响亦大。新闻事业有日报《江声》《星光》《华侨》等 6 家。金门县原有县立中学 1 校，小学 30 校。浯屿原属海澄县之一小岛，有小学 1 校，现为厦门区敌人私货出入之中心。总之，在战前厦门区的南洋华侨资力关系，教育带来亦如其他公益事业，均由私人捐资创办者，是故战后复兴问题于此层应加以留意焉。

敌人割我台湾40年，而台湾同胞之伦理礼制、风俗习惯全趋于倭化，20岁以下之青年几不知有中华祖国者，攻心政策收其功也。厦门沦陷，敌人于此尤费心力，市惠小民，收买土劣，利诱青年，无所不备。讲话日语化为其教育第一炮，大量设立日语讲习所、补习学校，强迫市民入学，即店员、小贩亦难幸免，每一店家必有一二能操倭语，否即由伪市府派来充任，一以监视，一以剥削。对学校教育制统尤严，主要权力均由日人自任，次之为台人，再次为被认为纯粹之走卒，余者乃招致失业知识青年加以短期之奴化训练，再后具保录用。教科书多汪记伪教育部改订者，中小学每日有日语1小时之所谓主科，中学只读英文2小时，国文流行读经书以讨好腐儒。商校数有日本商业学校、旭瀛书院为较具规模者。市立有男女中学各2校，一男中设于大同中学，一女中设于华侨女学，二男中设于英华中学，二女中设于毓德女学。伪市立小学有中心学校11校，简易小学6校，幼稚园2校，图书馆2所。教职员待遇月约2 000元左右，学生皆迫于威胁利诱，不得已而入学者。上课情形一般而论，殊乏精神，尤以伪教员以良心未泯，对奴化讲解皆敷衍了事。学生待遇初期学费全免，且男给书籍，女赠制服，近则高中30，初中20，小学10元，如逢集会，伪府供给水果糖品，所以欺骗儿童者也。中学毕业学生均由伪府委派工作，旭瀛书院更占肥缺之先权。至于派赴台湾考察或东京留学者，亦以奸伪子弟率先召派。平日教学中心以忠于天皇、爱护“和平”为目标，又不时在各中学抽召奴性十足（谓之优秀）学生加以短期训练，如上年之青年训练，即仿我青年团之企图也。至于社会教育，完全利用民众迷信神权之弱点，佛教、耶教均鼓励之，而迎神赛会尤加奖赏，此敌伪奴化实施之大略也。自近两月来，盟机叠次轰炸厦门之后，学校尤大受影响，小学生皆畏缩不前，中学生有国家观念者，且笑谈盟机之英勇，使伪校皆具大难将至之惨局。伪视学官无法应付，乃不能不更动上课时间，大张其防空设备。金门目下尚无中学之设立，伪行政公署教育科办理之下有中心4校，简易6校，学生每校百名上下，浯屿伪小学1所，只30生。

（中略）

本区奴教近状

1. 行政与学校。厦门奴化教育行政由伪市政府教育局主持，权力及于金门、鼓浪屿、乐山、浯屿，伪局长福州人陈见园连任6年，现乃改由叶则庵继任，大权仍操于日籍视学官，故人事无所变改。

2. 学制与教材。厦门伪府名虽隶于南京，但大权仍由驻厦日军把持，即学制亦未采用伪组织之中学四二制，目前仍沿用初小4年，高小2年，初中3年，高中3年。所用教材亦均以前我之普通教科书，惟将有关反日及富有爱国思想者删去而已。中小学增日文为必修科，英文小学取消，中学每周2小时而已。迨前年沈省愚（前英华院校长）调任教局科长，乃成立编译委员【会】，秉日人旨意，编印媚日补充教材。中学军训原已取消，去年又有所谓少年团之组织，但自成立大会检阅1次之后，即不见活动，但体育课尚注重耳。

3. 教员及学生。伪校教员待遇，本学期中学教员约 1 800 至 2 500 元，小学教员约 1 000 元至 1 400 元，而米津则一律 6 000 元。一经任用，不常更动，但监视颇严，如非真正疾病，不准辞职，更不准申请内来，是故以目下物价指数虽入不敷出，无法生活，仍须维持工作，实际上已无心教学。且本年来，视学官又无出巡各校，更形消×学生组训管教，一以中、日、“满”提携亲善为中心，各校均配置日台人教师作实际之监视。近来甚少开大会，学生得免迎送之苦，但服役问题仍甚重要。中学生每月约须服役 5 天至 10 天，以辟修机场、防空洞为多，他如空袭救护亦强迫出勤。中学生毕业出路，二三年前均由伪市府介绍升学或就业，现已无能为力，故学生意志益见动摇，人人为生活而烦闷，人人为前途而悲观。

4. 其他文教动态。中小学之外尚有师资训练所之设，欲任伪校教员者须受此训练。去年并拟在所内设大学预科 1 班，旋因事中止。此外，闽南佛学院由奸僧大醒为院长，在日僧神田监视之下，利用迷信弱点向旧式家庭作和平亲日之重要宣传，收效最大。伪市立厦门图书馆长王兆麟现改由陈茂复接充，鼓浪屿图书馆仍由杨东璧为馆长，中国有价值藏书早已由日人运去，现所有者除一部次要古书外，尽是奴化宣传品而已。其他文化团体，以文艺协会、大乘佛教会、孔教会三者为有力推行社会教育，使奴化运动深于各阶层，均由此任之。文艺协会由白成枝、许希莲主持之，大乘会由日僧惠云为主角，孔教会以收集腐儒劣绅为目的，以吕学炎包办之。新闻界有汉奸林谷之《华南日报》，比日人《全闽报》更险恶，即没收我有名《江声报》而成功者。伪市学部前年一度由杨奸廷枢（前我厦门军法处处长）组织，旋由日人禁止各校星期一纪念周，只报告校务而已。

厦门战区教育督导员　王连元

中国第二历史档案馆藏“国民政府教育部档案”

教育部增城战区督导员赖卓洲关于日伪当局进行奴化教育情况的报告

（1943 年 12 月 10 日）

报告 增报字第十九号
中华民国三十二年十二月十日

窃职近数月来，因一面出发各县工作，一面筹办增城梅都中学，栖止靡定，对于各种呈报常多疏略，负疚良深！但本年度之工作，计经成就者有下列数端，谨胪陈钧察！

（一）扫荡日敌在从化等县之奴化教育暨广设我方学塾。查敌伪向在从化沙溪乡钱冈村南谭家祠设立大日本皇军钱冈乡日语学校一间，校长陆桂沾，有学生五十六人。另在水南村青紫书舍设立水南头日语学校一间，校长骆斗山，有学生四十二人，及在佛冈村祖祠设立日语学校一间，校长萧锡文，有学生三十八人。但在本年春间，即为职率同增城区教育促进会从化组会员等，分头向当地学生宣传，并施以恐吓手段，卒能达成劝阻各学童返校肄业，遂得将各日语学校尽量扫荡，并竭力协助各地设立学塾。现计该县沦陷区经已设立学塾者，有下列各地：（1）沙溪乡内有秋枫洞村、马村、隔塘村、平山围村、塱边村、圣塘边村、钱北村、钱东村、屈洞村、屈洞谢屋、影田村、庙岭村、竹元头村、白石窜村、颜村等学塾；（2）和冈乡内计有高庄、城贝、佛冈等学塾；（3）南平乡内计有湖田、大塘边等学塾；（4）南岭乡内有木棉学塾一间。总计该县有学塾二十一间，学生共有五百余名。彼等所用课本虽有新旧书籍不同，幸多能接受我抗战建国最高准绳之三民主义，惟失学儿童尚所在皆有。

关于增城方面：自经各会员在敌后尽力推动以后，几凡有二百人口以上之村落，均设有学塾一间，且于去年在敌后成立简官乡及麻车乡中心学校两间，均为我方同志所擘划。惟增城县沦陷区域较大，且近年来敌寇因军事毫无进展，转而侧重政治活动，尤注意于推进奴教，故目前在伪府所在地——新塘市头街尚书府经设有伪增城县立第一初级中学，全校教职员共有八名，学生共有三班，初中二年级一班，初中一年级有春秋季各一班，人数共一百零五人，全年经费共伪币五万八千五百九十元，由伪府拨给，现任校长陈公望，校务主任邓广汉，教务主任伦子云，训育主任顾伯礼，体育主任兼童军主任李金泉，专科教员湛善培，教员兼教务员湛介文，校务员李达时。顾沦陷区生活程度高昂，教职员待遇悲劣，常有入不敷出之叹，致工作异常松懈，无成绩可言。关于小学教育方面：经在新塘读冈街湛始祖祠内设有伪增城县立第一小学校，现有教职员七人，全校学生人数共一百六十人，分六级合班教授，全年经费伪币二万一千八百五十元，由伪府按月发给，现任校长湛锡祺。惟教职员待遇微薄，多数每名每月薪金为军票五十元，折合伪币二百二十五元，故多不安于教席，常在外兼营小业，其办理窳败，自可想见。另在新塘市头街后泉湛公祠内设立伪县立第二小学校，全校有教职员六名，学生分六级三班，人数共有一百三十五人，现任校长梁可读系伪县长亲信，常恃势倒行逆施，对于学校经费尤不公开。又在新塘读冈中和约设有伪县立日语学校一间，设校长一人，日语教师一人，分日夜班教授，日班招收儿童入学，夜【班】招收成人入学，全年经费伪币九千元，由伪府发给，现任校长高德宝，教师陈燕芳，惟最近因招生困难，已有停办趋势。此外，在新塘读冈三角地设立伪县立民众教育馆，置馆长一人、主任一人、管理员等，附设民众问事处、代笔处、民众识字班等，全年经费伪币一万二千四百二十元，由伪府发给，现任馆长由伪府第三科长吴达兼任。至于各区乡之国民教育方面，只有仙村、麻车、沙溪、增城街（即原日县城）等小学及石滩伪县立第三小学校长吴淦湖等，系受该伪县府指挥而已。

关于东莞县受敌伪指挥之伪校，尚属不少，其规模较大者为伪东莞县立中学，校址在东莞城内宣化路。其学校组织系统，系于校长之下分设校务、教务、训育、体育、童军等主任及级主任教员、专科教员、校医、青少年团、学生自治会等。全校每年经费均由明伦堂拨给，学生入校肄业者每月津贴军票五元。现有高中两班，初中八班，分春秋季招生，全年共有教职员二十人，学生五百人，高中占一百人，初中占四百人，高中实施军训，初中则施行童军训练，校长为骆锦标。其次为伪东莞县立第一小学校，校长陈树棠，校址在东莞县宣化路，其学校行政组织与伪县中无异。学校全年经费共伪币十二万元，由明伦堂支拨，学生入校肄业，每人每月津贴伪币五元，校长月薪一百五十元（军票），级任教员月薪九十元（军票），教员月薪八十元（军票），现有教职员二十四人，学生共五百人，分高初级教授，共有十四班，全校施行童军训练，最近并有青少年团设立。再其次为伪东莞县立第三小学校，校长李汉兴，校址在东莞城外西门，其组织情形与伪县立一小无异。全校经常费共伪币十万零二千元，概由明伦堂拨给，学生入校肄业者每月津贴伪币五元，校长月薪军票一百五十元，级任教员月薪军票九十元，教员月薪军票八十元，现有职教员二十一人，学生四百人，分高初级教授，共有十二班，全校施行童军训练，本期又有所谓青少年团之设立。但听命我方之学校学塾尚所在皆有，故敌后之民族教育实大有可为也。

（二）在增城前线，于本年度（三十二年度）成立私立梅都初级中学校一间，尽量招收沦陷区学生，为国家广育人才。查增城原有县立中学一间，私立东山初级中学一间，但均以经费所限，无法尽量收容莘莘学子。职为提高战地文化水准及争取沦陷区学生退回我方肄业起见，特与增城第一区士绅商酌呈请教育厅准予设立私立梅都初级中学校，自本年一月奉准后即积极筹备，至本学期复邀准招生开办，现有职教员七人，初中一年级生一班，共四十四人，其中有六名均由沦陷区退上。顾欲达到尽量招致战区青年及粉碎奴教，尚有赖钧部广设战区学生公费额，或尽可能多补助战区学生伙食等，方能有济。至于该校经费，经由当地公产公款拨充，尚称充裕。

（三）在增城战区经展开宣传工作。查职区自成立教育促进会，陆续吸收会员工作后，各工作同志在经费困难之下，尚能勉赴事功。本年度经已展开宣传工作，并曾将钧部所发书刊及广东省教育厅发下告广东省沦陷县份教育界人士书，带至敌后各文化机关学校等尽量宣传，且各同志常利用时机向民众宣传抗日建国策，经有相当收效。

（四）协助当局调查敌伪动态。（略）

（五）关于奸党动态经将概要调查清楚。（略）

右报告谨呈

教育部部长陈

教育部广东增城战区教育督导员　赖卓洲（印）

中国第二历史档案馆藏“国民政府教育部档案”

四、教育统计

（一）初等教育和中等教育统计

1939—1941年日伪统治区中初等教育统计

（1939—1941年）

项别 省市别	二十八年度下学期									
	中等教育					初等教育				
	校数	学级数	学生数	教职员数	支出经费数	校数	学级数	学生数	教职员数	支出经费数
江苏省	28	129	58 390	544	214 317	953	2 887	164 361	4 571	660 219
浙江省	9	42	1 517	268	128 906	131	1 562	28 508	916	186 990
安徽省	7	28	882	132	102 620	132	614	22 063	802	163 693
河北省	54	275	10 153	1 015	505 553	8 273	27 032	328 810	15 764	1 585 792
山东省	40	173	6 636	544	282 324	8 359	13 060	332 189	13 905	1 433 850
山西省	2	10	507	50	66 937	4 418	4 166	157 494	5 688	35 310
河南省										
湖北省	7	12	406	62	96 965	243	579	22 523	877	316 334
广东省										
南京市	11	62	2 469	348	253 130	71	518	28 744	94	149 754
上海市	4	15	594	76	46 697	449	1 365	79 466	1 848	386 057
上海特区										
北京市	66	548	20 376	2 054	1 021 503	312	1 648	68 720	2 201	622 684
天津市										
汉口市	3	22	761	58	87 048	42	351	11 739	39	191 892
青岛市										
厦门市	2	7	241	26	22 198	11	91	4 006	118	57 108

省市别＼项别	二十九年度下学期									
	中等教育					初等教育				
	校数	学级数	学生数	教职员数	支出经费数	校数	学级数	学生数	教职员数	支出经费数
江苏省	48	225	10 602	928	573 041	1 202	3 654	201 259	537	1 319 027
浙江省	12	59	2 152	283	205 605	252	974	49 046	1 453	266 564
安徽省	10	49	1 488	22	147 223	230	822	37 443	1 322	357 665
河北省	63	278	9 881	875	592 107	10 604	19 615	551 787	24 355	3 849 905
山东省	35	185	9 208	588	481 856	12 787	20 666	558 950	20 876	2 278 589
山西省	7	38	1 449	183	250 743	5 588	5 720	205 513	7 251	610 679
河南省										
湖北省	12	35	1 465	—	87 410	381	1 078	40 163	—	—
广东省										
南京市	11	79	3 583	434	516 535	64	618	33 498	937	379 661
上海市	8	27	899	117	92 531	759	2 554	134 529	3 502	—
上海特区										
北京市	60	576	22 157	2 003	1 075 437	297	1 685	72 493	2 229	615 049
天津市										
汉口市	5	44	1 920	154	152 664	61	496	21 789	620	412 321
青岛市										
厦门市										

省市别＼项别	三十年度下学期									
	中等教育					初等教育				
	校数	学级数	学生数	教职员数	支出经费数	校数	学级数	学生数	教职员数	支出经费数
江苏省	72	342	16 435	1 289	82 673	1 665	4 773	244 558	6 526	1 945 490
浙江省	17	75	2 919	365	307 584	250	1 037	50 318	1 671	351 278
安徽省	14	66	2 170	289	282 493	252	937	40 888	1 462	572 221
河北省	77	283	10 651	1 115	705 328	13 997	19 915	73 761	27 250	492 394
山东省	67	291	11 870	950	570 277	16 392	26 741	763 156	27 525	2 921 536
山西省	8	59	1 977	240	281 629	7 951	9 789	298 279	10 393	929 289

续表

省市别＼项别	三十年度下学期									
	中等教育					初等教育				
	校数	学级数	学生数	教职员数	支出经费数	校数	学级数	学生数	教职员数	支出经费数
河南省										
湖北省	10	38	—	—	—	352	1 053	7 006	284	—
广东省										
南京市	13	990	4 773	476	616 351	69	617	34 991	955	453 794
上海市	20	85	4 050	320	457 096	621	2 517	128 304	3 447	1 571 131
上海特区	150					357				
北京市	58	597	23 657	2 136	1 620 113	302	1 839	79 172	2 523	1 018 163
天津市										
汉口市	6	56	2 482	186	306 140	61	562	30 853	826	519 869
青岛市										
厦门市										

《申报年鉴》，申报社，1944 年，第 954—956 页。

1942 年度初等教育概况统计总表

（1942 年）

省市＼项别 立别		学校数	学级数	学生数			教职员数			支出经常费（元）
				计	男	女	计	男	女	
立别总计	计	9 255	23 277	945 745	636 030	309 715	30 918	20 184	10 734	122 202 109
	国立	3	29	1 166	730	436	61	19	42	196 920
	省立	41	337	13 365	8 227	5 138	600	317	283	3 247 212
	市立	268	2 044	110 186	71 842	38 344	3 208	1 647	1 561	8 857 938
	县（市）立	3 544	9 982	430 248	276 622	153 626	13 325	8 117	5 208	95 502 867
	区（公）立	1 832	4 813	191 412	147 390	44 022	6 398	4 802	1 596	6 167 112
	私立	3 567	6 072	199 368	131 219	68 149	7 326	5 282	2 044	8 230 060

续表

省市立别 \ 项别		学校数	学级数	学生数			教职员数			支出经常费（元）
				计	男	女	计	男	女	
省市别总计	计	9 255	23 277	945 745	636 030	309 715	30 918	20 184	10 734	122 202 109
	江苏	2 174	5 856	301 891	203 195	98 696	8 377	5 181	3 196	16 615 328
	浙江	608	1 875	75 279	51 301	23 978	2 781	1 557	1 224	2 332 636
	安徽	433	1 166	46 602	34 076	12 526	1 749	1 345	404	1 954 716
	湖北	3 825	5 695	159 832	95 727	64 105	6 157	4 773	1 384	72 452 410
	广东	1 138	4 491	141 869	95 653	46 216	5 701	3 838	1 863	13 887 842
	南京	80	651	38 665	22 976	15 689	1 115	443	672	2 297 687
	上海	913	2 870	149 903	114 047	35 856	4 051	2 523	1 528	9 309 095
	汉口	84	673	31 704	19 055	12 649	987	524	463	3 352 395

（汪伪）教育部统计室编：《全国教育统计》第五集。

1942年度初等学校教职员月薪比较表

（1942年）

省市	教职员待遇（元）			
	教员		职员	
	最低额	最高额	最低额	最高额
江苏	30	380	30	460
浙江	30	160	30	100
安徽	50	240	30	120
湖北	30	90	20	140
广东	20	250	20	250
南京	80	190	55	240
上海	130	240	140	250
汉口	222	472	444	777

注：汉口教职员待遇以日金计算，本表为便利比较起见，已折合中储券。

（汪伪）教育部统计室编：《全国教育统计》第五集。

1941年度中等学校毕业学生统计表

（1941年）

立别	性质	初级			高级			合计		
		男	女	计	男	女	计	男	女	计
统计	计	2 693	1 414	4 107	233	183	416	2 926	1 597	4 523
	中学	2 399	1 247	3 646	217	154	371	2 616	1 401	4 017
	师范学校	28	23	51	16	29	45	44	52	96
	职业学校	266	144	410	0	0	0	266	144	410
国立	中学	88	89	177	11	15	26	99	104	203
	师范学校	0	0	0	0	0	0	0	0	0
	职业学校	20	0	20	0	0	0	20	0	20
省立	中学	505	230	735	88	18	106	593	248	841
	师范学校	0	16	16	16	29	45	16	45	61
	职业学校	178	82	260	0	0	0	178	82	260
市立	中学	491	207	698	35	0	35	526	207	733
	师范学校	0	0	0	0	0	0	0	0	0
	职业学校	0	0	0	0	0	0	0	0	0
县（市）立	中学	682	333	1 015	29	15	44	711	348	1 059
	师范学校	28	7	35	0	0	0	28	7	35
	职业学校	0	0	0	0	0	0	0	0	0
区（公）立	中学	26	11	37	0	0	0	26	11	37
	师范学校	0	0	0	0	0	0	0	0	0
	职业学校	0	0	0	0	0	0	0	0	0
私立	中学	607	377	984	54	106	160	661	483	1 144
	师范学校	0	0	0	0	0	0	0	0	0
	职业学校	68	62	130	0	0	0	68	62	130

（汪伪）教育部统计室编：《全国教育统计》第五集。

1942年度中学学校教职员学历比较表①

（1942年）

省市＼学历		合计	国内外大学毕业者	高级师范或大学教育院系毕业者	专门学校毕业者	中等学校毕业者	其他
总计	实数	5 153	1 598	929	1 093	981	552
	百分比	100.00	30.99	18.01	21.20	19.10	10.70
江苏	实数	1 662	433	280	357	356	236
	百分比	100.00	26.08	16.84	21.44	21.41	14.23
浙江	实数	393	94	74	62	92	71
	百分比	100.00	23.92	18.83	15.78	23.41	18.06
安徽	实数	379	84	52	114	95	34
	百分比	100.00	22.16	13.74	30.08	25.08	8.94
湖北	实数	253	58	83	36	50	26
	百分比	100.00	22.92	32.81	14.23	19.76	10.28
广东	实数	980	385	154	220	172	49
	百分比	100.00	39.29	15.71	22.45	17.55	5.00
南京	实数	569	210	99	123	103	34
	百分比	100.00	36.91	17.4	21.62	18.10	5.97
上海	实数	622	203	137	111	81	90
	百分比	100.00	32.64	22.03	17.84	13.02	14.47
汉口	实数	295	131	50	70	32	12
	百分比	100.00	44.41	16.95	23.73	10.85	4.06

（汪伪）教育部统计室编：《全国教育统计》第五集。

1942年度中等学校教职员月薪比较表

（1942年）

省市＼月薪（元）	教员		职员	
	最低额	最高额	最低额	最高额
江苏	20	1 000	20	680
浙江	30	813	30	542

① 表中数据有误，原档如此。

续表

省市 \ 月薪（元）	教员		职员	
	最低额	最高额	最低额	最高额
安徽	44	320	50	380
湖北	40	300	30	300
广东	8	240	8	240
南京	20	450	60	680
上海	30	960	180	880
汉口	100	280	40	340

（汪伪）教育部统计室编：《全国教育统计》第五集。

（二）高等教育、留学教育和社会教育统计

1942年度汪伪统治区专科以上学校各类统计表

（1942年）

1. 专科以上各学校简明概况表

立别	校名	地址	校长或院长姓名	编制					学生数			教职员数			本年度经费数（元）
				院	系	科	班	所	计	男	女	计	男	女	
总计				35	71	40	13		8 042	5 856	2 186	1 714	1 531	183	25 924 514
国立	中央大学	南京	樊仲云	6	11	2			849	678	171	228	212	16	2 673 396
	上海大学	上海	赵正平	2	7				202	192	10	67	56	11	2 558 460
	交通大学	上海	张廷金	3	9				528	466	62	184	172	12	2 200 000
	音乐院	上海	李维宁	1	9				163	63	100	46	36	10	274 000
	上海商学院	上海	裴复恒	1	4				110	65	45	45	43	2	541 800
	上海医学院	上海	乐文照	1			6		85	56	29	66	60	6	560 000
省立	广东大学	广州	林汝珩	4	10	1	1		407	290	117	179	167	12	6 153 840
	江苏教育学院	苏州	袁殊	1	1	4			162	122	40	76	66	10	585 000
	湖北农林专科学校	滠口	中州太郎			2	2		81	81	0	8	6	2	未详
	浙江日文专科学校	杭州	陈松秋			2			145	119	26	23	18	5	181 512

续表

立别	校名	地址	校长或院长姓名	编制					学生数			教职员数			本年度经费数（元）
				院	系	科	班	所	计	男	女	计	男	女	
	圣约翰大学	上海	沈嗣良	3					1 870	1 290	580	183	147	36	2 451 128
	南方大学	南京	江亢虎	2	6	2			248	205	43	25	24	1	240 000
	沪江书院	上海	朱博泉	1		3			655	371	284	57	44	13	936 550
	中国比较法学院	上海	吴蕴斋	1	2				202	134	68	41	40	1	267 366
	同德医学院	上海	顾毓琦	1					394	182	212	42	34	8	404 800
	东南医学院	上海	郭琦元	1					197	144	53	34	34	0	282 360
	新中国医学院	上海	朱小南	1					91	73	18	58	58	0	99 360
	上海中医学院	上海	丁济万	1					86	64	22	20	19	1	63 712
	中国医学院	上海	朱鹤皋	1					118	91	27	24	21	3	79 240
	成民文商学院	上海	闻兰亭	1	2	2			84	73	11	19	17	2	88 808
	南通学院	上海	徐静仁	1	3	2			298	246	52	75	66	9	568 800
私立	建村农学院	南京	陈端志	1	3				63	63	0	26	24	2	1 080 000
	厚生医学专校	上海	河原沼作	1	4				112	90	22	24	22	2	未详
	东亚工业学校	上海	矢田七太郎			4			236	236	0	35	33	2	1 819 322
	国学专修学校	上海	唐景文			2			81	56	25	13	12	1	64 260
	中法大学医学专修科	上海	褚民谊				4		87	34	53	20	13	7	462 000
	苏州美学专校	上海	颜文梁			2			42	32	10	8	8	0	27 600
	上海工业专校	上海	邓著光			3			271	271	0	39	38	1	1 060 000
	上海音乐专校	上海	丁善德			3			96	32	64	14	9	5	60 000
	上海美术专校	上海	王远勃			6			79	37	42	35	32	3	141 200

2. 专科以上各学校教职员待遇比较表

立别	校名	教员待遇		职员待遇	
		最低额	最高额	最低额	最高额
国立	中央大学	50	680	60	680
	上海大学	240	600	160	640
	交通大学	150	680	122	440
	音乐院	36	600	70	600
	上海商学院	120	640	120	680
	上海医学院	80	600	40	600
省立	广东大学	139	2 442	278	2 222
	江苏教育学院	112	936	220	720
	湖北农林专科学院	1 000	1 320	330	880
	浙江日文专科学校	20	2 559	70	462
私立	圣约翰大学	478	1 272	367	2 626
	南方大学	每小时 10	15	义务	义务
	沪江书院	500	850	200	1 000
	中国比较法学院	72	1 300	400	741
	同德医学院	200	1 350	200	480
	东南医学院	120	800	120	800
	上海中医学院	—	—	—	—
	新中国医学院	每小时 7	15	45	130
	中国医学院	56	308	100	200
	成民文商学院	每小时 12	12	400	800
	南通学院	67	490	100	350
	建村农学院	每小时 20	40	80	700
	厚生医学专校	570	4 675	570	1 430
	东亚工业学校	620	3 300	400	1 550
	国学专修学校	48	314	118	508
	中法大学医学专修科	375	1 375	550	790
	苏州美学专校	—	—	—	—
	上海工业专校	112	800	80	880
	上海音乐专校	50	600	—	400
	上海美术专校	280	600	280	600

注：国立各学校教职员待遇乃指底薪，加成未计在内。

3. 专科以上各学校教职员资历比较表

立别	校名（学历）		总计	国外专科以上学校毕业者	国内专科以上学校毕业者	中等学校毕业者	其他
总计		实数	1 714	547	712	258	197
		百分比	100.0	31.9	41.5	15.1	11.5
国立	合计	实数	636	198	262	100	76
		百分比	100.0	31.2	41.2	15.7	11.9
	中央大学	实数	228	57	100	50	21
	上海大学	实数	67	24	23	14	6
	交通大学	实数	184	58	69	15	42
	音乐院	实数	46	31	11	2	2
	上海商学院	实数	45	16	17	11	1
	上海医学院	实数	66	12	42	8	4
省立	合计	实数	286	64	112	80	30
		百分比	100.0	22.4	39.2	28.0	10.4
	广东大学	实数	179	43	60	50	26
	江苏教育学院	实数	76	11	41	22	2
	湖北农林专科学院	实数	8	4	0	4	0
	浙江日文专科学校	实数	23	6	11	4	2
私立	合计	实数	792	285	338	78	91
		百分比	100.0	36.1	42.6	9.9	11.4
	圣约翰大学	实数	183	67	69	28	19
	南方大学	实数	25	7	18	0	0
	沪江书院	实数	57	31	20	5	1
	中国比较法学院	实数	41	22	18	1	0
	同德医学院	实数	42	17	20	4	1
	东南医学院	实数	34	28	3	3	0
	新中国医学院	实数	58	0	12	0	46
	上海中医学院	实数	20	0	17	3	0
	中国医学院	实数	24	0	13	6	5
	成民文商学院	实数	19	5	13	0	1
	南通学院	实数	75	31	34	7	3
	建村农学院	实数	26	6	17	3	0

续表

立别	校名	学历	总计	国外专科以上学校毕业者	国内专科以上学校毕业者	中等学校毕业者	其他
私立	厚生医学专校	实数	24	14	5	5	0
	东亚工业学校	实数	35	23	4	5	3
	国学专修学校	实数	13	0	9	1	3
	中法大学医学专修科	实数	20	8	12	0	0
	苏州美学专校	实数	8	3	4	1	0
	上海工业专校	实数	39	10	16	4	9
	上海音乐专校	实数	14	3	10	1	0
	上海美术专校	实数	35	10	24	1	0

4. 专科以上各学校学生年龄比较表

立别	校名	项别	学生年龄								
			总计	18岁以下	19岁	20岁	21岁	22岁	23岁	24岁	25岁以上
总计		实数	8 042	782	972	1 270	1 423	1 453	856	696	585
		百分比	100.00	9.72	12.07	15.79	17.75	18.12	10.65	8.65	7.25
国立	合计	实数	1 937	130	234	318	356	349	255	150	145
		百分比	100.00	6.72	12.08	16.42	18.38	18.02	13.16	7.74	7.48
	中央大学		849	24	94	144	164	172	115	68	68
	上海大学		202	22	48	48	29	29	16	6	4
	交通大学		528	18	51	88	102	92	93	45	39
	音乐院		163	65	21	15	23	17	5	10	7
	上海商学院		110	1	15	13	27	26	12	11	5
	上海医学院		85	0	5	10	11	13	14	10	22
省立	合计	实数	795	116	100	153	122	90	78	56	80
		百分比	100.00	14.59	12.59	19.26	15.35	11.32	9.82	7.05	10.02
	广东大学		407	12	40	63	73	57	57	45	60
	江苏教育学院		162	0	22	37	35	24	17	9	18
	湖北农林专科学院		81	54	17	5	3	1	1	0	0
	浙江日文专科学校		145	50	21	48	11	8	3	2	2

续表

立别	校名（项别）		学生年龄：总计	18岁以下	19岁	20岁	21岁	22岁	23岁	24岁	25岁以上
私立	合计	实数	5 310	536	638	799	950	1 014	523	490	360
		百分比	100.00	10.10	12.02	15.04	17.89	19.10	9.85	9.22	6.78
	圣约翰大学		1 870	121	200	259	345	542	101	198	104
	南方大学		248	5	16	42	50	31	33	35	36
	沪江书院		655	48	98	105	91	85	73	78	77
	中国比较法学院		202	20	31	45	43	38	14	6	5
	同德医学院		394	21	32	30	101	79	99	15	17
	东南医学院		197	20	24	35	35	33	21	14	15
	新中国医学院		91	4	18	21	23	13	8	4	0
	上海中医学院		86	5	16	18	20	12	6	5	4
	中国医学院		118	10	12	13	20	18	25	12	8
	成民文商学院		84	0	8	12	18	14	16	12	4
	南通学院		298	18	24	31	39	45	43	45	53
	建村农学院		63	2	10	21	18	6	2	2	2
	厚生医学专校		112	7	10	18	13	20	15	17	12
	东亚工业学校		236	32	54	68	50	12	10	6	4
	国学专修学校		81	8	5	9	11	13	16	15	4
	中法大学医学专修科		87	5	9	13	24	13	11	8	4
	苏州美学专校		42	2	5	4	6	3	8	6	8
	上海工业专校		271	194	40	23	9	2	3	0	0
	上海音乐专校		96	6	11	15	18	20	16	7	3
	上海美术专校		79	8	15	17	16	15	3	5	0

5. 专科以上各学校教职员及学生性别比较表

立别	校名	项别	教职员			学生		
			总计	男	女	总计	男	女
总计		实数	1 714	1 531	183	8 042	5 856	2 186
		百分比	100.00	89.32	10.68	100.00	72.79	27.21
国立	合计	实数	636	579	57	1 937	1 520	417
		百分比	100.00	91.04	8.96	100.00	78.45	21.55
	中央大学		228	212	16	849	678	171
	上海大学		67	56	11	202	192	10
	交通大学		184	172	12	528	466	62
	音乐院		46	36	10	163	63	100
	上海商学院		45	43	2	110	65	45
	上海医学院		66	60	6	85	56	29
省立	合计	实数	286	257	29	795	612	183
		百分比	100.00	89.88	10.12	100.00	76.00	24.00
	广东大学		179	167	12	407	290	117
	江苏教育学院		76	66	10	162	122	40
	湖北农林专科学院		8	6	2	81	81	0
	浙江日文专科学校		23	13	5	145	119	26
私立	合计	实数	792	695	97	5 310	3 724	1 586
		百分比	100.00	87.75	12.25	100.00	70.18	29.82
	圣约翰大学		183	147	36	1 870	1 290	580
	南方大学		25	24	1	248	205	43
	沪江书院		57	44	13	655	371	284
	中国比较法学院		41	40	1	202	134	68
	同德医学院		42	34	8	394	182	212
	东南医学院		34	34	0	197	144	53
	新中国医学院		58	58	0	91	73	18
	上海中医学院		20	19	1	86	64	22
	中国医学院		24	21	3	118	91	27
	成民文商学院		19	17	2	84	73	11

续表

立别	项别/校名	教职员总计	教职员男	教职员女	学生总计	学生男	学生女
私立	南通学院	75	66	9	298	246	52
	建村农学院	26	24	2	63	63	0
	厚生医学专校	24	22	2	112	90	22
	东亚工业学校	35	33	2	236	236	0
	国学专修学校	13	12	1	81	56	25
	中法大学医学专修科	20	13	7	87	34	53
	苏州美学专校	8	8	0	42	32	10
	上海工业专校	39	38	1	271	271	0
	上海音乐专校	14	9	5	96	32	64
	上海美术专校	35	32	3	79	37	42

6. 专科以上各学校三十年度毕业生统计表

立别	校名	毕业生数		
		总计	男	女
总计		1 103	869	234
国立	中央大学	43	29	14
	上海大学	90	90	0
	交通大学	165	147	18
	音乐院	163	63	100
	上海商学院	30	23	7
	上海医学院	—	—	—
省立	广东大学	42	33	9
	江苏教育学院	—	—	—
	湖北农林专科学院	—	—	—
	浙江日文专科学校	65	51	14
私立	圣约翰大学	120	89	31
	南方大学	—	—	—
	沪江书院	10	4	6

续表

立别	校名	毕业生数		
		总计	男	女
私立	中国比较法学院	9	6	3
	同德医学院	22	17	5
	东南医学院	23	17	6
	新中国医学院	—	—	—
	上海中医学院	—	—	—
	中国医学院	—	—	—
	成民文商学院	11	10	1
	南通学院	54	49	5
	建村农学院	—	—	—
	厚生医学专校	19	19	0
	东亚工业学校	206	206	0
	国学专修学校	2	1	1
	中法大学医学专修科	—	—	—
	苏州美学专校	7	4	3
	上海工业专校	—	—	—
	上海音乐专校	—	—	—
	上海美术专校	22	11	11

7. 专科以上各学校各项平均表

项别 立别	学校数	学生数	经费数	每校平均学生数	每学生平均经费数
总平均	30	8 042	25 924 514	268.1	3 223.6
国立	6	1 937	8 807 656	322.8	4 547.0
省立	4	795	6 920 352	198.8	8 704.8
私立	20	5 310	10 196 506	265.5	1 920.2

8. 国立及省立各大学各学院学生人数比较表

立别	校名	院别	学生数			
			计		男	女
			实数	百分比		
国立	中央大学	合计	849	100.00	678	171
		文学院	87	10.25	64	23
		法商学院	293	34.49	238	55
		教育学院	80	9.43	40	40
		理工学院	155	18.27	153	2
		农学院	116	13.68	95	21
		医学院	118	13.88	88	30
	上海大学	合计	202	100.00	192	10
		农学院	156	77.21	156	0
		法学院	46	22.79	36	10
	交通大学	合计	528	100.00	466	62
		理学院	87	16.46	65	22
		管理学院	138	26.15	103	35
		工学院	303	57.39	298	5
省立	广东大学	合计	407	100.00	290	117
		文学院	96	23.59	44	52
		法学院	154	37.81	116	38
		工学院	82	20.18	76	6
		农学院	75	18.42	54	21

（汪伪）教育部统计室编：《全国教育统计》第五集。

全国专科以上学校概况统计

（1943 年 6 月）

立别	校名	校址	校院长姓名	院系或科班	院长或系主任	学生数			教职员数			岁出经费数	备注
						男	女	共计	教员	职员	共计		
国立	中央大学（注一）	南京天津路	陈昌祖	文学院	龙沐勋	一〇八	三〇	一三八			二二		分文史系、外国语文系。
				法商学院	胡道维			一九四			一六		分政治经济、法律、商学三系。
				教育学院	黄曝寰			七三			一四		分教育、心理两系及师范专修科。
				理工学院	徐仁铣			一三二	三三	二	三五		分数理、化学、土木工程三系。
				农学院	陆锡君			七〇	二三	二	二五		分农学、生物学两系及农业专修科。
				医学院				七八			一五		
				药学院				一二					
国立	上海大学（注二）	上海江湾协和路二五三五号	赵正平	农学院	校长暂兼	一七六		一七六	三二	三一	六四	七二〇，〇〇〇	分农学、农艺化学、农业经济、农林四系及农商专修科，三十年创设。
		上海爱文义路一六二三号		法学院	金忍百	六九	一三	八二	一二	一四	二六	二四〇，〇〇〇	分政治、经济、法律三系，三十一年八月创设。
		上海爱文义路一六四七号		文学院	姚明辉	三三	八	四一	九	九	一八	二四〇，〇〇〇	分国学（文哲）、日文、西文、史地四系，三十二年八月创设。
国立	交通大学	上海爱麦虞限路四五号	张廷金	理学院	范会国	七四	二二	九六	一二九	六四	一九三	一，一八九，〇〇〇	三十一年八月复校，分数学、物理、化学三系。
				管理学院	郁仁充	一一四	三八	一五二					分铁道管理、实业管理、财务管理三系。
				工学院	张廷金	三四三	三	三四六					分土木工程、机械工程、电机工程三系。

续表

立别	校名	校址	校院长姓名	院系或科班	院长或系主任	学生数			教职员数			岁出经费数	备注
						男	女	共计	教员	职员	共计		
国立	上海商学院	上海愚园路四〇号	裴复恒	会计系		三四	一四	四八	三七	一八	五五	七三二，一〇〇	三十一年八月复校，一年级不分系。
				银行系		八	五	一三					
				工商管理系		一一	八	一九					
				国际贸易系		三	三	六					
				一年级		四二	二八	七〇					
国立	上海医学院	上海海格路三七三号	乐文照			六五	三一	九六	五六	一六	七二	二〇〇，〇〇〇	三十一年八月复校。
国立	国立音乐院	上海爱文义路六二六号	李惟宁	理论作曲系		八	二	一〇	三二	一五	四七	二〇〇，〇〇〇	三十一年六月复校。
				键盘乐器系		四	六二	六六					
				乐队乐器系		三九	一三	五二					
				声乐系		一二	二九	四一					
				国乐系		二		二					
国立	浙江大学（注三）	杭州	钱慰宗			一九八	四三	二四一					三十二年十月复校，分文法、理工、农、医四学院及补习班。
华北教育总署直辖 国立	北京大学	北京沙滩松公府夹道十号	钱稻荪	文学院	周作人	二八八	一八二	四七〇			一五八	一，一九五，一七六	二十八年八月复校，分哲学、史学、国文、日本文学、西洋文学各系。
		北京景山东街		理学院	文元模	一一六	五九	一七五			一〇三	一，〇三七，〇七六	二十八年九月复校，分数学、物理、化学、地质、生物各系。
		北京东皇城根		法学院	方宗鳌	三五七	六六	四二三			七二	八四一，三三七	三十年五月复校，分法律、政治、经济、商学各系。
		北京瑞王府夹道		工学院	阮尚介	五六二	二一	五八三			一四八	一，二〇〇，八四八	二十七年七月复校，分机械、电机、建筑、土木、应用化学各系。

续表

立别		校名	校址	校院长姓名	院系或科班	院长或系主任	学生数 男	学生数 女	学生数 共计	教职员数 教员	教职员数 职员	教职员数 共计	岁出经费数	备注
华北教育总署直辖	国立	北京大学	北京东直门内海运仓	钱稻荪	农学院	庞敦敏	二七三	二五	二九八			一四五	一,〇〇五,九二八	二十七年三月复校，分农艺、林学、农业工学、农业经济、畜牧各系。
			北京西什后库		医学院	鲍鉴清	二一二	二六	二三八			一二三	二,三一三,四六七	二十七年五月复校。
			北京松公府夹道		文史研究所							四二	三九,六〇〇	二十八年九月创设。
			北京海运仓		农村经济研究所	庞敦敏						四〇	一八〇,〇七二	三十年十一月创设。
			北京和外后孙公园		中药研究所	鲍鉴清						二五	一一〇,〇〇〇	三十年二月创设。
			北京西四兵马司		内分泌研究所	鲍鉴清						二六	一一三,八〇〇	二十九年五月创设。
					研究院									三十一年九月创设。
	国立	北京师范大学	北京和平门外	黎世蘅	文学院	李泰棻			一,二二五①			五四六	一,八四七,二四七	三十年十一月由国立北京师范学院及国立女子师范学院合并成立。
					理学院	张恺								
					教育学院	王谟								
	国立	北京艺术专科学校	北京东总布胡同	王石之					一八七			一〇五	三七八,九〇九	二十七年五月成立。
	国立	直辖外国语专科学校	北京鼓楼东大街	刘宏钰					一九〇			一〇五	三〇三,四九〇	二十七年四月成立。
	国立	直辖师资讲习馆	北京西直门南小街	陈础涵					六三			六三	一五四,五四〇	二十七年三月成立。
省立		江苏教育学院	苏州谢衙前	袁殊					一九五			五四	五八五,一四〇	分文史地、数理化、体育、农业四专修科及本科一级。

① 原档如此。

续表

<table>
<tr><th rowspan="2">立别</th><th rowspan="2">校名</th><th rowspan="2">校址</th><th rowspan="2">校院长姓名</th><th rowspan="2">院系或科班</th><th rowspan="2">院长或系主任</th><th colspan="3">学生数</th><th colspan="3">教职员数</th><th rowspan="2">岁出经费数</th><th rowspan="2">备注</th></tr>
<tr><th>男</th><th>女</th><th>共计</th><th>教员</th><th>职员</th><th>共计</th></tr>
<tr><td rowspan="4">省立</td><td rowspan="4">广东大学</td><td rowspan="4">广州市河南康乐岭南大学原址</td><td rowspan="4">林汝珩</td><td>文学院</td><td></td><td>四六</td><td>五六</td><td>一〇二</td><td></td><td></td><td rowspan="4">一七三</td><td rowspan="4">一,一〇八,八〇〇</td><td>二十九年九月创设，分中国文学、教育二系。</td></tr>
<tr><td>法学院</td><td></td><td>一三二</td><td>四一</td><td>一七三</td><td></td><td></td><td>分法律、政治、经济三系。</td></tr>
<tr><td>工学院</td><td></td><td>九四</td><td>八</td><td>一〇二</td><td></td><td></td><td>分土木工程、建筑工程、化学工程三系。</td></tr>
<tr><td>农学院</td><td></td><td>六一</td><td>二二</td><td>八三</td><td></td><td></td><td>分畜产、植产二系。</td></tr>
<tr><td>省立</td><td>河北省立师范专科学校</td><td>河北保定</td><td>赵祖欣</td><td></td><td></td><td></td><td></td><td>一一五</td><td></td><td></td><td>四三</td><td>八一,二〇〇</td><td></td></tr>
<tr><td>省立</td><td>山东省立日语专科学校</td><td>山东济南</td><td>张代均</td><td></td><td></td><td></td><td></td><td>四〇六</td><td></td><td></td><td>四〇</td><td>六二,五四六</td><td></td></tr>
<tr><td>省立</td><td>北京市立体育专科学校</td><td>北京</td><td>赵文藻</td><td></td><td></td><td></td><td></td><td>二六</td><td>二六</td><td></td><td>二六</td><td>四八,九七二</td><td></td></tr>
<tr><td>省立</td><td>天津市立日语专科学校</td><td>天津海大道</td><td>何庆元</td><td></td><td></td><td>三六</td><td>一〇</td><td>四六</td><td>一七</td><td></td><td>一七</td><td>二四,六一二</td><td></td></tr>
<tr><td>省立</td><td>浙江省立日文专科学校</td><td>杭州孝女路</td><td>陈松秋</td><td>专科三
特科一</td><td></td><td></td><td></td><td>一四五</td><td></td><td></td><td>二三</td><td>一三七,六四〇</td><td></td></tr>
<tr><td>省立</td><td>山西省立桐旭医学专科学校</td><td>太原杏花岭</td><td>王骧</td><td></td><td></td><td></td><td></td><td>三一</td><td></td><td></td><td>五九</td><td>三五〇,〇〇〇</td><td>三十一年九月创设。</td></tr>
<tr><td rowspan="3">私立</td><td rowspan="3">圣约翰大学</td><td rowspan="3">上海极司非而路一八八号</td><td rowspan="3">沈嗣良</td><td>文理学院</td><td></td><td>一,一八六</td><td>五一六</td><td>一,七〇二</td><td>一〇七</td><td>四六</td><td>一五三</td><td rowspan="3">六三五,一六三</td><td rowspan="3"></td></tr>
<tr><td>医学院</td><td></td><td>一二五</td><td>四四</td><td>一六九</td><td>三五</td><td>四</td><td>三九</td></tr>
<tr><td>土木工程学院</td><td></td><td>一三〇</td><td>三</td><td>一三三</td><td>二三</td><td></td><td>二三</td></tr>
</table>

续表

立别	校名	校址	校院长姓名	院系或科班	院长或系主任	学生数			教职员数			岁出经费数	备注
						男	女	共计	教员	职员	共计		
私立	沪江书院	上海圆明园路二〇九号	文学院	朱博泉		一〇八	一三三	二四一	三〇		三〇	三三六，六八八	原为沪江大学，三十一年二月起改称今名。
			理学院			一九八	六七	二六五	一九		一九		
			商学院			二〇九	一三三	三四二	八		八		
私立	复旦大学	上海赫德路五七四号	周德熙			六〇四	二六六	八七〇	六六	一九	八五	二八二，一六七	分中国文学、外国文学、教育、化学、土木工程、法律、政治、经济、社会、银行、会计十一系。
私立	大夏大学	上海静安寺路一〇八弄三〇号	鲁继曾	文理学院	邵家麟	四〇九	一一一	五二〇	五五	七	六二	一六二，三〇〇	
				教育学院									
				法学院	张隽青								
				商学院	何仪朝								
私立	大同大学	上海新闸路一三七〇号	胡敦复					五四					
私立	上海美术专科学校	上海菜市路四四〇号	王勃远	中国画组		七	二	九	二四	一二	三六	四三，六〇〇	
				西洋画组		一八	八	二六					
				图案组		九	七	一六					
				音乐组		三	九	一二					
				专修科		七	一一	一八					
私立	中国比较法学院	上海南阳路二一五号	吴蕴斋	法律系		一一〇	三六	一四六	四三	四	四七	一〇六，一七一	
				会计系		四八	四七	九五					
私立	南通学院	上海重庆路二七〇号	徐静仁			二七一	六一	三三二	七四	一四	八八	一九〇，一五八	分设四系二科。
私立	东亚工业学院即雷士德工专	上海东熙华路五〇五号	矢田七太郎	土木工程、机械科		八九		八九	一六	三	一九	未详	
私立	同德医学院	同孚路六七弄一号	周邦俊			二一一	二三五	四四六	三二	九	四一	一六八，八四四	

续表

立别	校名	校址	校院长姓名	院系或科班	院长或系主任	学生数			教职员数			岁出经费数	备注
						男	女	共计	教员	职员	共计		
私立	上海中医学院	上海爱文义路四六〇弄三一	丁济万			六八	二二	九〇	一九	四	二三	二二，〇九九	
私立	东南医学院	上海萨坡赛路二九九号	郭琦元			一四六	六六	二一二	三三	七	四〇	一二九，三〇〇	
私立	中国医学院	上海重庆路一一七弄十号	朱鹤皋			九七	二九	一二六	一四	七	二一	二八，八四〇	
私立	新中国医学院	上海黄家沙公园路一九号	朱小南			七五	二三	九八	三八	一〇	四八	三六，一二五	
私立	成民文商学院	上海北京路二六六号四楼	闻兰亭	中国文学系		七	一	八	一九	四	二三	四二，九〇八	
				商学系		四三	一	四四					
				国学专修系		八	二	一〇					
				商学专修系		一三		一三					
私立	震旦大学	上海吕班路二八〇号	胡文耀	法学院									
				理工学院				五〇〇			六二		
		上海蒲石路一八一号		医学院									
				女子文理学院				一二〇					
私立	南方大学	南京石鼓路	江亢虎	文学院	陈彦通			一四〇			三五		
				法学院									
私立	中国公学	南京白下路	许逊公	文学院				一二〇			三一		
				法学院									
私立	建村农学院	南京绣花巷十二号	陈端志	作物系	顾复	三八		三八			二八		
				园艺系	汤铭新	一六		一六					
				农业教育系	铁明	一二		一二					
				专修科		五〇		五〇					

续表

立别	校名	校址	校院长姓名	院系或科班	院长或系主任	学生数			教职员数			岁出经费数	备注
						男	女	共计	教员	职员	共计		
私立	辅仁大学	北京	陈垣					二,〇五四			二五五	六八七,五七五	
私立	中国学院	北京	何其巩					一,四八三			一四〇	二一七,四一九	
私立	天津工商学院	天津	刘斌					四六一			七〇	四〇一,三四三	

（注一：中央大学校长本为樊仲云，陈昌祖系后来继任，详见前“教育部施政概况”节。又各学院长人选系九月初调查，药学院现已停办。注二：上海大学概况系于十月中调查。注三：浙江大学概况系于三十三年春调查。）

《申报年鉴》，申报社，1944年。

1942年度留日学生统计表

（1942年）

表1

项别 科目		合计	百分比	留日学生人数	
				公费生	自费生
总计		186	100.00	71	115
研究科目	文科	8	4.30	—	8
	理科	6	3.22	3	3
	法科	12	6.45	—	12
	商科	10	5.37	—	10
	医科	25	13.44	7	18
	教育	2	1.08	2	—
	政经	26	13.97	3	23
	军事	2	1.08	—	2
	警察	1	0.54	—	1
	农科	8	4.30	6	2
	工科	16	8.60	7	9
	土木	3	1.61	—	3

续表

项别 科目		合计	百分比	留日学生人数	
				公费生	自费生
研究科目	机械	3	1.61	—	3
	电机	4	2.15	1	3
	数理	3	1.61	3	—
	生物	1	0.54	1	—
	师范	1	0.54	—	1
	蚕桑	3	1.61	—	3
	美术	2	1.08	—	2
	体育	1	0.54	1	—
	音乐	1	0.54	—	1
	外交	1	0.54	—	1
	家政	2	1.08	1	1
	未定	45	24.19	36	9

表 2

项别 性别		合计	百分比	留日学生人数	
				公费生	自费生
总计		186	100.00	71	115
性别	男	159	85.48	54	105
	女	27	14.52	17	10

表 3

籍别 项别	统计	江苏	浙江	安徽	湖北	广东	河北	湖南	江西	福建	河南	广西	云南	山东	南京	上海	汉口	北京	青岛
合计	186	37	24	3	10	37	19	2	2	17	1	1	1	13	5	9	1	3	1
百分比	100.00	19.88	12.90	1.61	5.37	19.88	10.21	1.08	1.08	9.14	0.54	0.54	0.54	6.98	2.70	4.83	0.54	1.61	0.54

表 4①

项别 年龄		合计	百分比
统计		186	100.00
年龄	21 岁以下	62	33.54
	21—25	93	49.93
	26—30	29	15.45
	31 岁以上	2	1.08

（汪伪）教育部统计室编：《全国教育统计》第五集。

留日学生学籍科别人数统计表

（1946 年 5 月 1 日）

一　理科　计二百九十三人																																	
学校 学年 学科 学部		官公立大学						私立大学						官公立大学专科			官公立大学专门部						官公私立专门学校					高等学校			中学		备注
		一年	二年	三年	四年	大学院	不明	一年	二年	三年	四年	大学院	不明	一年	二年	三年	一年	二年	三年	四年	毕业	不明	一年	二年	三年	毕业	不明	一年	二年	三年	四年	毕业	
医	医学	1	8	5	9	3	3		2	2	2		1			1		11	9	6		4	2	4	1	10	2				13	5	
	药学			1	1																				1								
农	农学		8	1		1	2											3				1		3	4	4					1		
	农艺学																							1	3								
	兽医																							12	1								
	林学		2				1																	1	2								
工	土木		4	2			2											5	3														
	电气		1																														

① 表中数据有误，原档如此。

续表

一　理科　计二百九十三人

学校 学年 学科 学部		官公立大学						私立大学						官公立大学专科			官公立大学专门部						官公私立专门学校					高等学校			中学		备注
		一年	二年	三年	四年	大学院	不明	一年	二年	三年	四年	大学院	不明	一年	二年	三年	一年	二年	三年	四年	毕业	不明	一年	二年	三年	毕业	不明	一年	二年	三年	四年	毕业	
工	机械			3																													
	电气工学		3	3			1					1																					
	纤维化学		1	1																													
	工业化学			3																						1							
	燃料			1																													
	冶金						1																	2									
	矿山	1					1																	1	2	3							
	应用化学			2			1																										
	染料化学		1																														
	纺织						1																										
	科目不明	9	1	1		1	4						1		1	4							1	1		1	1						
理	地质			2																													
	数学			1																													
	物质			1			1																										
	化学			2			1																										
	动物		1																														
	宇宙物理						1																										

续表

一　理科　计二百九十三人																																	
学校 学年 学科 学部		官公立大学						私立大学						官公立大学专科			官公立大学专门部						官公私立专门学校					高等学校			中学		备注
		一年	二年	三年	四年	大学院	不明	一年	二年	三年	四年	大学院	不明	一年	二年	三年	一年	二年	三年	四年	毕业	不明	一年	二年	三年	毕业	不明	一年	二年	三年	四年	毕业	
理	科目不明	1		5			4																	3	1					2			
	理学																												22	10			
	家政																								1								
二　文科　计百五十八人																																	
学部	学年 学科	一年	二年	三年	四年	大学院	不明	一年	二年	三年	四年	大学院	不明	一年	二年	三年	一年	二年	三年	四年	毕业	不明	一年	二年	三年	毕业	不明	一年	二年	三年	四年	毕业	
	哲学		1				2																		1		1						
文	教育			1	2	1																	3	4	5	3							
	史学					1																											
	心理	1																															
文	英文			1	1																		俄语1	1									
	美术																										1						
	音乐																								1		1						
	新闻																								1		2						
	文科		1		1																			6	2	1			13	15			
	科目不明					1	1		3			1											2	2									
法	政治		4	2			3						1																				
	法律		4	4		1		1	1			3	1										1										
	科目不明											1																					
经	经济		15	13	6	3												1						3	4								
三　无学籍者　计五人																																	
统计人数　四百五十六人																																	

中国第二历史档案馆藏“国民政府教育部档案”

留日学生学费来源统计表

（1946 年 5 月 2 日）

一、日本方面	
旧大东亚省补助费（庚款）	五七人
外务省补助费	一二人
二、伪政权方面	
华北教育总署官费生	二一人
河北省官费生	三三人
广东市政府官费生	一二人
湖北省政府官费生	一〇人
山东省政府官费生	五人
山西省政府官费生	七人
汉口市政府官费生	四人
淮海省政府官费生	三人
厦门市政府官费生	五人
天津市政府官费生	二人
南京教育部官费生	四人
上海市政府官费生	一人
江西省政府官费生	一人
海南岛官费生	三人
满洲国官费生	七五人
蒙古官费生	四一人
三、文化团体等	
中日文化协会	三三人
华北电业	三人
华中东亚青年联盟	一人
华北事业	一人
其他	五人
四、自费生	
自费生	一一七人

以上共计四五六人，但台湾籍生不在内。

中国第二历史档案馆藏“国民政府教育部档案”

留日学生人数分布统计表

（1946 年 7 月 23 日）

地名	台省学生	其他各省学生	合计
东京	446	218	664
京都	52	103	155
神户	25	7	32
宫城	10	15	25
岩手	11	18	29
群马	1	0	1
东海	4	3	7
秋田	2	5	7
大阪	36	1	37
新潟	8	1	9
冈山	2	0	2
奈良	0	8	8
山口	8	8	16
山形	4	4	8
千叶	1	12	13
北陆	0	7	7
鸟取	1	10	11
北海道	2	9	11
福冈	1	4	5
山梨	9	0	9
总计	624①	434②	1 058③

中国第二历史档案馆藏“国民政府教育部档案”

① ② ③ 数据有误，原档如此。

1942年度社会教育各项统计

（1942年）

1. 社会教育概况统计总表

项别	省市别＼名称	合计	民众教育馆	图书馆	体育馆及体育场	博物馆	书报阅览室	公园	民众茶园	问事代笔处	体育委员会	职业讲习所	社会服务处	民众学校	补习学校	识字班	各种补习班	兴亚教育馆
机关数	总计	1 813	109	50	107	1	132	20	38	203	1	1	1	778	83	225	63	1
	江苏	401	38	7	17	—	25	6	23	104	—	—	1	112	26	39	3	—
	浙江	165	17	7	4	1	16	1	14	47	—	—	—	44	2	6	6	—
	安徽	121	18	2	7	—	5	3	—	11	—	—	—	52	6	6	11	—
	湖北	237	13	17	5	—	54	—	—	1	—	—	—	135	11	1	—	—
	广东	471	6	13	10	—	16	7	—	40	1	1	—	236	26	73	42	—
	南京	26	3	1	—	—	—	—	—	—	—	—	—	22	—	—	—	—
	上海	347	13	2	64	—	16	1	1	—	—	—	—	147	3	100	—	—
	汉口	45	1	1	—	—	—	2	—	—	—	—	—	30	9	—	1	1
职员或教员数	总计	3 370	667	218	164	20	150	27	27	137	4	—	3	1 231	182	479	58	3
	江苏	752	249	59	51	—	23	11	19	81	—	—	3	156	54	44	2	—
	浙江	357	108	39	15	20	21	1	7	2	—	—	—	118	7	11	8	—
	安徽	265	90	18	16	—	11	3	—	13	—	—	—	75	8	4	27	—
	湖北	235	49	20	8	—	64	—	—	1	—	—	—	87	5	1	—	—
	广东	810	80	70	9	—	15	—	—	40	4	—	—	399	57	119	17	—
	南京	64	28	8	—	—	—	—	—	—	—	—	—	28	—	—	—	—
	上海	798	53	2	65	—	16	1	1	—	—	—	—	388	22	300	—	—
	汉口	89	10	2	—	—	—	11	—	—	—	—	—	30	29	—	4	3

2. 一般的社教机关平均每月受教人数统计表

省市别＼名称	合计	民众教育馆	图书馆	体育馆及体育场	博物馆	书报阅览室	公园	民众茶园	问事代笔处	体育委员会	职业讲习所	社会服务处	兴亚教育馆
总计	388 773	156 436	64 259	36 701	6 000	51 118	43 375	20 130	7 000	—	—	2 100	1 604
江苏	149 576	45 572	17 244	8 922	—	15 458	36 482	20 130	3 668	—	—	2 100	—

续表

省市别 \ 名称	合计	民众教育馆	图书馆	体育馆及体育场	博物馆	书报阅览室	公园	民众茶园	问事代笔处	体育委员会	职业讲习所	社会服务处	兴亚教育馆
浙江	124 787	64 500	22 030	13 000	6 000	18 807	—	—	450	—	—	—	—
安徽	22 160	—	—	7 379	—	5 106	6 893	—	2 782	—	—	—	—
湖北	63 350	27 800	17 850	7 400	—	10 200	—	—	100	—	—	—	—
广东	未详	—	—	—	—	—	—	—	—	—	—	—	—
南京	13 600	8 200	5 400	—	—	—	—	—	—	—	—	—	—
上海	1 547	—	—	—	—	1 547	—	—	—	—	—	—	—
汉口	13 753	10 414	1 735	—	—	—	—	—	—	—	—	—	1 604

3. 学校式社教机关学生数统计表

省市别 \ 名称	合计	民众学校	补习学校	识字班	各种补习班
总计	59 430	41 945	5 239	9 560	2 686
江苏	8 367	5 120	1 619	1 558	70
浙江	2 504	2 059	67	117	261
安徽	3 709	2 568	277	327	537
湖北	6 921	6 161	610	150	—
广东	19 628	12 642	2 190	3 028	1 768
南京	1 739	1 739	—	—	—
上海	14 495	9 639	476	4 380	—
汉口	2 067	2 017	—	—	50

4. 社教机关经费支配比较表

省市 \ 项别	比较	每月经费总（元）数	每月经费数（元）	
			一般的社教机关之支出	学校式的社教机关之支出
总计	实数	486 719	285 030	201 689
	百分比	100.00	58.59	41.41
江苏	实数	145 630	133 780	11 850
	百分比	100.00	91.84	8.16

续表

省市 \ 项别 比较		每月经费总（元）数	每月经费数（元）	
			一般的社教机关之支出	学校式的社教机关之支出
浙江	实数	44 175	40 438	3 737
	百分比	100.00	91.54	8.46
安徽	实数	28 733	19 954	8 779
	百分比	100.00	69.44	30.56
湖北	实数	8 489	5 592	2 897
	百分比	100.00	65.81	34.19
广东	实数	91 734	24 317	67 417
	百分比	100.00	26.45	73.55
南京	实数	15 287	11 369	3 918
	百分比	100.00	74.38	25.62
上海	实数	109 874	21 859	88 015
	百分比	100.00	19.80	80.20
汉口	实数	42 797	27 721	15 076
	百分比	100.00	64.75	35.25

（汪伪）教育部统计室编：《全国教育统计》第五集。

第十编

反殖民奴化教育斗争

沦陷区教育设施方案[①]

（1938 年 6 月）

甲、原　　则

一、沦陷区域之各级教育，应利用种种方法，使其继续维持，以适应抗战需要，而延续文化生命。

二、在沦陷区域应使教育界知识分子对民众宣传中央意旨，以培养民族意识，发动全民抗战力量。

乙、组　　织

一、由教育部选择意志坚强、富有牺牲精神及教育经验的教育工作人员为沦陷区教育督导员，分发于指定之一定区域内，以适当之方法推行各该区内之教育工作。

二、每一督导员之下得设干事及书记各一人。

三、上项督导员于派出以前，应先施以必需之训练，并成立严密之组织。

四、此项组织应与各该区域内公开或秘密之党政军机关及民众抗敌团体密切联络，以取得工作上的帮助及便利。

五、各该督导员到达指定区域后，应即用妥善方法与当地教育工作人员或忠实党员切实联络，秘密加以组织训练，分别指定担任各项工作。

六、督导员应在担任工作之区域内巡回考察督促，除紧急事务外，每月至少应具工作报告一次。

七、督导员及助理人员因公遭受危险者，依革命功勋，例由教育部分别呈请奖励或抚恤之。

丙、办　　法

一、在沦陷区域敌人已直接控制地方，督导员之任务如左：

1. 秘密指导各校教育人员，按其特长分派工作。

2. 采用以抗战为中心之教材，秘密教导学生。此种教材如购置困难，应令学生辗转抄写或用口授。

3. 在学生中选择其信仰坚定、认识正确之优秀分子，令其秘密协助活动。

4. 对学生秘密宣传中央抗战决心及最后胜利之理由。

---

① 本方案于 1938 年 6 月经国民政府行政院第 373 次会议通过并实施。

5. 调查伪组织之一切设施，秘密报告于情报机关。

6. 指导民众发展各种有利于军事之组织，准备必要时扰乱敌人后方，协助国军抗战。

7. 秘密调查及监视汉奸各种活动，并设法铲除之。

8. 已在伪组织统制下开学之学校，不论其教育方式及内容如何变更，应指导教员利用种种方法，对学生秘密灌输抗战建国之要义。

9. 设立旧式私塾或义塾，以资掩护，实际上仍秘密施行抗战教育。

10. 指导教育人员分赴人口散居、交通不便之乡村中，担任义务家庭教师，教授乡村子弟。

11. 当地热心服务、成绩优良之中小学教职员，应密予登记，呈请奖励。

12. 凡在私塾或家庭中自修实习确有成绩之学生，经督导员之证明，将来可转入相当学校编级肄业，或参加相当学校毕业考试。

二、已在敌人后方，尚未直接被敌人控制区域，督导员之任务如左：

1. 指导各中小学校校长，尽可能范围内设法继续维持各该校正常教育。

2. 业已停闭之中小学校，应尽量设法恢复，其确属无法恢复之中等以上学校，学生志愿参加民众抗战工作者，就尽量设法介绍至相当机关受训；其志愿继续求学者，应指导其脱险到达后方，插入各地相当学校肄业。

3. 凡中等学校学生既不能入校求学，又不愿离开沦陷区域者，应令在家自修或自请教师补习。其确有成绩者，经督导员之证明，将来转入相当学校编级肄业或参加相当学校之毕业考试。

4. 凡中小学校继续开学者，督导员应商请各该区域主管教育机关设法维持其相当之经费。

5. 各学校除授以正常课业外，应特别加授与抗战有关之教材，并可酌量减少与抗战关系较浅之课程。

6. 在城市及重要乡镇秘密结合教育人员及当地士绅，组织严密之抗战团体，加以训练，准备敌人到来时协助国军担任各项抗战工作。

7. 对于加入抗战团体之教育人员，应将办法第一项详尽指导，准备万一该地沦陷后即可如法实施。

8. 联络当地抗战团体并指导各校员生及当地青年，使其分别担任各种宣传工作。

三、督导员及助理人员之生活费及公旅费由教育部发给，其办法另订之。

四、各督导区域内之教育尚可进行工作而经费无着者，得由督导员呈请教育部酌量补助之。

中国第二历史档案馆藏“国民政府教育部档案”

沦陷区国民教育实施问题讨论会记录

（1940年3月18日）

时间：三月十八日下午二时

地点：各省市国民教育会议会场

出席人员（略）

主席：余井塘

记录：邱 鹤 沈开寰

会议顺序：

（甲）行礼如仪

（乙）报告

一、主席报告

二、战区教育指导委员会工作报告（张主任委员）

1. 本会工作之范围；

2. 本会战区教育工作方式；

3. 各区督导员工作概况。

三、战区情况报告

1. 江西战区情况（程厅长时煃）

工作情况：

（1）战区安全地带

江西战区范围达十四县，除九江、永修、安义等四县外，其余各县之保学、乡镇小学均已恢复常态，各校经费一律由省库补助。

（2）敌扰地带

组织义教巡回工作队，召集当地有志青年为队员，以各该县督学为队长，并在鄱阳湖东西两岸设立督导处二处，负责训练各队队员并督导各队工作。

（3）敌占地带

采用特教方式，训练当地青年五十余人，潜往敌占区秘密工作。

战区教育工作之困难：

（1）交通不便，工作人员之联络不易；

（2）经费接济困难；

（3）工作环境困难，难得抱有牺牲精神之工作人员；

（4）战区文化食粮缺乏，敌伪宣传则无微不至。

工作意见：

（1）应加强及扩充战区教育工作之设施，并与战区之党政军工作人员配合推进；

（2）部派战区督导人员应注意人选；

（3）增加战区工作经费，并提高战区工作人员待遇。

2. 广西战区情况（雷厅长沛鸿）

（1）敌人在广西战区只有军事行动，尚未推行文化工作；

（2）南宁有战地师范一所，会同军委会战地工作督导团招训战区逃出之青年，分发战地工作。

3. 广东战区情况（黄厅长麟书）

（1）战区学校内迁。

中山县省立农业学校、仲恺纪念中学等校今已内迁，钦州省立师范近已迁设北河。

（2）设立临时中学，招收广州、潮、汕等处学生。

（3）省府组织战时工作队，队员达千余人，一部分已分发战区工作。

（4）广东党务人员分布在战区工作，对于杀害敌军、锄除汉奸甚著成绩。

（5）各部队之宣传工作甚有成绩，编印报纸及刊物，尽量向战区发散，并多方收集战区消息及敌人宣传品。

（6）广州一带民众出入甚为自由，故我方战区之秘密工作并不困难。

（7）潮汕一带民众因与台湾之关系较密，尚受敌人之威胁利诱，以至为敌作伥。

4. 江苏战区情况（冯策报告）

战区情况：

（1）江都等县之小学教师大都愿意脱离敌人高俸厚禄之羁縻而为我方工作，惟我方尚未派有相当之领导人员联络工作。

（2）徐州一带，我方因行政机构无法建立，故工作上领导无人，经费之接济困难，以至派遣回乡工作之小学教师四十余人中只有六人有留徐工作之勇气。

（3）敌人在徐州、镇江、南京等处积极推行奴化教育，并压迫家属招其流逃在外之子弟返乡。惟一般小学儿童常在墙壁书写打倒日本之标语，并常呼打倒日本之口号。

工作意见：

（1）注意战区教育行政人员之人选，每县选派忠实干练之教育局长一人，由局长物色督学，由督学物色优良教师，相互联系，推行工作。

（2）要有整个推动工作之机构发动大规模之工作，各县均成立机构，派人前往工作，勿使有空隙县份。

（3）联络各地有声望之士绅协助工作，以资号召。应由中央及省分派得力人员前往策动及联络。

5. 河南战区情况（凌孝芬）

（1）在豫东及豫北设立游击区教育工作办事处，督导各该区教育工作。

（2）派遣视察员三人深入战区考察教育状况，战区地带凡教育局局长由本地人担任者，教育工作均能照常维持。

（3）设立临时中学于南阳，收容战区学生千余人，并在豫东、豫北设立联合中学各一所，救济战区失学青年。

（4）敌人奴化教育之阴谋

设立新民及新亚小学，调集小学教师送往北平受训后，分发邻县工作，社会教育之设施极能迎合社会旧习惯。

工作困难之点：

（1）战区小学教科书无法供给；

（2）经费接济困难；

（3）工作人员之考核困难；

（4）小学教员大多出逃，师资缺乏；

（5）地方教育行政机构难找适当人员主持；

（6）战区县长多为军人，轻视教育。

工作意见：

（1）大批训练战区教育工作人员；

（2）战区党政军须与教育人员联络工作；

（3）战区书报应设法供给，并添加电化教育之设施。

6. 战区视察报告（温专员①）

（1）视察时间及地区

奉命视察，计自去年六月出发，十二月返部，为时半年。计历贵州、广西、江西、浙江、江苏、安徽等十余省区。

（2）视察感想

抗战使民众不受伪方之教育，战区人民无问男女老幼，民族意识一律提高，而敌人之厌世及没落情状，随处可找到其事例。

（3）战区教育情况大都推行顺利，教育工作人员亦甚努力。

浙江战区小学已设有一千六百余所，数当战前之一半，江苏及安徽战区且均设有中学，恢复之小学则安徽较江苏为多。

敌人惟积极推行奴化教育，在江南地带所设立之小学数量，少者仅当战前百分之二.五，多者不及百分之三十。

（4）值得注意之问题有二：

师资问题　抗战后，凡战地小学教师大多出逃，且因待遇菲薄，大都另找工作。今欲

---

① 即教育部战区教育指导委员会主任委员温麟。

推行国民教育，师资更成问题，故教部现正发动教育人员回乡工作。

经费问题　战区县份地方各税一律豁免，教育经费由省负担，为数极少，故小学教育待遇菲薄。中央分配各省之经费时，凡战区省份应多予补助。

（丙）提案讨论

一、本部所提“沦陷区国民教育实施要点”并入蒋钟泰等所提之“游击战区教育实施要点”内讨论。

二、区教育实施要点之讨论

1. 会场意见：

甲、关于行政机构及人选方面

（1）程厅长时烓意见

（子）原则上：工作人员之待遇加优，工作组织力求简单。

（丑）方法上：教育应与军事、政治配合，战区以巡回工作队之方式推行教育为最有效。

（寅）游击战区应尽先设立县临时参政会，借以号召当地名流协助工作。

（2）冯策先生意见

（子）战区县教育行政组织之机构中，日常留置一二人居中负计划之责，其余人员均应在外从事督导工作。

（丑）战区教育工作应与政治、军事及经济等工作人员联络配合，通力合作，并请军政与教育机关商订相互协助及联络工作之办法。

（3）张梓铭先生意见

战区教育固当与军事、政治配合，同时战区军事、政治、党务亦宜配合教育。过去战区党政军机关举办各项训练班，多未能联络各省教育厅协作，此种现象应设法改善。

（4）江问渔先生意见

（子）战区交通困难，教育厅不易指挥各县工作，每一行政督察区宜设置教育督导员一人，就近督导及联络区内各县工作。

（丑）各县教育工作人员应以就地取材为原则，并应拔选有志气、有能力之青年破格任用，并请在战区教育实施办法内规定之。

（寅）各战区出力之教育工作人员，其待遇应特别加优，并不妨由教育厅或教育部加给名义，以示鼓励。

（卯）战区教育工作宜采用多元式，不必拘于教育活动之形式，其可做之工作举例如次，以示一斑：

训练壮丁、从事政训、担任经济工作、从事慈善事业、打入敌伪内线担任教育工作。

（辰）工作人员应备具下列几个条件：

本地人、有能力、有经验、世故人情熟悉。

（巳）工作人员之保障应在办法中规定，任用后并应信任之，使得采用各种活动之方式。

（午）本部战指会宜与战地党政委员会密切联络，互相供给战区情报及其他参考材料，俾凭此等材料决定办法。

乙、战区教育事业方面

（1）程厅长时煃之意见

（子）战区教育工作应以组训民众为首务。

（丑）供给战区精神食粮，编印大量书报输入战区，无线电之设置应设法使其普遍。

（寅）依期举行国民月会，切实领导民众践行国民公约。

（卯）担任战区服务，如灾民救济、死亡掩埋、施送医药等。

（2）江问渔先生意见

战区工作人员应在本党领导之下，用秘密结社方法鼓动民心，举凡教师、商人、农民、工人，均以秘密结社之方式进行组织，可借此鼓动民心，反抗敌伪。本党革命开始时期亦利用此种方法而成功。

（3）黄佐先生意见

（子）战区教育工作人员必多予以秘密工作之训练。

（丑）战区教育工作可利用各部队之政工人员推行之。广东成立战地民教班千余班，即由各部队政工人员领导地方青年举办，政工人员大都在战地工作，有军队组织上之机构可利用，且又易与战区地方人士接触。

2. 决议

将会场所提供之各项意见记录入册，送交战区教育指委会参考。

（子）讨论“拟在战区设立国立中学以资收容沦陷区失学青年案”（战指会提）

决议：“兹拟定本年暑假于山西、河北、山东三省各增设国立中学一校”修改为“兹拟定本年暑假于江苏、山西、河北、山东四省各增设国立中学一校”，其余各条照原办法通过。

（丁）散会

中国第二历史档案馆藏“国民政府教育部档案”

教育部津贴沦陷区域中小学教师办法

（1940年4月）

第一条　教育部为联络敌伪指挥下之中小学教师破坏敌伪奴化教育阴谋起见，特订定本办法。

第二条　战区各省教育厅应选派忠实干员赴沦陷区域秘密联络敌伪指挥下之中小学教

师，晓以大义，动以利害，使其秘密实施抗战教育。

第三条　敌伪指挥下之中小学教师（以下简称“中小学教师”）如志愿秘密进行抗战教育者，由教育厅按其能力、成绩，每月给予三元至二十元之津贴。

第四条　教育厅在给予上项津贴之前，须秘密侦查其言行，考查其成绩，设法多方试探其诚意，经确认为可靠并履行宣誓手续后（誓词另定），方得给予津贴。

第五条　受津贴之中小学教师除秘密实施抗战教育外，兼负情报调查联络之责，其详细办法由各省教育厅就实际情形自行规定之。

第六条　教育厅对于受津贴之中小学教师姓名须绝对秘密，如同一学校有二人以上受津贴者，非必要时亦不可使之互知。

第七条　受津贴之中小学教师除特殊紧急事项随时报告外，应将每月工作情形按时报告教育厅，由教育厅严密考核之，其通讯联络方法由教育厅规定。

第八条　教育厅对于受津贴之中小学教师须按月造具名册报部备查（名册式样另定）。

第九条　教育厅应于每月将津贴费用连同受津贴人收据一并呈部核销。

第十条　受津贴之中小学教师如事机泄漏因而牺牲者，得由教育厅呈请教育部抚恤之。

第十一条　受津贴之中小学教师如阳奉阴违或泄露机密者，得由教育厅送交当地军法机关严予惩治。

第十二条　本办法自公布之日施行。

附件：

宣誓誓词

我是中华民国的国民，矢志尽忠国家，遵守政府法令，拥护抗战国策，绝对排除奴化教育，不作教育界败类，遗羞子孙。如违誓词，愿受政府最严厉的处分。谨誓。

名册式样

姓名、性别、年龄、籍贯、出身、现任学校及职务、薪额、津贴数目、工作成绩、备注

中国第二历史档案馆藏“国民政府教育部档案”

安徽芜湖战区教育工作队致教育部呈

（1943年1月7日）

事由：为呈送教育、组训、宣传、调查各项工作实施办法祈鉴核备查由。

窃职为开展本区战区教育工作队各项工作起见，经遵照钧部颁发战区教育工作队暂行

通则规定之工作项目，并适应本区环境实际情形，拟订教育、组训、宣传、调查各项工作实施办法各一种，除分饬各组遵照实施外，理合各检一份呈报钧部鉴核备查。

谨呈

部长陈

附办法四种

安徽芜湖战区教育督导员兼工作队长　李芝严［印］

中华民国三十二年一月七日

附件：

安徽芜湖战区教育工作队教育工作实施办法

本办法依部颁《战区教育工作队暂行通则》丙项第一节之规定并就实际环境订定之。

甲、主要任务

1. 举办私塾、义塾及民众识字班。

2. 举办补习学校。

3. 救济青年。

4. 辅导国民教育及特种教育。

5. 破坏奴化教育。

乙、实施办法

（一）举办私塾、义塾及民众识字班

1. 各组或个别队员对于工作区内原有之私塾、义塾应切实调查其分布状况，并依照所颁调查工作实施办法中规定调查之项目详细填载，汇报队部。

2. 各组或个别队员应在敌伪控制区域指导义勇队员或当地教育界人士于人烟稠密之乡村举办私塾，或利用地方宗祠、公堂或各种旧有社团公产设立义塾，秘密实施抗战教育。

3. 各组或个别队员应指导各私塾、义塾附设民众识字班，普及民众教育，其课程及教材均应设法供给并指示办理之。

4. 各组或个别队员对工作区内原有之私塾、义塾及策动举办之私塾、义塾应按月遵照队颁之辅导私塾办法切实辅导。

5. 各私塾、义塾成绩优良，经查明得呈报队部予以奖励或核转部、厅请予奖励，学业优异、有志升学之学生，经各组或个别队员之介绍，由队核请本区内各级学校准予以同等学力投考相当年级肄业。

6. 各组或个别队员于工作区内进行举办私塾、义塾暨民众识字班以及实施辅导情形，应按月具报队部备查。

（二）举办补习学校

1. 各组或个别队员于工作区内应指导义务队员或设法策动地方失业教师举办各种补

习学校，招收失学青年补习。

2. 各补习学校之创办程序应遵照抄发之部颁补习学校规程，由各组或个别队员切实指导并协助办理之。

3. 各补习学校之举办得用本队附设名义，但须事先呈经队部核转部、厅备查后始行正式采用。

4. 各组或个别队员工作区内之原有私塾或义塾，其塾师系曾任中小学教师并办理该私塾成绩优良者，得切实指导协助其遵照手续改设补习学校。

5. 各级补习学校所授之课程及所施之训练均应适合抗战教育之需要。

6. 各种补习学校经遵照手续办理成立后，其肄业期满之学生考查成绩及格，得遵照部令由各该校发给学生学业成绩证明者，并得呈由本队为其介绍投考本区内各级学校，插入相当年级肄业。

7. 各组或个别队员进行举办补习学校之情形，应随时报告队部。

8. 各组或个别队员对于举办成立之补习学校，应按月予以辅导并考核其办理成绩，报告队部。

（三）救济青年

1. 各组或个别队员于工作区内应遵照调查工作实施办法第乙项切实调查失业及失学之青年。

2. 本队除由队部遵照部颁处理战区学生升学就业办法办理失学青年登记外，并于各项所在地设立青年指导站一所，办理指导事宜。

3. 不在敌伪据点内居住之小学失学学生，应督促其家长送入附近我方所办之学校或各补习学校肄业。

4. 上项之中学失学学生应于每学期开始前按其志愿程度报由队部核送各中学肄业。

5. 上项之中小学失学学生如有因事实困难不能入附近之学校或来后方就学者，应指导其在家自修或自请家庭教师补习，其家庭教师之姓名、思想、资历，补习学生之姓名、年龄、程度均应详细查明报队并应予以辅导，俟该生有升学之机会时，即依第三项之规定办理之。

6. 上项之高中毕业学生及专科以上肄业学生有志升学者，应查明报队转请教育部救济之。

7. 敌区内失学之中学学生及高中毕业生或专科以上学校之肄业学生，应指导其脱离敌区并报队经审查其思想后，按照上项办法办理之。

8. 敌区内现在伪各级学校肄业之学生应尽量劝导其脱离并来后方转学，得有结果应报队，按照上项办法办理之。

附注：学籍问题已奉部令“准予举行编级试验，考查其思想后入校肄业”。

9. 不在敌伪据点内居住之失业青年，各组或个别队员应斟酌情形按其志愿设法介绍至附近我方乡镇公所、游击部队、各级学校及其他机关工作，或就地策动其举办私塾、义塾、补习学校及担任家庭教师。

10. 各组及个别队员无法安置之青年可报队部设法介绍，由队转请部、厅救济。

11. 各组及个别队员进行救济工作情形应按月报队。

（四）破坏奴化教育

1. 各组及个别队员应遵照调查工作实施办法第七项切实调查奴化教育实施情形具报，以凭随时设计破坏之。

2. 各组长、队员均应随时相机设法深入敌伪奴化教育机关及伪学校活动。

3. 各组长或个别队员对于各伪教育机关及伪学校应设法布置内线，选择认识正确、能为我用之伪校教职员征选为本队义务队员，以担任此项工作。

4. 各组长、队员均应利用其环境及人事关系与伪校教职员取得认识、联络，切实把握之。

5. 各组长、队员对已能把握之伪教员等应遵照部颁敌伪中小学教师反正暂行办法策动其反正。

6. 各组长、队员对于担任内线工作之义务队员及已履行反正手续之伪校教职员，均应指导其设法说服与其有关之伪校教员参加反正。

7. 各组长、队员对于担任内线工作及已办反正手续之义务队员及伪校教职员，应指导其于服务之伪校内向学生宣传抗战建国意旨及最后胜利之理由，并指导优秀学生秘密参加抗战活动及采用抗战教材以口授方式教授学生。

8. 劝导伪学校肄业学生脱离伪校，转来后方求学。

9. 凡伪教育行政人员及伪校教职员甘为敌伪走狗、顽强不化者，各组长、队员均应将其详细地址调查确实报告队部，以凭转报上级，设法铲除之。

10. 各组长、队员关于此项工作情形均应按月报告队部，义务队员报组，由组按月汇报，其重要者应随时按照规定具报。

附言：此项工作之意义，一在利用敌伪所办之学校以实施抗战之教育；一在争取伪校服务之教师及学生转来后方，以粉碎敌伪奴化教育之阴谋。其初步工作应求得伪学校均为我控制、伪教师均为我利用之目的。各组长及队员均应依据此种要求随时检查已获得之成效，并努力完成任务。

（五）辅导国民教育及特种教育

1. 各组组长应与当地政府教育科密切联系，切实辅导其推进国民教育。遵照部颁推进国民教育之进度，增设学校及筹措国民教育基金。

2. 各组长对于工作区内之我方乡镇中心学校，每学期须分别辅导二次，于学期开始后及学期终了前实施之。保国民学校每学期须辅导一次，并得视该县已经设立之数量辅导其一部分，即三十所以下者全部辅导之，在五十所以上者辅导其二分之一，在一百所以上者辅导其三分之一，余类推。

3. 各组长进行辅导各学校时，应注意其组织系统、学级编制、训练方法、作息时间、行政、教学、设备、课程各项是否合于战区教育之精神，详为指导，以资改进。

4. 各组长进行辅导各学校时，应切实视察其民教部成人班、妇女班之办理情形，如尚有未成立者，应督促速予成立或指导其改进。

5. 辅导各校时，除应将该校概况填表报队外，并将到达该校，目见小学部及民教部各班上课之情形、实到学生人数、正在授课之教员姓名、教学方法详细编具报告，一并呈队。

6. 经辅导之学校，其办理成绩之优劣及优秀或低能之教员姓名应密予登记，汇报队部核转各该县政府，以供其奖惩或改进。

7. 各组长于每学期终了前应将工作区域之县份、国民教育基金已筹措之数字、教育主管科之行政组织以及现有乡镇中心学校及保国民学校列具一览表，连同协助办理教育之事项、所辅导学校之名称、数目，一并详细报队备查。

8. 各组长对工作区内之特种教育应参照上列各办法予以辅导之。

9. 各组长对于战区党政分会令饬督导之战地文教事业，应切实辅导当地教育主管科加紧进行，并随时将辅导情形报队。

丙、本办法经队长核定施行并报部备查。

安徽芜湖战区教育工作队组训工作实施办法（略）

安徽芜湖战区教育工作队宣传工作实施办法（略）

安徽芜湖战区教育工作队调查工作实施办法（略）

中国第二历史档案馆藏“国民政府教育部档案”

国民政府教育部为报送《修正沦陷区域教育设施方案草案》致行政院呈稿

（1943年7月）

查本部前为维持战区文化命脉，培养民族意识，争取沦陷区民众，动员全民力量，曾于二十七年拟订沦陷区域教育设施方案，呈奉钧院第三七三次院务会议通过核定，遵行已久。兹以军事情势之变迁，战教业务之发展，方案内容乃有未能尽合实际需要者，因将督导区域重加划分，工作内容求其充实，而督导机构原本四年来所得经验予以调整与改善，俾循序渐进，借收宏效，并经本部详加研讨，将原方案酌予修正。是否可行，理合检同修正之沦陷区域教育设施方案备文呈请钧院鉴核示遵。

谨呈

行政院院长蒋

附呈修正之沦陷区域教育设施方案一份

教育部部长　陈□□

中华民国三十二年七月

附件：

修正沦陷区域教育设施方案草案①

甲、原则

1. 在敌人占领区域之各级教育，由教育部派遣教育人员深入督导，利用各种方法使其继续维持，以延续文化生命。

2. 在敌人占领区域之教育界人士，应积极设法联络，组织训练，使为抗战而努力。

3. 敌伪学校教师应加裁制，其尚能觉悟自新者，经考核属实后指示其工作，以削弱奴化教育之效能。

4. 战区内之失业失学青年应尽量招致收容，使在战区或内来就业就学，以增强抗战力量。

5. 对敌占区之民众，应运用各种机会宣传本党革命主义、中央意旨、抗战国策，并发挥精神上之伟大作用，坚定其抗战必胜、建国必成之信念，以培养民族意识，增进全民力量。

乙、划区

1. 就沦陷地区划分若干督导区，其地域依照战区管辖范围划分原则，冠以地区名称，如鲁豫战教督导区。

2. 每一督导区划分为若干分区，以相当于行政督察区为原则，称某某战教督导区某某分区，如鲁豫战教区临沂分区。

丙、组织

1. 每督导区设战区教育督导专员一人，于指定地点组织办事处，处理各该区战教事务，并领导各分区主任督导员及督导员。

2. 每督导分区设战区教育督导员一人，秉承督导专员之指挥，推行该区内战教工作。其重要都市或辽阔地域之督导区得设主任督导员，工作范围较大，经费较多，以加强其效能。

3. 督导人员在所在省教育行政当局未能行使职权之区域，应尽量协助推进区内之一切教育事业，其已设有战区教育机构并能推行业务者，即划归该省教育行政机关办理之。

4. 各督导区有必要时得由部指定设立战区教育工作队或秘密教育团体，由督导专员

① 该草案于1943年7月经战区教育指导委员会第三届一、二次会议修正通过。

或主任督导员兼任队长或理事。

5. 督导专员办事处视事务之繁简得设总干事一人，干事一人至三人，会计员一人，书记一人至三人。

6. 主任督导员之下得设干事一人，书记一人。

7. 督导专员必要时得设交通站及电台，其地点由各该处择定之。

丁、任务

1. 督导专员之任务

一、秉承教育部之命令与该区长官司令部、省教育厅及其所辖各省有关机关洽商，详密计划战区教育推进事宜。

二、对各该区内战教主任督导员、督导员、战区教育工作队、秘密教育团体及巡回教学团之工作加以指导考核，注重个别领导，颁发工作纲领，并每月举行检讨及考核一次。

三、每年巡视区内各督导单位工作一次，并举行总检讨，加具考语及奖惩意见报部。

四、本区内战区教育工作人员经费之汇发及审核事宜。

五、与所在教育厅及战地青年招致训练委员会分会切取联系，洽商有关该区内失学失业青年之招致、训练、救济事宜。

六、本区内文教交通网之建立事宜。

七、本区各级学校、文化团体及其地方战教设施之督导、考核事宜。

八、本区内学校教材及精神食粮之介绍、供应事宜。

九、本区内敌伪一切设施、奸党活动及社会一般情形之调查事宜。

十、政府法令、文告及后方重要消息之传递事宜。

十一、其他教育部指办事宜。

十二、每月向部呈缴书面工作报告一次，其重要事项及敌伪情报应随时呈报。

2. 主任督导员及督导员之任务

一、秉承教育部之命及督导专员之指示，推行战区教育督导及设施工作。

二、区内战教工作队、秘密教育团体之工作指导及考核事宜。

三、每年巡视工作一次，考核区内各督导单位之工作，加具考语呈报督导专员核转呈部备查。

四、区内各督导单位经费汇发事宜。

五、与专员办事处及区内各督导单位建立交通联系事宜。

六、与区内我方各机关或县长及其教育工作人员取得密切联系，以推进战教工作，协助招训机关人员推行招训工作。

七、指导各校教育人员，按其特长分派工作。

八、采用以抗战为中心之教材教导学生，此种教材如购置困难，应令学生辗转抄写或用口授。

九、在学生中选择其信仰坚定、认识正确之优秀分子，令其协助活动。

十、调查伪组织之一切设施及汉奸活动简要报告，并对汉奸作打击之工作。

十一、已在伪组织统制开学之学校，不论其教育方式及内容如何变更，应指导教员利用种种方法对学生灌输抗战建国之要义。

十二、指导教育人员设立私塾或义塾以资掩护，实际上仍秘密施行抗建教育，并在社教、民教组织及补习学校中推行之。

十三、注意秘密宣传或特种宣传，如发信、标语等，以唤起教育界及社会人士之抗建意识，并策动其工作。

十四、当地热心服务、成绩优良之中心学校或国民小学校教职员应密予登记，呈请奖励。

戊、附则

1. 战区教育督导人员之任用待遇、奖惩抚恤、服务细则、经费发放等办法及教育工作队、秘密教育团体组织办法另订之。

2. 本方案由教育部呈请行政院核定施行。

中国第二历史档案馆藏“国民政府教育部档案”

南京市教育工作总报告（节选）①

（1944年2月）

袁涌庆②

……

五、我方工作情形

（一）组织秘密教育团体

二十九年赴京后，经过相当时期之准备与调查，即积极进行组织工作。先后组织中小学教师进修会、教育同志会及学生联合会等秘密教育团体三种。中小学教师进修会系将各中小学优良教师组合而成，工作同志先后加入者四十二人，以积极反奴化教育及从事我方教育宣传为宗旨。教育同志会系联合一般教育界人士及退休教员而组成，会员共七十五人，以联络感情、搜集情报材料以及敌伪宣传为主旨。学生联合会系吸收各学校优秀青年

① 该总报告扉页署名为杨平，但就其内容推断报告人应为奉国民政府教育部所遣，主持南京区战教事业的袁涌庆。

② 袁涌庆时任南京战区教育主任督导员。

而组成，先后加入者共三百十六人，以互相切磋、树立正确之中心思想与信仰、唤起其民族意识、激发其爱国热忱为宗旨。

在建立秘密教育团体之外，并同时建立外围团体组织，如教职员联谊会、业余俱乐部及各校学生自治会等，由外围团体活动中审察各人之学识、能力，择其优秀者吸收入秘密团体，按各人个性及能力分配适当之工作，期使组织坚强，发挥作用。

（二）联络文史地教员，利用教课从事宣传

联络各级学校文史地教员，于讲授国文、历史、地理功课时，尽量利用机会对学生讲述我国史地方面先民捍卫国家之光荣事迹，并揭穿敌伪奸计。同时自编补充教材，借唤起其民族意识与激发其爱护祖国之热情。

（三）利用私塾为国民教育之基本设施

战地人民以不愿受敌伪之奴化教育，多不送其子弟入正式学校，而使入私塾读书，故京市私塾特为发达。盖私塾不若学校之表面号召，较易为敌伪所忽略。我方即利用敌伪此项弱点，联络各塾师加入我方团体从事各项工作，而以全市私塾作我方国民教育之基本设施，实行以来成效颇著。

（四）利用民众夜校及家庭教师

民众夜校及家庭教师之各项教学，敌伪均不甚注意。我方即利用此种设施，由各教员对一般民众及儿童灌输反敌伪之思想。同时并对儿童之家长予以联络，借机宣传，期由学校、家庭及一般民众各方面出发，造成一种社会风气，并利用伪社会福利部所办街头巡回施教队作我方宣传工具。

（五）与各级学校学生作个别谈话

利用机会与各校学生作个别谈话，以正确其观念，坚定其信仰，建立三民主义的中心思想。按一般青年思想纯洁，学识浅薄，颇易为敌伪宣传所麻醉，如能晓以民族国家之大义，无不奋慨激昂，截然来归，或毅然退来后方，继续求学，或抱定牺牲决心，积极协助我方作秘密工作。由彼纯洁青年之态度与热忱中，亦足以觇窥我国以往教育之效果及其力量之伟大。

（六）利用青少年团

伪新国民运动总监林逆柏生主持青少年团奋起大会，希扩展势力，收买民心，宣言禁烟禁赌。我方即借此机会从事破坏敌伪工作，捣毁烟馆赌窟多处，并派人赴沪从事鼓动捣毁工作。惟烟馆赌窟均以日人为倚靠，故事后日方对汪逆大为非难。

（七）打入敌伪组织

选派干练同志参加敌伪各项教育文化组织，从事谍报工作，一则可以借敌伪机关以掩护，一则情报可迅速敏捷，同时并可利用机会从事分化，使其自相火并。如前伪市教育局长徐逆公美，即系因我方人员从中捣乱而下台。

（八）宣传工作

除一般工作同志随时利用机会宣传外，更收买说新闻者，借说书及其他机会对一般民众宣传抗建事实，纠正民众观念，兴奋民众情绪。因此种工作同志长于辞令，民众最易被其说服，同时彼等最为机警，随机应变，不显痕迹，对民众宣传工作颇收成效。京市一般民众对我方目前抗建形势皆极明了，无不俱抱有必胜之信念。又我方对一般宣传曾多次散发传单，某次因在电影院散发传单，一时观众秩序大乱，幸各工作同志均能镇静应付，未遭伤害。再我方曾创刊《昌报》双日刊一种，专事讽刺幽默，不谈时事，惟只发行三期即被停刊。关于敌方思想善导办法，我方曾由中小学教师进修会订定《反思想善导计划大纲》一种，兹特抄附于后。

反思想善导计划大纲

为针对敌伪“思想善导”之奴化同胞而唤起各校师生及民众对于抗建之了解与认识，特订定反思想善导计划大纲如次。

甲、目标

一、以敌人杀人放火之事实，证明敌人之敌视我同胞，日军阀主持下之日本，中日绝无合作之可能，亦绝不应有合作之信念。

二、领导中华民族抗战图存之蒋委员长乃中华民族四万万同胞之真正领袖，应誓死拥护，而说明汪逆之妥协投降应为人民所共弃。

三、以敌人枪刺下之政府乃敌人之走狗机关，根本谈不到政治，而说明汪逆所谈之宪政之欺骗性与不可能。

四、以此次抗战艰苦卓绝之事实，说明全国人民对抗战之需求与认识。

五、揭发“东亚新秩序”之内容，说明“和平”即等于亡国。

六、以有利之国际环境，说明中国之将胜利。

七、以自力更生勉励被压迫之同胞争取最后胜利。

乙、办法

A 社会方面

1. 从事口头宣传，动员进修会全体会员分区分组担任。

2. 利用组织方法，动员进修会全体会员组织各种可能公开团体，暗中施以抗建教育，以收潜移默化之功。

3. 以甲项目标为中心之诗歌、小说及弹词、大鼓等平民文学编订成小册，广事散发。

B 学校方面

尽量利用敌伪设立各校，伺机作抗建之提示。

1. 以特派在各校之教员作为教育学生之基本。

一、组织各种公开集会；

二、组织各种秘密小组集会；

三、历史地理之研究；

四、国际问题之探讨；

五、家庭访问，作反思想善导之活动。

2. 以特派在各校之教师作为教育与选择优秀学生之基本。

一、留意有朝气与正义感之学生，作为反思想教育之先锋；

二、帮助组织各种集会；

三、轮值参加各项小组会议；

四、提供史地之材料；

五、提供时事之材料；

六、家庭访问，作反思想善导之活动。

丙、反思想善导座谈会

1. 由进修会主任委员主持之，全体会员均须分组轮流出席；

2. 由主持人每月召开；

3. 检讨过去之工作；

4. 决定未来之工作；

5. 各项问题之研讨；

6. 考核各项工作之成绩。

丁、附则

本计划呈准教育部施行。

（九）筹组京市教育会

本部与市党部及三青团曾共同筹备组织京市教育会，经数度会商，各项办法业均拟就，惟因三民主义青年团与市党部负责人相继被捕，计划遂告中止。

（十）编写工作报告

我方工作报告除急要情报随时电呈外，系每月编辑一份，材料众多之时，则半月编呈一份，均遵照本部指定地点按时送呈。截至三十年十二月止，共缴呈二十七份。太平洋事变后，沪方情形突变，交通站失去联络，始无法递送。

六、督导经过

（一）初创时期（二十九年五月至十月）

本人到京之初，即开始调查工作，调查各中小学教职员之学历、经历及社会关系，设法联络，择其优秀勇敢者加以吸收，组成中小学教师进修会，从事秘密活动。嗣以若我方秘密团体仅此一种，则万一受敌伪打击时，活动行将完全停顿，故复设法由前在渝四川教师服务团同事田舜林同志，联合京市教育界占有势力之江苏第四师范毕业者（田同志即系早岁毕业于四师者），组织教育同志会同时工作。前者各分子系外埠籍贯为多，言行偏于激进，故多担任较为冒险之工作；后者各分子以当地籍为多，以家庭、财产等关系，行动偏于保守，但以其地方情形熟悉，与各方人事关系较深，故对工作颇有便利之处。要能知其所短，用其所长，则自能发挥其最大工作效能。后复以各校学生尚无相当组织，遂决由中小学教师进修会及教育同志会各工作同志选择优秀中小学学生派往各大学、中学就读，并使对本校学生择其才学兼优并有领导才干者合组学生联合会。当各团体成立之初，中小学教师进修会仅十三人，经建立外围团体，吸收优秀分子，截至目前为止，中小学进修会同志已增至四十二人，教育同志会会员已增至七十五人，学生联合会同志已增至三百一十六人。

同时对于人事配备增加注意，务期领导得人，机构灵活。中小学教师进修会系指定汤式一、徐仲清两同志负责，教育同志会系指定樊林、黄立三两同志负责，学生联合会系指定伪中大唐声尧同志负责，尚均能领导各员展开工作。

（二）进展时期（二十九年十月至三十一年一月）

布置既粗具基础，随即展开工作。惟京市为敌伪中枢所在，防范綦严，偶一不慎，即遭打击，故掩护工作特为重要。关于工作之掩护，除视各种情况随机应变外，并用下列诸方法：一、利用教会学校为掩护机关。二、利用亲戚关系及伪方人员为掩护。三、借前在日本熟识之日人，施以小惠，以作蔽护。并共同确定工作信条五点：一胆大，二心细，三勤敏，四机警，五确实。

在工作开始之初均预定一详密之计划，然后按照计划逐步实施，并随时选择适宜之时间与地点，约集有关同志举行小组会议，对各项工作详密检讨，各项优点则尽量保持，各项缺乏则力求改进。对各同志工作成绩及各项工作报告并随时加以考核，其优良者予以奖励，其工作著有特殊成绩者并给予奖金、增加津贴。故工作同志均能精诚团结，为事业而奋斗。

关于人员方面，曾奉部核准任用干事及书记各一人。书记除抄写工作报告外，并专事递送情报及工作报告至上海办事处转部，以及其他交通联络工作。干事除辅助督导工作外，专事汇集各方送到之情报，作初步之整理工作，并对各种秘密档案材料负保管之责。各项工作之配备进行均尚称灵便，惜太平洋事变以还，交通站发生困难，报告无法递送，不免受其牵制。

至于工作方式，系采用“多样”之原则，凡可借以达成任务者均尽量采用。至工作重心，则着重中等教育、国民教育、社会教育三方面。惟以范围庞大，工作人员众多，难免信仰稍欠坚定之分子，故对各工作人员之思想训练及考核，乃本人平时极为注意之事。一面可免除各同志思想之纷歧错杂，向同一之理想目标前进；一面系严防奸党之侵入与夫敌伪宣传之引诱，盖此实有关整个团体之安危也。

在此时期，约一载有半，赖各同志认识之清楚，信仰之坚定，工作努力，忠勇将事，相辅相助，推诚相谏，以故各项事业均能井然有条。三十年上半年度本人曾奉部令嘉奖①，深自愧恧，盖一切成绩均全体工作同志辛勤努力之结果，惟本人亦自当仰体钧旨，更求奋发，以图报效耳。

（三）困难时期（三十一年一月至三十二年二月）

讵工作正形开展，而太平洋事件已起，上海情势顿形转变。本部沪上办事处遭敌摧毁，京市与内地交通受其打击，一切情报及工作报告无法转递后方，而部内一切命令亦无由奉到，各项薪津及事业经费亦告停顿。然种种消息，本人实不愿各工作同志得知，盖若将种种不幸消息告之各同志，则必使其气馁，而精神无形涣散。同时本人深信此种局面必不致过久，部方必有妥善布置，解除困难，故决意尽力支撑，并对各工作同志多予鼓励，阐明国际形势日益有利于我方，而敌伪之末日已近，于是各同志精神益振。其时，本人最大困难乃经济无法转动，京渝两地无法直接通汇，虽部内曾数度由何炳松、陈惠两先生拨款，然均未能拨到。在此艰苦情形之下，本人乃向戚友挪移，以资维持。再者物价日益高涨，部方所发事业费每月一千六百元实已无法分配，虽欲请求增加，而因交通隔绝，无以上达，于是根据实际情形，按各同志家庭经济情况，其困难者多加津贴，其经济尚宽裕者则免除津贴。如此则对前者之帮助甚大，而对后者并亦无损，且各同志之加入工作，愿为国家民族而牺牲，其经济宽裕者殊不斤斤于津贴之多寡也。

三十一年三月，我方三民主义青年团南京分团部出事，教育同志会同志多人被其连累，会员贾泰寅、蒋为尚等均相继被捕。六月，中小学教师进修会负责人汤式一复遭敌宪兵队拘捕。同时，我方秘密集会处所亦被伪方特工人员注意，幸事先得获情报，遂由京避往上海，并对各同志多方设法营救，终得释出，然汤同志因在被捕时期几经拷询，坚不招认，严刑苛待，受伤过重，故释出未久即行逝世，诚令人痛恨万分（中小学教师进修会后改由徐仲清同志负责）。本人觉其时形势已十分严重，为保持实力计，有暂时隐蔽之必要，立即决定主张，托人将祖田押款二万元，除对被害同志予以特殊救济外，其在京市不能存身之同志则设法介绍往乡间工作，并对各同志予以三百元至五百元之安置费，嘱暂时停止活动，以保持集体之安全。同时接获密报，上海宪兵队对本人将有不利之行动，本人则又由沪潜赴丹阳乡间暂避，是乃三十一年十月之事。其时内心之抑郁罄竹难书，曾数度请求返部，未邀允准。三十二年二月，接奉温主任委员手条，嘱继续努力，款已由陈惠带沪，并告以最近将赴东南，当电召晤商并计划以后工作之进行。本人奉命后，精神顿为振奋，又复筹款遄返南京，再行布置。

（四）再兴时期（三十二年二月至现在）

本人返京后，复召集旧有同志恢复工作，但会员方面不无流动，又鉴于以往工作失败

① 据中国第二历史档案馆藏国民政府教育部档案（五/13700）显示，南京战区教育主任督导员袁涌庆 1941 年度因“工作努力”而获“加薪二十元”的嘉奖。

之原因在横的联系过多，致受牵涉，于是改变工作方式，着重纵的联系，力避横的组合，更讲求掩护方法，以免身份暴露。本人又利用庚辰学社及留日同学会为掩护机关，慎密进行，一切活动又已恢复旧观。惟日复一日，未奉屯溪、上海方面电讯，而个人经济力量有限，日感困窘，交通站又久不恢复，情况不明，昧然工作自非久计。直至去年十二月，接屯溪董久之同志来函嘱返部，随即筹措川资，将各方事务分别妥为布置，然后动身来渝，一则借以报告数年来工作情形，一则请示将来工作进行之方针也。

七、各项统计（略）

八、工作总检讨

（一）四年来工作之效果

四年来经各同志共同协作、一致努力之结果，其效果可得而述者有下列三大端。

甲、各级学校学生经我方工作同志之联络与宣传，并受我领袖精神之感召，多自愿无条件退至后方，或继续求学，或参加抗建工作，报效祖国。

乙、各校教职员虽多数因家庭及经济关系，一时无法内移，然经我方联络宣传后，多积极协助我方工作。虽津贴微薄，而工作情绪不稍懈。

丙、京市民众经我方用多样方法宣传指导后，已对目前抗建情势极为明了，均觉我方胜利在望，无不倾心内向，而怀恨日伪之心理则日益显著。

（二）工作上之困难

在工作进行中，虽对工作方法或技术等曾获得不少之经验与改进，但亦曾遭遇许多业务上之困难。

甲、太平洋战事爆发后，上海方面联络中绝，不但报告无法递转，部令亦无由获得，消息隔绝，工作顿感牵制。

乙、敌伪对新闻检查甚严，我方新闻资材无法传至陷区，尤其如领袖训词言论等，如能在陷区印发传诵，必能收无上之效果。

丙、我方昔日多赖京市各教会学校为工作掩护机关，但目前各教会学校已全被敌伪接收，我方虽已另有其他掩护方法，然终不若教会学校之便。

丁、京市教职员津贴费为数过少，不敷分配，对事业开展亦不无受其限制。

（三）建议

由于以往工作之经验及所感到之困难，对以后工作之进行谨建议三点，借供采择。

甲、健全交通——战区工作，其情报传递贵乎神速，故交通之健全实为必要之条件。无论电台或交通站等，除设法加强效能外，并须有事变之准备，期工作得以进行无阻。

乙、设校掩护——掩护为秘密工作之先决条件，拟在京市或郊外设部办私立学校一所，为我方工作掩护机关，并可利用直接实施我方教育及各种师生秘密训练。

丙、加强工作机构——京市为敌伪中枢所在，并为敌伪实施奴化教育之出发点，其重要性自驾乎其他各战区之上。故京市教育工作机构有特予加强之必要，然后工作进行方能积极开展。

中国第二历史档案馆藏“国民政府教育部档案”

战区教育督导工作调整方案（草案）①

（1944年8月）

甲、调查理由

一、战区教育过去力求全面开展，而限于经费反致力量分散，工作成效不易表现。

二、战区进入胜利阶段，欲使战区教育配合军事进行，则集中力量于若干重要据点，以增大其协助反攻之能力，实有必要。

三、节约不必要之设施，就现有经费发展工作，俾得人无冗滥，财无虚靡。

四、过去督导制度厘分三级，指挥殊嫌迂滞，情形亦感隔阂，且分处设置缺少机动，公文钤印过重形式，均应按照战教之特殊性能加以调整。

乙、调整办法

一、编制部分

（一）拟改从前之督导三级制为两级制：

1. 督导专员负工作上联系指导之责；

2. 主任督导员及督导员负沦陷区内实际工作之责。

（二）主任督导员与督导员接受督导专员之联系指示，推进工作，仍直接受本部之指挥监督；主任督导员与督导员间除有机密之联系外，无隶属关系。

（三）督导专员办事处组织尽量缩小，免除办公形式主义，设总干事一人，干事二人至三人，书记一人，其余人员一律裁撤。

（四）为加强督导工作之联系，专员办事处得设交通站主任一人，交通员二人至三人。交通站采流动设施，可随时转移，经常派人往返陷区，负与督导人员联络传达之责。

（五）主任督导员办公室撤销，为工作便利计，得用干事一人或二人，交通员一人，督导员既与主任督导员任务相同，亦准用交通员一人或用干事一人。

（六）为顾全战教人员安全计，上列干事、交通员等均由督导人员自选亲信者任之。惟单位一经破坏，工作即另辟蹊径，除设法救恤外，其原有之干事、交通员等即以解职

① 该草案于1944年8月7日经教育部战区教育指导委员会四届一次会议通过。

论，不再继续发给生活费等，以免滋生纠葛而增加负担。

二、区域部分

（一）督导专员区暂分六区，第一战教督导区，平、津、冀及东四省属之；第二战教督导区，晋、察、绥三省属之；第三战教督导区，豫、鲁及苏北、皖北属之；第四战教督导区，苏、浙、皖边区、京、沪属之；第五战教督导区，鄂、湘、赣三省属之；第六战教督导区，闽、粤两省属之。

（二）主任督导员工作区暂定为北平、天津、太原、济南、开封、南京、上海、杭州、宁波、南昌、安庆、汉口、广州等十三区。太行山区情形特殊，拟将原有主任督导员区继续保留。

（三）督导员工作区暂定保定、万全、新乡、临汾、大同、包头、沈阳、长春、滨江、青岛、临沂、南通、铜山、蚌埠、吴兴、金华、芜湖、镇江、厦门、潮州及其他重要据点，以不超过三十区为限。

三、工作部分

（一）督导专员之任务应求单纯，使力尽本职，其要项如下：

1. 与当地党政军机关及其长官经常保持密切联系；

2. 接应督导人员之传达事项，并指导其工作；

3. 接待陷区退出教师，协助内移并介绍其工作；

4. 其他部令指办事项。

（二）主任督导员及督导员均应进入沦陷区中指定之工作地点，各就环境许可之范围内自行策动工作，其基本工作如下：

1. 调查敌伪奴化教育实况；

2. 调查文教团体之活动情形；

3. 密察教育人员之忠奸，以供复员时参考；

4. 向各学校密寄中央政令及宣传品；

5. 制造有利抗战之各项宣传；

6. 剪递报章资料；

7. 利用爱国教育团体名义，秘密散发宣传品及标语；

8. 争取敌伪教育人士，用个别谈话方式加以训练与指示；

9. 发动并组织陷区内文化教育秘密爱国团体，惟本人只发生党团作用，不必负主持之责；

10. 其他有关战教之重要事项。

上列督导人员每三个月得视察附近区县之教育状况一次，惟以不出沦陷区为限。

（三）各督导人员为使工作顺利进展，在其据点内准其另谋职业，以资掩护，尤以任教职员及在教育团体内工作为宜。

（四）督导人员应自行建立其下列三种关系：

1. “交通关系”，工作据点与督导专员办事处或指定之交通站间应取得经常联系，递转工作报告及重要文件，每月至少保持接触一次。

2. “通讯关系”，约定数种通讯方法，用化名邮寄秘函及新闻资料。

3. “汇兑关系”，亦以督导人员自行建立为原则。

（五）各主任督导员及督导员既均推进至沦陷区工作，已无对外行文之必要，其关防印信一律取消。

四、秘密团体部分

（一）在各督导人员工作关系之外，得在沦陷区各重要据点内组织独立进行之秘密文教团体，直接受督导专员之指导，其组织规章、工作纲领及经费另行核定之。

（二）会员在当地人士中选任之，以思想正确、品学俱优、素孚众望，再有活动能力者为宜。

（三）秘密教育团体之作用如下：

1. 准备当地复员干部，吸引优良之教育人士；

2. 策动军事，以作收复善后之教育准备；

3. 宣扬政令，发动民间爱国组织；

4. 调查日伪统治下之教育设施与伪方教育人士之思想行动；

5. 发动斗争工作，予敌伪奸逆以重大打击。

（四）秘密教育团体酌给事业费与奖励金，其款由已核定之战教津补余额中配给。

1. 各在陷区督导人员之办公费取消，另发交通费及工作费尽量配给；

2. 督导人员待遇就原有经费内尽量提高；

3. 督导人员薪给三个月提前发给，其汇款关系由各员自行建立之；

4. 兼任之督导员得酌给少数津贴及交通费。

中国第二历史档案馆藏“国民政府教育部档案”

福建省教育厅为呈报该省战教工作情况致教育部呈

（1945年12月）

案奉钧部三十四年十月十三日战字第五一九六五号密代电，饬将加强敌后教育文化斗争工作实施情形具报，等因。遵查本省办理前项工作，系利用本厅民众教育及特种教育巡回团在陷区外围揭发敌人阴谋，宣扬奸伪毒化，发动民众力量策应军事之活动，并联络在敌奸控制下教育人士摧毁其奴化之设施，数年来不断努力，颇具成果。奉令前因，理合将各团工作情形列表，呈请鉴核备查。

谨呈

教育部部长朱

附呈敌后教育文化斗争工作实施表一份

福建省政府教育厅厅长　李黎洲

加强敌后教育文化斗争工作与实施情形

工作项目	实施方式
（一）联络陷区内教育人士摧毁奴化教育	（一）选派优秀团员乘机混入陷区，与当地教育人士秘密摧毁奴化教育工作。
（二）宣扬政府法令，唤起民众爱国抗敌	（二）利用话剧、电影及街头化装以唤醒民众抗敌爱国情绪。
（三）发起教育人士加强防奸运动	（三）协助保甲编制，实行户口调查，组织巡回队。
（四）揭发敌伪阴谋，加强民众抗敌意志	（四）利用壁报、画报揭露敌人暴行。
（五）发动民众策应军事活动，以控制陷区内之敌伪	（五）宣传军事第一、胜利第一以及军民合作之意义。

中国第二历史档案馆藏“国民政府教育部档案”

第十一编

香港教育

谈香港大学复课

（1942 年 2 月 21 日）

教育，是复兴地方的一个根本要政；友邦占领本港后，为着建设新东亚，对于旧有英国奴化东亚人的教育，当然有一番新的改革。除了组织复校委员会和开设初等教员讲习所外，最近又令善后委员会从速办理香港大学复课，这是个令人非常兴奋的消息。

香港大学是本港的最高学府，可说是建设新东亚在文化上的重要的一环；那么，对于它的复课，应该怎样郑重从事，自然是要非常注意的。

从前，英帝国对东亚为了实行文化侵略，香港大学无疑的是十足代表奴化教育的总主脑。除了说英话以外，什么是东方的固有文明，这可完全不管。所以今后复课，首要革除这种积弊，重新灌输、宣扬东方文化，以为建设新东亚的基石。

完成建设东亚共荣圈的使命，中日两国是需要共负同样重大的责任。华侨在港人口占90％而强，那么，香港大学自然又是沟通中日文化的主要机关。怎样使这东方两大文化支柱的交流，孕育世界新的文明，这是港大复课所应注意的第二个重要问题。

复次，香港的大学除了港大，还有中国人办的岭南大学、国民大学、广州大学，学生的总数不下千余人。虽然有一部分回到京市各大学去，但总有不少因种种关系仍要留港的。为着使他们的职业不至中断，也就是增强建设新东亚的活力——所以港大复课，不仅是本身问题，更有应考虑到怎样优待收容他们的必要。

我以为，港大复课的小组委员会应注意到罗致各该校旧有的主干人员，使其同负责以促成其事。相信结果一定更为美满的。

《南华日报》，1942 年 2 月 21 日。

本港各公私学校两月后可望全复课

（1942 年 3 月 10 日）

【本报专讯】本港各公私学校，自去年战争开始时，俱先后自动宣告停办。目前本港除了专家教室及日语补习学校之外，其余仍未复办。以目前时期而论，过去本港各学校则已届开课时间，故此一般家长颇多为子弟教育问题而焦急，盼望各校复办甚殷。记者昨日往访本港某中学校长，据云彼对于复校问题，曾往讲文化□当局。据云，本港各公私立学校，当局已决定于两个月后（即 5 月初旬左右）或可一律复办。现在当局训练之初级学校教员，其受训期间，规定为两个月。查现已开课 1 月，距离毕业为时不远，届时将以此等受训教员，委任前往各校服务云。

《星岛晚报》，1942 年 3 月 10 日。

香九各学校昨经正式上课

（1942 年 5 月 5 日）

【本报专讯】香九两地获准复课之中小学校中，共达 20 余间。该等学校俱多为本港原日大规模之学校，自奉当局批准复课后，便开始筹备，同时联合招生，已一律遵令于 5 月 1 日开课。惟因各应用之教科书一时未全部齐备，乃展期于昨（4 日）正式上课。各校学生人数虽不见额满见遗，然大部分学校所招收之学生人数，达数百以上者实占大多数。其中以知行中学、德明中学、华仁书院、圣类斯中学、钥智中学等校为最。其余人数较少之学校，至低限度亦达百人以上。在此时期开学，如能招得如此学额，各校当局皆认为实出乎意外之事。盖本港学校习惯，春季学期多在 2 月初旬开始；而一般家长遣送子弟入校肄业，亦认此时期为最适合。本港因战时关系，各校延至 5 月初旬开课，一般家长们咸认为入学时期已过，多不愿于此时期遣送子弟入学。尚有一部分学生，初不知当局如此迅速恢复各校，因此多已令其子弟进专家馆及私塾就学，此亦足以减少各校学生人数。据具有教育经验及谙悉社会情况者言，本港下期开始，各校学生人数必然增加，现有之学校必无法收容。届时，当局必须增设公校，或更指令未复课之学校尽量复课，始能容纳向学儿童云。

《南华日报》，1942 年 5 月 5 日。

廿家学校筹备复课　各校实况在审查中

（1942 年 5 月 11 日）

【中央社】当局关注华侨教育，故于大局甫定，即计划恢复教育问题，并设立教员讲习所培养师资，以从事于新香港建设必备之教育之推展，对于从前英人腐化之学校教育概予革新。当教员讲习所第一期毕业时，民治部市来部长及文教课长尾课长均有训话，对今后香港教育之设施已有明确之指示。既而复指定港九两方之中小学校 20 家，为原日办理颇称完备者，准予筹备复课。但以开业手续一时尚未完备，故迄今尚未正式授课，致令外间多所应付，而一般学子亦引领而望其能早日就学。昨据教育界方面表示，现在复课各校已将开业应备手续遵照法令呈报，并由文教当局指定委员开会审查。盖各校虽蒙指定筹备复课，而各校之组织实况必须切合于新教育之设施者，自不能不予以审查。是以各校之复课日期似不必斤斤于迟早问题，而在学校本身之组设实况，当局之所以审慎从事，尤足见当局注重学校教育之深心。如现在红磡街坊公设小学之申请恢复开校亦在当局之审核中，可知任何一校如能切合法令者，亦可申请恢复。而现在既经指定之20家，只须具备开业手续，由当局给证许可，即可恢复授课，大约经过审查后，即可转呈总督部批示。是以各校惟有静候当局命令并准备一切，随时可以复课云。

《南华日报》，1942年5月11日。

港九十二家中小学校今早正式上课

（1942年5月19日）

【中央社】香港九龙规模较善之中小学校20间，前由民治部文教课指定5月1日复课，只以当时呈报手续尚未完妥，故未正式上课。然各校已奉令补呈一切表册，由文教课特组审查委员会负责审查。有先令12家复课消息，亦见前报。查昨午文教课奉到香港占领地总督矶谷将军阁下“学校设立许可证”，计有光华、西南、知行、德明，以上4校系男女中学暨附属小学；港侨、华仁、圣类斯，以上3校系男子中学暨附属小学；丽泽、培贞、圣玛利，以上3校系女子中学暨附属小学；湘父、红磡公立，以上2校系属小学。兹将总督许可证照录并格式如下：

香督文第某号

学校设立许可证

设立者某某某

昭和十七年五月六日　　附愿出二□ル

私立某某中学校设立□件许可ス

香港占领地总督矶谷廉介（印）

昭和十七年五月十四日

光华等12校昨奉到总督许可证，当即通知学生家长，饬令男女中小学生今早（19日）依时上学。而各教科书，亦由学校或学生凭校书单往商务印书馆、中华书局、世界书局购办。同时添招中小学各级新生，以宏造就。深信一般有教育儿女之责者，亟宜乘此时机，饬令子女就学，毋再荒废大好光阴矣。

《南华日报》，1942年5月19日。

香九教育界昨联合举行教育座谈会

（1942年10月6日）

【本报专讯】本港教育在总督部文教课高明当局负责指导之下，进展甚速。最近，本港教育界为谋学校教育之发展、集思广益起见，特举行教育座谈会。查第一次会议于昨（4日）午前10时半假香港教育员讲习所大礼堂举行。是日到会者，有江源、陈伟勤、杨国华、李飞、杨光文、麦实繁、鲍志端、梁涯之、杨瑞爱、刘德光、杨宾□、麦炎曾、何申雅、吴范群、周佩杰、关自援、冯日华、郑勉魂、黎秀芳、陈笑兰、张其□、岑公、陈垣初、王屏德、马泽添、林世钦等士人，均为本港之教育家。先由主席宣布座谈会之意义，略以：本港教育界，过去在英政府统治下，纯属施行一种殖民政策文化教育。在那时，香港之教育异常落后，更无所谓座谈会之举行。今日环境变迁，英统治势力已一扫无余，香港成为东亚人之香港。今后一切措施，均以为谋东亚全人类之幸福为出发，教育乃为推动政治与完成建设之基本工作。当如何以配合此目标而发展，便成为今日厕身于教育界中人所不可不知，亦不可不负责任，此不待赘言。但是，吾人应如何始能行使此种使命，而达到完成建设大东亚新秩序之伟业。一方面固当秉承当局之教育法令与教育宗旨；一方面负教育责任者，应本互相切磋之精神随时研究，以寻求教育方法，作为共同发展教育之方针。故座谈会之举行，其意义实甚重大云云。词毕，随即开始讨论。是日讨论之问题甚多，查其重要者，则有两点。

应有时代认识。关于此问题之提出讨论，当时发挥尽致。归纳其意，众咸以过去香港之教育，不是开文化倒车之时代残余物，便是宣传英美资本主义、奴化东亚民族及愚化东亚民众之毒质。在此新时代开展进程中，负教育责任者，一则应扬弃英政府及重庆政权遗留下之教育渣滓；一则应加紧训练青年，认识新时代潮流，迎头赶上时代新文化之最前头，作建设大东亚之中坚。复兴东亚道义精神，在“各爱其国，互爱其国，共保东亚”之精神基调下，养成模范青年，俾能共同分担完成新东亚长治久安之永久和平工作（举例从略）。

教材择选问题。现查各校所用之教科书，文教课当局尚在审理编订中，仍未有教科书应用。目前，各校应如何依循，使之能划一教材、划一程度，亦曾作详细之商讨。关于此问题讨论之结果，大致皆以为，在当局未确定教科书前，关于各校采用之教材，各校长及教务主任本各级学生之程度，依据原有教材编制，暂时教授。其意识有不正确者，应由校长取决弃舍。倘有课本可以采用，则暂时采用；若无课本采用者，则可令学生抄录。

查此次香九教育界举行之教育座谈会，乃为香港教育界之创举，亦为香港教育发展之征象。至第二次座谈会定何日举行，目前尚未决定云。

《南华日报》，1942年10月6日。

中央调查统计局港九学校调查情报一件

（1943年2月）

广东一月廿五日讯：香港敌总督部文教课批准香港九龙及新界等地区复课及新创之学校内容查列如下。

甲、香港方面

学校名称	校长姓名	校址
香港日语专修学校	刘传能	荷里活道109号
土居日语讲习所	（待查）	土居明治太平行2楼
崛日语学校	鲍得汉	鹅头区坚拿道
亚声日语讲习所	孔宪芹	东明治通86号2楼
山领川日语讲习所	谢仲明	中明治通183号3楼
天理日语学校	福原登理	湾仔竹居台1号
兴亚日语速成所	束鸿章	威灵顿街62号3楼
兴亚日语速成分所	束鸿章	荷里活道50号2楼
远东日语讲习所	何甘若	湾仔杜老认道1号3楼
姑立日语讲习所	袁俊英	湾仔昨押道1号3楼
月峰日语讲习所	胡治辉	东昭和通127号3楼
正心日语讲习所	谭卓宏	湾仔八幡通88号
东京日语讲习所	莽绍荣	湾仔道167号
速成日语讲习所	刘英伦	八幡道61号2楼
时代日语学院	陈伟勤	荷里活道1号
知行日语讲习所	张资模	湾仔柯连道
圣类斯中学	温普仁	藏前区第三街179号
港侨中学	林照甫	中区五利街20号
光华中学	龙燕清	荷里活道1号
知行中学	张资模	柞市连道5号
华仁中学	傅育贤	罗便臣道2号
培真女子中学	洪霭芝	中大正通31号
曲［西］南中学	张澜卤	屋芝古道1号

续表

学校名称	校长姓名	校址
信修女子中学	潘静修	中大正通 61 号
圣保罗女子中学	卜理觉	加道连道
香港儿童工艺学校	钱仲素	沪港区圣类斯街
湘父小学	卢湘父	加冕台 3 号
婴圣小学校	周慧心	东大正通 63 号
青叶小学校	陈月心	山村通 63 号
赤柱街坊初级小学	张瑞珊	赤柱街天后庙
贤褒小学	林世钦	下水街 1 号
印童小学		

乙、九龙方面

学校名称	校长姓名	校址
群益日语学校	汪松香	
头道兴亚日语研究社	叶录	大角区役所内
建亚日语讲习所	王柱楠	香取通 880 号
国基日语讲习所	赵北骐	深水埗南昌街 16 号 3 楼
亚声日语讲习所	陈选南	五皆老街 60 号 3 楼
同文日语讲习所	陆风继	香取通 321 号 3 楼
德寅日语学校	关德寅	上海街 611 号 3 楼
半岛日语讲习所	余羡韶	长沙明道圃 2 号
矢岛日语讲习所	（校长日人，名未详）	九龙塘小学内
丽泽女子中学	文诗雪	德馨街 12 号
圣马利女子中学	（校长西人，名未详）	柯士甸道 162 号
德明中学	林昂	
钥智中学	陈垣凌	香取通 601 号
德贞女子中学	魏媛贞	元洲街 86 号
红磡公立小学	区寿祺	宿下区观音街
九龙塘小学	余国粹	鹿角区膜黎里
深水埗小学	蔡霭怡	崔华街 7 号
民生小学	黄殆连	士太令道 2 号

丙、新界方面

学校名称	校长姓名	校址
新界大埔小学	潘善生	崇德街
老大钟声联立小学	黄子律	元朗旧墟长盛街 8 号
同益小学	梁朝栋	元朗分江厦围
蒙养初级小学	邓永寿	元朗锦田乡
凤禫［溪］小学	廖国栋	上活村
义庆小学	张国卿	上水区鸡笏村

以上各学校教员共三百余名（其中半数为敌督文教课教员讲习所毕业之学员），学生共四千八百余名。

教授以中日语为重要课程，禁用世界语，以“中日文化提携”“发展东方精神”“灌输学生新时代知识及公民应尽之义务”为目的。

书籍一律采用日伪华北政务委员会所审定者，商务、中华出版者一律禁读。

本年考度起，由敌督部年津贴各校经费共计军票二十万元。该部为划一学费起见，特于一月廿日起，由文教课嘱托张逆资模召集各校长会议，规定划一经费办法：

（一）初级小学每月军票二元以下；

（二）高级小学每月三元以下；

（三）初级中学每月三元以下；

（四）高级中学每月四元以下。

中国第二历史档案馆藏“国民政府教育部档案”

慈善会决增加平民免费学额

（1944 年 3 月 7 日）

【本报专讯】关于香港华民慈善总会举办之平民免费学额，原定只得 400 名，据悉，现慈善总会决再增免费学额。据陈廉伯代表称，自招考平民免费生开始报名以来，进行顺利，报名者共达千余。经教育小组会议而获得投考权之学生，共约 800 余人，故取录者只及半数。同人等意为平民教育乃属慈善事业一种，有增加之必要云，且慈善总会举办平民免费学额，乃由慈善总会拨出十分之一收入为之。现在，近日慈善总会陆续收到各方善款颇巨，故平民免费学额之经费大增，实有增加之可能。惟增加之学额确数，须待小组会议决后方可决定。

又据记者查悉，各学校折半减收慈善会补助经费事，亦有助长于增加免费学额。盖原定计划，慈善总会每补送一免费生入学，每年须津贴该校 24 元军票。据悉，现有华仁书院、圣类斯工艺院及红磡公立小学，经已答允尽量收容补送免费生，且减收一半津贴费；将来，慈善总会可大量补送学生入上列三校。其所悭得之经费，大可再增免费学额若干名，使贫民再多获求学机会云。

又，香港慈善总会举办之免费学额入学试，决定于今晨假香九各指定试场举行。凡在报张有姓名揭示者，可于今晨依照指定场所前往投考。考试时间由上午 9 时至 12 时，共考国文（作文）、常识、算术 3 科。第一年级生采拈阄制以定去取，惟仍须往试场，以便主考者有所查询；第二、三、四年之应试者须自携笔墨，卷纸则由慈善会发给云。

《南华日报》，1944 年 3 月 7 日。

各校教师利用暑假参加师范或日语班

（1944 年 7 月 16 日）

【本报专讯】香港九龙各区大小学校，暑期大考已告完毕，并定由明日（17 日）起，开始放暑假。昨据记者调查所得，文教课当局以暑假已届，为使各学校教师在放暑假之长时间休假期内锻炼良好师资，昨特由文教课于日昨通告香港九龙各学校之教师，于暑假期内参加师范班或日语讲习班，以宏造就，而渡［度］过此悠长之暑期休假。而香港九龙各学校之教师，其中或因路途遥远关系，未克加入师范班或日语讲习班者，亦须于假期内返校，将下学期之教材作进一步之研究，俾充实新香港之教育教材也云云。

《南华日报》，1944 年 7 月 16 日。

沟通中日文化之我国留日学生

（1944 年 7 月 29 日—8 月 3 日）

我国留日学生刻正以建设斗士之姿态，勇猛精进，研求学业，期担当复兴中国、保卫东亚伟大使命。本社东京特派员近撰我国留日学生之过去及现况甚详，特录志如次。

我留日学生简史

近代文明实为革命之母。任何一国如不能尽量吸收近代文明，以巩固国基，则必将遭遇帝国主义欺压之惨酷命运。反是，则必能臻于富强。例如日本于明治时代，因能迅速吸收近代文明，完成维新大业，故得以奠定富强之始基。而我国则因固有文化之故，对吸收近代文明一事着手稍迟，致过去百年来呻吟于英、美帝国主义桎梏之下，备受侵凌。但建设中国之伟业，亦于英、美帝国主义者着手侵略我国之始而逐次萌芽。有识之士咸认欲救中国，首须吸收近代文明，而吸收近代文明，则必须派遣优秀学子，赴先进国家留学。故当清同治十一年（1872 年）时，曾国藩及李鸿章二氏采纳粤人容闳之建议，选派学童 30 人赴美留学。其时较国父孙先生留学于檀香山大学时尚早 10 年，故实为我国派遣留学生之嚆矢。而首次派遣留学生赴日留学，则在清光绪二十二年（1896 年），其时由清廷驻日钦差大臣裕庚随带学员 13 人赴日留学。然至甲午战争告终后，清廷朝野对于新兴日本之国力获得认识，故其时两湖［湖广］总督张之洞及江西总督刘坤一两氏，均热心提倡派遣留日学生。同时，国父所主张之三民主义已渐次成为有力之理论；革命之火焰亦普及国内各地。人民对于新文化、新思想等之研究极为热心，因此，负笈东游之学子亦与日俱增。及至清光绪卅一年（1905 年），日本击败俄国获得伟大胜利后，我国学生对于日本之宪法及新教育制度研究益力，清廷亦废除科举制度，实采新教育制度，并设置学所及提学使司等近代教育机关。其时，我国留学日本之总数已逾万人，且少长咸具，贤豪均集，实极一时之盛。溯其原因，则赴日留学较之远游欧美，在经济上及地理上固均感简便，且因日本为新兴国家，其时革命之思潮已弥漫于留学生之间。同时，国父孙先生于国内革命事业为重整旗鼓计，乃由英转日，以留学生为中心，组成中国革命同盟会继续奋斗。其时，留日学生中知名者（包括亡命日本者在内）有黄兴、宋教仁、张继等，俱为我国有名之革命政治家。同时，立志从军研究军事学之留学生亦异常众多。日本并为彼等特设立振武学堂及成城学校等，而投考日本陆军士官学校，尤为我国留日军人所憧憬者，即蒋介石、何应钦、贺耀祖等及渝方主要将领，亦大都为卒业于此等学校者。由此可见，此等学校中所造就人才之多。清光绪三十二年（1906 年）时，清廷鉴于革命志士每多寄身海外，故下令全国各省之将军及总督实施学生资格制度，以示限制。

试以教育界名人而论，则留美者为 110 人，留日者仅 68 人，且美系大学遍布国内，如北平之燕京、辅仁，南京之金陵，广州之岭南，上海之圣约翰、沪江、东吴，天津之南开，济南之齐鲁大学等，俱为我国著名学府；同时，我国之国立大学 13 所，省立大学 9 所及私立大学 20 所中，其校长均为留美或美系学校出身者。故我国之高等教育，殆全部均曾受有美国之影响。溯本穷源，过去中日两国间，其所以一再发生误会，卒致酿成中日事变者，此实为其主要原因。而过去我国留日学生，对于日本之真义认识不足，亦为重要原因之一。我国当局有鉴于此，故一方面极力排除英、美文化侵略之余毒，同时并选派大批留学生赴日留学，借以加强对日之认识，俾可互相提携，向完成建设东亚之途迈进。

留日学生生活一般

过去我国留日学生返国后，向日怀有反感，而从事抗日运动者甚众。于民国十三年至民国廿二年间，留日学生归来之学生反对日本尤烈，终至酿成中日事变。推源溯始，英、美之挑拨离间实为其主要原因，但日本对于留学生教育方针未能明确，一般社会人士对于留学生未能理解及预备教育未能彻底，均为其主要因素。日当局亦有鉴于此，故于客岁7月间，联络留学生教育协议会，听取学校当局之指导、团体方面之意见，并由大东亚省与中国教育当局共同选派留学生。在日本国内，设法指导留学生之生活，由文部省对留学生授以教育及预备教育。关于教育方针，则与日本学生相同，且置重点于加强留学生之预备教育，而预备教育之重点，则仍使留学生通晓日本语为□。因此，第一高等学校及东亚预备学校为中国留学生特设高等科，其各种教育方法俱与日本高等学校相同，但特别侧重于日本语教授，并实施全寮制度，以监督留学生私生活。按：第一高等学校素有“素才学校”之称，我国留学生对之极表好感。

学校生活

该校现有我国留学生65人。彼等于宿舍中，与日本学生共同起居，并严禁使用中国语言。学校当局对于彼等，亦与对待日本学生相同。我国留学生对于校方所采一视同仁之态度极表满意，与日本学友于处亦能融洽无间，每多结为行止相共、出入相偕之挚友。当举行同乐会时，恒表演我国特有之国剧及音乐等，以求同欢。彼等除勤修学业外，对于军训及日本柔道与剑道亦极爱好。

至于东亚预备学校，原为专门教授我国留学生日语之预备学校。生［民］国廿九年七月，为便利我国留学生投考帝大起见，乃创设高等科。学生虽悉为我国留学生，但教师则悉为日人，学科亦与日本高等学校完全相同，宿舍中生活方式亦为纯粹日本式。每晨6时半，全体必须起床，集合于校园内，举行升旗，首先面向国旗宣誓：“今日必须勤读。”8时起开始上课，至下午4时完毕。彼等因均属同胞，日常会话自可应用国语；但此对学习日语极有影响，故于课室内贴有“严禁中国语”之标语。彼等之口号，则为“勿负于一高等学生”，于此可见彼等努力之一斑。据该校教务主任村上亘氏谈：“本校学生虽悉为中国人，粗略观之，多认其与日人无异。盖校内一切多用日语教授，体操亦悉采用日本方式，并于可能范围内使学生参加防空演习及劳动服务，且彼等亦乐于参加，故成绩极为良好”云。

又据我国教育部驻日学务专员黄炳成氏谈：“我国留日学生现共有1 500余人。以量言，虽不若以往众多；但以素质而论，则实较过去为优。因过去中日当局对留学生均采取放任态度，目前之留学生于国内则须经过严格考试，且其中大部分均由国家或省市当局所派遣，盟邦学校当局亦为留学生特设专任教师，均尽量使留学生寄宿于学校宿舍中，借便监督留学生新生活。现留学生寄居学校宿舍中者，约占十分之二，寄居于大东亚寮、和平寮、赤诚学寮及白山学寮等我国留学生所特备之宿舍者，共约300余人。大部留学生均分别寄居于盟邦人士之家庭中，此与过去我国留学生之生活状况相较，实幸福多矣。余深信，留日生于学校中修养学术固为重要，但于盟邦人士之家庭中所获得督正之日本精神，必能更益加深中日两国同生共死之关系。”

特别受训者生活状况

中国青年模范团第三联队，为养成复兴农村中坚青年，曾于民国三十年六月，选派刘人敏君等7人入日本内原国民高等学校肄业，历时一年，业于前年冬学成返国。其后复继续派选宋起等入该校留学，现仍在该校肄业者，计有宋起君等12人。彼等为第三批派遣生，于去【年】9月底首途来日，迄今仍与日本青年开拓义勇军同受严格训练。每晨5时起身，集合校园内，朗读誓言后，即举行日本体操。继即与日本学生共同操作，直至下午5时半始行休息。晚餐后，为自修时间。9时点名后，即行就寝。彼等终日与日本学生共同寝食，共同操作，如开垦荒地、田亩撒秧、除草、施肥、收割、制造面包、酱油、腌菜等工作，无不共同从事。虽严寒酷暑，亦不稍事休息。如是历时一年，对于日本之农业技术及勤劳精神，均可获得深切的了解。彼等虽未曾专门学习日语，但因与日本学生从事共同生活，且于自修时间内以学习日语之参考书，孜孜勤读，因此彼等之日语亦极为流利。彼等显知，我国为以农立国之国家，且地大物博；但仍有粮荒发生者，实由于农业技术幼稚、农民工作不力以及土地荒废太多之故。而共党之横行尤为其主要原因。故欲复兴中国农村，必先铲除共党和实行改革土地制度、研求农业技术、改良农具及肥料以及开垦荒地，则必可达到增加农产之目的。此为彼等学成后之一般抱负。

又，我国新国民运动促进委员会，前亦曾选派优秀青年12人，组成留日中国青年队，派赴内原国民高等学校肄业，于该校从事劳动及锻炼身心。历时一年后，现已入大日本青少年团之直心寮受训。直心寮位于明治神宫参道之一角。故彼等每晨5时半起身，实行冷水浴后，即由直心寮寮主阪井田朝生氏率领赴神宫参拜。参拜后，实施军训团体指导训练及防空训练等，以及中国青少年团干部所必需之技术训练，并研究日本历史及东洋历史，借以认识东亚之本来面目，以及今日东亚青少年总奋起之重要性。该队于本年4月底即将学成返国，而以中国青少年团尖兵之姿态，为兴华保亚之大业努力。

《南华日报》，1944年7月29日—8月3日。

当局关怀教育设施　将调查各校师生人数

（1944年8月11日）

【本报专讯】新香港教育已逐渐推展，而当局复予以种种协助，使各校更易办理，深具成绩。现在各中小学校共数十家，由前年复校或创立迄今，各级修业生徒人数甚众。当兹暑假未满期间，各校均已积极招考新生，相信下学期人数必大增。就以上学期统计，亦比去年之下学期为多。以过去检讨，无不逐期递增，可知各校已踏进发展阶段，而从学生徒益众。新香港之教育为方兴未艾也。惟是各校之实况如何，当时虽时在考察，而各校亦有所报告，但关于各级教师人数及各级生徒名额，昨、今两年度之统计比较实数仍有待于调查。同时，各私立日语讲习所亦同在发展，各级生徒经已卒业，人数亦众，亦须加以考核，以觇办理成绩。其次则属于宗教或慈善团体所属设立之寺院、教会、修道院、孤儿院等，此亦为教育部门所关心，其传教布道师之人数与其信徒或收容者之名额，均有详确调查之必要。文教当局及主管各方面，对上述各项颇为重视。昨据悉，有关方面将于最近期间，分到［别］派员调查一切。现经与有关方面联络，准备执行。其调查学校原则大致如下。

（一）各私立中小学校（华文），拟调查其教员及各级学生人数，与前年度及本年度毕业学生人数。

（二）各私立日语讲习所之讲师人数及其规定讲习期间，与前年度暨本年度之毕业学生人数，均予以调查。

（三）寺院、教会、修道院须调查其宗派系属及其经营者，与其布道师、信徒或收容者之确实人数。

（四）孤儿院之经营者及其名称，与现在收养孤儿人数，概予调查。

《南华日报》，1944 年 8 月 11 日。

各校暑假将满期复课　教育计划益进展

（1944 年 8 月 17 日）

【本报专讯】新香港教育已在逐渐发展中，各私立中小学校于本年度办理尤具成绩，益有赖于当局之协助者为至多也。现在，各中小学校暑期放假行将届满，本月 21 日即一律复课，为秋季始业，亦即下年度之第一个学期开课。据向各校探询，本期招生亦甚有成绩，旧生多继续升级肄业，而新生报名者亦甚众。现在各校生额虽未加统计，惟相信学期生徒人数比前期为有增。此亦本港教育前途之好现象云。

夏令各科讲习班均告结束

至于在暑期内，各中小学校亦多设有夏令班，以便各生实习者。各夏令班现亦结业。同时，关于师资方面，校长会在此暑期内亦办有音乐及日语讲习会，由各校选派教员参加讲习。本星期二日，日语讲习经已完结；昨日星期三，音乐讲习亦同告结束。此次讲习期间虽短，但收获成绩甚佳，裨益师资甚大。校长会方面，拟发给此回讲习证书，现在计划中，大约在短期内可以送发。

各级生所用书籍印备应用

又，各级生所用书籍，在前学期颇感不足，校长会已负责印刷，陆续发交各校应用。现在本学期行将开课，各校会将应用书籍列表具报主管方面，将来堀内书店仍有供给外，而校长会对于各书籍之未备者，仍将继续印刷，以备转发各校，分售各生应用，是以各级生需要书籍可毋虞不足。据调查所得，市间买卖旧书店或书档，间有收买教科书旧本出售，每本索价至数元，各生亦有购买者，此实可不必，以免过于消费，只可听开校时由校供给。同时，校方亦有订拟新旧生交换书籍之办法，如能实行，则需要书籍更为充足云。

补选平民学生额尚未核实

其次，则平民生额系由慈善总会资送，以前学期统计，达有千余名，但间有中途退学。此等缺额，慈善会仍将如额补足。惟现在各校尚未开课，究竟缺额多少，仍须待至开课时方能核实，是以补送平民生额当在各校开课之后。至若平民生学费，自下学期起各级学费已一律改订为倍收，是以平民生学费亦系照新额计算云。

《南华日报》，1944 年 8 月 17 日。

菩克塞报告香港大学复校困难

（1945 年 9 月 23 日）

【特讯】香港大学注册主任菩克塞报告称：在日军占领期间，香港大学遭受损坏之甚，与香港其他公共建设所受者无异。远从薄扶林道或般含道偶然一望，即见大部分建筑之一切木工已被拆卸一空；再加细察，他全部毁坏情形毕现目前矣。罗富国［专］科学院、各医学院、化学室及何东工厂等建筑中之良好设备，均已荡然无存。唯一完好之所为位于大学本部二楼之图书馆。该馆在日本占领时期，一直为港大图书馆职员维持，相信在不久将来，将能经管顺遂。除此馆外，港大只余一躯壳而已。

复建维艰

在优良环境之下，当建筑材料、实验室设备等均有供给之时，尚需相当时日，方能恢复此大学。但目前建筑材料缺乏，各机关争相购取供给，而各种设备费又如此昂贵，实际上并无立即重建该大学堂之机会。即使实验室设备能从日本赔偿中取得，各屋内装置之配备亦需相当时间布置。故目前港大最有用之工作为保存所余各物，以免再被毁弃而已。

帮忙学生

在日军占领期间，中国对港大学生之有意继续其学业者有良好之供给。此事全仗中国各大学之帮忙及雷德上校与金上校之敏捷努力从事，此则应特向其致谢者。港大学生有加入义勇军者，英政府担任供给一切，一如对待复员军士之免除义务计划云。在日政府期间停留在港之学生，亦在可能范围内，接受英政府之扶助。雷德上校与金上校将在港稍作逗留，对此等学生将尽力帮忙。

待解难题

至新生问题，因多数中学曾一度停办，合格考入大学之学生为数当较前为少。

港大必须重建在新基础之上，同时亦带巨量金钱，故希望能设立一更富裕之基础。现时待解答之难题固多，而待决定之复杂议案亦复不少，此等问题首须在伦敦与其他帝政有关之重要事件一一处理。在现阶段中，此等事件何时方能结束，甚难预料。若以为能早日重开一大学，俾适合为一英国学府以供本港之需要，并符中国友人之希望者，诚属错误之观察。

目前需要决断及进行之事如是之多，推测重开港大之日，无疑只能使人失望。

《华侨日报》，1945 年 9 月 23 日。

日据时期的香港教育（节选）

全港五十九所学校恢复上课

据一九四一年香港英政府的官方统计，当时香港共有学校六百四十九家，包括中学及小学。其中私立占五百二十九家，补助学校占九十一家，津贴学校二十家及官立学校九家，学生人数〖约〗为十一万三千人左右。

香港炮声一响，许多人被逼放下书包，断送了大好前程。日军攻占香港后，大部分居民在粮荒的威胁下，吃饭也成问题，根本不会考虑送儿女去读书，因此当时失学儿童的人数实在无法估计。若干学校在此后恢复上课，部分学校还获得日军当局补助，不过只是一种点缀而已。

日军入城后不久，即在报纸刊出告示，指出香港原有的汉文学校经过甄别，可以恢复上课，原教员可持证往文教课面试注册。当时主持考试者为原港英政府汉文视学官余芸。

文化教育界人士纷纷逃亡，其中有因经济或种种困难欲走不得者逼要留下。事前有小撮汉奸为日方调查全港九文化界人物，名册厚逾半尺，相片履历俱齐，大可“按图索骥”，走不出者都被网罗。同时，属汪伪政权的广东教育厅长林某等，又派员来港强拉人回粤做走狗，成立“中日文化协会”。日军当局欲要另起炉灶，纠合文教界三、四流“人渣”张某、江某、叶某另组“东亚文化协会”，极力排斥汪伪政权卵翼下的“中日文化协会”。

日方授意成立的“东亚文化协会”规模很大，开办费军票五万元，经常费每月二万。

无耻、无行或无食的文教界人士尽入囊中，“弹冠相庆”。精通日文日语或曾留学东瀛之辈更为吃香，纷纷任敌人的通事、翻译。凡参与此会者，都可领取一定额由日军搜刮得来的米粮。不过好景不常［长］，自矶谷廉介接任总督，怀柔文教人士的政策一变，经费断绝，会务停顿，树倒猢狲散，这个短命的“东亚文化协会”终告匿迹销声。

一九四二年一月五日，港九各学校商议复课。二月七日，初级教员讲习所开学。四月二日，初级教员讲习所学员一百四十八人毕业。四月十六日，制定私立日语讲习所规程。五月一日，二十家学校复课，包括知行、圣保禄、培正、港侨、华仁、西南、圣类斯、圣玛利、丽泽、钥智、九龙塘、德贞、德明等各中小学校。

官方编订一种新教科书，由总督部民治部文教课饬令各校采用。日本人施行的是奴化教育，教材当然一面倒地美化日本军国主义。现将其中《高小公民》课本的目录摘刊如下，读此可以窥见此类课本内容之一斑。首页是《卷头敕语》《卷头告谕》，以下是该书课文：（一）新生香港，（二）兴亚进行曲，（三）农为国本，（四）慎言，（五）由香港至东京①，（六）由香港至东京②，（七）由香港至东京③，（八）日本刀，（九）香港史料之一页，（十）鸦片故事①，（十一）鸦片故事②，（十二）忠灵塔，（十三）日本的体育，（十四）中日之文化关系，（十五）游日归来①，（十六）游日归来②……

开头第二篇，是首任日本总督矶谷廉介来港履新当天向全港居民发表的《告谕》。这篇《告谕》在本书第二章“两任日本总督”里面已有刊载，在此不再重复。

以下是上述课本中第二十九页第九课《香港史料之一页》中的片断：

……（上略）但是，锦田（注：英国人接管新界时，锦田吉庆围村民曾奋起与英军作战，为了纪念抗英流血牺牲的殉难村民，后来建立忠烈祠供奉这些烈士的灵位。日本人常常提起锦田事件和鸦片战争，主要是挑拨香港华人的反英情绪）的人们呀，你们现在不必向英政府那样奉承，由昭和十六年（注：即一九四一年）十二月二十五日，新的历史时代开始了，入了日本军政下的现在，我们把英政府时代的罪恶暴露出来，也不算甚么一回事。

我们回想香港过去这样时代，真的会悲哀起来，以为它是空间与历史的连续，但是新朝开了，我们要起来的时候到了，应该要从百年之恶梦里醒来，今后香港能否造成光辉的历史出来呢？这完全挂在我们两肩的。

现在我们在日本军政之下，要认清情势，服从当局的方针，务须十分协力创造新生的香港。……

虽然是中文课本，但全部是蹩脚的日本式中文，欠缺文采。由此可见，当时的总督部文教课实在欠缺人才。

一九四二年六月二十三日，日语教员讲习所开业。九月二十日，又有十家学校获得认可。这十家学校包括青叶小学校、淑志女子小学、蒙养初级小学、义庆小学、印童小学（只收印度学童）、觉民小学、怡华小学、凤溪小学、民生小学、新民小学等。十一月二十一日，华人校长会成立。

一九四二年十二月二十五日，香港日军当局举行“大东亚战争一周年纪念”，总督部文教课官员特在“香港放送局”（广播电台）安排节目，利用学童宣传。在十二月八日下午六时四十分儿童节目时间内，广播下列四名华人儿童的《大东亚战争周年感想》：（一）知行中学小学五年级男生陈树强；（二）港侨中学小学六年级女生李慧中；（三）德明中学初中一年级男生冯奕彪；（四）光华中学小学六年级女生黄德瑜。又于十二月九日下午六时四十分儿童节目时间，由钥智中学校长陈垣初广播《大东亚战争一周年敬告诸君》。

沦陷时期由东京调来香港主持宗教工作的鲛岛盛隆牧师，有一次因住所遭盟军飞机轰炸，在教会的安排及香港占领地总督部的同意下，由圣保罗女书院职员宿舍拨出一所房间作为鲛岛牧师下榻之处。鲛岛在《香港回想记》中曾述及当时目睹香港教育一片荒凉的情况：

> 移居圣保罗女书院职员宿舍后不久，我常觉得诧异不解的是书院学生寥寥无几，这倒与我所想象的有名学府相违，也与其堂皇校舍不相称。然而冷静思考，这也是难怪的。自战争爆发，日军占据香港以来，外籍教师已悉数撤离，志节忠贞高尚的年轻教师又不肯在日本占据下的沦陷地区工作，相率避难，深入中国后方。各家长生活日蹙，也没有余力送子女上学。此地似乎早已不能作充分的教育活动，所以女学生的欣欣向学、年轻活泼的倩影已是难得一见了。我来自日本的基督教大学，对此地的教育自然也怀有很大关心和兴趣，然而当时胡校长并不喜欢外人深入参观……替胡校长设想，自己的学校成了这种荒凉状态，作为校长的她当会感到惆怅和遗憾！我体贴其心，颇寄同情。

当时全港学校共有五十九所，包括小学三十四所、男子中学九所、女子中学十一所、幼稚园五所；其中以日语教学为主的学校占了五十七所；学生四千三百七十人，教职员三百零七名，登记认可的教员七百余人。至一九四五年，全港大中小学的学生不过三千多人。日军当局推行奴化教育，总督一再强调以日语为主的课程，不及格的日语教员，分别遣送入港岛及九龙的教育补习所补习。补习期为四个月，考试及格后才可担任教员。因华人反日情绪，日语成绩不好就会惨遭政治逼害，所以中国学生宁愿读私塾或失学，也不愿接受奴化教育。

专门为日本人设办的“国民学校”，校舍设在坚尼地道，包括有小学、中学和八所幼稚园。这所日本人子弟学校在日本投降后由港英政府接收，战后初期，官立汉文中学复校，就在坚尼地道这座建筑物里面上课。

职业训练学校则有“海员养成所”“宪查养成所”等。在日据时期的香港，由于物资缺乏，对外交通几陷停顿。日军当局急需培养海上运输人员，接替伤亡殆尽的海员，因此“海员养成所”应运而生。一般市民在战时社会很难找到工作，“海员养成所”可算是青年人唯一的出路。毕业学员日后会分配担任海上运输工作，但在盟军飞机不断袭击的情况底下，危险性极大，因此献身这一行业必须具有“视死如归”的决心。另外湾仔大道东的“海军工作部”（原海军船坞）也经常招收学徒，由于它是盟军飞机轰炸目标之一，很多青年人都为了赚取每天只得半顿饭的微薄收入而致吃了炸弹。

香港沦陷后，海员工人组织有六七个之多。一九四三年三月，由亲日派海员工人发起组织“香港海员公会”成立，便统一了全港所有一切的海员会社。该会在会刊《南海》创刊号（同年四月出版）提及了救济失业海员的问题、教育问题，还刊载了一篇《海员养成所开学典礼记》。根据海员养成所所长池田元报告：“养成所的计划，学员每月招考六十名（包括航海科、机关科各半），训练期间暂定三个月，卒业者每年可有七百二十名。是期学员中无经验者三十名，其余三十名有经验者由海员公会选送入学，学习期内供给膳宿和制服，并每月津贴军票十元。现在养成所的教职员，计开所长一名、教官二名、教员六名、翻译六名外，港务局长及交通部海务课职员等兼任教授。”

《南海》创刊号又指出：“自皇军进驻香港后……当局深知战后之香港已成为大东亚圈之一环、大东亚之前哨站，为了沟通本港与南洋各埠及中国各和平区域（注：指沦陷区）之商业贸易与粮食互调，自然地动员与训练海员技术人才和建造船舶，这是目前急不容缓之举……”

香港的美术教育在三十年代开始萌芽，有些画家设馆授画，多是个人纯技术的教学。太平洋战争爆发，这一点点刚刚发育的嫩芽也夭折了。沦陷时期可以说是香港画家们最艰苦的岁月。余本、周公理、陈福善等移居澳门，李铁夫匿居广东台城，冯刚百也回到家乡……不少画家跑到大后方的桂林或重庆。

一九三七年十月广州沦陷后，许多大专院校都迁港继续办学。广东中医药专科学校亦迁来香港，在跑马地区新校址恢复上课，校中教职员大批南来，由陈任枚当校长，讲师包括有吕楚白、罗元恺、刘赤选、朱愚齐等人，香港之战爆发后才停止上课。当时该校的教务主任兼代校长周仲房，曾在广东当过宝璧号舰长，估不到香港炮声一响之后，这位出身戎伍的中医学家竟被炮弹声吓死。

沦陷时期，香港大学、岭南大学、其他大专院校以及原有官立学校、社团办的养学和其他私立学校一概停顿，除了日军当局批准灌输奴化教育为主的学校之外，家长只能送子女到各蒙馆、学塾肄业，以《三字经》《千字文》《幼学诗》《四书》《成语考》《分韵尺读》等作课本。那时私人掌教的学塾如雨后春笋，纷纷设立。每塾大约三四十人，收费多少不等，其后币值低跌，改收米粮，直至香港光复后，才予取缔。

港九许多学校校舍都毁于战火

当时港九许多学校原有校舍都毁于战火，校舍原设鸭巴甸街与荷李活道交界的皇仁书院（Queen's Coll.），战时辟作临时医院。日军占领香港后，校长被送入集中营，日军将它改作骑兵总部。后来日军调走，校舍亦被拆毁，只余一片瓦砾。目前在铜锣湾皇仁书院新校舍门外的两只炮，亦是当年留下。

位于般含道与西边街交界的英皇书院（King's Coll.），战时亦受到严重破坏，校舍只余部分支柱。香港光复后，一九四八年左右才由该校旧生会邀集旧同学，共同捐款修复。

香港大学科学馆落成之年，正是战争爆发前几个星期，马来亚学生宿舍的建筑计划也在这时准备进行。沦陷时期，港大建筑物多遭破坏，只留邓志昂中文学院及冯平山图书馆保持完整（冯平山图书馆当时改名香港图书馆）。日军霸占上述建筑物作为疗养院，校舍及宿舍成为日本军官休养之地，因此图书馆内的藏书大部分幸获保存。香港光复后，港英政府接管各机关时，又将各机关所存的图书和报刊转送香港大学，故大学的香港图书部有完整无缺的日据时期的中英文报纸。

原设在薄扶林道的香港官立汉文中学，沦陷时期在滥轰滥炸的情况下受到严重损毁，十多年所购置的图书、仪器荡然无存。其废址战后由港英政府拆卸重建，改名李升小学。

香港华仁书院（Wah Yan Coll.）的礼堂，战争初期被英军征用辟作红十字会医疗站，课室亦被辟作收容难民的营地。香港沦陷后，学校停课，校内神父遭日军囚禁。一九四二年五月一日，港九二十家学校获准复课，华仁书院是其中一间。一九四五年三月，太平洋战事快将结束之际，日军怀疑华仁书院对他们不忠，在书院内举行一次“忠心测验”，因为答案未符合他们的“理想”，华仁书院被逼再度停课。

圣保罗书院（St. Paul's Coll.）的师生，在香港保卫战期间有其光荣的一面。三个教师、九个学生参加了义勇军，其中六人壮烈牺牲。史伊尹校长当时出任义勇军机关枪团团长，战后即因战功擢升为香港义勇军名誉上校。圣保罗男女中学校舍在战时被英军征用辟作救伤站。日军占领香港期间，圣保罗中学亦是日军当局准许复课的三十五所学校之一。

原设在荷李活道的庇利罗士女子中学（Belilios Public Sch.），战争初期被征用作急救站，英军投降后被劫一空，校舍亦遭摧毁。香港光复后迁育才书社旧址。

赤柱圣士提反书院（St. Stephen's Coll.），战争初期被英军征用，辟作伤兵医院。沦陷时期被日军霸占，改为集中营。校舍损坏不堪，图书仪器散失殆尽。

座落九龙旺角区的拔萃男书院（Diocesan Boys' Sch.），日据时期辟作伤兵医院。战争初期不少学生因参加防卫军壮烈成仁，战后校方在礼堂后镌刻一块石碑，上书死难者的姓名；在礼堂内的长凳背后，亦刻有为香港保卫战捐躯者的芳名，以留纪念。

位于窝打老道与界限街之间的天主教玛利诺修院中学（Maryknoll Convent Sch.），沦陷时期校舍被日军占据，辟作日军医院，还逼走了在校留宿的修女，大部分学校的设施都受到破坏。

所有官立学校校舍均被日军霸占。日军撤出后，群众即如蚁赴膻，蜂拥入内抢劫，书台、书柜及大门亦遭拆毁搬走，每家校舍都破坏不堪，所有木材亦遭撬去，仅余空壳。

东华三院属下的免费小学，共有十二间，其中男校八间，女校四间。日军攻占香港之后，这些学校全部停办。有些校舍被饥饿的居民进去将书桌甚至连窗门的木材也拆下来，砍开了作柴出售。这十二间学校被破坏不堪。原在骆克道的文武庙湾仔免费小学的校址，更被炸弹炸毁。香港重光后，才陆续将这十二所小学校修复及重建。

谢永光著：《三年零八个月的苦难》，香港明报出版社有限公司，1995 年。

附录　战时中国教育损失概况

1939年7月前中国教育损失估计*

自逊清废科举、兴学校以来，文化机关焕然大备。入民国后，政府努力推广教育，扫除文盲，文化机关增设更多。迨国民革命北伐成功，奠都南京，匪特通都大邑学校林立，即穷乡僻壤，亦不少国民学校、阅览所、民教馆之类。国家每年所费于文化之经费，虽与欧美相较，不无逊色，但实占岁出上之重要数字。至于私人捐资兴学，在我国尤为踊跃。惟我国文化机关一如新兴工业畸形发展，集中于数大城市中。此次敌人入侵，天津、北平、上海、南京、广州、武汉相继沦陷，皆为各大学所在地。各大学之贵重仪器、图书馆之珍藏秘笈，被敌席卷一空，富丽坚固之校舍、馆舍，或被焚毁，或遭拆破，全国文化中心横加摧残，为敌人素志。敌人肆意抢毁我文化机关，以天津南开大学开其端，图书馆、仪器、校舍尽付一炬，平津京沪各校继之，后方各校或被狂炸，或被焚烧，亦无一幸免者。教育部据各校呈报，自七七事变起至二十八年五月止，全国国立、公立专科以上学校计二十七所，死伤五十人，财产损失三六,九九八,三六七元；省立专科以上学校二十五所，死伤八人，财产损失六,二〇二,四六八元；全国私立专科以上学校四十三所，死伤五十人，财产损失二二,七三七,〇一二元；合计九十五所，死伤一〇八人，财产损失六五,九三七,八四七元。

抗战以来公私立专科以上学校之损失

校别	死伤人数	财产损失数（单位：元）	备注
总计	一〇八	六五,九三七,八四七	
合计	五〇	三六,九九八,三六七	
国立各大学	五〇	三五,四七四,五一九	
国立各独立学院		八一三,三二九	
国立各专科学校		二四〇,〇〇五	

* 节录自中央研究院社会科学研究所编：《关于中国抗战损失问题的研究报告》第八章，标题系编者拟加。

续表

校别	死伤人数	财产损失数（单位：元）	备注
公立各专科学校		四七〇，五一四	
合计	八	六，二〇二，四六八	
省立各大学		三，〇八八，六〇七	
省立各独立学院		二，四一〇，〇六七	
省立各专科学校	八	七〇三，七九四	
合计	五〇	二二，七三七，〇一二	
私立各大学	三六	一五，三八四，八三四	
私立各独立学院	一四	六，三〇六，二二五	
私立各专科学校		一，〇四五，九五三	

其次，各省市中小学校及社教机关财产损失已呈报到部者，有浙江、江西、湖北、四川、福建、广东、广西、云南、山西、陕西十省，自七七抗战起截至二十八年七月底止，共计中学损失四，七四一，〇七五元，小学损失二，二〇六，五八〇元，社会教育机关损失二，七三三，九七九元。其尚未呈报而呈该部根据各该省市原有各项教育资产价值数估计填列者，有江苏、安徽、湖南、河北、山东、河南、察哈尔、绥远、南京、上海、北平、天津、青岛、威海卫十四省市，共计中学损失七六，三七五，七八九元，小学损失一〇二，〇二八，五一二元，社会教育机关损失二一，四一三，七一五元。总计中学损失八一，一一六，八六四元，小学损失一〇四，二三五，〇九二元，社会教育机关损失二四，一四七，六九四元，合三项总计损失二〇九，四九九，六五〇元。

抗战以来各省市中小学及社会教育机关财产损失概况

省市别	共计	中学	小学	社会教育机关	附注
总计	二〇九，四九九，六五〇	八一，一一六，八六四	一〇四，二三五，〇九二	二四，一四七，六九四	1. 浙江、江西、湖北、四川、福建、广东、广西、云南、山西、陕西等十省损失价值系根据各该省呈报数目编列。江苏、安徽、湖南、河北、山东、河南、察哈尔、绥远、南京、上海、青岛、威海卫等十四省市，未据呈报，根据各该省市原有各项教育资产价值数估计填列。 2. 本表各数均以法币元为单位。 3. 本表材料系自七七抗战起截至二十八年七月底止。
已呈报者					
共计	九六八一六三四	四七四一〇七五	二二〇六五八〇	二七三三九七九	
浙江	三九七二七七五	一三七八六〇三	八二〇七四二	一七七二四三〇	
江西	三九七二七四	二四三，一一九	七一〇〇〇	八三一五五	
湖北	五五三五一〇	四三七二七〇	八八九〇〇	二七三四〇	
四川	一〇六四六七	一〇一五〇〇	四三五〇	六一七	
福建	一四六〇〇〇〇	五〇〇〇〇〇	四八〇〇〇〇	四八〇〇〇〇	
广东	一一九八八〇九	六三八〇四一	三八三一〇三	一七七六六五	
广西	五五四五二七	四九四四九〇	四五五六五	一四四七二	
云南	九一〇〇〇	九〇〇〇〇	一〇〇〇	一，〇〇〇	
山西	一三〇三〇五二	八四三〇五二	三〇〇〇〇〇	一六〇〇〇〇	
陕西	四四二二〇	一五〇〇〇	一一九二〇	一七三〇〇	
尚未呈报暂代估计者					
共计	一九九八一八〇一六	七六三七五七八九	一〇二〇二八五一二	二一四一三七一五	
江苏	四三九四七三九八	一五六一九五八五	二一〇五五二四五	七二七二五六八	

续表

省市别	共计	中学	小学	社会教育机关	附注
尚未呈报暂代估计者					
安徽	九〇六三七六〇	四九七七二九八	四〇八六四六二		
湖南	一九六一六〇一五	一〇八〇八〇〇六	五五三八六七四	三二六九三三五	
河北	二二七七五二六四	一三三五八八九五	九四一六三六九		
山东	四四一四六九五七	六三五七八三六	三六九七四一九四	八一四九二七	
河南	一八九〇五三二二	三一〇六一八一	八四〇七二一六	七三九一九二五	
察哈尔	二四四七九〇五	二六三八五七	二一三八一九七	四五八五一	
绥远	九九四七四八	三四七八四二	五一〇一一四	一三六七九二	
南京	五二四六九一五	三三七九三七六	一五八六九三六	二八〇六〇三	
上海	八七〇四八八二	一七〇〇七四六	五八〇七一一五	一一九七〇二一	
北平	一三一二八三〇八	一〇六八二六七一	一八〇一三五二	六四四二八五	
天津	七一六四〇五一	四四〇六二四九	二四八七七三五	二七〇〇六七	
青岛	二九二〇四六九	一二八四六四九	一六三五八二〇		
威海卫	七五六〇二二	八二五九八	五八三〇八三	九〇三四一	

中国第二历史档案馆藏“国民政府财政部档案”

中国战时教育文化事业损失估计①

第四节　教育文化事业

依海牙陆战法规惯例条约第二十七条规定，一切有关文化方面，如宗教、美术、学术及古物的机关与其财产，如不作为军事用途，交战国必须力求保全，不得实施破坏。而敌人由于妄图屈我战志，一面遣使敌军对我各级学校恣意破坏，一面更实行大批窃取古物、档案、图书等项文物。敌人加诸我国教育文化方面的损害很难详细计算，一则战事尚未结束，许多损害不能进行调查，再则另有若干损失，纵有调查记录可据，也无法量衡价值。

本节论估范围，仅限于一部分有调查者，分为专科以上各院校、中等学校、小学及社会教育机关四项述之。

第一目　专科以上院校

据教育部民国二十五年初统计，全国专科以上院校计共 110 所。多数院校集聚沿海各省市，战事爆发不久，大半即告中辍，内迁者有 69 所之多。至于原设后方或战时添设各校，亦有损失，不过损失方式与程度不同而已。

关于各院校财产损失情形，现有两项报告可资参考。据主计处统计局编“抗战中人口与财产所受损失统计”第六次汇编数字：各大学损失约共 29 575 千元，各独立学院损失约共 5 130 千元，各专科学校损失约共 2 041 千元，合计 36 746 千元。另据教育部长陈立夫氏报告，截至民国二十八年十二月底，专科以上 77 院校损失总达 90 451 千元以上，计国立 23 院校，合共损失 37 013 千元，省立 16 院校，共计损失 9 267 千元，私立 38 院校，共计损失 44 171 千元。

上举二项统计相差 53 705 千元，统计局的统计时期虽长，而所列损失反较陈氏报告为少，这是很可怀疑的。就常识判断，统计局统计内容虽免不无遗漏，就中尤以现留陷区部分为最可能。陈氏报告较详，惟须略加修正。第一，各院校损失除北京大学外，疑多将校园土地价值混合在内，此部损失战后可能全部收回，应予减除不计。第二，南开大学损失数内含有中学损失，应予剔除，留待第二目另计之。第三，另有 12 院校虽未见于陈氏报告，但实际均有损失，今分据多项他种资料予以补充。其中东北大学、贵阳医学院、福建学院、湘雅医学院、戏剧专科学校、中央工业职业学校及华西大学等 7 院校损失均采教育部报院之统计；燕京大学、江苏教育学院及山西医学专科学校等 3 院校损失均据江西统计月刊 2 卷 3 期所载统计；大同大学损失乃据时事类编抗战特刊（二十六年十一月出版）所列数字；广西大学损失系据二十七年十月七日上海新闻报所载消息。第四，厦门大学、暨南大学、光华大学、大夏大学、东吴大学、上海商学院、民国学院、南通学院、广东光

① 标题系编者拟加。

华医学院、音乐专科学校、同德医学院及无锡国学专修学校等 12 院校损失，教育部另有近期统计可据，故亦予以修正。

据陈友松著《中国教育财政之改进》一书所列一九○七至一九○九年我国校产分配统计，校园土地、山丘及森林 3 项所值合占校产总值 24.71%。另据河南教育厅统计，于校产总值 12 640 211 元中，土地一项约值 2 350 073，估其总值 18.59%。由此可知，一般校园土地所值常占校产总值相当比例，大致不出五分之一至四分之一。

上述二例乃据各级学校校产总数计算的，而非专限专科以上院校，同时专科以上院校向多设于各大都市或其近郊，故专科以上院校校园土地所占比例可能超过上例。今提高其数而以三分之一作为估计标准，并将上述各院校所报损失重行核算，修正结果如下：国立 26 院校损失 35 970 千元；省立 20 院校损失 7 700 千元；私立 43 院校损失 31 080 千元；总上 89 院校，合共损失 74 750 千元。

第二目　中等学校

关于中等学校损失情形，各方虽多报道，惜其内容多欠妥善，有的未列校数，有的混合各级学校于一数。兹择据教育部统计，粗估该数于下。

据教育部截至二十七年一月底的统计，苏、皖、冀、鲁、豫、察、绥七省与京、沪、平、津、青、威海卫 6 大城市各中等学校所受损失总达 6 557 万元，此数当与教育部所报专科以上各院校损失一致，即内中含有校园土地价值。今参照上目所述理由，减去土地价值 1 639 万元，算出损失净额应为 4 918 万元。

再以战前各地中学分布情形及二十七年一月以前敌军侵占区域为准，推得上述 7 省 6 大城市约有中学 600 所，以此除其损失净额 4 918 万元，求得每校平均损失约为 82 000 元。

最后，以同样方法推出六年来陷区所有中等学校总约 1 450 所，每所乘以平均损失 82 000 元，陷区损失约为 118 900 千元。如再补入后方被炸损失，则全国中等学校所受损失当不下于 150 000 千元。

第三目　小学校

本目所据资料及估计方法均与前目相同。截至二十七年一月，教育部统计前述 7 省 6 市内各小学所受损失共有 96 490 千元。经修正结果，推出该区原有小学 40 000 所，损失共约 72 370 千元，每校平均损失 1 810 元。

另据作者推算，陷区原有小学校数约计不下 100 000 处，以此乘以上述每校平均损失 1 810 元，则其损失应有 181 000 千元。连同后方被炸部分，全国小学损失约为 200 000 千元。

第四目　社会教育机关

所谓社会教育机关，理当包含一切短期民众学校、教养院、体育场、公园、古物保存所、博物院、图书馆等。这些机关的损失又极难计算。以下的估计，以普通财产损失为限，至于图书与古物各项损失，则仅就现有资料略述损失情形，一时无法估计其价值。

根据教育部统计，并加以修正补充，求得陷区社会教育机关普通设备损失每处平均约为 1 700 元，乘以陷区可能受灾机关数约 55 000 处，推定损失共约 93 500 千元。加入后方被炸损失，则全国社教机关普通设备所受损失当在 110 000 千元以上。

关于图书损失，今仍未见详细报告，所可说者，据全民通讯社调查，卢沟桥事变后，公共图书为敌劫运者，北平约 20 万册，上海约 40 万册，天津、济南、杭州等处约各 10 万余册，其他各地虽未见列，但据情推测为数亦必不少。私家藏书如海盐、南浔、镇江、苏州等地，或被捆载而去，则散失无踪，概均同罗浩劫。依美籍人士实地考察，估计中国损失书籍当在 1 500 万册以上，内含不少稀珍古书在内。又据二十八年度统计，陷区专科以上院校运出藏书 1 190 748 册，而留置陷区者为数亦有 1 923 380 册。

古物损失情形，益少资料可据。北平古物南运，远在民国二十二年初敌军攻陷榆关时，政府鉴于时局危急，不顾一切难阻，毅然积极迁运，总共五批，南运数额达 19 648 箱另 62 包，分存沪、京两市，详如表四〇。

表四〇　北平古物南运统计

装运批数	北平起运日期	箱数及所属					内容大概	存放地点
		共计	故宫博物院	内政部北平古物馆	北平市政府颐和园	堂庙管理处		
总计		19,648 又 62 包	13,493 又 62 包	5,414	653	88		
一	二月六日	2,118	2,118				四库全书、铜器、玉器、字画、档案	上海中央银行堆栈
二	三月十五日	1,490	1,290	200			图书、玉器、字画、档案、杂项	同上
三	三月二十七日	3,922 又 62 包	3,034 又 62 包	814	74		图书、铜器、磁器、档案	同上
四	四月十八日	6,267	4,639	1,400	228		图书、铜器、磁器、档案	同上
五	五月十六日	5,851	2,412	3,000	351	88	图书、铜器、玉器、乐器、档案	除乐器 88 箱存南京中山陵园外，余分存上海中央银行堆栈及四川路 32 号。

来源：民国二十三年《申报年鉴》，65—66 页。

此外，依北平故宫博物院统计，南京库存古物原共 19 580 箱，于首都沦陷以前运出者计有 16 627 箱，故留陷京库部分应有 2 953 箱，当难免损失，兹将内容列表于次。

表四一　国立北平故宫博物院陷留京库文物箱件分类统计

（单位：箱）

所装内容	损失总数	古物馆	文献馆	前秘书处	颐和园	古物陈列所
总计	2 953	191	1 734	826	89	113
瓷器	151	67		76		8
玉器	13	2		10		1
铜器	8	1		3		4
雕漆	16			16		
珐琅	20	4		11		5
书画	46	32		11		3
书籍	27					27
册宝	3		3			
陈设	334	53		223		58
服饰	117		27	89		1
乐器	131		129	1		1
档案	1 755		1 525	230		
武器	69	1	2	66		
仪仗	16		16			
杂项	157	31	32	90		4
未详	90				89	1

来源：北平故宫博物院赠件。

以上所述，仅为一鳞半爪，略供参考而已。此外，我方留存陷区其他各地之古物实亦甚多，单以北平古物陈列所所藏部分言之，据称即有十余万件，如再连同各地古代宫殿、陵墓、庙宇及私家所藏，为数当更大。对此陷区古物如何彻底清查，实为我国损失调查重要问题之一，应从速妥慎筹计。

上述估计只包括我国教育文化事业损失的一部，结果如下：（一）专科以上 89 院校合共损失 74 750 千元；（二）中等学校损失 150 000 千元；（三）小学损失 200 000 千元；（四）社会教育机关普通设备损失约为 110 000 千元；共约 534 750 千元。

节选自韩启桐编著：《中国对日战事损失之估计》第四章第四节，中华书局，1946 年。

全国各级学校及教育机关战时财产损失表

（1946 年）

全国各级学校及教育机关战时财产损失编制说明

一、本表系根据教育部直属公私立各级学校教育机关呈报战时财产损失表，及各省市教育厅局呈报公私立各级学校教育机关等损失表编制。惟各省市机关学校现时尚有陆续呈报者，仍应继续补编。

二、本表所列专科以上学校包括国立省立私立大学、学院、专科学校，国立中等学校及各省市中等学校，包括中学师范、职业等学校。国立社会教育机关为国立中央图书馆、博物院等，国立学术机关为国立编译馆等，部属其他教育机关团体为东北青年教育救济处、中国科学社等。国立边疆学校损失已并入国立中等学校内。

三、二十六年全国专科以上学校计有 108 校，七七事变后因战时停顿及先后迁移后方者达三分之二以上。其后又陆续增设，至三十四年八月共有专科以上学校 142 校，其中受战事损失者共 115 校，占总校数百分之八十以上，其未受损失者仅后方新设之少数学校。

四、抗战期间各地专科以上学校校舍、校具破坏达百分之八十以上，图书、仪器损失平均约达百分之六十以上，各省市县公私立中等学校、小学校及社会教育机关之建筑物、图书、仪器等被焚毁掠夺，数年之中损失几尽。至各公私立专科以上学校、各重要社会教育机关及各省市公私立中等学校，因战事辗转迁移所费均巨。

五、“九一八”后，东北各校损失仅有东北大学、冯庸大学及上海法学院等具报，因战前物价无大变动，均并入二十六年损失价值内，其余尚未具报，仍须继续调查补编。

六、表中所列直接损失为各校建筑物、图书、仪器等因敌机轰炸及敌军进攻或掠夺所受之损失，间接损失为学校迁移费、防空费、设备费等。

七、珍贵物品及古物文献等无法估价应追索原物者，均未列入本表内。

八、教育人员私人财产损失另编，未列入本表内。

九、损失期间自二十六年七月起至三十四年八月止。

十、损失数字均依价值计算，以国币元为单位，其原报材料间有用外币者均已折成国币。

十一、战时物价变动甚大，各处呈报损失数字均系损失时期之物价填报，根据此项原报损失数字汇编，不易表明各机关学校损失之程度，因此各处呈报历年损失均须分年汇编，再依照各该年 9 月份重庆市趸售物价折为三十四年八月（战事结束时期）之价值，附列表于各表总计之后，以便比较。历年物价折为三十四年八月之物价应增加倍数如下：二十六年 2 070 倍，二十七年 1 580 倍，二十八年 823 倍，二十九年 294 倍，三十年 114 倍，三十一年 39 倍，三十二年 12 倍，三十三年 4 倍。

十二、此项统计自二十八年七月奉行政院令起始调查，历年均汇编一次。上年战事结束后，因时时需用，又已汇编 5 次。

1. 第一次在三十四年九月间，因内政部抗战损失调查委员会奉蒋主席手谕汇编损失数字具报，本部当将所属各级学校自抗战后至三十四年九月底呈报表件汇编转呈，其总数为 1 151 360 376 元，折合成三十四年八月之价值，为 1 049 790 170 152 元。

2. 第 2 次汇编在 10 月间，系奉部长谕编制。是项损失送伦敦教育文化会议我国代表团出席报告之用，其材料较第一次所编多各省市中小学及社会教育机关之损失估计数字，其总计数字为战前价值 901 765 842 元，折为三十四年八月之价值为 1 866 655 085 940 元，依战前价值及美金 1 元合国币 3.5 元，折合成美金 257 647 383 元（三十四年六月间，菊农先生曾向统计处抄写此项数字，彼时因战事未结束，调查亦未完全，故较此数为小，其数为 685 225 147 元）。

3. 第 3 次汇编在 11 月底，为应外交部需用（拟送盟国损失赔偿委员会鲍莱参考），其材料较第 2 次汇编多 10 月及 11 月收到之材料，其总计数字折为三十四年八月之价值为 1 959 619 743 506 元，按美金 1 元合国币 2 000 元，折美金 979 809 872 元。

4. 第 4 次系将三十五年三月底以前之材料继续编入，其总数为 14 096 582 068 元，折成三十四年八月之物价为 1 983 302 094 117 元。

5. 现在复将三十五年五月底以前收到材料，及各省市以前呈送国民政府主计处与近年来送至内政部抗战损失调查委员会关于教育部分之材料，提出其未曾呈报本部者，均继续汇编，其总计为 114 200 304 572 元。折合三十四年八月之价值为 4 748 871 585 686 元，依照美金 1 元合国币二千元，折成美金为 2 374 435 793 元。

十三、依照战前物价及战事结束时物价折合美金数目另列一表，以便查照。

十四、以前所编除送伦敦教育文化会议我国代表团一份曾经发表外，其余历次均未发表，因各处材料未齐，尚非全部之损失。

全国各级学校及教育机关损失总计

1. 总　计

	共计		直接损失	间接损失
	历年损失合计	折合三十四年八月之价值		
总计	114 200 304 572	4 748 871 585 686	102 271 965 921	11 928 338 651
公私立专科以上学校及国立教育机关	15 391 023 550	1 025 799 723 368	14 370 915 525	1 020 108 025
各省市县公私立各级学校及教育机关	98 809 281 022	3 723 071 862 318	87 901 050 396	10 908 230 626

2. 直接损失①

	共计	建筑物	图书	仪器	器具	医药用品	现款	其他
总计	102 271 965 921	49 401 423 024	10 231 445 699	12 693 745 001	12 665 676 538	2 594 213 584	2 436 870 197	12 248 591 878
公私立专科以上学校及国立教育机关	14 370 915 525	6 640 535 370	1 866 209 902	3 987 860 466	1 512 834 738	103 634 256	9 038 893	241 801 900
各省市县公私立各级学校及教育机关	87 901 050 396	42 760 887 654	8 365 235 797	8 705 884 535	11 143 841 800	2 490 579 328	2 427 831 304	12 006 789 978

3. 间接损失

	共计	迁移费	防空设备费	疏散费	救济费	抚恤费	其他
总计	11 928 338 651	4 592 235 205	2 299 793 722	2 931 374 345	1 301 983 097	778 593 165	24 359 117
公私立专科以上学校及国立教育机关	1 020 108 025	637 396 316	100 097 137	155 064 184	110 667 621	330 428	16 552 339
各省市县公私立各级学校及教育机关	10 908 230 626	3 954 838 889	2 199 696 585	2 776 310 161	1 191 315 476	778 262 737	7 806 778

公私立专科以上学校及国立教育机关损失

1. 总　计

机关学校类别	历年损失合计	折合三十四年八月之价值	直接损失	间接损失
总计	15 391 023 550	1 025 799 723 368	14 370 915 525	1 020 108 025
教育部	511 840	748 390 570	272 500	239 340

① 表中数据有误，原档如此。

续表

机关学校类别	历年损失合计	折合三十四年八月之价值	直接损失	间接损失
公私立专科以上学校	14 519 484 980	554 594 972 774	13 642 943 362	876 541 618
国立中等学校	394 338 843	9 509 162 774	252 870 544	141 468 299
国立社会教育机关	214 684 073	437 478 541 013	214 592 030	92 043
国立学术机关	223 194 143	13 009 751 228	221 447 253	1 746 890
其他教育机关及学术团体	38 809 671	10 458 915 009	38 789 836	19 835

2. 直接损失

机关学校类别	共计	建筑物	图书	仪器	器具	医药用品	现款	其他
总计	14 370 915 525	6 640 535 370	1 866 209 902	3 987 860 466	1 521 834 738	103 634 256	9 038 893	241 801 900
教育部	272 500	105 000	65 000	—	102 500	—	—	—
专科以上学校	13 642 943 362	6 518 490 853	1 400 183 220	3 981 895 794	1 390 936 000	102 468 629	9 036 077	239 932 789
国立中等学校	252 870 544	118 114 944	5 704 095	2 565 130	123 770 316	1 158 727	500	1 556 832
国立社会教育机关	214 592 030	1 380 000	209 605 811	72 252	3 291 883	—	—	242 084
国立学术机关	221 447 253	1 363 173	216 083 879	1 398 083	2 593 918	6 900	—	1 300
其他教育机关及学术团体	38 789 836	1 081 400	34 567 897	1 929 207	1 140 121	—	2 316	68 895

3. 间接损失

	共计	迁移费	防空设备费	疏散费	救济费	抚恤费	其他
总计	1 020 108 025	637 396 316	100 097 137	155 064 184	110 667 621	330 428	16 552 339
教育部	239 340	150 023	89 317				

续表

	共计	迁移费	防空设备费	疏散费	救济费	抚恤费	其他
专科以上学校	876 541 618	503 120 695	99 050 302	147 529 240	109 971 657	324 557	16 545 167
国立中等学校	141 468 299	132 397 593	834 989	7 531 926	693 644	3 019	7 128
国立社会教育机关	92 043	29 634	62 169	—	240	—	—
国立学术机关	1 746 890	1 679 438	60 360	2 600	1 640	2 852	—
其他教育机关及学术团体	19 835	18 933	—	418	440	—	44

各省市公私立各级学校及教育机关损失

省市别	共计（折合三十四年八月价值）	中等学校	小学	社会教育机关	教育机关（教育所局、学术机关等）
总计	3 723 071 862 318	59 403 581 902	29 806 064 306	5 420 835 545	4 178 799 269
江苏	520 847 514 110	237 596 543	34 982 995	3 732 092	25 347 665
浙江	462 942 368 350	242 279 415	74 678 065	4 343 293	685 324
安徽	8 848 993 484	198 488 811	2 313 183	1 369 054	4 051 755
江西	2 694 068 785	1 647 484	890 057	38 749	—
湖北	54 578 932 500	17 687 300	14 174 775	1 883 600	1 046 200
湖南	350 992 080 000	54 391 370 000	25 976 580 000	3 255 400 000	4 124 670 000
四川	192 586 547 223	161 012 323	224 703	3 169	—
西康	191 489 270	23 971 870	7 229 800	7 989 150	—
河北	49 522 017 183	165 398 091	18 720 781	640 000	1 352 627
山东	1 268 494 878 825	89 215 000	539 058 733	1 023 890 000	—
山西	84 157 500 000	29 960 000	155 464 000	3 850 000	—

续表

省市别	共计（折合三十四年八月价值）	中等学校	小学	社会教育机关	教育机关（教育所局、学术机关等）
河南	170 962 258 718	406 161	6 502 644	107 717 242	59 279
陕西	3 305 496 819	133 541 275	21 072 325	47 864	—
甘肃	1 909 804 420	—	—	2 320 540	—
青海	2 709 289 210	21 796 465	390 900	—	—
福建	237 802 597 646	1 579 640 956	513 448 281	27 583 910	9 690
广东	26 939 171 984	206 180 733	43 959 057	251 021	61 686
广西	1 157 503 448	1 328 464	1 015 226	154 946	148 511
云南	97 126 704 180	150 481 870	1 842 190 000	411 019 000	—
贵州	34 153 005 266	73 543 407	113 426 699	76 082 750	21 303 146
察哈尔	2 523 027 572	1 592 432 793	438 269 747	492 325 032	—
绥远	4 093 534 710	1 394 885	357 882	162 776	62 010
南京	26 685 819 000	12 700 000	191 700	—	—
上海	123 011 486 730	59 378 730	47 109	—	—
天津	9 008 745 570	4 352 051	—	—	—
重庆	3 827 027 315	7 777 275	875 644	31 557	1 376

全国各级学校及教育机关战时财产损失

学校机关别	各校原报历年损失数（单位：元）	折合二十六年七月之价值（单位：元）	折合二十六年七月美金（单位：元）
总计	114 200 304 572	2 183 213 088	644 015 660
国立大学独立学院专科学校	9 846 312 526	111 383 077	32 856 365
省立大学独立学院专科学校	2 484 414 047	32 624 999	9 623 895

续表

学校机关别	各校原报历年损失数（单位：元）	折合二十六年七月之价值（单位：元）	折合二十六年七月美金（单位：元）
私立大学独立学院专科学校	2 188 758 407	120 461 276	35 534 300
国立中等学校	394 338 843	4 542 513	1 339 974
国立社会教育机关等	214 684 073	211 341 806	62 342 715
国立教育学术机关	262 515 654	11 621 423	3 428 148
各省市县公私立中小学及教育机关	98 809 281 022	1 691 237 994	498 890 263

附注：

1. 原报历年损失数，分年折合二十六年七月之价值，系依照国民政府主计处所编历年九月份趸售物价指数折合。

2. 二十六年七月，美金 1 元折合国币 3.39 元。

3. 损失时期为二十六年七月至三十四年九月，本表所收集之资料以三十五年五月底以前收到者为限，以后仍应续编。

全国各级学校及教育机关战时财产损失数量统计（依损失项目计）

1. 建　筑　物

学校机关别	共计			平房		楼房		其他建筑
	座	间	处	座	间	座	间	
总计	1 843	316 583	23	1 440	256 483	404	60 100	23
公私立专科以上学校及国立教育机关计	1 843	61 094	23	1 440	46 673	404	14 421	23
教育部	2	37	—	2	37	—	—	—
国立大学	689	20 701	—	663	19 967	26	734	—
省立大学	—	362	2	—	362	—	—	2

续表

学校机关别	共计			平房		楼房		其他建筑
	座	间	处	座	间	座	间	
私立大学	383	8 715	1	339	569	44	8 146	1
国立学院	352	11 719	—	251	11 719	101	—	—
省立学院	20	9 650	—	—	9 650	20	—	—
私立学院	25	3 086	—	16	1 140	9	1 946	—
国立专科	79	444	—	—	444	79	—	—
省立专科	1	1 089	—	—	1 089	1	—	—
私立专科	146	133	18	69	133	77	—	18
国立中等学校	72	3 848	2	69	273	5	3 575	2
国立社教机关	7	—	—	3	—	5	—	—
国立学术机关	30	800	—	21	794	7	6	—
其他国立教育机关及团体	37	510	—	7	496	30	14	—
各省市县公私立各级学校及教育机关计	—	255 489	—	—	209 810	—	45 679	—
中等学校	—	81 421	—	—	54 247	—	27 174	—
小学	—	118 551	—	—	118 551	—	—	—
社教机关	—	55 517	—	—	37 012	—	18 505	—

2. 图　书

学校机关别	共计					中文书					外文书		
	部	套	箱	册	帙	部	套	箱	册	帙	部	箱	册
总计	338	3 757	737	72 951 388	444	170	3 757	392	72 394 378	444	168	345	557 010
公私立专科以上学校及国立教育机关计	338	3 757	737	6 510 188	444	170	3 757	392	5 953 198	444	168	345	557 010
教育部				12 524					7 326				5 198
国立大学		575	139	2 703 871			575	139	2 536 043				167 828
省立大学				27 842					27 842				
私立大学				238 121					150 382				87 739
国立学院				1 069 537					1 069 537				
省立学院				493 451					262 279				231 172
私立学院		11		627 568			11		565 164				62 404
国立专科				153 056					153 056				
省立专科				51 175					51 175				
私立专科	140	3 169		110 308		140	3 169		109 365				943
国立中等学校	198	2		14 248		30	2		14 017		168		231
国立社教机关				297 890					297 890				
国立学术机关			18	381 401	444			18	381 401	444			
其他国立教育机关及学术团体			580	329 196				235	327 701			345	1 495

续表

学校机关别	共计					中文书					外文书		
	部	套	箱	册	帙	部	套	箱	册	帙	部	箱	册
各省市县公私立各级学校及教育机关计				66 441 200					66 441 200				
中等学校				16 157 000					16 157 000				
社教机关				50 284 200					50 284 200				

注：损失的中文书 392 箱中有珍本书籍二十四史、十三经注疏、地图等。

3. 仪器标本

学校机关别	共计						物理仪器					化学仪器				测量仪器		医学仪器	
	架	箱	套	部	座	件	架	箱	套	部	件	架	箱	套	件	套	件	箱	件
总计	6 396	2 674	70 019	11	218	974 117	6 394	551	20 650	8	169 217	2	2	10 956	339 674	61	404	3	4 830
公私立专科以上学校及国立教育机关计	6 349	905	9 202	11	218	530 073	6 347	551	7 050	8	150 165	2	2	104	329 038	61	395	3	4 830
国立大学	173	69	5 847	—	24	25 710	171	34	5 805	—	33	2	2	1	1 696	39	3	—	—
省立大学	—	—	2 001	—	—	291 716	—	—	—	—	2 145	—	—	—	289 571	—	—	—	—
私立大学	20	184	1 140	8	37	123 395	20	57	1 140	8	123 395	—	—	—	—	—	—	—	—
国立学院	6 055	526	148	—	—	6 436	6 050	460	93	—	1	—	—	53	6 053	—	—	3	—
省立学院	32	—	—	3	—	45 697	32	—	—	—	17 772	—	—	—	4 025	—	—	—	4 830
私立学院	35	126	—	—	148	27 144	35	—	—	—	—	—	—	—	26 303	—	23	—	—
国立专科	31	—	44	—	9	3 284	31	—	1	—	2 915	—	—	—	—	20	369	—	—

续表

学校机关别	共计						物理仪器					化学仪器				测量仪器		医学仪器	
	架	箱	套	部	座	件	架	箱	套	部	件	架	箱	套	件	套	件	箱	件
省立专科	—	—	—	—	—	5 086	—	—		—	3 490	—	—	—	1 390	—	—	—	—
私立专科	3	—	22	—	—	1 605	3	—	11	—	414	—	—	—	—	—	—	—	—
国立中等学校	6	—	—	—	—	12 321	6	—	—	—	12 133	—	—	—	—	—	—	—	—
国立学术机关	—	1 769	141	—	—	6 918	—	—	34	—	6 918	—	—	28	—	—	—	—	—
其他国立教育机关及学术团体	41	—	23	—	—	424 805	41	—	1	—	1	—	—	22	10 636	—	9	—	—
各省市县公私立各级学校及教育机关计	—	—	60 653	—	—	—	—	—	13 565	—	—	—	—	10 852	—	—	—	—	—
中等学校	—	—	27 130	—	—	—	—	—	13 565	—	—	—	—	10 852	—	—	—	—	—
社教机关	—	—	33 523	—	—	—	—	—	—	—	—	—	—	—	—	—	—	—	—

学校机关别	生物仪器				标本模型				工程仪器			天文仪器		蚕丝仪器	数学仪器		农学仪器	教育仪器	美术仪器	语言仪器
	箱	套	部	件	箱	套	座	件	套	座	件	套	件	件	箱	件	件	箱	件	箱
总计	64	2 003	3	2 300	1 756	36 270	24	456 615	16	194	690	63	3	103	2	93	63	253	125	44
公私立专科以上学校及国立教育机关计	64	2 003	3	2 300	1 756	36 270	24	456 615	16	194	690	63	3	103	2	93	63	253	125	44
国立大学	2	2	—	—	31	—	24	23 978	—	—	—	—	—	—	—	—	—	—	—	—

续表

学校机关别	生物仪器				标本模型				工程仪器			天文仪器		蚕丝仪器	数学仪器		农学仪器	教育仪器	美术仪器	语言仪器
	箱	套	部	件	箱	套	座	件	套	座	件	套	件	件	箱	件	件	箱	件	箱
省立大学	—	2 001	—	—	—	—	—	—	—	—	—	—	—	—	—	—	—	—	—	—
私立大学	—	—	—	—	—	—	—	—	—	37	—	—	—	—	1	—	—	126	—	—
国立学院	62	—	—	—	—	—	—	382	—	—	—	—	—	—	—	—	—	—	—	—
省立学院	—	—	3	2 300	—	—	—	16 770	—	—	—	—	—	—	—	—	—	—	—	—
私立学院	—	—	—	—	—	—	—	818	—	148	—	—	—	—	—	—	—	126	—	—
国立专科	—	—	—	—	—	23	—	—	—	9	—	—	—	—	—	—	—	—	—	—
省立专科	—	—	—	—	—	—	—	103	—	—	—	—	—	103	—	—	—	—	—	—
私立专科	—	—	—	—	—	11	—	386	—	—	690		—	—	—	—	—	—	115	—
国立中等学校	—	—	—	—	—	—	—	178	—	—	—	—	—	—	—	—	—	—	10	—
国立学术机关	—	—	—	—	1 725	—	—	—	16	—	—	63	—	—	—	—	—	—	—	44
其他国立教育机关及学术团体	—	—	—	—	—	—	—	414 000	—	—	—	—	3	—	—	93	63	—	—	—
各省市县公私立各级学校及教育机关计	—	—	—	—	—	36 236	—	—	—	—	—	—	—	—	—	—	—	—	—	—
中等学校	—	—	—	—	—	2 713	—	—	—	—	—	—	—	—	—	—	—	—	—	—
社教机关	—	—	—	—	—	33 523	—	—	—	—	—	—	—	—	—	—	—	—	—	—

4. 器　具

学校机关别	共计			木器	家具	体育用品	交通用具	乐器		机械		水电设备	其他物品
	件	辆	架	件	件	件	辆	架	件	架	件	件	件
总计	29 841 172	2 250	761	16 377 818	7 075 803	347 555	2 250	87	1 640	674	73 063	117 466	5 847 827
公私立专科以上学校及国立教育机关计	13 007 992	2 250	761	6 440 490	505 111	22 395	2 250	87	1 640	674	73 063	117 466	5 847 827
教育部	60 430	1	—	2 875	11 500	—	1	—	—	—	—	—	46 055
国立大学	9 673 865	32	288	3 869 338	130 750	3 941	32	20	14	268	1 423	42 599	5 625 800
省立大学	4 777	—	—	4 457	320	—	—	—	—	—	10 468	—	—
私立大学	825 651	28	251	460 942	209 501	261	28	20	109	231	57 500	34 072	110 298
国立学院	2 020 395	6	16	1 899 176	63 408	—	6	2	—	14	—	311	—
省立学院	69 656	2 162	14	18 960	14 860	—	2 162	8	291	6	—	10 327	25 218
私立学院	64 107	—	33	47 148	5 950	3 972	—	10	1 150	23	—	1 265	4 622
国立专科	71 055	—	11	49 890	18 278	1 847	—	5	1	6	—	93	946
省立专科	36 946	—	45	4 968	—	11 500	—	—	—	45	91	6 015	14 372
私立专科	44 637	—	50	30 281	6 716	874	—	13	75	37	—	2 588	4 103
国立中等学校	65 987	3	13	30 692	13 744	—	3	6	—	7	—	7 834	13 717
国立社教机关	18 067	1	26	3 414	11 492	—	1	—	—	26	2 249	517	395
国立学术机关	22 999	16	3	4 130	3 718	—	16	—	—	3	1 331	11 845	1 975
其他国立教育机关及学术团体	29 420	1	11	14 219	14 874	—	1	3	—	8	1	—	326
各省市县公私立各级学校及教育机关计	16 833 180	—	—	9 937 328	6 570 692	325 160	—	—	—	—	—	—	—
中等学校	1 625 800	—	—	812 900	487 740	325 160	—	—	—	—	—	—	—
小学	11 855 100	—	—	7 113 060	4 742 040	—	—	—	—	—	—	—	—
社会教育机关	3 352 280	—	—	2 011 368	1 340 912	—	—	—	—	—	—	—	—

5. 医药用品

学校机关别	共计						药品			化学药品			医具		
	磅	瓶	箱	盒	支	件	磅	瓶	箱	磅	瓶	箱	盒	支	件
总计	4 038	101 233	610	161	55 222	70 400	1 721	87 747	62	2 317	13 486	548	161	55 222	70 400
公私立专科以上学校及国立教育机关计	4 038	22 917	610	161	55 222	76	1 721	9 431	62	2 317	13 486	548	161	55 222	70 400
国立大学	528	13 470	36	3	44 601	3	215	5 390	36	313	8 080	—	3	44 601	3
省立大学	—	285	26	—	1 081	—	—	116	—	—	169	—	—	1 081	—
私立大学	756	110	—	51	443	—	304	45	26	452	65	—	51	443	—
国立学院	1 432	10	—	—	167	—	571	5	—	852	5	—	—	167	—
省立学院	575	5 808	—	107	5 503	53	230	2 139	—	345	3 669	—	107	5 503	53
私立学院	—	1 725	—	—	2 817	—	—	690	—	—	1 035	—	—	2 817	—
国立专科	5	—	—	—	—	—	1	—	—	4	—	—	—	—	—
省立专科	575	771	—	—	575	—	230	308	—	345	463	—	—	575	—
私立专科	—	—	—	—	35	—	—	—	—	—	—	—	—	35	—
国立中等学校	170	738	—	—	—	4	170	738	—	—	—	—	—	—	4
国立学术机关															
国立学术机关	—	—	467	—	—	—	—	—	—	—	—	467	—	—	—
其他国立教育机关及学术团体	6	—	81	—	—	16	—	—	—	6	—	81	—	—	16
各省市县公私立各级学校及教育机关计	—	78 316	—	—	—	70 324	—	78 316	—	—	—	—	—	—	70 324
中等学校	—	21 736	—	—	—	32 604	—	21 736	—	—	—	—	—	—	32 604
社会教育机关	—	56 580	—	—	—	37 720	—	56 580	—	—	—	—	—	—	37 720

6. 其　他

学校机关别	衣着类			粮食			牲畜		树木		其他			
	套	件	箱	石	袋	担	头	群	株	亩	个	斤	吨	合
总计	1 257	48 116	5	184	17 443	1 208	5 906	58	27 535	2 185	60 162	1 553	1 700	6 910
国立大学	104	1 645		92			128		11 500		33 388	633		
私立大学		31 510				1 208	1 635		10 103	1 955	3 036			
国立学院		502	5	92			5	58			591	920		
省立学院	3	1 520			17 250		60		5 750		995			
私立学院							4 078			230				
国立专科		317												
省立专科											9 200			
私立专科	1 150	99									1 150			
国立中等学校		1 026			193						6 412			
国立学术机关											2 415		1 700	6 917
其他国立教育机关及学术团体		11 518									2 975			
备注					面粉及种子		牛马羊等	蜜蜂	树秧		古铜器、瓷品等	油盐	旧铜铁器等	纸件

中国第二历史档案馆藏“国民政府教育部档案”